Anja Lobenstein-Reichmann
Sprachliche Ausgrenzung im späten Mittelalter und in der frühen Neuzeit

# Studia Linguistica Germanica

Herausgegeben
von
Christa Dürscheid
Andreas Gardt
Oskar Reichmann
Stefan Sonderegger

117

De Gruyter

Anja Lobenstein-Reichmann

# Sprachliche Ausgrenzung im späten Mittelalter und in der frühen Neuzeit

De Gruyter

ISBN 978-3-11-076609-7
e-ISBN 978-3-11-033108-0
ISSN 1861-5651

*Library of Congress Cataloging-in-Publication Data*

A CIP catalog record for this book has been applied for at the Library of Congress.

*Bibliografische Information der Deutschen Nationalbibliothek*

Die Deutsche Nationalbibliothek verzeichnet diese Publikation in der Deutschen Nationalbibliografie; detaillierte bibliografische Daten sind im Internet über http://dnb.dnb.de abrufbar.

© 2021 Walter de Gruyter GmbH, Berlin/Boston

Dieser Band ist text- und seitenidentisch mit der 2013 erschienenen gebundenen Ausgabe.

Druck: Hubert & Co. GmbH & Co. KG, Göttingen
∞ Gedruckt auf säurefreiem Papier
Printed in Germany

www.degruyter.com

# Vorwort

Der Dialog gilt als das Grundmuster der Frühen Neuzeit. Auch ich habe in den letzten Jahren viele Gespräche geführt. Wie im Frühneuhochdeutschen waren so manche ‚Streitgespräche' darunter, einige ‚Gesprächsspiele', vor allem aber viele ‚Zwiegespräche'. Gemeinsam ist ihnen, wie Hans Georg Gadamer schreibt, dass man sie beginnt, ohne ihren Ausgang vorhersehen zu können.

> Wir sagen zwar, dass wir ein Gespräch ‚führen', aber je eigentlicher ein Gespräch ist, desto weniger liegt die Führung desselben in dem Willen des ein oder anderen Partners. So ist das eigentliche Gespräch niemals das, was wir führen wollten. Vielmehr ist es im Allgemeinen richtiger zu sagen, dass wir in ein Gespräch geraten, wenn nicht gar, dass wir uns in ein Gespräch verwickeln. Wie da ein Wort das andere gibt, wie ein Gespräch seine Wendungen nimmt, seinen Fortgang und seinen Ausgang findet, das mag sehr wohl eine Art Führung haben, aber in dieser Führung sind die Partner des Gesprächs weniger die Führenden als die Geführten. Was bei einem Gespräch ‚herauskommt', weiß keiner vorher. Die Verständigung oder ihr Misslingen ist wie ein Geschehen, das sich an uns vollzogen hat. So können wir dann sagen, dass etwas ein gutes Gespräch war, oder auch, dass es unter keinem günstigen Stern stand. All das bekundet, dass das Gespräch einen eigenen Geist hat, und dass die Sprache, die in ihm geführt wird, eine eigene Wahrheit in sich trägt, d.h. etwas ‚entbirgt' und heraustreten lässt, was fortan ist. (H.G. Gadamer, Wahrheit und Methode, Tübingen, 1960, S. 361)

Bei den Gesprächen über Themen wie ‚Diskriminierung', ‚Ausgrenzung' und ‚verletzendes Sprechen' ist dieses Buch *herausgekommen*. Für dessen Unklarheiten, Fehler oder Missverständnisse bin ich dennoch selbst verantwortlich. Das Buch soll ein Versuch sein, ein Innehalten im Dialog, von dem ich hoffe, dass er fortan auch von Anderen weitergeführt wird. Im Prozess des Miteinander-Kommunizierens entsteht aber nicht nur das Neue; im Eröffnen des Dialoges, so ist meine Überzeugung, habe ich auch die Möglichkeit, verbale Gewalt zu überwinden.

Ohne den mit mir ins Gespräch kommenden Anderen, mein ‚Echo und Gegenhall', so auch eine frühneuhochdeutsche Bezeichnung für das Gespräch, wäre dieses Buch nicht möglich geworden. „Zu einem Christlichem hertzen pertinet, ut sit gratum, non solum ad deum praecipue, sed etiam gegen leuten." Das wusste schon Martin Luther (WA 45, 195, 1–2). Für ‚Echo und Gegenhall' möchte ich an dieser Stelle zu allererst den Studierenden meiner Seminare und Vorlesungen an den Universitäten Trier und Heidelberg danken, sodann Fabian Wehner, Stefanie Krinninger, Jörg und Svetlana Riecke, Friedrich Müller, Ingrid Lemberg sowie Ulrich Deutschmann. Dass dieses Buch in der vorliegenden Form entstehen konnte, ist nicht zuletzt Heino Speers Verdienst: Er hat nicht nur dafür gesorgt, dass Johannes Ecks „Eines Judenbüchleins Verlegung [...]" transkribiert wurde, er hat es danach auch in eine les- und bearbeitbare Fassung gebracht. Den Herausgebern Andreas Gardt, Stefan Sonderegger, Christa Dürscheid, Oskar Reichmann, sowie dem Verlag Walter de Gruyter danke ich für die Aufnahme in die Reihe *Studia Linguistica Germanica*. Dem partnerschaftlichen „Echo und Widerhall" mit meinem Mann sei das Buch gewidmet.

Anja Lobenstein-Reichmann

Mai 2013

# Inhalt

Vorwort . . . . . . . . . . . . . . . . . . . . . . . . . . . . . . . . . . . . . . . . . . . . . . . . . . . . v

I. Einführende Bemerkungen . . . . . . . . . . . . . . . . . . . . . . . . . . . . . . . . 1
   1. Ehrverletzungen in frühneuhochdeutscher Zeit . . . . . . . . . . . . . 4
   2. Der Akt der Diskriminierung – Anleihen aus der Psychologie . . 14

II. Versuch einer Pragmagrammatik und einer
Pragmasemantik ausgrenzenden Sprechens: Strategien . . . . . . . . . . . . 23
   1. Die Sprechakttheorie als strategische Ausgangssituation . . . . . . . . 27
   2. Die Ebene der Proposition – das Wort als Waffe . . . . . . . . . . . . . 31
   2.1. Die Referenzhandlung . . . . . . . . . . . . . . . . . . . . . . . . . . . . . . . 33
   2.1.1. Die lexikalische Bezeichnungshandlung: Substantive . . . . . . . . . 33
   2.1.2. Die semantischen Funktionen von Adjektiven und Verben . . . . . 37
   2.2. Vergleiche, Metaphern, Bilder . . . . . . . . . . . . . . . . . . . . . . . . . 40
   2.3. Wortbildungen und Wortbildungsfelder . . . . . . . . . . . . . . . . . . 46
   2.4. Das Schimpfwort – Name und ‚benennendes Schlagwort' . . . . . 48
   2.4.1. Beschimpfung und Beleidigung durch Namensgebung . . . . . . . . 49
   2.4.2. Schimpfwörter – ein sprechender Spiegel der Gesellschaft . . . . . 56
   2.5. Namensentzug, Namensstrafe und Tabuisierung . . . . . . . . . . . . 65
   3. Die explizite Prädikationshandlung. Prädikative und
attributive Bewertungshandlungen zur Ehrabschneidung . . . . . . 70
   3.1. Prädikative Bewertungshandlungen . . . . . . . . . . . . . . . . . . . . . 71
   3.2. Attributive Bewertungshandlung . . . . . . . . . . . . . . . . . . . . . . . 75
   4. Satzsemantische Ebene . . . . . . . . . . . . . . . . . . . . . . . . . . . . . . . 80
   4.1. Typisierung durch den kollektiven Singular . . . . . . . . . . . . . . . . 80
   4.2. Aggregative Diskriminierung . . . . . . . . . . . . . . . . . . . . . . . . . . 82
   4.3. Die implizite Prädikation: Präsuppositionen . . . . . . . . . . . . . . . 87
   5. Stigmatisierung, Stereotypisierung und Syntagmen als
Stereotypenorganisatoren . . . . . . . . . . . . . . . . . . . . . . . . . . . . . 91
   5.1. Stigmata . . . . . . . . . . . . . . . . . . . . . . . . . . . . . . . . . . . . . . . . . 91
   5.2. Stereotyp und Vorurteil . . . . . . . . . . . . . . . . . . . . . . . . . . . . . . 93
   5.3. Syntagmen als Stereotypenorganisatoren . . . . . . . . . . . . . . . . . 97
   5.4. Sekundärstigmatisierung . . . . . . . . . . . . . . . . . . . . . . . . . . . . . 103

| | | |
|---|---|---:|
| 6. | Textgrammatische Ebene | 108 |
| 6.1. | Inklusion und Exklusion durch Pronominalisierung | 108 |
| 6.2. | Partikeln und Adverbien, die „kleinen" Wörter der Sprache | 114 |
| 7. | Pragmatische Ebene: Die Illokutionen | 116 |
| 7.1. | Sprechakte des Schmähens, Ehrabschneidens, Verleumdens und Denunzierens | 116 |
| 7.2. | Eine „magische" Form der Ausgrenzung: Das Fluchen | 126 |
| 7.2.1. | *Fluchen* und *Verfluchen* | 126 |
| 7.2.2. | Das göttliche und das kirchliche Verfluchungsmonopol | 128 |
| 7.2.3. | Das individuelle Verfluchungsverbot: Anspruch und Wirklichkeit | 131 |
| 7.2.4. | Schadensflüche und Beschwörungsflüche | 132 |
| 7.2.5. | Gotteslästerliches Fluchen | 134 |
| 7.2.6. | Der Fluch als Machtmaßnahme | 136 |
| 7.3. | Besondere Formen der Ehrverletzung: Die *argumentatio ex negativo* und die *argumentatio ad hominem* | 138 |
| 8. | Mikrotexte: Sprichwörter | 140 |
| 9. | Textsorten der sprachlichen Ausgrenzung | 148 |
| 9.1. | Sozial bindende Texte | 155 |
| 9.2. | Legitimierende Texte | 157 |
| 9.3. | Dokumentierende Texte | 159 |
| 9.4. | Belehrende Texte | 161 |
| 9.5. | Erbauende Texte | 165 |
| 9.6. | Unterhaltende Texte | 167 |
| 9.7. | Informierende Texte | 173 |
| 9.8. | Anleitende Texte | 176 |
| 9.9. | Agitierende Texte | 179 |
| 10. | Ein Text im Diskurs: Johannes Ecks „Eines Judenbüchleins Verlegung" aus dem Jahre 1541 | 189 |
| 10.1. | Der Text und seine Voraussetzungsdiskurse | 189 |
| 10.1.1. | Adversus-Judaeos-Literatur | 189 |
| 10.1.2. | Vom Volksglauben, von Mythen und Legenden – Die sprachliche Konstruktion der Ritualmordlegende | 193 |
| | *Der Fall von Endingen im Breisgau* | 195 |
| | *Simon von Trient* | 197 |

| | | |
|---|---|---|
| 10. 1. 3. | Hostienfrevel | 198 |
| 10. 1. 4. | Ein intellektueller „Experten"diskurs: Der Reuchlin-Pfefferkorn-Streit | 200 |
| 10. 2. | Der Konfliktfall: Eine antijudaistische Streitschrift im Zeitalter der Reformation | 211 |
| 10. 2. 1. | Die Kontrahenten: Andreas Osiander | 211 |
| 10. 2. 2. | Die Kontrahenten: Johannes Eck | 216 |
| 10. 2. 2. 1. | Johannes Ecks Programm in der „Verlegung" | 221 |
| 10. 2. 2. 2. | Ecks Ereignisdarstellung oder: Ecks narrative Ereigniskonstruktion | 226 |
| 10. 2. 2. 3. | Ecks Angriffe auf Osiander: Vom *Christen* zum *Mamelucken* | 228 |
| | 1. Strategie der Kompetenzversagung | 230 |
| | 2. Strategie der Integritätsverletzung | 232 |
| | 3. Strategie der Verketzerung | 235 |
| 10. 2. 2. 4. | Ecks Angriffe gegen die Juden | 239 |
| | 1. Christusmord, Christenmord und Weltverschwörung | 239 |
| | 2. Kriminalisierung | 242 |
| | 3. Religiöse Riten, jüdische Sitten und Gebräuche. Ecks Angriffe auf den Talmud | 244 |
| | 4. *Anererbte boßhait* | 246 |
| | 5. was *den Juden botten sei vnnd verbotten* sei und wie man die *Juden zu halten habe* | 247 |
| 10. 2. 3. | Das antijudaistische System der Zeit | 250 |
| 10. 2. 3. 1. | Ecks Schreibstil, sein Spiel mit vorgegebenen Mustern und den Erwartungshaltungen seiner Leser | 250 |
| 10. 2. 3. 2. | Das antijudaistische Diskursuniversum | 253 |
| 10. 2. 3. 3. | Johannes Eck und Luthers Radikalisierung. Ein kurzer Exkurs | 255 |
| 10. 2. 3. 4. | Ecks Funktionalisierung der Juden, ein Fazit | 257 |

### III. Die ausgegrenzten Gruppen im Frühneuhochdeutschen . . . . . . . . . . . . 260

| | | |
|---|---|---|
| 1. | Bettler – eine sprachhistorische Analyse | 260 |
| 1. 1. | Der *Betler* und seine zeittypischen Prädikationen | 262 |
| 1. 2. | Die Onomasiologie des Wortes *betler* | 265 |
| 1. 3. | Die Wortbildungsfelder mit *jauf-* und *geil-* | 267 |

| 1.4. | Das Wortbildungsfeld *betler-/bettel-* | 269 |
| 1.5. | Semantische Ambivalenzen | 273 |
| 1.6. | Gleichzeitigkeit des Ungleichzeitigen | 275 |
| 1.7. | Sprachliche Ausdrucksformen in Wörterbüchern und als Teil narrativer Moraldidaxe: Vergleiche, Phraseme, Sentenzen mit Bezug auf Bettler | 279 |
| 1.8. | Textsorten der Bettlerausgrenzung | 280 |
| 2. | Menschen mit einer Behinderung, einer körperlichen Abweichung oder einer Erkrankung | 292 |
| 3. | Die so genannten unehrlichen Berufe | 300 |
| 4. | Juden | 305 |
| 4.1. | Sprachliche Ausdrucksformen antijüdischer Polemik (eine Auswahl) | 307 |
| 4.1.1. | Negative Prädikationen | 307 |
| 4.1.2. | Wortbildungen | 310 |
| 4.1.3. | Sekundärstigmatisierung und ideologische Polysemierung | 311 |
| 4.1.4. | Vergleiche und Metaphern | 312 |
| 4.1.5. | Die onomasiologische Vernetzung | 312 |
| 4.1.6. | Aggregation | 313 |
| 4.1.7. | Kollektiver Singular / kollektiver Plural | 314 |
| 4.1.8. | Sentenzen, Sprichwörter, Phraseme | 314 |
| 4.1.9. | Präsuppositionen (vgl. II. 4. 3) | 315 |
| 4.1.10. | Direkt und indirekte Ausgrenzungsappelle, Hetze, Spott | 315 |
| 4.2. | Antijüdische Ausgrenzungsstrategien innerhalb von Verrats-, Verketzerungs- und Kriminalisierungsdiskursen | 316 |
| 4.3. | Nonverbale Stigmatisierungsformen | 325 |
| 4.4. | Kommunikative Machtlosigkeit | 327 |
| 5. | Die Fahrenden und Vaganten: Landläufer, Vagabunden, Spielleute | 328 |
| 6. | *Zigeuner* | 337 |
| 7. | Sexualität außerhalb des normativ Erlaubten – Ehebrecher, sogenannte Kindsmörderinnen, Prostituierte und ‚Sodomiten' | 343 |
| 8. | Kriminelle / Straftäter und ihre Delikte | 359 |
| 9. | Ketzer/Häretiker | 365 |
| 10. | Hexen | 376 |

| IV. | Medialität und Ausgrenzung | 390 |
|---|---|---|
| V. | Schlussbetrachtungen | 396 |
| VI. | Literatur (in Auswahl) | 400 |
| | 1. Quellen | 400 |
| | 2. Sekundärliteratur | 416 |

# I. Einführende Bemerkungen

Prinz Heinrich: *Ei, du bist Gott einen Tod schuldig. Ab.*

Falstaff: *Er ist noch nicht verfallen, ich möchte ihn nicht gerne vor seinem Termin bezahlen. Was brauche ich so zuvorkommend gegen den zu sein, der mich nicht mahnt? Gut, es mag sein: Ehre beseelt mich vorzudringen. Wenn aber Ehre mich beim Vordringen entseelt? Wie dann? Kann Ehre ein Bein ansetzen? Nein. Oder einen Arm? Nein. Oder den Schmerz einer Wunde stillen? Nein. Ehre versteht sich also nicht auf die Chirurgie? Nein. Was ist Ehre? Ein Wort. Was steckt in dem Wort Ehre? Luft. Eine feine Rechnung! – Wer hat sie? Er, der vergangenen Mittwoch starb. Fühlt er sie? Nein. Hört er sie? Nein. Ist sie also nicht fühlbar? Für die Toten nicht. Aber lebt sie nicht etwa in den Lebenden? Nein. Warum nicht? Die Verleumdung gibt es nicht zu. Ich mag sie also nicht. – Ehre ist nichts als ein gemalter Schild beim Leichenzug, und so endigt mein Katechismus.*[1]

Wenn Shakespeare Falstaff über ‚Ehre' sinnieren lässt, so beschreibt er diese als Antriebskraft, die die Menschen zum *Vordringen*, zu kriegerischen Handlungen veranlasst, sie geradezu metaphysisch dazu *beseelt*, als eine Kraft, an der sie sogar *sterben* können, was dann ihre *Entseel*ung zur Folge haben würde. Diese tragischen Konsequenzen werden jedoch relativiert: Man ist Gott ohnehin *einen Tod schuldig*. Doch so leicht ist Fallstaff nicht zu überzeugen. Sein Überlebenswiderstand hat sich trotz des Zugeständnisses formiert: Warum sollte er vorauseilenden Gehorsam leisten, bevor er ge*mahnt* wird? Ehre kann ihn zwar *entseelen*, aber sie kann ihn nicht heilen, wenn er ein Bein oder einen Arm verliert. Die Handlungsmacht der ‚Ehre' hat also ihre Grenzen. Und so stellt er die Frage, was diese ‚Ehre' überhaupt sei, welche Handlungspotenz sie wirklich besitze. Die Antwort ist vernichtend; sie lautet: *Ehre* ist *nichts als* ein *Wort*, *Luft*, ein *gemalter Schild beim Leichenzug*. Es sei nur die *Verleumdung*, die das nicht zugebe.

Die Aussage der Übersetzungsfassung, ‚Ehre' sei ein Wort bzw. – etwas später – sie sei „nichts als ein gemalter Schild beim Leichenzug", hebt die Rolle textlicher Gegebenheiten des Typs *Wort* / ‚Wort' mit voller Deutlichkeit hervor. In einem gewissen Sinne ist es die alte nominalistische Frage nach der Realität der sog. Allgemeinbegriffe. Wir finden vergleichbare Hervorhebungen im gegenwärtigen

---

1  Shakespeare: König Heinrich IV. Erster Teil V, 1, 1955, 75. Dt. Übersetzung (Schlegel-Tieck). Englischer Originaltext: "Well, 'tis no matter; honour pricks me on. Yea, but how if honour prick me off when I come on? How then? Can honour set to a leg? No: or an arm? No: or take away the grief of a wound? No. Honour hath no skill in surgery, then? No. What is honour? A word. What is in that word honour? What is that honour? Air. [...]."

Deutschen oft mittels der Partikel *nur*, so etwa in dem Romantitel von Johannes Mario Simmel „Liebe ist *nur* ein Wort" oder als philosophisches Postulat in Nietzsches Zarathustra: „Seele ist *nur* ein Wort für ein Etwas am Leibe" (Nietzsche, Studienausgabe 4, 39). Der wohl bekannteste ‚Wort'verächter ist Goethes Faust. Dieser glaubt, zwischen dem Wort und der Tat unterscheiden zu können, und begründet dies mit dem Satz: „Ich kann das Wort so hoch unmöglich schätzen" (Goethe, Faust I, 44, V. 1226). Dieser besonderen Art des performativen Widerspruchs sei mit dem Begründer der modernen Pragmatik, Ch. S. Peirce, entgegengetreten, der den Handlungscharakter der sprachlichen Symbolwelt – mittels *bloß* – in seinen Konsequenzen auslotet.

> Peirce 1998, 66: Ein Symbol ist also ein allgemeines Zeichen, und als solches hat es die *Seins*weise einer Gesetzmäßigkeit [...]. Folglich verrät, wenn bestimmte Leute sagen, daß etwas »bloß« ein Wort ist, das Adjektiv »bloß« ein tiefgehendes Unverständnis für das *Wesen* eines Symbols. Ein Wort kann mit dem Urteil eines Gerichts verglichen werden. Es ist nicht selbst der rechte Arm des Sheriffs, doch ist es fähig, sich einen Sheriff zu schaffen und seinem Arm den Mut und die Energie zu verleihen, die ihn wirksam werden lässt (Hervorhebungen von mir).

In den folgenden Ausführungen geht es um die Relevanz der Wirkungen des Wortes[2] im Allgemeinen, damit auch des Wortes *Ehre* im Besonderen. Es geht darum, dass die Sprache, die Wörter und die mit ihnen einhergehenden Symbolsysteme nicht nur Wirkungen *haben*, sondern dass sie Wirkungen geschichtsprägend *konstituieren* oder noch schärfer: diese Wirkungen *sind* (Lobenstein-Reichmann 2009; 2012). Wörter wie *Ehre* können zwar keinen Arm ersetzen, was sich Falstaff so sehr ersehnt, aber sie können den Arm des Sheriffs zum Handeln bewegen, wie Peirce es exemplarisch formuliert hat. Am Beispiel der hier zur Diskussion stehenden Thematik konnte dieses obrigkeitliche Handeln dazu führen, dass einem Menschen die Hand abgehackt wurde und / oder dass man ihn aus der existentiell notwendigen Gemeinschaft ausschloss. ‚Ehre' oder sein modernes (partielles, da Positives wie Negatives umfassendes) Äquivalent ‚Image' sind wie alles gesellschaftlich Relevante das Ergebnis kommunikativen Aushandelns, sie müssen beständig beschützt und gepflegt werden, da sie auch zu

---

[2] Das Wort ist repräsentativ für Sprache zu verstehen und zwar ganz im Sinne Coserius 1970, 151f: „Man hat in dieser Hinsicht gesagt, die Sprache sei ein soziales Faktum und die Einzelsprache werde einfach den Sprechenden aufgedrängt. In Wirklichkeit ist die Sprache vielmehr zugleich Grundlage und primärer Ausdruck des Sozialen, des Mit-Seins des Menschen, und die Einzelsprache ist nicht als Zwang obligatorisch, sondern als frei angenommene Verpflichtung [...]. Die Sprache ist also auch Ausdruck der Intersubjektivität, und zwar in der Richtung der geschichtlichen Überlieferung und in der Richtung des Zeitgenössisch-Gemeinschaftlichen, das auch geschichtlich ist".

jeder Zeit kommunikativ beschädigt werden können.³ Die Wirkungen des Ehrbegriffs lassen sich am besten verdeutlichen, wenn es um seinen Verlust geht, also um Ehrabschneidung, Ehrenhändel und Ehrentzug.⁴ Die im Frühneuhochdeutschen wirksame Sprache der Entehrung, der damit verbundenen sozialen Ausgrenzung und oft genug auch der psychischen wie physischen Vernichtung ist Gegenstand dieses Buches.

Schon die soeben genannten Komposita mit *Ehre* sind vielsagend. Jedes von ihnen betont einen anderen Aspekt: *Ehrenhändel* impliziert eine kämpferische Auseinandersetzung, unterstellt damit eine gewisse, wenn auch kontroverse Dialogizität, mindestens eine dyadische Beziehung zwischen den am Aushandeln Beteiligten; *Ehrentzug* wiederum legt den Focus auf das Wegnehmen von etwas, das einem anderen als physisch wie psychisch an- bzw. zugehörig gedacht wird. Es impliziert zudem eine Macht, die in der Lage ist zu entziehen. *Ehrabschneidung* metaphorisiert den Akt zusätzlich als eine Handlung, die mit einem Messer oder einer ähnlichen Waffe vollzogen wird. Mit dem Grundwort *Abschneidung* wird die Materialität, letztlich die Körperlichkeit der Entehrung bewusst als Vergleichsmoment evoziert: ‚Abschneidung' ist eine Verletzung. Entehrung kann in entsprechender Weise als *Ehrverletzung* oder in noch deutlicher pathologisierender Weise mit *Kränkung* bezeichnet werden. Dann ist nicht nur der Vorgang des Entehrens angesprochen, sondern es wird auch die Perspektive des Opfers eingenommen, sowohl seine physische wie psychische Verwundbarkeit bzw. Verletzlichkeit vorausgesetzt wie das Resultat der Verletzung ausformuliert, nämlich die Schwächung des Körpers bzw. die Antastung der Seele.

Ehrverletzendes Sprechen, wie es hier eingeführt wurde, geht den ganzen Menschen an. Es positioniert ihn innerhalb der Gesellschaft, in der er lebt, innerhalb der Beziehungsgemeinschaft, mit der er lebt, vor allem aber auch in dem Selbstbild, aus dem heraus er lebt.⁵ Das Sprechen spiegelt (laut Judith Butler (2006: 36)), eben

---

3 Van Dülmen 1999, 1.
4 Vgl. unter rechtshistorischem Aspekt die entsprechenden Artikel *Ehre, Ehrengericht, Ehrenstrafe, Ehrenpfändung, Ehrlosigkeit* von Andreas Deutsch: HRG 2008, 1224–1231; 1232–1236; 1240–1243.
5 Das Idealbild beschreibt Kohut in seinem Buch „Wie heilt die Psychoanalyse?" (1989, 84): „Ein Mensch erlebt sich als kohärente, harmonische Einheit in Raum und Zeit, die mit ihrer Vergangenheit verbunden ist und sinnvoll in eine kreativ-produktive Zukunft weist, (aber) nur solange, wie er in jedem Stadium seines Lebens erlebt, daß gewisse Vertreter seiner menschlichen Umgebung freudig auf ihn reagieren, als Quellen idealisierter Kraft und Ruhe verfügbar sind, im Stillen gegenwärtig, aber ihm im Wesen gleich und jedenfalls fähig, sein inneres Leben mehr oder weniger richtig zu erfassen, so daß ihre Reak-

[...] nicht nur ein soziales Herrschaftsverhältnis wider, sondern inszeniert diese Herrschaft und wird damit zum Vehikel der Wiederherstellung der gesellschaftlichen Struktur. Nach diesem illokutionären Modell konstituiert hate speech ihren Adressaten im Augenblick der Äußerung. Sie beschreibt keine Verletzung und ruft auch keine Verletzung als Folge hervor; vielmehr *ist* (Kursivierung von mir, ALR) hate speech in der Äußerung selbst die Ausführung der Verletzung, wobei »Verletzung« als gesellschaftliche Unterordnung verstanden wird.

Was im Zuge der breiten Rezeption mit den Schriften Judith Butlers immer mehr zur modernen Erkenntnis zu werden scheint, nämlich dass die Ansprache die soziale Position des Menschen mit allen materiellen und immateriellen, das heißt physischen wie psychischen Konsequenzen bestimmt, führte in frühneuhochdeutscher (frnhd.) Zeit noch sehr viel deutlicher zu einer für den Betroffenen handgreiflich materiellen, sozial verbindlichen Realität.

Im vorliegenden Buch sollen Sprechhandlungen, Ansprachen im Sinne J. Butlers (ebd.) in ihren verletzenden Ausformungen beobachtet und aufgezeigt werden. Dabei sind die Unterschiede zur Gegenwart in den veränderten Wortgebräuchen wie in den zeitspezifischen Handlungsformen zu sehen. Auch wenn das frnhd. Wort *Ehre* heute nahezu „unmodern" ist, so ist es der vulnerablen Sache nach keineswegs verschwunden. Es wird in der Regel nur durch andere, partiell synonyme Ausdrücke, z. B. durch das moderne, in der Soziologie übliche positive *Image* oder durch das *Selbst* der Psychoanalyse im Sinne Ernst Kohuts (1989, 84; vgl. Fußnote 5), ersetzt. Alle drei Ausdrücke zeigen den Ort auf, der regelmäßig zum Zielpunkt zwischenmenschlichen verletzenden Sprechens wird, heute wie vor 500 Jahren. Um die verletzende Seite des Sprechens, um die Sprechhandlungen selbst, seine Sprecher und die so Angesprochenen soll es also gehen.

## I. 1. Ehrverletzungen in frühneuhochdeutscher Zeit

Ehrverletzungen in frühneuhochdeutscher Zeit können vielfältiger Natur sein. Drei allgemeine Formen sind unterscheidbar:

Es gibt erstens die institutionelle Ehrverletzung durch die Obrigkeit innerhalb einer Rechtshandlung z. B. durch eine Schand- oder Ehrenstrafe[6] oder durch die öffentliche Infamierung rechtskräftig verurteilter Verbrecher. Ehren-

---

tionen und seine Bedürfnisse abgestimmt sind und ihm erlauben, ihr inneres Leben zu begreifen, wenn er solcher Unterstützung bedarf".

6  Vgl. Deutsch a. a. O. 2008: s. v. *Ehrenstrafe*, 1232–1234; mit zahlreichen Abbildungen verschiedener Schandmasken, Schandgeigen usw.: Fellner / Kocher / Streit 2011, 68ff.

strafen basieren auf einem Gesetz, einer Verordnung oder, wie im Fall der öffentlichen Infamierung, der so genannten *infamia juris* auf einem Gerichtsurteil.[7] Durch ihren institutionalisierten Charakter erfolgen diese rechtsrituell praktizierten Ehrverletzungen oft in ebenso ritualisierten Sprechakten, damit textsortentypisch.[8] Auch der vom Publikum erwartete und durch die Ehrverletzung intendierte Spott war Teil der sozialen Sanktionen, mit denen man nicht nur strafte, sondern auch abschreckte. Er diente demnach der kollektiven Sozialdisziplinierung wie der individuellen Rechtsherstellung gleichermaßen.

Die zweite Art der Ehrverletzung ist im Kontext der alltäglichen Imagepflege anzusiedeln. Sie ist Teil des – wie man heute sagt – negativen Face-workings mittels Schmäh- und Spottreden, das vom einzelnen Individuum bis hin zum Kollektiv betrieben wird und in eben derselben Weise auch Individuen wie Kollektive (be)treffen kann. Während bei der genannten Form zwar alle betroffen sein können, aber nur eine Institution handelt, sind bei der zweiten Form alle Täter und Opfer zugleich.

Eine dritte Form unterscheidet sich von den beiden ersten, der Ehrenstrafe und der Spottrede, dadurch, dass diese beiden den Besitz bzw. die prinzipielle Zuschreibung von Ehre voraussetzen, sonst könnte man sie ja nicht verletzen bzw. verlieren, jene dritte aber bezogen ist auf solche Personen, denen gar keine oder nur eingeschränkte Ehre zugeschrieben wird. Die Zuschreibung von prinzipieller Ehrlosigkeit wird in diesem Fall vorausgesetzt und ist gewissermaßen ein permanenter Zustand für den Betroffenen. Einfacher formuliert bedeutet das, man kann einen bereits sozial Ausgegrenzten nicht mehr in derselben Weise mit denselben Sprachhandlungen ausgrenzen, mit denen man einen sogenannten Ehrenmann angreifen kann. Seine Fallhöhe ist nicht so tief, wie die des Anderen. Er befindet sich bereits aufgrund seines Hineingeborenseins in eine bestimmte Gruppe (z. B. Juden, Zigeuner, Familie eines Henkers), durch sozialen Abstieg bzw. unmöglichen sozialen Aufstieg (Bettler) bereits im Zustand der Exklusion; die ihn betreffenden Ausgrenzungsmechanismen sind Akte permanenter Diskriminierung.[9] Als Reaktion darauf geschieht es, dass sich die ausgegrenzte

---

7 Stuart 2008, 290.
8 Das öffentliche, auf Beschämung ausgerichtete Entehren durch das Prangerstehen, Entblößen, Eselsreiten oder das Scheren der Haare muss hier aufgrund seiner nonverbalen Semiotik in den Hintergrund treten.
9 Vgl. dazu: Velten 2010, 69: „Die soziale Funktion des Spottes in solchen rituellen Praktiken ist nicht nur auf den Bereich der Rüge und Sanktion bzw. Degradierung gegenüber dem oder den Verspotteten beschränkt. Für den Spötter oder die Gruppe der Spottenden lässt sich häufig eine – ernsthafte oder spielerische – soziale Ausgrenzung aus der lachenden Gemeinschaft bzw. Abgrenzung gegenüber Nicht-Zugehörigen und dadurch Stär-

Gruppe solidarisiert und eigene gruppenbildende Inklusionsmaßnahmen trifft (eigene Sprache, eigenes Ehr- bzw. Solidaritätssystem).

Von der sogenannten Mehrheitsgesellschaft werden diese Betroffenen kollektiv exkludiert, das heißt der Einzelne wird einer bestimmten sozialen Gruppe einverleibt. Mit dieser Zuordnung und den allein mit dem Gruppennamen verbundenen Entehrungen erhält der so randkollektivierte Einzelne eine für die Gruppe der Ausgrenzenden systemstabilisierende und konfliktentlastende Sündenbockfunktion. Man kann diesen Einen nun normgerecht verspotten, diffuse Aggressionen kanalisiert an ihm abreagieren, ohne dabei die eigene Gruppe und deren Image bzw. das gesellschaftliche Kernsystem zu belasten. Gemeint sind ja die ohnehin schon ehrlosen Anderen.

Von einem solchen diskriminierenden Ehrverlust, von Ehrlosigkeit und entsprechender Verspottung in besonderer Weise betroffen sind im Frühneuhochdeutschen vor allem folgende Gruppen, die im zweiten Teil dieser Ausführungen noch einmal gesondert betrachtet werden sollen:

1. Bettler
2. Kranke, Behinderte, Aussätzige
3. Angehörige der so genannten unehrlichen Berufe
4. Juden
5. Fahrende und Vaganten: Landläufer, Vagabunden, Spielleute
6. Zigeuner
7. Personen, die Sexualität außerhalb des normativ Erlaubten praktizieren und aufgrund dessen ausgegrenzt und kriminalisiert werden: Prostituierte, „Sodomiten", außerdem Kindsmörderinnen, die aus Furcht vor Ausgrenzung tatsächlich ein Verbrechen begehen.
8. Kriminelle und verurteilte Straftäter
9. Ketzer/ Häretiker
10. Hexen

Man könnte diese Gruppen erstens danach subkategorisieren, welches gesellschaftlich wichtige Merkmal sie zur Ausgrenzung freigibt, also ob sie z. B. sozial durch Nichtsesshaftigkeit auffallen, das heißt ob sie im Besitz der Ansässigenrechte oder vergleichbarer Sicherungen waren oder nicht. Zu dieser Kategorie gehörten Zigeuner, Vagabunden, Spielleute, Fahrende, auch bestimmte Gruppen der Bettler. Zweitens wären diejenigen zu gruppieren, die den religiösen Normen

---

kung dieser Gemeinschaft, ihrer Normen, Regeln und Mitglieder beobachten. Somit wirkt der Spott systemstabilisierend und ist wichtiges Regulativ für Konflikte innerhalb einer Gemeinschaft."

nicht entsprachen, also die jeweils perspektivisch als solche deklarierten Ketzer (Waldenser, Täufer, Schwärmer, je nach konfessionsideologischer Sichtweise auch Protestanten, Reformierte bzw. Katholiken), und drittens mit offenem Übergang diejenigen, die aufgrund eines bestimmten moralischen Normverständnisses aus der Gesellschaft ausgeschlossen wurden, wie Prostituierte oder Angehörige unehrlicher Berufe, allen voran die Henker. Allen genannten Gruppen gemeinsam ist eine durch ihre soziale Gruppenzugehörigkeit bedingte Ehrlosigkeit, soziologisch gesprochen: eine beschädigte Identität.[10] Der Einzelne hat keine bzw. eine nur eingeschränkte Identität als Individuum, sein Status ist ausschließlich gruppenbestimmt. Man schreibt ihm also aufgrund seiner Gruppenzuordnung keine individuelle, sondern eine in ihrer Ehre abgeminderte bzw. gänzlich ehrlose Gruppenidentität zu, die schließlich auch auf seine Individualidentität zurückschlägt. Dies beschreibt die moderne Soziologie folgendermaßen:

> Goffman 1974, 367:[11] Was ein Individuum für sich selbst ist, ist nicht etwas, was es erfunden hätte, sondern das, was sich bei den ihm gegenüberstehenden signifikanten Anderen als Erwartung in bezug auf es herausgebildet hat, als was sie es behandelt haben, und als was es sich schließlich selbst sehen musste, um auf ihre Reaktionen ihm gegenüber reagieren zu können.

Der Grad der Ehrzuschreibung machte vor allem auch den konkreten Rechtsstatus des Individuums aus, bestimmte also, ob eine Person in einer Stadt das Bürgerrecht erhalten konnte, in eine Handwerksinnung aufgenommen wurde oder ob sie als Zeuge aussagen durfte. Vollständige Unehrenhaftigkeit hatte den sozialen Ausschluss zur Folge, was in einer Gesellschaft, in der Menschen vor allem in Notsituationen ohne soziale Netzwerke nicht überleben konnten, im Ernstfall den sicheren Tod bedeutete. Insofern gilt für das Frnhd. in viel radikalerer, da oft körperlicher Weise, was Herrmann und Kuch (2007) für die Gegenwart beschreiben.

> Kuch / Herrmann 2007, 196: Der Absetzungsakt verändert die Stellung der adressierten Person im Sozialen. Er verändert die Vorstellung, die die abgesetzte Person von sich selber hat, und auch das Verhältnis, zu dem sich die Person nun verpflichtet fühlt. Und er verändert die Vorstellung, die Andere von nun an von der abgesetzten Person haben, und das Verhalten, das sie der Person gegenüber nun an den Tag legen. Die Absetzung ist ein Akt ›sozialer Magie‹: Ohne dass jemandem physisch etwas zugefügt würde, verwandelt sich der soziale Status einer Person – dazu nötig sind: nur Worte.

---

10 Vgl. dazu: Reinhard 2006, 277f. Zu anderen Gruppengliederungen z. B. nach Le Goff, 2004, 324.
11 Goffman (1974): Normale Erscheinungen. In: Goffman 2005c, 318–433.

Die untersuchte Zeit des Frühneuhochdeutschen basiert im Sinne Luhmanns auf Sozialsystemen, in denen die Ehre als kollektive Achtungsmoral die Interaktion zwischen den Menschen maßgeblich regelt und damit die menschlichen Beziehungen, Alteritäten wie Identitäten, formiert. ‚Ehre' ist demnach nicht nur ein Wort, sondern das Ergebnis einer gesellschaftlich sanktionierten Kategorisierung. Ehrzuschreibung ist der Akt dieser Kategorisierung, mehr noch: ein Mittel zur sozialen Kategorisierung von Personen, mit dem *virtuale soziale Identitäten* im Sinne Goffmans positiv wie negativ konstituiert werden.

> Goffman 2008, 10: Der Charakter, den wir dem Individuum zuschreiben, sollte besser gesehen werden als eine Zuschreibung, die in latenter Rückschau gemacht ist – eine Charakterisierung >>im Effekt<<, eine virtuale soziale Identität. Die Kategorie und die Attribute, deren Besitz dem Individuum tatsächlich bewiesen werden konnte, werden wir aktuale soziale Identität nennen.

Mit solchen *virtualen sozialen Identitäten,* die sprachlich geschaffen und durch eingespielte Benennungs-, Prädikations- und Attributionstraditionen ins kollektive Bewusstsein eingeprägt sind, werden gesellschaftliche Erwartungshaltungen und Handlungsspielräume konstituiert. Dies wurde mit den Handlungssubstantiven *Zu-schreibung* und *Prä-dikation*[12] angedeutet. Die *aktuale* Identität, das jeweilige Einmalig- und Besonders-Sein des einzelnen Menschen, die Persönlichkeit, tritt gegenüber der ihr zugeschriebenen virtualen so stark in den Hintergrund, dass nur noch die letztere das Bild prägt, und über den Einzelnen im Sinne von ‚Individuum' nichts mehr ausgesagt wird. Der Einzelne geht in der ihm zugeschriebenen virtualen Gruppenexistenz auf.

Damit soll zugleich betont werden, dass zeitgebundene, stereotypische Zuschreibungen als die einzelnen Mosaiksteinchen virtualer Identitäten nur sehr wenig oder gar nichts über die davon betroffenen einzelnen Individuen aussagen.

---

12 Ich verwende das Wort *Prädikation* im Sinne Reichmanns (1986, 247): „Das Wort Prädikation [...] ist dabei nicht mit den grammatischen Termini Prädikat oder Prädikatsaussage gleichzusetzen. Aussagen grammatischer Prädikate bilden lediglich einen Teil der Prädikationen eines Textes. Prädikationen im hier gemeinten, sehr umfassenden Sinne des Wortes stecken allgemein in der bloßen Kompatibilität der in einem Text begegnenden Wörter, im Gebrauch von Metaphern, in den Generalisierungen, Spezifizierungen, Nuancierungen, Wertungen, Gegensatzbildungen, die man schon durch die Fixierung der Referenz mittels eines gewählten Wortes vornimmt, im Stellenwert eines Wortes innerhalb des onomasiologischen Feldes und im Stellenwert einer Bedeutung innerhalb ihres semasiologischen Feldes, schließlich selbstverständlich auch in den Symptomwerten eines Wortes, nur mit dem Unterschied, daß die Symptomwertprädikationen den Sprachträger, alle übrigen die im Text behandelten Bezugsgegenstände betreffen." Vgl. auch: von Polenz 2008, 125; dort: „prädizierendes Bezugnehmen".

Sie sagen aber etwas aus über die üblichen, oft institutionalisierten, immer sprachlich und textlich verfassten Beziehungsgefüge einer zuschreibenden und damit urteilenden Gesellschaft und über den Einzelnen, der die Zuschreibungen, ‚Urteile', vornimmt. Hinsichtlich der Quellenlage heißt das natürlich auch, dass die ausgegrenzten Personen selbst kaum textliche Spuren hinterlassen haben, weshalb sie ihre eigene Version ihrer Identität oft genug nur bedingt überliefern konnten.

> Geremek 2004, 380: Sie unterzeichnen schließlich keine Verträge, hinterlassen keine Erbschaft und sind keine Helden großer Ereignisse, die in Chroniken eingehen. Sie tauchen vor allem in den Archiven der Repression auf, werden also in einer Art Spiegelbild sichtbar, in dem nicht nur das Gerechtigkeitsempfinden der Gesellschaft zum Ausdruck kommt, sondern auch ihre Angst und ihr Haß. Was dieses Bild an Informationen vermittelt, betrifft in erster Linie die Gesellschaft selbst und erst in zweiter Linie diejenigen, die Gegenstand der Repression waren. Die Informationen beziehen sich zumeist auf die bloße Rechtsnorm, seltener auf die Menschen selbst.

Man sprach und schrieb *über* diese Menschen, aber man sprach auch damals kaum *mit* ihnen oder ließ sie gar selbst schriftlich oder mündlich über das Alltagsnotwendige hinaus zu Wort kommen. Sie hatten, außer in ihren Verhör- oder Gerichtsprotokollen, in denen sie oft genug auch nur durch die Brechung des Protokollanten zur Sprache gelangten, keine Stimme in ihrer eigenen Zeit und daher auch nicht in der Geschichtlichkeit. Die Zuschreibungsperspektive ist eben immer die Perspektive desjenigen, der abwertet, ausgrenzt, diskriminiert oder ablehnt, umgekehrt auch: der aufwertet, erhöht, Vorbilder konstituiert (diese letzteren bilden aber nicht den Gegenstand des vorliegenden Buches). Die hier gemeinten Zuschreibungen sind zudem eigentlich nicht referenzierbar, das heißt, sie haben nur ein virtuales, kein sozial fassbares Referenzobjekt. Sie haben vor allem kein individuelles Objekt, auf das man exophorisch, gleichsam mit dem Finger, Bezug nehmen konnte, sondern nur ein immer gleiches logisches Objekt, (einen Menschen), über den man etwas sagte und an dem man das, was gesagt wurde, weil man es sagte und weil man es erkennen wollte, schließlich auch erkannte und es tatsächlich sinnlich aufweisen zu können meinte, obwohl man es nicht ‚wirklich' sah. Ich erinnere an Falstaffs Aussage, dass es die *Verleumdung* ist, die dies nicht zugibt, und füge hinzu: die *kollektive Verleumdung*.

Zuschreibungen sind also, wie es bereits das Wort zum Ausdruck bringt, sprachlich konstituiert. Sie werden sprachlich ausgearbeitet, ihr Ergebnis sind sprachliche Konstitute, auch wenn sie infolge kollektiver Verleumdung nicht als solche erkannt werden. Sie sind insofern soziale ‚Realitäten'. Anders formuliert: Mit ihnen werden sprachlich und textlich geschaffene Kollektividentitäten inskribiert, in die einzelne Menschen aus ganz unterschiedlichen Motiven eingeschrieben werden können, unabhängig davon, ob sie den Zuschreibungsmerkmalen entsprechen oder nicht. Die geschichtstypisch herrschende Kollektivierung wird zum Maßstab, nicht der damit erfasste Einzelne. Dieser mutiert zum Objekt, er verliert seinen Subjektstatus und damit seine Handlungsspielräume. Solche Zuschreibungen orientieren sich an der jeweils herrschenden gesellschaftlichen Norm, deren Konstitution den ebenfalls jeweils herrschenden Machtbedingungen unterliegt und die das Ergebnis gesellschaftlichen und damit ebenfalls zeittypisch bedingten sprachlichen Aushandelns ist.

Wird eine Person negativ an dieser Norm gemessen und zu einer befleckten, beeinträchtigten Person herabgemindert (Goffman 2008, 11), so kann man den Akt der Zuschreibung als *Stigmatisierung* bezeichnen.[13] Der amerikanische Soziologe Erving Goffman erläutert das Grundwort *Stigma,* auf das ich mich wegen seines gesamtsemiotischen Aspektes (bezogen auf alle Zeichensysteme) ebenfalls stützen möchte, und entwirft eine Typologie der Stigmatisierungsformen.

> Goffman 2008, 9: Die „Griechen [...] schufen den Begriff Stigma als Verweis auf körperliche Zeichen, die dazu bestimmt waren, etwas Ungewöhnliches oder Schlechtes über den moralischen Zustand des Zeichenträgers zu offenbaren. Die Zeichen wurden in den Körper geschnitten oder gebrannt und taten öffentlich kund, daß der Träger ein Sklave, ein Verbrecher oder ein Verräter war – eine gebrandmarkte, rituell für unrein erklärte Person, die gemieden werden sollte.

Goffman unterscheidet drei Typen, nämlich zum einen Stigmatisierungen, die durch „Abscheulichkeiten des Körpers" bzw. durch physische „Deformationen" motiviert sind. Dazu gehören im späten Mittelalter und der frühen Neuzeit vor allem Leprakranke und Aussätzige. Zur zweiten Gruppe rechnet er solche Personen, die aufgrund eines ihnen unterstellten „individuellen Charakterfehlers", der in der Gesellschaft als Willensschwäche, tückische und starre Meinung, unnatürliche Leidenschaft oder Unehrenhaftigkeit wahrgenommen wurde, stigmatisiert werden. Gemeint sind Menschen, die gegen das herrschende Wertesystem, darunter das Gesetz, verstoßen haben, die etwa einen unehrenhaften Beruf ausüben, als Homosexuelle aufgefallen sind oder der ‚Ketzerei' bezichtigt werden. Den dritten Typus charakterisiert er als „phylogenetisch", da das Motiv für die Ausgrenzung die Zuordnung zu einer Rasse, einer Nation und einer Religion ist. Phylogenetische Stigmatisierungen werden in der Regel von Geschlecht zu Geschlecht weitergegeben (Goffman 2008, 13). Betroffen davon sind bereits in frnhd. Zeit vor allem die Juden aufgrund ihrer Religion und die „Zigeuner" wegen ihrer fremdartigen Sitten und Gebräuche, ihrer Sprache und nicht zuletzt wegen

---

13 Vgl. dazu auch: Elias / Scotson 2006. Dort besonders 7–56.

ihres fremdartigen dunklen Äußeren.[14] Wie offen die Übergänge zwischen den Gruppen sind bzw. wie willkürlich und wie wechselhaft die Zuschreibungskriterien sein können,[15] zeigt das Beispiel des ‚Mohren', dessen Hautfarbe in frnhd. Zeit zwar als Abscheulichkeit des Körpers aufgefasst wird, der Beliebtheit des unten beschriebenen „Esopus" aber dennoch nicht notwendigerweise schaden musste. So gehörten die Äsopischen Fabeln jedenfalls zu den beliebtesten Texten des 16. Jahrhunderts.

> Harms u. a., Alberus. Fabeln 33, 3 (Frankf./M. 1550): Esopus war ein armer gekauffter knecht [...] darzu vberauß heßlich / vnd gantz schwartz / das er auch deshalben Esopus / das ist / schwartz / oder ein scheußlicher Mor / genent wirdt[16].

Verstümmelnde Körperstrafen, wie das Ausstechen der Augen, das Abhacken einer Hand oder das Brandmarken, lassen körperliche Abscheulichkeiten mit den individuellen Charakterfehlern in sichtbarer Weise zusammengehen, so dass die Qualifizierung der Stigmakriterien als fließend angesehen werden muss. Ein verstümmelter Armer wird optisch sofort als moralisch defizitär erkannt, vor allem dann, wenn seine Verstümmelung für jedermann ersichtlich die Folge von Folter oder Strafjustiz ist.

Allen drei Gruppen gemeinsam war wieder die fundamentale Ehrlosigkeit, die mit expliziter topographischer und sozialer Ausgrenzung einherging. Im Unterschied zu Shakespeares Helden litten sie nicht um ihrer Ehre willen, sondern sie erfuhren Not und Ausgrenzung, weil man ihnen im Faceworkingprozess der Zeit aufgrund ihrer Gruppenzuordnung nur wenig bis gar keine Ehre zuschrieb.

Der Akt der Stigmatisierung, also der Zuschreibung einer negativen sozialen Identität, ist in zweifacher Hinsicht ein Zeichensetzungsakt. Zum einen ist mit dem Wort *Zeichensetzung* die sprachliche Setzung von Welt angesprochen, das heißt im Sinne von Peirce, dass Zeichen die Spieler einer sich selbst erklärenden und selbst konstituierenden unendlichen Semiose sind, mit der die Welt beschrieben, interpretiert und geprägt wird.

---

14 Vgl. dazu: Meier 2007.
15 In Elias' Mikrostudie zur englischen Vorortgemeinde Winston Parva war das Ausgrenzungs- und Stigmatisierungskriterium die Wohndauer. Die Alteingesessenen drückten den „Zuzüglern das Schandmal menschlicher Minderwertigkeit" auf (Elias / Scotson 2006, 13).
16 In der Äsopausgabe Steinhöwels verschwindet die Nennung der Hautfarbe sogar fast in der ausführlichen Aufzählung der Hässlichkeiten: Österley, Steinhöwels Äsop 38, 20 (Ulm 1474/82): „[Esopus] het für andere menschen ain langes ungestaltes angesicht, ain großen kopf, gespuczte ougen, swarczer farb, lang backen, ain kurczen hals, groß waden, brait füß, ain großes mul, fast hoferot, zerbläten buch und das an im das bösest was, er hett ain überträge zungen, darumb er ser staczget."

Peirce 1998, 64: Ein Zeichen oder Repräsentamen ist alles, was in einer solchen Beziehung zu einem Zweiten steht, das sein Objekt genannt wird, daß es fähig ist ein Drittes, das sein Interpretant genannt wird, dahingehend zu bestimmen, in derselben triadischen Relation zu jener Relation auf das Objekt zu stehen, in der es selbst steht. Dies bedeutet, daß der Interpretant selbst ein Zeichen ist, das ein Zeichen desselben Objekts bestimmt und so fort ohne Ende.

Zum anderen ist Zeichensetzung hier im wahrsten Sinne des Wortes gemeint, da Stigmatisierung nicht nur die Ausgrenzungshandlung beinhaltet, sondern auch den Ausgegrenzten konstituiert und ihn als solchen identifiziert. In frnhd. Zeit ging die sprachliche Identifizierung oft mit einer tatsächlichen, d. h. sinnlich (meist optisch, auch akustisch) wahrnehmbaren Kennzeichnung der Betroffenen einher. Üblich waren einerseits abnehmbare Zeichen wie der Judenstern, das Bettlerzeichen, spezielle Kleiderfarben, andererseits aber auch bleibend in den Körper eingeritzte bzw. eingebrannte körperliche Male, die die Unehrenhaftigkeit für jedermann auf den ersten Blick und für immer sichtbar machten (Lobenstein-Reichmann 2012b).

So war die Brandmarkung von Dieben üblich (oft mit dem Galgensymbol, mit dem Wappen einer Stadt, mit einem Buchstaben), das Abschneiden der Ohren (bei Diebstahl, Betrug), das Abhacken der Hände (dazu: Schubert 2007, 78f.) oder Finger (bei Meineid, Betrug, Falschspiel, Körperverletzung usw.), auch der Zunge, (100ff.) oder das Blenden bzw. das schon genannte Augenausstechen. In manchen Regionen mussten Henker wie Aussätzige ihr Kommen akustisch durch eine Klapper oder ein Glöckchen bemerkbar machen.[17] Jeder dieser die soziale Identität des Menschen von einer positiven zu einer negativen Identität transformierenden Zeichensetzungsakte, nach Harold Garfinkel *status degradation ceremonies* (Garfinkel 1956, 420),[18] basiert auf vorausgehenden sprachlichen Operationen bzw. setzt eine sprachliche Konstitution der Ausgrenzung voraus. Die entscheidende Frage ist daher, wieder mit den Worten Garfinkels aus dem Jahre 1956: „what program of communicative tactics will get the work of status degradation done?" (ebd. 421).[19] Dies soll die erste Leitfrage der folgenden Ausführungen sein.

---

17 Vgl. dazu: Roeck 1993, 11.
18 Neueren Datums dazu: Garfinkel 2007, 49–57. Garfinkel schreibt (ebd. 49): „Jede kommunikative Tätigkeit von Menschen, die durch die öffentliche Identität eines ‚Mitspielers' auf einen niedrigeren Rangplatz innerhalb des lokal gebräuchlichen Schemas sozialer Typen verschoben wird, wird als ‚Statusdegradierungs-Zeremonie' bezeichnet."
19 50 Jahre nach dieser Frage betont Garfinkel den Zusammenhang zwischen der Sprache und der Manipulation sozialer Identität folgendermaßen: Garfinkel 2006, 147: "Just as there are the parts of speech and grammatical rules by means of which the manipulations

Hinzu kommt eine zweite Frage. Die hier zur Diskussion stehende Kulturzeit ist durch einen starken Willen zur Etablierung und Durchsetzung von Normen geprägt, das heißt genau: durch einen immer stärker werdenden Regulierungsanspruch der obrigkeitlichen Institutionen in Bezug auf moralisches und sittliches Verhalten, z. B. auf Trunksucht, Gotteslästerung, Spielen, Übertretung der Kleider- oder Luxusordnung, sexuelles (Fehl-)Verhalten. Entsprechend hoch ist die Vielfalt der sich herausbildenden und etablierenden Normsetzungsverfahren, angefangen von einer umfassenden Ordnungsgesetzgebung und endend bei gegenseitiger Sozialkontrolle von Privatpersonen. Der Weg geht von der äußeren Normsetzung aus, führt aber auch zu entsprechenden gesellschaftlichen Verinnerlichungsprozessen, das heißt letztlich zu einer Wechselwirkung von Fremd- und Selbstzwang. Damit ist auch das Stichwort *Sozialdisziplinierung* in seinen hauptsächlichen Inhalten umrissen. Die Bindung der genannten Varianten gesellschaftlichen Fehlverhaltens an den Ehrbegriff wird zum essentiellen Ausgangspunkt der Entwicklung,[20] der jeweils spezifische Ehrbegriff selbst ist als Hebel wie als Produkt dieses Prozesses zu betrachten.

Das Konstituieren von Normen als sprachliches Phänomen ist daher als kontinuierlich verlaufender herrschaftsbedingter und herrschaftsbedingender Prozess zu denken und als solcher zu untersuchen, ebenso die Setzung von Normabweichungen, die zur Ausgrenzung derjenigen Personen und Personengruppen führt, die sich der Disziplinierung nicht unterwerfen bzw. aufgrund der gesetzten Konformitätskriterien von vorne herein ausgeschlossen werden. Wer aber schließt anhand welcher Kriterien wen aus und wie geht dies vor sich? Mit dieser Frage steht sowohl die von R. Moore (1987) entwickelte These von der sich entwickelnden *Verfolgungsgesellschaft* zur sprachwissenschaftlichen Diskussion als auch die von Schubert (2007, 71) und Stuart (2008, 26) vertretene These zur *Professionalisierung* der Justiz und des Strafvollzugs, also der staatlichen Machtausübung verbunden mit einer funktionalen Ausdifferenzierung der Gesellschaftsteile. Beides gilt es linguistisch zu beschreiben. Gegenstand dieses Buches ist demnach die Wechselwirkung zwischen sprachlichem Handeln und Gesell-

---

of chairs are indicated, so the language provides the parts of speech and grammar that indicate the modes of manipulating social identities. For example, consider the following terms, which are intended in their literal sense: oppose, attack, defend, insult, validate, invalidate, repress, excommunicate, hire, fire, impeach, invest, invoke, substantiate, transsubstantiate, punish, destroy, create, recreate, kill, resurrect, compromise, coerce, beautify, sanctify, desecrate, buy, sell, will, barter, falsify, integrate, bestow – to name only a few obvious operations."

20 Dazu: Oestreich 1980.

schaft sowie sprachlichem Handeln und sozialer Identität im Sinne der Autoren Garfinkel, Goffman sowie Berger / Luckmann:

> Berger / Luckmann 2007, 24: Die Sprache, die im alltäglichen Leben gebraucht wird, versorgt mich unaufhörlich mit den notwendigen Objektivationen und setzt mir die Ordnung, in welcher diese Objektivationen Sinn haben und in der die Alltagswelt mir sinnhaft erscheint. Ich lebe an einem Ort, der geographisch festgelegt ist. Ich verwende Werkzeuge, von Büchsenöffnern bis zu Sportwagen, deren Bezeichnungen zum technischen Wortschatz meiner Gesellschaft gehören. Ich lebe in einem Geflecht menschlicher Beziehungen, von meinem Schachklub bis zu den Vereinigten Staaten, Beziehungen, die ebenfalls mit Hilfe eines Vokabulars geregelt werden. Auf diese Weise markiert Sprache das Koordinatensystem meines Lebens in der Gesellschaft und füllt sie mit sinnhaltigen Objekten.

Allgemein geht es also um die sprachliche Verfasstheit der Beziehungs- und Bewertungsverhältnisse des Frühneuhochdeutschen und deren Symbolisierung, speziell um die Frage nach der Gestaltung von Stigmatisierung und Feindseligkeit gegenüber präsupponierten Anomalien, Grenzverschiebungen, Normabweichungen. Es ist der Versuch, am Beispiel frnhd. Ausgrenzungsstrategien einen Einblick in die Semiotik des gesellschaftlich üblichen Beziehungsgefüges zu gewinnen. Denn *Degradation* sowie *Denunciation work* (Garfinkel 1956, 422) ist Spracharbeit.

Um es noch einmal zu zusammenzufassen: Durch die analytische Betrachtung der aufgeführten Gruppen soll gezeigt werden, wie die degradierende Spracharbeit im Frühneuhochdeutschen verläuft, welche kommunikativen Taktiken wann von wem, mit welcher Berechtigung, wo bevorzugt genutzt werden, welche Besonderheiten auffällig sind. Die kommunikativen Taktiken *zeigen* aber nicht nur *an* (*to indicate*; Garfinkel 2006, 147), wie Menschen ausgegrenzt werden, sie sind also z. B. nicht nur Wörter, die eine vorhandene Ausgrenzung zum Ausdruck bringen, die auch ohne sprachliche Fassung vorhanden wäre, sondern sie *sind*, wie oben angedeutet wurde, die Ausgrenzung selbst. Sie konstituieren die Ausgrenzung als Idee und als gesellschaftlich wirksamen Mechanismus, als logisch verstandene effizierte Objekte, d. h. sie *schaffen* den Ausgrenzenden, den Ausgegrenzten und die Ausgrenzung als gesellschaftliche Praxis.

## I. 2. Der Akt der Diskriminierung – Anleihen aus der Psychologie

Wie Ausgrenzung und Ehrverletzungen zusammengehen und gelingen, zeigen psychologische Untersuchungen zu diskriminierenden Sprechakten. Nach deren Verständnis kann man zwischen DISKRIMINIEREN und BELEIDIGEN insofern unterscheiden, als das erstere gruppenbezogen und prototypisch kategorial ist, während das zweite als individuenbezogen und einzelfallspezifisch betrachtet werden kann. Diskriminierung bezieht sich nach dieser Unterscheidung in Abgrenzung zur individuellen Beleidigung, welche sich mit individualisierten Äußerungen auf eine einzelne, individuell für sich stehende Person richtet, auf den Angesprochenen als den Repräsentanten einer ganz bestimmten Gruppe; sie schließt dessen Individualität (im Sinne von ‚Ungeteiltheit, Einmaligkeit') damit systematisch und kategorisch aus. Beleidigung und Diskriminierung sind trotz dieser analytischen Differenzierung keine wirklich trennbaren Handlungen, sondern bedingen und stützen sich in ihrer verletzenden Wirkung gegenseitig. Die Tatsache, dass man individuell beleidigen kann, indem man eine soziale Kategorie *Zigeuner* schafft und diese dann als Schimpfwort auch für jene einsetzt, die mit der so stigmatisierten Gruppe nichts zu tun haben, belegt dies.

Die Psychologen Carl Friedrich Graumann und Margret Wintermantel verstehen unter Diskriminierung die „Ungleichbehandlung von Personen auf kategorialer Basis, also in der Regel ohne Berücksichtigung individueller Eigenschaften oder Verdienste" (2007, 146). Etwas ausdifferenzierter beschreibt dies Franc Wagner (2001, 13): „Unter einer sozialen Diskriminierung soll die kategoriale Behandlung einer Person verbunden mit einer Bewertung verstanden werden. Die kategoriale Behandlung besteht in der sprachlichen Bezugnahme auf eine Person mittels einer sozialen Kategorie (z. B. *Jude, Türke, Zigeuner*). Die bezeichnete Person wird dabei nicht als Individuum wahrgenommen, sondern als Vertreterin dieser sozialen Kategorie." Sprachliche Diskriminierung wäre dann eine spezielle Art sozialer Diskriminierung, und zwar eine in Sprache erfolgende.

Diskriminierung und Ausgrenzung sind dementsprechend kategorisierende (einteilende) und bewertende Handlungen, die soziale, mentale und sprachliche Erscheinungsformen aufweisen. *Diskriminieren* selbst ist ein illokutionäres Verb. Ich kann niemanden diskriminieren, indem ich sage: Hiermit diskriminiere ich Sie.[21] Das Wort verweist jedoch auf eine illokutionäre Handlungsfolge, die in kontext- und situationsspezifisch verschiedener Weise vollzogen wird und nur analytisch trennbar ist. Die Illokution besteht in der Herstellung von Trennung, Stereotypisierung und Abwertung des Anderen. Graumann / Wintermantel haben die Funktionen des diskriminierenden Sprechens ausdifferenziert und durch das Distanzieren und Festschreiben ergänzt (2007, 149f.). Sie unterscheiden 5 Funktionsklassen, die ich auch meinen, auf das Frnhd. bezogenen Überlegungen zugrunde legen möchte:

---

21  Dasselbe gilt für BELEIDIGEN, VERLEUMDEN, EHRVERLETZEN usw.

1. Trennen
2. Distanzieren
3. Akzentuieren
4. Abwerten durch Zuschreiben
5. Festschreiben

Jede dieser Handlungen ist Teil eines umfassenden Diskriminierungshandelns, und im Einzelnen sind die Teilhandlungen oft nur analytisch unterscheidbar.

So ist das **Trennen** (1.) eng verbunden mit dem **Distanzieren** (2.) bzw. geht sprachlich wie logisch mit diesem einher. Ich grenze mich als Individuum und Ich-Identität oder als Teil einer Gruppe, nennen wir sie die *Eigengruppe*, von anderen Individuen und Gruppen ab, indem ich zum Beispiel *ich* oder *wir* sage im Unterschied zu *der /sie* oder zu (pluralischem) *denen*. Die Alltagsaussage „Mit denen wollen wir nichts zu tun haben" expliziert die systematisch mögliche Negativkonnotation im Deixisgebrauch bzw. die mit dem *wir* für die Eigengruppe bereits implizierte Gebrauchsanweisung im Umgang mit *denen*. Das Trennen wird textgrammatisch zum Beispiel durch die Pronominalisierung erreicht, aber auch einfach im propositionalen Teilakt des bezugnehmenden Identifizierens. Ein Beispiel für Letzteres wäre die Benennung eines auf der Straße begegnenden Menschen mit dem assoziationsbeladenen Substantiv: *zigeuner, hurenwirt, papist*.

Bei der Pronominalisierung werden die kommunikativen Rollen eines Textes ausgehandelt (vgl. dazu ausführlich: Kapitel II. 6. 1). In den prototypischen Kommunikationssituationen stehen die Handlungsrollen wie die Gesprächsrollen zur Wahl, also zum einen die Sprecherrolle mit den Pronomina *ich / mir / meine*, und die Hörerrolle mit *du / dir / deiner, ihr / euch / euer*, ferner die Referenzrolle mit *er / sie / es, seiner / seine / seines, sie / ihnen*. Sprecherrolle und Hörerrolle beziehen sich auf handelnde Kommunikationsteilnehmer, wohingegen die Referenzrolle passivisch, das Behandelte bleibt.

Welche weiteren Informationen liefert uns die Betrachtung der Pronomina? Was impliziert das Pronomen der ersten Person, das *Ich* im Singular und das *Wir* im Plural? Was tue ich, wenn ich *ich* sage oder wenn ich vom *Wir* und *Uns* spreche? Mit dem *Ich* trenne ich mich vom Anderen, mit dem *Wir* gehe ich wieder in ihm auf. Diese Pronominalisierungen dienen als Trennungs- und Distanzierungsmittel, damit gleichzeitig als ein Mittel zur Identifikation und zur Gruppenbildung bzw. -formation.

Wenn Johannes Eck in seiner „Verlegung des Judenbüchleins" (1541) schreibt: (56r): „Die juden haben allain den schatten/ wir die warhait", so grenzt er sich mit der distanzierenden Nominalphrase *die Juden* nicht nur deutlich von den Juden ab, sondern er bildet mit dem Inklusiv-Plural *wir* in dieser Gegenüberstellung auch seine Eigengruppe positiv heraus. Denjenigen, die sich mit dem *wir* identifizieren und sich damit kollaborativ identifizieren, wird zudem auch noch geschmeichelt.²² Dies gilt auch für den folgenden Beleg, bei dem pronominale Exklusions- und pronominale Inklusionshandlung ineinander übergehen:

> Eck, Verlegung 1541, 59r: **Sie** [die Juden] streben wider die hailig trifaltigkait/ wider die GOTThait Christi/ wider die vereherung der hailigen/ wider Christi vñ der hailigen bildnuß/ wider junckfrewlich geburt: vnd in summa/ wider alles das **wir** gůten Christen glauben/ lehren/ oder halten.

Folgende zwei Beispiele aus der Reformationszeit zeigen, wie auch Luther mit dem Inklusivplural der ersten Person gespielt hat, um die Leser einerseits kommunikativ direkt anzusprechen, aber auch um vereinnahmende Inklusionen vorzunehmen. Das *wir* ist für ihn das Pronomen, mit dem er seine Leser, im ersten Fall die der programmatischen Freiheitsschrift, ins reformatorische Boot holen will (Lobenstein-Reichmann 1998, S. 299ff.).

> Luther, WA 7, 20, 25: Das **wir** grundlich mugen erkennen, was eyn Christen mensch sey, [...].

Im Jahre 1534 sind die konfessionellen Gruppenbildungen geklärt, und der Plural wird immer mehr zum Mittel, mit dem man die protestantische Gruppe von den konfessionellen Gegnern abgrenzen kann. Der Inklusions-Plural wird zum Indiz der Gruppenzugehörigkeit und damit zur Ausgrenzung derjenigen, die nicht dazu gehören.

> Luther, WA 38, 325, 18 (1534): lassen **wir** jtzt die Papisten [...] auch auff **uns** stürmen und sich an **unsern** fels stossen und wol anlauffen und abstürmen."

Die trennende Funktion der Pronominalisierung ist gleichzeitig distanzierend.

> Luther, WA 7, 31, 10ff. (1520): Die **andern** aber, **die do** meynen mit wercken frum zu werden, haben keyn acht auff die casteyung, sondern sehen nur auff die werck, und meynen, wenn **sie** derselben nur viel und groß thun, ßo sey es wol than und **sie** frum wurden, zu weyllen zu brechen die kopff und vorterben yhre leyber druber, das ist eyne

---

22 Man könnte diese besondere Funktion der Pronomina auch an einem modernen Beispiel, nämlich am Wahlkampfslogan der CDU zur Bundestagswahl 2009 erklären. Der lautete, ganz in der Tradition des amerikanischen Präsidenten Barack Obamas, der in seinem Wahlkampf den Slogan *yes we can* verwendet hat: *Wir haben die Kraft*. Mit dem *Wir* werden zum einen alle Deutschen ermutigend angesprochen, aber im wahlkampfeffizienten wortspielerischen Doppelsinn soll es sagen, dass vor allem die CDU die Kraft hat, die Probleme zu lösen. Man könnte das Pronomen *Wir* in dem hier vorliegenden Gebrauch als Inklusivplural dann auch entsprechend betonen: *Wir* haben die Kraft, nicht die anderen Parteien, oder es rhematisieren als: es sind doch wir, die die Kraft haben.

> große torheyt und unvorstand Christlichs lebens und glaubens, das **sie** on glauben durch werck frum und selig werden wollen.

Luthers Gegner sind die im nachfolgenden Beleg mit dem Plural *sie,* auch mit *die anderen, die* [...] Angesprochenen. Das sind die, die *on glauben* auf die *werke,* und zwar im negativierenden Sinne von *viel und groß tun,* bauen, die damit nicht das richtige, das heißt das protestantische Verständnis des Glaubens haben. Das bezeichnenderweise mehrmals folgende *sie* macht die gemeinte Gruppe zum Referenzobjekt außerhalb der *wir*-Gruppe, schließt sie aus dem *Wir* aus. Es distanziert und schafft Gegnerschaft. Weiter wird das Demonstrativpronomen der Distanz und gleichzeitig der Deixis gebraucht: *schau mal, die da. Die leben / denken wie z. B. die Juden.* Mit denen wollen wir nichts zu tun haben. Im obigen Beleg heißt es: *die do meynen...*

> Luther, WA 22, 273, 4 (1544): **die** nach dem Mammon sorgen und trachten, das sind heiden, das ist, **solche** Leute, **die da** warhafftig keinen Gott haben.

Das immer wieder begegnende *die* wird in dem distanzierendem und vergegenständlichendem *solche* wieder aufgegriffen; und von Luther wird auch noch der Grund für die Distanzierung angegeben: *sie haben keinen Gott.*

> Bihlmeyer, Seuse 483, 24 (alem., 14. Jh.): Hůt dich vor **den, die da** heissen gůt gespilen, **die da** sólicher ding pflegen, wann **die** weren frô, das **sie** dich in ir wis zůgen.

Seuse warnt, droht und diskriminiert im Beleg gleichermaßen, wenn er schreibt *hüte dich vor denen, die ...* In dieser bis in die Gegenwartssprache üblichen Formel wird wie zur Verdeutlichung der Distanzschaffung das entgegengesetzte *dich* nicht nur direkt angesprochen, sondern eben auch als durch den Anderen bedroht inszeniert.

Beim **Akzentuieren**[23] (3.) wird ein einziges scheinbar plausibles Kriterium zum Unterscheidungsmotiv so geschärft und so weit verabsolutiert, dass andere ebenso mögliche Kriterien in den Hintergrund treten bzw. ganz wegfallen. Wie mit einem verzerrenden Scheinwerfer werden bestimmte Licht- und Bildverhältnisse konstruiert, die durch Aus- bzw. Einblendungen sich ausschließende Dichotomien schaffen, Übergänge verschleiern und feste Kategorien suggerieren, die es so in der Wirklichkeit nicht gibt. Ein Beispiel dafür wäre die Einteilung der Menschheit in schwarze / weiße / rote oder gelbe Menschen, die kaum den Wahrnehmungsrealitäten entsprechen kann, da Chinesen nicht gelb, Indianer nicht rot und Weiße eben nicht wirklich weiß sind. Erst die abgrenzende Farbpalette, wie wir sie in und durch Sprache gelernt haben, schafft die Grenzen. Für das Frnhd. wäre zu fragen, welche Folgen eine solche Grenzzeichnung hat?

---

23 Vgl. dazu auch die Ausführungen zur Perspektivierungen bei Sandig 2006, 260ff.

Berücksichtigt man dabei die mit der Farbsymbolik einhergehenden Charakterisierungen und die damit verbundenen Zuschreibungsvernetzungen, z. B. dass das Morenland *etwas böses herfür* bringe, so sind scheinbar neutrale Aussagen über *Mohren*, wie Henisch sie im letzten Zitat (170) überliefert, mehr als nur Äußerlichkeitsbeschreibungen.

> Henisch 31 (Augs. 1616): Africa / Barbarey / Morenland vulgo / der dritte theil der Welt / [...] ein Land ohne frost / [...] der mehrste theil dises lands ist sandig / trucken vnd staubig. [...] Africa bringt allweg etwas newes / (etwas böses herfür).

> Ebd. 188: Barbarey / die landschafft / die man vor zeiten Affricam genennt hat. vnhöffligkeit / grobheit / vnartigkeit / feritas, inciuilitas: item vitiosa locutio, aliena á latinitate.

> Ebd. 170: Was hilfft den Raben das baden? er bleibt dennoch schwartz. Wann man einen Mohren gleich sein lebenlang badet / so kan man jhn doch nicht weiß waschen.

Beim **Abwerten** (4.) werden die so geschaffenen Schärferelationen dann explizit in ein negativierendes Bewertungsschema eingeordnet, z. B. durch Prädikationen und Attributionen **abgewertet**. Damit werden aus Menschen Menschengruppen mit unterschiedlicher Qualität und Wertigkeit. Es handelt sich hierbei um die umfassende Herabsetzung des kategorial Anderen. Dies geschieht in der Regel durch das repetitive sprachliche Zuschreiben von Negativeigenschaften, die von der Gesellschaft mehr oder minder akzeptiert, kollaborativ mitgetragen, bestätigt und schließlich auch affirmativ verbreitet werden. Die Abwertung des kategorial Anderen geschieht häufig in der Inszenierung desselben als bedrohlich, feindlich, ansteckend, zerstörerisch usw. Solche Prädikationen sind Zuschreibungen von Eigenschaften zu den Gegenständen / Sachverhalten / Menschen(gruppen), auf die man sich mit ihnen bezieht. Werden sie regelhaft und konsequent in derselben Weise vorgenommen, gewinnen sie Stereotypencharakter. Doch da das Stereotypisieren selbst noch nicht unbedingt negative Gebrauchsanweisungen implizieren muss, ist die Negativierungshandlung entscheidend. Erst sie macht den negativ-deontischen Charakter des diskriminierenden Sprechhandelns aus, das heißt: Erst sie liefert die negative Gebrauchsanweisung.

In der Abwertungshandlung öffnet sich ein ausgebautes und tief im Sprachgebrauch der üblichen Ausgrenzungsgeschichte verankertes Spielfeld der Metaphorik. Kriminalisierung, Pathologisierung oder Dehumanisierung sind nur einige, wenn auch zentrale Spielarten davon. Auch der Schimpfwortgebrauch eigenschaftszentrierender oder zugehörigkeitsbestimmender Ausdrücke wie *lotterbube, kotzenson, babstmaul* oder *hundsfott* zeigt dies mit exemplarischer Deutlichkeit. Sind diese Zuschreibungen regelmäßig und vor allem auch regelmäßig negativ, wird das Bild der so angesprochenen Person insgesamt und kategorial negativ. Die Zuschreibung bleibt haften und gewinnt damit eine neue Phänomenalität (vgl. Butler 2006, 15; siehe das Kapitel II. 2. 4 zum Schimpfwortgebrauch).

Wird die bewertende Eigenschaftszuschreibung in die sprachlichen Konventionen einer Gesellschaft inskribiert, ist ein weiterer Teilakt des Diskriminierungshandelns eingeläutet: Die Abwertung wird **festgeschrieben** (5.) und zu einem jederzeit abrufbaren Stereotyp. Dann kann man im kollektiven Singular von *dem Welschen, dem Papisten, dem Neuchristen, dem Ketzer* sprechen und damit von ihm sagen oder das Verständnis voraussetzen, dass es *der Welsche* als solcher ist, der stiehlt bzw. der *Papist*, der Abgötterei betreibt, *der Lutheraner* ein *Gnadheinz* und ein Abtrünniger ist, und nicht irgendeiner von ihnen. Attribute wie *lutheranisch*, oder (wie im nächsten Beleg) *lutherisch*, sind dann auch nicht mehr eine Konfessionsbezeichnung, sondern mit Erwartungshaltungen und Handlungsverpflichtungen verbundene konnotativ-deontische Inskriptionen, allgemeingültige Eigenschaftszu- und Festschreibungen, die wiederum mit der Entindividualisierung Hand in Hand geht. Die Zuschreibungen im folgenden Beleg basieren auf postreformatorisch üblichen, das heißt auch konsensuellen Assoziativitätsaufladungen, die durch ihre konkrete Anwendung und damit auch durch die Repetitio offensichtlich perpetuiert und verfestigt werden.

> Barack, Zim. Chron. 2, 322, 22 (schwäb., M. 16. Jh.): bistu von Reutlingen? so bistu auch der lutterischen kelchdieb einer.

Sind sie einmal verfestigt, ist es außerordentlich schwierig, wenn nicht sogar nahezu unmöglich, die Negativierung zurückzunehmen.

Fazit: Diskriminierungshandlungen, so zeigt sich, sind variantenreich und regelgeleitet gleichermaßen. Man könnte also eine Pragmagrammatik und eine Pragmasemantik sprachlicher Gewalt erstellen. Eine solche Grammatik hätte die Gesamtheit aller Regeln zum Gegenstand, in denen sich die Gestaltung sprachlicher Beziehungen, speziell die Gestaltung gewaltbegründeter Beziehungen vollzieht, in denen z. B. Diskriminierungen erfolgen und in denen sie als solche erkennbar sind usw.

Folgende sprachliche Ausgrenzungstaktiken sind unter diesem Gesichtspunkt relevant und sollen daher im II. Teil des Buches, dem Versuch einer Pragmagrammatik und Pragmasemantik verletzenden Sprechens, beschrieben werden. Auf lexikalischer Ebene kommen in Betracht: Ausgrenzung durch Wortbildung, ideologische Polysemierung, onomasiologische Vernetzung, Metaphorik, Aggregation, Kollektivierung, schließlich das Phänomen der Sekundärstigmatisierung. Im Anschluss an die lexikalische Phänomenologie sollen die Diskurse und Textsorten überprüft werden, in denen die Ausgrenzungen typischerweise vollzogen werden. Dabei wird auch die Frage angerissen, inwiefern

Ausgrenzungskommunikation in ‚medial mündlich' und ‚medial schriftlich' getrennt werden kann. Es geht außerdem um die in Sprache vollzogene Konstitution der gesellschaftlichen Ordnung, z. B. durch direktive oder deklarative Sprechakte, durch normative Textsorten, dann um diskriminierendes bzw. stigmatisierendes Sprechen in Stigma- bzw. Schimpfwörtern, um positive wie negative Image-Pflege durch typische Bewertungsattributionen und um Bewertungsambivalenzen, die sich nicht nur in Prädikationen, sondern auch in der Polysemie semasiologischer Felder nachzeichnen lassen. Zusammengefasst: Es gibt eine ganze ‚Grammatik' und eine mit ihr wechselseitig verbundene ‚Semantik' textlicher Exklusionshandlungen. Beide beruhen linguistisch auf der gängigen Symbolgrammatik und müssen in Anlehnung an diese beschrieben werden; sie stehen aber eher in der Nähe der von P. Eisenberg skizzierten Kontextgrammatik, und sie öffnen sich zur übereinzelsprachlichen Stilistik. Letzteres heißt, dass die Beziehungsgrammatik /-semantik zumindest teilweise auch für diejenigen Grammatiken / Semantiken stehen kann, die dem Verbund europäischer Kultursprachen zugerechnet werden, also z. B. für Niederländisch, Französisch, Tschechisch oder Ungarisch. Wie weit die Übereinzelsprachlichkeit tatsächlich reicht, scheint mir offen gehalten werden zu müssen.

Die sprachwissenschaftliche Analyse wird für die lexikalischen und syntaktischen Teile auf der Materialbasis des Frühneuhochdeutschen Wörterbuches (FWB) durchgeführt, das heißt aus dem dort zur Verfügung stehenden bearbeiteten Corpus (von den exzerpierten Belegmaterialen bis hin zum ausformulierten Artikel), für den textlinguistischen Teil aus den Quellen, die dem Wörterbuch als Corpus zugrunde liegen. Darüber hinaus wurde das Material des Deutschen Rechtswörterbuchs in die Betrachtung einbezogen, da sich aus ihm die rechtshistorischen Aspekte mit besonderer Deutlichkeit herausarbeiten lassen.

Nach den pragmagrammatischen und pragmasemantischen Überblickskapiteln zu den sprachlichen Ausgrenzungsstrategien sollen diese anhand einer exemplarischen Textanalyse etwas detaillierter, über die generellen Muster hinausgehend, veranschaulicht werden. Dies geschieht an einem Text, der sicher zu den Prototypen ausgrenzender Texte, noch deutlicher: von *Hate speech* zu zählen ist: Es ist Johannes Ecks „Judenbüchlein" aus dem Jahre 1541[24] „Ains Juden Büechlins Verlegung darin ain Christ, gantzer Christenhait zuo Schmach, will es geschehe den Juden Unrecht in Bezichtigung der Christen Kinder Mordt. hierin

---

24 Johannes Eck (1541): Eines Judenbüchleins Verlegung [...]. Ingolstadt 1541. Weissenhorn. 96 Bl. Bisher unediert. Mir lag zur Analyse ein Exemplar der Universitätsbibliothek Heidelberg vor sowie das Digitalisat der Bayerischen Staatsbibliothek (VD 16 E 383). Letzteres wurde in Vietnam transkribiert und danach von Heino Speer dankenswerter Weise in eine edierbare Fassung gebracht.

findst auch vil Histori, was Übels und Büeberey die Juden in allem teütschen Land, und andern Künigreichen gestift haben." An ihm kann im Text-, Kontext- und Diskurszusammenhang nachgezeichnet werden, wer in welchen Vernetzungen an einem bestimmten Ausgrenzungsdiskurs teilnimmt, mit welchen sprachlichen Strategien diese konstituiert, geführt und perpetuiert werden und schließlich, welche vielschichtigen Intentionen sich hinter ihnen verbergen.

Im Anschluss daran erfolgt im III. Kapitel eine Art Perspektiven- bzw. Fokuswechsel. Nun stehen die Randgruppen und ihre jeweils spezifische Art der Ausgrenzung im Vordergrund. Dabei werden neben den gruppenspezifischen Unterschieden vor allem die Parallelen in der Ausgrenzungsform, aber auch in der Ausgrenzungsterminologie auffallen. Denn Überschneidungen, Mehrfachnutzungen z. B. von lexikalischen Ausgrenzungsstrategien sind die Regel. Am ersten zur Diskussion stehenden Ausgrenzungsfall, den Bettlern, sollen die einzelnen Strategien noch einmal etwas ausführlicher diskutiert werden, bei den anderen Gruppen rücken dann eher die jeweiligen Besonderheiten ins Zentrum der Aufmerksamkeit. Eine umfassende Darstellung für jede Gruppe kann hier nicht angestrebt werden, sie ist wohl auch nicht durchführbar.

## II. Versuch einer Pragmagrammatik und einer Pragmasemantik ausgrenzenden Sprechens: Strategien

Das „Große Wörterbuch der deutschen Sprache in zehn Bänden" (Duden 7, 3280) erläutert das Lemma *Strategie* mit den Worten: „genauer Plan des eigenen Vorgehens, der dazu dient, ein militärisches, politisches psychologisches o.ä. Ziel zu erreichen, u. in dem man diejenigen Faktoren, die in die eigene Aktion hineinspielen könnten, von vornherein einzukalkulieren versucht." Im „Deutschen Wörterbuch" (DWB 19, 934) wird *Strategie* als „kriegskunst, oberste führung und planung, im unterschied zur taktik" beschrieben. Beide Worterklärungen implizieren Absicht, Zweckgebundenheit, Bewusstheit und Planung. Ob diese definitionsrelevanten Eigenschaften des Wortgebrauches im Falle sprachlichen Ausgrenzungshandelns immer oder auch nur immer wieder einmal zutreffen, ist fraglich. Denn Ausgrenzungshandeln ist nicht immer bewusst und wird nicht immer strategisch vollzogen. Manchmal geschieht es einfach, weil man eine Sprache spricht (vgl. dazu z. B. die heutige Diskussion zu sexistischem Sprachgebrauch, die Frage nach dem Sprachidealismus usw.), in einer Sprachgesellschaft sozialisiert ist (in der diskriminierendes Verhalten gegenüber einer Gruppe als normal gilt), oder weil man einfach nur spontan emotionalisiert reagiert.

Handeln ist nach der klassischen Definition Max Webers zunächst einmal in folgendem Sinne zu verstehen:

> Weber 1921, 74f.: § 1. Soziologie (im hier verstandenen Sinn dieses sehr vieldeutig gebrauchten Wortes) soll heißen: eine Wissenschaft, welche soziales Handeln deutend verstehen und dadurch in seinem Ablauf und seinen Wirkungen ursächlich erklären will. »Handeln« soll dabei ein menschliches Verhalten (einerlei ob äußeres oder innerliches Tun, Unterlassen oder Dulden) heißen, wenn und insofern als der oder die Handelnden mit ihm einen subjektiven Sinn verbinden. »Soziales« Handeln aber soll ein solches Handeln heißen, welches seinem von dem oder den Handelnden gemeinten Sinn nach auf das Verhalten anderer bezogen wird und daran in seinem Ablauf orientiert ist.

Soziales Handeln unterliegt nach Max Weber zweckrationalen, wertrationalen, affektuellen und traditionellen Motiven. Im Einzelfall können die Gewichtungen variieren. Im einen Fall kann die Zweckrationalität, das bewusste, abwägende, letztlich strategische Vorgehen zur Erreichung eines vorher festgelegten Zieles überwiegen, im anderen Fall wird die situationsabhängige, affektive Emotionalität ausschlaggebend sein. Wertrationalität (zur Erhaltung von gesellschaftlichen

Werten) lebt von moralischen bzw. religiösen Grundüberzeugungen, für die man sich einerseits bewusst entscheiden kann, die andererseits aber auch in hohem Maße ansozialisiert und insofern unbewusst begründet und wirksam sein können. Traditionalität schwankt zwischen unbewusst eingehaltener Gewohnheit und bewusster Verfügung.

,Ausgrenzen' ist damit soziales Handeln, bei dem alle genannten Motive zusammenwirken. Es pendelt also zwischen systematisch bewusstem und dann gezieltem Handeln und irrationalem Verhalten, das trotzdem einer jeweils bestimmten Handlungslogik unterliegt, nämlich derjenigen, andere Menschen in verletzender Weise aus der Gesellschaft auszuschließen. Ist das affektive Verhalten emotional und in der Regel spontan, so impliziert das wertrationale Handeln gesellschaftliches Kalkül und bewussten Machterhalt, das traditionale dagegen gesellschaftliche Gebundenheit an historische Lebensformen und damit letztlich mentalitätsgebundene Unbeweglichkeit, oft aufgrund unbewusster Sozialnormen.

Von dem damit umrissenen Handlungskomplex abzugrenzen sind solche Handlungen, die aus Unwissen oder irrtümlich geschehen und die im Sinne der *Nikomachischen Ethik* des Aristoteles (1995, 46) letztlich daran erkennbar sind, dass der etwas Aussprechende spätestens bei Bewusstwerden der Verletzung, die er vollzogen haben mag, Bedauern, sogar Schmerz und Reue empfindet. Trotz späterer Rücknahme bleibt das Gesagte jedoch gesagt und ist als solches analysierbar. Die Handlung des Verletzens bleibt also bestehen, wenn sie als eine solche vom Betroffenen während und vom Sprechenden im Nachhinein in dieser Weise interpretiert worden ist. Die spätere Verhandlung über den verletzenden Stellenwert des irrtümlichen oder unwissenden Verletzens muss hier ausgeklammert bleiben.

Zwischen dem angedeuteten Unbewussten und dem Bewussten changieren auch die sprachlichen Vorgehensweisen, mit denen soziales Handeln vollzogen wird. Die Spanne reicht vom einmaligen bewussten und innovativen Sprechakt bis hin zu dem in der Sprache selbst angelegten und oft unbewussten verletzenden Sprechen,[25] um das man nicht umhin kommt, es sei denn, man würde aufhören zu kommunizieren, was dann selbst wieder verletzendes Nicht-Sprechen wäre. Verletzendes Sprechen basiert insofern auf bereits Gesprochenem,[26] das erfolgreich verletzend war, auf sprachlichen Konventionen, von denen man weiß, dass man mit ihnen verletzen kann, letztlich auf einer historisch-sozialen Sprechgemeinschaft, die das verletzende Sprechen akzeptiert und toleriert und

---

25 Vgl. dazu: Butler 2006, 48ff.; Krämer 2007, 38 bezogen auf den französischen Philosophen Emmanuel Lévinas.
26 Vgl. dazu: Butler 2006, 84; 128.

dadurch wirksam gemacht hat. Indem man das Sprechbare im konkreten Sprechen erfolgreich wiederholt, erneuert man seine Gültigkeit und verstärkt seine Wirksamkeit auch für zukünftiges Sprechen.

Die von Butler[27] und Foucault diskutierte Frage nach dem Handeln des Subjektes ist in diesem Kontext die Frage nach der Handlungsverantwortung des Sprechens, das auch immer ein Sprechen der Macht ist, sowie der jeweiligen Sprechweisen. Selbst wenn man das unten folgende Humboldt-Zitat in einem sehr weiten Sinne interpretiert und zugesteht, dass man immer auch nach einer Sprache – das heißt hier: nach einer Macht – spricht,[28] bleibt das einzelne Subjekt für sein Handeln selbstverständlich verantwortlich und kann dafür auch verantwortlich gemacht werden. Es steht andererseits – und darum soll es hier gehen – nie außerhalb der üblichen und akzeptierten Sprechweisen, der Sprechinhalte und der Handlungsdeontiken einer historischen Gesellschaft. Zwischen individueller Handlungsfreiheit und geschichtlicher Bindung besteht also offensichtlich ein tief angelegtes Spannungsverhältnis.

> Wilhelm von Humboldt, GS 7, 60: Denn der Mensch lebt mit den Gegenständen hauptsächlich, ja, da Empfindungen und Handeln in ihm von seinen Vorstellungen abhängen, sogar ausschließlich so, wie die Sprache sie ihm zuführt. Durch denselben Act, vermöge dessen er die Sprache aus sich herausspinnt, spinnt er sich dieselbe ein, und jede zieht um das Volk, welchem sie angehört, einen Kreis, aus dem es nur insofern hinauszugehen möglich ist, als man zugleich in den Kreis einer andren hinübertritt.

Tilman Borsche (2001, 72) bringt dies, sich auf Wilhelm von Humboldt beziehend, auf den Punkt: „Wie der Sprecher die Organe seines Leibes benutzen muß, um die Sprachlaute (nach)zubilden, so muß er sich auch dem Organismus der Sprache einfügen, um in einer bestimmten Sprache, und das heißt, um überhaupt sprechen zu können." Bei Humboldt lautete dies: „Denn der Mensch spricht nicht, weil er so sprechen will, sondern weil er so sprechen muss" (Humboldt, GS 6, 127). Dies ist in einem tiefen anthropologischen Sinne gemeint und damit für alle sozialen Ausprägungen der Sprache in allen ihren ausdrucks-, inhalts- und handlungsseitigen Ebenen gültig.

Eine Form dieser Traditionalität sprachlichen Handelns zeigt sich im gesamten Corpus des vorliegenden Bandes, in dem zwar immer wieder Autoren namhaft gemacht werden können, diese aber zeittypisch auswechselbar sind und in

---

27 Vgl. Butler 2006, 128–129.
28 Vgl. dazu: Heideggers Formel: „Der Mensch spricht nicht nur, indem er der Sprache entspricht. Die Sprache spricht. Ihr Sprechen spricht für uns im Gesprochenen." Zitiert nach: Baberowski 2005, 193.

der Regel sogar nur das iterativ zitieren, was zuvor schon einmal überzeugend und machtvoll gesagt worden ist.

Ein „schlagendes" Beispiel hierzu liefert Johannes Eck mit seinem *Judenbüchlein*. Eck trägt in ihm nahezu alle in seine Zeit tradierten antijüdischen Topoi zusammen, verschriftlicht sie und macht sie damit für nachfolgende Zeiten in doppeltem Sinne zitierfähig. Doppelt, weil sie durch die Verschriftlichung zum einen erhalten bleiben und memorierbar gemacht werden, zum zweiten, weil sie durch die Verschriftlichung aus der Feder eines angesehenen katholischen Theologen epistemisch in besonderer Weise legitimiert werden. Urheber der Topoi war er jedoch nicht. Selbst individuelle Züge verletzenden Sprechens rekurrieren letztlich auf übliche Muster des Diskurses und entfalten von ihnen her ihre Wirksamkeit.

Verbindet man das zur Rolle der Konvention Gesagte mit der Handlungsmächtigkeit, die dem Individuum oben über die ‚Strategie' zugesprochen wurde, so ergibt sich folgendes Bild: Der sprachlich Handelnde kennt aufgrund eines gewissen metakommunikativen Vermögens die Konventionen, die in einer Sprachgesellschaft generell und in einigen ihrer Schichten und Gruppen speziell herrschen; er kennt mit ihnen auch die Inhalte, die diese Konventionen tradieren, sowie die Handlungsanweisungen, die sie enthalten; und er kennt die Bereitschaft tatsächlicher und möglicher Rezipienten, den Komplex von Formulierungsmustern und Formulierungsinhalten sowie von Handlungsdispositionen zu akzeptieren. Diese Gegebenheiten nutzt er dann als Voraussetzungen für seine strategischen Zwecke, die damit in die Nähe der von Garfinkel ins Spiel gebrachten ‚Taktik'[29] kommen. Selbst wenn der kommunikative Taktiker sich seines Tuns nur partiell bewusst ist, da er seinerseits nicht im vollen Sinne Herr seiner eigenen Traditionsrezeption ist, wird er nach diesem Konzept zum Herren der Gestaltung von Beziehungen: Er kann gezielt wahrnehmen, er bereitet das Wahrgenommene auf einer Metaebene für seine Zwecke zu, dabei verstärkt er bestimmte Züge vorhandener Konventionen und schwächt andere ab; so vermag er seine Taktik überzeugend, widerspruchsfrei, logisch zu gestalten, ihrer sprachlichen Fassung eine argumentative, narrative, poetische usw. Textform zu geben. Eine solche metasprachliche Strategiefähigkeit wird in dem Maße zu einer Pragmagrammatik und Pragmasemantik der Ausübung von Gewalt, in dem sie passiv bekannt ist und aktiv in ähnlichen, sich in der Varianz immer wiederholenden Formen vollzogen wird. Die Konventionen und teils die Formulare, nach denen ausgrenzende Texte lexikalisch, wortbildungsmorphologisch, syntaktisch,

---

29 Das von Garfinkel im Englischen eingeführte *communicative tactics* (s. o.) würde im Deutschen ein ähnliches Problem aufwerfen, da auch hier das semantische Merkmal der Überlegung vorauszusetzen wäre (Duden, a. a. O., s. v. *Taktik*, S. 3343).

semantisch und pragmatisch gestaltet sind, bilden den Beweis für die ‚Existenz' der damit behaupteten lingualen und linguistischen Größe.

Unter sprachlicher Strategie verstehe ich daher sowohl das Wissen um die sprachlichen Mittel als auch um ihre Anwendbarkeit in verschiedenen Kontexten. Es geht also um das in einer Sprache vorhandene Handlungsinventar und die dazu gehörigen Gebrauchsanweisungen, die zusammen mehr oder minder planvoll und bewusst genutzt werden, um bestimmte Ziele zu erreichen. Die jeweils verfolgte Handlungsintention und das Handlungsziel sind bereits definitionskonstitutiv. Es ist das Entehren und das Ausgrenzen. Es stellt sich also ganz konkret die Frage, mit welchen Sprechakten diese Handlungen vollzogen werden bzw. in welche sprachliche Strategien sie eingegliedert und wie sie textlich ausformuliert sind.

## II. 1. Die Sprechakttheorie als strategische Ausgangssituation

Seit der pragmatischen Wende durch die *ordinary language philosophy* (Wittgenstein) wird in der Sprechakttheorie über das sprachliche Handeln und dabei besonders über das Formulieren von Handlungsintentionen nachgedacht. Deren wichtigste Vertreter, John L. Austins und John R. Searle, haben auf der Prämisse, dass Sprache Handeln ist, eine Gliederung des Sprechaktes in verschiedene Teilakte / Handlungsaspekte vorgenommen: Der lokutionäre Akt ist dabei der Äußerungsakt, der illokutionäre betrifft die Handlungsabsicht und mit dem perlokutionären sind „die Konsequenzen oder Wirkungen" gemeint, „die solche Akte auf Handlungen, Gedanken, Anschauungen usw. der Zuhörer haben" (Searle 2007, 42). Obwohl es zwischen der Handlung des Sprechers und der Reaktion des Hörers Koinzidenzen geben kann und in der Regel auch gibt, ist das Verhältnis von Illokution zur Perlokution nicht konventionell, und die Reaktion auf den Sprechakt ist nicht sicher vorhersagbar. Selbst auf eine Beleidigung kann der Hörer in völlig unterschiedlicher Weise reagieren (Lachen, Schweigen, Entrüstung, Scham). (Ehr)verletzendes Sprechen ist mindestens dialogisch und fordert eine interaktive Interpretationsleistung des Angesprochenen, die weit über das Verstehen der Illokution hinaus auf Handlungsmöglichkeiten (z. B. zur Abwehr) verweist.

In den dieser Untersuchung zugrunde liegenden Texten ist aufgrund ihrer Historizität sowie ihrer Schriftlichkeit die Reaktion der konkret Angegriffenen nur bedingt eruierbar. Abgesehen davon, dass die historische Brechung den Zugang zu den Perlokutionen verhindert, besteht ein wesentlicher Bestandteil der kollektiven Ausgrenzung von Randgruppen vor allem auch darin, dass die Betroffenen historisch stumm bzw. aufgrund fehlender Schriftkompetenz zum Schweigen verdammt waren, so dass sie letztlich keine (überdauernde) Stimme hatten. Gegenstand der Textanalyse können daher nur die Lokution als Ausdrucksform sein und die Illokution als Ausdrucksintention, nicht dagegen die Peraudition als deren hörerseitiges Gegenstück, also als Rezeptionsabsicht bzw. tatsächliches Verständnis des Hörers.

> Austin 1972, 114: Einen lokutionären Akt vollziehen heißt im allgemeinen auch und eo ipso einen illokutionären [illocutionary] Akt vollziehen, wie ich ihn nennen möchte. Um den vollzogenen illokutionären Akt zu bestimmen, müssen wir wissen, wie die Lokution benutzt wird: eine Frage stellen oder beantworten; informieren, eine Versicherung abgeben, warnen; eine Entscheidung verkünden, eine Absicht erklären; ein Urteil fällen; berufen, appellieren, beurteilen; identifizieren oder beschreiben; und zahlreiche derartige Dinge.

Man spricht jemanden an, wendet sich an jemanden. Der zentrale Aspekt dabei ist, dass man dies mit einer bestimmten Intention tut. Man will z. B. INFORMIEREN, GRÜßEN, WARNEN, DROHEN usw. Verstehen und Gelingen der Illokutionen beruhen auf Konventionen. Je deutlicher die Konvention ist, die die Illokution stützt, umso wahrscheinlicher ist es, dass diese erkannt wird und dass die Perlokution im Sinne der Intention erfolgt. Es lassen sich bestimmte Illokutionsindikatoren unterscheiden. So gibt es Verben, die die Illokution bereits mit ihrer Nennung zu verstehen geben (die explizit performativen Verben), etwa VERSPRECHEN, BEHAUPTEN, VERFLUCHEN; bei anderen ist dies nicht der Fall. Nicht performativ sind all diejenigen Verben, die für die vorliegenden Ausführungen relevant sind: BELEIDIGEN, KRÄNKEN, VERLETZEN, DEMÜTIGEN, HERABSETZEN, STIGMATISIEREN, AUSGRENZEN, BESCHIMPFEN. Diese Verben bezeichnen nur die illokutionäre Rolle (in der Terminologie Austins), also die Handlung, die kommunikativ (intentional) mit ihnen vollzogen werden soll. Ein weiterer Illokutionsindikator kann der Modus sein, in den eine Äußerung gesetzt wird, ob sie etwa einen Wunsch zum Ausdruck bringen will (*wenn Gustav doch käme*) oder einen Befehl. Zu nennen sind auch die Partikeln (*bitte, hoffentlich, gefälligst*) und erst recht bestimmte Satzarten. Allerdings lassen sich in Aussagesätzen nahezu alle Illokutionen realisieren, was diese als nicht sprechaktdifferenzierend ausweist, während sog. Fragesätze in Schrifttexten durch das Fragezeichen, in mündlicher Rede durch ihre Prosodie zumindest Hinweise auf ihren Zweck geben.[30] Die damit angesprochene Form der Lokution macht auf

---

30 Damit soll nicht gesagt werden, dass Fragesätze weniger flexibel einsetzbar sind. Gerade diese haben hinsichtlich des Beziehungsaspektes von Sprache eine außerordentlich hohe Wirkkraft. Sie können dem Angesprochenen sowohl das persönliche Interesse des Fra-

einen weiteren Teilakt aufmerksam, den J. Searle verstärkt ins Gespräch gebracht hat, nämlich den propositionalen Akt.

In Abwandlung zu Austin, der den Äußerungsakt, also die Lokution, in drei Teilakte untergliedert, nämlich in einen phonetischen, einen phatischen (grammatischen) und einen rhetischen Teilakt (Semantik: themen- / referenzbezogen, das pragmatische *aboutness*), trennt Searle (2007, 40) den Äußerungsakt, das heißt die Lokution, vom propositionalen Akt und wertet diesen damit als eigens zu betrachtenden Aspekt der Sprechhandlung auf. Der propositionale Akt besteht dann seinerseits wieder aus zwei Teilhandlungen, erstens aus dem Vollzug einer Referenzhandlung und zweitens aus dem Vollzug einer Prädikationshandlung.[31] Der Referenzakt ist die Bezugnahme des Sprechers auf einen Gegenstand, also die Benennungshandlung (Benennung von Gegenständen, Sachverhalten oder Personen, von denen man spricht), der Prädikationsakt eine Aussage über den benannten Gegenstand. Einen Gegenstand zu benennen und eine Aussage über ihn zu machen, heißt nun in der Regel, ihn doppelt zu bewerten, ihn doppelt ins Ordnungsgefüge des Einzeltextes und damit der ganzen Sprachwelt mit allen daraus abzuleitenden Konsequenzen einzugliedern. Mit der Benennung sortiere ich ihn in die Wortschatzsystematik einer Sprachgesellschaft ein; ich weise ihm z. B. einen onomasiologischen Platz, besser gesagt: genau denjenigen Platz innerhalb eines Wortfeldes zu, der meiner Intention am ehesten entspricht. Das wiederum heißt, dass ich ihn in einer bestimmten Weise kategorisiere, nämlich so, wie es das Inhalts- / Assoziationsgeflecht des Wortfeldes, das ich gewählt habe, vorgibt. Nochmals anders formuliert: Ich gebe ihm Züge (sog. begrifflicher wie konnotativer Konvenienz) eines Inhaltskomplexes sprachlicher, und zwar semantischer Art, ich hebe ihn aus einem vermeintlich vorsprachlichen und vorkognitiven Seinsstatus heraus und mache ihn zum sprachlichen Bezugsgegenstand. Dessen Merkmale sind ähnlich kulturspezifisch und soziomorph, wie syntaktisch explizit ausformulierte Eigenschaftszuschreibungen durch Prädikationen. Wer z. B. einen Menschen in das Wortfeld von *Ratte, Nager, Ungeziefer* stellt, kennzeichnet ihn als ‚Tier'. Mit der Prädikation weise ich dem benannten Referenzgegenstand weitere (synthetische) Eigenschaften zu, die bei regelmäßiger Wiederholung und Übernahme durch die Sprachgemeinschaft schleichend neue semantische Kategorisierungen schaffen. Eine Nichtbewertung ist dabei kaum möglich. Auch wenn die Prädikation der Ort der expliziten Eigenschaftszuschreibung ist, darf die Referenzierung als vorwiegend implizite

---

genden bekunden und damit Nähe herstellen. Sie können aber auch genau das Gegenteil bewirken, Ablehnung ausdrücken oder Gegnerschaft verschleiern. Vgl. dazu auch: Schulz von Thun 2008, z. B. 111.

31   Searle 1986, 40. Zur Referenz vgl. ebd. 114ff.; zur Prädikation 150ff.; besonders 188ff.

Charakterisierung und als Bewertungshandlung nicht unterschätzt werden. Das reziproke Zusammenspiel von Referenzakt und Prädikationsakt macht das sprachliche Handlungsspiel aus. Die Verschiebung des Gewichtes von Zuschreibungen, die explizit (rhematisch, in regresspflichtiger Prädikation) erfolgen, zu solchen, die indirekt, versteckt, z. B. über Referenzakte erfolgen, dürfte eines der Kennzeichen der Diskriminierung sein und besondere linguistische Aufmerksamkeit fordern.

Beide propositionalen Teilhandlungen sind wie die Illokution, das Kernstück der Sprechakttheorie, „dadurch charakterisiert, dass Wörter im Satzzusammenhang in bestimmten Kontexten, unter bestimmten Bedingungen und mit bestimmten Intentionen geäußert werden" (Searle 1986, 41). Man muss dabei immer wieder betonen, dass dieselbe Intention auch ganz anders zum Ausdruck gebracht werden könnte, dass es also keine notwendige Aussage-Inhaltsbeziehung geschweige denn ein Eins-zu-Einsverhältnis zwischen Ausdrücken, Referenzen und Bewertungen gibt. Etwas vereinfacht formuliert: Ich kann alles, was ich sagen will, auf ganz unterschiedliche Weise sagen. Die Variation bildet in der Sprache keine Ausnahme oder gar eine Beeinträchtigung des Verständnisses, sondern ist systematisch die Basis für die infinite Breite an Kommunikationsmöglichkeiten. Dies gilt in besonderer Weise auch für beleidigendes, diskriminierendes und stigmatisierendes sprachliches Handeln. Im gerade diskutierten Zusammenhang von Referenz und Prädikation genügen die Nennung des Namens, ein Tropus, speziell die Metapher mit ihrem nicht genannten tertium comparationis, die Ironisierung, die Litotes, ein Diminutivsuffix, ein Abwertungsmorphem. Eine Pragmagrammatik der Entehrung und Ausgrenzung oder – wie ich es an dieser Stelle pointieren möchte – der sprachlichen Gewalt, kann daher trotz der Herausstellung einer Reihe unübersehbarer sprachlicher Mittel nur ein Versuch sein, den regelmäßig wiederkehrenden und typischen Ausdrucksweisen in ihren lexikalischen und grammatischen Vorkommensformen nachzuspüren. Der Versuch erhebt also keineswegs den Anspruch, vollständig sein zu wollen. Er soll eher als der Beginn einer Sammlung verstanden werden, die sich einmal zu einer pragmatischen Überblicksgrammatik ausweiten und vielleicht sogar zu einer Sprachgeschichte der Gewalt werden könnte. Systematisch möchte ich zunächst den von Searle im propositionalen Akt vorgegebenen Linien nachspüren und die Bezeichnungshandlungen, schließlich die Bewertungshandlungen, wie sie typischerweise im Frnhd. aufzufinden sind, beleuchten. Im Anschluss daran folgen deren pragmatische Einbettungen, die Kontexte und die Diskurse, denn:

> Krämer 2007, 35: Einer einzelnen Äußerung ist (zumeist) ihre verletzende Kraft gar nicht abzulesen; ihre Semantik bleibt opak gegenüber dem ihr eigenen Kränkungs-

gehalt. Erst die Pragmatik einer Äußerung, wer also zu wem unter welchen Umständen was und vor allem: wie gesagt hat, kann die Verletzungsdimension einer Rede enthüllen.

## II. 2. Die Ebene der Proposition – das Wort als Waffe

Eine Auseinandersetzung mit den lexikalischen Möglichkeiten des Verletzens muss mit zwei Prämissen beginnen. Die erste besteht in der hier ohne weitere Problematisierung vorgetragenen Annahme, dass ein Wort mindestens drei Bedeutungsdimensionen hat, zum einen die stilistisch unmarkierte, denotative, die ‚sachbezogen' referiert, dann die assoziativ wertende, die sogenannte konnotative Bedeutung, mit der stilistische bzw. affektive Nebenbedeutungen impliziert werden, und schließlich die deontische. Der Unterschied der letztgenannten zu den beiden erstgenannten Bedeutungsdimensionen besteht laut Fritz Hermanns darin, „daß ein Wort, das scheinbar Gegenstände oder Sachverhalte einfach nur beschreibt, bezüglich ihres *Seins*, zugleich auch dazu dienen kann, ein *Sollen* auszudrücken" (Hermanns 1995, 84). Drei Handlungsaspekte sind damit angesprochen: 1. das „neutrale" Beschreiben; 2. das wertende Beschreiben und 3. das Appellieren bzw. gesellschaftlich programmatische, handlungsheischende Vorschreiben.

Der Kommunikationspsychologe Schulz von Thun veranschaulicht das Ineinanderwirken dieser Bedeutungsdimensionen am Beispiel des Wortes *Bettler*.

> Schulz von Thun I, 2009, 234: Jedes Wort, das wir aussprechen, enthält nicht nur die lexikalische Bedeutung für das, was es bezeichnet, sondern hat allerlei Gefühlsanteile im Schlepptau, die sich aus vergangenen Erfahrungen ergeben. Diese Gefühlsanteile machen die Wertung aus, die wir mit dem Wort verbinden. Wertungen aber stellen keinen ästhetischen Luxus dar, den wir uns leisten, sondern haben eine ganz praktische Funktion: Sie steuern und rechtfertigen unser Verhalten, sie enthalten Appelle. Betrachten wir den Vorgang an einem Beispiel. Angenommen, jemand hat mit Personen, die auf der Straße stehen und um Geld bitten, folgende Erfahrungen gemacht: Immer, wenn ein solcher Mensch zu sehen war, machte die Mutter mit ihrem Kind einen kleinen Bogen und sagte: »Das ist ein Bettler, er ist faul und läßt sich von anderen Leuten Geld geben.« Dieses Kind lernt nicht nur das Wort Bettler wie eine Vokabel, sondern auch die Ablehnung, die sich mit dem Wort von nun an verbindet.

Der aus dieser Ablehnung entstandene internalisierte Handlungsappell lautet: „Verabscheue ihn, mach einen Bogen um ihn!" Das sprachlich so sozialisierte Kind wird auch in Zukunft als Erwachsener genau diese Haltung gegenüber all jenen praktizieren, die mit dem Etikett *Bettler* versehen werden. Diese Ablehnung ist jedoch kein Einzelfall, sondern das Produkt einer gesellschaftlichen Gewohnheit bzw. eines umfassenden, kollektiven Sprachsozialisierungsprozesses, dem schon die Mutter ausgesetzt war.

> Hermanns 1995, 84: Die deontischen Bedeutungskomponenten sind die lexikalische Entsprechung dessen, was sich mentalitätsgeschichtlich als das kollektive Sollen (also auch das kollektive Wollen) darstellt. Kraft der in den Wörtern mitgemeinten und mitausgesagten Sollenskomponenten der Bedeutung – eben der ‚deontischen Bedeutung' – sind die Wörter Vehikel oder Abbreviaturen von Gedanken auch bezüglich dessen, was der Fall sein *soll*; und nicht allein bezüglich dessen, was der Fall *ist*.

Allein das Aufrufen eines Wortes bewertet den so Angesprochenen und liefert eine mögliche Gebrauchsanweisung für den kommunikativen wie sozialen Umgang mit ihm.

Mit der konnotativen und vor allem der deontischen Bedeutungsdimension ist auch die zweite Prämisse eingeführt. Sie besteht in einer Zuspitzung der Deontikthese, nämlich darin, „daß jedes Wort verwunden kann" (Butler 2006, 27). Entscheidend ist, „wie es eingesetzt wird und daß die Art und Weise dieses Einsatzes von Wörtern nicht auf die Umstände ihrer Äußerung zu reduzieren ist" (ebd.). Das Wie des Einsatzes impliziert die innerhalb einer Sprechergemeinschaft generell internalisierte und damit jederzeit externalisierbare Gewohnheit. Der Verweis auf die Umstände betrifft die Situationsbedingtheit und den pragmatischen Gebrauchswert. Wortsemantisch besagt dies, dass man zwar mit allen Wörtern verletzen kann, dass es aber bestimmte Wörter gibt, die sich aufgrund ihrer Gebrauchsgeschichte besonders zum Verletzen eignen. Solche Wörter sind im Laufe der Kommunikationsgeschichte bereits effektiv zum verletzenden Einsatz gekommen, haben besondere Konnotationen und führen wie das Wort *Bettler* auch spezifische Deontiken mit sich. Sie sind mithin mentalitätsgeschichtliches Produkt und Spiegel ihrer Sprechergemeinschaft.

Aus diesem Grunde ist es möglich, so zeigt auch das semantische Potential von *Bettler*, das Lexikon auf sein verletzendes Potential hin zu untersuchen. Da der Ausgangspunkt der Fragestellung eine Handlung, nämlich die Verletzungshandlung ist, soll der methodische Focus dorthin gerichtet werden, wo das Verletzungspotential seinen systematischen Ort hat, nämlich im propositionalen Akt und seinen Teilhandlungen Referenz und Prädikation.

## II. 2. 1. Die Referenzhandlung

### II. 2. 1. 1. Die lexikalische Bezeichnungshandlung: Substantive

Bezeichnungshandlungen (konventionelle wie spontane) vollziehen sich in Wörtern im Allgemeinen, unabhängig davon, wie man sie morphologisch, motivationell, funktional oder auf andere Weise untergliedern mag. Es ist jedoch sinnvoll, an dieser Stelle zwischen nomina propria und nomina appellativa zu unterscheiden, also zwischen identifizierenden und ansonsten als bedeutungslos aufgefassten Eigennamen wie *Martin* und *Maria* einerseits und charakterisierend bedeutungshaltigen Nomina appellativa (sog. Gattungsnamen) wie *Haus*, *Arzt* und *Kanone* andererseits. Damit ist eine Dichotomie zwischen Name und Wort angedeutet, die lange Zeit in der Sprachwissenschaft vorherrschend war[32] und unter anderem dazu geführt hat, dass Namen im Deutschen Wörterbuch der Brüder Grimm (DWB) nicht lemmatisiert wurden. Die Dichotomie zwischen ‚identifizierend' und ‚charakterisierend' verband sich, auch im Interesse klarer Unterscheidungen, unausgesprochen oft mit einer Zuspitzung: Namen aller Art identifizieren neutral und sagen nichts über ihre Bezugsgröße aus; Wörter im engeren Sinne (also die die Nennwortarten) charakterisieren und geben damit etwas zu verstehen. Kurzum: Hinsichtlich ihres bewertenden, hier: verletzenden Potentials, sei die identifizierende Referenzhandlung durch Namen neutral bezugnehmend, während mit dem Gattungsnamen bewertende Einordnungen mitgegeben seien (Vgl. Kapitel II. 2. 4 zum Schimpfwort).

Diese theoretisch sinnvolle Einteilung kommt praktisch jedoch überall an ihre Grenzen, so bereits dann, wenn es um so einfache Fälle wie „Völker"namen geht. *Zigeuner* ist eben nur auf den ersten Blick ein gruppenidentifizierender Name.

> Lobenstein-Reichmann 2008, 606:[33] Denn offensichtlich identifiziert *Zigeuner* nicht nur, sondern wird auch appellativ gebraucht; es gibt bereits mit der bloßen Nennung zu verstehen, dass die so bezeichnete Person z. B. etwa einer besonderen Lebensweise nachgeht. Und hier ist der Ort der Stigmatisierung. Denn mit dem Wort werden all diejenigen Zuschreibungen aufgerufen, die im Laufe seiner Geschichte innerhalb einer Sprachgemeinschaft üblich geworden sind und noch Gültigkeit haben.

In den Fällen, in denen *Zigeuner* als Gruppenname belegt ist, steht es in aller Regel aggregativ zusammen mit Bezeichnungen wie *betler*, *landfarer*, *gartner* usw., also zusammen mit all denjenigen Bezugspersonen, die sozial nicht der

---

32 So Debus, von Polenz und Fleischer, in: Wimmer 1973, 26–35.
33 Vgl. auch: Lobenstein-Reichmann 1998, 71–96.

eigenen Norm entsprechen und somit ausgegrenzt bzw. zur Aufwertung der Eigengruppe funktionalisiert werden. Diese Aggregation stellt jedoch nur eine Variante der Stereotypisierung dar, mit der die gemeinte Gruppe als kriminell ins gesellschaftliche Wissen inskribiert wird, eine weitere wäre die Prädikationshandlung. Der Name jedenfalls verliert durch die negativ-deontische Aufladung seinen rein identifizierenden Charakter.[34]

Die wichtigste Verwendungsdimension von *Zigeuner* ist also gerade nicht die Identifizierung, sondern der appellative, charakterisierende Gebrauch: *Zigeuner* ist und war schon in frnhd. Zeit überwiegend ein Schimpfwort bzw. ein stark abwertendes Substantiv. Das bedeutet, dass es, ohne auf die damit identifizierbare Gruppe Bezug zu nehmen, nur deren Negativstereotype nutzt, um damit andere Personen zu diskreditieren. Mit einer solchen Beleidigung werden zwei Diskriminierungshandlungen vollzogen. Zum einen wird der so angesprochene „Nichtzigeuner" beleidigt, zum anderen werden mit dieser Ansprache die negativen Bewertungen gegenüber der so heißenden Gruppe bestätigt und weitergetragen. Damit ist zum einen das Prinzip der Sekundärstigmatisierung vorweggenommen, das im Kapitel II. 5. 4 noch ausführlich diskutiert wird. Zum anderen zwingt diese Praxis in Fällen wie *Jude* oder *Zigeuner* zur Aufhebung der theoretischen Trennung von Name und Wort.

Der damit angedeutete semantische Befund zeigt die programmatische Übergängigkeit von Name und Wort (im engeren Sinne); das ist linguistisch gesehen zugleich die Aussage einer sehr grundsätzlichen Polysemie: Der sog. Name hat auch dominant appellativische Funktion und umgekehrt: Mit dem Namen wird auch beschimpft und mit dem appellativen Wort wird auch identifiziert.

Die wenigen Beispiele zeigen, dass Referenzhandlungen, also das Bezugnehmen auf etwas vermittels sprachlicher Zeichen, als implizite Kurzformen zur bewertenden Prädikation genutzt werden können. Ich referiere mit einem Wort also nicht nur, sondern sage immer auch etwas damit aus. Kurzum: Man kann mit einem einzelnen Wort bereits die ganze Verachtung einem Sachverhalt oder einer Person gegenüber zum Ausdruck bringen. Lexikalische Referenz und Prädikation können insofern nur theoretisch getrennt gedacht werden.

Wenn also jemand (wie z. B. M. Luther) sagt: *dieser geist* (auch *prophet*) *gehet in schaffs kleydern daher,* hat er nicht nur (mittels *geist*) auf jemanden (hier: Thomas Müntzer) referiert, sondern er hat ihn zugleich negativ gekennzeichnet und diese Kennzeichnung noch dadurch verstärkt, dass er das abschätzige *dieser* (mit nicht nur determinierender Funktion) gebraucht: Die Referenzhandlung ist zugleich Prädikation, die dann ihrerseits durch das grammatische Prädikat

---

34  Vgl. dazu: Bering 1992.

noch gedoppelt wird. Hinzu kommen weitere Handlungszuschreibungen: z. B. *will morden,* dann die Wideraufnahme der Negativprädizierung und ihre fortführende Konkretisierung durch ein verallgemeinerndes Bibelzitat: 'Alle die vor mir kumen sind, die sind dieb und moerder'. Am Ende unterstellt Luther Müntzer nicht nur, dass er *morden* will, sondern mehr noch, dass er ein gottloser Christusmörder sein will. Die Nominalphrase *falscher Geist* bewertet Müntzer als mit dem Teufel im Bunde stehend.

> Luther WA 15, 239, 17f. (1524): Bit derhalben, woellet gar fleyssig euch fuersehen vor **disem falschen geyst und propheten, der in schaffs kleydern daher** gehet. [...] Aber **diser geyst** hat sich nu bey dreyen jaren trefflich gerhuemet und auffgeworffen und hat doch biß her nicht eyn thetleyn thon noch eynige frucht beweyset, on das er gerne moerden woellt, [...]. Auch sendt er nur landtlauffer, die Gott nicht gesandt hat (dann sie kuennens nicht beweysen) noch durch menschen berüffen sind, sondern kumen von in selbst und gehen nicht zů der thuer hineyn. Darumb thůn sie auch, [Joh. 10, 8] wie Christus vor von denselben sagt Johannis. 10. 'Alle **die vor mir kumen sind, die sind dieb und moerder'**. Uber das vermag sie niemandt, das sie anß liecht woelten und zur antwortung stehen on bey ires gleychen. Wer in zůhoert und volget, der heyst der außerwelt gotes sůn, wer sie nit hoert, **der můß gotloß seyn**, und woellen in toedten.

Oder wenn jemand sagt, *die Opportunisten im deutschen Bundestag haben ein Gesetz verabschiedet,* dann hat der Sprecher mit dem Wort *Opportunist* eine Nebenbeiprädikation vollzogen, so das von Peter von Polenz (2008, 125) eingeführte Beispiel. Mit der Referenzierung durch ein bestimmtes Wort auf eine bestimmte Person hat man bereits entschieden, wie man sie bewertet (konnotative Aspekt), wie man sie kategorisiert (Klassifizierungsaspekt) und wie man mit ihr umzugehen beabsichtigt (Handlungsaspekt). Dies kann je nach Zeit und Kontext jedoch verschieden sein. Was besagt das für die semantische Analyse solcher Wörter? Dies soll an am Beispiel der Gast-Semantik angedeutet werden.

Wird mit den nhd. Wörtern *Gast* oder *Freund* auf jemanden Bezug genommen, so behandelt der Sprecher die damit angesprochene Person lexikalsemantisch völlig anders, als wenn er diese Person als *Fremden* oder gar als *Feind* bezeichnet. Er nimmt sie zumindest vorübergehend integrativ in sein Haus auf, heißt sie willkommen und schenkt ihr sein Vertrauen. Kategorial anders sind die mit *Feind* und *Fremder* verbundenen Gebrauchsanweisungen, die besagen, dass man sich vor diesen zu schützen habe. Die semantischen Merkmale ‚fremd' und potentiell bzw. tatsächlich ‚feindlich' setzen sich in einigen Wortbildungen fort. *Gastarbeiter* ist dabei positiver konnotiert als *Fremdarbeiter* oder *Ausländer*. Zwar wäre eine Referenzierung wie „unsere italienischen Freunde", sofern sie nicht ironisch gemeint ist, eine positivere Bewertungshandlung als *dieses Ausländergesindel,* wobei die beiden Referenzierungshandlungen hier noch mit der inkludierenden bzw. der distanzschaffenden Pronominalisierung gestützt werden. Aber auch das vermeintlich neutralere *Gastarbeiter* bleibt letztlich bewertend. Prädikation und Referenzierung gehen ineinander über.

Im Frnhd. wären die genannten Referenzierungen inhaltlich, denotativ wie konnotativ anders zu beschreiben, da das Wort *gast* in sehr viel deutlicherer Ausprägung die Rolle des Fremden betrifft und damit ein ausdrückliches Differenzwort ist. *Gast* bedeutet: 1. >ein Fremder, Auswärtiger, Zugereister<, der im Unterschied zum *bürger, einsässen* und *einwoner* zu betrachten ist. Bedeutungsverwandt dazu wären *ausburger, ausländer 1, frem(b)dling, um(b)sässe*. Auch die Bedeutungsansätze 2. >fremder, auswärtiger Händler, Kaufmann< und 3. >fremder Krieger, Söldner, Feind< heben das Fremdsein und nicht das Willkommensein deutlich heraus. In den dazu dokumentierten, zumeist chronikalischen und rechtsbezüglichen Belegen geht es im Falle von Bedeutung 2 vor allem um Zölle, Verkaufsberechtigungen und den Schutz vor Betrug, im Falle von Bedeutung 3 um die Bedrohlichkeit der Söldnergruppen:

> Turmair 4, 671, 25 (moobd., 1522/33): Si hat von den Römern oft auch vil unglücks erlitten und einfall frembder gest.

Erst der vierte Ansatz (Bed. 4) entspricht der heute üblichen Verwendung: >j., der von einem Gastgeber, Wirt beherbergt, bewirtet wird; Eingeladener, Besucher<. Den so bezeichneten Personen wird Gastrecht gewährt, man kann aber nicht unterscheiden, ob sie Fremde oder Bürger der eigenen Gemeinschaft sind. Das semasiologische Feld des Wortes *gast* vermittelt im Frnhd. also vor allem die Prädikation ‚fremd'. Zwar kann innerhalb eines Wortes das Merkmal ‚fremd' wie dasjenige von ‚vertraut', ‚zur Eigengruppe gehörend' und daher ‚willkommen' gleichermaßen vorhanden sein. Aber selbst in letzterem Falle steht die Fremdheit im Hintergrund. Je nach Beleg ist dann zu entscheiden, wie stark diese gegenüber der ‚Vertrautheit' durchschlägt, das heißt auch, ob eine Person zur eigenen Gruppe gehört oder nicht, ob man ihr trauen kann oder ob man vorsichtig sein muss.

Das Beispiel zeigt, dass Wörter nicht nur als Einzeleinheiten pro Einzelbedeutung etwas bezeichnen, sondern dass die Bezeichnungshandlung immer auch eine strukturelle Dimension hat. Bei der Frage nach dem Gebrauch von Wörtern und damit nach deren Semantik ist es also angebracht, jeweils das semasiologische Gesamtfeld in Betracht zu ziehen und sich pro Einzelbedeutung nach deren Vernetzung mit jeder der anderen Einzelbedeutungen zu fragen. Dies gilt wieder sowohl für die notativen und denotativen Bedeutungsschichten wie für deren Deontik. Nur so kann man mentalitätshistorische Unterschiede, die mit speziellen Semantiken verbunden sind, erkennen. Der alleinige Blick auf Bedeutung 4 des Wortes *gast* hätte keinen Unterschied zur Gegenwart sichtbar werden lassen und damit das Vorherrschen der besonderen Fremdheitskonnotation verschleiert. Es ist außerdem wichtig, dass man zwischen direkter und indirekter Referenzierung unterscheidet, also die Frage stellt, wer mit dem Wort wirklich bezeichnet wird, ob diese Person tatsächlich ein Angehöriger einer bestimmten Gruppe ist oder ob der Name hier sekundärstigmatisierenden Schimpfwortcharakter hat. Dies alles ist auch deshalb wort- und textanalytisch von Bedeutung, weil jeder Sprecher oder Schreiber individuell und situationsspezifisch entscheidet, dieses und kein anderes Wort zu nutzen. Aus diesem Grund ist es notwendig, zusätzlich zur semasiologischen Dimension das gesamte onomasiologische Feld, also die Summe aller bedeutungsverwandten Wörter im Auge zu behalten, die zeitgenössisch zur Bezeichnung zur Verfügung stehen. Erst im Überblick über das potentiell nutzbare Vokabular kann das gewählte Wort eingeordnet und interpretiert werden. Referenzhandlungen sind in diesem Verständnis Konstituierungen derjenigen semantischen Einheiten, in denen man darstellt, bewertet, kommunikativ handelt. Sie sind damit zugleich Herstellung von Beziehungen semantischer Art (onomasiologischer wie semasiologischer), wie sie Herstellungen von Beziehungen pragmatischer Art (von sprechender zu hörender Person) sind.

II. 2. 1. 2. Die semantischen Funktionen von Adjektiven und Verben

Im Fokus der lexikalischen Bezugnahmen stehen zumeist substantivische Ausdrücke, da Substantive in besonderer Weise polyfunktional gebraucht werden: Sie dienen zur Identifizierung, zur Referenzierung, auch zur Charakterisierung, zur Bewertung und zur Handlungsinstruktion, damit speziell zur Stigmatisierung.

Adjektive dagegen sind die morphologische Wortart, die nicht primär auf Gegenstände referiert, sondern mit der man die „Quantität oder Qualität, eine Relation oder eine Klassenzugehörigkeit" einer Bezugsgröße angibt, „zur Orientierung und Dimensionierung, zur Charakterisierung oder Situierung, zur Beschreibung oder Unterscheidung, zur Einschätzung oder Beurteilung und zu manchem anderen" beiträgt (vgl. Weinrich 1993, 509). Sie gelten als die Bewertungswörter schlechthin.

Je nach Kontext (Zeit, Raum, Sinnwelt) steht einem Sprecher eine ganze Reihe von Adjektiven zur Verfügung und damit zur Auswahl, mit denen er entweder positiv oder negativ beschreiben, kategorisieren, auf jeden Fall bewerten und im Ernstfall sogar verurteilen kann. So werden im konfessionellen Konflikt der Reformationszeit gerne Adjektive wie *blind, böse 6, faul, frefelmütig, garstig, geil, geitig, gotlos, lasterhaft, lose, schändlich, schelmisch, stinkend, sündlich,* un-

*christlich, unverschämt, unzüchtig, verdamt* verwendet. *Blind* stellt metaphorisch die Erkenntnisfähigkeit des Gegners in Frage, *lasterhaft* seinen moralischen Lebenswandel, *gotlos* seine religiöse Überzeugung und seine Haltung. Damit sind Bewertungsadjektive aus den theologisch relevanten Sinnbereichen, und zwar immer wieder Erkenntnisfähigkeit, moralische Integrität bzw. individueller Charakter und nicht zuletzt Gläubigkeit, aufgeboten. Diese Werte zusammen können, polemisch gezielt eingesetzt, eine effektive, da von niemandem bestrittene Waffe gegen den konfessionellen Gegner abgeben, weil sie den Kontrahenten genau dort erreichen, wo seine kognitive Befähigung zur Mitsprache, seine moralische Qualifikation zur Teilnahme am Diskurs und seine religiöse Autorität, mit dem allem sein Rederecht und seine Stellung in der Gesellschaft insgesamt ausgehandelt werden.

Man könnte daher spezielle Typologien erstellen, in denen gezeigt wird, welche Bewertungsmöglichkeiten aus dem großen Reservoir an Negativierungsadjektiven in welchen Kontexten zu welcher Negativierungshandlung von wem am zielführendsten gebraucht werden. Im reformatorischen Disput sind es Angriffe auf die genannten Größen ‚Kognition', ‚Integrität' und ‚Glaube'. Im Einzelnen gibt es besondere Gewichtungen; im Vagantenmilieu werden es eher Kriminalisierungen aufgrund von Verstößen gegen das Recht sein, bei den Prostituierten geht es überwiegend um die Moral, eine Verteilung, die sich auf das Geschlechterverhältnis insgesamt übertragen lässt.

Mit Adjektiven negativierender bzw. verletzender Art werden Zuschreibungen von Eigenschaften nicht nur einmalig vollzogen; vielmehr kann mit ihnen die vorgenommene Bewertung implementiert, perpetuiert und gesellschaftlich verankert werden. Der Weg verläuft vom einmaligen, zufälligen Zuschreibungsakt über dessen Festigung bis hin zum Bedeutungswandel und zur standardisierten Verletzung, die im Lexikon verankert ist.

> Berthold von Regensburg 1, XXI, 323: Nû sît ir doch schœne liute und êrbære liute unde seht wol, daz ein stinkender jüde, der uns an böcket, der schônet der selben zît gar wol unde halt mit gar grôzem flîze.

Die Prädikationshandlung, die aus einem Namen ein Stigmatisierungswort macht, sei hier exemplarisch an einem Zitat Bertholds von Regensburg vorgeführt. *Schöne* und *ehrbare* Leute werden einem *stinkenden Juden* gegenübergestellt. *Stinkend*, so muss sich der moderne Leser vor Augen führen, hat in dieser Zeit nicht nur negative olfaktorische Bedeutung, sondern meint eben auch in einem metaphorischen Sinne: >moralisch verwerflich, der Sünde verfallen< (Lobenstein-Reichmann 2009, 255f.). Mit dem Gebrauch, das heißt: mit der Wahl genau dieses Ausdrucks hat Berthold die Möglichkeit jeder positiven Bewertung aufgehoben. Er hat dazu sicher ganz bewusst gleichzeitig den theologischen wie den sensorisch zwischenmenschlichen Bereich aufgerufen und so die ihm verhassten Juden ausgegrenzt. Das Partizip Präsens *stinkend* im Sinne von ›moralisch verwerflich, sündenverfallen‹ ist bedeutungstheoretisch metaphorisch gebraucht. Sein mittelalterlicher Gebrauchswert als Verletzungsadjektiv ist kaum zu unterschätzen.[35] Auch wenn es auf alle Personen angewendet werden konnte,[36] gehörte es in wechselnden morphologischen Formen zu den stereotyp vorkommenden Abwertungsausdrücken für Juden.

> H. v. Hesler. Nicodemus 5171 (14. Jh.): do von sie stinken die jüden, also die asblasenden rüden.

> Pfefferkorn, wie die blinden Juden yr Ostern halten [...] Aiir (Köln 1509): Nun sein (als yr gemeinlich secht) die hewser der Juden vast stincke vnd vnrein.

> Johannes Eck, Judenbüchlein 37r (1542): Vbertin von Bressa sagt sie brauchens wider dē stanck/ wie dañ sie võ natur stinckend.

Gerade metaphorische Kennzeichnungen führen ein hohes prädikatives und beschimpfendes Potential mit sich. Dieses Potential hatte auch Berthold von Regensburg erkannt, und er hat es bewusst eingesetzt. Wie später Luther und die Reformatoren führt er gerne dehumanisierende Tiervergleiche und Tiermetaphern ins diskriminierende Feld. Auch er nutzt die Eigenschaftszuschreibung *stinkend*, wenn er schreibt, dass eine Kindsmörderin schlimmer sei als der „wolf, der von unreinekeit stinket" (V, 71); dann folgt:

> Berthold von Regensburg 1, V, 71: Mörderin dîns eigen kindes, wie stêt ez umbe dîne buoze? Pfî! Aspis, aller natern bœste unde wirste, diu tuot ditz niht daz dû tuost. Under ahtleie spinnen diu grüene spinne, aller spinnen wirste, diu mordet ir kint niht als dû.

Neben der prädizierenden Referenzierung durch Substantive und der Bewertungshandlung durch Adjektive ist auch die Rolle der Verben anzusprechen. Auch hier gilt: Jeder Verbgebrauch ist eine Auswahl aus einer Vielfalt von Möglichkeiten. Wenn Johannes Eck in seiner Anklage gegen Luther schreibt: „der Ludder schreyt nur nach eynem freien concilio", dann hat er mit dem Verb *schreien* bewusst Luthers Sprechen abqualifiziert. Bertholds Wahl des Verbs *morden* im Beleg oben (V, 71) ist mehr als nur die Beschreibung eines Tötungsaktes, es kann gleichermaßen als ein von ihm gefälltes Urteil gelesen werden. Die Tötung war dann kein Unfall, keine Notwehr, sondern Mord. Dem juristisch durchaus beschlagenen Prediger war diese schon damals gängige Unterscheidung

---

35 Vgl. auch: Geiler von Kaysersberg, Evangelienbuch 1515, CXXXVIII.
36 Hier ein Beispiel für die Beschimpfung einer Frau: Fastnachtsp. 225, 14 (nobd. v. 1486): Du stinkender eimer, du kunige flasch, | Du anhank, du schelmigs aß | Du kitteltuch, teufelslucht und rollfas.

sicher bewusst. Verben stehen insgesamt als explizit oder implizit performative Verben geradezu im Zentrum verletzenden Sprechens. Sie gelten als Stereotypenorganisatoren. Es macht einen Unterschied, ob man eine Natter *ist*, es zu sein *scheint* oder ob man als eine solche verleumdet wird.[37]

Die Bezeichnung als solche, ob sie nun im metaphorischen oder in einem anderen Gewande auftritt, ist damit mehr als nur kognitiv identifizierend oder prädizierend, sie ist zugleich Handlung und kann im Ernstfall zu schwerwiegenden Folgen für den so Bezeichneten führen. Ein Hinweis auf die Hexenbenennung und deren metaphorische Prädikationen mag hier vorausweisend auf das entsprechende Kapitel (III. 10) genügen.

## II. 2. 2. Vergleiche, Metaphern, Bilder

Bildhaftes Sprechen gehört nicht nur im Frnhd. zu den beliebtesten Verspottungs- und Diffamierungsstrategien. Man kann damit positiv wie negativ semantische Verbindungen zwischen Gegenständen unterschiedlichster, letztlich jeder Art herstellen, selbst wenn sie nach ‚rationalen' Kriterien nichts miteinander zu tun haben. Dies gelingt explizit in (a) Vergleichssetzungen oder (b) implizit in Metaphern mit der syntaktischen Form *etw. ist etw.* bzw. *j. nennt etw. etw.* (doppelter Akkusativ) / *bezeichnet etwas als etwas*, aber auch (c) in Form von Bildern mit lexikalischem Kern, schließlich (d) in einer Kombination von alledem.

> Luther, WA 6, 38, 19 (1520): Daher kompt es, das hadder, getzenk, richter, notarien, officialen, Iuristen und solchs edlen gesinds ßovill seynd als die fliegen ym ßommer (Vergleich).
>
> Johannes Eck, Gegen den Bürgermeister [...] 25:[38] Das ewer ketzerisch predicanten [...] pillent (Metapher) wie die hund (Vergleich).
>
> Luther, WA 38, 148, 21 (1533): Das ich die Müncherey wol mug nennen [...] ein Hellisch gifft küchlin. (Metapher).
>
> Ders. 47, 438, 13 (1538): drumb so ist der Bapst ein gifftprediger (Metapher) und sitzt in einem gifftigen stuel (Bild).
>
> Rosenthal. Bedencken 41, 4 (Köln 1653): sie [falsche Propheten] speyen tödtliche Gifft (Metapher) mit jhren Pestilentzischen Zungen (Bild).

---

37 Solche epistemischen Unterscheidungen werden auch durch Partikeln vorgenommen.
38 Zitiert nach: Pfeifer 1978, 111.

Anders als Vergleiche, die mit *wie* [*pillent wie die hund*] oder *als* [*seynd als die fliegen*] eingeleitet werden, funktionieren Metaphern ohne explizite Vergleichssetzung durch eine Junktion und ohne die Nennung des tertium comparationis: *so ist der Bapst ein gifftprediger /die Müncherey ein Hellisch gifft küchlin nennen.* Sie werden daher auch oft als verkürzte Vergleiche definiert. Radikal verkürzt erscheinen sie beim Gebrauch von Bildern wie das von den *pestilentzischen Zungen* der *falschen Propheten*. Im Vergleich *pillent wie die hund* wirkt zwar die explizite Vergleichssetzung mit dem Tier, doch schon das Verb *pillen* (>bellen<), ein kollokativ regelmäßig für Tiere, vor allem für Hunde gebräuchliches Verb, hätte zur metaphorischen Dehumanisierung ausgereicht.

Benennungen mit Metaphern zu vollziehen hat die Funktion, besonders ausdrucksstark, eindringlich, nachdrücklich sowie überzeugend und durch die hintergründig vergleichssetzende Bildlichkeit anschaulich verständlich zu sein. Zum Verletzen dienen vor allem solche Metaphern, in denen Kriminalisierungen, Pathologisierungen, Dehumanisierungen und Verdinglichungen vorgenommen werden. Die im Mittelalter an Kirchenfassaden vorzufindende dehumanisierende Ikonographie der Judensau[39] ist ein Beispiel hierfür. Dem Prinzip der Metapher gemäß werden die mit dem Wort evozierten Eigenschaften und Bewertungen des Tieres auf Personen bzw. Personengruppen übertragen. Diese linguale Zuschreibung kann, wie im Fall der „Judensau" dem fortlaufenden Prozess der Semiose entsprechend, also gemäß der sich gegenseitig erklärenden und prägenden Zeichenketten, visualisiert werden (so in Stein geschehen und nachhaltig sichtbar an der Stadtkirche zu Wittenberg, im Chor des Doms von Uppsala, in den Domen von Köln und Regensburg; vgl. Schreckenberg 1996, 21; 343). Von entscheidendem Vorteil für die Verbreitung dieser gesamtsemiotischen Vertextung ist das mit dem Beginn des 16. Jahrhunderts immer stärker florierende Druckgewerbe. Metaphern liefern dort gleichsam die polemischsprachlichen Steilvorlagen für die bildlichen, oft sogar für bildlich-verzerrende Darstellungen, die publikumswirksam auch für Analphabeten eingesetzt werden können. Berühmtes Beispiel hierfür ist das Flugblatt „Die Frankfurter Judensau" aus dem 17. Jahrhundert, das an die Ritualmordlegende des Simon von Trient von 1476 erinnert. Es zeigt u. a. drei Männer und den Teufel um eine Sau gruppiert. Der eine liegt unter ihr und saugt, der andere sitzt auf ihr und hebt ihren Schwanz, während der dritte vom Teufel dazu gezwungen wird, ihren Kot zu schlucken. Als Unterschrift weist es folgenden Text auf: *Saug du Milch Fris du den Treck Das ist doch euer best geschleck*.[40] Das agitative Potential der Text-Bild-Vernetzung haben auch die konfessionellen Kontrahenten der Reformations-

---

39  Vgl. dazu: Schreckenberg 1996; 1999.
40  Abgedruckt im Anhang S. 243 zu Aegerter 2001, 95–124.

zeit[41] schnell erkannt und entsprechend ausgenutzt, so dass man von einem reformationsbedingten Aufschwung bild-textlicher Verletzungspolemik sprechen kann. Besonders beliebt in den Flugblättern war z. B. der Papstesel (Lukas Cranach d. Ältere, 1523) bzw. Luther als siebenköpfiges Ungeheuer (Hans Brosamer: Martin Luther Siebenkopff, 1529).

Doch die Visualisierung muss nicht notwendigerweise durch irgendeine Form von optischer Bildlichkeit erfolgen. Oft reicht das Sprachbild aus. Die typische Ausdrucksform eines solchen sprachlichen Bildes ist dann die Metapher. Wenn unbekannte Lutheranhänger Johannes Eck im lateinischen Dialog „Eckius dedolatus"[42] (>der ent-eckte, gehobelte Eck<) Trunksucht unterstellen und dessen Laster als hässliche Eiterbeulen ausführlich ins Sprachbild setzen,[43] so stellt diese drastische Bildhaftigkeit des Ekels und der Ansteckungsgefahr nicht nur eine wirksamere Polemik dar als jede argumentative Disputation mit *wenn-dann* Fügungen, sondern auch als jede optische Veranschaulichung, da sich das Sündhaft-Abstrakte eben nur schwer in dieser eindeutigen Weise verbildlichen lässt.

Man kann zwischen Bildspender und Bildempfänger unterscheiden, also derjenigen Größe, von der das Bild hergenommen, und einer anderen, auf die es metaphorisch bezogen wird. So fungieren im nächsten Lutherbeleg *gewürm* und *unziefer* als Bildspender für den Bildempfänger ‚römische Kurie'. Der bildspendende Bereich gehört dabei im weitesten Sinne dem Feld ‚Tierwelt' an und ermöglicht insofern die Übertragung aller damit verbundenen Eigenschaften und Assoziationen auf die Zielgröße. Solche Assoziationen nennt man auch metaphorische Implikation (so B. Pörksen 2000, 177; Keller-Bauer 1984, 72); gemeint sind damit „die in einer Metapher explizit enthaltenen Behauptungen [...] und die Summe derjenigen Assoziationen, die sich mit der Metapher in Verbindung bringen lassen". Implikationen beziehen sich also auf explizit Gemeintes und auf (potentiell) Mitgemeintes.

> Luther, WA 38, 270, 15 (1534): ich wolt jnn einem monden Bapst, Cardinal, Bisschoff, Pfaffen, Münch und alle das gewürm und geitziges unziefer besser Lutherisch machen, dann ich selbs bin.

Indem Luther gerade diese Kleintiere ausgewählt hat, nutzt er gezielt die ihnen zugeschriebenen Eigenschaften ‚eklig', ‚schädlich', ‚zersetzend', ‚verwesungsfördernd' und ‚bedrohlich' so, dass sich mit der Charakterisierung auch eine Übertragung aller damit verbundenen deontischen Komponenten ergibt: So wie *un-*

---

41 Vgl. dazu die groß angelegte Untersuchung zur Metaphorik im Frühneuhochdeutschen: Pfeifer 1978, 87–217.
42 Vgl. dazu: Rupprich, 1973, 106–109; Könnecker 1975, 84–90.
43 Könnecker 1975, 87.

*ziefer* zu bekämpfen ist, hat man auch gegen die in den Tiervergleich gesetzten Menschen vorzugehen. Die auf F. Hermanns zurückgehende deontische Bedeutungskonzeption (vgl. dazu Kapitel II. 2.) betont neben der beschreibenden deskriptiven (notativen) und der konnotativen Bedeutungskomponente vor allem diejenige Seite der Bedeutung, die über das Sein und die in das Sein hineingetragenen Bewertungen hinausgeht und als Appell an den Sprecher fungiert. Hermanns schreibt (1995, 84), „daß ein Wort, das scheinbar Gegenstände oder Sachverhalte einfach nur beschreibt, bezüglich ihres Seins, zugleich auch dazu dienen kann, ein Sollen auszudrücken".

Dieser Handlungsappell ist kultur- und sozialisationsspezifisch, damit konventionalisiert; er muss also zum kollektiven Handlungswissen der Gesellschaft oder derjenigen gesellschaftlichen Schicht gerechnet werden, die z. B. die Tiermetapher pflegt. B. Pörksen (2000, 179) hat eine Liste ideologischer Metaphern zusammengestellt, die sich aus solchen Bildspendern herleiten. Dazu gehören: Körpermetaphorik, Krankheitsmetaphorik, Tiermetaphorik, Katastrophenmetaphorik, Hausmetaphorik, Theatermetaphorik, Metaphorik der Religion und des Glaubenskampfes, schließlich Militär- und Kriegsmetaphorik. Ihre Funktionen sind vielfältig. Im Kontext verletzenden Sprechens sind vor allem ihre gemeinschaftsbildenden bzw. die eigene Gemeinschaft von derjenigen der anderen abgrenzenden Potentiale (durch Polarisierung von Eigen- und Fremdgruppe, Homogenisierung und Vereinheitlichung der Eigengruppe) zu erwähnen, aber auch die Möglichkeit, mit ihnen zu entindividualisieren, zu pathologisieren, zu verdinglichen und zu dehumanisieren.

In Streitkontexten außerordentlich beliebt war (und ist) die Dehumanisierung vermittels Krankheits- und Tiermetaphern. Vor allem in den polemischen Drucken der Reformationszeit findet sich die bildliche Karikierung schriftlich vorgegebener Dehumanisierungsmetaphorik.

> Luther, WA 54, 295, 24 (1545): Sie sind warlich recht tol [...], die Römischen Esel, bey gesunder vernunfft, das ist ein monstrum.

Die Bilder, in der metaphernuntermalend der Papst als Esel oder als Monster dargestellt wurde, sind hinlänglich bekannt. Auch Luthers Bezeichnung für Hieronymus Emser, den er aufgrund seines Wappentieres einfach nur noch als *Bock Emser* oder *iuncker bock* anspricht, wurde bildlich umgesetzt.[44]

Umsetzungen dieser Art können aufgrund der sprachlichen Bildhaftigkeit so allgemein werden, dass die Ausgangsgröße nicht mehr eigens genannt werden muss. So predigte Thomas Müntzer von den *smeysfliegen*, die „dye salbung des

---

44 Vgl. dazu: Stolt 1974, 95.

heyligen geyst unsmackbar machen"⁴⁵ und meint damit die Irrgläubigen. Thomas Murner schreibt von den *hungerigen mucken*⁴⁶ und Luther von *geschmeis, unziefer* und *gewürm*.

> Luther, WA 26, 145, 11 (1528): Wir hie ynn unsers fursten landen haben noch nichts von dem geschmeis solcher prediger.

Aufgrund ihrer biblischen Vorlage längst Teil des agitativen Repertoires waren die auf den Teufel verweisenden Tiermetaphern *Natter, Kröte* und *Schlange*. Sie werden immer wieder, und zwar zeitenübergreifend, zur dämonisierenden Beschreibung der Ketzer und zur Ketzerverfolgung genutzt.

> Jörg, Salat. Reformationschr. 77, 25 (halem., 1534/5): Allso jst us Sachsen usgangen / dis aller erbermcklichst gifftt / durch gemellten Bŏhem M[artinus] Lutrer / der gstallt Alls er [...] die schlangen verborgen underm krut / nit gar sechen / doch eins teils mercken lies / bis er marcktt / sich mit rechter guter gsunder leer / weder bapst noch bader werden mogen, stallt er sich an sin hinderhut / und vorlang angezetellt ungespunst / die us zu uben / sin vyendschaft [...].

Bei dem mehr als 300 Jahre früher lebenden Berthold von Regensburg erscheinen statt der ‚schlange' und dem ‚gift' der Reformationschronik Johann Salats die dem gleichen Spendebereich entstammenden ‚nater' und ‚spinne', letztere findet sich motivationell überdies im der Wortbildung *ungespunst* (s. dazu FWB s. v. *gespinst* >vom Teufel vollzogene Tätigkeit<).

> Berthold von Regensburg V, 71: Mörderin dîns eigen kindes, wie stêt ez umbe dîne buoze? Pfî! Aspis, aller natern bèste unde wirste, diu tuot ditz niht daz dû tuost. Under ahtleie spinnen diu grüene spinne, aller spinnen wirste, diu mordet ir kint niht als dû.

*Nattern* und *Spinnen* gelten als Attribute des Teufels und sind, will man Körper und Seele vor ihnen schützen, gemäß der oben aufgeführten metaphorischen Implikation sofort zu töten. Eine Person, die mit diesen Metaphern in die Nähe des Teufels gerückt wird, ist damit nicht einfach nur beschimpft worden, sie muss auch um ihre gesellschaftliche Zugehörigkeit, ihr Leben, gar um ihr Seelenheil fürchten.

Dies wird umso konkreter in ihrer diesseitigen Existenzbedrohung, wenn zusätzlich zur teuflisch-tierischen Dehumanisierungsmetaphorik (*gewürm vnnd geschwürm*⁴⁷) die Krankheitsmetaphorik eingesetzt wird. Der folgende Beleg

---

45  Zitiert nach: Pfeifer 1978, 176.
46  Murner, Vom Lutherischen Narren (1522/ 1848), 27, V. 720.
47  Johann Fischart / Bodin, Johann: [De magorum daemonomania] De Magorvm Daemonomania: Vom Außgelasnen Wütigen Teuffelsheer Allerhand Zauberern, Hexen vnnd Hexenmmeistern, Unholden, Teuffelsbeschwerern, Warsagern, Schwartzkünstlern, Ver-

deutet die Handlungskonsequenz ebenfalls an. Wiederum geht es um ‚schlangen', ‚natern', ‚kröten', ‚spinnen', ‚gift', diesmal mit Bezug auf ‚geister' und ‚zauberer'. Sie sind zu *vertreiben*, das Land ist von ihnen zu *säubern*:

> Fischart / Bodin, De Magorvm Daemonomania 150 (1591): da ist kein Hoffnung nicht/ das man der Bösen Geyster / oder der zauberer / oder der Pestilenz/oder des Kriegs/ oder Hungers vnnd andere Plagen immermehr wird abkomen / noch sie von vnnd auß vnseren Grenzen vertreiben mögen. Nicht das es möglich sey/ das Land gar võ Zauberern zuseuberē [...]. Dann diß Zäubeisch Gesindlein/ ist eben wie die Schlangen / Natern vnnd Krotten auff erden/ wie die Spinnen in Häusern/die Raupen vnd Muckē inn den Lüfften/welche auß Verfaulung vnd Coruption gezeugt und generert werden / vnnd das Gifft der Erden sampt der Vnreinigkeit vnnd Jnfection des lüffts an sich ziehen.

Geradezu textsortenkonstitutiv sind Tiermetapher und Tiervergleich in der Fabeldichtung,[48] die im 16. Jahrhundert eine Blütezeit erfährt. Am deutlichsten wird der polemisch-propagandistische Beschimpfungsaspekt, der im konfessionellen Glaubenskrieg zu dem moraldidaktischen hinzutritt, in der „Wittenbergisch Nachtigall" von Hans Sachs. Der Papst erscheint als Löwe, die Bischöfe und Prälaten als Wölfe, Mönche und Nonnen als Schlangen. Das durch sie bedrängte und betrogene Volk wird durch die Schafe repräsentiert. Sachs bleibt jedoch nicht im Allgemeinen. Auf seiner Bühne erscheinen Augustinus von Alfed als Waldesel, Johannes Eck als Wildschwein und Johannes Cochläus als Schnecke.

> Sachs, Wittenbergisch Nachtigall 24f. (nobd. 1523): das wilde schwein deut doctor Ecken, / der vor zu Leipzig widr in facht / und vil grober seu davon bracht. / der bock bedeutet den Emser, / der ist aller nunnen tröster; / so bedeutet die katz den Murner, / des bapstes mauser, wachter, turner; / der waltesel den barfüßer / zu Leipzg, den groben lesmeister. / so deut der schneck den Cochleum. / die fünf und sonst vil in der sum / hant lang wider Lutherum gschriben.

Mit der Tiermaskierung wird nicht nur einfach dehumanisiert, sondern das in den Fabeln negativ assoziierte Charakterreservoir auf die so verspotteten Zeitgenossen ausgeschüttet. Nur noch verwiesen sei hier auf Huldrych Zwinglis politische Allegorie „Fabelisch gedicht von eim ochsen und etlichen tieren ietz louf-

---

gifftern, Augenverblendern e[t]c. Wie die vermög aller Recht erkant, eingetrieben, gehindert, erkündigt, erforscht, peinlich ersucht vnd gestrafft werden sollen. [...] durch [...] Johann Bodin [...] außgangen. Vnd nun erstmals durch [...] Johann Fischart [...] auß Frantzösischer sprach trewlich in Teutsche gebracht, vnd nun zum andernmahl an vilen enden vermehrt vnd erklärt. Straßburg: Jobin: 1591, 150.

48  Vgl. dazu: Grubmüller 1977; 1997.

fender dinge begriffenlich".⁴⁹ Doch nicht erst in der konfessionellen Polemik der Reformationsauseinandersetzungen waren Tiermetaphern (z. B. *affe, schwein, drache, brandfuchs, kolkrabe*) beliebt, schon im Reuchlin-Pfefferkorn-Streit haben sich die Gegner mit Tiermetaphern angefeindet.⁵⁰

Krankheits- bzw. Pathologisierungsmetaphern, aber auch dehumanisierende Tiermetaphern bilden aufgrund ihrer besonderen Bildhaftigkeit die Leitmetaphern der Ausgrenzung. Dies gilt bis heute. So hat der Göttinger Universitätsprofessor Paul de Lagarde, um ein radikales Beispiel der Neuzeit heranzuziehen, die für das 19. Jahrhundert noch junge Sprache der Mikrobiologie (s. u. *Trichnine / Bazillen*) zur diskriminierenden Pathologisierungsmetaphorik genutzt, um antijüdische Polemik zu betreiben. Es ist bekannt, dass seine Art der Metaphorik vor allem in den nachfolgenden Antisemitenkreisen bis in die Gegenwart Schule gemacht hat.⁵¹

> Paul de Lagarde 1937, 239: Es gehört ein Herz von der Härte einer Krokodilhaut dazu, um mit den armen, ausgesogenen Deutschen nicht Mitleid zu empfinden, und – was dasselbe ist – um die Juden nicht zu hassen, um diejenigen nicht zu hassen und zu verachten, die – aus Humanität! – diesen Juden das Wort reden, oder die zu feige sind, dies wuchernde Ungeziefer zu zertreten. Mit Trichinen und Bazillen wird nicht verhandelt, Trichine und Bazillen werden auch nicht erzogen, sie werden so rasch und so gründlich wie möglich vernichtet.

## II. 2. 3. Wortbildungen und Wortbildungsfelder

Im Rahmen lexikalischer Bezeichnungshandlungen müssen auch spezifische Wortbildungen bzw. Wortbildungsfelder betrachtet werden, mit denen man ehrverletzend handelte. Als einführendes Beispiel sollen die in frnhd. Zeit außerordentlich beliebten Bildungen mit Fäkalbezug (z. B. *kot-, scheiss-, dreck-, mist-, unflat-, unrat-*) betrachtet werden, da sie regelhaft als Schimpfwörter bzw. zum Fluchen eingesetzt wurden; gemeint sind z. B. *bauernbescheisser, bescheissen, betscheisser(n), lafscheisse, landbescheisser, scheisspiel*. Die Negativierung des Anderen wird mit diesen Wortbildungen geradezu bildlich veranschaulicht.

---

49 Vgl. hierzu und dem Vorangegangenen: Elschenbroich 1990, 57.
50 Vgl. dazu auch Schwitallas Ausführungen (2012, 99) zum Pfefferkorn-Reuchlin-Streit, der zum Teil auf lateinisch geführt wurde und durchzogen war von dehumanisierender Tiermetaphorik: Reuchlin vergleicht seinen Gegner mit Schafen, Böcken, Säuen, Schweinen, Mauleseln. Pfefferkorn kontert mit Wölfen.
51 Vgl. dazu: Pörksen 2000, 177; Lobenstein-Reichmann 2008, 473ff.; 2009, 264; zu Lagarde und Julius Langbehn: dies. 2012 a.

## 2. Die Ebene der Proposition – das Wort als Waffe 47

> Luther, WA 47, 292, 40 (1537): Lieber Bapst, man soll dich bescheissen und an die Sonne setzen und lassen wider trucken werden.

> Luther, WA 50, 350 (1538): Zu dem, weil der selbige schand Poetaster den leidigen Stadschreiber zu Halle (mit urlaub zu reden) Bisschopff Albrecht lobet und einen Heiligen aus dem Teuffel machet, ist mirs nicht zu leiden, das solchs offentlich und durch den druck geschehe jnn dieser Kirche, Schule und Stad, Weil der selbige Scheisbisschoff ein falscher, verlogener man ist und doch uns pflegt zu nennen die Lutherischen buben, [...]. Und bitte abermal alle die unsern, und sonderlich die Poeten oder seine heuchler, wolten hinfurt den schendlichen Scheispfaffen offentlich nicht loben.

Aber auch wenn Luther das Diminutivsuffix *-lein* anfügt, nutzt er es zur Verspottung, keineswegs zur „liebevollen" Verniedlichung.

> Luther, WA 33, 380, 17: Also thun itzt auch unsere Junckerlein (>die papistischen Obrigkeiten<), toben und wuthen auch ins Teuffels namen also wider uns.

Doch Negativierungen erfolgen nicht nur mit Präfixen wie *un-* oder Suffixen wie *-ling*, *-lein*. Ausgehend von einem negativen semantischen Merkmal werden ganze Wortschatzbereiche zur Negativbewertung nutzbar gemacht. Dies soll am Fall der Kompositenliste zu *götze* als Bestimmungswort kurz demonstriert werden. Das Wortbildungsfeld zu *götze* zeigt nicht nur, inwiefern Wortbildungsvernetzungen systematisch als Negativierungsstrategie eingesetzt werden können. Es zeigt auch, wie sich eine negativierende Umsemantisierung eines einzelnen Grundwortes auf das gesamte Feld auswirkt. Das Simplex *götze* wird im Mhd. (s. Lexer 1, 1057) und im älteren Frnhd. (s. DWB 4, 1, 5, 1430) relativ neutral gebraucht im Sinne von >Götzenbild, Heiligenstatue, plastische Figur von einer anbetungswürdigen Person (z. B. von Heiligen, aber auch von heidnischen Gottheiten)< und erhält erst mit Luthers reformatorischer Polemik seine heutige negative Bedeutung: >unchristlicher Abgott, dasjenige Welthafte (Personen oder Gegenstände), das man entgegen dem ersten Gebot Gottes (...) als religiös verehrungs- und anbetungswürdig ansieht; bei den Protestanten insbesondere in Bezug auf die Heiligenverehrung< (FWB 7, 222). Im Anschluss an diesen Negativierungsprozess kommt es zu einem regelrechten Wortbildungsschub; die neu gebildeten polemischen Götzenwörter lauten: *götzenaltar, götzenanschlag, götzenbrot, götzenerer, götzengrube, götzendiener, götzendienst, götzengeschlecht, götzenhirte, götzenkalb, götzenkirche, götzenknecht, götzenland, götzenlerer, götzenopfer, götzenpfaffe, götzenmacher, götzenhaus, götzentempel, götzentracht* >Sauf- und Freßgelage an einem Heiligenfesttag<, *götzenwerk*.[52] Das sich unter diesem negativen Vorzeichen konstituierende Wortbildungsfeld

---

52   Vgl dazu FWB 7, 1 s. v. *götze*.

bedient sich desselben auf Ketzertum und Ungläubigkeit zurückzuführenden Angriffsmusters wie die von Luther eingeführte Negativbedeutung. Hinzu kommt die dritte Bedeutung des Wortes *götze*. Mit ihr wird die Polemik sogar noch weiter getrieben, da das Wort schließlich in protestantischen Kontexten auch als Schimpfwort im Sinne von ›Dummkopf, Narr‹ für Kleriker der Papstkirche gebraucht werden kann.[53] *Götze* tendiert also zum Präfixoid eines wuchernden Wortbildungsfeldes mit einer auf ›Ketzertum, Ungläubigkeit‹ zielenden Angriffsspitze. Ältere katholische Positivsemantik und protestantische Negativierung bestehen nun nebeneinander. Der protestantische Wortbildungseifer lässt die katholische Semantik immer weiter in den Hintergrund treten. Nach dem ersten Schritt, der bewusst vorgenommenen Umsemantisierung, folgte ein zweiter, mit dem das gesamte Wortbildungsfeld neu vernetzt und neu konnotiert wird. Der protestantischen Durchdringung des Wortschatzes stand damit nichts mehr im Wege.

Dasselbe Phänomen wird im Kapitel III. 1. am Beispiel des semantischen Merkmals ‚bettlerisch' vorgeführt. Alle Wortbildungen mit *bettler-* sind so deutlich negativ konnotiert, dass auch alle anderen Ausdrücke, in denen das negative Merkmal impliziert ist, dessen negativierende Aussagekraft weitertragen. Mit derartigen Wortbildungen werden folgenreiche Prädikationen wie die der Kriminalisierung auch auf solche Größen übertragen, die zuvor neutral bis positiv schützenswert galten. Einen ähnlichen Fall bilden alle Wortbildungen mit *Zigeuner*. Das dahinterliegende pragmagrammatische und -semantische Prinzip scheint zu sein: Wo eine Negativbewertung vorliegt, kann sich das Positive nicht oder kaum mehr durchsetzen. Die Negativierung setzt sich durch das gesamte Wortbildungsfeld und auch durch das gesamte onomasiologische wie das semasiologische Feld hindurch fort bzw. hinterlässt wie ein roter Faden seine Spuren, so dass sie im verletzenden Sprechen variantenreich und zielsicher eingesetzt werden kann. Selbst scheinbar neutrale Bezeichnungen erfahren eine negative Affizierung und transportieren die Fragmente der Negativierung, das heißt des Verletzungspotentials mit all seinen semantischen Konsequenzen weiter.

## II. 2. 4. Das Schimpfwort – Name und ‚benennendes Schlagwort'

Im Sinne der von Graumann / Wintermantel (2007, 149f.) vorgelegten Studie zu diskriminierenden Sprechakten ist das Schimpfwort Teil des Herabsetzungshandelns, des Abwertens durch Zuschreibung. Schimpfwörter nennt man nicht

---

53 Vgl. dazu: Lobenstein-Reichmann 2004; 2009b.

ohne Grund auch Spottnamen. Diese ersetzen kurzfristig den in der Regel von den Eltern stammenden identifizierenden Eigennamen eines Menschen durch eine spöttische, schmähende oder ausgrenzende Fremdbezeichnung. Man könnte es auch so ausdrücken: Sie ersetzen den identifizierenden Eigennamen (Proprium) durch eine lexikalische Einheit, die zwischen einem nomen proprium und einem nomen appellativum steht und damit negativ prädiziert. Zu diesem Zwecke können systematisch und strukturell alle Substantive einer Sprache dienen, womit angedeutet wird, dass es kein darauf beschränktes eigenes Inventar an lexikalischen Einheiten gibt. Dennoch lassen sich spezifische Wörter und Wortschatzbereiche als besonders schimpfwortsensitiv herausstellen. Bevor dies im zweiten Teil des folgenden Kapitels beschrieben wird, soll das Regelprinzip erläutert werden, auf dem das Beschimpfen und Verspotten durch Namensgebung beruht.

II. 2. 4. 1. Beschimpfung und Beleidigung durch Namensgebung

Auch wenn beschimpfende Fremdbezeichnungen in der Regel von kurzer Dauer sind, nicht sichtbar an einer Person haften bleiben, indem sie sich nicht wie die Personennamen in den institutionellen Rahmen der Gesellschaft einfügen, hinterlassen sie als eine besondere Art der prädizierenden, etwas zu wissen gebenden Identifizierung vor allem in ihrer Negativform identifikationsschädigende, ehrverletzende Spuren. Man braucht zur Begründung nicht erst auf die Namensmagie einzugehen, wie sie im Märchen „Rumpelstilzchen" seinen prägnantesten Ausdruck gefunden hat, und im Aberglauben[54] noch spürbar ist, oder auf den Namen als ein Stück Seele des Menschen zu verweisen, wie Freud es in „Totem und Tabu" (2003, 398) tut, um zu verdeutlichen, wie sehr Benennungen als Phänomene betrachtet werden, die den Menschen in seinem Wesen zu erkennen geben, ihn verletzbar machen und tatsächlich verletzen.

> Freud 2003, 398: Namen sind für die Primitiven — wie für die heutigen Wilden und selbst für unsere Kinder — nicht etwa etwas Gleichgültiges und Konventionelles, wie sie uns erscheinen, sondern etwas Bedeutungsvolles und Wesentliches. Der Name eines Menschen ist ein Hauptbestandteil seiner Person, vielleicht ein Stück seiner Seele.

Der Akt der Namensgebung, der nicht nur sakrosankte Züge in der Bibel trägt, sondern das Wesen des Namensträgers bzw. dessen Stellung vor Gott zum Aus-

---

54 Vgl. dazu auch: Handwörterbuch des deutschen Aberglaubens 1987, 6, 950, s. v. *Name*.

druck bringt,⁵⁵ kann generell als das sprechakttheoretische Muster für Schimpfwörter gedacht werden. Hinzu kommt die historisch-kulturspezifische Aussagekraft von Namen. *Gottfried, Maria* oder auch *Adolf* oder *Siegfried* sind symptomfunktionale Anzeichen für eine bestimmte Zeit und eine bestimmte Gruppe. Zumindest die namengebenden Eltern haben hiermit oft religiöse oder ideologische Identifikationsakte bzw. Bekenntnisse vollzogen und ihre spezifische Gruppenbindung⁵⁶ zu erkennen gegeben.

Persönliche Namen sind damit nicht nur identifizierend. Sie sind kulturtypisch, haben Symptomwert und vor allem einen die Persönlichkeit in besonderer Weise angehenden Handlungswert. Spielt man mit ihnen, greift man die Identität des Anderen direkt an. Johannes Eck (1929, 46) attackiert den oberdeutschen Reformator Ambrosius Blarer, indem er dessen Namen durch die motivationelle Anbindung an *blerren* mit den Inhalten dieses Verbs auflädt und verballhornt: „dar mit aber sein blerren abgestelt".⁵⁷ Ähnliches gilt auch, das sei hier nur angedeutet, für bestimmte Namenszusätze. Der konvertierte Franziskaner Johannes Nas bezeichnet Luther anlässlich einer gegen Johannes Mathesius gerichteten Polemik zweimal als *saut Luther*, womit er ihn mit dem Namenszusatz einerseits zum Heiligen ironisiert und zum anderen gleichzeitig als ‚Sau' dehumanisiert.⁵⁸

Für Judith Butler bildet die Rolle der Personennamengebung im Prozess des sozialen Miteinanders wie der Selbstheit bzw. Selbstdefinition die Matrix für alle sich daran anschließenden Benennungshandlungen.

> Butler 2006, 53: Die grelle, sogar schreckliche Macht der Benennung erinnert anscheinend an die ursprüngliche Macht des Namens, die sprachliche Existenz zu eröffnen und aufrechtzuerhalten und Einzigartigkeit in Raum und Zeit zu verleihen. Auch nachdem das Subjekt einen Eigennamen erhalten hat, bleibt es der Möglichkeit unterworfen, erneut benannt zu werden. In diesem Sinne stellt die mögliche Verletzung durch Benennung eine fortwährende Bedingung des sprechenden Subjekts dar. Man kann sich vorstellen, jemand müßte alle Namen zusammentragen, mit denen er jemals

---

55 Die besondere Rolle der Namen zeigt sich bereits in der Schöpfungsgeschichte (1 Mose 2, 19), wird dann im AT immer wieder in den Namen der Propheten, vor allem im Namen Gottes deutlich (2. Mose 3, 13; Sprüche 30; Jesaja 4, 1; 9, 5; 25, 1; 47, 4; 64, 7) und spielt dann wieder eine besondere Rolle im NT bei der Benennung des Johannes (1 Lk 13; 31).
56 Einen kurzen Überblick über Namensgebungen im Verlauf der Geschichte bietet Reinhard 2006, 284; über verletzende Wirkungen vgl. vor allem auch Bering 1991; 1992.
57 Antwort auf Ambrosius Blarers Schrift in Sachen der gescheiterten Konstanzer Disputation. In: Eck 1929, 46.
58 Zitiert nach: Volz 1972, 24ff.

benannt wurde. Käme da nicht seine Identität in Verlegenheit? Würden nicht manche Namen den Effekt anderer auslöschen? Müßte er entdecken, daß er grundlegend auf eine widersprechende Zusammenstellung von Namen angewiesen ist, um daraus sich selbst abzuleiten? Wenn wir uns selbst in den Namen wiederfinden, die sozusagen von anderswo an uns gerichtet werden, stoßen wir dann auf unsere Selbstentfremdung in der Sprache?

Eine spezielle Form dieser verortenden Namensgebungsakte ist neben dem positiv identifizierenden Kosewort vor allem das negativierende Schimpfwort. Funktion, Gebrauch und Wirkung von Spottnamen bzw. anredenden Schimpfwörtern sind insofern in entsprechender Weise zu betrachten. Sie funktionieren aufgrund bestimmter den Namen eines Menschen und damit seine Identität ausmachender Handlungsmuster. Sie sind in der Regel eingebettet in eine Schimpfrede mit emotional-aggressiv aufgeladenem Kontext und damit situationsabhängig.[59] Doch jede derartige Situation ist zusätzlich geprägt von einem zeitspezifischen kulturellen Hintergrund, auf dem sie funktioniert und verstanden werden kann. Bevor der frnhd. Schimpfwortgebrauch in seiner semantisch-pragmatischen Dimension beschrieben wird, sollen daher einige theoretische Aspekte desselben diskutiert werden.

Phraseme wie *jemandem namen geben*, die schon im Frnhd. für den Akt des Verspottens oder Verhöhnens stehen, bestätigen das theoretisch Gesagte auch sprachlich, ebenso die Wortbildung *Spottname*.

> Fuchs, Murner. 4 Ketzer 373 („wohl Straßb.' 1509): Er gab jnen ein bösen nammen, | Des sye sich billich solten schammen, | Wann Maculisten er sye hieß.[60]

Die Bezeichnung *Schimpfwort* hat als Determinativum das Handlungsverb *schimpfen* und fokussiert damit ebenfalls die Handlungsabsicht, die intendiert wird. Spottnamen, Schimpfwörter wie längere Schimpfreden, oft mit akkumulierenden Schimpfbezeichnungen sollen den Sprecher von seinen aufgestauten Aggressionsgefühlen entlasten, ihn über den so Angesprochenen erheben und schließlich den Kommunikationspartner in der Anrede verletzen; sie sind in ihrer Performation ein Akt sprachlicher Gewaltausübung.[61] Judith Butler schreibt in „Haß spricht":

> Butler 2006, 10: Das Problem des verletzenden Sprechens wirft die Frage auf, welche Wörter verwunden und welche Repräsentationen kränken, wobei wir zugleich angewiesen sind, unsere Aufmerksamkeit auf die geäußerten, äußerbaren und ausdrücklichen Aspekte der Sprache zu konzentrieren. Allerdings ist die sprachliche Verletzung

---

59 Bausinger 1986, 15.
60 *makulist* ›Lästerer, Beschmutzer‹.
61 Vgl. auch: Liebsch 2007, 108–151; besonders 111; 114; 164 u. ö.

offenbar nicht nur ein Effekt der Wörter, mit denen jemand angesprochen wird, sondern ist der Modus der Anrede selbst, ein Modus — eine Disposition oder eine konventionelle Haltung —, der das Subjekt anruft und konstituiert. Durch den Namen, den man erhält, wird man nicht einfach nur festgelegt. Insofern dieser Name verletzend ist, wird man zugleich herabgesetzt und erniedrigt.

Spottnamen sind entweder einwortige illokutionäre oder kontextuell eingebettete Sprechakte, die dazu dienen zu beleidigen, zu schmähen oder auszugrenzen. Sie sind in ihrer Konstituierung als Schimpfwörter außerdem ritualisierte, über den Augenblick hinausgehende Sprechakte, insofern dieser Augenblick „ein Effekt vorgängiger und zukünftiger Beschwörungen der Konvention ist, die den einzelnen Fall der Äußerung konstituieren und sich ihm zugleich entziehen". Der illokutionäre Sprechakt des Beleidigens ist somit Ausdruck „kondensierter Geschichtlichkeit" (Butler 2006, 12).

Zu seinen wichtigsten Merkmalen gehören die Iterabilität (Wiederholbarkeit), die Zitathaftigkeit der Äußerung (Butler 2006, 81) durch die Teilnehmer einer Sprachgesellschaft und zwar genau mit der ritualisierten Illokution des Beleidigens. Für den Betroffenen am schlimmsten ist jedoch das dritte Merkmal, das der unberechenbaren zeitlichen wie räumlichen Unmittelbarkeit. *Unmittelbarkeit* deshalb, weil es zumeist völlig überraschend erfolgt und dabei direkt und folgenreich wirkt.

> Butler 2006, 15: Auf verletzende Weise angesprochen zu werden bedeutet nicht nur, einer unbekannten Zukunft ausgesetzt zu sein, sondern weder die Zeit noch den Ort der Verletzung selbst zu kennen und diese Desorientierung über die eigene Situation als Effekt dieses Sprechens zu erleiden. In diesem vernichtenden Augenblick wird gerade die Unbeständigkeit des eigenen »Ortes« innerhalb der Gemeinschaft der Sprecher sichtbar. Anders gesagt: Man kann durch dieses Sprechen »auf seinen Platz verwiesen« werden, der aber möglicherweise gar keiner ist. Man spricht von einem Überleben in der Sprache.

Die Verortung einer Person in der Gemeinschaft erfolgt bei guter Namensgebung innerhalb der Mitte der Gemeinschaft, bei negativer an ihrem isolierenden Rand oder gar außerhalb. Der Beleidigte wird im Akt der Beleidigung zum Objekt der gesellschaftlichen Positionierung, d. h. einer von ihm selbst kaum beeinflussbaren Rangierung, Verschiebung innerhalb der Amplitude zwischen Mitte und Abseits, zwischen der Inklusion oder der Exklusion. Das Ergebnis dieses Prozesses betrifft alle Fazetten gesellschaftlicher Existenz und aller ihm zur Verfügung stehenden Handlungsspielräume.

> Butler 2006, 15: Die Anrede selbst konstituiert das Subjekt innerhalb des möglichen Kreislaufs der Anerkennung oder umgekehrt, außerhalb dieses Kreislaufs, in der Verworfenheit.

Einer Beleidigung und damit der Fremdkonstitution zu widersprechen, heißt, sie ernst zu nehmen; sie ungeschehen machen kann man in der Regel nicht. Selbst nach einer öffentlichen Wiederherstellung der Ehre und einer damit verbundenen Repositionierung durch frühneuzeitliche Injurien- oder moderne Verleumdungsprozesse bleibt ein Rest an „Beschmutzung" übrig.

Das Beschriebene gilt für den Fall geglückter Beleidigungen. Es ist damit systematisch aber noch nichts über die Perlokution beleidigenden Sprechens insgesamt ausgesagt (Austin 1972, 116f.). Sprecherintention und Hörerreaktion sind beide in ihrem Zusammenspiel „glückensrelevant". Auch wenn zwischen Illokution und Perlokution keine notwendige Beziehung existiert, funktioniert der Akt des Beleidigens doch nur auf der Basis der vorgängigen Absicht des Beleidigens und der nachgängigen Bereitschaft, das verletzende Sprechen als solches anzunehmen. Die Kluft zwischen dem, was der eine zu tun beabsichtigt und der andere versteht bzw. performativ zu akzeptieren gedenkt, kann einerseits sehr gering sein, andererseits aber auch völlig außerhalb des vom Sprechenden Beabsichtigten liegen. Hinzu kommt, dass der Grat zwischen einer echten ehrabschneidenden Kränkung mit weitreichenden identifikatorischen Folgen, einer kurzfristigen Beleidigung als Folge emotionaler Entladung während eines Streites und einem nur zum Spaß geäußerten Necken oder Frotzeln recht schmal sein kann. Er ist zudem abhängig von der Reaktion eines beiwohnenden Publikums. Schon für das Frnhd. gilt, was Bourdieu über das Publikum schreibt: Es ist das „Tribunal der öffentlichen Meinung".[62] Erst in der Kontextualisierung der Augenblickssituation wird sich die Waagschale in die eine oder andere Richtung neigen.[63] Aus der historischen Distanz ist der jeweilige Neigungswinkel im Übrigen oft schwer zu erkennen. Oft sind es Intonation und parasprachliche Merkmale, also mündliche, dem heutigen Historiker unzugängliche Faktoren, die dem in historischer Zeit Angesprochenen als Unterscheidungshilfen gedient haben.

Hinzu kommt, was im Laufe einer konfliktbesetzten Auseinandersetzung nicht selten geschieht, dass der Beleidigte den Wort- bzw. Namenskampf aufnimmt und zurückschlägt, indem er die beleidigende Benennung zwar zunächst als gelungen bestätigt, sie aber vor dem großen Publikum insofern wirkungsvoll in Frage stellt, als er sie zu seiner Selbstbezeichnung annimmt und dadurch entschärft. Dies wäre ganz im Sinne der Resignifizierung Judith Butlers.[64] Eines der berühmtesten Beispiele hierzu ist die spöttische Bezeichnung *Lutheraner*, mit

---

62 Bourdieu 1976, 25.
63 Vgl. dazu auch: Meier 2007. Simon betont mit Ungeheuer, Schütz und Garfinkel die interaktive Sinnkonstitution von Beleidigungen (ebd. 31f.; 38–51).
64 Butler 2006, 165ff.; vgl. auch: Seibicke (1996): Nachwort. In: Pfeiffer, Schimpfwörterbuch. S. 499.

der man die Anhänger Luthers auf dem Reichstag zu Worms eigentlich verhöhnen wollte. Diese erhoben das Wort jedoch zu ihrer mit Stolz getragenen Selbstbezeichnung und verkehrten es semantisch ins Positive. Der pejorative Charakter verschwand und der beleidigende Stachel verlor seine Spitze, zumindest in einer mehrheitlich protestantischen Umgebung (vgl. hierzu mit reichhaltiger Belegung: FWB 9, 1517ff.). Doch darf dabei nicht unterschlagen werden, dass *Lutheraner* und *lutherisch* noch bis heute in bestimmten katholischen Regionen einen eigenen pejorativ-pragmatischen Gebrauchswert beibehalten haben.

Als weiterer Fall, diesmal eines individuellen Abwehrens, kann Thomas Murners Antwort auf die Verballhornung seines Namens zu *Mur-Narr* genannt werden.[65] Der nachfolgende Auszug aus seiner Satire vom „Grossen lutherischen Narren"[66] ist ein Paradebeispiel für polemisch zurückschlagenden Schimpfwortgebrauch, bei dem nicht nur der eigene Name *spötlich verker[t]* wird:

> Murner 65, 1844 (1522): Erstlich wil ich euch wissen lon,
> Dan es mich zům ersten dunckt gůt,
> Wer wider vnsere meinung thůt,
> Das wir dem selben also weren,
> Sein namen im spötlich verkeren.
> Ist er babst, so sprecht mit list,
> Wie das er heiß der endcrist,
> Romanenses romanisten,
> Gickus geckus in sie gefisten,
> Curtisani curtisorus:
> Damit vertreiben wirs zům thor vß;
> Den murner murnar vnd ein katzen:
> Wir wöllen in zů dot mit fatzen.
> Der rölling [>Kater<] hörtz nit gern villicht,
> Wan man zů im, du nar, spricht,
> Vnd sein im sicher gifftig stimen,
> Das er daruon gewint das krimen.
> Sein es bischöff vnd prelaten,
> So nennen sie apostataten,
> Die priester esel vnd ölgötzen,
> Den würtz der ley dest ringer schetzen,
> Vnd so wir sie wöln widerfechten,
> Ein grimen zan den tempelknechten,
> Den gugelbůben, gleißner zögen,
> Vnd müsen vnß ir knü vor neigen.

---

65  So auch im berühmten „Karsthans" (1520/21). Vgl. dazu: Schutte 1973, 35.
66  Murner, a. a. O.

> Als wir dem murnar hon gethon,
> Den wir murnarrus schreiben lon,
> In alle wirtes hüser dar
> Für murner genennet hon murnar.

Bereitwillig übernimmt Murner parodistisch die Art der Ansprache und damit auch die ihm zugeteilte Rolle. Er kann so das allseits beliebte Narrenmotiv[67] durch die witzig-polemische Aufbereitung publikumswirksam zur Herausstellung der eigenen Integrität nutzen und damit gleichzeitig den narrativen Beweis der gegnerischen Anstößigkeit liefern.

> Schutte 1973, 30: Die Relativierung der eigenen Position, die der Bettelmönch in hintergründiger Zuvorkommenheit vollzieht, *vff das solch spil vnd lutherisch gaukelei vß mangel eines münchs nit vnderwegen bleib*, erlaubt es ihm, als real darzustellen, was ihm seinen eigenen Worten nach sonst *zu gedenken vber bliben wer*, – also: was keinem aufrechten Mann im Traume einfiele. Er kann auf diese Weise in der Satire zum *lutherisch orden* übertreten, das *gelübde* des Zölibats brechen, selbst als Mitläufer des aufrührerischen *bunds* erscheinen und andere unausdenkbare Dinge mehr.

Die Auseinandersetzung um die konfessionelle Ehre der Kontrahenten wie ihrer Glaubensrichtungen vollzieht sich schon nach Ausweis der Literarizität des zitierten Textes mit dem sicheren Blick der Autoren auf das reformatorisch aufgewühlte Publikum. Im reformatorischen Diskurs bezeichnen sich jedenfalls beide Parteien gegenseitig als *Narr*, so dass man letztlich die Frage stellen muss, ob sich dieses Wort in seiner Wirkkraft damit nicht sogar auflöst. Die Tatsache jedoch, dass die konfessionelle Polemik immer hasserfüllter und immer stärker auf der persönlichen Ebene geführt wurde, indiziert, wie sehr die einzelnen Individuen auch persönlich und mit ihnen ihre Anhänger gekränkt waren.[68] Es mögen aber auch literarische Ambitionen im Spiel gewesen sein. In diesem Handlungsrahmen hatte die dialogische, zwischen krasser Polemik und Schimpfkunst liegende Literatur einen hohen Wert für die Mobilisierung des Publikums.

> Schwitalla 2010, 98: In der Öffentlichkeit vollzogene aggressive Sprechakte – Beleidigungen, Herabsetzungen, regelrechte Vernichtungen – geschehen nicht einfach so,

---

[67] Thomas Murner stand auch hier in der Tradition Sebastian Franks und hatte das Narrenmotiv schon früher gerne verwendet, so in: „Doktor Murners Narrenbeschwörung", 1512, „Der Schelmen Zunft", 1512; „Ein andächtig geistliche Badenfahrt 1514", 1515; „Die Mühle von Schwindelsheim", 1515; „Die Geuchmatt", 1519. Der Narr zieht sich als Figur wie ein roter Faden durch die frühneuhochdeutsche Textgeschichte.

[68] Vgl. dazu auch: Schwitalla 2010, 99. Dieser beschreibt den Reuchlin-Pfefferkorn-Streit und diagnostiziert eine Eskalation des Disputs: „Die Auseinandersetzung wird auch hier immer persönlicher und beleidigender."

nur aus einem psychischen Impuls heraus, sondern sie bauen immer auch auf sozialen Stereotypen auf, sie tradieren symbolische Formen und bewegen sich innerhalb gesellschaftlich zugelassener Grenzen von Direktheit und Indirektheit, Tabuisiertem und Erlaubtem.

So manches der in der Öffentlichkeit genutzten Wörter ist zum propagandistischen Schlagwort geworden. Wenn von den Kontrahenten innerhalb der Reformationsbewegung von den *Gottlosen*[69] die Rede ist, dann ist das nicht nur die Negativkennzeichnung des konfessionellen Gegners als falsch, irrig und ketzerhaft, es ist auch ein propagandistisch wirksames Schlagwort, mit dem die Position des Anderen, in der Regel der Katholiken, im Kampf um den rechten Glauben geschwächt wird. Ähnliches gilt für *Papist* und *Pfaffe*, *Antichrist* und *Ketzer*, aber eben auch für *lutherisch*.

### II. 2. 4. 2. Schimpfwörter – ein sprechender Spiegel der Gesellschaft

Die genannten Aspekte des Beleidigens durch Schimpfwörter werfen die Frage auf, ob die oben eingeführten Stichwörter *Iterativität* und *kondensierte Geschichtlichkeit* aus den Quellen des Frühneuhochdeutschen begründet nachgezeichnet werden können. Tatsächlich gibt es besonders häufig vorkommende Schimpfwörter, deren Verwundungspotential kulturell bedingt und hochgradig konventionalisiert ist. In ihnen werden im Hinblick auf bestimmte Randgruppen Grad und Intensität der Ausgrenzung auf die Spitze getrieben.

Zwei Aspekte müssen explizit genannt werden, da sie bei einer bloßen Auflistung der in Frage kommenden Ausdrücke untergehen würden. Die meisten der nachfolgend aufgeführten Einheiten werden erstens als Schimpfwörter zur Beleidigung benutzt. Sie beziehen sich dann in der Regel nicht darstellungsfunktional auf die angesprochene bzw. auf die mit dem Wort primär gemeinte Referenzgruppe. Das Beispiel *bauer* zeigt dies. Das Wort meint in seiner als ‚eigentlich' angenommenen, motivierten Bedeutung (als nomen agentis zu *bauen*) den Angehörigen eines Berufes, der den Boden bebaut und landwirtschaftlich tätig ist. In bestimmten Kontexten aber wird die Berufsbezeichnung als Schimpfwort genutzt und verweist auf die der Referenzgruppe zugeschriebenen negativen Eigenschaften. Diese werden zum tertium comparationis der Beleidigung. Mit dem illokutionären Schimpfwort werden dem damit angesprochenen Anderen genau diese negativen Eigenschaften beleidigend zugeschrieben, was auf die ursprüngliche Referenzgruppe dann sekundärstigmatisierend zurückwirkt.

---

69 Dieckmannshenke 1994, 120.

Bei den Bauern sind, wie schon gerade angedeutet, ‚Tölpelhaftigkeit', ‚Ungehobeltheit', ‚Dummheit', ‚fehlende Manieren' (vgl. FBW 3, 1 s. v. *bauer* 4) gemeint. Der Memorierungseffekt der Beleidigung ist alltagsnah beliebig wiederholbar, ohne dass die betroffene Gruppe anwesend sein muss. Sie muss sogar nicht einmal im realen Erfahrungshorizont des Beleidigenden vorausgesetzt werden.

Wie oft hat man in einer süddeutschen Kleinstadt um 1500 schon „echte" *Zigeuner* oder *Ketzer* persönlich kennengelernt? Dennoch weiß jeder genau über deren Eigenschaften Bescheid, weil sie im Schimpfwortgebrauch wiederholt und damit perpetuiert werden. Dies unterstreicht den illokutiven Charakter der Schimpfwörter, das heißt, die mit dem Schimpfwort vorhandene Sprecherabsicht, da sie nicht nur referieren, sondern mit der Referenz gleichzeitig wirkungsmächtig prädizieren. Es geht dem Sprecher bei ihrem Gebrauch weniger um die identifizierende Aussage als um den Wunsch, mit dem Wort zu treffen, zu beleidigen, zu verletzen. Dies gelingt umso besser, je konventionalisierter die beleidigende Wirkung des Wortes ist.

Wenn Schimpfwörter zudem als kondensierte Geschichtlichkeit bezeichnet werden können, dann heißt dies, dass in ihnen die Bewertungs- und Ausgrenzungsgeschichte einer Gesellschaft komprimiert auf den Punkt gebracht wird.[70] Peter M. Moogk schreibt dazu:

> Moogk 1979, 526: Jede Kultur besitzt klare und strukturierte Reichweiten von Schimpfwörtern, die einen Einblick in die Mentalität und Werte der kulturellen Gruppe gewähren. Beleidigungen können als umgekehrte Definitionen der Grundcharakteristiken ehrenwerter Männer und Frauen interpretiert werden. Um zu verletzen, müssen Bezeichnungen und Beschuldigungen das Opfer mit etwas identifizieren, das allgemein als falsch und böse angesehen wird. Die Beleidigung macht Tabus und Ängste einer Gesellschaft sichtbar.[71]

Die Liste der üblichen Ausdrücke und ihre Effektivität im Beleidigen sind ein Spiegel der üblichen Ausgrenzungshierarchien. Das juristische Klagepotential bestimmter Schimpfwortangriffe weist außerdem aus, welche Ausdrücke als besonders verletzend und ehrabschneidend angesehen wurden. Nach Tochs Untersuchung führten in erster Linie die substantivischen Ausdrücke *bösewicht*, *dieb* und *schalk*, außerdem das Attribut *ehrlos* zu einem Prozess, galten also als besonders schwerwiegend.[72]

Die folgende allgemein gehaltene Liste zeigt nur eine Auswahl an Schimpfwörtern, die in frnhd. Zeit in den bereits bearbeiteten Strecken des FWB (etwa

---

70 Vgl. dazu auch: Toch 1993, 311–327.
71 Moogk 1979, 524–547. Hier zitiert nach: Toch 1993, 312.
72 Ebd. 316.

der Hälfte des geplanten Gesamtumfangs) direkt als Schimpfwort ausgewiesen oder deren verletzender Gebrauch auf andere Weise gekennzeichnet wurde:[73]
*Abfeimling, apfelkönig, anhang 7, as 6, birnbrater, brackin, büttelsohn, dachtropfen, diebessohn, diebshals, diebstaucher, dreimarksdirne, ernst, erzpfaffe, erzschalk, erzverräter, esel, farz, farzesel, feldsiech, fischer, fleischverkäufer, frauenschenk, gaffelstirne, gaffelsdirne, galgenast, galgenfogel, galgenrotte, galgenschieber, galgenschwengel, galgentrager, galgenwadel, gätling, gauknecht, gukinhafe, gugelbube, gugelfranz, gugelweit, gugler, gugelfriz, gugelgans, gugelgiege, graswitwe, grundsbube, grundschalk, habarte, hackasta, halbbüttel, halunke, hängmesse, hauz, hauzin, heringdieb, herrenhund, hessenbeutel, hexendocke, hexenmann, hudich, hühnerdieb, hure, hurenkind, hurenmeier, hurensohn, hurkammer, hurkupplerin, huttich, hutzeldada, hutzler, jude, kachel 3, kälberschinder, kaltschlächter, keib(e), kegel, kerl, kitteltuch, kloz, knopf 7, kompoststande, korb 9, kotzenschalk, kuhdieb, kuhgeheier, laster, lauer, laug(en)sak, leckersbube, leschtrog, luder, mägdeschänder, mähre, mährengeheier, mährensohn, malaz, milchdieb, milchdiebin, mönchsack, mussensohn, narr, nonnenschänder, pfaffenbankert, pfaffensohn, pfauentreiber, pfuscher, pulverhure, racker, räubershure, schalk, schalknar, suppenfresser, ¹tasche.*

Schimpfwörter wie die aufgeführten machen prinzipiell vor keinem Halt, auch wenn manche davon vordergründig auf bestimmte Personen oder Personen(kreise) beschränkt scheinen, geschlechtsspezifische Unterschiede implizieren oder ideologisch programmatische Aspekte aufweisen, was häufig im Rahmen konfessioneller Polemik der Fall ist.

Unter morphologischem Aspekt besteht die Mehrzahl der beleidigenden Ausdrücke aus Wortbildungen. Da Wortbildungen mehr oder weniger motiviert sind, ergibt sich die Frage, welche Informationen sich aus der Motiviertheit ablesen lassen. Ein *beichthengst* wäre in einem wörtlich verstandenen Sinne ein Hengst, der die Beichte abnimmt. Im übertragenen und gebrauchsüblichen Sinne ist damit ein Kleriker mit sexuellen Absichten gemeint. Ein *furzesel* ist im übertragenen Sinne eine so dümmliche Person, dass ihre verbalen Äußerungen mit der genannten Körperreaktion verglichen werden. Das Motivationssystem, das dem Schimpfwortregister einer Sprache bzw. Sprachstufe zugrunde liegt, scheint im Effekt umso wirksamer zu sein, je alltagsnäher die Bezugsgegebenheiten der Wortbildungsbestandteile sind. Bezeichnenderweise entstammen die meisten Wortbildungsbestandteile im Schimpfwortbereich den Bildbereichen

---

[73] Wollte man eine große Anzahl von Schimpfwörtern in einem Text beieinander vorfinden, so bräuchte man nur Henrich Wittenwilers „Ring" aufschlagen. Die meisten der dort aufgelisteten Figuren und Bewohner Lappenhausens tragen Schimpfnamen (Bertschi Triefnas, Mätzli Rüerenzumph, Härtel Saichinchruog, Jützin Scheissindpluomen, Nissinger Spötzinnkübel, Rüefel Lekdenspiss, Nissinger Eselpagg usw.).

Pflanzenwelt, Tierwelt (Tiermetaphern), Alltagssachwelt oder den Bereichen Sexualität, Fäkalien, Theologie, Beruf oder Stand.[74]

Mit direktem Bezug zu Fahrenden, Gauklern oder Spielleuten erscheinen außerdem Ausdrücke wie *aschenblaser, gagerweib, gartenkrieger, gaukler, kolenmörder, landrupfer, tagdieb*, mit Bezug zu Betrug und Diebstahl *bösewicht, bube 3, dieb, gaukelprediger, fabelsager, fresser, gecke, heiligenräuber, heilingdieb, halbe, keibe 2, henker, hofierer, hoflecker, hundsfot, junkerecke, laf, lauer, lautenschlager, lecker, leckersböswicht, leicher, leise(n)trit, leistreter, liebknaller, lotter, lotterbube, ludrer, märensager, maulaffe, nascher, peiniger, schalk, schelm, schlüffel, schmeichler, schwätzer, täuscher, tischgenosser, totengräber, traumprediger, umläufer, verlaufener, zutütler* usw.

Manche der hier aufgelisteten Ausdrücke sind im Material des FWB ausschließlich als Beschimpfungen überliefert, was vielleicht dadurch zu erklären ist, dass sie als Schimpfwörter schlagkräftiger Bestandteil expressiver Kommunikation waren, in ihrer sachbezogen referenzierenden Funktion viel seltener zum Einsatz kamen.[75] Dies gilt vor allem für die Ausdrücke, die aus dem Sexualbereich stammten. Der Reiz des Tabuisierenden, des sittlich Verbotenen oder gar Perversen beim Gebrauch der Wörter *arsbrauter* oder *arsminner* verlockte den

---

74 Für die Gegenwart vgl. Aman 1975; Pfeiffer 1996.
75 Man kann Schimpfwörter auch nach dem Aspekt unterteilen, ob sie ausschließlich als Beschimpfungen oder auch neutral identifizierend (so bei Namen) / bezugnehmend-charakterisierend (bei Appellativa) gebraucht wurden. Im Einzelnen fällt es aber schwer, diese Unterscheidung auf das Material anzuwenden: Einmal gibt es in der Sprache nur wenige klare Fälle, meistens Übergänge und Polysemien in dem Sinne „sowohl das Eine wie das Andere." Sodann ist vom Befund der Wörterbücher nicht kritiklos auf die historische Realität ‚Sprachgebrauch' zu schließen. Speziell beim FWB, der in diesem Buch hauptsächlich verwendeten lexikographischen Quelle, ist zu beachten, dass die Erschließung seines Corpus zu einem Großteil über Ausgabenglossare erfolgte. Deren Lemmaliste hat nur in seltenen Fällen den Zweck, das gesamte Inventar eines Textes und das gesamte Gebrauchsspektrum seiner Einheiten zu dokumentieren. In der Regel wird nur dasjenige gebucht, das unter irgendeinem Aspekt als besonders, als abweichend, als interessant erscheint. Dazu dürften Ausdrücke mit ehrverletzendem Potential eher gehören als ‚neutral' verwendete Einheiten. Diese Einschränkung besagt umgekehrt aber nicht, dass die Informationen des FWB und selbstverständlich – in mehr oder weniger vergleichbarer Weise – die aller anderen historischen Wörterbücher für Aussagen unbrauchbar seien, die auf eine wie auch immer verstandene sprachliche Realität zielen. Man muss nur um die Fallstricke wissen, die die Wörterbücher von der ‚Realität' trennen. Die Feststellung einer ausgeprägten Negativität des frnhd. Wortschatzes (ähnlich derjenigen der rezenten Dialekte und im Unterschied zu derjenigen der Hochsprache der Neuzeit) dürfte durchaus begründbar sein.

## II. Pragmagrammatik der sprachlichen Ausgrenzung

Schimpfwortbenutzer und erhöhte Drastik und Effektivität der stigmatisierenden Handlung gleichermaßen. Weniger folgenreich für den Beschimpften, aber deswegen nicht minder beleidigend, waren Angriffe auf die Potenz eines Mannes bzw. dessen Männlichkeit, so mittels *dauxes* oder *kindbetter*. Bezogen auf eine unterstellte Unehelichkeit waren *bankhard, bankhardin, bankhardkind, bankhardson, kotzenson, lotter, wechselbalg, wicht* im Gebrauch. Ein Beispiel für die Drastik der Beleidigung bildet der folgende Beleg:

> Grosch u. a., Schöffenspr. Pössneck 188, 35 (thür., 1474): Lorencie Styrer [...] ist bepisset worden, hat her danne als in eyme zcorne sollliche gemeyne rede gesaget: "Welch vorhyet kotczenson bepisset mich hir, er enist nicht from".

Auch Namen wie *grete, ernst* und *katharina* konnten beleidigen, ebenso bestimmte Bilder aus der Alltags- und Pflanzenwelt: Ein *birnbrater* bzw. *hutzler* ist jemand, der gebratene bzw. gedörrte Birnen herstellt. Das tertium comparationis zur Abwertung ist wohl die mit einer Birne assoziierte Prädikation 'minderwertig', 'wertlos'. Dieses semantische Merkmal ist auch ausschlaggebend für den beleidigenden Gebrauch von *kleienfresser* und *kleienfurz*, wohl auch für *grummetsak*. Besonders wuchernd und anhänglich ist dagegen *klette* als abwertende Bezeichnung für eine als anhänglich charakterisierte Frau.

Beliebt waren und sind auch heute noch Schimpfwörter mit Körperteilbezeichnungen, so: *ars, arskratzer, arskrauer, arsloch, augeneule, augenknol, babstmaul, balg, gäffelsmaul, geldschlund, geudel, grind, lasterbalg.*

Die Zahl der Schimpfwörter mit Tiernamen spiegelt die Einschätzung der Tierwelt. Vor allem das Wort *hund* wurde im Frnhd. als ein besonders verächtlicher Ausdruck gebraucht. Hunde waren als Aasfresser verschrien und waren wie alle diejenigen, die mit Tod und Leichen in Kontakt kamen, somit eigentlich unberührbar. Folgende Bildungen belegen die Wortbildungsfruchtbarkeit von Tierbezeichnungen: *bärenstük, bestie, blakfogel, brülochse, buesel, galgenhun, galgenwachtel, gänsbader, gänpfeifen, gänsprediger, gänsköpfer, gänslöffel, gauch, gauchhofierer, gäuchin, gäuchisch, gauchkäfer, gauchkind, geldrüde, greinhund, gucker, gukler, gukuk, hund, hundejunge, hundsjunge, hundserterinsohn, hündinsohn, hundsflugs, hundsfott, hundspuffer, hundsschelm, iltis (ilster, eltes, elstir), iltisbalg, iltishaut, kamerbär, kog, lausbub, läusebalg, läuseknicker, läusezol, lausfresser, läusgus, läushalter, läusjäger, lauskneller, lausknister, läuskopf, lausson, läussträler, läustrinker 1, läutsch 1, plattenhengst, statfarre 1, stokrüde* usw.

> V. Anshelm. Berner Chron. 5, 13, 5 (halem., n. 1529): wie der babstesel [...] das babsttům abmalet, also malet eigenlich dis münchskalb die apostel und schüler des babsts.

## 2. Die Ebene der Proposition – das Wort als Waffe 61

Standesbezogene Schimpfwörter waren z. B. *gnadendiener* >Speichellecker<, *gnadeherre, gnadfrau, gnadjunker* oder *joppenritter*. Sie werden zumeist abwertend eingesetzt für einen seinen Stand herauskehrenden Adeligen bzw. für eine unterwürfige abhängige Person (*gnadendiener*).

So wie es ausgrenzende Berufe gibt, so gibt es auch die dazu passenden Schimpfwörter (wie *henker* s. o.). Neben der Ausgrenzung aufgrund von Unehrlichkeit und Kriminalisierung stehen solche aufgrund kritisch betrachteten oder mangelnden Sozialprestiges. Den Kaufmann beschimpfte man als *pfeffersak*, den Kürschner als *katzenschinder*, den Soldaten als *commismaul* und den Juristen als *gesezkönig* oder *sophist*. Trotz der hohen faktischen Rolle des Bauernstandes für das Funktionieren der Gesellschaft waren das Wort *bauer* und die zugehörigen Wortbildungen (*bauerreckel, bauernmetze*) gern benutzte Schimpfwörter.

> Weise. Jugend-Lust 107, 31 (Leipzig 1684): (schlägt ihn.) Du ungehobelter Bauer / solst du eine Königliche Person mit verdrießlichen Worten aufhalten?

> Fastnachtsp. 396, 12 (nobd. 15. Jh.): Hab an dich, du grober paur, | Du ackergurr.

> Sachs 9, 498, 2 (Nürnb. 1559): Die pawren-greth mit dem antlasayren.

> Ebd. 17, 235, 20 (1562): Der bawer ist ir ackerdrol.

Besonders im städtischen Handwerk, im Bürgertum (s. Sachs) und im Adel gebrauchte man diese Bildungen für Personen, denen man stereotypisch bäuerliche Eigenschaften zuschreiben wollte, vor allem Dummheit, Grobheit und Unbildung. Ein *bauernschelm* war nicht nur durch das Grundwort kriminalisiert, er wurde auch durch das Bestimmungswort als >dreckiger Bauer, Saubauer< charakterisiert und entsprechend (vor allem von Adel und Bürgertum) behandelt. Dass die *Bader* als unehrlich galten, ist bekannt. Man nannte sie auch gerne *läusesträler, arskrauer* oder *arskratzer*. Man suggerierte damit, ihre wichtigste Aufgabe bestehe im Abrasieren der Afterhaare. Wie abwertend das Kompositum *badergeselle 2* daher war, wenn man es für die Wiedertäufer nutzte, oder *badknecht* für hohe Geistliche, wird erst durch diesen Gebrauchskontext deutlich.

Mit *badknecht* und *badergeselle* wurden zwei berufsbezeichnende Komposita genannt, die im konfessionellen Kampf nicht nur allgemein aufgrund der den Referenzpersonen anhaftenden Unehrenhaftigkeit gebräuchlich waren, sondern auch gezielt gegen die auf Tugenden wie Keuschheit verpflichteten katholischen Geistlichen bzw. auf andere, sich als besonders streng verstehende religiöse Gruppen eingesetzt werden konnten. Das Schimpfwort *bettelbauch* als abwertende Bezeichnung für die römisch-katholische Geistlichkeit wird im Bettlerkapitel (Kapitel III. 1) beschrieben. Außerdem gab es eine Reihe weiterer verunglimpfender Ausdrücke für den Papst und dessen Anhänger: *Bäbstling, babsesel, babstfarz, babstteufel, babstmaul, babstspletting, bulesel, bullenkrämer, bullist* und *choresel*. Wir finden immer wieder den Bezug zur Fäkalsprache (*farz*) und zur Dehumanisierung, doppelt in dem von Luther gebrauchten Schimpfwort *farzesel*. Dessen reziproke Anwendung auf ihn selbst lehnt er im folgenden Beleg mit einem selbstbezüglichen und selbstbewussten Argument vorausweisend ab.

> Luther, WA 54, 273, 8 (1545): [dass] ich mit gutem gewissen jnen für einen Fartzesel und Gottes feind halten mag. Mich kan er nicht für einen esel halten, denn er weis, das ich von Gottes sonder gnaden gelerter bin in der Schrifft.

Beliebt waren vor allem auch solche Ausdrücke, die den Zölibat in Frage stellten.

> Schade, Sat. u. Pasqu. III, 189, 30 (Arnau 1525): mein bißschaf [...] ist ein bsonder patron der hûreri. [...] ich schetz in nit beßer denn ein hûrenwirt. darumb gebürt mir vor im, als vor meinem landeshûrenwirt, nit züchtiger zů reden.

> Ebd. 290, 11 (Straßb. um 1545): sag ich, daß der bapst aller höchster vater und hurenwirt genent sol werden, die erzbischof erzhurenwirt und die ander bischoffer lantshurenwirt.

Die Homosexualität unterstellende Bezeichnung *puseron*, ein Wort, das im Folgenden immer wieder auftauchen wird, diente vor allem als Schimpfwort gegen den Papst. Es gerade gegen diesen anzuwenden, war für die damaligen Zeitgenossen sicherlich besonders schockierend und damit auch besonders effektiv. Immerhin unterstellte man dem Papst ein todeswürdiges Vergehen und nicht nur eine sexuelle Fehlorientierung. Nicht weniger originell sind *beichthengst*, *blindenfürer*, *blindenleiter*, *gugelfriz*, *kappenschinder* und *pfaffenhagel*, aber auch *buchstaber*, *buchstabilist* oder *aschenkerer*, letzteres als Schimpfwort für Katholiken in Bezug auf die Reliquienverehrung. Die Wortbildungen mit *pfaffe* sind regelmäßig negativierend, so z. B. *pfaffenknecht*, *pfaffenmagd*, *pfaffenson*, *pfafheit*, dasselbe gilt für Komposita mit *pfründe-* und *platte-*, also für *pfründenfresser*, *pfründengötze*, *plattenträger*, *plattenhengst*. Auch Nonnen wurden gerne spöttelnd beschimpft, nicht nur durch das Wort *himmelhure*.

> Schottenloher, Flugschrr. 56, 2 (Landshut 1523): Schnaphan. Nayn bey gots meyden. Putzer. da weis ich ein guete tochter, dy sitzt an der Babilonischen gefencknus, dy will ich [...] erlosen [...]. Schnaphan. Potz wunder, was haben dy himelhüern dan dir ershen, das du sy all lösen muest. Potz flaisch, wo kumbts du mit den hüern hin?

Luther war bekanntermaßen sehr kreativ im Erfinden oder Nutzen antipäpstlicher und antikatholischer Schimpfwörter. Dies kann man beispielhaft an den *farz*-Komposita, aber auch in der auf ihn zurückgehenden Umsemantisierung von *götze* und den dementsprechend polemischen Wortbildungen sehen (vgl. Kapitel II. 2. 3. zu Wortbildung).

Doch auch die Katholiken ließen sich nicht wehrlos mit Schimpfwörtern traktieren. Wenn Johannes Nas 1569 den Lutherbiographen Johannes Mathesius als *ölgötzen* bezeichnet, ist die protestantische Alleinherrschaft über die Götzensemantik bereits gebrochen.[76] Nas nennt die protestantischen Prediger übrigens im selben Text auch *ohreniucker*, so dass, wie im Kapitel (III. 9.) zu *ketzer* gezeigt wird, Protestanten, Hussiten, auch die Widertäufer ihre Spottnamen in Hülle und Fülle zurückbekamen. Einer davon ist *gänsbader*, das nicht nur auf Jan Hus verweist, sondern auf alle tierbezogenen Spottnamen der Reformationszeit.

> Chron. baier. Städte. Regensb. 156, 7 (noobd., 1539): Pfinztag sant Linharz tag, den 6. novembris, ist man hie under dy genßpader der widertauff chomen.

Der Vorwurf der Ketzerei war, wie ebenfalls noch ausgeführt wird, in der konfessionellen Polemik sehr beliebt, was schon allein die große Anzahl der Schimpfwörter zeigt. Manche der Ausdrücke wie *tempelknecht* waren für alle Konfessionen anwendbar, andere, wie das antiprotestantische *gnadheinz* aufgrund des programmatischen Bezuges auf *gnade* als Rechtfertigung verheißende Seinsqualität Gottes (im Gegensatz zur *werkgerechtigkeit* als vom Menschen zu erbringender Beitrag) nur auf eine einzelne.

Versucht man den Schweregrad eines Schimpfwortes zu erahnen, also den Grad an Ehrverletzung, den es bei dem Betroffenen verursachen konnte, so braucht man sich nur die zahlreichen Verleumdungs- und Beleidigungsklagen der Zeit anzusehen. Besonders ehrenrührige Beleidigungen waren solche, die den Beleidigten in die Nähe der Unehrlichkeit und Infamie rückten. Die kriminalisierenden Schimpfwörter wie *Dieb* oder *Schelm* gehörten dazu, was vor allem mit dem damit einhergehenden ausgesprochenen Verdachtsmoment ‚Diebstahl' erklärbar ist, aber auch die Beschimpfung als *Henker, Abdecker, Schinder* oder *Racker*. Kriminalisierenden Charakter können auch Kollektivierungen wie *gesinde* 6, *gesindel* 5 oder Wortbildungen mit den kollektivierenden und gleichermaßen negativierenden Grundwörtern *-folk, -pack, -plage* haben. Während man die Männer eher als unehrlich oder kriminell beschimpfte, griff man bei Frauen bevorzugt deren vorgeblich defizitäre Tugendhaftigkeit und Sexualmoral an und nannte sie *Hure*, kopulativ *Diebshure* usw., oft mit verstärkenden Attributen wie *abgefeimte, ausgestaupte, gebrandmarkte, ausgestrichene* Hure. Gefährlich für sie wurde es schließlich, wenn man sie als *Hexe* oder *Zauberin* beschimpfte.

Es wird deutlich, dass es vor allem wieder die Randgruppenstigmatisierungen sind, die in direkten Beschimpfungen bzw. in beschimpfungsträchtigen Charakterisierungen vollzogen wurden. Dies gilt auch für die Ausdrücke *Jude* und *Zigeuner*. Bei der Ersetzung des Eigennamens durch einen Kollektivnamen wird

---

76 Zitiert nach: Volz, Lutherpredigt 1972, 25.

eine gezielte Entindividualisierung vorgenommen. War die Benennung mit einem individuellen Personennamen die Identifikationsvoraussetzung des Individuums, dient die beschimpfende Benennung durch einen Kollektivnamen in erster Linie der Klassifizierung und der Typisierung. Ein Mensch, der als *Jude* beschimpft wird, ist dann kein Individuum mehr, sondern nur noch ein einzelner von vielen Vertretern eines mit typischen Zuschreibungen versehenen Kollektivs, unabhängig davon, ob er diesen entsprach und ob er ‚tatsächlich' zur stigmatisierten Gruppe hinzugehört oder nicht. Dies wusste und handhabe bereits Berthold von Regensburg:

> Berthold von Regensburg, XVII, 244: Pfi, daz dich diu erde niht verslant, daz dû mit dem heiligen toufe getoufet bist! Wan dû ein jüde bist an dînen werken und an dînem leben. Unde dâ mite ist dîn fride mit dem tiuvel iemerstæte.

Die Beschimpfung durch einen Kollektivnamen kann als umfassendste Art der Diskriminierung betrachtet werden. Aber nicht nur das. Im Sinne von Norbert Elias werden in den stigmatisierenden Ausdrücken auch die Machtverhältnisse einer Gesellschaft gegenüber ihren Rändern deutlich.

> Elias 2006, 20: In allen Gesellschaften verfügen die meisten Menschen über einen Fundus an Ausdrücken, die andere Gruppen stigmatisieren und die nur im Zusammenhang bestimmter Etablierten-Außenseiter-Beziehungen einen Sinn haben. [...] Ihre Macht zu verletzen, hängt davon ab, wieweit sich Adressanten und Adressaten bewusst sind, dass die mit ihrem Gebrauch bezweckte Demütigung den Rückhalt einer mächtigen Etabliertengruppe hat, der gegenüber die Adressaten eine machtschwächere Außenseitergruppe bilden. All diese Ausdrücke symbolisieren die Tatsache, dass Mitglieder einer Außenseitergruppe beschämt werden können, weil sie den Normen der höherstehenden Gruppe nicht gerecht werden, weil sie gemessen an diesen Normen anomisch sind. Nichts ist in solchen Fällen charakteristischer für eine überaus ungleiche Machtbalance als die Unfähigkeit der Außenseiter, es der Etabliertengruppe mit einem gleich stigmatisierenden Ausdruck heimzuzahlen. Selbst wenn sie in ihrem Verkehr untereinander ein abschätziges Wort für sie besitzen – wie z. B. das jüdische "Goi" –, ist es als Waffe in einem Schimpfduell nutzlos, weil eine Außenseitergruppe die Angehörigen einer Etabliertengruppe nicht beschämen kann: solange das Machtgefälle zwischen beiden stabil ist, bedeuten ihre Schimpfnamen den anderen nichts; sie haben keinen Stachel. Wenn sie zu stechen beginnen, ist das ein Zeichen für eine Verschiebung der Machtbalance.

Schimpfwörter, besonders in ihrer Spezialform als Kollektivbezeichnungen, können als eine besondere Art der Namensgebung aufgefasst werden. Sie stiften die Identität der Eigengruppe durch programmatische Fremdbestimmung innerhalb eines ganz und gar nicht individuellen Bezugsrahmens. Denn dieser ist nicht nur Ausdruck kondensierter Geschichtlichkeit, sondern auch der einer kondensierten Sozialstruktur einer Gesellschaft. Schimpfwörter leisten die beziehungssteuernde Entindividualisierung des Betroffenen bei gleichzeitiger programmatischer Identifizierung als etwas oder als jemanden, das (z. B. als Wert) / der (als Person) im tatsächlichen Gegensatz zu Werten der Gesamtgesellschaft oder einer ihrer Gruppen steht bzw. das / der in diesen Gegensatz hineinargumentiert, -manipuliert, -suggeriert wird. Sie verhandeln seinen Wert und verorten ihn innerhalb der Gesellschaft als gerade noch dazugehörig oder schon ausgegrenzt, je nach Intention des Sprechenden. Schimpfwörter sind eine Art subtiler Gewalt, die tagtäglich ausgeübt wird, aber dennoch nichts an ihrer Gewalttätigkeitswirkung verliert. Sie sind Teil einer fortwährenden Referenz- und Charakterisierungskette nicht nur ausdrucksseitig interessanter Texttraditionen, sondern auch geschichtsprägender Handlungstraditionen mit dem Ergebnis, dass es im Gelingensfalle ausgegrenzte Einzelne, ausgegrenzte Gruppen und Ausgrenzung als gesellschaftliche Erscheinung gibt. Es ist damit Teil einer Bezeichnungskette, die nicht nur sprachlich manifest die Sprache konstituiert, sondern auch den Menschen, der mit dieser Bezeichnungskette geschaffen und identifizierbar gemacht wird. Diese Prozesse können so weit gehen, dass die Betroffenen die Zuschreibungen, die ihnen gegenüber erfolgen, sogar selbst übernehmen, sich damit der Verletzung beugen oder diese in die eigenen Handlungen übernehmen (Vgl. dazu Butler 2006, 53 s. o.).

Ob die große Anzahl der überlieferten Schimpfwörter allein dadurch zu erklären ist, dass sie zeittypischer Grobheit entsprachen, wie van Dülmen (1999, 8) meint, möchte ich bezweifeln. Diese These setzt voraus, dass der Sprachgebrauch in anderen Zeiten anders, das heißt weniger grob, war. Möglicherweise ist das von van Dülmen vorausgesetzte Ausmaß von ‚Grobheit' eher dadurch zu erklären, dass sich im Frnhd. die ungenormte alltagsnahe Mündlichkeit mit ihren nähesprachlichen Aspekten noch in ganz anderer, stärkerer Weise in der Verschriftlichung spiegelt, wie das zu späteren Zeiten der Fall war. Der Schimpfwortgebrauch in den rezenten Mundarten fundamentiert diesen Verdacht.

## II. 2. 5. Namensentzug, Namensstrafe und Tabuisierung

Der verletzenden Benennung durch Schimpf- und Scheltwörter, Stigmawörter oder diskriminierende Namensetymologien steht der verletzende Namensentzug gegenüber. Das handlungskennzeichnende Adjektiv *verletzend* erhält in diesem Kontext einen besonders infamen Charakter. Wenn man mit Judith Butler (2006, 53) davon ausgeht, dass der Name die sprachliche Existenz überhaupt erst „eröffnet", „aufrechterhält" und dem Benannten „Einzigartigkeit in Raum und

Zeit verleiht", so hat der Namensentzug einen vollständigen Identitäts- und Weltverlust zur Folge. Namensnahmen sind, sofern sie zu Lebzeiten des betroffenen Menschen geschehen, sozialpsychologisch wirksame Todesurteile. Geschehen sie nach dem Tod, könnte man sie als ‚Gedächtnismorde' bezeichnen.

An Lebenden können sie vollzogen werden, indem man ihnen eine Zahl auf den Arm tätowiert und sie damit auf eine mehrstellige zusammenhanglose Nummer reduziert, wie es in den Konzentrationslagern der Nationalsozialisten geschehen ist.[77] Doch auch vor den längst Verstorbenen schreckten die Nationalsozialisten nicht zurück. Es gab Überlegungen, auch die Namen derjenigen jüdischen Soldaten, die im ersten Weltkrieg auf deutscher Seite und damit für Deutschland gefallen sind, von den Denkmälern zu entfernen. „Der Mord am Körper wird überboten vom Mord am Namen, mit dem im Allgemeinen die Möglichkeit des Weiterlebens in der Erinnerung verbunden wird" (Rupnow 2005, 90).

Die mittelalterliche bzw. frühneuzeitliche Art, eine solche Verurteilung[78] vorzunehmen, bestand in der Tilgung aus allen entscheidenden dokumentarischen Registern. Ziel war es, die betreffende Person für den Alltag der Gegenwart wie für die zukünftige Erinnerungsgeschichte vergessen zu machen, so als hätte es sie nie gegeben. Die Damnatio / Deletio memoriae (Verdammung des Gedächtnisses)[79] geht zum einen zurück auf ägyptische und altrömische Praktiken, bei denen selbst auf steinernen Denkmälern die Namen der in Ungnade Gefallenen getilgt wurden. Vorbild hierfür war aber auch schon die Bibel. Die Tilgung des Namens lässt sich auch im Alten Testament kollektiv wie individuell bezogen finden.[80]

---

77  Vgl. Hirsch 2001, 11–39.
78  Blauert / Schwerhoff 2000, 268–271. Vgl. dazu den entsprechenden Artikel im Lexicon juridicum romano-teutonicum: „Damnatio memoriae, die Gedächtnuß vertilgen, ist eine Auflegung einer ewigen Schmach, welche geschiehet, wenn jemands Namen ihme zur Schmach wegen eines grossen Verbrechens auf Befehl eines Königs, Fürsten, aus dem Jahr=Buch ausgeradirt, dessen Titul allenthalben augekratzet, dessen Schild oder Bildnuß abgerissen und zu Boden geschmissen, sein Haus und Hof umgerissen, auch öfters an dessen Stell ein Galgen aufgerichtet, damit dessen Schand=Thaten erkannt, und seiner in Schanden jederzeit gedacht, auch öfters wohl gar sein Namen zu nennen verbotten wird. Hodog. Chart. IV. Clem. V. aph. 12."
79  Der kleine Pauly 1979, Sp. 1374.
80  Anders in der Offenbarung 3, 5: „Wer vberwindet / der sol mit weissen Kleidern angelegt werden / Vnd ich werde seinen namen nicht austilgen aus dem buch des Lebens / vnd ich wil seinen namen bekennen fur meinem Vater / vnd fur seinen Engeln."

## 2. Die Ebene der Proposition – das Wort als Waffe    67

> Luther, Hl. Schrifft (1545) 5 Mose 9, 14: Vnd der HERR sprach zu mir / Jch sehe / das dis Volck ein halsstarrig volck ist / Las ab von mir /das ich sie vertilge / vnd jren namen austilge vnter dem Himel.

> Ebd. 5 Mose 29, 20: DA wird der HERR dem nicht gnedig sein /Sondern denn wird sein zorn vnd einer rauchen vber solchen Man / vnd werden sich auff jn legen alle Flüche die in diesem Buch geschriben sind. Vnd der HERR wird seinen namen austilgen vnter dem Himel / vnd wird jn absondern zum vnglück / aus allen stemmen Jsrael / lauts aller Flüche des Bunds /der in dem Buch dieses Gesetzs geschriben ist.

> Ebd. 1 Samuel 24, 22: So schwere nu mir bey dem HERRRN / das du nicht ausrottest meinen Samen nach mir / vnd meinen namen nicht austilgest von meines Vaters hause.

Wie oft die Tilgung des Namens der Sache nach, wenn auch nicht immer explizit unter dem lateinischen Ausdrucks *damnatio /deletio*, tatsächlich durchgeführt wurde, ist wenig untersucht. Vermutlich gehörte sie als Teilhandlung zur Exkommunikation hinzu. Dass man sie zeitenübergreifend anwendete, zeigen nicht nur die Beispiele missliebiger Päpste, die aus den offiziellen Listen getilgt wurden, sondern auch die in eben dieser Weise verdammten Sodomiter (Hergemöller 2001, 24). Beschrieben ist die Handlung zudem in zeitgenössischen frnhd. Wörterbüchern.

> Maaler 47r (Zürich 1561): Einsi namen oder gedächtnus Außtilcken.

Namenlosigkeit war im Frühneuhochdeutschen gleichbedeutend mit Ehrlosigkeit.[81] Der Name stand stellvertretend für die Identität, den sozialen Status einer Person, für seine Ehrbarkeit, seine gesellschaftliche Zuordnung. Bei Berthold von Regensburg kann man den Weg hin zum Namensentzug genauer verfolgen. Er verläuft mit der Zwischenstation Prädikatsentzug, bei dem das entzogene Prädikat als identifikatorischer Teil des Namens gedacht wird, hin zur Namensverfluchung. So spricht Berthold den Prostituierten, die er im folgenden Beleg zunächst noch als *gemeine fröuwelîn* benennt, ihren Frauennamen explizit ab, was ihnen sowohl das Prädikat ‚Weiblichkeit' verwehrt als auch in letzter Konsequenz das der allgemeinen ‚Menschlichkeit'.

> Berthold von Regensburg II, LI, 148: Unde diu gemeinen fröuwelîn, sie heizent aber niht fröuwelîn, wan sie habent frouwennamen verlorn und wir heizen sie die bôsen hiute ûf dem graben, wan sie nement ouch gote etelîches tages vil sêle und gebent sie dem tiuvele.

---

81  Vgl. dazu: Mecklenburgisches Urkundenbuch 22, 458 (1394): „se enwil ene iummer gantz vorderuen vnde beyde erfflos vnde namelos vnde ok [...] lyfflos maken."

Ebenfalls im Zusammenhang mit den Prostituierten, den Jüdinnen und den Pfäffinnen finden wir die Diskriminierungshandlung des Namensentzuges bei gleichzeitiger Zuschreibung des Schandnamens *schentelâ,* der dann im Namen des Ehemannes analogisiert wird: *schandolf.*

> Berthold von Regensburg I, VIII, 115: [frouwen, die ez dâ sô nœtlichen machent mit dem hâre unde mit dem gebende unde mit den sleigern, die sie gilwent sam die jüdinne und als die ûf dem grâben gent und als pfeffine: anders nieman sol gelwez gebende tragen] Ich sage iu, wie sie her Salomôn heizet an der heiligen geschrift: er heizet sie schentelâ. Nû wizzet ir wol, swer ein biderber man ist der heizet der meier oder der schultheize oder wie er danne heizet; sô heizet sîn hûsfrouwe diu meierin oder diu schultheizin. Als danne diu frouwe den namen verdienet, daz sie heizet schentelâ von dem gelwen gebende, sô verliuset der man sînen namen, unde der man muoz nâch der frouwen heizen. Nû wie diu frouwe heizet schentelâ, sô heizet der man mit allem rehte schandolf. Nû seht, ir herren, wie gerne ir des gestaten müget, daz ir den namen gewinnet der dâ heizet schandolf!

Namensverlust durch Ehrverlust ist das Gegenbild zum Ehrgewinn durch Adels- und andere Ehrentitel. Die Radikalität, mit der Berthold hier den Mann der ehrlosen Ehefrau ins Spiel bringt, ist mehr als nur sippenhaftig. Auch dieser verliert seinen, wie es heute noch heißt: ehrlichen Namen und erhält ein Etikett, das ihn ehrlos werden lässt. Besonders demütigend ist darüber hinaus die argumentative Reihenfolge, die zusätzlich die Männlichkeit des Ehemannes in Frage stellt. Denn Berthold schreibt, der Mann müsse den Namen der Frau annehmen (*nâch der frouwen heizen*), was in dieser Zeit sicher einer äußerst schmählichen Unterordnung gleichkommt.

In der Predigt „Von ruofenden Sünden" (VI, 92) finden wir eine besonders verschärfte Form der Ausgrenzung durch Namensentzug, nämlich die tabuisierende Benennungsverweigerung. Tabuisierung ist ein Berührungsverbot: Man darf den so Betroffenen weder mit Worten noch körperlich berühren, geschweige denn ihn mit Worten ansprechen. Selbst das von ihm Angefasste wird für unberührbar erklärt.

> Berthold von Regensburg VI, 92: Diu vierde ruofende sünde ist über alle die sache sündelich, über alle sünde [...]. und ist sô griuwelich unde sô schedelich unde sô schentlich, daz ir nieman keinen namen kan gegeben. Ir tiuvel, ir sît ie tiuvel unde meister aller sünden unde vater gewesen, unde getortest ir nie keinen namen geben unde gevinden. [...] Und ir priester, ir sult niemer dar nâch gefrâgen in der bîhte, noch nieman den andern umb einigez wort. [...] Übernamen hât sie vil diu verfluochte sünde: keinen rehten namen mohte ir weder mensch noch tiuvel nie gegeben. Sie heizet in übernamen diu rôte sünde. Pfech, pfech! Sie heizet diu stumme sünde. Pfech, pfech! etc. [...] ein schalkhaft herze verstêt mich vil wol. Wê daz ie dehein touf ûf dich quam! Dîn hant ist niht wert daz sie iemer dehein holz an grîfen sülle (ich will

brôtes geswîgen), sie solte dekein gewant an grîfen, sie sollte halt die galgen niemer an gegrîfen. Ich spriche halt mêr: sie sollte halt die wirsten natern unde kroten niht an grîfen.

Die stumme oder rote oder verfluchte Sünde ist die Homosexualität. Sie ist nicht nur als sexuelle Handlung tabu, sie ist es sogar sprachlich. Ihre Namen werden in Reinigungsflüche eingebettet, in Verwahrformeln, damit der Sprechende sich nicht selbst versündigt. Worin die Sünde genau besteht, wird nicht gesagt. Der jeweils Betroffene, der sich als Angesprochener selbst zu erkennen hat, weiß es jedoch. Er wird zum absolut Verfluchten. Jede Berührung mit ihm oder den Dingen, die er berührt hat, wirkt verfluchend (ebd. 93). Nichts kann mehr wachsen, weder Korn noch Wein. Eine schlimmere Bedrohung der Heilsgemeinschaft kann es kaum geben. Die Reaktion ist die absolute Ausgrenzung, aus der Sprache, aus der Gesellschaft, sogar aus den Gedanken.

Nach diesem Muster ist auch zu erklären, warum in einigen Gerichts- bzw. Verhörprotokollen zu Verbaldelikten das strafwürdige Sprechen nicht zitiert, sondern geflissentlich umschrieben wird. Dieses kommunikationsgeschichtlich interessante Phänomen tabuisierender Sprachregelungen, das über Verschleierungswörter und Euphemismen hinausgeht, lässt sich zunehmend seit dem 16. Jahrhundert beobachten. Es konnte zum einen darin bestehen, dass man die Befleckung der eigenen Ehre bzw. das Mitschuldigwerden im Zitat durch explizites Verschweigen, durch Auslassungen bzw. durch Ersatzzeichen[82] oder Umschreibungen vermeidet. Lindorfer (2009, 269) zitiert hierzu die Straßburger Verurteilung von drei Gotteslästerern aus dem Jahre 1359. Die drei Verurteilten wurden aus der Stadt verwiesen

> umbe boese und unkristenliche wort die sie von gotte und von sinre muoter redtent, die nit ze schriebende noch ze nennende sindt.[83]

Tabuisierung konnte aber auch durch eine Art verbalen Gegenzauber, durch verbale Schutz- bzw. Distanznahme vollzogen und sichtbar gemacht werden. Bevor man ein „unsauberes" Wort, dass heißt zum Beispiel *gestank* oder *seuche*, aber eben auch den Namen und die Berufsbezeichnung des *Henkers* oder des *Abdeckers* niederschrieb, nutzte man eine Art sprachlicher Reinigungsformel: *mit züchten* [unter Wahrung des Anstands] / *mit eren* / *mit gebür* / *mit [gebürender]*

---

82 Ein solches Phänomen lässt sich in den von Macha et alliis 2005 herausgegebenen Hexenreiverhörprotokollen beobachten. So sind vom „frommen Actuarius" im Verhörprotokoll „Arnsberg 1629" (CD-Rom) am Rande mehrere Kreuzeszeichen angefügt worden. Diese haben semiotisch wohl dieselbe Abwehrfunktion wie die aufgeführten Reinigungsformeln. Vgl. dazu auch: Lindorfer 2009, 269–273.
83 Lindorfer 2009, 269.

*reverentz oder reverendo, salvo honore* [vorbehaltlich der Ehre], *salva venia* [vorbehaltlich der Erlaubnis] oft abgekürzt: *rdo, redo für reverendo/ s. h. / s. v. salve pudor* [ohne die Scham zu verletzen]. Im Hinblick auf Blasphemien fallen auch distanznehmende Formeln wie (Sebaean 1996, 217): *Gott hiermit ungelästert / Gottes Majestät hiermit ungelästert, absit blasphemia dicto.*[84]

## II. 3. Die explizite Prädikationshandlung. Prädikative und attributive Bewertungshandlungen zur Ehrabschneidung

Die explizite Prädikation ist eine Zuschreibungshandlung, mit der wir täglich unsere Welt strukturieren, kategorisieren und bewerten (von Polenz 2008, 105ff.; 125ff.; 219ff.; 263f.). Negative Beeigenschaftungen wären: *Sam ist immer betrunken,*[85] *der Mann ist klein, die Frau ist zu dick, das Mädchen ist blöd, Du bist eine Kuh, Bettler sind gefährliche Schmarotzer, die Ausländer sind alles Faulenzer, die Juden sind unser Unglück* (Treitschke[86]). Mit diesen Zuschreibungen werden nicht primär nur individuelle Werturteile gefällt, sondern auch kulturelle Vorstellungen geschaffen, die ins kollektive Bewusstsein der Sprecher eingehen und so zu Bewertungs- und Handlungsprämissen werden. Es geht beim Prädizieren also nicht nur um explizites Beleidigen oder um direkt ausformulierte Exklusions- und Inklusionshandlungen gegenüber einer Einzelperson. Es geht viel mehr um das Schaffen und sprachliche Vermitteln gesellschaftlicher Normvorstellungen durch ontologisierende Normenaussagen wie: *das ist zu dick, das ist uncool* oder *das ist unanständig.* Solche Äußerungen vermitteln dann nicht nur die Einstellungen ihrer Sprecher, sie schaffen und vollziehen bei regelmäßiger Perpetuierung und nachfolgender Kollaboration durch die Hörer auch eine Normwirklichkeit und deren psychosoziale Inskribierung. Einschreibungen dieser Art können zur gesellschaftlichen Tabuisierung (z. B. von Homosexualität) führen, die Betroffenen zur Unterdrückung oder Verheimlichung (z. B. durch Angepasstheit und Assimilierung bei Verlust der eigenen Identität, Rückzug und Isolation) veranlassen, eventuell zu Ersatz- bzw. Abhilfehandlungen verleiten und somit zu ihrer beständigen seelischen Verletzung beitragen.

---

84 Sabean 1996, 216–233; Loetz 2002, 304 interpretiert diese Kautelformeln weniger als verbale Gegenzauber denn als Floskeln, „mit denen die Protokollanten verdeutlichen, daß sie einen Normbruch referieren, ihn nicht aber selbst erneut begehen. Magische Elemente spielten hier nicht hinein."
85 Das Beispiel wird von Searle im Kapitel zur Prädikation verwendet (Searle 2007, 150).
86 Vgl. Treitschke 1879, 559–576. Der von Treitschke stammende Satz wurde im Nationalsozialismus als Slogan des Hetzblattes „Der Stürmer" genutzt.

## II. 3. 1. Prädikative Bewertungshandlungen

Die typische Realisationsform expliziten Bewertens sind Sätze mit einem Prädikativum und der Kopula *sein*.[87] In solche Satzmuster sind auch die oben beschriebenen Schimpf- und Randgruppenbezeichnungen eingebettet. Erscheint das Kopulaverb im Präsens und in der direkten Anrede mittels *Du*, entspricht der Satz einer direkten Beschimpfung bzw. Beleidigung, erscheint es in anderen Tempora, so ist es eher narrativ und damit indirekter Art. Ist der Träger der Zuschreibung kein individuelles Subjekt, sondern ist die Merkmalszuschreibung bezogen auf eine generalisierende Personenbezeichnung, so ist der Weg zur Stereotypisierung beschritten.

> Barack, Teufels Netz 6356 (Bodenseegeb., 1. H. 15. Jh.): Landstricher und stirnenstöffel | Sind tag und nacht vol.

Direkte personenbezogene Ansprachen konnten im Frühneuhochdeutschen in folgender Weise vollzogen werden:

> Bobertag, Schwänke 223, 18 (o. O. 1575): du bist ein solche miserere hůr, du hast mehr ertzknappen, blotzbrüder kämetfeger vnd buppaper gehabt, dann die pfaffen zwischen ostern vnd pfingsten alleluia singen.[88]

> Luther 17, 1, 130, 32 (1525): Du bist schön Abgöttisch, Gottes lesterer, unheilig, ungehorsam.

> Luther WA 47, 124, 26 (1538): Du bist ein Ehebrecher und todtschleger, item ein gotteslesterer.

Als beschreibende Bewertungshandlung soll folgendes Beispiel reichen:

> Wackernell, Adt. Passionssp. Vsp. 1706 (tir., 1530/50): Er ist ein listiger böswicht, | Er schlach ein yeden ain klamper an (phrasematisch: ›Übles von jm. reden‹).

Das Prädikativum hat in beiden Fällen also die Funktion, Menschen und ihre Handlungen mehr oder minder direkt zu kategorisieren, zu charakterisieren und zu bewerten. Im Folgenden steht demnach nicht mehr die lexikalische Referenzierung als wortförmige sprachliche Bezeichnungshandlung im Vordergrund, sondern der satzförmige performative Akt der Prädizierung selbst, konkret die ausformulierte bewertende Zuschreibung. Prädizierungen können durch Substantive (z. B. Schimpfwörter), Adjektive (z. B. Wertadjektive wie *schlecht / gut*)

---

87 Zu den stilistischen Mitteln des Bewertens: Sandig 2006, 250ff.
88 Sachs 4, 51, 21 (Nürnb. 1534): „Du bist als ein bock | Aygensinnig, köppig und stützig." Froning, Alsf. Passionssp. 1931 (ohess., 1501ff.): „du peltenerßen, ganck dyn straysßen und kastyge dynn lipp: want du bist eyn aldes wipp!"

oder Verben (wie *bulen, huren*) erfolgen. Im Falle von Substantiven handelt es sich in der Regel um typisierende und klassifizierende Einordnungen, bei Adjektiven um Eigenschaftszuschreibungen, im Falle von Verben um Handlungszuschreibungen. Dass Referenzierung und Prädizierung als Teilhandlungen des propositionalen Aktes nur analytisch voneinander zu trennen sind, wurde bereits in Kapitel II. 2 deutlich.

Die Bewertungshandlung durch substantivische Prädikate liegt in der vom Sprecher vorgenommenen expliziten Gleichsetzung zweier Größen (etwas *ist* etwas), deren eine Größe (z. B. *erzbetler*) deutlicher bewertend ist als die andere (*barfüßer*) oder deren semantische Verbindung zu einer negativen Bewertung führt (vgl. auch den Beleg Luther WA 10, 1, 590: *die hexen, das sind die boßen teufelshuren*).

> Schade, Sat. u. Pasqu. 1, 33, 223 (schweiz. 1525): Darnach so kompt der barfüßer, | Der ist ein rechter erzbetler.

Erstaunlicherweise ist die explizite, adjektivische Bewertungsform *der / das ist gut*[89] */ bettlerisch / ketzerisch* relativ selten im Material zu finden.[90]

> Anderson u. a., Flugschrr. 13, 5, 4 (Leipzig 1522): Das ist aber falsch irrig / vnd ketzerisch.

Man könnte dies damit erklären, dass es sich dabei um eine direkte und explizite Bewertung handelt, die als solche eher der Mündlichkeit als der Schriftlichkeit zugeordnet werden muss, dadurch in gewisser Weise auch besonders regresspflichtig ist, was nichts anderes heißt, als dass sie strafrechtlich angezeigt und verfolgt werden könnte. Aussagen dieser Art können aber auch weit über eine einfache Bewertung hinausgehen, da sie je nach Sprecher Gleichsetzungs- auch Festsetzungscharakter haben und je nach Situation und Sprecherautorität konkreten Urteilen nahekommen. Sie sind entsprechend besonders häufig im juristischen Bewertungs- und Urteilsprozess zu finden. Im folgenden Beleg macht die Religion als hintergründige sozialverbindliche Domäne den Rahmen der Bewertung aus (vgl. dazu auch die unten stehenden Belege: Luther 54, 432; Franck). Das bewertende Adjektiv wird mit der Gradpartikel *vast* zusätzlich verstärkt.

---

[89] Gille u. a., M. Beheim 139, 356 (nobd., 2. H.15. Jh.): „er nur ainig suchen tut | dy er und lob gacz. das ist gut | und darumb ist bekentlich." Vgl. auch: WA 16, 70, 32.

[90] Man muss hier solche Belege unterscheiden, in denen das Prädikativum zwar sachbezüglich bewertend ist, aber keine Menschenbewertung vornimmt: Arndt, biechlin A iiijr (Freib. 1523): „Rauten / fenchelsamen / patonien vnd bibenel mit honig temperiert / oder mit wein gesottten / sol man niechtern messen / vmb des magens willen vnnd auch des gantzen leybs / wann das ist [...] heilsam."

## 3. Ehrabschneidung 73

> Bauer, Imitatio Haller 59, 21 (tir., 1466): Die falsch freihait des gemuetes vnd sein grosses getrauen, das ist vast widerwertig der götleichen pesuechung vnd trostung.

Wurde im vorletzten Beleg (Anderson u. a.) eine Handlung bewertet, so war es im letzten eine Haltung. Auch wenn keine Personen genannt werden, fallen die Bewertungen regelhaft auf die damit Gemeinten zurück. Häufiger als Sätze mit prädikativ gebrauchtem Adjektiv sind solche mit attributiv verwendeten Wertadjektiven zu finden.

> Luther, WA 10, 3, 224, 32 (1522): Das ist ein parteckische, betlerische, stücklechte, zottichte barmhertzigkait.

> Mathesius, Passionale 50v, 7 (Leipzig 1587): Der seine besten Tage gelebet hat / das ist / der aller letzte / geringste / vnterste vnnd außwürfling / vnter vnnd von allen Menschen Kinder.

Sätze dieser Explizitheit kommen vorzugsweise als Lehrsätze in moralisch-belehrenden Schriften vor, in denen der Autor kraft seiner Autorität als Theologe (oder als Jurist) handelt. Seine Intention ist dabei vordergründig die religiöse und moralische Belehrung der Gläubigen. Steht diese jedoch im Kontext einer konfessionellen Auseinandersetzung, wird die bewertende Prädikation zum polemischen Angriff.

> Luther WA 54, 432, 19 (1545): Das man den Leyen die eine gestalt des Sacraments [...] raubet, das ist die aller grewlichst Gottes reuberey und lauter Teuffels tyranney.

> Franck, Klagbr. 232, 14 (wohl Nürnb. 1529): sy förchten / das nit ir gleißnerische frombkeyt / die sy mit soul laruen vnd schatten verdecken / gegen dem glantz des Euangelij [...] an tag kome.

Wir finden moralisch-religiöse Prädikationen aber auch in Sprichwörtern und Sentenzen, in denen sie besonders wirksam zur sprachlichen Ausgrenzung beitragen. Folgende in aller Allgemeingültigkeit ausgesprochene Sentenz aus Lehmanns „Florilegien" – typisch ist dabei auch die Struktur des einfachen Aussagesatzes – lässt keinen Zweifel an der Bewertung, sofern man sich der Folgen des Werturteils *der Natur zuwider* bewusst ist.

> Mieder, Lehmann. Flor. 845, 11 (Lübeck 1639): Was vnordentlich gehet / das ist der Natur zu wider.

BEWERTEN, ERKLÄREN und BESCHREIBEN sind nur schwer voneinander trennbare Sprechakte. Der Verweis auf eine unterstellte denotative lexikalische Bedeutung einzelner Ausdrücke hilft hinsichtlich ihrer konnotativen Aspekte nur wenig, vor allem dann, wenn der Kontext selbst ambig ist. Im folgenden Beleg zeigt sich, wie schwer eine solche Unterscheidung hinsichtlich eines lange zurückliegenden historischen Hintergrundes sein kann. Das Prädikativum *geschunden* ist sowohl beschreibend als auch bewertend.

> Harsdoerffer. Trichter 3, 114, 20 (Nürnb. 1653): Das [...] stinkende Aas / ist entgeistert / enthaucht / erlegen / nichts werth / abgedecket / das ist geschunden.

Besonders interessant, aber auch besonders häufig aufzufinden, sind Bewertungen, die als Beschreibungen oder Erklärungen „getarnt" sind. Die bewertende Gleichsetzung wird in einen erklärenden Rahmen gesetzt, der objektive Information, in den beiden folgenden Belegen: Sprachinformation, verspricht, aber letztlich ausgrenzende Polemik bietet:

> Turmair 4, 447, 25 (moobd., 1522/33): darumb [...] werdens [die Barfüßer] in der kriechischen sprach genant 'ptochotyranni', das ist die 'petleten wüetrich'.

> Turmair 1, 185, 10 (moobd., 1529): Das sein feine geistliche leut oder, wies die alten haidnischen poeten kriechisch nennen, parasitos, das ist geiler, schmarotzer und suppenfresser.

Aus der sachbezogenen Erklärung wird eine pseudolegitimierte, deutlich negativierende Umsemantisierung mindestens eines der beiden in Verbindung gesetzten Ausdrücke. So wird die Musikantin zur Hure stigmatisiert und der Papst zum *Hermaphroditen, Puseron* und *Teufel*. Auch ein Ausdruck wie *Papst* hat damit seine moralische Unschuld verloren.

> Fischer, Eunuchus d. Terenz 80, 29 (Ulm 1486): wann gewonlich so sind lautenslaherin und leirerin auch gůt gesellin. das ist auf teütsch bůlerin.

> Luther 54, 227, 8 (1545): NU kompt er, der Hermaphroditen Bischoff und Puseronen Bapst, das ist, des Teufels Apostel.

Substantivische und adjektivische Prädikativa werden durch bewertende Verben ergänzt. Die unten aufgeführten Beispiele charakterisieren eine Person durch die ihr unterstellten Handlungen *spielen, buben, huren, stelen* und *brennen*. Die aufzählende Gleichsetzungsstruktur ist, wie schon angedeutet, keine semantische Einbahnstraße. Sie definiert nicht nur den *Schelm* als jemanden, der bestimmte Handlungen ausübt, sondern kriminalisiert rückwirkend auch die definierenden Einzelaussagen, so dass jeder Spieler zu einem Schelm erklärt wird.

> Spanier, Murner. Schelmenz. 3, 19 (Frankf. 1512): Der ist dir eyn schelm / der ist nit gůt, | der nur zů wildt / der spilen důt, | Der bůbt / der hůrt / der stilt / der brent.

Eine weitere Form des prädikativen Bewertens liegt exemplarisch im folgenden Beleg vor. Der Gebrauch des Adjektivs dient der Qualifizierung der mit dem Verb beschriebenen Handlung. Anders als die oben beschriebene direkte, das heißt personenbezogene Kennzeichnung erfolgt die Negativierung indirekt durch die Bewertung der von den Personen vollzogenen Handlungen.

> Luther, WA 54, 432, 8 (1545): [sol man] meiden Der Rangen ketzer und Götzer zu Löuen lere von dem brauch dieses Sacraments, Denn sie auffs schendlichst, ketzerischst und Gottslesterlichst damit handeln.

Doch auch hier ist das gewünschte Ziel der Verurteilung erreicht. Schließlich beziehen sich die Bewertungen nicht nur auf die Handlungen selbst, sondern sie wirken auch auf die handelnden Personen zurück. Die dreifach negativ eingefügten Prädizierungen lassen keinen Zweifel an der zugeschriebenen moralischen und ketzerischen Verwerflichkeit der genannten Gelehrten.

Ausgrenzungen durch Bewertungen können auf der lexikalischen Ebene durch direkte Anreden in Form von referenzierenden Schimpfwörtern vorgenommen werden, aber auch durch satzwertige Prädizierungen. Sie sind dann Teil eines komplexen Sprechaktes, der selbst wieder explizit und implizit vollzogen wird. Implizit, da auf der semantischen Ebene bewertend, sind die prädizierenden Verben, deren Bewertungsfunktion auch auf der prädikativen Ebene vollzogen wird. Indirekte Bewertungen mit ausgrenzender Wirkung haben prädikative Gebräuche von Adjektiven, da sie die Verurteilung der Personen über die Verurteilung ihrer Handlungen vollziehen.

Explizites Prädizierungshandeln ist eine deutlichere Form der Bewertung als das implizit bewertende Referenzierungshandeln. Während die Wahl des Wortes aufgrund möglicher Polysemien nicht immer zwingend voraussetzt, dass der Sprecher bewusst ausgrenzen will, kann dies im Zusammenhang mit explizit vorgenommenen Prädikationen unterstellt werden. Die syntaktische Form der Gleichsetzung, die ja in der Prädikation x ist y vollzogen wird, ist eine explizit ausformulierte Bewertung. An ihrem offensichtlichen, intendierten Entehrungs- und Ausgrenzungswunsch kann nicht gezweifelt werden.

## II. 3. 2. Attributive Bewertungshandlung

Attributive Bewertungshandlungen setzen zwei semantische Informationen zueinander in Beziehung. Aus dem Nebeneinander wird ein Miteinander, da die semantischen Merkmale der Einzelausdrücke aggregativ miteinander verwoben werden. In der Regel entsteht auf diese Weise semantisch Neues.

Bei Adjektivattributen wird das zu bestimmende Substantiv durch den Inhalt des Adjektivs näher spezifiziert. Spezifizierungen mit ehrabschneidendem Charakter verlaufen im Frnhd. vor allem über drei zeittypische Bahnen: die Infrage-

stellung der Moral, die Kriminalisierung und die Verketzerung der betroffenen Person oder Personengruppe.
Beispiele dazu finden sich in allen frnhd. Texten, darunter aggregativ gereiht in Wörterbüchern sowie in Synonymenlisten. Zum Synonymenfeld des unten zitierten Belegs aus Schöppers Wörterbuch gehören noch mindestens *schändlich, schmählich, sündig, verdammt, unerlich, unlauter* und *unrein* (s. v. *lästerlich* 1 ist im FWB eine Reihe dieser Adjektive aufgeführt).

> Schöpper 15a (Dortm. 1550): Improbus. Vnfrumm vntugentsam vnerbar tugendloß vngerecht lasterhafft lästerlich sündhafftig böß bößhafftig vbelthetig verrucht bößthätig schalckhafft schelmig bößfätig.

Reihungen dieser Art zeigen eine brisante Mischung aus klassifizierenden, charakterisierenden und evaluativen Funktionen. Sie klassifizieren die determinierte Bezugsgröße als dem Bereich des Bösen zugehörig, sie charakterisieren sie nach ihrer qualitativen Art der Schlechtigkeit und ihren Symptomen sowie deren Ausdrucksweisen, und sie bewerten sie nach den Moralkriterien des jeweiligen Handlungszusammenhangs.[91] Die Semantik dieser Adjektive ist in frnhd. Zeit in besonderem Maße religiös bestimmt. Kennzeichnend hierfür ist auch das Pendeln zwischen Eigenschaftsprädizierung und Zustandsprädizierung.[92] In der Regel bleibt nämlich die Frage offen, ob das adjektivische Merkmal, das prädiziert wurde, als eine Wesenseigenschaft des Betroffenen gilt oder ob es einen nur vorübergehenden Zustand markiert. Die meisten der bei Schöpper belegten Ausdrücke jedenfalls sind eher Eigenschaftszuschreibungen, die den Menschen generell und damit potentiell jeden Einzelnen in der ihm schlechthin eigenen moralischen Defizienz voraussetzen und beurteilen. Eine Umkehr der Prädizierungen durch den Betroffenen ist denn auch nur mit allergrößter Anstrengung möglich. Anders ausgedrückt bedeutet dies, dass ein als *unfromm* oder *boshafftig* bezeichneter Mensch dies nicht kurzfristig in einer bestimmten Situation ist und diese Qualitäten folglich nicht in einer Augenblicksentscheidung ablegen kann, sondern dass er gewissermaßen von „seiner Natur" aus unter dem Zeichen z. B. der Boshaftigkeit steht. Eine boshafte Tat ist damit das Produkt eines boshaften Menschen, der aufgrund seiner Boshaftigkeit gar nicht anders kann als boshaft

---

91 Vgl. Weinrich 2003, 526f.
92 Von Polenz 2008, 162f.: „Zustandsprädikate sind Aussagen über grundsätzlich veränderliche, also irgendwann eingetretene und irgendwann endende physische oder psychische Zustände von Lebewesen, Sachen oder Abstraktbegriffen. Sie werden durch adjektivische, verbale oder substantivische Prädikatsausdrücke bezeichnet. [...] Eigenschaftsprädikate sind Aussagen über Zustände von Lebewesen, Sachen oder Abstraktbegriffen, die grundsätzlich unveränderlich sind, also zu ihren dauernden Merkmalen gehören."

## 3. Ehrabschneidung

zu sein. Die Augenblicksboshaftigkeit liegt nicht vorrangig im Visier ausgrenzender Texte des Frühneuhochdeutschen.

Interessant sind die präsupponierten moralischen Prämissen der bei Schöpper zuerst aufgelisteten Adjektive: *fromm, tugendhaft, ehrbar, gerecht.* Sie können durch ein Negationspräfix zur moralischen Verurteilung werden, bei der Zustand und Eigenschaftszuschreibung ineinander übergehen.

> Jörg, Salat. Reformationschr. 415 (halem., 1534/5): Erstlich uff den Zwinglj zů erhallten / das er / und alle die syner leer tåtlich volgend [...] unfromm böswicht sind.

Angriffe auf die Moralität bewerten den ganzen Menschen, nicht nur seine Taten. Diese wiederum werden dann nur nur noch als notwendige Resultate des moralisch defizienten Menschen betrachtet.

Der Übergang von der prinzipiellen Moralisierung zur spezifischen Kriminalisierung ist fließend, in einer Reihe von Ausdrücken sogar merkmalsdistinktiv, so z. B. bei *leichtfertig* im Bedeutungsansatz 4 des FWB, nämlich >moralisch unstet, sittlich locker, unkeusch, schamlos; rücksichtslos, skrupellos, verbrecherisch, verworfen, sündhaft< oder bei *lasterhaft* 1. Die prototypischen Kriminalisierungsadjektive sind: *mörderisch* (so bei Lappenberg, Fleming. Ged. 20, 173 (1632): „Du mörderischer Schelm"), *abenteurig* 2; 3, *arg* 5, *bübisch* 1, *büblich, diebisch, erzbübisch, gräulich* 1, *handtätig, leckerisch, mutwillig, ruffigenisch, verderbt* usw. Für sie gilt verstärkt, dass sie nicht nur den Strafrechtsaspekt bezeichnen, sondern die grundsätzliche moralische Verlorenheit des damit Attribuierten vor der Welt und vor Gott implizieren.

Die Adjektive *unerlich, bösleumdig* und *verrucht* in den folgenden Belegen sind Ausdrücke der gesellschaftlichen Ausgrenzung in der Welt. Sie qualifizieren die Person also nicht nur negativ, sie bringen auch deren relationalen Stand in der Gesellschaft bzw. die Bewertung innerhalb derselben zum Ausdruck.

> Jörg, Salat. Reformationschr. 85, 11 (halem., 1534/5): dis unerlichen böslümdigen mentschen / sechend wir jetz jn disem handell / alls die wöscherin und badryberin ringen.
>
> Perez, Dietzin 1, 406, 2 (Frankf. 1626): biß der Mensch etwan gar zu einem Todtschläger / Verrhäter oder sonst einem verruchten buben wird.

Adjektivische Attribute dienen aber nicht nur der negativen Eigenschaftszuschreibung, sondern oft auch der zusätzlichen Gradierung und Steigerung des ohnehin schon beleidigenden substantivischen Ausdrucks. Das Adjektiv *abgefeimt* gehörte zu den Attributen, die als besonders *ehrenrührig* betrachtet werden. Sein Gebrauch in direkten wie in indirekten Beschimpfungshandlungen, in denen ein Beschimpfungsausdruck folgt, ist daher sowohl eine ergänzende Bewertungs- als auch eine zusätzliche Verstärkungshandlung.

> Luther, WA Tr. 3, 152, 40 (1533): es ist ein abgefeimter Schalk!
>
> Bolte, Pauli. Schimpf u. Ernst 2, 112, 18 (Frankf. 1583): welches doch hinder im eine abgefeymbte Hur gewesen ware.
>
> Maaler 2r (Zürich 1561): Abgefeymeter schandtlicher lāckersbůb.

Während *abgefeimt* in den ersten beiden Belegen die Bewertung, die im Substantiv schon vollzogen ist, noch verstärkt, wird im Maalerbeleg mit dem attributiven Adjektiv noch eine zusätzliche Verstärkung auf die prädikative Bewertungshandlung draufgesetzt. Noch deutlicher wird dies beim hochalemannischen partizipialen Adjektiv *ausgeschneit* >verrucht, abgefeimt< (Schweiz. Id. 9, 1212f.), das ausschließlich der Übersteigerung in Schimpfausdrücken dient: *ausgeschneite diebin / hure / kindsverderberin*. Ähnliches kann von ¹*alt* 18, *ausgeheit, ausverheit* gesagt werden.

Zur Verketzerung können alle genannten Formen der negativ qualifizierenden Adjektive dienen, sei es die Kriminalisierung und Ehrlosmachung durch Adjektive wie *schändlich, unehrbar* und *ehrlos* oder durch die explizite Kennzeichnung als Ketzer (*antichristisch, -lich, unchristlich*) oder als von Gott *verdammt* und *verflucht*. Am wirksamsten ist immer die Kombination aus allen möglichen Prädizierungsarten.

> Schade, Sat. u. Pasqu. 2, 132, 11 (1520): laider ich hör iez seltsam ding von dem antkristischen vich, pfaffen und münchen. (Attributiv).
>
> Gille u. a., M. Beheim 77, 39 (nobd., 2. H. 15. Jh.): secht, wie so plint sein und verflucht | die Juden ungeslachte (prädikativ, Doppelung, attributiv).
>
> Luther, WA 21, 272, 22 (1544): soltu auch wissen, das du nicht ein Christen noch Gleubiger, sondern [...] ein schendlicher, verdampter Götzenknecht bist und kein teil an Gottes Reich hast (prädikativ, Häufung, attributiv).
>
> Ders. 21, 428, 13 (1544): Das hat geheissen die verfluchte Ketzer und Gottes Feinde aus gerottet, ein heilig werck Gotte gethan (prädikativ, attributiv).
>
> Ders. 47, 589, 25 (1539): Also hatt S. Paulus den Bapst recht abgemalet, [...] das ehr ein gotteslesterlicher man sej, der sich widder Gott und uber Gott erhebet. (attributiv, Doppelung).

Zusammengefasst kann man sagen, dass nicht nur das durch das Adjektiv näher zu bestimmende Substantiv in der Regel bereits ein Schimpfwort ist, sondern dass aufzählende Reihungen und Attribuierungen oft die Wirkung verstärken. Dies gilt auch für zusätzliche Vergleiche, wie das im folgenden Beleg geschieht.

> Österley, Kirchhof. Wendunmuth 2, 127, 6 (Frankf. 1602): Sihe, du verfluchter pfaff vor gott, und schandlapp aller priester, pflegen die seelsorger also zu handeln, die kaum wirdig weren, säuw oder ander viehe zu verwaren.

Eine Reihe von Bewertungsadjektiven steht in Zusammenhängen, die die Herausstellung der eigenen Formulierungsfähigkeiten als hintergründige Absicht ihres Verfassers verraten. Wenn Hans Sachs im nachfolgenden Beleg das Adjektiv *diebisch* verwendet, dann dient dies zum einen der Verstärkung des Intendierten, zum anderen ist es eine besonders interessante selbstbezügliche rhetorische Spielerei. Man könnte diese Verwendung mit Peter von Polenz (2008, 262) als typisierenden Zusatz bezeichnen, als schmückendes Beiwort (epitheton ornans), „mit dem keinerlei neue Information gegeben, sondern nur ästhetisches Vergnügen erzeugt werden sollte." In die mit Leidenschaft vorgetragene Kumulation von Substantiven wird mit dem eingeschobenen Adjektivattribut *diebisch* eine stilistische Variation hineingebracht, deren semantische Information durch die Aufnahme des Substantivs *Dieb* in die Liste oder durch Zuordnung zu einem der anderen Substantive ebenso gut gewährleistet worden wäre. Die Verbindung mit *Verräter* ist ausschließlich vers- und reimtechnisch bedingt. Es handelt sich hier jedenfalls nicht um die gezielte Hinzufügung einer Merkmalsbestimmung ‚diebisch' an das determinationsbedürftige Substantiv, es ist also keine Eigenschaftszuschreibung des syntaktisch mit ihm verbundenen Ausdrucks, sondern eine kumulativ ausgedrückte Beschimpfungshandlung, in der die Adjektivinformation in einer seltsamen Weise unabhängig vom zugeordneten Substantiv zu sein scheint.

> Sachs 5, 256, 13 (Nürnb. 1557): du diebischer verrether, | Du mörder, bößwicht, ubeltheter, | Du rauber, hurer, und ehebrecher, | Du trunckenpoltz, du bub, du frecher, | Du knoll, du troll, du frawen-feind!

Das lustvolle literarische Spielen mit den Schmähausdrücken, wie es hier von Hans Sachs vorgeführt wird, ist Kennzeichen einer Gesellschaft, in der das Schimpfen und Schmähen einerseits ein mit existentiellem Ernst betriebenes Alltagshandeln ist. Die schriftlich fixierte Kommunikation im Frühneuhochdeutschen ist andererseits bei weitem noch nicht in der Weise durch die Schriftsprache und die damit verbundene Norm reglementiert, dass direkte, man könnte auch sagen: gröbere nähesprachliche Züge vermieden worden wären. Der Prozess der Sozialdisziplinierung, der zu einem erheblichen Teil auch ein gesellschaftlicher Verschriftlichungsprozess war, ist zwar im Gange, er steckte jedoch noch in den Kinderschuhen. Der Textautor konnte daher noch über das gesamte, im heutigen Sinne stilistisch unmarkierte und ungenormte Arsenal an Ausdrucksmitteln der Mündlichkeit wie der im Entstehen begriffenen literarisch orientierten Schriftsprache verfügen. Er hatte so die Möglichkeit, die Vermittlung seiner inhaltlichen Intention mit der Herausstellung seiner eigenen sprachästhetischen Fähigkeiten zu verbinden und sich dadurch gesellschaftlich zu profilieren. Der Charakter der Prozesshaftigkeit ist übrigens abzulesen an den

Reaktionen der Zeitgenossen, wenn man sie mittels der beschriebenen Strategien beleidigt hatte bzw. wenn sie sich beleidigt fühlten. Zunehmend trafen sich die Beteiligten nunmehr vor Gericht, wo der eine den anderen der Verleumdung bezichtigte.

## II. 4. Satzsemantische Ebene

## II. 4. 1. Typisierung durch den kollektiven Singular

Der kollektive bzw. typisierende Singular ist ein an die lexikalischen Ränge der Sprache gebundenes Ausdrucksmittel. Damit fungiert er als zentrale Inventareinheit für den Aufbau von Satzinhalten. Unter historischem Aspekt sieht man ihn vielfach als Produkt der Wissenschaftssprache des 19. und 20 Jahrhunderts und interpretiert ihn als typisch für vorurteilsbildendes und diskriminierendes Sprechen. Peter von Polenz definiert ihn in seiner Satzsemantik folgendermaßen:

> Von Polenz 2008, 149: Aus der Wissenschaftssprache kommt der in „Würde des Menschen" vorliegende typisierende Singular. Mit dieser uneigentlichen Ausdrucksweise werden [...] Typus-Begriffe geschaffen. Dabei werden (statt der Gesamtheit aller gemeinsamen Merkmale aller Elemente einer Klasse) vereinfachend die jeweils für wesentlich, prägnant, musterhaft, vorbildlich gehaltenen Merkmale der Klasse als ‚reiner' Typus oder Idealtypus in den Vordergrund gerückt (und die anderen vernachlässigt) [...]. Durch die Verwissenschaftlichung der Öffentlichkeitssprache seit dem frühen 19. Jahrhundert wurden solche typisierenden Singularwörter auch in der politischen Propaganda üblich und wirksam: z. B. [...] *der Franzose, der Jude,* [...]; daneben auch mit uneigentlicher Verwendung des unbestimmten Artikels in typisierender Bedeutung: *ein Deutscher, eine Frau, ein Arbeiter,* [...] In Verbindung mit typisierenden Prädikaten (als kollektiv reproduzierte Gruppen-BEWERTUNGEN) spielen diese typisierenden Singulare in den Stereotypen/Gruppenvorurteilen eine Rolle: der *Schwabe ist geizig,* [...]. Es ist dabei unerheblich, ob der Singular oder der Plural, der bestimmte oder der unbestimmte Artikel oder die Nullform verwendet wird.[93]

Der typisierende bzw. kollektivierende Singular wird jedoch schon in der Polemik mittel- und frühneuhochdeutscher Texte gebraucht, wie die folgenden Belege zeigen. Im ersten Zitat aus einer der Predigten Bertholds von Regensburg will dieser das Wort Gottes, konkret das Verhältnis des Neuen zum Alten Testament, beschreiben. Dazu verweist er auf den doppelten Schriftsinn der alttestamentarischen Geschichte vom ängstlichen Zauderer Gêdêon und den heidnischen Philistern.

---

93 Vgl. dazu auch: Lobenstein-Reichmann 2008, S. 369ff.

> Berthold von Regensburg III, 38: Nû seht, ir hêrschaft alle samt, daz ist diu schale ûzen. Ich hân die schaln ûz geseit, als an dem mandelkerne, dâ ist ûzen ein schale, innen ein edeler wol gestalter kern. Alsô ist der geschihte. Swaz uns got erziuget hât in der alten ê, daz ist diu schal; die kann der jüde ouch: im ist aber der süeze kern gar tiure. Jr jüden, ir wizzet vil lützel, wie der edel süeze kern smecket: ir naget allez ûzen die schaln unde die dürren rinden.

Bezeichnend für Bertholds Predigten sind die direkten Ansprachen, so auch hier: einmal in Richtung seiner Zuhörerschaft: *ir hêrschaft*, das zweite Mal in Richtung seiner Feinde: *Ir Juden*. Deren Glaube sei äußerlich, nicht sättigend und geradezu bitter. Das Christentum dagegen sei *süeze*. Der Topos vom jüdischen Materialismus ist mit diesem Bild ebenso angedacht (so auch I, XIII, 185) wie der von der jüdischen Verstocktheit. Doch all dies gilt für den Juden als Typus, also für den Juden schlechthin und nicht für irgendeinen besonderen, und zwar schon im späteren Mittelhochdeutschen, nicht erst im 19. und 20. Jahrhundert.

Der kollektive Singular ist kein deutschsprachiges Phänomen der Moderne, sondern – und das ist das Entscheidende – in seiner Funktion auch in anderen europäischen Sprachen und schon im Lateinischen üblich. Bernd-Ulrich Hergemöller (1996, 100) weist daraufhin, dass Gregor IX. in „Vox in Rama" an zwei Stellen das Beispiel der wegen Unzucht und Götzendienst mit dem Tode gestraften Israeliten zitiert. Beide Male begegnen die auffälligen Formen des Kollektivsingulars:

> Vox in Rama 24, 7–10: Ubi est zelus Phinees, // Qui Iudeum cum Madianitide uno pugione confodit? [...] // Ubi est Mathatye zelus, cuius furor secundum legis // iudicium adeo est accensus, ut insidiens trucidaret // Iudem immolantem ydolis super aram?[94]

Dass der kollektive Singular bei Berthold kein Zufallsbeleg ist, zeigt auch die typische Verwendung des kollektiven Plurals und seiner Varianten im folgenden Zitat. Die Typisierung wird problemlos im nachfolgenden Satz durch das singularische Pronomem *er* weitergeführt.

> Berthold von Regensburg XXI, 401: **die jüden** gloubent in einem hûse, daz sie in einem andern niht engloubent; und **er** gloubet sô kranc dinc von gote, daz [...].

Solche Typisierungen sind ein wichtiger Aspekt einer Textpragmatik der Ausgrenzung. Sie wirken systematisch bei jeder Art sprachlicher Diskriminierung und entkleiden eine Person ihrer Individualität. Typisierungen schaffen auf dem Wege sich wiederholender textlicher Zuschreibungen geschichts- und sozialtypische

---

[94] Zitiert nach: Hergemöller, Krötenkuss 1996, 100.

sprachliche Bezugsklassen, also abstrakte Größen mit eigenem Realitätsstatus im Gegensatz zu demjenigen, was als individuell-einmalig und unmittelbar real gelten kann.

Ganz in der Tradition Bertholds steht auch der 250 Jahre später lebende Konvertit Johannes Pfefferkorn, wenn er die Obrigkeit gegen die Juden aufhetzt, indem er sie davor warnt, dass sie denselben Lohn wie diese zu erwarten hätten.

> Pfefferkorn, Der Juden Spiegel Dr (1507): dan allē den lon dē der iůd vō got entpfangē wirt / das yr auch des nit teylhafftig werdet.

Auch Veit Dietrich nutzt diesen Singular zur polemischen Typisierung, setzt ihn dann aber stilistisch nur variierend mit dem unbestimmten Artikel *ein* fort, wobei die aggregative Parallelisierung zwischen Juden und Papisten sicher kein Zufall ist.

> Reichmann, Dietrich. Schrr. 194, 14 (Nürnb. 1548): **Der** Jude helt seinē Mose / ißt kein schweinen fleisch / [...]. **Ein** Papist thut gleich so / dē wort ist er feind / verfolgt es als Ketzerey / vñ bemüt sich mit Meß halten.

Der kollektive Singular gehört im Akt des Diskriminierungsprozesses zu den festschreibenden Handlungen. Mit ihm wird dasjenige, was zuvor durch Trennungen, Distanzierungen, Akzentuierungen und Abwertung als andersartig konstruiert wurde (in erster Linie die Negativbeeigenschaftung), nunmehr als typisch kategorisiert. Einzelindividuen verschwinden hinter Typen. Und Typen werden zu berechenbaren, standardisiert nach einer vorher geschaffenen Erwartungshaltung behandelbaren Kollektivgrößen.

## II. 4. 2. Aggregative Diskriminierung

> Päpke, Marienl. Wernher 3012 (halem., v. 1382): Och sturbent inden ziten [bei der Geburt Christi] | Alle kæczer und sodomiten | Allenthalb durch alliů lant, | Wa der tot ir kainen vant.

> Luther WA 33, 584, 22 (1531): Wen mans den papisten, Juden, Turcken und der welt noch saget, so pfeiffen sie uns an.

Was haben Ketzer und Sodomiten gemeinsam, dass sie bei der Geburt Christi sterben müssen, was Papisten, Türken und Juden? Aufzählungen scheinen auf den ersten Blick reine Aneinanderreihungen zu sein, auf den zweiten jedoch stellt man allerdings die gerade geäußerte Frage nach ihrer Gemeinsamkeit. Was also haben diese Gruppen gemeinsam, dass man sie zusammen auflisten kann? In welcher Relation stehen sie zueinander bzw. wie werden sie zueinander gestellt?

Ist es nur die Sprechhandlung der gemeinsamen Ablehnung? Oder stehen doch unbestreitbare reale Beziehungen aufgrund nachweisbarer Gleichheiten bzw. Ähnlichkeiten dahinter?

Das Nebeneinanderstellen von Wörtern, die sogenannte sprachliche Aufzählung, wird in der Regel als ein nichtrelationales Verfahren betrachtet, das heißt als eine Reihung, deren Elemente nicht notwendigerweise in einem direkten Sinnzusammenhang zueinander stehen. Die kleinste Form der Aufzählung ist die Paarbildung. Größere bis große Listenbildungen liegen z. B. als Inhaltsverzeichnisse vor oder als Inventarlisten. Den kohäsiven Textzusammenhang stiftet in der Regel die jeweilige Überschrift einer solchen Liste. Das Gelistete selbst liefert jedoch, vor allem bei Dreier-, Vierer oder Fünferbildungen innerhalb eines komplexen Textzusammenhangs, in dem die Auflistung ohne Überschrift erscheint, nicht immer explizite Informationen zum Zusammenhang der Einzelelemente. Dass es allerdings einen solchen Zusammenhang geben muss, weiß der Rezipient bereits dadurch, dass diese Elemente nebeneinander stehen.

Bei tiefer gehender Textanalyse fällt ihm sofort auf, dass Aufzählungen durchaus relationierend eingesetzt werden, das heißt, dass man mit der bewussten Nebeneinanderstellung verschiedener Größen eine semantische Beziehung der aufgezählten Einheiten zueinander herstellen kann. Der Autor stellt die Glieder seiner Aufzählung also durchaus unter einem bestimmten Aspekt, und er kann, obwohl er den Aspekt nicht angibt, voraussetzen, dass die Rezipienten ihn erschließen und seine Relationierung erkennen. So werden im nachfolgenden Beleg die Größen *Heyden, Jüden, Mamalucken* (s. u.) trotz ihrer mehr oder weniger offensichtlichen Verschiedenheit als Bezeichnungen für andere Völker und *Gleißner, schwermer, ketzer* (im folgenden Beleg) als Bezeichnung für religiös Abweichende nicht nur auf eine gemeinsame Ebene gehoben und damit als der eigenen Glaubensgruppe (der *christlichen schar*) nicht zugehörig beschrieben, sondern sie werden durch unterstellte Kategorisierungen wie ‚fremd‘ und ‚nichtchristlich‘, letztlich als ‚ungläubig‘ und ‚ketzerisch‘ semantisch negativiert und parallelisiert.

> Sachs 15, 470, 37 (Nürnb. 1562): Sie (Akk.obj., christliche schar) auß-zu-tilgen und vertrucken | Heyden, Jüden und Mamalucken, | Gleißner, schwermer oder die ketzer.

Aufzählungen dieser Art können demnach sowohl distinktiv unterscheidend als auch relational-subsumierend sein. Sie sind distinktiv, weil *Jüde* einen anderen Personenkreis umfasst als *Mamaluck*. Sie sind relational subsumierend, weil ihre einzelnen Elemente semantisch unter einem bestimmten, ihnen allen gemeinsamen Aspekt gefasst werden. Etwas allgemeiner ausgedrückt heißt das: Sie sind distinktiv, wenn sie anzeigen, dass die aufgezählten Zeichen entweder unterschiedliche Inhalte oder bestimmte Inhalte in einer jeweils besonderen Sichtweise repräsentieren. Und sie sind subsumptiv, wenn die aufgezählten Ausdrücke in einen Kontext gestellt werden, der sie einer gemeinsamen Prädikation unterwirft. Das heißt konkret: Durch die aggregative Prädizierung werden nebeneinander gestellte Größen schon dadurch zueinander in Beziehung gesetzt, dass sie einer gemeinsamen Aussage unterworfen werden. Sie *sterben*, sie *pfeifen uns an*, sie sind *auszutilgen* (in der Reihenfolge obiger Belege). Sie werden somit als einheitlich prädizierbar behandelt und erscheinen damit als partielle Synonyme; sie nehmen mithin durch das gegenseitige Prädizieren schließlich auch die Merkmale der anderen Größen an. Sie färben sozusagen aufeinander ab. Folgender Beleg mag das Gesagte veranschaulichen:

> Geier, Stadtrecht Überlingen 514, 17 (nalem., 1560): Gleichsfals sollen es die under-thonen gegen den zigeunern, starken bettlern und landtfarern nit weniger, dann nechst hieoben der herrlosen gardenden knecht, auch anderer verdächtigen und ark-wenigen personen halben nach lengs gesetzt und begriffen ist, in allweg halten.

Diese niederalemannische Verordnung hat als Gegenstand die starken, arbeitsfähigen *bettler*, die *zigeuner* und *landfarer*, sodann *herrenlose gartende knechte* und schließlich mit explizit kriminalisierender Bewertung *andere verdächtige* Personen. Aufzählungen dieser Art stellen textlich verfasste Gruppenbildungen dar, die nachfolgende Bewertung kann als zusammenfassende Überschrift gelesen werden. Da die drei zuerst genannten Substantive ohne eine besondere semantische Relationierung aggregativ nebeneinander gestellt werden, kann man daher eigentlich annehmen, dass es sich um drei unterschiedliche Referenten handelt. *Zigeuner* hat bei einer solchen Interpretation einen anderen sprachlichen Referenten als das Wort *bettler* und dieses einen anderen als *landfarer*. Doch diese vermeintlich klare, distinktive Unterscheidung wird durch die nachfolgende Präsupposition *auch andere* relativiert. *Auch andere verdächtige Personen* inkludiert die genannten Gruppen mittels einer vereinheitlichenden Prädizierung. Rückwirkend werden alle genannten Gruppen unter die einheitliche Perspektive, *verdächtig* zu sein, gestellt. Der einzelne Referent löst sich im Kollektiv der kriminalisierten Verdächtigen auf. Im vorliegenden Beleg ist die Aufzählung also zwar auch einzelgrößendistinktiv, aber in der Absicht des Textautors auch kollektivierend bzw. subsumierend. Es ensteht eine als einheitlich zu betrachtende Gruppe. Aggregative Subsumptionen der vorgestellten Art können im Sinne von Graumann und Wintermantel (158/9) auch als eine Form der Akzentuierung mit umgekehrten Vorzeichen betrachtet werden, vor allem dann, wenn man Akzentuieren als Verschleierung von Übergängen ansieht. Bisher Eigenständiges erfährt eine Semantisierung als Gruppe, durch die es neu negativ beeigenschaftet wird.

Eine solche Art aggregativer Subsumierung bietet auch Hans Sachs, wenn er seiner Aufzählung die Bewertung *seltsame knaben* voranschickt.

> Sachs 14, 120, 15 (Nürnb. 1550): Ich herberg viel seltzamer knaben, | Betler, Jacobsbrüdr und spitzbuben.

Wieder gehen mit der Klassifikation die Eigenschaften, die der einen Gruppe zugeschrieben werden, auf die anderen parallelisierten Gruppen über. Man könnte Aufzählungen daher auch als einen ersten Schritt hin zur Herstellung onomasiologischer Vernetzungen bezeichnen. Dies gilt besonders für die zugehörigen Bewertungen. Wird eine Gruppe in einer negativ konnotierten Liste geführt, so bildet die Negativität das unterstellte tertium comparationis. Alle unten aufgeführten Gruppen werden so unter Generalverdacht gestellt.

> Siegel u. a., Salzb. Taid. 60, 42 (smoobd., 17. Jh.): solle ainicher soldath, auslendischer petler, störzer, halter, zigeiner, henker [...] weder bhaust, beherbergt oder anderweitige unterschlaipf geben werden.

Ein solcher Subsumptionsvorgang funktioniert nicht nur innerhalb von Rechtstexten, sondern ist auch und gerade typisch für Wörterbücher und literarische Texte (s. o. den Beleg: Sachs 14, 120; s. u. Gille, M. Beheim 236, 2).

> Sachs 17, 229, 9 (Nürnb. 1561): Derhalb allein bey ihn einziehen | Spitzbuben, kerner und landsknecht, | Landfarer, kremer und betelgschlecht.

> Henisch 345 (Augsb. 1616): Die bettler / Tattern / Dieb geschwind / Vnd Landsknecht eines gebacks sind.

Auch in den Predigten Bertholds von Regensburg heißt es, dass diejenigen, die „des gelouben niht lernen" und gedenken: „wê, herre, wer mac reht haben, jüden, heiden oder ketzer?" (III, 44), der *ketzerlîchen lêre*, gar *der tiuvel lêre* verschrieben sind, womit wiederum die Ausgrenzung der Juden und noch schlimmer deren Vergemeinschaftung mit dem Teufel postuliert ist. Die Aufzählung *jüden, heiden und/oder ketzer* lässt sich regelmäßig in genau dieser Reihenfolge und nahezu fast formelhaft in unzähligen Predigten Bertholds nachweisen (I, 3; III, 44). Sie ist ein typisches Beispiel für aggregative Diskriminierung. Denn die wiederkehrende Aggregation *jüden, heiden, ketzer* ist eine Negativierungsstrategie, mit der eine neutrale Verwendung des Wortes *Jude* schon allein deshalb unmöglich gemacht wird, weil alle Prädizierungen der negativ besetzten anderen Ausdrücke auf es zurückwirken. Im Falle Bertholds wird dies auch am tertium comparationis ‚stinken' explizit gemacht. So schreibt er nicht nur vom stinkenden Juden, sondern auch vom Gestank des Ketzerglaubens oder vom Gestank der Sünde (II, L, 140), besonders der *unkeusche* (›Unkeuschheit‹), die – und dies ist auch indexikalisch interessant – ein „kiuscher mensche schmecken (›riechen‹) kann" (II, LVII, 206).

Aufzählungen von Personengruppen dieser Art[95] gehören durch ihre aggregative Form zu einem der wirksamsten Kollektivierungs- und Negativierungsverfahren nicht nur im Frühneuhochdeutschen. Ein Erklärungsmodell für den Gebrauch dieser Strategie könnte sich ergeben, wenn man das von H. Lüdtke (Lüdtke 1980, 15) entworfene und von R. Keller weiterentwickelte „Prinzip der Verschmelzung" (Keller 1994, 150: („Interpretiere Mengen (nahezu) stets kookurrenter Dinge als Einheiten") aus seiner Bindung an die Ausdrucksseite der Sprache lösen und auf der Inhaltsseite anwenden würde. Keller beschreibt das Prinzip folgendermaßen:

> Keller 1994, 146: Sprachliche Einheiten, die sehr häufig gemeinsam als benachbarte Einheiten vorkommen, werden vom Sprecher-Hörer (und zwar vernehmlich in seiner Eigenschaft als Hörer) nicht mehr als segmentiert erlebt, sondern als eine einzige Einheit wahrgenommen. Denn eine Einheit sein, heißt nichts anderes als hochfrequentes Versatzstück unserer Rede sein.

Hochfrequent nebeneinandergestellte Ausdrücke werden sprachlich, und das heißt auch: semantisch, zu einer Einheit verschmolzen, so dass man sie tendenziell nicht in ihrer je unikalen lexikalischen Bedeutung gebraucht und rezipiert, sondern mit dem Abrufen des einen Ausdrucks wie selbstverständlich den anderen mitassoziiert, selbst dann, wenn dieser im Einzelfall gar nicht mehr explizit erwähnt wird. Solche relativ festen Assoziationsrelationen umfassen das gesamte semantische Verschmelzungs-potential eines Textes, das heißt: alle assoziierbaren negativen Prädizierungen.

In diesen Zusammenhang gehört auch eine These des Historikers R. Jütte (1988, 27). Sie besagt, dass „enumerative Definitionen" (z. B. *Heiden, Juden, Ketzer* oder *Spitzbuben, kerner und landsknecht,* | *Landfarer, kremer und betelgschlecht*) als Ersatz dienten für im Frühneuhochdeutschen noch fehlende Kollektivbildungen wie *Randgruppe* oder *Außenseiter*. Jütte verfällt hier allerdings dem Vorurteil, dass die nhd. Schriftsprache den Verständigungsmitteln des Frnhd. überlegen sei. Doch das Frnhd. hat natürlich seine eigenen Möglichkeiten, Kollektivbezeichnungen zu bilden, und hat diese genutzt; man vgl. *gesinde* 6, *gesindel* 5, *gesöd* 4 oder Nominalgruppen wie *gernde diet, gerende leute* (vgl. FWB s. v. *geren* 4), die die gleiche Funktion erfüllen wie die von Jütte genannten modernen Komposita. Zum anderen kann man bei Auflistungen nicht von Defini-

---

95 Es stellt sich darüber hinaus die Frage, ob man solche Aufzählungen als Mehrfachformeln werten kann. Ihr hochfrequentes Auftreten zusammen mit ihrer relativ festen Mitspielermenge, – es sind sozusagen immer dieselben lexikalischen Einheiten –, machen dies denkbar. Zu untersuchen wäre dann die kommunikative Funktion der Formeln in einem elementar soziolinguistisch-interaktionalen Sinne.

tionen im heutigen Sinne sprechen. Es geht den Autoren kaum um die präzise Beschreibung der längst festgelegten Gruppen. Pragmatisch betrachtet dienen solche Aufzählungen erst zur schriftlichen Inszenierung der Negativität. Dabei müssen Ross und Reiter zuerst einmal benannt und durch einen bestimmten Kontext in Verruf gebracht werden, bevor man diese auch in der Wirklichkeit ordnungsgemäß ausgrenzen kann. Bei der Formierung der kontrollierbaren und abgrenzbaren Ständegesellschaft (Jütte 1988, 30) hin zum sozialdisziplinierenden Absolutismus musste erst die gesellschaftliche Passfähigkeit der Gruppen austariert werden. Eine Funktion von Auflistungen war es wohl, den Prozess der Ausgrenzung über bestimmte Kontextualisierungen vorzunehmen, so zu formieren und schließlich zu beschleunigen. Die Vielfalt der regelhaft aufgezählten Gruppen zeigt, dass der Prozess des kommunikativen Aushandelns, also die Frage, wer dazu gehörte und wer nicht, kein abgeschlossener sein kann. Dass der *Henker* (s. o. den Beleg Siegel u. a., Salzb. Taid. 60, 42) in eine Reihe mit Bettlern und Landstreichern gestellt wurde, macht dies deutlich. Es ist zudem wahrscheinlich, dass bei der letztlich doch geringen Anzahl der fahrenden *Zigeuner / Tattern* so mancher Zeitgenosse erst durch solche Verordnungen von ihnen und ihrer prinzipiell unterstellten Kriminalität gehört hat.

## II. 4. 3. Die implizite Prädikation: Präsuppositionen

Präsuppositionen sind nach (Stalnaker 1978, 321) das, was vom Sprecher als gemeinsamer Hintergrund der Gesprächsteilnehmer, als ihr geteiltes Wissen, betrachtet wird. Sie meinen „etwas voraussetzend mit". Ein geschriebener bzw. gesprochener Satz A, hier und im Folgenden terminologisch als *Trägersatz* bezeichnet, präsupponiert einen anderen Satz B dadurch, dass man schließen kann: wenn A gilt, dann gilt auch B. Präsuppositionen sind also das nicht explizit Gesagte, aber dennoch Mitgemeinte. Textlinguistisch dienen Präsuppositionen der Herstellung von Textkohärenz und Textkonsistenz (Franck 1973, 37), diskurssemantisch sind sie eingebettet in ein bestimmtes, einer Sprachgemeinschaft oder einer ihrer Gruppen gemeinsames Diskursuniversum, das sie ebenso voraussetzen wie mitkonstituieren und spiegeln.[96] An einem Beispiel aus der Bambergischen Halsgerichtsordnung lässt sich dies veranschaulichen.

> Bambergische Halsgerichtsordnung, Art. 144 (1507): Straff der notzucht. Jtem so yemant einer vnverleymbten Eefrawen, witwe oder junckfrawen mit gewalt vnd wider jren willen jr junckfrewlich oder frewlich ere neme, derselbig vbeltetter hat das leben verwürckt und sol [...] mit dem schwert vom leben zum tode gericht werden.

---

96 Ausführlich dazu: Lobenstein-Reichmann 2008, 399–426.

Die durch das Adjektiv *vnverleymbt* ausgedrückte Einschränkung lässt jeden kritischen Leser sofort aufhorchen. Ohne es explizit ausformuliert zu haben, wird durch das Adjektiv eine Ausgrenzung mit weitreichenden Folgen vorgenommen. Denn, so fragt man, was ist mit den *verleumbten* Frauen? Dürfen diese nach diesem Artikel, also nach den Maßgaben des geltenden Rechts, ihrer *ere beraubt*, das heißt im Ernstfall vergewaltigt werden? Was verrät eine solche Aussage bzw. das hier nur Mitgemeinte, vielleicht aus Tabu- oder Schamgründen Nichtgesagte über das Frauenbild der Zeit, über die Gesellschaft?

Auch Überschriften wie die in Pfefferkorns „Judenfeind" sind präsuppositionelle Setzungen. Die Überschrift lautet:

> Pfefferkorn, der Juden veindt Av (Augspurg 1509): wie die Juden landt vnd leuth verderbenn.

Der Modalsatz ersetzt die mögliche Frage nach dem *Ob* durch die Frage nach dem *Wie*, lässt also Zweifel an der Faktizität der Behauptung erst gar nicht zu. Anders formuliert: Die zitierte Aussage beruht auf dem diskursgemeinschaftlich nicht mehr hinterfragten, als Faktum akzeptierten Konsens, *dass* Juden Land und Leute verderben, also eine Bedrohung für die Gemeinschaft darstellen. Bezogen auf die zuerst zitierte „Carolina" heißt dies, dass die Unterscheidung zwischen ehrenhaften und unehrenhaften Frauen sowie die daraus resultierende unterschiedliche Behandlung zwar mit dem normativen Gesetzestext deklarativ gesetzt wird, dass sie aber auf hintergründig längst vorhandenen, konventionalisierten Ausgrenzungen beruhen muss.

Auch die beiden nachfolgenden Belege Geilers von Kaysersberg stimmen unter Präsuppositionsaspekten nachdenklich. In beiden Zitaten besteht die Proposition darin, dass man die *Malatzen*, also die Aussätzigen, von *den menschen* zu trennen habe. Dies fordert nicht nur die räumliche Segregation.

> Geiler von Kaysersberg, Evangelienbuch CXXXVIII / ziiii (1515): Malatzy uñ unküscheit sein um des erbens willen [...] dy blatern / pestilentz / malatzy / und der gleichen / die sol man fliehen. Darumb seind die malatzen von den menschen abgescheiden. Wann einem die hend fast schwitzen der hat vil boeser dempff in im / ist nit gesunt fast bei denen zewonen. Also unküscheit erbt einer von dem andern.

Auf der einen Seite stehen bei Geiler die *Menschen*, auf der anderen die *Malatzen*. Deren Unglück wird nicht etwa emphatisch betrauert, sondern es wird durch die aggregative Verbindung von *malazei* mit *unkeuschheit* implizit in den eigenen Verantwortungsbereich der Menschen gestellt. Mit dieser Implikatur und der darin enthaltenen Ansteckungssemantik macht Geiler die Verketzerung der Kranken perfekt. Die *Malazei* wird zu einem äußerlichen Zeichen für Sündhaftigkeit, die körperlich wie geistlich ansteckend sein kann, also eine Bedrohung

## 4. Satzsemantische Ebene 89

für Leib und Seele der Anderen, den *menschen* im engeren Sinne, darstellt. Geiler verweist also nicht nur darauf, dass die körperliche Krankheit ansteckend ist, sondern vor allem darauf, dass jeder, der einen solchen *Maletzen* berührt mit dem Verlust des Seelenheils rechnen muss. Denn nichts anderes ist in seinem Diskursuniversum die Strafe für Unkeuschheit (vgl. dazu das Kapitel III. 2 zur Ausgrenzung der Kranken).

Dass diese Form der Ausgrenzung kein sprachlicher Zufall ist oder ihre Existenz dem versehentlichen Weglassen eines inkludierenden Alternativ-Ausdrucks wie *uns anderen* oder auch *der anderen* verdankt, wodurch eine Gleichbehandlung *malazer* und nicht *malazer menschen* erfolgt wäre, beweist das folgende Zitat aus der Postille.

> Geiler von Kaysersberg, Postille III fol. LXXVIII. (1504/1509): Nochdem als das im alten gesatz was verbotten / das die mallatzen nit dorfften zuo den menschen kummen / und sye belestigen. Die weil es ein erbgebrest ist / morbus contagiosus.

Selbst wenn die Fortsetzung im Textverlauf dann doch von den anderen Menschen handelt, kann dies kaum als Aufhebung der bis zur verketzernden Dehumanisierung gehenden Ausgrenzung der *malazen* angesehen werden. Denn das Gesagte bleibt im Gedächtnis, vor allem dasjenige, was als Bedrohung mitgesetzt und als außerhalb jeder Regresspflicht liegend inszeniert wurde.

Ein Beispiel für die unterschiedlichen textlichen Formen, in denen Präsuppositionen begegnen, finden wir in der „Verlegung des Alcoran Bruder Richardi, Prediger Ordens. Verdeutscht und herausgegeben von M. Luther."

> Luther WA 53, 389f. (1542): Und wo die Tuercken des gesindes weren, so hetten die Christen (sonderlich mit Harnisch und woffen) schweer kriegen wider sie, Denn wider den Teuffel mit Eisen kriegen ist nichts und verloren ding, Man muest zuvor durch rechten Glauben und ernstem Vater unser den Teuffel, jren Gott, aus dem felde schlahen, Und Gott mit seinen Engeln zu uns bringen. Nu, ich wil dis mal setzen (doch jenes unbegeben), das die Tuercken zum teil auch Menschen seien und dem Alcoran nicht gleuben, wie Richardus auch zeugt, das viel unter jnen sind, die dem Alcoran nichts gleuben. Denn auch unser Medici und Astronomi viel der Sarracenen buecher haben, als Avicennam, Mesue, Hali, Albumasar, Alfraganus etc., die freilich Menschen gewest und dem Alcoran nichts gegleubt, sondern der vernunfft gefolget haben, Wie Plato, Cicero und der gleichen Philosophi, Solche leute, achte ich, sind uber den secten jrre worden Und haben weder Jueden noch Christen noch Sarracen sein wollen und sich der vernunfft und Philosophia gehalten.

Nach der isotopischen Wiederaufnahme der *Türken* als *Teufel*, der Verketzerung ihres Glaubens und ihres Gottes folgt die dehumanisierende Herabsetzung. Das rhetorisch Infame besteht in der Formulierung *zum teil auch*. Die damit gemachte Präsupposition ist eindeutig. In der Relativierung der Herabsetzung für die

Einen bleibt diese für den anderen Teil grundsätzlich bestehen. Nur derjenige, der nicht an den Alkoran oder an eine andere Religion, von Luther bezeichnenderweise als *Sekte* abqualifiziert, glaubt, kann in diesem Wertesystem als Mensch gelten. Was die Anderen sind, bleibt zwar offen, hat aber durch die isotopische Parallelisierung von *Türke* und *Teufel* im Kontext zuvor eine klare dämonisierende Richtung. Ob das später genannte Judentum auch unter die Kategorie *Sekte* fällt, kann wieder nicht bewiesen werden, bleibt aber aufgrund der Aggegrativität als wahrscheinliche Möglichkeit im Raum. Auf diese Weise konnte Luther zumindest die philosophischen Heiden für sich retten.

Präsuppositionen können konstruktionell und lexikalisch bedingt sein (Franck 1973, 33). Ihr oben herausgestelltes gemeinsames Diskursuniversum besteht aus einem kommunikativen Vordergrund und einem Hintergrund: „Der Vordergrund wird durch dasjenige abgedeckt, was sprachlich explizit realisiert ist. Das kann eine neue, also rhematisch vorgetragene, es kann aber auch eine alte, längst bekannte Aussage sein, die man wiederholt und durch die ein Text als kohäsiv und kohärent betrachtet werden kann. Aussagen dieser Art sind grammatisch in einen Satz bzw. insgesamt in einen Text eingebettet und nur als solche interpretierbar. Sie bilden den Focus, auf den das Rezeptionsereignis gerichtet ist. Der Hintergrund hingegen erregt bei normalsprachlicher Lektüre kaum das Interesse des Betrachters, steuert aber die Inhalte, die in der Einbettung der Information liegen, in fundamentaler Weise. Phänomene wie Präsuppositionen beruhen in der Regel auf demjenigen, was ungesagt bleibt und dennoch mitgeteilt wird. Es gehören daher sehr vielschichtige Anstrengungen dazu, a) diese Mitteilungen analytisch herauszufiltern, und b) ihre Kommunikationsleistung zu beschreiben. Dass sie kommuniziert werden, steht außer Frage" (Lobenstein-Reichmann 2008, 404). Wie sich an den zitierten Beispielen zeigt, sind Präsuppositionen der Ort, an dem verletzendes, besonders ehrverletzendes Sprechen scheinbar nebenbei, aber immer zielsicher platziert werden kann. Zielsicher deshalb, weil sie, wie schon dargestellt wurde, Ausdruck und Spiegel des üblichen Diskursuniversums sind, also „einer Verstehens-, Akzeptanz- und Handlungsgemeinschaft, die bereit ist, bestimmte Präsuppositionen als selbstverständlich hinzunehmen und damit die Komplizenschaft von einem einmaligen Akzeptanzereignis bis zur Gemeinschaftsideologie" (Lobenstein-Reichmann 2008, 408) zu verfestigen bzw. weiter zu treiben. Zielsicher aber auch deshalb, weil eine solche kommunikative Komplizenschaft weit über das Verstehen hinausgeht. Von Seiten der Rezipienten erwartet sie die unwidersprochene kommunikative Kollaboration, die im Frühneuhochdeutschen im Falle der Randgruppen nahezu überall vorausgesetzt werden kann.

## II. 5. Stigmatisierung, Stereotypisierung und Syntagmen als Stereotypenorganisatoren

### II. 5. 1. Stigmata

Diskreditierung und Diskriminierung beruhen auf lexikalisch, grammatisch, stilistisch gestalteten Prädikationen, mit denen bestimmte Autoren oder Autorengruppen andere Menschen und deren Gruppen kollektiv beeigenschaften und ihr Bild dadurch in der je zeittypischen kollektiven Wahrnehmung beeinflussen. Kollektivbeeigenschaftungen beruhen auf einem normativen Muster, das heißt sie funktionieren auf der Basis einer mehrheitsgesellschaftlich verfassten Normalität und der damit verbundenen positiven wie negativen Erwartungshaltungen. Vermeintliche Devianzen, Abnormalitäten oder Andersartigkeiten von Personen oder ganzen Personengruppen werden als Gegenbild zur ‚Normalität' konstituiert und schließlich durch Ablehnung, Abwertung und Ausschluss sanktioniert. Der gesamte Prozess verläuft über systematisch genutzte Simplifizierungen, Komplexitätsreduktionen und einseitige Fokussierungen der Wahrnehmung.

Im ersten, einführenden Kapitel (I. 1.) wurde für Zuschreibungen, die die soziale Identität von Persönlichkeiten (betreffend Sozialstatus, Charaktereigenschaften) verkehren können, der von Goffman eingeführte Terminus *Stigma* und für den Akt der Zuschreibung der Terminus *Stigmatisierung* eingeführt. Stigmatisierungen sind semiotische Akte, die einen Einzelmenschen oder eine Gruppe diskriminieren. Das Stigma – im Sinne Goffmans (2008, 11) – macht die Situation von Individuen oder ganzen Gruppen offensichtlich, die aufgrund gezielter Fremdzuschreibungen von vollständiger sozialer Akzeptierung ausgeschlossen sind (im Zustandspassiv) als auch (im Handlungspassiv) ausgeschlossen werden. Das Substantiv *Stigma* veranschaulicht dabei das unterstellte Devianzphänomen in besonderer Weise. Mit dem Bild der öffentlichen und vor allem sichtbaren Kennzeichnung, man könnte auch sagen: Brandmarkung, wird die gesamtsemiotische Dimension des diskriminierenden Zeichensetzungsprozesses sichtbar gemacht (Lobenstein-Reichmann 2012b). In diesem Prozess werden alle möglichen Zeichentypen (Ikone, Indices, Symbole) genutzt, um Personen oder Personengruppen zu kennzeichnen, das heißt zu stigmatisieren und damit zu Gezeichneten abzustempeln. Im Kennzeichnungsakt bzw. Zeichensetzungsakt wird nicht nur die Exklusion sichtbar gemacht, sondern auch die abnorme Andersartigkeit sowie der Andere in seiner Andersartigkeit konstituiert (das „Zigeunersein", das „Jüdische", das „Ketzerische", die „Hexe"). Der Zeichensetzung, bei der verbale wie nonverbale Brandmarkung sich gegenseitig ergänzen, folgt die perpetuierende Wiederholung der negativen Bewertung und der gesellschaftlichen Verurteilung im Zeichengebrauch. Die fortwährende Zeichenerkennung durch die Zeichenbenutzer (Personen, die Zeichen lesen können und danach handeln) bleibt gewährleistet. Das sprachwissenschaftlich Entscheidende dabei ist, dass der Prozess der stigmatisierenden Semiose aufgrund dreier semiotischer Prämissen erfolgt:

Man kann erstens alle Zeichentypen zur Stigmatisierung heranziehen. So wird ‚Blut' in der Moderne als biologisch bestimmtes, *indexikalisches* Merkmal für Rassenzugehörigkeit genutzt, im Frnhd. steht es noch als Kennzeichen von Adel und Sippenzugehörigkeit. Die vermeintlich „naturalisierbare", das heißt aus der Natur, später Naturwissenschaft heraus begründbare Kausalität suggeriert objektive Wahrheit. Wie außerdem gezeigt wurde, sind *Ikonisierungen* z. B. in Form von Karikaturen (in Holzschnitten) oder Krankheits- und Tiermetaphern semiotisch unverzichtbare Mittel zur entwertenden Ehrverletzung bzw. zur Diskriminierung. Auch nonverbale *Symbole* wie der stigmatisierende Judenstern oder das Bettlerzeichen vervollständigen diese Reihe. Entscheidend ist zweitens, dass alle Zeichentypen sich wechselseitig ergänzen und stützen und drittens, dass es die Sprache ist, die den Sinnzusammenhang zwischen diesen Zeichen und ihren Textwelten spendet. Es sind also erst die verbalen Zuschreibungshandlungen, die aus einem Brandfleck eine Brandmarkung machen, aus einem Leberfleck ein Hexenmal und aus einer Person mit einem gelben Hut einen Juden, dem man nun auch ansieht, dass er als typischer Vertreter seiner Gruppe mit bestimmten negativen Eigenschaften ausgestattet ist. Kurzum: Erst das symbolische Zeichensystem Sprache schafft die grundlegende Inhalts- und Bewertungssozialisation, ohne die weder Indices und Ikone noch nonverbale Symbole verstanden oder kommunikativ eingesetzt werden können. Sie ermöglicht die Gesamtvernetzung der Systeme, die gegenseitige Erkennbarkeit und Identifizierbarkeit, vor allem die positive wie negative Bewertung.[97] Zusammen mit den anderen Zeichentypen schafft sie nicht nur Normen, sondern sie legt auch fest, was oder wer dieser Norm nicht entspricht. Das Bild der Stigmatisierung verweist auf dieses Zeichensetzungssystem und wird von mir ganz im Sinne Karl Oehlers auch bevorzugt, denn:

> Oehler 2000, 13: Unsere Lebenswelt ist nicht die Wirklichkeit der Dinge, wie sie an sich selbst sind, sondern eine durch Zeichen erschlossene und gedeutete, verstellte oder entstellte, in jedem Fall geprägte Welt.

---

97  Siehe auch: Eco 2002, 14; 108ff. u. ö.

## II. 5. 2. Stereotyp und Vorurteil

Will man weniger den gesamtsemiotischen Prozess herausheben und mehr die eigentliche Zuschreibung fokussieren, so sind einige Unterscheidungen vorzunehmen. In der Diskussion stehen dann außer *Stigmatisierung* auch Ausdrücke wie *Stereotypisierung, Haltung, Klischee, Einstellung, Schema*,[98] *Vorurteil*. Sie sind ausnahmslos normal- wie gelehrtensprachlicher Art, unterliegen damit einerseits der normalsprachlichen Unterbestimmtheit und andererseits gelehrtensprachlichen Terminologisierungen je nach der gerade vertretenen Theorie. Eine Nachzeichnung der diesbezüglichen Unterscheidungen soll hier nicht geleistet werden, zumal die genannten Ausdrücke letztlich doch immer wieder in synonymem Gebrauch erscheinen. Lediglich die Unterscheidung von *Stereotyp*[99] und *Vorurteil* ist zu diskutieren.

Einer der ersten, der sich in der Moderne Gedanken über Stereotype gemacht und wohl auch das Wort aus der Druckersprache in die sozial- und gesellschaftswissenschaftliche Forschung eingeführt hat, war Walter Lippman. Für ihn sind Stereotype „Bilder in unseren Köpfen", die die öffentliche Meinung ausmachen, „Denkprodukte, die das Weltbild formieren".[100] Schlägt man H. Bußmanns „Lexikon zur Sprachwissenschaft" unter dem Stichwort *Stereotyp* auf und befragt es im Hinblick auf die sprachliche Bedingtheit desselben, so erhält man folgende Antwort:

> Bußmann 2002, 650: Von der Sozialwissenschaft aus der Druckersprache (...) übernommener Terminus zur Bezeichnung von gruppenspezifischen, durch Emotionen geprägten, meist unbewussten, stark verfestigten (Vor-urteilen).

Der amerikanische Philosoph H. W. Putnam (1990, 67) definiert: „Stereotypen sind sozialfundierte Einheiten, die konventionell verankerte Meinungen darüber beinhalten, wie ein bestimmtes Objekt beschaffen ist" bzw. ein Stereotyp ist „eine konventional verwurzelte [...] Meinung darüber, wie ein X aussehe oder was es tue oder sei." Stereotype sind für Politologen, Psychologen, Philosophen wie für Sprachwissenschaftler relevante Phänomene. Entsprechend vielfältig sind die jeweiligen Abgrenzungen und Definitionen.

Man könnte Stereotype als kulturbedingte Kategorien der sozialen Wahrnehmung bezeichnen, die von jedem Menschen bei der Sozialisation durch Familie

---

98   Zur Stereotypentheorie: Allport 1958; Schaff 1980; Quasthoff 1973; 1998; Hausendorf 2000; Hermanns 2002; Nünning 2005, 194 (zu Schema); Pümpel-Mader 2010. Zur Semantik allgemein: Busse 2009.
99   Vgl. insgesamt Pümpel-Mader 2010.
100  Lippman 1922. Hier zitiert nach: Schaff 1980, 40ff.

oder Peer-Group erlernt werden und den oft ökonomischen Grundstock seines Weltwahrnehmungswissens, wenn nicht sogar die Ausgangsbedingung für jede Form von Erkenntnis bilden. Stereotype prägen den Menschen auf 3 Ebenen, zum einen auf der affektiven / emotionalen Ebene (so Bußmann), dann hinsichtlich seiner Kognition (so eher Lippmann) und nicht zuletzt hinsichtlich seines Verhaltens (so eher Putnam). Auf der apperzeptiven Ebene nehmen wir die Welt wahr, kategorisieren die auf uns einströmenden Informationen auf der kognitiven Ebene zu mentalen Identitäten und passen diese unseren vor jeder neuen derartigen Tätigkeit lebensgeschichtlich immer schon vorhandenen mentalen Einheiten, darunter Begriffen, Überzeugungen, Vorstellungen usw. an. Auf der emotionalen Ebene treten wir gefühlsmäßig mit der Welt in Kontakt, entscheiden über Sympathie und Ablehnung, Freund- oder Feindbeziehung. Und auf der Verhaltens- bzw. Handlungsebene, die man auch als die deontische Gebrauchsanweisung bezeichnen könnte, handeln wir in der Welt aus der Gesamtheit aller vorgenommenen Kategorisierungen heraus. Statt andauernd alle diese Ebenen gleichgewichtig wach halten zu müssen, dienen Stereotype als Beurteilungsstützen und haben eine alltagsrelevante Entlastungsfunktion. Mit ihrer Hilfe brauchen wir nicht jede einzelne Wahrnehmung immer noch einmal zu überdenken, bevor wir handeln, sondern können auf dasjenige zurückgreifen, was wir selbst oder andere bzw. was wir selbst in der Kommunikation mit den anderen bereits kategorisiert haben. Das heißt, wir nutzen unser kollektives oder individuelles, in jedem Fall im Bewusstsein sedimentiertes Erfahrungswissen dazu, die Welt und unsere Wahrnehmung von und in ihr nach vorher geprägten Mustern zu kategorisieren, zu beurteilen, zu bewerten. Letzteres gilt in einem positiven wie neutralen, wie negativen Sinne. Damit ist jedoch nicht gesagt, dass man nicht aus den vorgenommenen Kategorisierungen wie aus den zugehörigen Gebrauchsanweisungen aussteigen könnte. Die genannten Ebenen sind letztlich immer auch Prüfstellen, mit deren Hilfe jeweils andere Schlüsse gezogen bzw. vorgegebene Stereotypisierungen durchbrochen werden können. Kriterien für fortgesetzten Gebrauch wie für den möglichen Ausstieg aus stereotypen Kategorisierungen sind die jeweilige Persönlichkeitsstruktur, die Festigkeit kollektiver Konflikte und spezifischer Gruppenkonflikte, die Festigkeit kategorisierter Erfahrungen, ihre Um- bzw. Unumkehrbarkeit, das heißt auch die Möglichkeit oder Schwierigkeit der Umsemantisierung von Sozialisationsprozessen und sogar der Informationsverarbeitung, die diesen Prozessen vorausgeht. In allen diesen Punkten spielt die Sprache eine herausragende Rolle: zum einen als Ort der (individuellen, virtualen, kollektiven) Identitätsherstellung, zum zweiten als Ort des konflikterzeugenden bzw. konfliktvermeidenden Gesprächs, drittens als Ort der allgemeinen informationsverarbeitenden Semantisierung, viertens speziell als zentraler Ort des Kategorisierens und Bewertens, letztlich des negativen Beurteilens, aus dem dann schließlich die diskriminierende Gebrauchsanweisung erfolgen kann. Damit ist die Frage nach dem *Vorurteil* gestellt.

Das Fremdwort *Stereotyp* wird bei Bussmann mit dem übergeordneten endogenen Ausdruck *Vorurteil* erklärt, was eine gewisse Bedeutungsverwandtschaft voraussetzt. Vorurteil und Vorwissen sind im Erkenntnisprozess nicht voneinander zu trennen. (*Vor-)urteil* macht motivationell transparent, dass es im Unterschied zu (*Vor-)Wissen* über den Informationsaspekt, den *Wissen* impliziert, hinaus um Wertungen geht, um – wie Bußmann andeutet – „gruppenspezifische", „durch Emotionen geprägte" Kategorisierungen und Einstellungen. Das zum Definiens herangezogene Wort *Vorurteil* wird bei einer solchen Betrachtung ähnlich wie *Stereotyp* weder als positiv noch als negativ bewertend verstanden. Doch ganz im Sinne Nietzsches bleibt ein Vorbehalt. Für Nietzsche ist es eine Vorprägung, die ihrerseits auf einer Vorprägung gleicher Kategorialität beruht, über die wir nicht hinaus kommen. Sie ist damit eine Gefahr für die geistige Freiheit.[101] Doch ich möchte mich K. Ehlich anschließen, der schreibt:

> Ehlich 1998, 18: Das ‚Vor-Urteil' ist in den Prozess der Begriffsbildung unumgänglich eingebunden. Als solches verdient es die pejorative Wertung nicht. Die Probleme mit dem ‚Vor-Urteil' beginnen dort, wo seine Transformation – und das heißt zugleich die Bereitschaft zum Verstehen – suspendiert wird, wo also dieses ‚Vor-Urteil' nicht in den Prozeß der Erkenntnisgewinnung kontinuierlich eingebunden bleibt. Dann tritt das ‚Vor-Urteil' an die Stelle von dessen Ergebnis. Der Motor dafür, dass derartiges eintritt, liegt im Nichtvorhandensein der Bereitschaft zum Verstehen begründet, also in einer Transformationsverweigerung.

Ich möchte diese neutrale Position beibehalten und im Folgenden zwischen ‚Vorurteil' und ‚Stereotyp' insofern unterscheiden, als ersteres zum neutralen Prozess der Erkenntnisgewinnung gehört und beständig der kritischen Reflexion unterworfen ist, während letzteres das feststehende Produkt der systematisch verweigerten Anpassung an die Realität, also das Ergebnis der Transformationsverweigerung ist. In Stereotypen verfestigen sich entsprechend die Urteile, die den sozialen Bedingungen nicht mehr angepasst werden bzw. mit denen eine solche Anpassung aus welchen Gründen auch immer verweigert wird. Folgenreich ist dies im Falle kollektiv vorgenommener Negativierungen bzw. Diskriminierungen (bezogen auf die Zugehörigkeit zu einer sozialen Klasse, einer Berufsgruppe, einem bestimmten Geschlecht, einer Religion, Rasse oder Nation). Konerding nennt diese simplifizierend-evaluativen Stereotype *Limitationsstereotype* im Unterschied zu den neutraleren *Basisstereotypen* (2001, 167).

---

101 So schreibt Nietzsche in: Menschliches, Allzumenschliches (II, 1886, 577): „Gefahr der Sprache für die geistige Freiheit. – Jedes Wort ist ein Vorurteil."

Die simplifizierend-evaluative Stereotypenbildung geschieht und verharrt in gesellschaftlich, individuell oder gruppenspezifisch vorgefertigten Formen. Diese Formen sind wie die Stereotype selbst grundsätzlich sprachlicher Natur, sowohl in ihrer Genese wie in ihrer Verfasstheit, denn sie werden in und mit Sprache kulturell und mentalitätsgeschichtlich dadurch konstituiert,

> Schaff 1980, 36: daß [...] das Individuum die Stereotypen als gesellschaftlich vermittelte Gegebenheiten internalisiert, wobei diese Internalisierung sich über die Erziehung in der Gesellschaft vollzieht, die aber nicht anders erfolgen kann als mittels der Sprache. Diese Erziehung ist natürlich nicht identisch mit dem Erlernen der Muttersprache, aber sie erfolgt durch deren Vermittlung, und zwar von dem Augenblick an, da das Kind diese Sprache zu erlernen beginnt.

Individuelle Stereotype kann es demzufolge nicht geben. Sie sind immer eingebettet in einen gesellschaftlichen Kontext, weshalb sie oft zählebig nur über die Sozialisation ganzer Generationen verändert werden können (z. B. Apartheitsregime). Hebel und Ansatzpunkt der Veränderung gleichermaßen ist dann auch wieder die Sprache, in und mit der Menschen sozialisiert werden. Adam Schaff definiert das Stereotyp (1980, 31) folgendermaßen:

> Wir sprechen dann von einem Stereotyp, wenn unsere Emotionen, Werturteile und Haltungen im Sinn der Bereitschaft zu entsprechendem Handeln nicht eine Reaktion auf eigene diesbezügliche Erfahrungen sind, sondern auf einen Wort-Namen, der in uns diese Empfindungen, Urteile und Haltungen hervorruft. Dieser Wort-Name ist uns in der einen oder anderen Weise von der Gesellschaft (Milieu, Familie) übermittelt worden, unabhängig von unserer eigenen empirischen Erfahrung auf dem betreffenden Gebiet, manchmal selbst bei einem völligen Fehlen einer solchen Erfahrung. Es genügt, jemandem in einem bestimmten Milieu (das Zeit- und Raumelement ist hier von entscheidender Bedeutung, es kann das ganze Szenarium völlig verändern) als »Juden«, »Armenier«, »Griechen«, »Türken«, »Polen« zu bezeichnen, um – wie empirische Untersuchungen zeigen – entsprechende Phobien oder in manchen Fällen auch positive Reaktionen auszulösen, selbst wenn die betreffende Person noch nie mit einem Vertreter der beurteilten Gruppe zusammengekommen ist.[102]

Wenn Stereotype Wort-Namen sind, bleiben wir sprechakttheoretisch auf der Ebene der Referenzhandlung und vernachlässigen die Prädikation als zweiten Teilakt der Proposition. Aus diesem Grund soll hier die Definition von Uta Quasthoff zugrunde gelegt werden, da in ihr sowohl der negative Aspekt, die prädikative Seite des Urteilens hervorgehoben wird wie die prinzipielle Tatsache, dass Stereotype als sprachliche Größen auffassbar sind.

---

102 Ich verzichte hier auf eine allgemeine Problem- und Abgrenzungsdiskussion zur Stereotypenforschung. Vgl. Quasthoff 1973, 21f.; 24f. u. ö.; Schaff 1980, 75.

Quasthoff 1998, 48: Ein Stereotyp ist der verbale Ausdruck einer auf soziale Gruppen oder einzelne Personen als deren Mitglieder gerichteten Überzeugung. Es hat die logische Form eines Urteils, das in ungerechtfertigt vereinfachender und generalisierender Weise, mit emotional-wertender Tendenz, einer Klasse von Personen bestimmte Eigenschaften oder Verhaltensweisen zu- oder abspricht.

Ob das Stereotyp „linguistisch [...] als Satz beschreibbar" ist (so Quasthoff ebd.) oder ob Stereotype „verbal sind, weil sie immer als Inhalt eines bestimmten Worts oder Ausdrucks auftreten" (so Schaff 29), ist eine Frage, die im Sinne des bereits Diskutierten sprechakttheoretisch beantwortet werden soll. Denn hebt man das Vorurteil auf die Handlungsebene und versteht man Stereotype als eine bestimmte Art von Propositionen, so ist die Frage, ob sie satzwertig, wortartig oder gar textartig seien, von untergeordneter Bedeutung.[103] Sie sind schlechthin auf jeder signifikativen syntaktischen und textlichen Ebene anzusetzen, da sie sowohl auf dem Referenzpotential von Nennausdrücken wie auf Prädikationsakten beruhen. Man kann sie daher durchaus als *generalisierende Propositionen* bezeichnen. Adam Schaff postuliert vermittelnd: „Jedenfalls ist sowohl die Genese als auch das Funktionieren der Stereotypen aufs engste mit Sprachgebilden verbunden" (ebd.).

## II. 5. 3. Syntagmen als Stereotypenorganisatoren

Linguistisch fassbar sind stereotype Propositionen entsprechend den vorangegangenen Ausführungen auf der lexikalischen wie auf der syntaktischen Ebene. Zum Lexikon werden hier Synsemantika wie Autosemantika, alle wortbildungsmorphologischen Mittel sowie Phraseme und selbst Partikeln gerechnet. Zur Syntax zählen alle Formen ausformulierter Propositionen vom einfachen Satz bis zu den komplexen Sätzen sowie alle gestalterisch versteckten Aussagen, wie sie etwa in Präsuppositionen oder auch Attributen vorliegen. Für Busse (s. u.) sind Stereotype wie z. B. das Stereotyp des Eigenen und des Fremden diskursive Grundfiguren auf ausdrucks- und inhaltsseitiger, mentaler und sachverhaltlicher Ebene.

Busse 1997, 20: Sie können als einzelne semantische Merkmale historische Isotopie-Ketten bilden; sie können argumentationsanalytisch zu den Stützungselementen einer textbasierenden Schlußregel gehören, sie können Präsuppositionen im allgemeinen Sinne der linguistischen Pragmatik sein, sie können sich hinter Namen, angesprochenen Personen, Sachen, Sachverhalten, Gedankenkomplexen verbergen, und

---

103  Vgl. dazu mit etwas anderem Ansatz: Klein 1998, S. 25–46.

sie können schließlich zur (lexikalischen) Oberflächenbedeutung verwendeter Sprachzeichen und -ketten gehören, in denen sie bemerkt oder unbemerkt wirksam werden. Sie müssen nicht notwendig durch ‚Begriffswörter' (i.S. der alten bedeutungstheoretischen Dichotomie von ‚Autosemantika' und ‚Synsemantika') ausgedrückt werden, sondern können auch in der textsemantischen Funktion der sog. ‚Funktionswörter' enthalten sein.

Bei der Vielfalt der damit angesprochenen Formen[104] wird deutlich, wie schwierig es ist, Stereotype ausdrucksseitig und inhaltsseitig zu fassen. Hinzu kommt im vorliegenden Kontext die historische Brechung. Doch eines der wichtigsten Kriterien zur Konstitution von Stereotypen ist ihr wiederholtes und sich weiter wiederholendes Auftreten im Sprechen. Die damit vorausgesetzte Frequenz erhöht die Wahrscheinlichkeit, dass die diskursive Grundfigur bzw. das Stereotyp in irgendeiner ausdrucksseitig fassbaren Form, speziell mit irgendeinem seiner Bauteile, Aufnahme in das Corpus eines Wörterbuchs findet. Eine besonders anschauliche Möglichkeit, es in seiner Funktion zu erkennen, bietet daher die Lexikographie, im hier diskutierten Rahmen diejenige des Frühneuhochdeutschen. Ausgehend von bestimmten Lemmata werden dort die Prädikationen zusammengetragen, die zeitgenössische Schreiber mit dem Lemmazeichen pro Bedeutung zum Ausdruck gebracht haben. Das Ergebnis dieser Kompilierung bietet die Informationsposition ‚Syntagmenangabe' (im FWB kurz: *Synt.*). Unter Syntagmen verstehe ich

> Lobenstein-Reichmann 2002, 73: durch Segmentierung aus einem Textcorpus gewonnene, zu einem lexikographischen Zweck strukturierte, d.h. in und mit ihrem syntaktisch relevanten Kontext wiedergegebene Belegausschnitte, die aufgrund der Tatsache, dass sie das Lemma in seinem Satzzusammenhang darstellen, weitergehende bedeutungsrelevante Aussagen ermöglichen.

Syntagmen sind mithin der systematische Ort, an dem sich Stereotypen in ihrer Genese wie in ihrem Funktionieren punktgenau wie über eine längere Zeit hinweg beobachten lassen. Denn sie liefern in komprimierter Form semantische, enzyklopädische und pragmatische Informationen, die zum Verständnis einer Epoche, eines Handlungsbereichs oder eines Autors notwendig sind (Lobenstein-Reichmann 2002, 71–89). Sie bieten Einsichtnahmen in bestimmte Denkmuster und in soziale Beziehungen. Es geht also nicht nur um die Frage, wie die Valenzstellen eines zweiwertigen oder dreiwertigen Verbs im konkreten soziopragmatischen Kontext gefüllt sind, also darum, dass z. B. das Verb $^2$*ausladen* zweiwertig ist, so dass folgende Füllungen vorgenommen werden müssen, damit ein realer Satz generiert werden kann: jemand (x) jemanden (y) bzw. etwas (z)

---

[104] Eine auf das Hochdeutsche bezogene Übersicht bietet Pümpel-Mader 2010, 69–73.

etwas (z) *ausladen.* (Die Buchstaben in den Klammern sind Stellvertreter für die notwendigen bzw. fakultativen Füllungen). Das Entscheidende dabei sind die semantisch-pragmatischen Informationen, *wer wen* bzw. *was auslädt* oder *wer wen wessen bezichtigt, wer über wen urteilt, wer wem was befiehlt* usw. Denn hier können soziale Beziehungen abgelesen werden. Die Füllungen führen demnach nicht nur zur Entscheidung, mehrere Bedeutungen anzusetzen, das wäre ein lexikographisch-methodischer Vorteil, sie zeigen auch die typischen Verwendungsweisen, in denen ein Wort in einer Sprachgesellschaft gebraucht wird. Dies Letztere kann am Beispiel des bisemen Verbs ²*ausladen* deutlich gemacht werden. Wenn *jemand etwas auslädt,* so lädt er etw. (z. B. von einem Schiff) ab, das wäre der erste Bedeutungsansatz. Entsprechende Bedeutungsverwandtschaften wären: ¹*abladen* 1, *ablegen* 2, *abstossen* 3, *abwerfen* 4, *auslassen* 6, *ausschiffen* 4, *entladen.* Die auf Waren bezogene Semantik unterscheidet sich deutlich von der personenbezogenen im zweiten Bedeutungsansatz. Das Syntagma dazu lautet *jemand jemanden abladen,* was dann zu dem Bedeutungsansatz führt: >jn. schmähen, jn. beschimpfen<. Hierzu passende bedeutungsverwandte Wörter wären: *affrontieren, antaschen* 1, *ausgehen* 14, *aushippen, ausrichten* 5.

> Röhrich u. a., Cod. Dipl. Warm. 4, 628, 36 (omd., 1427): das her en czwir eyn hurenkint hot geheissen und hot en usgeladen und schalk geheissen.

Diese sehr unterschiedliche Semantik, die wohl auf einem Tropus beruht, rechtfertigt nicht nur den Ansatz einer zweiten Bedeutung, sondern macht auch deutlich, wie strukturierend und aussagekräftig bereits ein Blick auf die Zusammenstellung von Syntagmen sein kann. Es geht in der Syntagmenangabe also um eine bestimmte Gebrauchs- und damit Handlungssituation, in der ein Wort innerhalb eines Textes von einem Autor verwendet wird. Die Bezüge, die damit gesetzt werden, sind daher sehr freizügig. Doch sind sie nicht willkürlich, sondern folgen bestimmten Regeln. Damit sind nicht nur grammatische Regularitäten gemeint, wie die Notwendigkeit, dass zu einem zweiwertigen Verb auch zwei Ergänzungen gemacht werden müssen, sondern kommunikative Konventionen einer bestimmten Zeit, einer bestimmten Gesellschaft, einer bestimmten Textsorte, einer bestimmten Sprachgebrauchssituation usw.

Ein Blick auf die syntaktischen Partner zum substantivischen Lemmazeichen *stationierer* zeigt dies mit besonderer Deutlichkeit. Selbst wenn ich nicht wüsste, was ein *stationierer* ist, so würde ich aus den Syntagmen erfahren, welches soziale Prestige diese Person hatte, wie man mit ihm umging und mit welchen Zuschreibungen man auf ihn referiert hat. In den frnhd. Belegen wird diese Person jedenfalls *nicht eingelassen,* sondern *mit schlägen überschlagen.* Dem *stationierer* wurde das *hausieren* verboten und man behauptete, dass er *bettelt, jm. etw. abliegt* >mit Lügen abgaunert<, *die völker bestreicht, hab und gut gewinnt, got und die welt betriegt, keine kirchweih verliegt, mit dem heiltum im lande umher reitet, gänsebein für heiltum umfürt, jn. mit einem vergüldeten eselszan bestreicht, einen herlichen mut fürt.* Stationierer sind demnach herumziehende Menschen, denen mit diesem Wort das Etikett *Betrüger* und *Schelm* angehängt wurde. Man erkennt sofort, dass die Gesamtheit der Syntagmenangaben einer der Lieferanten für die Inhalte ist, die der Lexikograph in der Bedeutungserläuterung zu vermitteln versucht.

Diese Aussage steht unter der Perspektive ‚Lexikograph zu Wörterbuchbenutzer'. Wechselt man die Perspektive, etwa auf die originale Kommunikationsrelation ‚Autor zu Rezipient', dann heißt das: Wenn ein geschichtlicher Autor ein Substantiv oder ein Verb (oder eine Einheit einer anderen Wortart) nennt, dann evoziert er bei seinem Rezipienten all dasjenige, was in den Syntagmenangaben eines guten Wörterbuches stehen sollte. Zusammengefasst heißt das: Syntagmenangaben enthalten ihrem Anspruch nach das gesamte sprachliche Wissen des zeitgenössischen Autors und seiner Rezipienten wie dasjenige, was der Lexikograph aus seinen Quellen herausgefiltert hat und seinen Benutzern zu vermitteln beabsichtigt. Es ist das syntaktische Wissen, das in einem Ausdruck analytisch „drinsteckt" und durch teils analytisch, teils synthetisch zu verstehende syntaktische Partner herausgestellt werden kann. Im Übrigen wird bereits mit der Referenzierung normalkommunikativ mitgegeben, was in den Syntagmen im Detail metakommunikativ abgetragen wird, was im Beispielfall bedeutet, dass Hausierer kriminalisiert werden.

Die angesetzte Bedeutungsbeschreibung für *stationierer* lautet denn auch: >durchgehend negativ beurteilter Bettelmönch, der lügend, betrügend, schwindelnd durch die Lande zieht, dabei Heiltümer anpreist und Heilungen vorgibt<. Bedeutungsverwandt dazu werden die Ausdrücke genannt: *bauernbescheisser, grillenreisser, käsjäger, vagierer, fopper, sterzer* 1. Aus der Gebrauchsweise der Wörter lässt sich gleichzeitig die historische Gebrauchsanweisung der Gesellschaft gegenüber den so Benannten herauslesen.

Der besondere Aussagewert der Syntagmen zeigt sich wieder am Beispiel der Ausgegrenzten schlechthin, der Juden. So geben die in den Texten vorkommenden Syntagmen zum Lemma *Jude* eine klare Vorstellung darüber, wie man mit ihnen umgegangen ist und was man von ihnen hielt: Man hat sie *abgelautet / abgetilgt / abgetan / ausgebietet / ausgereutet / erschlagen / gefangen* und nicht selten *verbrannt*. Ihnen wurde *das or abgeschlagen* oder *das ding abgeschnitten* (>Strafe bei Unzucht<). Regelmäßig wurden sie *des landes verwiesen*. Seltener bzw. nur ungern hat man sie *behaust* und *beherbergt* oder sie gar *beschirmt*. Meist waren sie nirgends *gelitten*.

> Löscher, Erzgeb. Bergr. 183, 17 (omd., 1554/1633): Juden werden alhier beym bergkwergk nicht gelitten, auch uber nacht nicht behauset.

Da sie Geld *verleihen*, werden immer wieder die Finanzgeschäfte erwähnt, die man mit ihnen tätigte, denn man *kaufte* ihnen in der Regel etwas ab, *handelte mit ihnen, setzte etw. mit ihnen bzw. auf sie zu pfand, legte etw. bei ihnen ab, bezalte etwas* an sie. Immer wieder wird ihnen zudem die Verantwortung für Christi Tod vorgeworfen.

> Helm, H. v. Hesler. Nicod. 1815 (nrddt., 14. Jh.): gemeine sie [juden] sich vlizzen, | wie sie Cristum sterbeten.

Weitere, nicht selten vorkommende Zuschreibungen sind die Behauptungen, dass Juden *stinken*,[105] dass sie *lügen*,[106] dass sie *christen verführen*,[107] *die heilgen schrifft nur keczerlich | peteüten und furheben*.[108] Besonders die adjektivischen Zuschreibungen geben ein anschauliches Bild über die antijüdischen Stereotypisierungen der frnhd. Zeit. Das Substantiv *Jude* erscheint mit den Attributen: *arg / arm / ausländisch / bekert* (häufig) */ beschnitten / blind / böse / einheimisch / falsch / fremd / fromm / gelb / gesessen / getauft / gotlos / halb / klug / listiglich karg / schelmisch / schnöde / unbeschnitten / unflätig / ungläubig / unmild / unrein*. Die Häufung der Negativierungen fällt sofort auf, aber auch deren immer wieder kehrende Kategorien: Religion, Moral, Xenophobie, Verbrechen. Diese spiegeln die zeitgenössischen Stereotype wider: ‚ungläubig, ketzerisch', ‚unrein', ‚nicht dazugehörig', ‚betrügerisch, verräterisch'.

Das Adjektiv *klug*, das hier gelistet wird, ist nicht positiv konnotiert, sondern negativ. Dies gilt auch von der entsprechenden substantivischen Zuschreibung. Wenn Folz von der Klugheit der Juden schreibt, so meint er eine hinterhältige, betrügerische Klugheit (*klugheit* 4):

> Mayer, Folz. Meisterl. 100, 234 (nobd., um 1480): Rabi Simeon spricht daz ein ytlicher crist durch kunst und kluckheit der juden mög betrogen werd on sund.

Die unterstellte Hinterhältigkeit spiegelt sich in nahezu allen Substantiven, die zu *Jude* in syntaktischer Beziehung stehen können: Man schreibt u. a. von der *juden list*, von ihrem *hass*, ihrer *bosheit*, ihrer *gaukelkunst* und ihrem *falschen sin*.

> Spechtler, Mönch v. Salzb. 23, 78: da schrei der juden falscher sin: | 'heb auf, heb auf und chreuzig in'.

---

105 Helm, H. v. Hesler. Nicod. 5171.
106 Helm, H. v. Hesler. Apok. 2675.
107 Luther, WA 47, 168, 6 (1535/40).
108 Gille u. a., M. Beheim 229, 104.

Wie dieser Beleg zeigt, wird dabei nur selten ein Akt individueller Zuschreibung, sondern fast ausnahmslos eine Gruppenzuschreibung vollzogen. Es ist also nicht die List eines einzigen Juden, sondern *der Juden list* schlechthin. Jede Zuschreibung ist somit ein wichtiger Baustein zur Stereotypisierung.

Bestätigt werden kann das Beschriebene, wenn man neben den mehr oder minder losen Syntagmen auch die festeren Wendungen, also die zeitgenössischen Phraseme mitberücksichtigt, so das Phrasem: *etw.* [Wertvolles, z. B. *Christes ehe*] *auf einen toten Juden giessen,* was soviel bedeutet, wie >würdelos, unsinnig handeln<.

> Teichner 691, 82 (moobd, 3. V. 15. Jh.): do von solt man trachten vorn | umb die heilighait zeniessen | alß auff ein toten juden giessen | thauff und cresm und Christes ee.

In den festen Wendungen ist erstarrt, was im generalisierenden Präsens vorweggenommen wurde: Die Zuschreibung wird zur generischen und typisierenden Proposition, zur zeitlos gültigen Wahrheit. Dies gilt übrigens oft genug auch für die Wortbildungen, die im Wörterbuch als eigene Informationsposition aufgeführt sind: *judenschinderei* oder *judenwerk* als Wörter für Wucher belegen dies.

Syntagmen sind, das Vorgetragene zusammenfassend, der Ort, an dem der Lexikograph die Urteile einer historischen Gesellschaft ablesen kann. Sie sind die Tatorte, an denen die Urteile überhaupt erst von der Gesellschaft gesprochen, immer wieder repetiert und damit verankert werden. Syntagmen zeigen weit mehr als nur dasjenige, was die klassische Stereotypenformel *generalisierende Personenbezeichnung + sein + Adjektiv* reduktionistisch aussagt. Unabhängig von der genauen syntaktischen Form einer Aussage kann deren stereotypisierende Leistung auf das gleiche hinauslaufen. So mögen Adjektive Eigenschaftszuschreibungen und Verben Handlungszuschreibungen sein, im Textzusammenhang können sie zum selben Effekt führen. Wenn Johannes Eck in seinem Judenbüchlein schreibt, dass die Juden *blut vergiessen, totschleg vñ mord stiften, Kinder morden,* so erklärt er sie mit dem Verb, das einem Urteil gleichkommt, zu Mördern. Schreibt er von ihnen als *manschlechtigen juden,* so charakterisiert er sie zwar adjektivisch, deklariert sie aber dennoch als Mörder (c iijv). Diese syntagmatisch variantenreiche Verurteilung wird schließlich fortgeführt, wenn er den ‚Mord' dann auch noch mit den Worten kommentiert: *dz vnmenschlicher grewlicher / grimmiger morderey nie erhört ist worden* (ebd.). Das Urteil, das Eck hier mit Entrüstung fällt, wird durch isotopische Wiederholungen systematisch verstärkt und memoriert. Dadurch, dass es verschriftlicht wird, gewinnt es einen Anteil an der durch solche Formulierungen immer größer werdenden Verbreitung. Sein Urteil, das bereits auf Vorurteilen und Vorverurteilungen beruhte, wird somit in die Kette gegenwärtiger und zukünftiger Zuschreibungen eingegeben.

## II. 5. 4. Sekundärstigmatisierung

Sowohl bei der Analyse der Beschreibungs- und Bewertungshandlungen von frnhd. Randgruppen im Allgemeinen als auch bei der Diskussion der konfessionellen Streitpolemik zwischen Katholiken und Protestanten im Besonderen stößt man immer wieder auf ein und dasselbe Phänomen, nämlich das der Sekundärstigmatisierung. Es stellt sich heraus, dass diese verbale Verletzungsstrategie eine der wichtigsten Ehrabschneidungs- und Diskriminierungsstrategien (wohl nicht nur) der frnhd. Zeit ist. Das Wirkungsvolle an ihr ist ihre Doppelgleisigkeit. Sie kommt auf subtilen hintergründigen Pfaden daher, erfüllt mehrere Funktionen gleichzeitig und kann im kommunikativen Regressfall oft genug dadurch geleugnet werden, dass man abstreitet, etwas überhaupt gesagt, geschweige denn gemeint zu haben. Unter Sekundärstigmatisierung verstehe ich:

> Lobenstein-Reichmann 2009, 265: Übertragungen gesellschaftlich akzeptierter Stigmatisierungen von einer Gruppe auf eine andere. Man schreibt nun auch ihnen die bereits bekannten Prädizierungen zu, oft sogar ohne sie explizit nennen zu müssen, der Vergleich mit der stigmatisierten Gruppe genügt, um beim Rezipienten das ganze bekannte Feld stigmatisierender Einheiten und stigmatisierender Aussagen zu evozieren. Es ist dabei auch kaum noch von Belang, welche Kriterien zur Stigmatisierung der ersten Gruppe geführt haben oder ob tatsächlich eine positive Wahrnehmung der stigmatisierten Gruppe stattfindet.

Sekundärstigmatisierungen basieren auf einer Art mitgemeinten und letztlich ja auch mitausgedrückten kulturellen Wertesystem, einem stigmatisierenden Diskursuniversum, in dem alles im gesellschaftlichen Konsens bereits Negativierte zur Negativierung von allem dienen kann.

Eine solche sekundäre Form der Stigmatisierung hat zwei zusammen verlaufende, nicht voneinander trennbare Funktionen: Die Hauptfunktion des Sprechaktes besteht darin, eine Person in der Beschimpfung durch die namentliche Vergleichssetzung mit einer ausgegrenzten Gruppe in ihrer Ehre anzugreifen. Durch diese Vergleichssetzung wird zweitens nicht nur der direkt Angesprochene verbal verletzt, es wird zudem auf die namensgebende Gruppe Bezug genommen und das negativ bewertende tertium comparationis erneut ins Gedächtnis gerufen, perpetuiert und bestätigt. Mit ein und derselben Sprechhandlung werden also zwei Personen bzw. Personengruppen gleichzeitig getroffen. Ein Beispiel: Bezichtigt ein Nachbar einen anderen, ein Zigeuner zu sein, dann beleidigt er zwar in erster Linie seinen Nachbarn, er nutzt aber das negative Konnotations- und Deontikpotential (z. B. Kriminalisierung), das in seiner Sprechergesellschaft zum Wort *Zigeuner* vorherrscht; d. h.: Er nutzt, wiederholt und perpetuiert die

Negativstereotypisierung gegenüber den „Zigeunern", die auf diese Weise kaum Chancen haben, das gesellschaftlich implementierte Image abzuschütteln.

Der Handlungswert stigmatisierender Aussagen betrifft also nicht nur die primär stigmatisierte Gruppe bzw. die Einzelperson, sondern umfasst auf einer sekundären Ebene vor allem das Aufrufen und Konsolidieren eines gruppengebundenen bereits konsensualisierten kulturellen Wertesystems. Primär- und Sekundärstigmatisierung bedingen sich bei diesem „Sprachspiel" wechselseitig. Die funktionale Bedeutung der Sekundärstigmatisierung für den Primärgebrauch besteht in der systematischen Möglichkeit, negative Stigmatisierungen losgelöst von ihrer Ausgangsgröße auf die unterschiedlichsten Bezugsgrößen anzuwenden, womit sie durch beständiges Ins-Gedächtnis-Rufen und damit Wachhalten der typischen Prädizierungen rückwirkend auch deren Festigkeit für den Primärbereich stützen. Dies alles vollzieht sich zum einen nach unbewussten sozialen Regeln, zum anderen wird sie strategisch gezielt von aktiv am Sprachgebrauch teilnehmenden Menschen eingesetzt und getragen. Auf den konkreten Fall bezogen hieße das: Wir verwenden *Zigeuner*, *Bettler* oder *Bauer* als Schimpfwort, weil unsere Sprache es uns in dieser Weise vorgibt, weil wir in einer Sprachkultur leben, in der solche Wörter in dieser Weise semantisiert und pragmatisiert werden und wir uns oft keine Gedanken mehr darüber machen, wodurch sie motiviert wurden oder dass sie sekundärstigmatisierend sind. Aussagen wie: „Hier geht es zu wie in einer Judenschule" oder „das ist ein Zigeuner" werden gemacht, ohne über deren doppelt bewertenden Charakter nachzudenken.

Sprachliches Stigmatisierungshandeln dient der Herstellung und Konsolidierung von Macht, Herrschaft, Über- und Unterordnung. Im Moment ihrer iterativen Performation wird die Machtposition des Sprechers ebenso wie die Ohnmacht des Betroffenen gesellschaftlich aufgerufen, eingeführt, konsolidiert und weitertradiert. Dies ist unter deskriptivem Aspekt sprachliche Normalität. Sekundärstigmatisierungen sind bereits fest in den kultursemiotischen Alltagszusammenhang eingefügt. Gerade sie spiegeln die jeweilige Gesellschaftsordnung und das gesellschaftliche Mit- und Gegeneinander von Menschen.

Folgende Belege sollen veranschaulichen, wie Sekundärstigmatisierungen im Detail fungieren. Die ersten beiden sind gegen M. Luther gerichtet, weitere zeigen die Üblichkeit des Musters. Die Angriffe des ersten Belegs basieren thematisch auf dem gesellschaftlichen Konsens, dass Bettler in einer bestimmten betrügerischen Weise auftreten, dass sie *am Stock gehen*, geflickte Kleider tragen und nicht vertrauenswürdig sind. Indem der Verfasser dies mit beschimpfender Absicht (das *bedeutet* ...) auf den Reformator überträgt und diesen rhematisch meint, stabilisiert und perpetuiert er gleichzeitig das vorherrschende Negativbild der Bettler.

## 5. Stereotypenorganisatoren 105

> Scherer, Georg, Titel (Ingolstadt 1588): Der Lutherische Bettler Mantel. Hie sitzt ein Bettler auff dem Stock, Von vilen flecken ist sein Rock, Bedeut des Luthers gflickte Lehr, Von alten Ketzern kompt sie her, Drumb sey gewarnet jederman, Leg keiner solchen Mantel an.

Im folgenden Beleg zeigt sich mit einem einzigen Wort das gesamte verketzernde Diskursuniversum des 16. Jahrhunderts. In dem Moment, in dem Luther – wie im folgenden Beleg – als Böhme denunziert wird, weiß der zeitgenössische Leser, dass dieser in derselben Weise als Ketzer zu betrachten ist wie der auf dem Konzil von Konstanz verbrannte und für nationale, soziale, wirtschaftliche Unruhen verantwortlich gemachte Jan Hus. Das Wort *Böhme* ist damit mehr als nur ein Schimpfwort für Luther, es stigmatisiert und verketzert retrospektiv auch alle Hussiten und in gewisser Weise auch alle diejenigen, die aus Böhmen kommen und in Zukunft von dort kommen werden.

> Jörg, Salat. Reformationschr. 77, 25 (halem., 1534/5): Allso jst us Sachsen usgangen / dis aller erbermcklichst gifft / durch gemellten Böhem M[artinus] Lutrer / der gstallt Alls er [...]

In Bertholds Predigt „Von den drien lâgen" finden wir ein weiteres Beispiel für die Sekundärstigmatisierung.

> Berthold von Regensburg III, 42: wan jüden unde heiden bekêret man ê, ê daz man deheinen gîtigen bekêren müge, wan in hânt beide lâge gevangen, die tiuvel habent in mit beiden lâgen bestricket.

Textpragmatisch handelt es sich hier insofern um eine Sekundärstigmatisierung, als alle Zuhörer selbstverständlich um die unterstellte Unbekehrbarkeit der Juden wissen, diese folglich rhematisch ausgesagt nicht mehr explizit zum Thema gemacht werden muss, sondern als thematische Vergleichsgröße zur Primärstigmatisierung der *Gîtigen* dienen kann. Die Juden werden hier doppelt angegriffen, erstens dadurch, dass man sie zur Primärstigmatisierung einer anderen Gruppe funktionalisiert, und zweitens, dass man dadurch deren Stigmata ins Bewusstsein zurückholt und repetiert.

Ähnlich verfährt Johannes Eck im nachfolgenden Beleg mit den Zigeunern:

> Eck 1541, 15v: Ehs haben die wagler vnd haußlosen zigeiner merer regimēt/ dann die ellenden von GOTT verworfen judēt.

Bei genauerem Betrachten muss fast jedes der im nachfolgenden behandelten Kollektivwörter als Sekundärstigmatisierung betrachtet werden, da nicht nur *Zigeuner* oder *Jude*, sondern auch *henker*, *gaukler*, *aussatzling* oder *hexe*, wenn diese Ausdrücke als Schimpfwort gebraucht wurden, dieser Sekundärstigmatisierung dienten. Sie stellten prototypische Bezugsgruppen dar. Und genau dies war oft genug ihre bevorzugte Verwendungsweise. Die Referenzierung ist unwichtig, die Beschimpfung wird zum eigentlichen Gebrauchsmotiv.

Wiessner, Wittenw. Ring 176 (ohalem., 1400/08): Es möht ein juden han verdrossen.

Ebd. 306: Noch bist ein jud, gelaub es mir.

Eine weitere Form der Sekundärstigmatisierung, eine, die nicht nur auf Einzelaussagen beruht, sondern sich systematisch auf der gesamten Textebene spiegelt, wird im Kapitel II. 10. in ihrem Text- und Diskurszusammenhang vorgestellt. Gezeigt wird an Johannes Ecks „Verlegung", das Eck zwar vordergründig ein Pamphlet gegen die Juden verfasst hat, damit aber vor allem die Protestanten treffen wollte. Die Doppelgleisigkeit seiner antijudaistischen Ausführungen hatte also zum Ziel, nicht nur die Juden, das wäre die Primärstigmatisierung, sondern vor allem den Protestanten Osiander als *Judenvater* mit Hilfe der antijudaistischen Stereotype seiner Zeit sekundär zu stigmatisieren. Osiander hatte sich angreifbar gemacht, weil er als Anwalt der primärstigmatisierten Gruppe der Juden für diese eingetreten war. Solche Formen der Sekundärstigmatisierung, gleichsam „versippende" Verketzerungen und Kriminalisierungen von Fürsprechern und Anwälten einer Gruppe, können auf vielfältige Weise vorgenommen werden. Eine Form ist die Inkludierung zur Fremdgruppe bei gleichzeitiger Exkludierung aus der Gruppe des Sprechenden, was durch die verbale Herstellung einer Beziehung zwischen den Stigmatisierungsbetroffenen funktioniert. Dies gelingt u. a. mittels parallel gebildeter Komposita, wie sie in Bildungen wie *Judenvater* vorliegen. Osiander als *Judenvater* zu bezeichnen, heißt, ihn der Gruppe der Juden nicht nur einfach zuzuordnen, sondern ihn in ein Verwandtschafts-, Generationen- und Beschützerverhältnis zu stellen. Tatsächlich werden Sekundärstigmatisierungen häufig systematisch in die Form von Determinativkomposita gefasst: *hexengenosse, hexenfreund, hexendefensor* usw. Eine beliebte und allzu einfache sprachliche Stigmatisierungsstrategie ist das Wortbildungsmuster Name der stigmatisierten Gruppe als Bestimmungswort plus Beziehungsnomen wie z. B. *Vater, Freund, Knecht* als Grundwort.

Eine andere Möglichkeit, die über das dazu eingesetzte System der Wortbildungen realisiert wird, nutzt das zeichentypübergreifende Stigmasymbol des Judenhutes. Zeichentypübergreifend ist dieser, weil er erst durch die verbale Etikettierung als Judenhut und durch die Trageverpflichtung zu einem Stigmasymbol geworden ist. Hier folgt die materielle Symbolwelt der Rechts- und Gesellschaftskonventionalisierung.

Barack, Teufels Netz 9080 (Bodenseegeb., 1. H. 15.Jh.): Man müst ieglichem ain judenhuot für das hus slan, | Das es menglich wüst offenbar | Das er ain christan jud waer, | Wan er nimpt so ain sweren gesuoch.

In den nachfolgenden Kapiteln wird dieses Phänomen noch an verschiedenen weiteren Beispielen diskutiert. So hat Luther im *Liber vagatorum* das Vorwort dazu genutzt, Fahrende, Bettler, Diebe und Juden auf eine gemeinsame kriminelle Stufe zu stellen. Indem er behauptete, das Rotwelsche als Sprache der betrügerischen Bettler und Gauner stamme von den Juden, da „viel Ebreischer wort drynnen sind", kriminalisierte er auch sie.

Eine inhaltlich spezielle und sehr verbreitete Form der Sekundärstigmatisierung soll hier noch abschließend erwähnt werden. Sie beruhte auf den Prinzipien von ‚Sippenhaft' und Kontaktnahme und betraf vor allem diejenigen, die mit den sogenannten *Unehrlichen* in Berührung kamen (Stuart 2008, 3). So waren alle Familienmitglieder derjenigen Personen von Stigmatisierung und Ausgrenzung betroffen, die institutionell als unehrlich galten, also z. B. die Familien der *henker* oder *abdecker*. Auch für sie galten die Ehrlosigkeit indizierenden Ausgrenzungsmaßnahmen, und zwar oft über den Tod des eigentlich ‚Unehrlichen' hinaus (v. Dülmen 1990, 62; Stuart 2008, 3). Ein ähnlich radikaler Ehrverlust konnte durch das gemeinsame Einnehmen von Mahlzeiten mit unehrlichen Personen eintreten. Man durfte mit ihnen weder essen noch trinken. Das heißt auch, dass man an keinen Familienfesten teilnehmen durfte, an keiner Hochzeit und keiner Taufe usw. Selbst dasjenige, was von dem Unehrlichen angefasst worden war, im Falle des Henkers also das Folterinstrument, durfte nicht berührt werden; und man durfte sich keiner sprachlichen Formulierung eines Unehrlichen, zum Beispiel keiner von ihm gebrauchten Verwahrformeln bedienen, wenn man keinen Tabubruch und keine Zungensünde begehen wollte (hierzu: Lindorfer 2009, 268). Die Scheu, das Gesagte noch einmal zu zitieren, wie es oft in Verhörprotokollen (ebd.) nachzuweisen ist, zeigt die Furcht vor einer Sekundärbefleckung. Dies führte sogar so weit, dass man den Betroffenen die Hilfe verweigerte, wenn sie krank wurden oder in Not gerieten (ebd.). Die Redlichmachung durch Klage war erst zu Beginn der Neuzeit erfolgreich.

Auf diese Art von Sippen- bzw. Kontaktstigmatisierung konnte man argumentativ zurückgreifen, um die sprachliche Sekundärstigmatisierung begründend zu untermauern. So feindet Johannes Eck 1541 den Protestanten Osiander explizit dadurch an, dass er dessen Kontakt zu den Juden zum Anlass nimmt, ihn sekundär zu stigmatisieren.

> Eck 1541, 5v: Aber mit den juden/ vil/ vnd lang verwonet sein/ macht liederlich Christen: dañ bey gůten/ wirdt man gůt/ vnd bey bösen wirdt man verkört spricht Dauid: vnnd wer anrůrt bāch/ der befleckt sich darmit: dann vil seind am gůt/ am leib/ eer vñ seel verdorben: die zůuil gmainschaft/ mit den juden gehabt: darüb sie im rechten verbotten.

Überblickt man die vorgetragenen Fälle, so schälen sich mindestens folgende sozialen Einbettungen als ihre Bedingungen heraus:

1. Sekundärstigmatisierung durch Übertragung, also durch nichtreferentiellen, alltagsüblichen Schimpfwortgebrauch mit Kollektivbezeichnungen: Der Gebrauch eines Ausdrucks für eine Primärgruppe wird offen oder versteckt auf eine andere Gruppe übertragen. Der Vergleich oder die Übertragung eines Stigmatisierungsetiketts auf andere Gruppen oder Personen war nicht nur individualsprachlich üblich, sondern gehört zu den wirksamsten Kampfmitteln in den polemischen Auseinandersetzungen zwischen verschiedenen Gruppen und Kollektiven (sei es ethnisch, sozial, politisch oder konfessionell).

2. Sekundärstigmatisierung der Unterstützer: Ein Spezialfall dazu ist die negative Übertragung einer Stigmatisierung auf Sympathisanten und Verteidiger der gegnerischen Gruppe in dem Sinne: Wer Juden / Hexen oder Ketzer verteidigt, wird selbst als einer behandelt.

3. Sekundärstigmatisierung aufgrund der Herkunft oder des Berufes eines Familienmitgliedes (z. B. des *henker*, *abdeckers*): Dessen Stigmatisierung (z. B. Ehrlosigkeit) wurde auf Angehörige übertragen.

4. Sekundärstigmatisierung aufgrund der Berührung mit einer ehrlosen Person (z. B. dem Henker).

## II. 6. Textgrammatische Ebene

## II. 6. 1. Inklusion und Exklusion durch Pronominalisierung

Pronomina drücken die Handlungsrollen in einem Text aus.[109] Sie bezeichnen nach Harald Weinrichs Textgrammatik (Weinrich 2003, 97ff.) Gesprächsrollen in prototypischen Kommunikationssituationen, und zwar die Sprecherrolle mit den Pronomina *ich / mir / meine*, und die Hörerrolle mit *du / dir / deiner, ihr / euch / euer*, ferner die Referenzrolle mit *er / sie / es, seiner / seine / seines, sie / ihnen*. Der Terminus *Gesprächsrolle* bezieht sich auf die Handlungsfunktion der am Gespräch beteiligten Personen, mit *Referenzrolle* ist die Gesamtheit desjenigen gemeint, um das es in der Kommunikation geht, also ‚Sachen' jeglicher Art, aber auch Personen, insofern sie von der Handlung der Träger der Gesprächsrollen[110] betroffen sind. Die Bezeichnungen für die Referenzrolle in der wissenschaftlichen

---

109 Vgl. zur personalen Dimension der Deixis: Diewald 1991, 202ff.
110 Gleichsam als handlungslogisches Akkusativobjekt.

Diskussion sind sprechend: Sie reichen von *der dritten Person* (Weinrich, Duden) über die *Nicht-Nullpunkt-Person* (Heger) zur *Nicht-Person* (Diewald) bzw. zur *non personne* (Beneviste; vgl. Diewald 1991, 208ff.; 214; 218).

Das Pronomen der ersten Person heißt im Singular *ich* und im Plural *wir*.[111] Was tue ich, wenn ich *ich* sage oder wenn ich vom *wir* und *uns* spreche? Mit dem *ich* trenne ich mich vom Anderen, mit dem *Wir* gehe ich wieder in ihm auf. Beide dienen einerseits der Identifikation einer Person als einmalige, ungeteilte Größe (als Individuum) bzw. der Identifikation zweier oder mehrerer Individuen als soziale Gruppe und damit der Gruppenbildung bzw. -formation. Sie dienen andererseits der Trennung und Distanzierung des Individuums von allen anderen Individuen und der Wir-Gruppe von allen anderen Gruppen.

> Elias 2006, 44: Das Wir-Bild und Wir-Ideal eines Menschen ist ebenso ein Teil seines Selbstbildes und Selbstideals wie das Bild und Ideal seiner selbst als der einzigartigen Person, zu der er »Ich« sagt. Es ist nicht schwer zu sehen, daß ein Satz wie: „Ich, Pat O'Brian, bin Ire", ein Ich-Bild und ein Wir-Bild einschließt. Dasselbe gilt für Sätze wie: „ich bin Mexikaner", „ich bin Buddhist", „Ich bin Arbeiter" oder „Wir sind eine alte schottische Familie". Diese und ähnliche Aspekte der Gruppenidentität eines Menschen sind ebenso fest in seine persönliche Identität einverwoben wie solche Elemente, die ihn von anderen Mitgliedern seiner Wir-Gruppe unterscheiden.

Wenn ich *ich* sage, habe ich mich bereits vom anderen getrennt, mich als einzelne Person vom Anderen, vom Du, distanziert. Bin ich jedoch Teil eines Wir, so kann ich die Ich-Grenze scheinbar auflösen, indem ich zum Teil einer Wir-Gruppe werde. Das angesprochene Du und das ansprechende Ich gehen identifizierend ineinander über. Die pronominal Betroffenen der sog. 3. Person sind dagegen in der Regel kommunikativ handlungsunfähig: Man spricht *über* sie, aber nicht *mit* ihnen (Weinrich 2003, 98).[112]

Das Gewaltsamkeitspotential der Pronominalisierung liegt also zum einen darin, dass die in die Referenzposition gerückten Menschen oder Gruppen aus der Gemeinschaft der Kommunikationssubjekte ausgeschlossen werden, zum anderen darin, dass sie damit zu *Besprochenen*, zum stummen Objekt des Gesprächs, zur Nicht-Person gemacht, gar verdinglicht werden können.[113] Die 3. Person ist mithin sozial in besonderer Weise markiert. Sie kann u. a. eine beziehungsrelationale Distanznahme zum Ausdruck bringen (Diewald 1991, 223).

---

111  Über die Frage der Pluralisierbarkeit der Dialogrolle *ich* als entitätendefinierte Origoeinheit s. Diewald 1991, 220.

112  Dies gilt für abwesende, in besonders aggressiver Weise aber auch für anwesende Personen.

113  Die Handlungsmaxime, nicht über Abwesende zu sprechen, hat hier ihren Ausgang.

Während mit der Ich-Du-Ansprache bzw. der Wir-Ihr-Ansprache Beziehungsherstellung und Gemeinschaftsbildung, also Inklusion, ausgehandelt werden, kann die Ansprache in der dritten Person als textgrammatisches bzw. textpragmatisches Mittel zur Exklusion eingesetzt werden. Das unscheinbare Pronomen mag unauffällig sein. Es ist aber als Ausgrenzungsmarker nicht zu unterschätzen.

Kommunikationsorientierte Autoren (Berthold von Regensburg ebenso wie Martin Luther) nutzen diese Möglichkeiten in ihren polemisch-pädagogischen Schriften immer wieder intensiv zur sprachlichen Inklusion bzw. Exklusion. Gemeinschaftsbildung kann also textlich durch Pronominalisierungen, durch den Inklusiv-Plural vollzogen werden. Sie kann aber auch durch inkludierende Schmeicheleien oder Ansprachen, wie sie im folgenden Zitat begegnen, geschaffen werden.

> Berthold von Regensburg XXIV, 377: Ich hân iuch dise tage etewanne erschrecket unde geuntrôstet. Nû wil ich iu guoten trôst geben, allen den die hiute vor mir sitzent die eht kristenliute sint.

Den Hörern seiner Predigt verspricht Berthold hier doppelte Belohnung, zum einen geistlichen Trost und zum anderen die Inklusion in die Gemeinschaft der echten Christen. Wenn man bedenkt, dass die Zugehörigkeit zu dieser Gemeinschaft die Voraussetzung für den Erwerb der ewigen Seligkeit bildet, also die Aufnahme in den Himmel darstellt, dann ist diese Inklusion sogar transzendent vorgreifend. Dies ist, so sei hier nur angedeutet, ein Akt extremer Anmaßung, der Verfügung über den Anderen in seinen beiden religiösen Existenzformen, der irdischen wie der jenseitigen. Denn mit welchem Recht kann Berthold dies entscheiden? Der zitierte nachgestellte Attributsatz präsupponiert nämlich mit der Nennung der *kristenliute* ja die un*echten* Christen bzw. diejenigen, die von ihm vom *trost* und letztlich vom Himmelreich (*himelrîche*) ausgeschlossen werden. Er setzt also fest, wer nicht dazu gehört. Inklusionen gehen somit systematisch mit expliziten oder impliziten Exklusionen einher. Beide gehören zusammen, wie zwei Seiten derselben Medaille, was nicht ausschließt, dass sie nicht auch explizit ausgesprochen werden können.

> Berthold von Regensburg XXIII, 357 (Von den Mûren): Daz ist dâ von, daz nieman zem himelrîche kumet wan ûz der heiligen kristenheit. Ez gêt niht weges zem himelrîche ûz der heidenschaft noch ûz der jüden ê, noch ûz der ketzerîe.

Auch Luther spricht wie Berthold seine Rezipienten meist direkt an, und zwar bezeichnenderweise mit dem individuellen, an jeden einzeln gerichteten Singular *du* und nicht mit dem überindividuellen *ihr* des Plurals. Diese bewusste kommunikative Beziehungsherstellung verbindet er regelmäßig mit der inkludierenden Pluralform *wir*, mit der er alle kommunikativ ins eigene Boot holt, die sich von ihm angesprochen fühlen. Das inkludiert alle zeitgenössischen Leser ebenso wie uns heute.

> Luther WA 7, 28, 6ff.: Ubir das seyn **wir** priester, das ist noch vil mehr, denn kunig sein, darumb, das das priesterthum **uns** wirdig macht fur gott zu tretten und fur andere zu bitten.

Katholische Prälaten und der Papst, Juden und alle Ungläubigen hingegen werden durch das stark distanzierende *sie* der dritten Person Plural vom *wir* der evangelischen Gemeinschaft ausgegrenzt. Sie erscheinen bei Luther nur selten in der direkten Ansprache.

> Luther, WA 7, 31, 10ff. (1520): Die **andern** aber, die do meynen mit wercken frum zu werden, [...] sehen nur auff die werck, und meynen, wenn **sie** derselben nur viel und groß thun, ßo sey es wol than und **sie** frum wurden, zu weyllen zu brechen die kopff [...] druber, [...] , das **sie** on glauben durch werck frum und selig werden wollen.

> Luther, WA 12, 551, 22 (1523): Also haben **sie** uns diesen text meysterlich verkert und **yhre** lugen damit wollen stercken, noch sollen wir **sie** gnad juncker heyssen.

Er spricht geradezu prototypisch *von* ihnen und *über* sie, jedoch nicht *mit* ihnen. »WIR« und »SIE« sind die pronominalen Analoga zu »Ingroup« und »Outgroup«. In der theologischen Polemik bezieht sich das Dazugehören sowohl auf die Sozialgemeinschaft als auch auf die Heilsgemeinschaft mit allen daraus resultierenden Konsequenzen für die Transzendenz. Graumann / Wintermantel (2007, 157) schreiben:

> Graumann / Wintermantel (2007, 157): Mit dem Gebrauch der 1. Person Plural verweisen Sprecher nicht nur auf ihre Ingroup, sondern formulieren gleichzeitig ihre soziale Identität. Die Verwendung des Pronomens der 3. Person Plural (SIE) weist dagegen auf einen sozialen Unterschied hin: Mit DENEN identifizieren wir uns nicht.[114]

Ein interessanter Spezialfall in diesem Zusammenhang ist Josef Pfefferkorns sprachliches Handeln in seinem „Judenspiegel", mit dem er missionarisch auf die Juden, zu denen er vor seiner Konversion gehörte, einzuwirken beabsichtigte. Der zum Christentum konvertierte Jude war der maßgebliche Kontrahent des Humanisten Johannes Reuchlin im Streit um die Bedeutung des Hebräischen und der hebräischen bzw. jüdischen Schriften, deren Verbrennung Reuchlin verhindern wollte. Wie viele Konvertiten ist auch Pfefferkorn, mit seinem

---

114 Wie nahe beieinander Trennen und Distanzieren liegen, zeigen wiederum Graumann / Wintermantel 2007, 158: „Manchmal kann die Bezeichnung SIE den Bezeichneten demonstrativ als »die Person da« beschrieben; van Dijk (1984, 137) spricht sogar von den »Demonstrativa der Distanz.« »Die da« sind die, auf die wir demonstrativ zeigen." Bsp.: Die dort sind ganz anders / Der hier ist auch so einer.

Mönchsnamen *Bruder Johannes,* besonders scharf in seiner antijüdischen Polemik. Obwohl er seine Leser, besonders im zweiten Teil seines Textes, immer wieder als *Brüder* (z. B. C iiv), also in einer Gesprächsrolle, anspricht und sie so bekehren will, muss er sich um seiner eigenen Positionierung willen doch auch inhaltlich wie formal vom Judentum und seinen ehemaligen Glaubensgenossen abgrenzen. Dies geschieht immer wieder mit der distanznehmenden, nahezu deiktischen Pronominalisierung *ir / euch*, oft sogar mit direkter Ansprache (z. B. B iv, C v u. ö.) und explizitem Vorwurf:

> Pfefferkorn, Der Juden Spiegel [A iiiv] (1507): die weyl auch jr Jůden in ewrm boßlichem fursatz ewers teuffelischen glaubẽs in verschmaung der heiligẽ ewãgelia vnnd schrifften also behertet seyt.[115]

Trotz widersprüchlicher Formulierungsweisen – auf der einen Seite vollzieht er die Inklusion durch das Substantiv *Brüder* und auf der anderen grenzt er sich durch die Pronominalisierung ab – wird seine explizite Distanzierung gegenüber den alten Glaubensbrüdern offensichtlich und durch die Radikalität seiner Abgrenzung wohl auch unumkehrbar.

Wenn Johannes Eck in seiner „Verlegung" von *wir* schreibt, so nutzt er das Pronomen zum einen als *pluralis auctoris* (Weinrich 2003, 107), wie es noch bis ins 20. Jahrhundert für Autoren üblich war. Die Funktion eines solchen Plurals besteht aber nicht nur, wie zumeist gesagt wird, darin, Bescheidenheit zu demonstrieren, sie hat vielmehr auch den Nebeneffekt, dass der Autor als Gruppe von mindestens zwei Personen wahrgenommen wird. Seine Aussagen gewinnen dadurch an Gewicht und an Glaubwürdigkeit.

> Eck, Eines Judenbüchleins Verlegung 6v (1541): warzů sie [Juden] nützen das Christẽblůt/ wie **wir** hernach erzelẽ werden.

> Eck, ebd. 56r: Oben haben **wir** wol anzaigt/ das die judẽ mit jr schel merey vnd bůbẽ stuckẽ sich selbs hessig gemacht habẽ.

Leserinklusion und indirekte Leseransprache[116] gleichermaßen erfüllt der Inklusivplural *wir*, wenn er dem Autor dazu dient, sich mit dem Leser zu verbünden.

> Eck, ebd. 7v: wie **wir** hören werden [...].

Mit der Inklusion ist zumeist schon die Exklusion semantisch präsupponiert. Sie wird im folgenden Beleg mit *der vnselig* und der *Juden fürsprech* auch noch explizit ausgeführt.

---

115 Pfefferkorn, Johann: Der Juden Spiegel, Nürmberg, 1507.
116 Eine direkte Leseransprache findet sich bei Eck, Verlegung 8v: „Aber darmit ainem gůthertzigen leser dieweil nit lang wird [...]".

> Eck, ebd. 15v: Nun wöll **wir** hören/ was der vnselig mitt gelt erkaufft der juden fürsprech

Eine besonders interessante Verwendung ist die *Wir*-Pronominalisierung im behaupteten Zitat der Gegengruppe. Ecks christliche Leser erleben so, wie sich, zumindest laut Eck und der Bibel, die Juden selbst als eigene Gruppe kennzeichnen. Ihre Ab- und damit auch ihre Ausgrenzung wird somit implizit zur Selbstausgrenzung, damit zu ihrer eigenen, verdienten Schuld erklärt. Im nachfolgenden Beleg, in dem Eck vermeintliche Aussagen von Juden zitiert, führt er dies am entscheidenden Moment der christlich-jüdischen Geschichte vor, am Verrat der Juden an Jesus:

> Eck, ebd. 11v: Nim̃ jhn hin/ Nim̃ jhn hin/ Creützig jn/ Creützig jn: Wan d' nit wer ain übeltheter/ hettē **wir** den dir nit übergebē: **Wir** habē ain gsatz/ vñ nach dē gsatz soll er sterbē:

Ecks Pronominalisierungen sprechen nach dem Gesagten eine deutliche Sprache: Er polarisiert, beschimpft, hetzt und droht mit ihrer textgrammatischen Hilfe. Die Anderen, über die er redet und von denen er die guten, rechten Christen distanzieren und trennen möchte, weil sie „wider alles [sind] das wir gůten Christen glauben/ lehren/ oder halten" (Eck, ebd. 58r), werden in der dritten Person behandelt. Es sind der Protestant Osiander und die Juden. Besonders die jüdischen Nichtpersonen (in der dritten grammatischen Person) werden zur Unperson, zu *hunden* und *bluthunden,* die nicht nur ihn bedrohlich umgeben, den Herrn getötet haben und dem falschen Glauben anhangen (Eck, ebd. 55v: „Die juden haben allain den schatten / **wir** die warhait"), sondern nach weiteren Polarisierungen auch *uns* verspotten und schließlich mit Verfolgung bedrohen.

> Eck, ebd. 14r: Vil hund haben **mich** vmbgeben: darumb ists alles eitel/ dz **der judenuater dise blůthund** entschuldigē will. Also **die judē** recht durch den Jsmael seind bedeüt wordē/ der mit seiner můter der Synagog ist außgeworffen auß dē vätterlichen hauß: **wir Christen** aber mit Jsaac bleibē bey Abraham/ der ain vatter ist viler völcker in der Christlichē kirchen: wiewol **die Jsmaelitē/ die judē vns** verspotten/ vñ darum̃ neiden. Spricht gar hüpsch S. Hieronymus / der vil vn̄ die juden gwesen/ vñ der spraach mer kündt hat dañ der judēschützer. Laßt **vns** bedenckē **der judē** vnsinnigkait/ die den Herren getödt haben/ verfolgt habē die propheten vnd apostel/ vnd widerstreben dem willen GOTTes: so werden **wir** vil mer verfolgung sehen/ die wider die Christē erweckt habē die juden/ dañ die haiden: **wir** verwundern vns von den juden etc.

Am Ende seines Buches bringt er die radikale Polarisierung zwischen Christen und Juden sowie die Bedrohung durch die Judengruppe für die eigene christliche Welt noch einmal auf ihren Höhepunkt.

> Eck, ebd. 94r: dañ **sie** seind **vns** auff das höchst gram/ feind vnd hessig über all nation auf erden: wer will **jhr** crudeliter/ grimmigkait gn ů g m͡ǵẽ auß språchen: wañ das messer in **jhr** hånd kåm/ da wurden **wir** Christen die årmsten auff erden sein.

## II. 6. 2. Partikeln und Adverbien, die „kleinen" Wörter der Sprache

Im engeren Sinne werden unter Partikeln vor allem Modalpartikeln, Fokuspartikeln, Steigerungspartikeln und Antwortpartikeln verstanden. Sie alle können mit graduellen Unterscheidungen zu verletzendem Sprechen gebraucht werden. So nutzt man z. B. die Antwortpartikeln *nein* oder *vielleicht* geradezu systematisch dazu, Äußerungen eines Kommunikationspartners in Frage zu stellen, damit seine kommunikative Position zu schwächen oder je nach Kontext seine Handlungsmöglichkeiten zu beschränken. Mit *leider*, das als Antwort- wie als Modalpartikel eingesetzt werden kann, formuliert man die Sprechereinstellung des Bedauerns.

Auch wenn das Frnhd. laut Schildt 1992 und Ágel (1999, 180ff.) diejenige Zeit ist, in der epistemische Partikeln entstehen und ihren Siegeszug antreten,[117] sind die meisten Partikeltypen vor allem kennzeichnend für die gesprochene Rede (Hentschel / Weydt 1990, 288) und damit für historische Zeitstufen, die nur schriftlich überliefert sind, besonders schwer greifbar.[118] Dennoch sind sie hinsichtlich des hier zu erörternden Themas außerordentlich bedeutsam und müssten in ihrer negativ beziehungssteuernden Funktion untersucht werden.[119]

Focuspartikeln sind beispielsweise vor allem dann in besonderer Weise auffällig, wenn sie wie *auch* in bewusster Weise als Faktizitätspräsuppositionen eingesetzt werden. So hat Eck im nachfolgenden Beleg die Schuld der Juden am Tod eines kleinen Jungen ganz nebenbei durch die Partikel *auch* bestätigt: Sie haben es anderswo eben *auch* getan. Die Kriminalisierung nimmt ihren Lauf.

> Eck, ebd. 2v: den ain grosser verdacht fiel auf die Juden/ die sollich kinder mordt vor an andern enden[120] **auch** gethan haben.

Gemeint sind vor allem aber die Modalwörter, die die (kommunikativen) Beziehungen zwischen sprachlich Handelnden regeln und damit auch für das zwischenmenschliche Miteinander maßgeblich sind. Sie sind erstens illokutionäre Indikatoren, zweitens Ausdrucksweisen der Sprechereinstellung, drittens stellen

---

117 Vgl. dazu: Schildt 1992; Ágel 1999, 180ff.; Reichmann 2003, 2548.
118 Hentschel / Weydt 1990; Hentschel 1986; Weydt 1983; 1989.
119 Für das Neuhochdeutsche: Helbig 1994.
120 An andern enden] >anderswo, anderwärts<.

sie eine emotive Bewertung des im propositionalen Gehalt ausgedrückten Inhaltes dar und fungieren damit als Appell an ein gemeinsam geteiltes Hintergrundwissen. Außerdem dienen sie der Text- und speziell der Gesprächsgliederung. Gerade die kleinen Modalpartikeln bezeugen die Wie-Befindlichkeit des Sprechers, sind Ausdruck seiner Bewertungen gegenüber dem Bezugssachverhalt, und zwar hinsichtlich dessen Wahrheit wie dessen Qualität, und machen u. a. auch Dringlichkeiten deutlich. So ist die Abtönungspartikel *ja* im folgenden Zitat der Ort, in dem die Bedrohung erst wirksam kommuniziert wird.

> Kehrein, Kath. Gesangb. 1, 113, 2 (Mainz 1550): das vns **ja** der feind nicht mit sich versencke.

Partikeln sind letztlich kurz gefasste emotionale und epistemische Stellungnahmen. Ihr Verletzungspotential ist deshalb so groß, weil sie scheinbar beiläufig erwähnt werden und dabei dennoch zielsicher eingesetzt sind. In Johannes Ecks „Judenbüchlein" steht das Beispiel *allweg*:

> Eck, Eines Judenbüchleins Verlegung 12v: Das also die judenschaft **allweg** waglerisch / auffrüerisch/ manschlächtig vnd mörderisch gewesen ist/ vnangesehen/ das sie das gebott gewißt/ das sie nit tödten solten/ nit solten blůt vergiessen: ...

*Allweg* kann hier sowohl als Adverb der Zeitdauer gelesen werden, dann bedeutet es ›immer, fortwährend, stets‹, als auch räumlich, so dass man es mit ›überall‹ übersetzen könnte. Es hat den kommunikativen Effekt der Universalisierung, so dass die Verurteilung sozusagen vollständig ist und ohne jede Möglichkeit zur Reversion. Im nachfolgenden Beleg wird der Aspekt des unterstellten Wiederholungstäters noch deutlicher, da *allweg* hier zusätzlich die Semantik ›immer wieder‹ hat. Auch die Bedrohung erhält durch die Partikel eine andere Dimension.

> Eck, ebd. 25r: Zů dem dritten / so lehren sie in jr falsche tradition/ das ainem juden erlaubt sey die Christen ertödten/ wañ er etwas findt dz aine Christen zůgehört/ das ers nit wider geb: wa er aine Christen schuldig sey/ wa er das mög vñ gan/ das er jm nichts geb: sonder in **allweg** sich fleiß/ wie er die Christen trieg vmb jr gůt/ mit falsche brieffen/ falsch sigel/ falsch aiden: darumm ists in **allweg** gfärlich von juden ärtznei nemmen. So nun die juden sollich mordt **vil vnd offt** gstifft habe an sondern personen/ vñ **auch** landmort gethan haben: wie darf der judenuater/ so frävelich die juden vnschuldig machen/ als hetten sie nit kain bach betriebt/ nie kain mordt than.

## II. 7. Pragmatische Ebene: Die Illokutionen

### II. 7. 1. Sprechakte des Schmähens, Ehrabschneidens, Verleumdens und Denunzierens

Bei den Ausführungen zum Schimpfwort (II. 2. 4. 2.) wurde die Benennungshandlung bzw. die Namensgebung als Sprechakt der Ausgrenzung bereits diskutiert. Sprechakttheoretisch stand dabei der Referenzakt im Mittelpunkt der Überlegungen. Dabei ging es um die der Referenz inhärenten Prädikationen. Im nun folgenden Kapitel stehen die illokutiven Akte des SCHMÄHENS, EHRABSCHNEIDENS, VERLEUMDENS und DENUNZIERENS zur Diskussion. Im Frühneuhochdeutschen fasst man diese Handlungen verbalsubstantivisch als *abziehung* 4, *afterkose, anzicht* 1, *aufsprach* 1, *beispreche, berüchtigung,* ³*gehei, gelächter* 1, *gespei* 3, *gespenst* 1, ²*gespött* 1, *gleichnis, hinterrede, klaf* 2, *klaffe* 1, *klapper* 2, *klammer* 2, *lachung, lästerung* 2, *lästerwort, nachrede, schympff red,*[121] *schandrede, schmachrede, speiwerk, spotrede, stechwort,* ¹*stich* 6, *sticherrede, stichwort, verlachung, zote* uvm.

> Luther, WA 9, 136, 8 (1518): Des teuffels reich steht in volbringunge aller ßunde, des tzorns, des neydes und andern, als betriegereye, falscherei, in hynderkumung des nehesten, in nachrede.

Was Luther hier andeutet, betrifft die moraltheologische Klassifikation dieses Sprechverhaltens als Zungensünde, die je nach Redekonstellation und Zuhörerschaft, also auch je nach Betroffenheit der Angesprochenen und der Zuhörer, neben religiösen auch juristische Folgen haben konnte.[122] Schon in der frnhd. Bezeichnung als *zungenlaster* ist das körperliche Verletzungsorgan benannt.

Metaphorisch sprechend sind auch die Handlungsausdrücke *stechwort,* ¹*stich* 6, *sticherrede, stichwort.* Sie machen die psychisch-physischen Übergänge des Ver-

---

[121] Interessant ist in diesem Zusammenhang das Wort *glimpf* als Gegensatzwort zu *schimpf,* besonders in den Bedeutungen 1 und 3 (FWB 6, 5). Mit Bedeutungsansatz 1 wird es der Schmährede als vernunftbezogener Redepraxis und Redehaltung gegenübergestellt. 1. >Schicklichkeit, Angemessenheit, Anstand, kluges Abwägen des Verhaltens, anderen gegenüber respektvolles und verbindliches, in Konventionen verlaufendes gesellschaftliches Handeln<; speziell: >dem derberen ‚schimpf' gegenüber kontrollierte Redeführung<. In Bedeutung 3 geht es um ein >einklagbares gesellschaftliches Ansehen e. P. oder Personengruppe, Würde, Ehre, guter Ruf, Leumund, hoher Stand der Anerkennung, verstanden als rechtsrelevante Werte, wie sie vor allem Personen, aber z. B. auch Rechtsorganisationen (wie den Städten) zukommen und von anderen zu akzeptieren sind<.

[122] Vgl. dazu: Lindorfer 2009; Bogner 1997.

letzens in besonderer Weise transparent und weisen ausdrücklich darauf hin, dass die Sprache eine ebenso gefährliche Waffe sein kann wie das Messer oder das Schwert.

> Sachs 11, 202, 2 (Nürnb. 1550): Mich wundert, das dein mayestat | An disem mann gefallens hat, | Der dich thut mit stichworten schmehen.
>
> Chron. Augsb. 7, 236, 20 (schwäb., zu 1550): Es hat sich im nechsten reichstag [...] zügetragen, daß der duco de Alba mit hertzog Wilhelm von Bairn [...] sich mit vil stichworten eingelassen.

Die Körperlichkeit der ehrverletzenden Handlung zeigt sich zudem in den verbalen Wortbildungen *sticheln, stichwörteln,* aber auch in *fatzen* (wörtlich: >pfetzen, kneifen<) bzw. im Phrasem *jn. in die joppen stechen* (vgl. dazu etwa auch *beissen* 6):

> Rot 354 (Augsb. 1571): Suggilirn, Verleumbden / schenden / stichwörtlen [...] in die joppen stechen / fatzen / yetztlen.

In ähnlicher Metaphorik beschrieb bereits die älteste vollständig erhaltene Rhetorikschrift „Ad Herennium" (4, 28, 38)[123] die körperverletzende Wirksamkeit von Sprache (vgl. unten die Ausdrücke *vulnus, telum*). Der Autor betont außerdem einen Aspekt, der in der hier aufgeführten Wortbildung *stichwörteln* nicht explizit, aber durch das iterative *-el-*Suffix ausgedrückt wird, nämlich die andauernde Wiederholung. Im lateinischen Text stehen dafür das Substantiv *redintegratio* >Wiederaufnahme< und das Komparativadverb *saepius*.

> Ad Herennium 4, 28, 38; 1994, 250: Vehementer auditorem commovet eiusdem redintegratio verbi et vulnus maius efficit in contrario causae, quasi aliquod telum saepius perveniat in eandem partem corporis. [Deutsch: Heftig erregt den Zuhörer die Wiederaufnahme ein und desselben Wortes, und eine tiefere Wunde schlägt sie beim Prozeßgegner, als ob irgendeine Waffe öfter denselben Körperteil träfe.]

Verletzendes Sprechen trifft den ganzen Menschen. Je öfter es inszeniert wird, umso tiefer ist die entstandene Wunde. Der antike Text weist (im Umfeld des Zitates) auch darauf hin, dass die verletzende Handlung nicht immer mit dem gleichen Wort vollzogen werden muss, sondern dass es gerade die Variation ausmacht, die den Wiederholungseffekt intensiviert und perpetuiert. Jemanden zum widerholten Male direkt als *Vaterlandsverräter* anzusprechen oder ihm zu sagen: „*Den Staat hast du an seiner Wurzel vernichtet...*" (so die Beispiele des antiken Textes) enthält für den Angesprochenen dieselbe Illokution, auch wenn

---

123   „Ad Herennium" wurde zwar lange Cicero zugeschrieben, gilt aber als das Werk eines anderen, unbekannten Autors.

diese zum einen wort- und zum anderen satzwertig zum Ausdruck gebracht wurde. Entscheidend bleiben oft die Handlungsabsicht des Sprechers und deren Aufnahme durch den Angesprochenen. Will er sich, wie im Witz, auf Kosten des Anderen nur amüsieren, ihn neckend aufziehen (vgl. dazu *aufziehen* 16), oder will er den Anderen mit seinem Spott gezielt erniedrigen und verhöhnen (*ausatzeln, bepfeifen*)? Je nach Antwort auf diese Frage kann das Publikum lachen, mitlachen oder verschämt schweigen; der Angesprochene hat dieselben Möglichkeiten, wobei sein Schweigen das Schweigen eines Getroffenen sein kann oder das eines unverletzt Souveränen.[124]

Will der Sprecher hingegen sein emotionales Gefühlsgewitter entladen, indem er den Angesprochenen z. B. mit einem denunziatorischen Namen in Verbindung bringt, oder will er tatsächlich jemandem denunziativ Schaden zufügen? Oft entscheiden dies erst die weiteren Umstände, wie die Publikumsreaktion, zeitgenössische Empfindlichkeiten, Strafgesetzordnungen.

Es geht in den nun folgenden Ausführungen zunächst einmal um alle diejenigen Verben, die die genannten Sprechhandlungsabsichten neutral bis bewertend bezeichnen. Zum anderen geht es um deren Ausdifferenzierungen und Abgrenzungen zueinander. Schon bei einem kurzen Überblick über die Belegsituation wird deutlich, dass die Unterscheidung der einzelnen Handlungsabsichten schwierig ist und somit der Übergang zwischen ihnen nur ein gradueller und kein abgegrenzter sein kann. Im Bedeutungsansatz 4 des Verbs *glimpfen* >spotten, jn. verunglimpfen; jm. zürnen< wird diese Unbestimmtheit bzw. die Unbestimmbarkeit durch den Lexikographen schon in der Bedeutungserläuterung deutlich, in der die verschiedenen Sprechhandlungen gleichermaßen angesprochen werden. Ähnliches trifft auch auf die Bedeutung 2 von *lästern* zu: >jn. (oft: Gott oder eine andere religiöse Person, auch: Hoheitsträger) lästern, schmähen; jm. übel nachreden, jn. verleumden, verunglimpfen, in seiner Ehre antasten [...]<. Offensichtlich ist eine breite Skala von Möglichkeiten denkbar und die vom Autor intendierte Nuance ist nur von der konkreten Textstelle her erschließbar.

Soziopragmatisch gilt zudem: Die individuelle Verunglimpfung oder Verleumdung, die zunächst einmal die Funktion hat, den Ruf eines einzelnen Menschen herabzusetzen, konnte den Angesprochenen über die Kränkung hinaus in noch größere Schwierigkeiten bringen, wenn von ihm z. B. durch Schimpfwörter wie *dieb, räuber* behauptet wurde, er sei kriminell. Auch von der kollektiven Schmähung einer Person aufgrund ihrer Gruppenzugehörigkeit (*zigeuner*) hin zu ihrer juristisch relevanten Denunziation war oft nur ein kurzer Weg.

---

124 Vgl. dazu: Schnell 2010, 35–52.

Die Denunziation, wie man heute sagen würde, so sehr sie im Einzelnen auch individuell bestimmt sein mag, wurde immer wieder von außen als sozialdisziplinierende Maßnahme, das sei hier nur angedeutet, eingefordert.[125] Ein anschauliches Beispiel für die Nötigung zur Denunziation liefert der Bußprediger Berthold von Regensburg. Er stellt seine Hörer vor die Wahl zwischen Denunziation und Mitschuld.

> Berthold von Regensburg (Von den fremeden Sünden) XV, 215: Sô vert der, der die sünde ûf im hât, umbe sîne eigene sünde dar in der êrsten huote, und alsus muoz dirre alse wol brinnen iemer mêr êwiclîche umbe sîne fremede sünde alse jener umbe sîne eigene; wan der ist sîn schilt unde sîn frideman und ist sîn turn unde sîn burc unde sîn mûre. [...] Und alle, die unvertige liute in ir hiusern habent wizzentlîche, die sint in der fremedenen sünden einer.
>
> Ebd. 217: Diu sibende fremede sünde daz sint alle die, die dâ die sünde verswîgent. Als ob man in eines hûs iht trüege daz dâ verstoln wære unde dû daz verswîgest; oder ander sünde, unkiusche oder êbrechen [...] oder swelher leie ez ist, daz der man verswîget daz er ze rehte sagen solte, ketzerîe oder zouber oder ander schedelîchiu dinc, daz er dâ ze rehte sagen solte. Wan der dâ verhilt der ist ein dieb als wol als jener der dâ stilt.
>
> Ebd. 218: Und alsô wirt der mensche verdampt umbe die fremede sünde als gar als umbe die eigene sünde.

Das theologische wie das juristische Postulat des Mitschuldigseins und Mitschuldigwerdens bzw. Mitsündigseins und Mitsündigwerdens wird als Druckmittel zum Verrat bzw. zur Denunziation eingesetzt. Hergemöller definiert *Denunziation* (1997, 70) als „die zum Zweck des Erwerbs materieller und immaterieller Vorteile und/oder der Befriedigung emotionaler Bedürfnisse erfolgte Weitergabe von Informationen über vermeintliche und/oder reale Gesetzes- und Normverstöße und Täternamen an obrigkeitliche Funktionsträger und Instanzen."[126] In dieser Definition wird deutlich, wie offen die einzelnen Sprechhandlungen zueinander sein können. Was das Verleumden vom Denunzieren unterscheidet, ist in erster Linie die adressatenspezifische Zielgerichtetheit der Denunziation, also die explizite Nennung des Namens und des Tatvorwurfs gegenüber einem obrigkeitlichen Funktionsträger. Doch auch hier sind die Rechtsrituale übergängig. Der kommunikative Vorhof zum Gerichtssaal ist nicht

---

125 Vgl. dazu: Fößel 1997, 48–63; Walz 1997, 80–98; Koch 2006.
126 Vgl. dazu auch: Fitzpatrick / Gellately 1996, 747: "Spontaneous communications from individual citizens to the state (or another authority such as the church) containing accusations of wrongdoing by other citizens or officials and implicitly calling for punishment."

an Amtsträger gebunden. Er wird schon in dem Moment betreten, in dem ein irgendwie gearteter Anfangsverdacht in Form eines Gerüchtes ausgesprochen wurde.

Rainer Walz beschreibt, wie der strafrechtlichen Verfolgung einer Hexe in der Regel eine lange Schmäh- und Verleumdungsgeschichte vorausgegangen ist (Walz 1997, 80ff.). Diese Übergängigkeit kommt entsprechend auch in der Semantik der Verben zum Ausdruck. Für das Frnhd. auffällig ist die besonders hohe Zahl der Verben, von der die im Folgenden aufgeführte Liste nur eine Auswahl darstellt.

*Abbeissen 2, Abbrechen 14, abheben 4, abschneiden 11, abzeisen 2, abziehen 21, äfern 7, affrontieren, afterklaffen, afterreden, aftersprechen, ächten 3, anfallen 8, ankreiieren, anleugen, ²anliegen 1, anreden 7, antaschen 1, anziehen 17, anverliegen, ärgern 1, aufgehen 24, aufziehen 16, ausatzeln, ausbutzen 5, ausfegen 2, ausfenstern, ausfilzen, ausgehen 14, aushippeln, aushippen, aushippenbuben, aushol-hippen, ausklaffen, auskünden 1, ausmären, ausrufen, ausschelten, ausschreien, ausspitzen 4, austragen 9, auswaschen 3, balgen 2, balmunden, befehen, behüren 2, beissen 7, beklaffen, beklaffern, beklagen 3, beklicken, bekreischen, belästern, belästigen 4, beleidigen 2, beleumden 1, ²beliegen 2, bereden 3, berichten 15, berüchten 1, berüchtigen 2, berufen 5, berüsseln, besagen 5, beschädigen 2, beschalken 1, beschämen 3, beschreien 5, beunfugen, bezeihen, bezichtigen, diffamieren, enteren, gelästern, geschänden 1, hinterklaffen, hinterreden, infamieren, injurieren, klaffen 3, klappen, klappern, kränken, lästern 2; 3, maledeien, nachreden, raunen, schelten, schimpfieren, schmähen, schnitzen, schumpfieren, schwätzen, stechen 7, sudeln, tadeln, uneren, verachten, verleumden, verletzen, verleumden, vermären, verrüchtigen, verschreien, verschwätzen, verspotten, verunglimpfen, wiederschwätzen uvm.*

Hinzu kommt eine ähnlich hohe Anzahl von Phrasemen, z. B.:
*etw. in die leute einbilden / tragen* >jn. verleumden<, *jn. zur bank hauen, ein böses gerücht machen, jm. eine klammer anschlagen; jm. ein plech anschlagen, ein geschwetz von einem außgiessen; der ere / wirde zu arg gedenken* >js. Ehre / Würde antasten<, *jn. der ere berauben; jm. flecken anschlagen* >jm. einen Makel anhängen<; *jm. schmach/schandmassen anschlagen* uvm.

Einige der aufgeführten Phraseme, vor allem jene mit dem Verb *anschlagen*, verdeutlichen auf eindrückliche Weise die zeitgenössische Konkretheit des Sprechaktes und stehen als Synekdoche für die Gesamtsemiotik des Stigmatisierens, Etikettierens und Anprangerns.

<small>Fischer, Folz. Reimp. 3, 501 (Nürnb. 1480): Leuten das maul anzuhencken, | Macht an der lest nicht guts gedencken, Und allermencklich plech anschlagen | Wirt in die leng kaum halbs verdragen.</small>

Man muss unterscheiden zwischen den Verben, die den Akt des Verleumdens bezeichnen, und den einzelnen Sprechakten, mit denen verleumderische Ehrabschneidungen vollzogen werden. Bei letzteren handelt es sich, wie gezeigt wurde, in der Regel um Behauptungen, also um repräsentative Sprechakte im Sinne von: „Hiermit behaupte ich, dass Du ein Ketzer bist." Die oben aufgeführten Verben hingegen benennen die illokutionäre Rolle des Sprechaktes. Jeder dieser Ausdrücke beschreibt eine Form des Ehrabschneidens und betont dabei einen besonderen Aspekt dieses Sprechaktes.

Klassifikatorisch sind die gelisteten Ausdrücke nur schwer zu sortieren. Man könnte sie zum einen in die Nähe der konduktiven Äußerungen stellen, die John L. Austin in seiner 12. Vorlesung von den verdiktiven, den exerzitiven, kommissiven und den expositiven unterschieden hat (Austin 1972, 167). Nach Austin geht es bei konduktiven Äußerungen „um die Reaktion auf das Verhalten und das Schicksal anderer Leute und um Einstellungen gegenüber dem vergangenen oder unmittelbar bevorstehenden Verhalten eines anderen" (ebd. 175). Bei einer solchen Betrachtung wird der illokutive Akt hinsichtlich seiner Sprecherbezogenheit fokussiert. Die Sprecherhandlung bekommt ein Motiv und wird gar als Reaktion kategorisiert. Der emotionale Zustand des Sprechers wird betont. Tatsächlich entstehen Schmähungen in der Regel aus den besonderen Gefühlslagen ihrer Sprecher heraus. Oft ist ein Streit der Anlass oder ein Gefühl wie Neid und Missgunst (vgl. den unten zitierten Beleg: Oorschot, Spee […] 482, 12).

Unter sozialkonstitutiven Gesichtspunkten beschreiben viele dieser Ausdrücke aber nicht nur den Akt des Diffamierens, sondern gleichzeitig das daraus resultierende Ergebnis. Man könnte diese Äußerungen daher auch in die Nähe der Searle'schen Deklaration bringen, da die mit ihnen verbundene Intention des Sprechers darin besteht, den Sozialstatus des so Besprochenen so zu beschädigen, dass ihm daraus eine andere Prestigewirklichkeit erwächst.

> Luther, WA 30, 3, 411, 7 (1531): das ich sie [Gottsfeinde] wil offentlich fur Gott und der wellt verklagen, beschreien und ausbreiten, das sie […] zu spot werden.

Die handlungssemantische Bandbreite von ‚Akt' und ‚Ergebnis' der in der Liste aufgeführten Ausdrücke ist groß: Sie geht von *bekreischen* im Sinne von ›jn. öffentlich anklagen‹, wie es in den Grimmschen Weisthümern (s. u.) überliefert ist, über *bereden* 3 und *injurien* ›jn. beleidigen, js. Ehre verletzen‹ bis hin zu deutlich resultativem *infamieren* ›jn. in üblen Ruf bringen, jn. verschreien‹, was als Tatbestandsfeststellung des Verleumdens betrachtet werden muss.

> Grimm, Weisth. 3, 841, 17 (mfrk., 1578): weist der scheffen, wan ein man oder jemandt bekrischen oder beclagt wurdt, so soll der scholtheis die glock lauthen.

Das Verb *bereden* umschreibt diese Verschiebung (Metonymie) in folgendem Typ der Formulierung: Bedeutung 3: >(schlecht) über jn. reden [Akt], jn. ins Gerede bringen [Akt mit Aktresultat], jn. (aufgrund falscher Behauptungen) bei jm. in Misskredit bringen [stark resultativ], jn. verleumden [ebenso]; jn. einer Missetat anklagen [Akt und Resultat mit neuer semantischer Nuance]; jn. schmähen, schimpfen, jn. mit Schimpfwörtern belegen [eher Akt]; sich über etw. beklagen, beschweren, etw. tadeln [Akt]<. Ob man jemanden *vor eine hure* oder ihn *mit scheltworten beredet, jemanden an ere / leumund beredet*, ist dabei nicht entscheidend. Es geht darum, vor wem man dies tut, ob man es im privaten Kontext oder vor *der gemeine, den räten* vollzieht und ob man es *zu unrechte* tut.

Injurienprozesse machten einen großen Teil der Zivilklagen im Frühneuhochdeutschen aus.[127] Derjenige, der einen anderen in Verruf brachte, musste also im Ernstfall selbst mit der Ehrlosmachung rechnen.

> Rennefahrt, Wirtsch. Bern 374, 9 (halem., 1467/79): Wer zů dem andern gicht, du bist ein schelm, ein diep oder ein bößwicht oder ein harverlůffner oder harkomner bůb oder lotter, stat zů den meistern, in ze straffen.

> Welti, Stadtr. Bern 649, 18 (halem., 1539): Hinderrucks eerabschniden. Wellicher aber dem anndern also verdachtlichen sin eer abschnidet vnnd verletzt in sinem abwesen, ime hinderrucks, vnnd demnach am rechten ein widerruf thun muß nach erkennender vrtheyl, derselbig eererletzer soll hieobgeschrybne buß dryfach lyden, namlich drü jar leysten vnnd 30 Pfund d. zeeynung geben, one alle gnad.

> Siegel , Salzb. Taid. 225, 1 (smoobd., 1624): Wer die leut iniurirt [...] der ist infamig und der kaisserlichen straff [...] verfallen.

Jemanden in Verruf zu bringen ist ein Angriff auf den Leumund und die Ehre, das heißt das gesellschaftliche Ansehen einer Person. *Leumund* ist ein anderer Ausdruck für *ere* >Ehre<, wohl sogar der alltagsrelevantere in dieser Zeit. Das Wort wird frnhd. gebraucht als >Ruf, öffentliche Einschätzung, Leumund, Urteil der sozialen Umwelt über eine Person oder Personengruppe mit Bezug auf ihr sittliches Verhalten<. Je nach Attribuierung pendelt dieses Urteil über eine Person zwischen gut und schlecht, wobei die Zwischenstufen seltener vorkommen als die gegensätzlichen Pole. Man hat in der Regel entweder einen *bösen, dunklen* oder einen *erlichen* bzw. *guten* Leumund. Zu den bedeutungsverwandten Ausdrücken gehören, je nach Ausschlag der Bewertung, ¹*achtung* 4, *erbarkeit*,

---

[127] In Tochs Untersuchung zum Zehntgericht der Obergrafschaft Katzenelnbogen betraf ein Drittel (321) der vor dem Zentgericht verhandelten 1100 Fälle Klagen zur Ehrabschneidung. Erst an zweiter Stelle kamen Diebstahlsprozesse mit 289 Fällen. Von den 321 Fällen zur Ehrabschneidung waren allein 300 durch den Gebrauch von Schimpfwörtern initiiert (Toch 1993, 314).

*ere, lob, name, ruf, besagung, gerücht, geschrei, glimpf, sage, schmähe*. Von großer Aussagekraft sind wieder die syntagmatischen Verbindungen, in denen das Wort gebraucht wird. So kann *man einem menschen den leumund abschneiden / ärgern, kränken / letzen / schwächen / vermeiligen*, ihn sogar *am leumund töten*. Der Leumund ist nicht nur entscheidend für das Sozialprestige innerhalb der Gesellschaft, er ist auch maßgeblich für die Behandlung vor Gericht, also für den juristischen Status einer Person. Und erst auf diesem Hintergrund wird deutlich, warum die Leumundsfrage regelmäßig zum Gegenstand von Injurienprozessen wurde.

Es wurde schon darauf hingewiesen, dass der Weg vom geäußerten Anfangsverdacht zur Anklage nicht weit war, vor allem dann nicht, wenn die *beredete* Person ohnehin als unehrlich galt. Diese Prämisse traf für alle hier behandelten gesellschaftlichen Randgruppen mehr oder minder stark zu. Dies war textlich nachweisbar folgenreich. In der Bambergischen Halsgerichtsordnung aus dem Jahre 1507 lautete der entsprechende Artikel 32:

> BambHalsGO. 13r (1507): sol man erfarung haben nach den nachfolgenden vnd dergleichen argkwenigen vmbstendñ [...] Erstlich ob der verdacht ein soliche verwegne oder leichtuertige person von poᵉsem leůmat vnd gerucht sey / das man sich der missetat zu ir versehen moᵉge.

Zur Verhaftung reichte es also schon aus, einen schlechten Leumund zu haben. Dies findet sich auch in der Reichskammergerichtsordnung, die, wie viele zeitgenössische Rechtstexte, in der direkten Tradition der Carolina steht:

> Reichskammergerichtsordnung 187 (1555): die klagendt parthei den verdacht durch gnugsam anzeyg oder eyn gerücht, leumuth oder aber durch eynen zeugen [...] anzeygt.

Was hier theoretisch als Begründung für den Anfangsverdacht zugelassen wurde, führte besonders in den Hexenprozessen zu einer verheerenden Praxis.[128] Wieder ist es Friedrich Spee, der den Mut aufbringt, sich kritisch über die Lust am Verleumden zu äußern und den verhängnisvollen Weg von der Verleumdung über die Verhaftung bis hin zur Folter zu beschreiben, die bekanntlich kaum ein Opfer ohne Geständnis überstand.

> Oorschot, Spee/Schmidt. Caut. Crim. 480, 6 (Frankf./M. 1649): daß in Teutschlandt (vnter den Catholischen am allermeisten) bey dem gemeinen Pöfel / dessen man sich wol schämen muß: Ein vngläublich vnd vnsäglicher Aberglauben / Neyd / Verläumbdungen / böses Nachreden / gifftiges Ohrenblasen vnd Klapperwerck / vnd was darauß folget / üblich. [...] Darauß entstehet am aller ersten der Argwohn von der Hexerey.

---

128 So schreibt Roos (2008, 199) explizit: „Am Anfang war das Gerücht."

Das Wort *argwohn* bedeutet hier nichts anderes als den Anfangsverdacht, der zu einem juristischen Verfahren führt und laut Carolina § 28 auch den Gebrauch der Folter legitimiert. Dass „die Folter und damit das peinliche Strafverfahren primär" ein System war, „das gegen sozial schwache Schichten eingesetzt wurde", konstatiert Richard van Dülmen in „Theater des Schreckens" (1995, 37). Dort weist er übrigens auch darauf hin, dass auch die jeweilige soziale Herkunft maßgeblich für das Urteil war. Die Erklärung von *argwohn* als Anfangsverdacht macht die Übergängigkeit von der schmähenden bis zu anklagenden Sprechhandlungen in ihrer Brisanz noch einmal deutlich. Das Wort verweist, dies sei nebenbei bemerkt, mit einer seiner vorherrschenden neuhochdeutschen Bedeutungen vor allem auch auf ein Motiv der denunziatorischen Sprechhandlung: das Misstrauen gegenüber dem Anderen, bei den Randgruppen explizit gegenüber dem Fremden, im eigenen Lebensumfeld gegenüber dem Unangepassten, Hässlichen, Lästigen.

Wieder ist es der Grad der Ehre bzw. der Leumund, die nicht selten darüber entschied, ob eine Person verurteilt wurde bzw. wie hart das Urteil ausfiel (ebd. 39).[129] Wenn Henisch (Augsb. 1616, 107) die Sentenz „Argwohn ist kein beweiß" aufführt, so war dies nur Ausdruck eines frommen Wunsches, der vor allem im Hinblick auf den Hexereiverdacht nötig war, aber wohl nur selten erfüllt wurde.

> Oorschot, Spee/Seifert. Proc. 482, 12 (Bremen 1647): Wann nun ein Ertzverböster Landtbub etwan ein Wort hat lassen fahren / oder sonst etwa ein böses Geschrey / über ein arme alte verachtete Gaja (dann andere indicia oder famam probatam hat man nimmermehr) er gehet / so muß die Alte dran / vnd die erste werden.

> Oorschot, Spee/Schmidt. Caut. Crim. 287a, 14 (Frankf./M. 1649): Wann nun diese angezeigte Persohnen [...] wegen solcher eintzigen Besagung / vnd gegen sie entstandenen bösen Leumuths / zur Hafft vnd Folter hingerissen wird.[130]

Es ist bereits darauf hingewiesen worden, dass der Denunziation als Hexe ein langer Prozess der Leumundsbeschädigung vorausging.[131] Der Akt der kommunikativen Ausgrenzung geht dem juristischen voraus, macht diesen oft erst glaubhaft.

---

129 Auch die Erfolgsaussichten, eine verurteilte Person durch Losbitten vor dem Henker zu retten, waren für den ansässigen ehrbaren Bürger größer als für den Landstreicher oder einen Juden (van Dülmen 1995, 44).

130 Oorschot, Spee/Schmidt. Caut. Crim 483, 27: dann da ist kein schonen / man lästert / verlaeumbdet vnnd leuget das sich die Balcken biegen möchten: vnd da muß es aller orten lauten / man finde sie mit grossen indizien beschwehret.

131 Vgl. Walz 1997, 80ff.

Im Kontext des Misstrauens gegenüber dem Fremden sind dann auch kollektive Beschuldigungen wie die folgende zu lesen.

Bernoulli, Basler Chron. 4, 4, 373, 4 (alem., 1348): es stünd ein gross lumdung uff, das die Juden die Cristenheit dilken woltten mit vergift.

Gegenstand dieses Zitats ist die sich toposartig durch die Geschichte ziehende Weltverschwörungstheorie. *Leumdung* ist sowohl als Gerücht zu lesen als auch als Anfangsverdacht, der bereits zu einem Verfahren führen konnte. Der semantische Übergang ist auch hier fließend. In diesem Zusammenhang steht wohl die heute noch gängige Vorstellung, dass an solchen Gerüchten immer auch etwas Wahres dran sein muss.

Das soziale Kommunikationsverhalten in frnhd. Zeit, nimmt man diesen Befund der Quellen von seinen radikalen Konsequenzen her ernst, kann nicht besonders freundlich gewesen sein. Die Tatsache, dass die Verleumdungsprozesse einen so großen Raum eingenommen haben, zeigt auch, dass das obrigkeitliche Entgegenwirken nicht nur deswegen nötig wurde, um den sozialen Frieden einer Gemeinschaft zu sichern, sondern dass das Eingreifen der Gerichte zur Wiederherstellung des guten Namens für den Einzelnen im Ernstfall überlebenswichtig war.

Eine andere Formulierung für ›einen schlechten Leumund habend‹ bzw. damit gleichbedeutend wäre, wie mit dem Substantiv *argwon* schon angedeutet, die Prädikation *argwönig sein*, wobei die erste angesetzte Bedeutung für das Adjektiv bereits den extensionalen Zusammenhang mit den hier besprochenen Randgruppen deutlich macht. *Argwönig* 1 bedeutet:

‚verdächtig, Verdacht erregend, erweckend‘, sehr oft auf Personen bezogen, auf die wegen ihrer Herkunft, ihres Verhaltens, ihrer Amtsverwaltung usw. der Verdacht fällt, sich nicht der Norm entsprechend zu verhalten, oft auch auf Sachen, Handlungen, Umstände bezogen, die der Norm widersprechen oder (wie z. B. Krankheiten) als Folge von schuldhaftem Verhalten gewertet werden; je nach textlichem Bezugsgegenstand mit unterschiedlichen Nuancen, z. B. a) ‚als parteiisch verdächtig, parteilich‘ (von Personen); b) ‚unzuverlässig, ungeeignet‘ (von Personen mit einer rechtlich festgelegten Funktion), c) ‚lockerer Sitten verdächtig, leichtfertig‘ (von Frauen), d) dazu metonymisch: ‚schlecht beleumdet, verrufen‘, e) ‚des Vertrauens nicht wert, unzuverlässig‘ (z. B. von Lehren), f) ‚der Fälschung verdächtig, ungültig‘ (von Urkunden), g) ‚eitel, nichtig‘ (von Sachen), h) ‚zu vermuten, erwartbar‘.

Ein Beispielbeleg mag hier genügen.

Siegel u. a., Salzb. Taid. 269, 20 (smoobd., Hs. 18. Jh.): da züggeuner, gartende landsknecht oder ander miessig gehende arkwenige persohnen haimblich oder offentlich in daß gericht komen.

Alle Mitglieder der genannten Gruppen stehen bereits aufgrund ihrer tatsächlichen bzw. aufgrund der von anderen vorgenommenen Gruppenzuordnung prinzipiell unter Verdacht, sie gehören damit zu den *argwönigen* Personen. *Verleumden* heißt dann nichts anderes als eine Person sprachlich in die Nähe dieser Gruppen zu rücken bzw. einer Einzelperson diejenigen Eigenschaften zuzuschreiben, die man gesellschaftlich mit der Gruppe verbindet, der er angehört oder der man ihn fremdklasssifikatorisch zugeschlagen hat. Wenn man nun deren Ehrstatus durch bestimmte Sprechakte, sei es bewusst verleumderisch, absichtlich anklagend oder sekundärstigmatisierend auf andere überträgt, so hat dies in vielen Fällen nicht nur eine Ehrverletzung im Sinne einer individuellen Beleidigung zur Folge, sondern ist als soziale Ehrabsprechung bereits der erste, entscheidende Schritt zur Kriminalisierung.

## II. 7. 2. Eine „magische" Form der Ausgrenzung: Das Fluchen

### II. 7. 2. 1. *Fluchen* und *Verfluchen*

Flüche sind die magische negative Kehrseite des heilenden Besprechens, des christlich akzeptierten, ritualisierten Segnens und aufgrund der dem gesprochenen Wort zugeschriebenen Macht bzw. Magie auch des Absolvierens bzw. Lossagens durch den Priester nach der Beichte.[132] Für Friedrich / Schneider (2009, 9) gehört das Fluchen zu den *fatalen Sprachen* und ist als soziale Praktik mit außerordentlicher Sprech- bzw. Wirkkraft versehen.

Verben oder Phraseme, die in frnhd. Zeit die illokutionäre Rolle des Fluchens zum Ausdruck bringen können, sind u. a. *anathematisieren, anfluchen, aussegnen 2, bannen 10, beschreien 6, gefluchen, (ge)maledeyen, gottesschweren, lästern 2, verfluchen, (ver)maledeien, jm. args wünschen, einen schalk ausstossen, jm. das herz abfluchen, jm. das bad mit flüchen segnen, jm. die pforte der helle / der helle bank befelen.*

Schon beim ersten Lesen dieser Auswahlliste fallen zwei Aspekte auf: Zum einen müssen die gegenwartsdeutsch semantisch deutlich abgrenzbaren Verben *schwören* im Sinne von: >einen Eid ablegen< (Friedrich / Schneider 2009, 9) und *lästern* im Sinne von: >jn. schmähen, jm. übel nachreden< im Frnhd. in mindestens einer ihrer weiteren Bedeutungen zu *fluchen* synonym gebraucht

---

132 Vgl. dazu: Grimm 1992, 3, 365ff.; Allgemein: Friedrich / Schneider 2009.

worden sein.¹³³ Ebenso auffallend sind die Verben *aussegnen* und *bannen*. Ersteres verweist auf die positiv sakrale Gegenhandlung des Fluchens; letzteres trägt seine pragmatische Einbindung in den Funktionsbereich einer Institution geradezu vor sich her. Diese Fälle betreffen nicht zufällige Einzelbefunde, sondern haben Beispielcharakter. Sie gelten also für typische semantische Vernetzungen; sie spiegeln die strukturelle Übergängigkeit der gemeinten Sprechhandlungen vom relativ harmlosen Necken hin zum hochsakralen und justiziablen Sprechakt.

Es fällt zweitens auf, dass man die heute logisch klare Unterscheidung zwischen ‚fluchen' und ‚verfluchen' in frnhd. Zeit nur nach genauer Sichtung des Kontextes treffen kann. Während Ersteres, also *fluchen*, sowohl >schimpfen, seinen Unmut zum Ausdruck bringen< wie >jn. verwünschen< bedeuten kann, ist letzteres eindeutig darauf ausgerichtet, einem anderen etwas Böses, einen Schaden herbeizuwünschen, das heißt mit der Macht der Sprache, Einfluss auf seine Zukunft zu nehmen.¹³⁴ Unterscheidungsrelevant wären die zum Wortkontext notwendigen Mitspieler, ob jemand oder etwas damit angesprochen wird, ob es also einen Verfluchten bzw. etwas Verfluchtes als Zielgröße gibt oder ob Ungerichtetheit vorliegt. Man könnte demnach zwischen grammatisch einwertigem monologischem, im Sinne der Ausdrucksfunktion K. Bühlers zu verstehendem Fluchen und einem zweiwertigen, Bühlers Signalfunktion entsprechenden Fluchen unterscheiden, ohne dass letzteres damit dialogisch würde, da es entweder überhaupt keine oder keine handlungsoffene Antwort, sondern höchstens eine Reaktion vorsieht. Eine klare Bestimmung nach Verbvalenzen ist dennoch nicht sinnvoll, da die grammatische Wertigkeit sich nicht sicher von textlich bedingten Ellipsen abtrennen lässt. Man vgl. etwa *(jm.) die pestilenz fluchen* (im Beleg Stambaugh, Saufft. 30, 7, unten). Oft ist das eine mit dem anderen gegeben.

Der damit angedeutete Befund spiegelt sich auch beim sprechakttheoretischen Zugang. Nach der Sprechaktklassifikation John Searles könnte man Flüche / Verfluchungen doppelt einteilen, und zwar die Flüche in die Klasse der Expressiva, weil sie die psychische Einstellung des Sprechers zu einem Sachverhalt oder zu einer Person ausdrücken, nämlich Wut und Zorn (das wäre die obige Ausdrucksfunktion); die Verfluchungen fielen demgegenüber unter die

---

133 Vgl. dazu: Loetz 2002, 301: „In der Theorie unterschieden die theologisch-juristischen Schriften zwischen dem Schwören, dem Fluchen und der Schmähung Gottes, im Rechtsalltag aber wurden die Begriffe synonym verwendet."
134 Vgl. dazu auch: Handwörterbuch des deutschen Aberglaubens 1987, 2, 1636–1652; s. v. *Fluch*.

Deklarativa,[135] da mit ihrem gelungenen Vollzug ein neuer Wirklichkeitszustand für den damit Angesprochenen erreicht wird bzw. erreicht werden soll (Searle 1973, 117). Im Sinne John L. Austins sind Verfluchungen zum einen konduktive Sprechakte, zumindest listet er sie in seiner 12. Vorlesung als solche auf. Bei den konduktiven Sprechakten geht es (wie schon unter II. 7. 1 zitiert) „um die Reaktion [des Sprechers] auf das Verhalten und das Schicksal anderer Leute und um Einstellungen gegenüber dem vergangenen oder unmittelbar bevorstehenden Verhalten eines anderen" (Austin 1972, 175). Bei einer solchen Betrachtung wird der illokutive Akt aus seiner Sprecherbezogenheit fokussiert. Die Sprecherhandlung bekommt ein Motiv und wird gar als Reaktion kategorisiert; der emotionale Zustand des Sprechers wird betont. Verfluchungen dagegen können je nach Handlungskontext laut Austin zum anderen aber auch als verdiktive bzw. exerzitive Akte bezeichnet werden, da mit ihnen eine neue Wirklichkeitssetzung erfolgt. Verdiktiv wären sie, sofern sie als Urteil dienen, exerzitiv wären sie, sofern sie den dazugehörigen Strafausspruch rechtskräftig machen. Wir haben sprechakttheoretisch je nach Klassifikationsterminologie also entweder einen sprecherbezogenen Typ, die ausdruckshaften, expressiven bzw. die konduktiven Akte (im Sinne Austins), oder wir haben die hörerorientierten, wirkungsbezogenen deklarativen, verdiktiven bzw. exerzitiven Akte.

Es ist mindestens zwischen solchen Flüchen zu unterscheiden, die nur der emotionalen Entladung, der Triebabfuhr dienen, ohne dabei eine Verwünschung auszusprechen, und solchen, die als Beschwörungen oder Schadenszauber gemeint sind oder so verstanden werden und die beim so Angegriffenen zum mindesten eine Ehrverletzung hinterlassen. Bei ersteren gibt es keine Opfer, die Anzeige erstatten, letztere sind interaktiv und zielen auf eine Person, die zum Opfer wird.

II. 7. 2. 2. Das göttliche und das kirchliche Verfluchungsmonopol

Mit *verfluchen* kann man sowohl den illokutionären Akt wie das die Handlung vollziehende performative Verb meinen, aber natürlich auch die narrative Beschreibung einer solchen Handlung.

> Luther. Hl. Schrifft. Hiob 3, 8 (Wittenb. 1545): Es verfluchen sie die Verflucher des tages / vnd die da bereit sind zu erwecken den Leuiathan.

---

135 Vgl. auch: Havryliv 2009, 128; Hindelang 2010, 44 ordnet das Verfluchen als expressiven Sprechakt ein.

Ob man explizit performativ sagt: *ich verfluche dich* in der ersten Person Singular oder *ich wünsche dir die Pest an den Hals* ist sprechakttheoretisch dasselbe wie die imperativische Formulierung, die in der biblischen Darstellung der „ersten" Verfluchung durch Gott nachzulesen ist:

> Luther, Hl. Schrifft 1. Mose 14 (Wittenb. 1545): DA sprach Gott der HERR zu der Schlangen / Weil du solches gethan hast / Seistu verflucht fur allem Vieh vnd fur allen Thieren auff dem felde / Auff deinem Bauch soltu gehen / vnd erden essen dein leben lang / [...] VND zu Adam sprach er / Die weil du hast gehorchet der stimme deines Weibes / Vnd gessen von dem Bawm da von ich dir gebot / vnd sprach / Du solt nicht da von essen / Verflucht sey der Acker vmb deinen willen / mit kummer soltu dich drauff neeren dein Leben lang / Dorn vnd Disteln sol er dir tragen / vnd solt das Kraut auff dem felde essen. Im schweis deines Angesichts soltu dein Brot essen / Bis das du wider zu Erden werdest / da von du genomen bist / Denn du bist Erden / vnd solt zu Erden werden.

Nach der formelhaften imperativischen Anrede mittels *du seist verflucht* folgen Verwünschungen, die mit dem Modalverb *sollen* und weiteren textlichen Mitteln (z. B. mit der Kopula *sein*) ausgedrückt werden. Die Prämisse göttlicher Verfluchung besteht darin, dass das Aussprechen durch Gott als deklarativer Akt gilt, mit dem die Wirklichkeit unumstößlich verändert wird. Die bereits auf den ersten Blick bedrohliche Wirklichkeitssetzung durch den Fluch ist daher gleichzeitig auch die Voraussage des Bösen, das in Zukunft sein wird. Ein solches Sprechen ist jedoch Gott vorbehalten, so dass man sogar von einem göttlichen Fluchmonopol sprechen kann.[136]

Die Vorstellung, auch der Mensch könne durch sein Sprechen eine ebensolche Wirklichkeitssetzung vornehmen, ist die Voraussetzung für das menschliche Verfluchen, das zumeist in rituellen Formeln und Sprüchen vollzogen wird, womit dessen sakrale Komponente selbst in säkularisierten Zeiten noch zum Tragen kommt. Wirkkraft und Schweregrad des Sprechaktes hängen zudem nicht nur von der notwendigerweise futurisch ausgerichteten grammatischen Form ab, sondern vor allem aber von der Person, die eine solche Sprechhandlung vornimmt, aus welchem Grund sie es tut, mit welcher Legitimation und in welchem institutionellen Rahmen es geschieht.

Der Kirche in der wie auch immer zu verstehenden Stellvertretungsfunktion Gottes dienten institutionalisierte Verfluchungen als offizielles geistliches Kampfmittel, das den so Besprochenen radikal und unmittelbar aus der Heilsgemeinschaft ausschloss, oft mit machtvollem Ausgriff auf die Transzendenz, so wenn der Papst einem Kaiser „bis an die virde gebort [fluchte]" (Rothe, Dür. Chr. 557).

---

136 Zum göttlichen Fluchmonopol vgl. Loetz 2002, 302.

Die Benediktiner hatten sogar eine eigene Liturgie des clamor entwickelt. So lautet der Lütticher Bischofsfluch: „sie sollen lebendig zur Hölle fahren und mit Judas dem Verräter, Herodes, Pilatus und mit andern Frevlern in der Hölle zusammen sein" (Dinzelbacher 2000, 328f.). Den Übeltätern werden Armut, Hunger, Fieber, Frost, Hitze und Zahnschmerzen (ebd. 329), alles erdenklich Üble an den Hals gewünscht. Doch beim Wünschen blieb es nicht. Die Strafe der Vermaledeiung durch den deklarativen Akt der Exkommunikation hatte auch juristisch den vollständigen Ausschluss aus der Sozialgemeinschaft zur Folge, so dass das Gewünschte im Zweifelsfall allein deswegen eintrat, weil der Exkommunizierte / Gebannte auf keinerlei soziale Anbindung und Unterstützung mehr hoffen konnte. Man durfte mit dem Exkommunizierten nicht essen, nicht trinken, nicht sprechen. Selbst das Begräbnis war für die Angehörigen tabu.[137] Von dieser Art des Verfluchens zeugt auch die onomasiologische Vernetzung der folgenden Belege, bei beiden mit impliziertem transzendentalem Ausgriff.

> SCHADE, Sat. u. Pasqu. 2, 47, 1 (rhfrk. 1523): den gewalt der schlüßel, zu binden, uf zu lösen, deins patrimoniums, excommuniciern, aggraviern, anathematiziern und dergleichen.

> ROT 290 (Augsb. 1571): Anathematizirn, verfluchen / dem Teuffel geben.

Die Verfluchung war demnach eines der machtvollsten Mittel zur Ausgrenzung. Doch neben den offiziellen Exkommunikationen durch die Päpste oder andere religiöse Machtinstitutionen sind Verfluchungen auch Teil polemischer Predigten, wie sie der schon mehrfach zitierte Berthold von Regensburg systematisch zur Disziplinierung seiner Gläubigen einsetzte. Auch wenn der deklarative Anteil aufgrund des fehlenden juristischen Rahmens bei ihm in den Hintergrund und der expressive in den Vordergrund tritt, bleibt das Verfluchen schon deshalb als Ausgrenzungsakt bestehen, weil der Sprecher ein von der Kirche autorisierter Prediger ist und durch sein Amt das Recht zum *binden* und zum *auflösen* (s. o.) von Sünden erhalten hat.

> Berthold von Regensburg V, 71: Pfî dich, daz ie dehein touf ûf dich kam!

> Ders. II, LI, 152: Pfî, schantflecke aller der werlte! Ez ist wunder, daz dich diu erde treit und daz dich diu sunne an schînet, dich verfluochent die kroten. Diu helle ist mit dir geschendet, mich wundert, daz dich diu erde niht verslint.[138]

---

[137] Sehling, Evangelische Kirchenordnung V 246 (1570): „im fall aber, da die excommunicirte person ohne besserung aus diesem leben abschiede, so soll das pfarrvolk nicht bei derselben begrebnus sein, sonder ime, als ein abgeschnitten glied von der heiligen christlichen kirchen, vergraben lassen."

[138] Vgl. auch: Berthold von Regensburg II, LVIII, 218; II, LVIII, 219; II, L, 144; II, LI, 146.

Ders. III, 40: Pfî iuch, her Pfennincprediger! ir sît verzaget an gotes miltekeit und an gotes erberméde. Unde dû, trüllerin, diu dâ gît drîe sêle kûme umbe zwene schuohe oder umbe vier pfenninc. Dû wahtelbein des tiuvels, dâ mit er manige sele væht, dû bist verworfen von dem volke.

II. 7. 2. 3. Das individuelle Verfluchungsverbot: Anspruch und Wirklichkeit

Im Unterschied zum offiziellen Akt der Verfluchung, der in der Regel in rechtsförmliche Rituale eingebettet und selbst ein Rechtsakt ist, aber eben auch im Unterschied zum Verfluchungsgebaren in der moraltheologischen Predigtpraxis durch dazu befugte Bußprediger wird das individuelle Verfluchen bei nicht dazu berechtigten Laien als strafbare Handlung geahndet.

> Wintterlin, Würt. Ländl. Rechtsqu. 1, 517, 10 (schwäb., 1554/1649): solle niemand weder ihme selbsten noch seinem nechsten einige plaag, schaden, seuch oder krankheit, wueth, unsinnig anwünschen.[139]

Trotz der Androhung empfindlicher Strafen gehörte das Fluchen zum normalen Alltag. Und nicht erst Jacob Grimm verweist auf den allzu üblichen Gebrauch.[140] Folgende Begründungen für das Verfluchen als Charakteristikum der frnhd. Gesellschaft sind denkbar. Zum einen könnte man argumentieren, dass die tatsächliche Bestrafung immer abhängig von der Art des Fluchens war und davon, dass sich ein Denunziant fand, der die Verbalinjurie anzeigte: Wo kein Kläger ist, da braucht man keinen Richter. Es ist wohl tatsächlich anzunehmen, dass die Üblichkeit verfluchenden Sprechens dieses in seiner strafrechtlichen Verfolgungsnotwendigkeit relativierte bzw. dass es zu Diskussionen über den Schweregrad des Verfluchens kam. Diese Möglichkeiten präsupponiert jedenfalls die nachfolgende Argumentation.

> Stambaugh, Friederich. Saufft. 30, 7 (Frankf./O 1557): darumb wer das nerrisch geredt / so jemand spreche / Die Pestilentz fluchen ist nicht Sünde / sondern nur ein geringer [...] Haußfluch.

Zum anderen sind das Anwünschen bzw. das Verfluchen der Laien vorwiegend dem mündlichen Gespräch zuzuordnen. Dieses ist bekanntlich durch seine Nähe-

---

139   Vgl. auch: Hoffmann, Würzb. Polizeisätze 206, 45 (nobd., 1490): Und die bettler und bettlerin, [...], sollen [...] nit fluchn [...]. Welche das uberfuren und die bettelmeister oder stertzel, den hern daruber verordent, furbrechtn, der oder dieselben sollen ein monat auß der statt sein.
140   Grimm, Mythologie 1992, 3, 366. Vgl. dazu: Schwerhoff 2005.

sprachlichkeit und Situationsbezogenheit charakterisiert;[141] es lässt dadurch der emotionalen Expressivität freien Raum. Laienverfluchungen haben sprechakttheoretisch betrachtet konduktiven, vor allem aber vorwiegend expressiven Charakter; als deklarative Akte hatten sie in der Regel nur wenig Aussicht auf Vollzug. Ihre Expressivität mag zusätzlich dadurch gesteigert worden sein, dass sie trotz ihrer Üblichkeit doch als Tabubruch galten und strafbar waren. Wenn sie dennoch selbst auf der Kanzel eingesetzt wurden, dann beweist dies nur, dass sie die Intensität und Stärke eines emotionalen Ausbruchs in besonderer Weise steigern konnten. Kommunikativ betrachtet war das Fluchen, eben gerade weil es tabuisiert bzw. verboten war, nachdrücklich und wirksam. Und es wurde mit dieser verstärkenden Absicht auch eingesetzt, was nicht nur das immer üblicher werdende Fluchen und Verfluchen auf der Kanzel beweist, sondern auch ihr gezielter Einsatz in literarischen Texten.[142] So hat Thomas Murner seine Dialoge im „Lutherischen Narren" geradezu mit Fluchen und Verfluchungen bestückt:

> Murner, Vom lutherischen Narren 63, 1755 (1522): Gotz marter vnd gotz iudas! beidt, / Es sol den schelmen werden leidt, [...]

> Ebd. 1793: Noch sein der andern heiligen mer, | Die bruch ich, so ich schwer, | Sant veltlin vnd sant kürin beid / Sant veit sein dantz mit anderm leid [...].

> Ebd. 1806: Götz byl / götz hinsch / götz treck / götz kröß, / Die flüch thů ich, wan ich bin böß. / [...] Wolt ich, das sie gotz marter schent.

Das Verfluchen diente dem Sprecher in erregten, äußerst angespannten Kommunikationssituationen zur emotionalen Entlastung bzw. zur emotionalen Abfuhr. Hierbei kanalisieren sich Verärgerung, Hilflosigkeit oder übermächtiger Zorn, die sich gegen andere Personen, aber auch gegen Sachen oder sogar sich selbst richten können.

> Froning, Alsf. Passionssp. 3643 (ohess., 1501ff.): ich vorfluchen myt groißen schalle | den sternen und den planeten alle, | von den ich han myn wessen.

## II. 7. 2. 4. Schadensflüche und Beschwörungsflüche

Flüche sind aber nicht nur konduktiv-expressiver Ausdruck der Verärgerung über einen Anderen, emotionale Abfuhr oder bloßes rhetorisches Stilmittel der Expressivität. Mischt sich magisches Denken mit in den Sprechakt hinein, wird aus dem Ausdruck der Verärgerung eine Beschwörung, ein Akt blasphemischen

---

141 Grosse 2000, 2, 1397.
142 Bogner 1997, 90.

Schadenszaubers, der von der frühneuhochdeutschen Gesellschaft außerordentlich gefürchtet war. Unabhängig davon, ob der Sprecher tatsächlich an die magische Macht des Wortes glaubt und sich dann an die Stelle Gottes, des Teufels oder einer anderen höheren Macht setzt oder deren wirkkräftige Verbundenheit behauptet, fällt er unter den Verdacht der Hexerei bzw. der Ketzerei und liefert sich einer entsprechenden Bestrafung aus.

Die auf volksmagische Vorstellungen zurückgehenden Beschwörungsflüche wiederum könnte man aufteilen in solche, die dem Angesprochenen (a) materiellen oder körperlichen Schaden innerhalb dieser Welt wünschen, und solche, die ihn (b) der Hölle überantworten wollen. Formelhaft ist dabei die Gestalt: *dass dich...* plus Nennung einer Krankheit und Verb (z. B. *das dich die franzosen anstossen, das dich der rit* (>Fieber<) *schände in das böser auge*).[143] Im zweiten Falle findet sich unter Beibehaltung der Formel die Nennung des Übels durch eine transzendent gedachte Größe ersetzt. Da die Anzahl der Flüche groß ist, sollen hier nur einige zur Auswahl zitiert werden.

a) Körperlicher Schaden. Ins Spiel gebracht werden *elend, schmerzen, plage, strafe, pestilenz, beule* und eine lange Reihe weiterer Plagen, die jemanden überkommen mögen:

> Goldammer, Paracelsus 6, 195, 12: darum seindt ir ausdorret wie das heu auf dem dach, und wer euer ellend und schmerzen sicht, der hat kein mitleiden mit euch, sunder ir seindt vor aller welt geschendt, veracht und verspot, daß euch niemants hilf wunschen wird.

> Fastnachtsp. 864, 32 (Straßb. o. J.): Ei daß dich all plag und straff angang, | [...] | Pestilenz, bül, blatern, lemmen, podegran, | Gsücht, krampf, s. Tönis fhür gang dich an!

> Wackernell, Adt. Passionssp. St. I, 2087 (tir., v. 1496): Wol her auch dw, mörder, | Dich sol an heben dein schwär!

> Gilman, Agricola. Sprichw. 1, 374, 27 (Hagenau 1534): Der gächritten gehe dich an.

b) Verwünschung zur Hölle: Zur Hölle wünscht man jemanden, indem man ihm *das hellisch feur / schweis / den teufel auf den kopf wünscht* oder *ihm die pforte der helle / der helle bank befielt* bzw. weitere Widrigkeiten der präsupponierten Transzendenz ins Spiel bringt.

> Gilman, Agricola. Sprichw. 1, 459, 2 (Hagenau 1534): daß dich Gots angst schende.

> Bächtold, N. Manuel. Barb. 645 (Zürich 1526): Dass dich 's hell'sch für anzünd als balgs!

---

143 Vgl. für das 17. und 18. Jh.: Labouvie 1993, 121–145.

> Barack, Zim. Chron. 1, 269, 22 (schwäb., M. 16. Jh.): der het ain schwur an ime, das er sagt: 'Das dich der ewig fluch ankom!

Bedeutungsverwandte Verben oder Verbalabstrakta, die die so gestalteten Sprechakte benennen, sind die folgenden:

> Aubin, Weist. Hülchrath 231, 20 (rib., 1624/31): fluchen, schwären und gotteslasteren, wahrsagen, zaubereien, beschwären, ketzerei.

### II. 7. 2. 5. Gotteslästerliches Fluchen

Der Sprechakt des gotteslästerlichen Fluchens gilt durch den implizierten eigenen Machtgestus bzw. durch das Anrufen anderer Mächte neben der göttlichen Macht als ein Verstoß gegen das zweite Gebot. Dieses besagt, dass man den Namen Gottes nicht missbrauchen bzw. verunehren soll.[144] Das „laster des gotzslesterlichen fluchens und verdamlichen mißbrauchs des namen gottes" wurde als „malefizische und peinliche händel"[145] geahndet, mit Bußgeld oder mit öffentlichen Schandstrafen wie dem Pranger bestraft (Sehling, EvKO. XIV 436). Solches Sprechen erfüllte auch dann den Tatbestand der Gotteslästerung, wenn es nur so dahingesagt wurde, wie es der nachfolgende Beleg suggeriert.

> Kohler u. a., Bamb. Halsger. 6r, 127, 3 (Bamb. 1507): Jorg Dors ist zu Vorcheim venkclich einkomenn, darumb das er nachvolgende gotsschwur gethann, Nemlich: das euch gots velentin, got schent, [...], gots tropff, gots leichnam, gots Sandt valentin.

Man konnte in derselben Weise auch *bei den heiligen sacrament, fünf wunten, bei [...] Christum, bei gottesleiden* (ÖW XI, 412) oder ähnlichen Glaubenstatbeständen fluchen. Dabei machte man kaum Halt vor ansonsten nicht nennbaren Körperteilen der Heiligen oder der Trinität.

> Schultheiss, Achtb. Nürnb. 69, 28 (nobd., 1346): Diß Jahr hat man einem Weib [...] die Statt ewig verboten [...] darumb, daß sie geschworen hat bei Gotts Grind und bei Gotts Zers.

Sehr häufig wird der göttliche Name zur Verschleierung verballhornt wie in *Pox hur, poz kaminrus, boz kerbholz, pox leichnam, pox leiden, pox marter, pox schwitz,*

---

[144] Es sei an dieser Stelle angemerkt, dass der Eidschwur ebenfalls mit dem 2. Gebot verknüpft ist und in der Regel entgegengesetzt spiegelbildlich zum Fluch zu lesen ist. Vgl. dazu: Holenstein 1993, 11–63.
[145] Brinkmann, Bad. Weist. 21, 10 (rhfrk., 1561).

*potz leiden, potz wunder, potz fleisch, potz tausend*[146] wobei *pox* oder *potz* einerseits euphemistisch für *gottes* steht, andererseits aber auch auf den Bock und damit den Teufel verweist:

> Holland, H. J. v. Braunschw. V. e. vngerat. Sohn 393, 16 (Wolfenb. 1594): Das dich Potz leiden rüre.

Das Verbot, den Namen Gottes zu missbrauchen, wird auf diese Weise respektiert und gleichermaßen übergangen (Lindorfer 2009, 24). Gotteslästerung oder Blasphemie waren Verstöße gegen einen nicht sichtbaren Gott, der auf Erden jedoch keine Anzeige erstattete, dessen Ehre daher durch seine irdischen Stellvertreter beschützt und gerächt werden musste. Gotteslästerung, so schreibt Loetz (2002, 124), „geht weit über Wortsünde hinaus. Gotteslästerung ist eine Lebenshaltung, in der die Sünder von Gott abfallen, den Bund mit Gott aufkündigen und somit Christus verleugnen". Man glaubte, dass aufgrund blasphemischen Sprechens, das u. a. auch *blasphemieren, gotteslästern, gottesschelten, gottesschweren* oder *lasterkosen* genannt wurde, nicht nur das Seelenheil des Einzelnen in Gefahr gerät, sondern dass das Wohl der gesamten (Heils-)Gemeinschaft davon abhängt. Die Angst vor dem Zorn Gottes, vor Gottesstrafen wie Epidemien oder Hungersnöten war groß und wurde immer wieder als Strafbegründung genannt (vgl. Loetz 2002, 117). Diese Vorstellung findet sich bereits in der 77. Novelle des Corpus juris civilis Kaiser Justinians (nach 535):

> Et quoniam quidam ad haec quae diximus et blasphema verba et sacramenta de deo iurant deum ad iracundiam provocantes, et istis iniungimus abstinere ab huiusmodi blasphemis verbis et iurare per capillos et caput et his proxima verba. Si enim contra homines factae blasphemiae impunitae non relinquuntur, multo magis qui ipsum deum blasphemat dignus est supplicia sustinere. Propterea igitur omnibus huiusmodi praecipimus a praedictis delictis abstinere et dei timorem in corde percipere et sequi eos qui bene vivunt. Propter talia enim delicta et fames et terrae motus et pestilentiae fiunt, et propterea admonemus abstinere ab huiusmodi praedictis illicitis, ut non suas perdant animas. [...]

> Deutsch: Da aber Einige [...] auch noch gotteslästerliche Rede führen und Eide bei Gott schwören, wodurch sie Gott zum Zorn auffordern, so rufen Wir auf gleiche Weise auch denen zu, dass sie sich solcher gotteslästerlicher Reden und des Schwörens beim Haar und Haupt und solcher ähnlicher Reden enthalten sollen [...]. Denn wegen solcher Vergehen entstehen Hungersnoth, Erdbeben und Pest [...].[147]

---

146  Schaible 1885, 42ff. verweist auf Fischart, der schreibt, dass „die Worte hoc est corpus etc., beim Abendmal gesprochen, eine Kraft haben wie das Wort pfuat, so der Teufel sagt, wenn er Mönche schafft." *Pfuat* steht für lat. *fiat*.

147  Schoell / Kroll 2009, deutsche Übersetzung nach Otto / Schilling / Sintenis 2002.

Ob das *Gottesschelten* tatsächlich dann in der spiegelnden Weise bestraft wurde, wie es in den Niederösterreichischen Weistümern gefordert wird, ist fraglich. In der Regel dienten solche stigmatisierenden Strafandrohungen mehr der Abschreckung, als dass sie tatsächlich vollstreckt wurden.[148]

> Winter, Nöst. Weist. 2, 675, 29 (moobd., 1433): wo der richter in der herrschaft gottschelter oder gottschwörer findt, die soll der richter zu seinen handen nemen und die zungen zu dem naken außziehen lassen.
>
> Barack, Zim. Chron. 1, 452, 30 (schwäb., M. 16. Jh.): do wolt sich der knab nit bössern, sonder gotzlestert und schwuer so übel, das man recht über in geen liess und ime offenlichen die zungen ussschnitt.

Entscheidend für eine Verurteilung aufgrund eines Zungendeliktes war immer der situationspragmatische Kontext, in dem der Sprechakt vollzogen wurde:[149] Wer waren die Kommunikationsteilnehmer, der Flucher, der Verfluchte, wo fand das Fluchen statt, in welcher Weise? War z. B. eine unter Hexereiverdacht stehende Frau beteiligt, so hatte die juristische Reaktion ein gänzlich anderes Gesicht als bei den Kanzelverwünschungen eines Bußpredigers wie Bertholds von Regensburg oder Geilers von Kaysersberg.[150] Auch weist Schwerhoff (2009, 106) darauf hin, dass das Niederschreiben eines Fluches besonders gravierend zu Buche schlug.

II. 7. 2. 6. Der Fluch als Machtmaßnahme

Unter kommunikations- und herrschaftspragmatischen Aspekten ist das Interessante an den Flüchen, dass die Mächtigen bzw. die Machthaber sie als wirksames Werkzeug benutzen, die einmal gegebene Ordnung aufrechtzuerhalten und die weniger Mächtigen zu disziplinieren. Sie achten daher sehr wachsam darüber, dass sie selbst die Fluch- bzw. Verfluchungshoheit behalten und darin konkurrenzlos bleiben.

Ohne das Verb *fluchen* überhaupt zu verwenden, bedient sich Berthold von Regensburg im nachfolgenden Beleg bei seiner Predigt aller beschriebenen Varianten des Fluchaktes. Dass er hier seine Konkurrenz der Zungenlaster beschuldigt, zu denen das Fluchen hinzuzuzählen ist, ist die eine Sache, dass er sich dabei anmaßt, im Unterschied zu diesen dasselbe zu Recht zu tun, die andere.

---

148  Über tatsächliche Hinrichtungen berichtet Schwerhoff 2009, 101–105.
149  Vgl. dazu auch: Loetz 2002, 176–301.
150  Schwerhoff (2009, 115) weist auf die Glückspielsituation hin, vermutet dahinter einen Sport der Adeligen.

> Berthold von Regensburg I, VI, 84: Pfî pfennincprediger, wie stêt ez umbe dîne zunge, diu manic tûsent sêle zer helle wîset, daz ir niemer mêr rat wirt? Dû pfennincprediger, dû bist dem tiuvel ein der aller liebeste kneht, den er iendert hât. Unde trühselerin, dû treist ouch der bœsten zungen eine, diu dem tiuvel ie dienst erbôt. Nû seht, wie manige leie die zungen sint die dem tiuvel dienent, die alle in sintflüete wîse zer helle varnt! Lât ez iuch erbarmen, daz sich got über iuch erbarme. Daz dich alle böcke niht erfüllen möhten, dû habest menschenfleisch frezzen!

Die folgenden beiden Belege verweisen auf die eidesunterstützende Funktion der Selbstverfluchung. Die Fluchwirkung wird in dem Moment heraufbeschworen, in dem der Eid oder die Bezeugung unwahrhaftig geschieht. Viele der entsprechenden Beispielbelege entstammen Texten gehobener Sprachschichten, speziell Rechtstexten. Damit wird das Fluchen zum Instrument der obrigkeitlichen Strukturierung frühneuzeitlicher Herrschaftshierarchie.

> Otte, Mainzer Hofgerichtsordnung, B iij r – B iij v (1521): Wo ich aber hierin einigen betrüg mit verhaltunng der warheit gebrauchen würde. So sey ich verflucht ewiglichen / vñ verghee vnd zerstoer mich das fewr / das Sodoma vnd Gomorra vberging / vnd alle die flüch die an der Thorath geschriben steeñ.

> Reichskammergerichtsordnung I 86 [§ 10], Bl. 74 v (1555): Wo ich aber nit recht oder wahr hab / inn diser sachen / sonder eynich vnwarheyt / falsch oder betrieglichheyt darin gebraucht / So sey ich Heram vnd verflucht ewigklich / wo ich auch nit wahr vnnd recht hab inn diser sach / das mich dann vbergehe vnd verzere das feüwer / das Sodoma vnnd Gomorra vber gieng / Vñ alle die flüch die an der Torach geschriben stehen / vnnd das mir auch der wahr Gott / der laub vnd graß / vnd alle ding beschaffen hat / nimmermehr zů hilff noch zůstatten komme / in eynichen meinen sachen vnd noeten.

Das allgemeine Fluchen der Laien ohne juristische Legitimation ist also, wie oben an den Rechtsbelegen bereits aufgeführt, zum Gegenstand der Disziplinierung geworden. B. Lindorfer geht noch weiter, wenn sie schreibt:

> Lindorfer 2009, 124: Das Verbot, Gott zu lästern, verrät die machtpolitischen Ziele einer gesellschaftlichen Elite, die sich als ‚von Gott' eingesetzt versteht und als solche auch gebärdet. Es steht für ihren Anspruch, über die tätlichen Handlungen ihrer Untertanen hinaus, über das Medium Sprache auch von ihrer ‚Seele' Besitz zu ergreifen.

Die Tatsache, dass im nachfolgenden Beleg das Verfluchen der Obrigkeit der Blasphemie parallel geschaltet wird, unterstreicht den sozialdisziplinierenden und machtpolitischen Zweck der Fluchverbote.

> Kollnig, Weist. Schriesh. 157, 11 (rhfrk., 1595): Es werden auch in dieser dorfsordnung verbotten alle gotteslästerliche flüche, sowohl die wider die gebotten Gottes, als wider sein gnädigste herrschaft geschehen.

Man könnte aber auch mit Schwerhoff (2009, 118) vermuten, dass das verfluchende Fluchen die Rache des kleinen Mannes bzw. des gesellschaftlichen Außenseiters gegenüber der ihn drangsalierenden Obrigkeit war. Denn auch wenn man, wie Geiler von Kaysersberg,[151] nicht generell und vielleicht doch nicht wirklich an die Wirkkraft des Verfluchens glaubte, Angst und Verärgerung, die man mit einem solchen fatalen Sprechakt bei dem Angesprochenen bzw. dem Besprochenen hervorrief, sind sicherlich nicht zu unterschätzen.

## II. 7. 3. Besondere Formen der Ehrverletzung: Die *argumentatio ex negativo* und die *argumentatio ad hominem*

Es gibt neben den genannten Modi der Ehrverletzung auch eine Reihe anderer, zu denen insbesondere die *argumentatio ex negativo* gehört. Auf diese weist Birgit Stolt am Beispiel Luthers hin:

> Stolt, Wortkampf 1974, 59: Luther definiert, was der geistliche Stand sei, indem er zunächst negative, dann positive Beispiele gibt; es handelt sich um ein „dupliciter pronuntiare, vel sine rationibus vel cum rationibus" (Ad herrenium 4, 43).

Luthers negatives Beispiel ist, wie zu erwarten, der katholische Klerus:

> Luther, WA 30, II, 528: Ich meine aber nicht den itzigen geistlichen stand ynn klostern und stifften mit seinem ehelosen wesen, denn der selbig ist lengest von seiner ersten loblichen stifftung gefallen.

Etwas allgemeiner ist die folgende Argumentation:

> Peil, Rollenhagen. Froschm. 581, 2368 (Magdeb. 1608): Aus Cains Kindern Ritter worden / | Die Münch annamen Jungkhern orden / | Die Huren ehrlich Frawenschmuck trugen / | Die Bawren raubten / vnd Leut erschlugen / | Die Kauffleut Kauffmans trew verliessen / Die Jůden der Herren Vormünder hiessen / | Synt ists in der Welt gut gewesen / | Sie mag hinfort nimmer genesen.

Auf der Matrix einer als bekannt vorausgesetzten idealen Welt wird eine in ihrer Ordnung verkehrte Welt ertextet. Und obwohl nur die letztere beschrieben ist, wird die erstere sichtbar: die falsche erscheint als Rhema, die richtige als Thema. Vom ersten Verbrecher, dem nur genannten Brudermörder Cain, wird gesagt, dass seine Kinder geadelt seien, von den Mönchen, von denen jeder weiß, dass sie

---

151 Geiler von Kaysersberg, Johann (1510): Das Buch der Sünden des Mundes. Straßburg, 40ra: „wen du schon alweg fluochest so kanstu doch im kein beul fluochen [...]. Es ist vergebens darum loß es underwegen." Hier zitiert nach: Schwerhof 2009, 105.

der Armut verpflichtet sind, heißt es, dass sie zu Reichtum und Macht, gekommen seien, sogar die Huren gebärden sich wie anständige Damen. Ex negativo erfahren wir beim Lesen etwas über die Norm dieser Zeit, die den Huren das Tragen von Frauenschmuck verbietet und den Juden das Herren-Sein.

Man muss im Sinne der Satzsemantik von Peter von Polenz (2008) offensichtlich *zwischen den Zeilen lesen*, wobei sich schnell herausstellt, dass das Gesagte zunächst einmal anders zu lesen ist als das Gemeinte. Das Gesagte verrät in seinem oberflächlichen Sagen das Gegenteil des Gemeinten, das explizit Mitgeteilte scheint ein offensichtlicher Trug zu sein.

Eine der wichtigsten Angriffsarten, die zum Beispiel Johannes Eck gegenüber Osiander einsetzt, ist das *argumentum ad hominem*. Dieses definiert Schopenhauer Jahrhunderte später in seiner „Kunst, Recht zu behalten":

> Schopenhauer 2009, 53: *Argumenta ad hominem oder ex concessis.* Bei einer Behauptung des Gegners müssen wir suchen, ob sie nicht etwa irgendwie, nötigenfalls auch nur scheinbar im Widerspruch steht mit irgend etwas, das er früher gesagt oder zugegeben hat, oder mit den Satzungen einer Schule oder Sekte, die er gelobt und gebilligt hat, oder mit dem Tun der Anhänger dieser Sekte, oder auch nur der unechten und scheinbaren Anhänger, oder mit seinem eigenen Tun und Lassen. Verteidigt er z. B. den Selbstmord, so schreit man gleich „warum hängst du dich nicht auf?" Oder behauptet er z. B., Berlin sei ein unangenehmer Aufenthalt: gleich schreit man: „warum fährst du nicht gleich mit der ersten Schnellpost ab?" Es wird sich doch irgendwie eine Schikane herausklauben lassen.

Der Angriff besteht darin, dass die Gesprächsargumentation unterbrochen und ein Gegenargument ad personam eingeworfen wird: Man macht den Gesprächspartner zum Gesprächsgegenstand. Der Sprung von der Sachebene in die Beziehungsebene ist vollzogen, der Streit wird auf die persönliche Ebene gelenkt und kann im Ernstfall sehr verletzend werden.

> Eck, Judenbüchlein [B iij] [Blatt 7r/v]: Also gwiß sint gwesen die hailigen marterer in stucken des glaubens/ das sie darauff vnd darumb gstorben seind: das lang kain Mathematicus oder Philosophus auff sein Demonstration/ oder gewise wissentliche red/ darumb gestorben wäre: Deren weeg kainer mag dem juden vater gedeihen: so er allain bringt etlich vermütung vñ arckwon: die an jn selbs nit schließlich seind/ wie wir hören werden. Vnnd so machen sie kain gwiß der sach: sonder gebären allain ain mainung: ex medio probabili gignitur opinio, non fides uel euidentia.

Ein weiteres Beispiel mag hier noch folgen. Es ist typisch für die reformatorische Polemik. Auch hier wird der konfessionelle Gegner ad personam angegriffen. Doch ist der Angriff eingepackt in eines der wirksamsten Spottmittel, die Ironie.

> Luther, WA 53, 396 (1542): Der Lilien weisse, keuscher, schamhafftiger, zuechtiger, heiliger vater der Bapst, die zarte Jungferschafft, fueret den Schein der keuschheit und

wil auch nicht mit Gott und ehren ein Eheweib haben. Aber wie viel weiber er sonst neme, nicht allein huren, Sondern auch Ehefrawen und Jungfrawen, da sihe an sein Cardinalat, Bistum, Stifft, Curtisan, Kloester, Pfarrer, Prediger, Caplan, Schulmeister und sein gantzen Coerper, on was noch der unzelichen Laster sind, die man nicht nennen thar.

## II. 8. Mikrotexte: Sprichwörter

Mit Humanismus und Reformation erfährt die Sentenz, die man als lehrhaftes Zitat anerkannter Autoritäten beschreiben kann, vor allem aber das Sprichwort als herrenlos gewordenes Zitat bzw. als Satz, der unmittelbar aus dem kollektiven Volksmund entstanden zu sein scheint, ein „goldenes Zeitalter" (so Mieder 2003, 2562).[152] Ihr Wert, der über das Kompositum *sprichwort* (und seine Synonyme *altgesprochenes wort, beispiel 1, beisprache 1, beispruch, exempel, gesprichwort, ²lere 4*) gerne vom allgemeinen mündlichen Sprachgebrauch her motiviert wird, beschränkt sich jedoch ganz und gar nicht auf mündlichsprachige oder gar auf sozialschichtig begrenzte Domänen. Für Desiderius Erasmus von Rotterdam z. B. sind Sprichwörter vor allem „Ausdruck uralter Lebensweisheit", „rhetorisches Kunstmittel, das dem Stil Eleganz und der Argumentation Nachdruck verleihe"; ihre vornehmste Funktion bestehe darin, das humanistische Bildungsprogramm weiterzutragen (Erasmus / Payr 1990, XIV; XXIX). Sie binden das eigene Sprechen und Schreiben demnach an antike und christliche Traditionen an (z. B. an Bibel, Patristik, Kanonistik, antike Philosophie und Rhetorik) und werten das Gesprochene und dessen Sprecher damit intellektuell wie ethisch auf. In nahezu allen wichtigen Werken der Zeit, auch den literarischen, lassen sich Sprichwörter finden, so bei Martin Luther, Hans Sachs, Thomas Murner, Johann Fischart, später auch bei Jakob Christoffel von Grimmelshausen oder Andreas Gryphius. Hinzu kommen die überlieferten Predigten, z. B. diejenigen Geilers von Kaysersberg. Sprichwörter dienen dazu, das Gesagte in (text)komprimierter Weise (deshalb: Mikrotexte) als nicht mehr hinterfragbare Volksweisheit, als Wahrheit und als Erfahrungswissen sowohl „der Alten" wie der „Autoritäten" wie auch des Volkes zu legitimieren und mit zusätzlichen, durch den üblichen Gebrauch angereicherten Soll-Botschaften zu versehen. Oft sind es unterhaltsame, variantenreich verpackte und vielfach, wenn nicht sogar überall einsetzbare Lehrsprüche aus und für alle Lebensbereiche, weswegen im Frnhd. das Wort *lere* 4 auch bedeutungsverwandt zu *sprichwort* ist. Diese Lehrhaftigkeit erscheint in

---

152 Dies gilt auch für die Kunst. 1559 hatte Pieter Bruegels der Ältere die niederländischen Sprichwörter auf die Leinwand gebracht.

der Regel als Tatsachenbeschreibung, verbindet sich aber gerne mit inhärenten Drohkulissen, die den Leser oder Hörer vor den moralischen Gefahren des Lebens wie seinen Widrigkeiten zu warnen beabsichtigt. Gedroht wird mit wirtschaftlichem Verlust, gar Existenzverlust, mit Spott und Hohn, also gesellschaftlichem Imageschaden oder noch schlimmer mit dem Verlust des ewigen Seelenheils. Der moralisch-didaktische Gehalt, das heißt auch die damit verbundene, allgemein gültige und für jedermann einsehbare Gebrauchsanweisung, ist zentraler Bestandteil ihres Gebrauchswertes.

Alle Definitionen des Sprichwortes betonen mit wechselnden Ausdrücken sein Alter, seinen Weisheitsbezug, seine Lehrhaftigkeit, seinen Orientierungs- und Handlungswert in Alltagssituationen. Im Wechselspiel zwischen mündlicher Verwendung und hoher Literarisierung verbreiten sich diese Kurztexte häufig variantenreich, bevor sie ihre mehr oder minder feste, standardisierte Form finden. Mieder definiert das Sprichwort als einen „allgemein bekannte[n], festgeprägte[n] Satz, der eine Lebensregel oder Weisheit in prägnanter, kurzer Form ausdrückt" (Mieder 2002, 17).[153] Für Helmut Glück ist das Sprichwort:

> Glück 2005, 599: eine >feste< Wendung (invariable Konstruktion) mit lehrhafter Tendenz, die sich [...] als >Lebensweisheit< empfiehlt. Es gehört zum festen lexikal. Bestand einer Spr[ache]. und hat oft eine übertragene (metaphor.) Bedeutung, die nicht ident. ist mit dem unmittelbar im Satz mitgeteilten Sachverhalt.

Ähnlich formuliert Eikelmann:

> Eikelmann 1994, 101: Das Sprichwort ist ein kollektiv gebundener Spruch, der, als fest geprägte Ein-Satz-Rede anonym wiederholt, situationsbezogenes Erfahrungs- und Orientierungswissen mit dem Anspruch allgemeiner Gültigkeit in apodiktisch-behauptendem Redegestus aussagt.[154]

Für die moralisch-didaktische Erziehung, und dies war seit dem Althochdeutschen das wichtigste Ziel von Mikrotexten, sind volksläufige, memorierbare, immer wieder zitierbare Phrasen wichtig, die mit ihrer sprachlichen Beständigkeit auch die Wahrheit bzw. Gültigkeit der vorgetragenen Lebensweisheiten unterstreichen. Die Lehrhaftigkeit des Sprichwortes ist also programmatisch. Doch Sprichwörter entsprechen nicht nur den Gebräuchen und Normen derjenigen Zeit, in der sie entstehen und verwendet werden, sondern oft verhält es sich umgekehrt: Es sind die Sprichwörter, die Gebräuche zur Norm erheben, eingeführte Normen gesellschaftlich implementieren und verbreiten.

---

153 Vgl. auch: Mieder / Schulze 1987; Röhrich 1991.
154 Eikelmann (1994): Studien zum deutschen Sprichwort im Mittelalter. Gattungsbegriff, Überlieferungsformen und Funktionstypen. Habil. masch. Göttingen. Hier zit. nach Reuvekamp 2007, 15.

> Turmair 4, 386, 16 (moobd., 1522/33): Es sein auch noch sprichwort verhanden, das man spricht 'du siechst eurisch, pist räbisch' von denen, so ernstlich sein und auf die rais herfürputzt und aufgemacht.

Sprichwörter tragen dadurch zum Prozess der Bildung und schließlich zur Fixierung gesellschaftlicher Normen bei, dass sie diese immer wieder im alltäglichen Gebrauch formelhaft und thematisch assertiv in Erinnerung rufen. So perpetuieren und festigen sie allgemeine Lebensweisheiten nicht zu konventionalisierten Normvorstellungen, und sie schaffen auf diese Weise auch neue meinungsbildende und (ver)urteilende Stereotype, werden schließlich zu direkten oder indirekten Imperativen.[155] Besteht der erste nachfolgende Beleg in dem indirekten Appell, dass dem dort verunglimpften Bauern nicht zu trauen sei, so folgt im zweiten eine direkte, explizite Handlungsanweisung an den Rezipienten.

> Henisch 213 (Augsb. 1616): Den Bawren trawen auff jhr eid / Heist trawen eim Wolff auff wilder heid. [...].

> Henisch 344 (Augsb. 1616): Dreyerley leuth sollen auß den Statten außgeführt werden / die Siechen / todten / vnd starcke betler.

Sprichwörter leben formal von der Pauschalisierung, der Generalisierung und der Typisierung. Das unpersönliche generalisierende Personalpronomen *man* steht neben dem typisierenden Singular (*der bettel*) und kollektiven Pluralen (*den bauern*, s. o.), das allgemeine *Leute* (s. o.) neben generalisierenden *w*- und *sw*-Pronomina (ähnlich dem mhd. *swer* >wer auch immer<), die je nach Kontext zum Sozialgesetz tendieren.

> Henisch 344 (Augsb. 1616): Deß bettels verdirbt niemand / aber man wirt fein unwerth. [...] Es ist nichts reichers / dann der bettel / der hat jmmer voll auff ohn sorg vnd arbeit. Vil auß dem bettel nehren sich / Die mehr golds haben dann du vnd ich.

> Henisch 347 (Augsb. 1616): Wer hurt / der muß betteln

> Henisch 554 (Augsb. 1616): Wer bult / der wirt veracht / vnd jagt den Hencker hinter jhm zum thor hinauß.

Auch Formulierungen wie: *wenn ...so / dann*, *wo ... da* oder *wer ... der* implizieren allgemeine Gesetzmäßigkeiten

> Gilman, Agricola. Sprichw. 1, 27, 22 (Hagenau 1534): Wo unser herr Gott ein Kirchen hynbawet / da bawet der Teuffel auch ein wirtshauß daneben.

---

155 Vgl. dazu auch: Koller 1977, 125: „In Sprichwörtern und sprichwörtlichen Redensarten werden Verhaltens- und Interpretationsnormen in sprachökonomischer, bildhaft-verständlicher Weise vermittelt und zugleich perpetuiert."

> Henisch 210 (Augsb. 1616): Wenn man die bawren verderben will / so muß man einen bawren vber den andern setzen.

> Gilman, Agricola. Sprichw. 1, 122, 29 (Hagenau 1534): Wer newe zeyttung wil wissen / der erfare sie ynn barbier heusern / badstuben / bachoffen / sechswochen better / und tabernen.

Das Sprichwort ist zudem ein beliebter Ort, an dem inhaltliche Verbindungen zwischen einzelnen Randgruppen hergestellt werden. Wieder geschieht dies häufig aggregativ, also durch bloße Nebeneinanderstellung. So wird der *eiferer* zum Parteigenossen des *bulen*, dieser zum *märterer* ›Folterknecht‹ des Teufels, dieser zum *dieb*, und alle zusammen werden zu *ketzern*. Moralische Verwerfung, Kriminalisierung und Verketzerung ergänzen sich und wirken reziprok aufeinander zurück.

> Henisch 344 (Augsb. 1616): Ein buler vnd ein eiferer / Seind beid deß Teuffels märterer. Ein dieb vnd buler ist ein ding.

Auch wenn das nachfolgende Sprichwort bei Henisch nicht pragmatisch kontextualisiert wird, kann sich der Leser aus der dortigen Zusammenstellung die Perspektive des Sprechers vorstellen. Es wird wohl ein Bauer oder Stadtbürger gewesen sein, dem die vier genannten Gruppen, von denen zwei seine eigene Obrigkeit ausmachten (*pfaffen, edelleute*), im wahrsten Sinne des Wortes zu viel sind.

> Henisch 789 (Augsb. 1616): Es sind vier geschlecht nicht gnug auff Erden / Pfaffen / edelleut / huren und Juden.

Braun (2007, 117) konstatiert, „daß nicht nur Metaphern (innerhalb einer Kommunikationsgemeinschaft zu einem bestimmten Zeitpunkt) kollektiv verfügbare Routinen bereitstellen" und als dann „plausibles und handhabbares Implikationspaket verfügbar" (Pielenz 1993, 135) sind, sondern auch Sprichwörter, Redewendungen und zum Teil Zitate. Sie alle gehören – nach Bornscheuer – zu den sogenannten „Meinungsnormen", also „mündlichen und schriftlichen, bewusst oder unbewusst internalisierten Geltungsansprüche[n] der Tradition und Konvention [...]", zur „herrschenden Vor-Urteils-Struktur" einer Gesellschaft (Bornscheuer 1976, 27). Das ist kein Zufall. Sprichwörter und Redensarten sind metaphorische Mikrotexte, deren Herkunft sehr häufig in die römisch-griechische Antike bzw. die christlich-jüdische Religionsgeschichte zurückgeht und die damit als kultursemantische Klammer Europas gelten müssen. Mieder (2003, 2560) spricht daher auch von ihnen als „internationale[n] Texte[n]".

Im 16. Jahrhundert werden denn auch Sprichwörter und sprichwörtliche Redensarten durch Sammlungen geadelt, die von den bedeutendsten Personen der Zeit zusammengetragen wurden. Erasmus von Rotterdams lateinische Sammlung „Adagia" (1500) und Heinrich Bebels zum Zwecke der guten Lateinausbildung aus dem Deutschen ins Lateinische übersetzte „Proverbia Germanica" (1508) machen den humanistisch-gelehrten Anfang.

Vor allem aber der Wittenberger Reformator Martin Luther erkannte den volkspädagogischen, moral- bzw. politisch-didaktischen Wert der Sprichwörter und sprichwörtlichen Redensarten und trat daher als bedeutender Übersetzer ihrer Vorlagen hervor, vor allem natürlich der biblischen. Er nutzte diese kompakten Mikrotexte aufgrund ihrer Bildgewalt nicht nur in seinen Predigten regelmäßig (allein 107 Sprichwörter und Redensarten in der Auslegung zum 101. Psalm),[156] sondern vor allem auch im konfessionellen Streitgespräch mit seinen Gegnern. Seine später berühmt gewordene Sprichwörtersammlung, die er, so nimmt man an, ab 1530 zusammenstellte, wurde allerdings zu seinen Lebzeiten nicht veröffentlicht, sondern erst im Jahre 1900 von Ernst Thiele.[157] Gewirkt hat Luther vor allem durch den Einsatz der Sprichwörter in Homiletik und konfessioneller Polemik. Man kann fast sagen (so Moser 1980, 158), „daß Polemik und Sprichwörtergebrauch für Luther identisch sind. Es gibt kaum eine polemische Schrift aus seiner Feder, die auf Sprichwörter und Redensarten verzichtet, und je polemischer der Ton wird, um so mehr wächst die Zahl der herangezogenen Sprichwörter an." Doch hat Luthers Vorliebe für das Sprichwort nicht nur dazu gedient, seine eigene Sprache und damit auch seine protestantische Botschaft anschaulich, verständlich und memorierbar zu machen. Er verhalf durch die praktische Anwendung auch so manchem Sprichwort zur weiteren, das heißt soziologisch zu einer volkstümlicheren, räumlich zu einer überregionaleren, zeitlich gesehen zur fortdauernden Verbreitung bis heute.

Zu Luthers Lebzeiten publizierte 1534 Johann Agricola den ersten Teil seiner Sammlung „Sybenhundert und fünfftzig Teütscher Sprichwörter" in Hagenau, 1548 folgte der 2. Teil in Augsburg. 1541 ging die Sammlung Sebastian Francks, „Sprichwörter, das ist, Schöne, weise und kluge Reden [...]" in den Druck. Der Verleger Christian Egenolff kompilierte beide Sammlungen in einem handlichen Einzelband (Mieder 1977, 43) und verkaufte sie 1548 unter dem Titel „Sprichwörter, schöne, weise Klugredenn, darinnen teutscher und anderer Spraachen Höfflichkeit [...] beschriben" wohl mit großem Erfolg. 1605 folgte Friedrich Petri mit „Der Teutschen Weissheit. / Das ist: Außerlesen kurtze / sinnreiche / lehrhaffte vnd sittige Sprüche vnd Sprichwörter in schönen Reimen oder schlecht ohn Reim"[158]. 1616 schließlich wurde in Augsburg Georg Henischs Thesaurus gedruckt, der den vielsagenden Titel trägt: „Teutsche Sprach vnd

---

156 Vgl. dazu: Moser 1980, S. 151–166.
157 Luther / Thiele 1996.
158 Gedruckt in Hamburg bei Philipp von Ohr. Nachdruck hrsg. von Wolfgang Mieder. Bern 1983.

Weißheit. Thesaurus linguae et sapientiae Germanicae." Leider liegt nur der erste Teil, also die Strecke von A–G vor. Schon die Ausdrücke *weise* und *Weisheit* bei Franck und Henisch verraten den vorbildheischenden, letztlich normativen Anspruch derjenigen Aussagen, die in volkskulturellem Sprichwortgewand verpackt waren.

Neben der bisher beschriebenen moraldidaktischen Verwendung ist auch die polemisch-politische Funktionalisierung von Sprichwörtern zu betrachten.[159] Häufig wird dann explizit gesagt, dass es sich hierbei um ein Sprichwort handelt. Dessen legitimierender Handlungswert steht damit explizit im Vordergrund.

> Eck [A ij] [Blatt 2v]: sprichwort. Ein reicher Jud/ vnd armer Edelman/ seind nit gůt bey ainander.

> Ulrich von Hutten, Di Anschaunden 182:[160] So würstu dem sprichwort nach, der Sunnen liecht geben?

> Ulrich von Hutten, Vadiscus 128:[161] Dann etwan ist (als das sprichwort sagt) auß dem trägen esel, ein arbeytsam baldlauffend pferd worden.

Ein interessantes Beispiel für einen den Gegner als Person wie als Kommunikationspartner deklassierenden Gebrauch von Sprichwörtern ist deren gezielter Einsatz durch Luther im Kampf gegen seine Kontrahenten.[162] In seiner Antwort auf Johannes Eck, den von ihm sogenannten *Bock zu Leipzig*, zitiert Luther 1520 die ganze Legitimationsgewalt biblischer Altväter, literarischer Vorbilder und schließlich anerkannter Volksweisheit herbei, um Eck zu deklassieren, wobei er auch gleichzeitig den Übergang von der Sentenz zum Sprichwort vorführt:

> Luther WA 7, 628: Szo ists doch tzeyt ein mal, das der boße geyst, der nit auffhoeret durch Bock Emßers maul zuliegen und lesternn die gottliche warheyt, werde außgetzogen und on das licht bracht, und seyne schand tzu lohn heym bringe. Und Emßer mit den seynen [Jes. 33, 11] vorstendigt werde, was da heysset der spruch Isaie: 'Concipietis ardorem et parietis stipulam, Ihr geht schwanger mit eynem fewr und geperet nit mehr den eynen strohalmen'. Die grossen perge sollten auch ein mal eynis kinds geneßen, wie die Poeten tichten unnd da sich nu yderman vorsahe eyniß grossen kinds wie eyn berck, da wart eynn mauß drauß, des lachet yderman. Da her kumpt das

---

159 Vgl. dazu: Pfeifer 1978, 93.
160 Dialogus oder gesprech bůchlin herrn Vlrichs von Hutten die Anschawenden genannt. In: Mettke / Ulrich von Hutten 1972, 1, 154–188.
161 Gesprächs buechlin her Vlrichs von Hutten gekrorneten Poeten vnd Orator von dem vorkaerten stand der Stat das er nennet Vadiscum oder die Roemische Dreyfaltigkeit. In: Mettke, a. a. O. 1972, 53–153.
162 Vgl. auch die Polemik gegen Heinrich von Braunschweig in „Wider Hans Worst" (WA 51, 522).

> sprichwort 'Die berge gehn schwanger, und wirt ein mauß drauß'. Also hatt meyn Bock Emser auch grewlich gedrewet tzustossen, lange spieße, kurtze degen und schwertter gewetzt, und ist der grosse blutkrieg ubers arm papyr gangen, wilchs dadurch auffs heymlich gemach und yn die apotecken gemehret worden ist, wie wol auch solche ehre zuviel ist den unchristlichen lugen, lesterungen, schwur, widder das heylig gottis wort geschehen.

Ob es der im Zitat gemeinte Poet Hartmann von Aue sein mag, der in seinem Erec (V. 9049ff.) erstmals in einem deutschen Text von den beiden Bergen spricht, die eine *veltmûs gebâren,* ist nicht zu klären.[163] Deutlich wird jedoch, wie umfassend Luther seinen Gegenspieler verhöhnte und verspottete, und dass er zu diesem Zweck vor allem das Sprichwort einzusetzen wusste.

Betrachtet man die Sammlungen der Zeit, so fällt zudem schnell auf, dass es wieder die Randgruppen sind, die im Sprichwort besonders negativ behandelt werden, vor denen gewarnt wird oder deren soziale, im Beleg Henisch sogar transzendente Ausgrenzung man rechtfertigt.

> Gilman, Agricola. Sprichw. 1, 337, 33 (Hagenau 1534): ein erbars / froms biderweib ist / die ist allen [...] schandsecken und luderpanern feind vom herzen.

> Henisch 345 (Augsb. 1616): Bettler / spitzbuben vnd eigenwillige / haben kein theil am Reich Gottes.

Zusammenfassend kann nach der Durchsicht des Materials gesagt werden: Mit Sprichwörtern schaffen und transportieren Sprechergemeinschaften gesellschaftliche Orientierungen und Bewältigungsmuster mit Bewertungsfunktion. Sie informieren für jedermann verständlich, anschaulich und oft genug emotionalisierend innerhalb eines einzelnen Satzes über Normen, ausgrenzende Vorurteile und Stereotypen. Sie begründen dies mikrotextsortenspezifisch und mikrotextlich mit der suggerierten Legitimation als gängige Lehre, Tradition, Erfahrungswissen und Lebensweisheit. Oft genug geschieht dies untermauernd durch den Hinweis auf biblische oder humanistische Quellen. Die damit einhergehende sprachliche Strategie ist neben der Generalisierung auch die zustimmungsheischende Ideologisierung. Sie lassen verschleiernd den Einzelfall aus, um vermeintlich allgemeingültige Lebensgesetze zu formulieren, die als Erfahrungswissen einer Sprechergemeinschaft letztlich ohne kommunikative Regresspflicht auskommen. Im Sinne Kollers (1977, 6) haben Redensarten „die Funktion, mehr oder weniger komplexe Situationen zwischenmenschlicher Alltagsinteraktion und des Alltagsverhaltens in einfache Formeln zu fassen und in diesen Formeln zu interpretieren und / oder in der Form von Handlungsanweisungen

---

163 Vgl. Reuvekamp 2007, 29.

den Kommunikationsteilnehmern zur Verfügung zu stellen, um Alltagssituationen sprachlich und inhaltlich zu bewältigen." Sprichwörter und sprichwörtliche Redensarten nehmen dem Leser oder Hörer somit die Interpretations- und Analysearbeit in allen Alltagssituationen ab, sie hindern sie aufgrund ihrer einprägsamen Anschaulichkeit geradezu, sich selbst ein Bild zu machen, da sie fertige Lösungen vorgaukeln. Außerdem setzen sie ein kollektives Einverständnis voraus, das sie im Moment der Benutzung perpetuierend wieder herstellen. Sprichwörter sind „in festen Formen geronnene Ideologie" (so Koller ebd.). Sie „appellieren an Urteile und Vorurteile des Lesers und bestätigen diese, ohne daß die unterschiedlichen Situationsvoraussetzungen einer kritischen und differenzierenden Analyse unterzogen werden. Es sind in dem Sinne Stereotype, daß sie unterschiedliche Situationen, Handlungen und Verhaltensweisen auf anerkannte, nicht hinterfragte Standardformeln bringen." (Koller 1977, 126). Man kann sie zwar auch distanzierend einsetzen, um Konfliktsituationen zu bewältigen oder um formelhaft-sicheren Trost in Momenten der Sprachlosigkeit zu schaffen, aber ihr gesellschaftsprägendes Ausgrenzungspotential darf nicht unterschätzt werden. Insofern ist es wohl auch kein Zufall, dass das Kompositum *Sprichwort* sowohl in der Lutherschen Bibelübersetzung wie in seinen Werken[164] im Sinne von ›Schimpfwort, Gespött, Fluch‹ gebraucht wurde mit den Bedeutungsverwandtschaften: *fabel, fluch, ³gehei, gelächter 1, gespei 3, gespenst 1, gleichnis, lachung, speiung, verlachung, nachrede, schimpf, speiwerk, spotrede, stichrede, verfluchung, verspottung*.

Luther, WA Hl. Schrifft. Ps. 69, 12 (Wittenb. 1545): *Jch hab einen Sack angezogen / Aber sie treiben das gespött* [Mentel 1470: *zů einer geleichsam*, 1475²: *gleichnuß*; Froschauer 1530: *spottred*; Luther 1528 / Dietenberger 1534 / Eck 1537: *sprichwort*] *draus*.

Ziesemer, Proph. Cranc. Jer. 24, 9 (preuß., M. 14. Jh.): und wil si geben zu munisse und zu quelen allen richen der erden: eyn lastir und eyn bispel und eyn sprichwort und eyn vorvluchunge allen enden.

Die verfluchenden Folgen eines solchen Sprichworts lassen sich am besten wieder aus der Bibel nachzeichnen.[165]

---

[164] Vgl. auch: WA 6, 289, Von dem Bapstum zu Rome widder den hochberumpten Romanisten zu Leiptzck (1520): „werden das die deutschen fursten unnd der adel nit mit dapfferm ernst in der kurtz dartzu thun, szo wurd deutsch landt noch wust werden odder sich selb fressen mussen, das were auch den Romanisten die hochste freud, die uns nit anders dan bestien halten, unnd ein Sprichwort von uns zu Rom gemacht also 'man sol den deutschen narren das golt ableckern wie man kann."

[165] Vgl. dazu auch: Chron. Augsb. 8, 227, Anm. 2 (schwäb., zu 1563): „weil sein Vater [...] ein sprichwort an ime gehabt, daß er alweg gesagt: Gotz Saur."

Luther, Hl. Schrifft, Jer 24, 9 (1545): Jch wil jnen Vnglück zufügen / vnd in keinem Königreich auff Erden bleiben lassen / das sie sollen zu schanden werden / zum Sprichwort zur Fabel vnd zum Fluch / an allen Orten / dahin ich sie verstossen werde. Vnd wil Schwert / Hunger vnd Pestilentz vnter sie schicken / bis sie vmbkomen von dem Lande / das ich jnen vnd jren Vetern gegeben habe.

Ebd. Hesekiel 14, 8 (1545): Denn welcher Mensch vom hause Jsrael oder Frembdlinger so in Jsrael wonet / von mir weichet / vnd mit seinem hertzen an seinem Götzen henget / vnd ob dem Ergernis seiner Abgötterey hellt / vnd zum Propheten kompt / das er durch jn mich frage / Dem wil ich der HERR selbs antworten. 8 Vnd wil mein Angesicht wider den selbigen setzen / das sie sollen wüst vnd zum Zeichen vnd Sprichwort werden / vnd wil sie aus meinem Volck rotten / Das jr erfaren solt / Jch sey der HERR.

## II. 9. Textsorten der sprachlichen Ausgrenzung

Die Frage nach den Textsorten ist die Frage nach dem „Sitz im Leben" der gemachten Aussagen. Wie z. B. das Ausgrenzungsmotiv der Armut ein Phänomen ist, das sowohl säkulare wie theologische Dimensionen hat, findet es sich auch in nahezu allen üblichen Textsorten vom religiösen Erbauungsschrifttum bis zu literarischen Texten, über das pädagogisch-moralische bis hin zum normativen Schrifttum behandelt.

Kästner / Schütz / Schwitalla (2000, 1606) bieten in ihrem Sinnweltenkonzept ein Gliederungssystem für Textsorten an, das auch für das hier behandelte Thema einen kommunikativen Analyserahmen bietet. Sie gehen von 5 einander überlappenden Sinnwelten aus: 1. der alltäglichen, 2. der institutionellen, 3. der religiösen, 4. der wissenschaftlichen und 5. der dichterischen. Diesen entsprechen jeweils „spezifische Semantiken." In die Text- bzw. Sinnwelt Religion lassen sich zum Beispiel Predigten (von der Homilie bis zur Moraldidaxe), Kirchenpostillen, Kirchenordnungen, Andachts- und Erbauungsbücher (von der Bibelparaphrase bis zur Heiligenlegende, vom Gewissensspiegel über die Beichtbücher bis zum Sterbebüchlein), katechetische Schriften, religiöse Spiele[166] / Osterspiele, theologische Traktatliteratur und natürlich die Bibel einordnen. Alle diese Textsorten weisen bei all ihrer formalen Verschiedenheit die Gemeinsamkeit auf, religiöse Inhalte zu haben und diese in einem religiös begründeten Handlungssinn zu verwenden. Entsprechendes lässt sich für die anderen Sinn-

---

[166] Zum geistlichen Spiel schreibt Cramer 2000, 22: „Vom 14. bis zum ausgehenden 16. Jahrhundert ist das geistliche Spiel neben der volkssprachigen Predigt ohne Zweifel das wirksamste Mittel religiöser Massenbeeinflussung."

welten konstatieren: In der säkularen institutionellen Text-/Sinnwelt sind es vor allem Wörterbücher, Chroniken, Rechtsbücher („Sachsenspiegel", „Schwabenspiegel"), Stadtrechte, Kleiderordnungen, Polizeiordnungen, Bettelordnungen (seit 1350 massenweise), Rechnungsbücher, Strafbücher und Zuchtbücher, Achtbücher, Gerichtsprotokolle,[167] die berühmten Halsgerichtsordnungen (Constitutio Criminalis Bambergensis von 1507, die Constitutio Criminalis Carolina aus dem Jahre 1532), Zunftverfassungen, Handwerkerordnungen. Zur wissenschaftlichen Sinnwelt gehören u. a. das zu Beginn des Frnhd. in der Regel noch lateinische, dann aber zunehmend auch in der Volkssprache publizierte Fachschriftentum der Medizin und der Alchemie (Hieronymus Brunschwig, Paracelsus), der Mathematik (Adam Ries) und der Messkunst (Albrecht Dürer), auch Naturbücher oder Botaniken (Otho Brunfels).[168] Die besonders die Reformationszeit und den neu geschaffenen öffentlichen Raum prägenden Flugblätter und Flugschriften[169] überspannen mit ihrer argumentativ überzeugenden Polemik alle genannten Sinnwelten, münden aber nicht selten in die dichterische ein, zu der die unterschiedlichsten Arten literarischer Texte, vor allem die Satire, die Märe oder die Schwänke zu zählen sind.

Alle Textsorten der genannten Sinnwelten haben zur Ausgrenzung von Personen innerhalb der Gesellschaft beigetragen. Zwar sind einzelne von ihnen besser dazu geeignet als andere, doch sind die textlichen Formen der Ausgrenzung sowie des ehrverletzenden Sprechens so vielfältig, dass man sie an keine einzelne oder an einige, besonders bevorzugte festmachen könnte.

Dennoch können und müssen die Texte, in denen verletzende Sprechhandlungen vorkommen, noch spezifischer differenziert werden, zum einen nach der Intention ihres Autors (produzentenseitig) und zum anderen nach ihrer Funktion (rezipientenseitig), d. h. nach ihrer Wirkung beim Leser, die einerseits abhängig ist vom Sprecher und seiner sozialen Position, der jeweiligen Situation, in der die sprachliche Verletzung vollzogen wird, vom Thema, in dessen Kontext sie erscheint, von der Länge und damit der Dynamik bzw. Stabilisierung des sie tragenden Diskurses und andererseits von den entsprechenden Gegebenheiten auf der Hörerseite. Zwischen Intention und Funktion / Rezeption ist also theoretisch strikt zu unterscheiden: Was ein Autor intendiert und in seinem Text für ihn einsichtig zu erkennen gibt, kann vom Rezipienten erstens verstanden werden, wie es der Autor gemeint hat, muss dies aber nicht. Es kann auch zweitens in ganz anderer Weise verstanden werden und in entsprechend andere, vom Autor nicht gewollte und nicht erwartete Handlungsfolgen einmünden. Ent-

---

167  Vgl. hierzu Lindorfer 2009, 263–286; Macha et alii 2005.
168  Vgl. dazu: Habermann 2011, 611–630.
169  Dazu: Schwitalla 1983; 2010.

scheidend für das autorseitige Verständnis dürfte die mit der Sozialschicht angesprochene Machtposition der in Betracht kommenden Personen sein. Hat der einzelne Sprecher überhaupt die gesellschaftliche Position bzw. die soziale Macht, einen Anderen zu verletzen oder gar auszugrenzen? Als Kaiser oder Papst hat er sie, aber auch dann nur im Rahmen eines vorhandenen Diskurses, den er vorantreiben bzw. verlangsamen kann.[170] Mit den genannten Ämtern sind die prägenden Fachdiskurse des Frühneuhochdeutschen genannt: Religion und Recht (nach Sinnwelten geordnet: die religiöse Sinnwelt und die institutionelle). Sie stehen nicht nur intertextuell und legitimatorisch in engen Zusammenhängen, oft auch durch Personalunionen. Hier werden die einzelnen Gesellschaftskonstitutionen ausgehandelt, das heißt Religion und Recht stellen die entscheidenden Orte der Gestaltung gesellschaftlicher Realität dar, öffnen den Raum für systematisches In- und Exkludieren, schaffen Unterschiede und Unterscheidungen, die den Weg von der Feststellung bloßer Andersartigkeiten zur machtvollen Hierarchisierung ebnen. Die von dort ausgehenden Texte der Institutionen stehen auf der hier zusammenzustellenden Ausgrenzungsliste ganz oben. Vor allem Legislativ- und Exekutivtexte, die administrativen Texte und Textsorten nehmen im Frühneuhochdeutschen kontinuierlich an Quantität wie an juristischer Relevanz zu. Über eine Flut von alltagsbezüglichen Regeltexten und ihre Überdachung durch religiös motivierte, im Gewande wissenschaftlicher Schriftlichkeit auftretende, institutionell gültige Texte entsteht ein hochschichtig gesteuerter Textrahmen, in dem Ausgrenzung von konstitutiver Bedeutung war. In ihm werden in nüchterner Sprache behördliche Zählungen, Beschreibungen der Randgruppen, vorgeschriebene Kennzeichnungen, je dazu vorgesehene Behandlungsarten wie ausführliche Prozessprotokolle konstituiert und dokumentiert. Sie bilden den verwaltungstechnischen Ausgangspunkt für die obrigkeitliche Ausgrenzungsaushandlung in frnhd. Zeit.

Doch bei aller sozialen Verbindlichkeit dieser Texte wird die ideologische Unterstützung ihrer Intention von seiten der Allgemeinheit erst im gesellschaftlichen Aushandlungsprozess und dort vor allem durch die literarischen und didaktischen Schriften errungen. Erst diese Texte machten den Ausgrenzungsprozess alltagswirksam. Der Grund liegt auf der Hand: Es ist ihre kommunikative Reichweite und ihre Narrativität, die die Grenze zwischen Mündlichkeit und

---

[170] Bourdieus Vorstellung vom „Prinzip der gleichen Ehre" (1997, 204), letztlich von der Satisfaktionsfähigkeit beider Beteiligten als Voraussetzung für die Wirksamkeit einer Beleidigung kommt spätenstens dann an ihre Grenzen, wenn man sich die Anklagen wegen Majestätsbeleidigungen betrachtet. Auch ein im Sinne Bourdieus nicht satisfaktionsfähiger Angehöriger einer niedrigeren Klasse kann wegen dieses Deliktes angeklagt und hingerichtet werden.

Schriftlichkeit, zwischen Erzählbarkeit und Tradierbarkeit, vor allem aber zwischen Expertenkultur und Volkskultur sprengt. Das Movere geht eben am besten über das Delectare, dies wiederum läuft über Spott und Hohn besonders effektiv. Der gesellschaftliche Meinungsbildungsprozess gelingt effektiv durch die öffentliche Predigt, durch die Flugschriftenliteratur, durch Kleindichtung und durch das didaktische Schrifttum (vgl. dazu speziell Kapitel III. 1. zu den *Bettlern*). Es kommt also zur Flankierung der obrigkeitlich gesteuerten theologisch-juristischen Diskussion durch die Literatur, die dann wiederum im Rechtsdiskurs zu Strafformen führt. So wird z. B.

> Hergemöller 1996, 303: die Diskussion über das Verhältnis von gleichgeschlechtlicher Sexualität, Häresie und Idolatrie [...] im 13. Jahrhundert nicht nur in der Poenitenz- und Predigtliteratur, sondern auch in der Minnelyrik, Versepik und Sangspruchdichtung geführt.

Das Ineinandergreifen der beiden Textwelten, einmal der obrigkeitsnahen und zum anderen der literarischen und didaktischen, lässt sich am Beispiel der antijudaistischen Ritualmordlegenden veranschaulichen. Die Konstruktion dieser Legenden verläuft quer zu den fach- und den volksliterarischen Quellen. Neben den juristischen Protokollen, die aus einem Gerücht ein Ereignis und aus einem Ereignis einen historischen Fall mit Tatsachencharakter machen, braucht man schließlich auch die Narrativität des Ereignisses, damit es publikumswirksam neben der Befriedigung der Sensationslust auch seine moraldidaktische Botschaft entfalten kann. Die Vertreter des Sozialdisziplinierungs- und des Rationalisierungsprozesses sowie der entsprechenden Ordnungsmechanismen wissen das und bedienen sich daher aller gängigen literarischen, didaktischen und nicht nur der fachsprachlichen Textsorten und Textmittel. Sie sind in frnhd. Zeit vor allem der Ausdruck eines frühen stadtbürgerlichen Bewusstseins. Hinzu kommt, dass unter den Schriftstellern selbstverständlich wieder in Personalunion die Juristen und Theologen zu finden sind, also wieder die maßgeblichen Träger der institutionellen Diskurse. Diese Produktionssituation macht es schwierig, die Texte speziell nach den hier interessierenden verletzenden Gehalten zu kategorisieren, zumal die diesbezügliche Art und Relevanz der Themen stark wechselt. Man verhandelt textlich wie allgemeinsprachlich nie wirklich nur einen einzelnen Gegenstand allein. Selbst in seiner Freiheitsschrift, die doch über eines der zentralsten Themen des Christentums handelt, grenzt Luther eben auch seinen konfessionellen Gegner aus. Im Falle einer konfessionellen Auseinandersetzung gehen demnach gerade in dieser Zeit theologische Argumente nahezu zwangsläufig mit ideologischen Standortfragen und Positionierungen Hand in Hand und diese wieder mit entsprechendem Handeln. Es ist eher eine Frage der Hierarchisierung der Intentionen, welche man als dominant und welche man als neben-

oder als untergeordnet meint ansehen zu können, ob ein bestimmter Text zu genuin verletzenden Texten zu zählen ist oder nicht.

Individuelle Ausgrenzung hingegen findet in der konkreten Konfliktsituation statt. Sie verläuft zumeist mündlich und insofern für den Historiker kaum fassbar. Erst wenn sie politisch oder gesellschaftlich relevant wird, findet sie ihren Weg in die Verschriftlichung und in die ausschlaggebende Öffentlichkeit. So sind es entweder alltagsreale Verbalinjurien, die dann zu einem juristischen Verfahren geführt haben und protokolliert worden sind, oder solche, die in literarischer Imitation vorkommen. Je nach Grad finden wir sie immer wieder in den spöttischen Fastnachtsspielen, den Satiren oder in der Moraldidaxe. Waren sie nicht zu radikal, waren sie eben auch unterhaltsam. Das Skandalon des Tabubruchs, die Schadenfreude über die Verletzung des Anderen, die Entlastungsfunktion des Witzes machten Verbalinjurien zum beliebten volkstümlich literarischen Gegenstand.

In den Streitschriften und Dialogen der Reformationszeit spiegeln sich immer wieder persönliche Feindschaften mit den daraus resultierenden verletzenden Sprechakten. Am Beispiel einiger reformatorischer Opponentenpaare (Eck vs. Luther, Emser vs. Luther) kann man sehen, wie sich zwei Menschen über jede polemische Rhetorik hinaus tatsächlich individuell angreifen und anfeinden. Die überlieferten Streitschriften ermöglichen jedenfalls einen Einblick in ihr individuelles, damit vielleicht auch in gängige Muster des dyadischen Konfliktgebarens der Zeit.

Der Dialog gilt Andreas Keller (2008, 17) als das Grundmuster der Frühen Neuzeit: „Wie kaum eine Periode unterscheidet die Frühe Neuzeit zahllose Gebrauchsformen mit Termini wie ‚Redeactus', ‚Dialogus', ‚Zwiegespräch', ‚Wechselgesang', ‚Echo und Gegenhall', ‚Gesprächsspiel', oder ‚Schäfergesang". Auch der literarische Text „Der Ackermann aus Böhmen" ist ein fiktives Streitgespräch zwischen dem Tode und einem Witwer. Was bei Keller über die Frühe Neuzeit gesagt wurde, findet sich bereits im Spätmittelalter und erst recht in der Reformationszeit voll ausgeprägt: die prinzipielle Dialogizität frnhd. Texte. Vom lehrreichen Austausch bis zur vernichtenden Agitation ist die Epoche förmlich durchzogen vom ständigen „Wortkampf". Nahezu alle im Reformationsprozess wichtigen Autoren haben fiktive Dialoge verfasst (Johann Agricola, Andreas von Bodenstein / Karlstadt, Ulrich von Hutten, Erasmus von Rotterdam usw.), haben sich auf den gedruckten Dialog im öffentlichen Meinungsstreit eingelassen bzw. diesen initiiert (Thomas Murner und Martin Luther) bzw. sind aufgrund des gegnerischen Vorpreschens zu diesem herausgefordert bzw. gezwungen worden.

## 9. Textsorten der sprachlichen Ausgrenzung 153

> Giesecke[171] 2006, 474: Der ›reformatorische Dialog‹, wie es heute verniedlichend heißt, wurde durchweg auch in den typographischen Kommunikationssystemen geführt. Luther beschränkte sich eben nicht auf die traditionellen Medien: Anschlag handgeschriebener Thesen in der Erwartung anschließender mündlicher Diskussion in Kirche oder Universität, mündliche Disputation o. ä. Mit einer für die Zeit atemberaubenden Geschicklichkeit nutzten er und seine Anhänger die Möglichkeiten der typographischen Technologie und der marktwirtschaftlichen Verbreitung – und zwangen so auch die Kontrahenten dazu, auf gleicher Ebene einzusteigen.

Das neue Medium schuf letztlich auch eine neue Öffentlichkeit, eine breite Gruppe von existentiell an Glaubensfragen Interessierten (Theologen wie Laien), die selbst da mitzuentscheiden verlangten, wo zuvor Konzilien oder Gerichte die alleinige Entscheidungsgewalt beansprucht hatten. Giesecke (2006, 477) schreibt vom Unbehagen Thomas Murners darüber, dass Glaubenswahrheiten in die Öffentlichkeit gezerrt würden und dadurch in ihrer absoluten Gültigkeit angetastet werden könnten. Dieser warnt nicht zuletzt Luther davor, in der öffentlichen Diskussion die Wahrheit der Vermischung mit der Lüge preiszugeben: „Es soll in sachen des glaubens nit vor der ungelernten gemein disputiert werden."[172] Doch auch Murner vermochte die Öffentlichkeit nicht mehr auszusperren.

Der damit eine gesellschaftspolitisch völlig neue Dimensionen erreichende zeitgenössische Aushandlungsprozess relevanter religiös-weltanschaulicher Inhalte zeigt sich textsortenspezifisch in nahezu allen Bereichen, angefangen von der Theologie über die Bildung, die Wissenschaft, bis hin zur Wirtschaft und zum Staatswesen. Er betrifft also alle Normierungen der spätmittelalterlichen und frühneuzeitlichen Gesellschaft. Dialogische Aushandlungsprozesse vollziehen sich in Diskursen. Diese sind aufgrund ihrer Schriftform auch für den modernen Historiker in ihrer vollen Breite, das heißt in ihrem kommunikativen Hin und Her, in ihrem Aufkommen und ihrem Abebben sowie in allen ihren soziologischen Dimensionen nachvollziehbar. Flugschriften, (offene) Briefe, besonders berühmt: die Dunkelmännerbriefe, offene Gutachten, Pamphlete aller Art haben ihren Anteil an der Aushandlung, aber eben auch Postillen, seelsorgerliche Predigten, theologische Fachschriften und vor allem literarische Texte wie der „Karsthans" (1520/21).

Dass der Katechismus in einer Art Selbstdialog erlernt wird, gehört in diese Reihenbildung ebenso hinein, wie die auf intertextuellen Bezügen beruhenden Rechts- und Verwaltungstexte oder die akademische Disputationsliteratur. Das Adjektiv *dialogisch* bezieht sich eben nicht mehr nur auf zwei, sondern prinzipiell

---

171 Giesecke 2006.
172 Murner, Von Doctor Martinus luters leren vnd predigen. Das sie argwenig seint vnd nit gentzlich glaubwirdig zuo halten (Straßburg 1521), S. 113.

auf eine offene Anzahl von Kommunikationsteilnehmern, die sich in irgendeiner Weise implizit oder explizit aufeinander beziehen, aufeinander reagieren und sich so gegenseitig antworten. Vorherrschende Diskurse sind dann eben auch Machtdiskurse, wie Foucault es deutlich gemacht hat. Solche Diskurse beruhen ebenso sehr auf der vorhandenen Machtposition ihrer Teilnehmer wie darauf, dass sie deren Machtposition erst konstituieren.

Hinsichtlich der hier zugrundeliegenden Frage nach den Ausgegrenzten ist zunächst die Frage aufzuwerfen, inwiefern es bei solchen machtkonstituierenden wie sozialdisziplinierenden Aushandlungsprozessen nicht zwangsläufig zur Herstellung von Freund-Feind-Bildern bzw. von Randgruppen kommen muss. Es ist jedenfalls auffällig, dass der antijudaistische Diskurs in dem Moment Teil des konfessionellen Aushandlungsprozesses wird, in dem sich dessen eigentlich theologische Themen langsam erschöpfen, da sie bereits ermüdend lange und ergebnislos diskutiert wurden, und es sich abzeichnete, dass die Disputatio auch in Zukunft zu keiner Lösung mehr führen würde. Außerdem lässt man keine Gelegenheit aus, dem konfessionellen Gegner, bei welchem Thema auch immer, zu schaden. Von den theologischen Fragen geht man mithin zur argumentatio ad personam über, das heißt zur Infragestellung der gegnerischen Glaubwürdigkeit, dessen Ehre und dessen gesellschaftlichen Rolle bzw. Identität. Das Changieren zwischen sachbezogener und imagebezogener Aushandlung ist textsortenkonstitutiv und damit auch der rote Faden der nachfolgenden Ausführungen.

Wenn man ‚Diskurs' mit Foucault als Ensemble sämtlicher, affirmativer wie kritischer, Aussagen (*enoncés*) zu einer Denk- und Argumentationsfigur versteht, dann können Texte auf die kommunikative Handlungsintention ihrer Verfasser hin untersucht werden, auf deren Fähigkeit zur Konstruktion sinn- und realitätsstiftender Deutungsmuster sowie auf die gesellschaftlich akzeptierten Wissenszusammenhänge, in denen sie stehen. Die verschiedenen, hier zum Gegenstand der Untersuchung gemachten Randgruppen können als solche Denk- und Argumentationsfiguren verstanden werden, sie werden dann einerseits zum Erkenntnisobjekt von Diskursen und andererseits zum Handlungsobjekt. Wie diese in den Texten und Textsorten konstruiert und wie sie im gesellschaftlichen Handlungsprozess eingesetzt wurden, soll jeweils spezifisch vorgeführt werden.

Folgende Textsortengliederung, die dem Frühneuhochdeutschen Lesebuch (Reichmann / Wegera 1988) entnommen wurde, ist aufgrund ihres handlungsorientierten Ansatzes für die Frage nach den Textsorten, in denen Ausgrenzung und (ehr)verletzendes Sprechen im Frühneuhochdeutschen vollzogen wird, außerordentlich hilfreich. Die Autoren untergliedern das Textsortenspektrum des Frühneuhochdeutschen in

1. sozial-bindende Texte,
2. legitimierende Texte,
3. dokumentierende Texte,
4. belehrende Texte,
5. erbauende Texte,
6. unterhaltende Texte,
7. informierende Texte,
8. anleitende Texte,
9. agitierende Texte.

Jede realisierte Ausformung einer Textsorte birgt in sich Mischformen und fließende Übergänge. Die Beispiele, die im Folgenden diskutiert werden, repräsentieren die jeweils gemeinten Textsorten daher häufig nur im Rahmen eines interpretativen Mehr oder Weniger. Das hauptsächliche Zuordnungskriterium ist die vorausgesetzte, aus dem einzelnen Text und seinem pragmatischen Zusammenhang erschlossene, als dominant betrachtete und nach außen kommunizierte Handlungsintention der Verfasser, nicht die Nebenbei-Intentionen. Ausgrenzung und Ehrverletzung gehören in der Regel zu den zusätzlichen bzw. mitgemeinten Funktionen.

## II. 9. 1. Sozial bindende Texte

Sozial bindende Texte werden von Reichmann / Wegera (1988, 1) definiert als Texte, „deren Auftraggeber / Autoren / Schreiber / Drucker die Absicht verfolgen, sozialbereichsspezifische Handlungen von Menschen verbindlich festzulegen und Verstöße gegen ihre Einhaltung gegebenenfalls durch Strafandrohung so weit wie möglich auszuschließen." Wichtige Stichwörter dieser Definition betreffen die verbindliche Festlegung und die juristische Sanktionierbarkeit. Es geht um Normen, die innerhalb einer Gesellschaft von bestimmten, dazu legitimierten Personen oder Institutionen zur Ordnungsherstellung rechts- oder sozialverbindlich geschaffen und eingesetzt wurden.

> Reichmann / Wegera 1988, 1: Kennzeichen sozial bindender Texte sind u. a.: Angabe der Umstände, die zur Abfassung des Textes Anlass geben, Formulierung der Handlungsregeln, Androhung von Strafen bei Handlungsabweichung, Nennung von Autoritäten, die die Regelungen veranlassen und ihre Einhaltung bzw. Durchführung garantieren, Nennung von Zwecken, die die Regelung ethisch rechtfertigen. Die Argumentationsstruktur ist meist konditional-konsekutiv oder final.

Die hiermit gemeinten Rechts- und Geschäftstexte waren bis zum 13. Jahrhundert „dem Latein vorbehalten", werden danach mit dem aufstrebenden Verbürgerlichungsprozess aber immer stärker in der Volkssprache abgefasst. Das Frnhd. ist die Zeit der Stadtentwicklung wie der Territorialisierung. Letztere bildet nicht nur den Ausgangspunkt für die entstehenden sog. Territorialherrschaften mit den ihnen eigenen landesherrlichen Machtbefugnissen, sondern eben auch für die unterschiedlichen schriftlich fixierten Landes- bzw. Landschaftsrechte, so dass das Überschreiten einer Landesgrenze das Eindringen in einen teilweise anderen Rechtsbereich bedeuten konnte. Das Anwachsen der Städte, das mit dem entschiedenen Ausbau von Handel und Gewerbe verbunden ist, führte zum Entstehen eines sich immer selbstbewusster etablierenden Bürgertums sowie zu einem verwaltungs- und das heißt eben auch textgeschichtlich tiefgreifenden Umbruch. Betroffen sind die Gewerbe- und Rechtstextsorten von privaten Verträgen über spezifische Stadtrechte bis hin zu Gewerbeordnungen, also etwa Rechtsbücher wie der Sachsenspiegel oder der Schwabenspiegel, Stadtrechte, Weistümer, Kleiderordnungen, Polizeiordnungen, Bettelordnungen (seit 1350 massenweise), Gerichtsprotokolle, Achtbücher, Straf- und Zuchtbücher, Halsgerichtsordnungen (wie die „Constitutio Criminalis Bambergensis" von 1507, die „Constitutio Criminalis Carolina" von 1532), Zunftverfassungen und Handwerkerordnungen. Beide Prozesse (also: Stadtentwicklung und Territorialisierung) fungieren als Bürokratisierungs- und Verwaltungsmotoren mit weitreichenden Folgen für den Ausbau der Schriftlichkeit, wenn nicht gar für das Kippen von einem sprechsprachlich organisierten zu einem skriptizistischen Zeitalter. Letzteres heißt: Die frühbürgerliche Gesellschaft beginnt sich aber nicht nur zu verwalten, sie vollzieht mit der Verwaltung auch die schriftliche Fixierung der Ausgrenzung, sie schafft die Definition der Auszugrenzenden und nicht zuletzt auch die Formulierung und die Textmuster der dazu notwendigen Regelungen und Grundsätze. Auch Texte wie die Bambergische Halsgerichtsordnung, Stadtrechte und Schöffensprüche, vor allem die neu aufkommenden Bettlerordnungen müssen unter diesem Aspekt gelesen werden. Das Ausgrenzungspotential ist wie das aller sozial bindenden Texte bereits aufgrund ihres institutionellen Charakters sowie des damit verbundenen Machtpotentials gegeben und wird zugleich zur Ausgrenzungsrealisierung. In der „Römischen Keyserlichen Maiestat reformirte[n] vnd gebesserte[n] Policey Ordnung zu beförderung gemeines guten bürgerlichen wesen vnd nutzen" aus dem Jahre 1578 steht folgender Paragraph, mit dem Bettlerkinder ihren Eltern entrissen werden:

> Tit. 27 [ § 1], Bl. 28 v: Item / daß auch der Bettler kinder / so sie jhr brodt zuverdienen geschickt sein / von jnen genommen / vnd zu den handtwercken / oder sonsten zu diensten geweist werden / damit sie nit für vnd für dem bettel anhangen.[173]

---

[173] Zitiert nach der in DQRedit von Heino Speer zur Verfügung gestellten Onlinefassung.

Die hier präsupponierte Unterstellung besteht darin, dass der Bettel von Generation zu Generation weitergegeben wird und letztlich auf Arbeitsverweigerung beruht. Daraus ergibt sich für die Obrigkeit die logische Schluss- und die Handlungsfolgerung, die Kinder aus diesem Kreislauf herausnehmen zu müssen. Hier bereits findet sich die neuzeitliche Sozialdisziplinierung mit ihrer bürgerlichen, auf Arbeitsethos und Fleiß ausgerichteten Mentalität. Doch Normen und Regeln einer Gesellschaft spiegeln solche Mentalitäten nicht nur, sie verstärken sie auch fortwährend und schaffen sie immer wieder neu.

## II. 9. 2. Legitimierende Texte

Die zweite Gruppe bilden die legitimierenden Texte: „Als legitimierend werden diejenigen Texte angesehen, deren Auftraggeber / Autoren / Schreiber / Drucker seit längerem bestehende oder in Entwicklung befindliche gesellschaftliche Zustände aller Art, darunter Rechtsverhältnisse, politische und soziale Beziehungen, Titel, Ämter, mit dem Zweck verzeichnen oder beschrieben sehen möchten, diese Verhältnisse als geschichtlich, religiös, rechtlich, philologisch oder auch durch persönliche Zwänge begründet erscheinen zu lassen, sie zu preisen oder zu entschuldigen und auf solche Weise zu ihrer Aufrechterhaltung bzw. zu ihrer weiteren Entwicklung beizutragen" (Reichmann / Wegera 1988, 26). LEGITIMIEREN ist in einem fundamentalen Sinne als sprachliche Handlung zu denken; diese ist Teil eines Sprach- und Textkampfes, bei dem sowohl die Autoritäten einer Gesellschaft, ihre sozial bindenden und moralischen Festlegungen wie deren Rechtmäßigkeit und die Kriterien derselben in einen ständigen Prozess der Erzeugung ideologischer Überlegenheit gestellt werden. In diesem Kampf zeigt sich u. a., wer in einer Gesellschaft die Sprachmacht und damit die Deutungshoheit besitzt bzw. in welchen Domänen diese verankert werden (z. B. in Religion, Politik, Recht, Wirtschaft).

> Reichmann / Wegera 1988, 26: Kennzeichen legitimierender Texte sind die Berufung auf anerkannte Normen und Autoritäten, ein deutlich ausgeprägter positiver und negativer Wertwortschatz, häufige Kontrastbildungen, Wechsel von Aussage-, (rhetorischen) Frage- und Ausrufesätzen, ein im allgemeinen relativ direkter Rezipientenbezug.

In dem bei Reichmann / Wegera abgedruckten Text, der „Ablehnung der Verantwortung des Bürgermeisters und Rats der Stadt Konstanz" aus dem Jahre 1526, greift der Autor, Johannes Eck, den protestantischen Reformator Ambrosius Blarer schon im Untertitel an, wenn er seinen Text als „Anntwurt vff das ketzer buchlein" betitelt. Trotz ausgeprägter polemischer bzw. agitierender Attacken gegen die Protestanten ist der Text insofern in erster Linie legitimierend, als er durch Berufung auf anerkannte Normen und Autoritäten (z. B. *heylige Byblische geschrifft, euangelium, Sant Paul, muter Gottes Maria, kayserliche Majestet, heylige concilien*) kontrastiv zu den *unchristlichen Türckischen artickeln der neuchristen* (Reichmann / Wegera 1988, 41f.) nicht nur die Einhaltung der tradierten katholischen Rechtsverhältnisse einfordert, sondern sie auch offensiv gegen die reformatorischen Neuerungen zu verteidigen sucht. Allein die vollständige Infragestellung der Rechtmäßigkeit einer anderen Meinung kann als Akt verletzenden Sprechens angesehen werden. Texte wie der genannte erheben in ihrer legitimierenden Absicht genau diesen Anspruch. Sie begründen die eigenen Positionen als legitim und werten die des anderen als unrechtmäßig ab. Um dies kommunikativ erfolgreich tun zu können, greift man zur argumentatio ex negativo und zur Peiorisierung des Gegners. Der Grad des dabei genutzten Verletzungs- bzw. Entehrungspotentials divergiert in Abhängigkeit von der Defensivsituation, in der sich der zur Legitimation Gezwungene oder Berufene befindet. Neben Disputen mit derartigen individuellen Bezügen können auch solche sozialdisziplinierenden Texte in die Kategorie der legitimierenden Textsorten gestellt werden, in denen ein Stand seine moralischen oder ethischen Wertvorstellungen positiv hervorhebt, um sich selbst als Stand und die diesen verbindenden Ideale zu legitimieren. So vertritt Hans Rosenplüt im Gedicht „Von Müßiggängern und Arbeitern" (Reichmann / Wegera 1988, 46f.) das frühbürgerliche Arbeitsethos.

> MVssigangk groß laster ernert
> Sel / Leip / Vernunfft / vn Syn vertzert
> Arbeit verdynt die ewig freydt
> Diß buchlein leß du findst bescheydt.[174]

Zur Legitimation der Arbeit werden die Heilige Schrift, Gott, die Dreifaltigkeit, aber auch die artes liberales angeführt. Zur Verdammung des Müßiggangs warnt Rosenplüt vor den Todsünden und macht deutlich, dass hinter diesen der Teufel steckt. Obwohl er nicht explizit sagt, wen er mit den Müßiggängern anzusprechen beabsichtigt, kriminalisiert er sie doch gleich zu Beginn mit der Aussage bzw. der Aufforderung (s. *bedenke*): „Eyn mußgener bedenck sein stand | Er neust den raup arbeyter hant". Er bringt damit eine Unterscheidung ins Spiel, die die soziale Welt seiner Zeit in zwei Gruppen teilt, deren erste arbeitet und deren zweite müssig geht (die Adeligen, die Bettelmönche, die Randgruppen), und die gleichzeitig in hoch poetischer Sprache und mit tiefsten moraltheologischen Argumenten ein entsprechendes soziales Verhalten deontisch impliziert.

---

174  Zitiert nach: Reichmann / Wegera 1988, 46.

Was positiv für den fleißigen Arbeiter formuliert wird, bleibt ex negativo als moralische Verachtung bei den Müßiggängern hängen. Solche Stand und Arbeitsethos der Bürgerlichen legitimierenden Texte bilden schließlich in geradezu logischer Konsequenz den ideologischen wie moralischen Ausgangspunkt für die institutionelle Ausgrenzung der *starken*, das heißt arbeitsfähigen Bettler. Diese durften aufgrund ihrer Zuordnung zu den Müßiggängern in der Regel nicht mehr innerhalb der Stadtmauern betteln.

## II. 9. 3. Dokumentierende Texte

Unter die dritte, hier zu besprechende Textsorte fallen die dokumentierenden Texte. Zu diesen gehören in erster Linie Chroniken, Protokolle, Urgichtenbücher, Glossare. „Als dokumentierend werden Texte angesehen, deren Auftraggeber / Verfasser / Schreiber / Drucker Ereignisse, Besitzverhältnisse, Fakten aller Art mit dem Zweck festgehalten, gespeichert, dokumentiert sehen möchten, Vorhandenes in eine Übersicht zu bringen und verfügbar zu machen, um sich gegebenenfalls nach späterer Notwendigkeit auf die Festschreibung berufen und sie je nach Interesse nutzen zu können" (Reichmann / Wegera 1988, 52). Was in welcher Gesellschaft wird für wie wert erachtet, dass man es für die Zukunft festhält? Diesbezügliche Entscheidungen unterliegen nicht nur qualitativ orientierten Aushandlungsprozessen, sondern hängen auch davon ab, wie einfach das Dokumentieren jeweils technisch vonstatten geht. Buchdruck wie billiges Papier haben die Breite des in Betracht kommenden Materials erheblich erweitert, geradezu „demokratisiert", wurde zuvor doch vor allem das als bewahrungs- und dokumentationswürdig erachtet, was sakral war oder die hohe Politik betraf. Die Anzahl und der Umfang dokumentierender Texte nahmen seit dem 15. Jahrhundert kontinuierlich zu. Die Dokumentationswürdigkeit erweiterte also auch das Spektrum dokumentierender Texte von der umfassenden Chronik bis hin zur Inventarliste.

Sprachliche Kennzeichen dokumentierender Texte sind:

Reichmann / Wegera 1988, 52: ein äußerst reduzierter Adressatenbezug, (z.T. tabellarische) Auflistungen, eine stark parataktische Syntax, ein oft fachsprachlicher Wortschatz.

Dokumentierende Textsorten stehen für eine sich immer stärker entwickelnde Verwaltung. Die Frage, wieso sie einen Beitrag zur Ausgrenzung leisten, beantwortet der Blick auf folgende prototypische Beispiele. Zu ihnen gehören etwa städtische Bettlerlisten, deren kategoriale Leistung darin besteht, gesellschaftliche Unterscheidungen festzulegen und damit zu verdauen. Das heißt zugleich, dass sie der jeweiligen Behörde den stetigen verwaltungstechnischen Zugriff auf die betroffene Gruppe ermöglichen und zwar nicht nur städtisch begrenzt. Man konnte die vorgenommene Kategorisierung nun überregional an andere Kommunen oder Institutionen weitergeben. Mit der Setzung von Unterscheidungen sind Bettlerlisten und verwandte Texte (z. B. Sammlungen von Schöffensprüchen) unter kognitivem Aspekt das Ergebnis eines semantischen Kampfes, unter Handlungsaspekten die Möglichkeit und die deontische Aufforderung, diese Unterscheidungen im Sinne der jeweiligen Institution in die Praxis umzusetzen.

Auch Urgichtenbücher sind dokumentierende Texte. In ihnen wird festgehalten, was Angeklagte in Rechtsprozessen mit oder ohne Folter ausgesagt, in der Regel gestanden haben. Man könnte Urgichten insofern als Kriminalitäts- bzw. Prozessdokumentationen betrachten, in denen Randgruppen statistisch regelhaft als Angeklagte und schließlich auch als Verurteilte auftraten bzw. auftreten mussten. Die vorurteilsgeleitete sprachliche Kriminalisierung der Bettler und Fahrenden, ihre voreingenommene Behandlung, die den Randgruppen speziell zuerkannten Strafen, also ihre prinzipielle Ungleichbehandlung, sowie die allgemeine Verketzerung Andersdenkender finden hier ihren Verschriftlichungsort, mit ihm die Fixierung gesellschaftlicher Urteile und ihnen folgender Handlungsnormen.

Zu den dokumentierende Texten zählen Reichmann / Wegera (1988, 67f.) aber auch Wörterbücher, so „Die Teutsch spraach. Alle wörter / namen / vñ arten züreden in Hochteütscher spraach / dem ABC nach ordenlich gestellt / vnnd mit gütem Latein gantz fleissig vnnd eigentlich vertolmetscht" von Josua Maaler aus dem Jahr 1561. Wörterbücher können unter dem hier diskutierten Aspekt als außerordentlich ertragreiche Vorurteilslisten gesehen werden, da sie neben anderem den Wortgebrauch ihrer Zeit sichten, dokumentieren, auf ihren Erkenntnis- und Handlungswert befragen und je nach Ausfall dieser Musterung als erkenntnis- und handlungsleitende Bildungsinstrumente fungieren. Man vgl. das folgende Beispiel aus Henischs „Teütsche[r] Sprach und Weißheit" über *bettel*:

> Henisch 344/45 (Augsb. 1616): Bettel / betteley / [...] Das gulden faul handwerck. [...] Deß betlers angesicht ist schwarz / aber sein sacklin voll [...] Die betler sind den Hunden feind / die hund den betlern / denn sie sind beide eines handwercks [...] Es thut kein betler kein gut [...].

In Wörterbüchern wird also, auch noch für heutige Leser gut aufbereitet, die gesamte Vorurteilswelt einer bestimmten Zeit zugänglich gemacht. Ob man die Stichwörter *hexe, bettler, ketzer* mit den zugehörigen Wortbildungen betrachtet oder ob man vermeintlich unscheinbare Lemmata, wie *laus* oder *grindig*, nachschlägt, man findet die soziale Verachtung der Zeitgenossen gegenüber ihren (Rand-)gruppen systematisch dokumentiert.

Dict. Germ.-Gall.-Lat. 299 (Genf 1636): Laus / Müllerflo [...]. Lauß nůsse f. vne lende, Lens.

Henisch 1746 (Augsb. 1616): Grindige / schwache / oder vnnütze kotzen [>Huren<] leben lang.

Das Wörterbuch dokumentiert seine Lehren und Anweisungen insofern weit effektiver als das Geständnis- und Verhörprotokoll, als es im Bildungsbereich eingesetzt wird, die enthaltene Lehre mit ihren Ausgrenzungsstereotypen somit manifestiert und perpetuiert und über die eigene Gegenwart hinaus aktualisiert. Das Subtile daran ist die ihm zugrundeliegende genuine Funktionsorientierung auf sprachliche Fragestellungen, bei der der untergeschobene Mittransport von Ausgrenzung und Diskriminierung nicht offen ins Auge fällt. Für den Leser und sicher auch für den Lexikographen hatte die Auswahl von Belegzitaten vor allem Bildungs- wie Unterhaltungswert. Besonders für Wörterbücher gilt der Grundsatz: Was einmal schriftlich fixiert wurde, in welcher Art auch immer, dient nicht nur der Erinnerung an Vergangenes, es bleibt über die Zeiten hinweg lebendig.

## II. 9. 4. Belehrende Texte

Zur vierten Kategorie, den belehrenden Texten, werden neben den berühmtesten literarischen Schriften der Zeit, dem „Ackermann von Böhmen" von Johannes Tepl oder dem „Narrenschiff" von Sebastian Brant, z. B. auch Albrecht von Eybs „Ehebüchlein" und der Heidelberger Katechismus gezählt. Die Parallelen zu sozialverbindlichen Texten liegen auf der Hand; aufgrund der häufig unterhaltsamen Verpackung von Belehrungen ergibt sich außerdem eine gewisse Nähe zu unterhaltenden Texten (Reichmann / Wegera 1988, 72). Gerade in frnhd. Zeit ist die Didaxe ein zentrales Movens fast jeder Narrativität, die Abgrenzung zu anderen Textsorten somit außerordentlich schwierig. „Als belehrend sollen diejenigen Texte verstanden werden, deren Auftraggeber / Autoren / Schreiber / Drucker den meist als sehr breit unterstellten Kreis der anvisierten Rezipienten auf allgemein anerkannte oder auf geforderte ethische, darunter besonders oft auf religiöse und gesellschaftliche Inhalts- und damit Verhaltensnormen auszurichten versuchen."

Reichmann / Wegera 1988, 72: Kennzeichen dieser Textgruppe sind: Bilder, Vergleiche, ironische und satirische Elemente, Sentenzen, Zitate, Antithesen, ein ausgeprägter Wertwortschatz, kurze bis mittellange Aussagesätze in meist präsentischer Form, seit dem 14. Jahrhundert überwiegend Prosa.

Der Sprechakt des Belehrens setzt dieser Definition nach Personen voraus, die wissen, was in einer Gesellschaft allgemein anerkannt, ethisch und sozial gefordert ist. Der Bezug auf den gesellschaftlichen Normenkonsens impliziert dabei, wie schon angedeutet, dass dies auch dieselben Personen sind, die maßgeblich an der Normenschaffung beteiligt bzw. für diese verantwortlich sind. Damit ist nicht nur die sozial-verbindliche Implementierung gemeint, sondern es werden vor allem auch die bewusstseinsbildenden Voraussetzungen ins Spiel gebracht. Bewusstseinsbildung und ihre Umsetzung in Handlungen gehen auch hier wieder in eins.

In der spätmittelalterlichen und frühneuzeitlichen Gesellschaft setzen Sittenlehren des Rittertums (z. B. der „Ritterspiegel" von Johannes Rothe 1410/20), Lehrgespräche wie die „Minneburg" (1400) oder Albrecht von Eybs „Ehebüchlein" (1472ff.), vor allem aber die ausgeprägte Katechismusliteratur die gültigen Normen, vermitteln sie an ihre Rezipienten und fordern ihre Einhaltung über die vorausgesetzte wiederholte Lektüre immer wieder neu ein.

In Heinrich Langensteins „Erchantnuzz der Sund", einem pastoralkatechetischen Text aus dem Jahre 1388, werden die Leser zum einen darüber informiert, was Sünde ist, und wie sie diese erkennen können. Zum anderen erfahren sie explizit handlungsanleitend, wie „wir vns halten sullen zu dem Ewigen leben". Der Text ist damit eine Mischung aus Belehrung, Erbauung und Handlungsanleitung. Nicht selten ist das moralische Docere eingebettet in ein Gefüge von innerweltlicher Strafandrohung und der Androhung transzendenten Heilsverlustes, der demjenigen, oder im unten zitierten Fall derjenigen widerfahren wird, die sich den gelehrten Normen entgegensetzen. Im Kapitel über die Unkeuschheit heißt es bei Heinrich von Langenstein in direkter Ansprache, in der eine als untreu vorausgesetzte Ehefrau verflucht wird:

> Langenstein 99 (1388): Weib, hastu dich von deinem wirt gechert vnd ausgetreten vnd pist gemailigt worden vnd hast peÿ einem andern mann geslaffen, so werdent dÿ flüch vber dich gent. Geb dich got in den flúch zu ainem ebenpild aller mênleich seins volkes. Dein hüff mach er dir faulent vnd dein pauch geswel vnd zerprech.

Weniger direkt, dafür bei allen Zeitgenossen aber außerordentlich beliebt, waren die zwischen Unterhaltung und Belehrung stehenden Fabeln. Der didaktisch-appellative Charakter wird bei ihnen am Ende in den Lehren ausgedrückt, wenn er nicht schon, wie bei Albrecht von Eyb, in den Überschriften explizit ausgesagt wird:

> Albrecht von Eyb (1472):[175] Das man frawen vnd iunckfrawen zu rechter zeit menner geben soll.

---

175 Zitiert nach: Reichmann / Wegera 1988, 83.

Die hinter den moraldidaktischen Sätzen stehenden Prämissen gehören zum Wissensbestand der Gemeinschaft, von dem man den Anspruch erhebt, dass er moralisch unumstößlich zu sein hat. Der Ausdruck *Moraldidaxe* bringt daher die pädagogische Intention auf den Punkt. Kaum einem literarischen Text der Zeit fehlt es an didaktischen Elementen.

Doch auch das Docere der Moraldidaxe muss verpackt sein und kommt folglich oft in narrativ-unterhaltsamem Gewande daher, so dass docere und delectare zur strukturbestimmenden Verkoppelung vieler Textsorten werden. Bezeichnenderweise erleben eben gerade jene Texte im 16. Jahrhundert eine ihrer Blütezeiten, in denen wie beim Mikrotext Sprichwort (s. o.) und bei der Fabel (Boner, Steinhöwel, Luther, Erasmus Alberus) beides konstitutiv ist.[176] Die Fabel (aus lat. *fabula* ›Erzählung, Märchen; Unterhaltung‹; vgl. Georges 1, 2652) gehört zu den frühesten Gattungen der Weltliteratur. Grubmüller (1997, 555)[177] definiert sie als eine durch „Traditionszusammenhang (daher: ,äsopische Fabel') und typisches Personal (daher z. B. ,Tierfabel') bestimmte Gattung von erzählenden, meist einepisodischen Texten, in denen nicht-menschliche Akteure (Tiere, Pflanzen, unbelebte Gegenstände usw.) agieren, als stünden ihnen die Möglichkeiten menschlichen Bewusstseins zur Verfügung." Die Fabel hat belehrende, erzieherische Funktionen, situationsenthoben dient sie als Objekt „anschauender Erkenntnis", von dem ein erkenntnisfördernder Impuls ausgeht, situationsbezogen als „schlagendes Situationsargument" und „Erfahrungsregel, die den Lauf der Welt wertneutral registriert und einkalkuliert" (a. a. O. 556).

Heinrich Steinhöwel schreibt in der Einleitung zu seiner Fabelsammlung des *Esopus* (1474), mit der das Wort *Fabel* zur Textsortenbezeichnung werden sollte:

> Steinhöwel: Die poeten haben ouch ettlich fabel getichtet, darumb daz sie lustig syent ze hören und die sitten der menschen und ihr wesen beschrybent, sich dar uß ze beßern.[178]

Luthers Bewertung der Fabeln geht in dieselbe Richtung:

> Luther WA 50, 452: wueste ich ausser der heiligen Schrifft nicht viel Buecher, die diesem uberlegen sein solten, so man Nutz, Kunst und Weisheit und nicht hochbedechtig Geschrey wolt ansehen. Denn man darin unter schlechten Worten und einfeltigen Fabeln die allerfeineste Lere, Warnung und Unterricht findet (wer sie zu brauchen weis), wie man sich im Haushalten, in und gegen der Oberkeit und Unterthanen schicken sol, auff das man klueglich und friedlich unter den boesen Leuten in der falschen, argen Welt leben muege.

---

176 Nicht ohne Ursache schreibt Mieder (2002, 165) vom Sprichwort als verkürzter Fabel bzw. von der Fabel als verlängertem Sprichwort.
177 Grubmüller 1997, 555–558.
178 Zitiert nach: Leibfried / Werle 1978, 4.

Belehrende Texte wie die Fabeln erscheinen deshalb im Tier- oder Narrengewande (man denke auch an Brants „Narrenschiff"), damit sie identifikationsstiftend wie verfremdend und damit den Erzähler schützend das eigene wie das obrigkeitliche Verhalten spiegeln können (Fürstenspiegel). Sie sind zum einen, werden sie situationsbezogen in der direkten Polemik angewandt,[179] eine wirksame moralische Waffe oder – wie Wolf es ausdrückt – ein „agitatorisches Kampfmittel" (Wolf 1980, 146f.), gegen das aufgrund seines behaupteten, gemeinhin akzeptierten Wahrheitsanspruches kaum ein Gegenargument nutzt (so z. B. die Lutherfabel „Vom Kuckuck und Papst"; Tischreden 4, 4892). Hasubek schreibt mit Bezug auf Erasmus Alberus über die Fabeln der Zeit:

> Hasubek 1982, 49: Die Fabel wird zur Kampfschrift der religiösen Parteien im 16. Jahrhundert umfunktioniert. Die Elemente des fabulierenden Erzählens bilden zum Teil nur noch einen dünnen poetisierenden Schleier, der über die dargestellte Realität gebreitet wird.

Fabeln sind zum anderen situationsenthoben oft ein sittlich moralisches Unterweisungsmittel, drastischer formuliert: der Ort kollektiver „Abrichtung". Gerade Fabeln und ihre Lehre (Epimythion) gehörten zum Lehrkanon zeitgenössischer Kloster- und Lateinschulen, sollten nach Luthers Vorstellungen vom Hausvater den Kindern und dem Gesinde vorgelesen werden (WA 26, 237; Wolf 1980, 146; Elschenbroich 1990, 2, 6). Ihr volkspädagogischer Impetus wurde dann auch in der konfessionellen Polemik (z. B. auch in den Predigten) gern genutzt, so von Luther gegen die Katholiken oder von Erasmus Alberus gegen die Zwinglianer oder gegen Müntzer. Im Zeitalter der Sozialdisziplinierung gilt daher verstärkt, was Schopenhauer später über seine eigene Zeit zu melden hatte.

> Schopenhauer, Die Welt als Wille und Vorstellung (1233/84): Für den großen Haufen tritt überall an ihre Stelle [eigentliche Bildung] eine Art Abrichtung: sie wird bewerkstelligt durch Beispiel, Gewohnheit und sehr frühzeitiges, festes Einprägen gewisser Begriffe, ehe irgend Erfahrung, Verstand und Urtheilskraft dawären, das Werk zu stören. So werden Gedanken eingeimpft, die nachher so fest und durch keine Belehrung zu erschüttern haften, als wären sie angeboren, wofür sie auch oft, selbst von Philosophen, angesehn worden sind.

Wenn Erasmus Alberus in der Fabel „Von den Eseln vnd reisigen Pferden" am Tierbeispiel die Ordnung der Welt erklärt, dann geht es sowohl um das Wissen um diese Ordnung als auch um die Forderung, sie auch in Zukunft als die einzig legitime zu akzeptieren und einzuhalten.

---

179 Thomas Müntzer greift Luther mit der Fabel vom Fuchs und vom Ziegenbock an, und Luther nutzt „vom Löwen und vom Esel" zur konfessionellen Polemik (WA 26, 547).

Erasmus Alberus 1550, 24: Gott hat den Tiehren allesampt | Eim jeglichen ein eigen ampt | Befohln / vnnd auff gelegt.[180]

Ebd. 73: In summa / ich souiel befind / | Das alle Thier dienstbar sind.

Wer mit diesem Zustand nicht zufrieden ist, wird am Ende, hier konkret am Ende der Fabel, auf die nächste Welt vertröstet: (ebd. V. 211) „Nach dieser Welt wirdts besser werden."

## II. 9. 5. Erbauende Texte

Erbauende Texte, die fünfte Gruppe im vorgestellten Spektrum, sind wichtiger Bestandteil des religiösen Lebens in frnhd. Zeit. Sie prägen damit aber nicht nur den religiösen Raum, sondern sind normativ wirksam für alle gesellschaftlich wichtigen Domänen, da die in ihnen zum Ausdruck gebrachten religiösen Normen als maßgeblich für alle anderen Lebensbereiche galten.

Der Kampf um die Reformation oder gegen die Reformation muss immer auch als Kampf um die weltanschauliche Vorherrschaft gedeutet werden. Diese Vorherrschaft spiegelt sich nicht zuletzt in der Erbauungsliteratur, die vor allem nach der Reformation als Scheidemünze für die Konfession wie für die Beurteilung eines einzelnen Autors fungieren konnte. Dies gilt geradezu exemplarisch für Johann Arndt und seinen „Bestseller" des 17. Jahrhunderts. Seine „6 Bücher vom wahren Christentum"[181] dienten zum Prüfstein bzw. Nachweis seiner sektiererischen bzw. korrekten Gesinnung. Die Kapitelüberschriften im 5. Buch spiegeln prototypisch die Themen der Erbauungslilteratur. Sie lauten: *Vom wahren Glauben und heiligen Leben*. Die darunter verhandelten Anleitungen sind dann: *1. Von der unvollkommenheit des heiligen christlichen Lebens, und übrigen gebrechen der gläubigen. 2. Von dem inwendigen neuen menschen. 3. Von den geistlichen übungen des neuen inwendigen menschen. [...] 6. Vom wahren seligmachenden glauben. [...] 11. Vom kreuz und verfolgung des heiligen christlichen lebens* (6 D 2).

Reichmann / Wegera 1988, 117: Als erbauend sollen diejenigen Texte verstanden werden, deren Auftraggeber/Autoren/Schreiber/Drucker den Menschen weniger logisch-rational als auf der Ebene seiner Religiosität ansprechen und ihn durch Darlegung christlicher Heilstatsachen und damit traditionell verbunden geglaubter Geschehnisse und Vorbilder in seinem Glauben zu stärken versuchen, ein Glied innerhalb der religiösen Heilsordnung zu sein. [...] Zu den erbauenden Texten gehören u. a. Bibeln, Gemeindelieder, Legenden, Exempla, Traktate, Postillen, Stunden-

---

180  Zitiert nach: Reichmann / Wegera 1988, 78.
181  Geyer 2001.

bücher, Sterbebücher, Beichtbücher, Gebetbücher, Auslegungen der Messe und des Vaterunsers, Passionale, Summarien, die religiöse Spiegelliteratur.

Durch die Frömmigkeitsbewegungen des 14. Jahrhunderts, die pastorale Tätigkeit des Protestantismus und anschließend der Gegenreformation wurde erbauende Literatur in frnhd. Zeit zur auflagestarken ersten Massenliteratur in deutscher Sprache. Sie erreichte eine bis dahin unerhörte soziale Breite und war mit hohem religiösem und gesellschaftlichem Prestige versehen. Man hörte Predigten in der Kirche, sang Kirchenlieder im gemeinsamen Arbeitsalltag, ging als Katholik zu den regelmäßig stattfindenden geistlichen Spielen und las die seit dem 16. Jahrhundert immer weiter ansteigende Zahl an Erbauungsliteratur.

> Reichmann / Wegera 1988, 117: Sprachliche Kennzeichen erbauender Texte sind: Allegorien, Bilder, Metaphern, eingelagerte Exempla, Sentenzen, Antithesen, neben Aussagesätzen auch Ausrufesätze und Wunschsätze, ein relativ enger, sich oft wiederholender Wortschatz.

Zu den erbaulichen Texten kann man – die gerade zitierte Liste ergänzend – auch das geistliche Spiel bzw. das volkssprachliche geistliche Drama rechnen, in dem biblische Themen des Alten wie des Neuen Testamentes in Oster-, Weihnachts-, Himmelfahrts- und Passionsspielen[182] dramatisch inszeniert wurden. Diese Art der Inszenierung, die oft mehrere Tage dauerte und an der Hunderte von Mitspielern beteiligt waren, hatte neben den religiös erbaulichen aber vor allem sozial- wie moraldidaktische Funktionen. Passionsspiele (so Frey 1991, 364): „stellen den Versuch der Stadt als eines sozialen Organismus dar, die aufbrechenden ökonomischen, sozialen und religiösen Konflikte zu bewältigen mit dem Ziel der Wiederherstellung der bedroht geglaubten Eintracht und Harmonie. Aufgrund der […] antijüdischen Tradition und aus gruppenpsychologischen Gründen werden in diesen Spielen häufig die Juden zu Gegenspielern Christi und damit zu Handlangern des Teufels, wobei entsprechend dem mittelalterlichen Geschichtsdenken kaum ein Unterschied gemacht wird zwischen den angeblich am Tod Christi schuldigen Juden des ersten Jahrhunderts und den zeitgenössischen Juden, den Nachbarn aus der Judengasse." Das didaktisch-epische Theater machte nicht nur das biblische Heilsgeschehen für jedermann anschaulich und führte in die dogmatischen Grundprinzipien des christlichen Lebens ein, vor allem das Passionsspiel war auch der Ort gewaltsamen und diskriminierenden Sprechens. Der polarisierende Gegensatz zwischen den bösen Juden und den frommen Christen wird dabei ebenso hetzerisch inszeniert wie die altbekannten antijüdischen Stereotype z. B. von der Ritualmordlegende, der Hostienschändung oder den Brunnenvergiftungen tradiert wurden. So belehrte man z. B.

---

[182] Vgl. dazu: Frey 1991, 364ff.; Wenzel 1992; Bartholdus 2002.

im Donaueschinger Passionsspiel (nach 1470) wie im Frankfurter Passionsspiel (1493) die Zuschauer über die religiöse Blindheit und Verstocktheit der Juden, den ihnen zugeschriebenen verbrecherischen Wucher und brachte den Gottesmord sowie die angeblichen jüdischen Gottesmörder grausam auf die Bühne. Den auf diese Weise ohnehin aufgewühlten Christen ruft die im Streitgespräch mit der Synagoga stehende Christiana am Ende zu:

> o ir schwestern vnd brüder min, |
> helffent mir rechen dise tat
> an dem falschen jüdischen rat
> die in so schantlich getötet hand!
> Pfüch, ir iuden, der grossen schand,
> das ir vff erd ie wurdent geborn:
> des müssent ir ewenclich sin verlorn![183]

Die erbaulich-religiöse Belehrung mündet also ein in einen Appell zur Rache. Der Übergang zu den agitierenden Texten ist damit mehr als nur fließend. Und der Zweck des Belehrtwerdens wird deutlich; Man lernt, um danach in entsprechender Weise zu handeln. Passionsspiele, so schreibt Thomas Bartoldus, „waren mehr als alle anderen geistlichen Spiele des Mittelalters ‚in Szene gesetzte Predigt' und gemeinsam mit ihrem homiletischen Pendant das wohl wirksamste zeitgenössische ‚Massenmedium'; gerade diese Gattungen versprachen, durch öffentlichen Vortrag bzw. Aufführung ein großes Publikum anzuziehen."[184]

## II. 9. 6. Unterhaltende Texte

Es wurde bereits mehrfach angedeutet, dass Belehrung und Normenvermittlung am wirksamsten sind, wenn man sie in eine ansprechende narrative Form bringt, sie in unterhaltsamen Witz kleidet oder in anrührende bzw. aufrührende Geschichten einbettet. Das Docere und das Movere, die die Leitillokutionen des Frühneuhochdeutschen ausmachen, gelingen am besten durch das ubiqitär anwesende Delectare.

> Reichmann / Wegera 1988, 147: Zu den unterhaltenden Texten, die in frühneuhochdeutscher Zeit wesentlich vom Adel und vom Stadtbürgertum getragen werden, gehört der Großteil der üblicherweise als literarisch gekennzeichneten Texte. Das sind Texte, deren Auftraggeber/Autoren/Schreiber/Drucker den Kreis ihrer in der Regel literarisch gebildeten Rezipienten durch Darbietung der direkten Situation

---

183 Zitiert nach: Bartholdus, a. a. O. 141.
184 Bartholdus a. a. O. 123.

enthobener, oft sogar die Einzelliteratur übergreifender Stoffe durch Gestaltung dieser Stoffe nach tradierten künstlerischen Mustern und in einer als solche aussagehaltigen sprachlichen Form sowie durch zeitbezügliche, meist implizite Deutungsangebote des Stoffes ästhetisch ansprechen möchten: häufig werden durch die Unterhaltung zusätzlich Lehrinhalte vermittelt. [...] Merkmale unterhaltender Texte sind: Tropen und Figuren aller Art, mehrfache Deutbarkeit des Stoffes durch den Rezipienten, ein vergleichsweise dichtes Gefüge textinterner Bezüge, ein ausgesprochen stark variierender Wortschatz, formale Muster aller literarischen Gattungen.

Epik, Lyrik und Dramatik des Frühneuhochdeutschen basieren einerseits auf mittelhochdeutschen Traditionen und führen diese zum Teil fort, passen sie andererseits aber gezielt dem neuen städtischen Publikum an und variieren sie entsprechend. Der im Unterschied zum Mittelalter nunmehr durch Buchdruck und verbilligte Papierherstellung erweiterte Rezipientenkreis führt nicht nur zur frnhd. Textsortenexplosion überhaupt, sondern auch zur spezifischen Ausrichtung der literarischen Gattungen. So wird das mittelalterliche Versepos zum Prosaepos, die Heldenepik zum Ritterroman. Der Minnesang tritt hinter den Meistersang zurück, der schon bald zu einer der wichtigsten unterhaltenden Gattungen der Zeit zu rechnen ist, ebenso wie das Volksbuch, die Fastnachtspiele, die Schwänke und die Satiren. Ausgrenzung und verletzendes Sprechen können innerhalb jeder der genannten Gattungen erfolgen, für den Schwank und die Satire sind sie geradezu konstitutiv.

> Röcke 1991, 180: Lachend die Wahrheit zu sagen, ist Aufgabe und Privileg der Satire. Ihr höhnischer Spott zerreißt den Anschein von Tugend und Rechtschaffenheit, entlarvt deren wahren Kern und darf sich zu diesem Zweck – das gilt für die römischen „saturae", dann auch für ihre mittelalterlichen Adaptionen – ansonsten schärfstens verurteilter Mittel bedienen: einer aggressiv-verletzenden Komik, der persönlichen Invektive, von „Schmutz- und Schandworten" jeglicher Art.

Eine Satire ist eine lehrhafte Dichtung in heiterer Form, da sie (so Röcke 1991, 180f.) „auf die bedrohliche Wirklichkeit der Sünden und Laster nicht nur mit deren Negation, sondern mit einer „Entübelung der Übel' antwortet, die nicht nur verurteilt und ausgegrenzt, verdrängt und perhorresziert, sondern auch durch lachendes Vergnügen gemildert werden." Die ihr inhärente Aggressivität ist durch ästhetische Verformung der Wirklichkeit abgemildert (Sandig 2006, 283). Liest man Johannes Paulis „Schimpf und Ernst", so wird man, manchmal mehr, manchmal weniger distanzierend, nicht nur durch die Tugenden und Laster der Menschen, durch das Allzumenschliche geführt, sondern lacht vor allem über das Törichte der Narren dieser Welt. Die Schadenfreude über das Schicksal der unglücklichen Satirehelden macht nicht selten den eigentlichen Unterhaltungswert aus. Paulis Sammlung ist eine schonungslos zum Ausdruck gebrachte Gesellschaftskritik, in der alles und jedes zum Zwecke moralischer Erhebung verspottet und verhöhnt werden kann. Dies zeigen schon manche Kapitelüberschriften, etwa die zur Unkeuschheit oder zur Habgier *der Mönche und Nonnen*, zu den *Roßtůschern, Notarien und Richter[n]*, den *Wůcherern*, den *Bůlern*, den *Spilern*, den *gemeinen Metzen*. Der gesammelte Spott spiegelt die kollektiven Wertvorstellungen und ihre (gescheiterte) Umsetzung im Alltagsleben; sie bietet dem Leser damit eine ‚Grammatik' sozialen Verhaltens, einen „Katechismus des äußeren Lebens", bei dem „komische Pointe und lehrhafte Maxime" übereinstimmen (Röcke 1991, 183). Die Sprache ist entsprechend direkt, sie beschönigt nichts und bringt die überführte Verfehlung drastisch und derb auf den Punkt. So wird im 66. Schimpff von einer Nonne berichtet, die

> Bolte, Pauli. Schimpf u. Ernst 1, 49 (Straßb. 1522): het heimlich mit einem Man gesůndt. Und uff einmal da gieng sie für eins Burgers Huß anhin, der het ein Atzel, die schrei uber die Klosterfrau: 'Hůrensack, Hůrensack', als dan die Atzlen den Frawen Hůren sagen.

Die lehrhafte Moral ist sprechend: Keine Sünde bleibt verborgen. Sie tritt immer zu Tage und sei es durch den Schrei einer Elster. Auch die so in ihrer Sündhaftigkeit der Welt zur Schau gestellte Klosterfrau „bessert sich und thet nit me Unrecht". Für die Klerikerinnen, die zu Paulis Lesern zu zählen sind, war ein solches Exemplum abschreckend und unterhaltsam zugleich. Sicher erfreuten sie sich am derben Witz der Sprache und am halberotischen Gespött, doch wenn die Rede darauf kommt, dass die Schwester schon bei einer einmaligen Verfehlung „als wol als ein Hůr [heisset], als het sie 40 Můnch gehebt," so wusste man, wie man sich zu verhalten hatte.

Drastischer noch ergeht es den Juden. Im Kapitel über den Glauben müssen sie als Kontrastbild „herhalten", werden vorgeführt, verspottet und am Ende sogar körperlich misshandelt.

> Bolte, Pauli. Schimpf u. Ernst 1, 104 (Straßb. 1522): Ein Jud mußt Gott in einer Mistlachen sůchen. Uf einmal kam ein Cristen und ein Jud zůsamen. Wie sich die Red begab, das der Jud sprach: ›Ich möcht wol vil glauben, das ir Cristen in euwerm Glauben haben, ußgenumen, das ir glauben, das Got der Her in Maria sei gewesen, das kan ich nit glauben.‹ Da sprach der Crist: ›Warumb? Es ist leicht zů glauben. Glaubestu nit, das Got an allen Orten ist?‹ Der Jud sprach: ›Ja, ich glaub es.‹ Der Cristen sprach: ›Ist Got in dem Stein?‹ Der Jud sprach: ›Ja.‹ Der Cristen sprach: ›Ist Got in der Katlachen?‹ Da sprach der Jud: ›Ja.‹ Der sprach der Cristen: ›Verflucht seiestu! Glaubestu, das Got in der Katlachen sei und nit in der reinen Junckfrawen Maria?‹ Und nam in bei dem Hals und warff in in die Katlachen und sprach: ›Gang und sůch Got in der Katlachen!‹

Das verhöhnende Lachen der Zeitgenossen rührt nicht nur von einer Bewunderung der schlauen Erkenntnisführung und der listigen Antwort des Christen her, der den Juden gleichsam hinters Licht führt, es beruht vor allem auch auf dem zum Diskurskonsens der Zeit gehörenden allgemeinen Antijudaismus. Juden gehörten zu den anschauungsdienlichen 'Witzfiguren', die man aufgrund ihres gesellschaftlichen Außenseitertums systematisch zur negativen Spiegelung eigener Defizite, hier: von Glaubensunsicherheiten heranziehen konnte. Der hervorgerufenen Schadenfreude, die ein moderner Leser nur bedingt zu teilen bereit ist, war der zeitgenössische Erzähler jedenfalls sicher.

Doch neben direkt vorgebrachten individuellen bzw. kollektiven Ehrverletzungen stehen solche, die erst auf den zweiten Blick, gar erst aus heutiger Perspektive, wenig mit Witz zu tun haben. So soll die folgende Geschichte Frauen davor zurückhalten, einen Mann zu Unrecht der Vergewaltigung zu bezichtigen, bzw. sie darauf hinweisen, dass sie, wenn es denn geschieht, gefälligst zum Zeichen ihrer Verweigerung und ihrer Not zu schreien haben. Ohne ein solches Beschreien (*geruf* 3, *gerufte* 2, *geschrei* 8 des FWB) wurde im damaligen Rechtssystem keine Anklage erhoben.

> Bolte, Pauli. Schimpf u. Ernst 1, 16 (Straßb. 1522): Uf ein Zeit was ein grose Dochter, die kam zů dem Richter, zů dem Offizial, und klagt ein jungen Gesellen umb den Blůmen an, er het sie verfelt und notzwungen. Der Richter sprach: ›Liebe Dochter, ich kan die Sache nit on in ußrichten, er můß auch da sein. Darumb gang heim und kum morgen widerumb zů dieser Stund, so wil ich im auch her lassen gebieten.‹ Die gůt Dochter gieng heim. Der Richter, der Official schickt ir ein Knecht nach, der solt thůn, als wolt er sie berauben und ir den Schleier wolt nemen und den Seckel etc. Das geschah. Da die Dochter morgen widerumb kam und sach den Rauber da ston, da verklagt sie denselbigen Rauber, wie er sye uff freyer Strassen het wöllen berauben, wan sie sich nit gewert het. Der Richter sprach: ›Kunstu dich dan sein erweren?‹ Sie sprach: ›Ja, ich schrei, das die Lüt uff der Gassen und uß den Hüsern herzůlieffen und mir zů Hilff kamen.‹ Da antwurt ir der Richter: ›Hettestu auch also geschruwen, da dir der Gesel den Kummer wolt anthůn und dich zwingen seinen Willen zů thůn und den Blůmen nemen, so wer man dir auch zů Hilff kumen. Darumb far hin, liebe Dochter, dein Straß! Der Gesel ist dein ledig.‹

Die Logik der Argumentation geht entweder dahin, dass der Geselle die Tochter niemals angefasst, dass heißt, dass sie diesen zu Unrecht beschuldigt habe, oder dahin, dass sie selbst an der Vergewaltigung schuld sei, sie geradezu gewollt habe, da sie ja nicht geschrien hat. Der männliche Richter steht von Anfang an auf der Seite des Mannes und nimmt die Anklage der *Dochter* nicht ernst. Aber nicht nur das: Er ergänzt die erste Gewalttat mit einer zweiten, nur um den jungen Mann nicht zur Verantwortung ziehen zu müssen. Man könnte diese Geschichte insofern als Beispiel für die strukturelle Gewalt einer männlich dominierten

Gesellschaft lesen, in der weder das Wort einer Frau ernst genommen wurde noch der Straftatbestand der Vergewaltigung.[185] Doch fragt man sich nach der Lektüre, was wohl Johannes Pauli dazu bewogen hat, diese Geschichte zu erzählen. Will er damit die Listigkeit des Richters bewundern, das Törichte der Frau vorführen oder will er gar, ganz im heutigen Sinne, darauf hinweisen, welche Willkürlichkeit in der Handhabung des Rechtssystems steckt? All das ist möglich. Es kann aber auch sein, dass er mit seiner Geschichte die Frauen ganz bewusst, wenn auch indirekt, darüber aufklärt, wie sie sich in einem solchen Notfall zu verhalten haben. Woher sollten Sie es sonst wissen? Es ist fraglich, dass sie solche Bestimmungen, wie z. B. in den Fränkischen Bauernweistümern kodifiziert sind, kannten:

> Dinklage, Frk. Bauernweist. 75, 24 (nobd., 1523): woe eine genotzucht wurd, so soll sie lauf mit gestraubtem hare und nasser mautzen, iren schleyer an der hand drag, allermeniglich, wer ir begegent, umb hilf anschreyen uber den theter; schweygt sie aber ditsmal styll, soll sie hinfuro auch styll schweygen.

Neben der Satire gab es weitere unterhaltende Gattungen, die von ihren Verfassern dazu genutzt wurden, sich und ihre Leser auf Kosten Anderer zu amüsieren. Besonders im Visier der aus dem Lateinischen stammenden und auch im Deutschen immer beliebter werdenden Facetien standen die Ungebildeten, bezeichnenderweise neben den Bauern vor allem auch die ungebildeten Pfaffen (Röcke 1991, 184). Die Funktion dieser witzigen, rhetorisch kunstvollen, oft mit Sprichwörtern gespickten und mit Obszönitäten vermischten Erzählungen bestand nicht nur darin, Komik zu erzeugen, sondern auch darin, die eigene intellektuelle Überlegenheit durch Herabwürdigung der illiteraten Anderen zu demonstrieren. Schwankromane wie der „Ulenspiegel" wiederum führen am Beispiel des Schalks vor, wie sich die Lebenswelt der Zeit verändert und welche zerstörerischen Konsequenzen dies für die Menschen hat. Ulenspiegel wird dabei selbst immer wieder das Opfer verbaler wie physischer Gewalt, kann aber aufgrund seiner Listigkeit und seines Überlebenswillens damit umgehen.

Ganz anders ergeht es den Bürgern von Lappenhausen, die in Heinrich Wittenwilers „Ring" im Anschluss an die Brautwerbung des Bertschi Triefnas um Mätzli Rüerenzumpf und deren Hochzeit in den Krieg mit dem Nachbardorf

---

185 Dass dies nicht verallgemeinert werden kann bzw. nicht überall der Fall war, zeigt die Studie von Loetz (2012) über die Stadt Zürich, in der gezeigt wird, dass alle Fälle von Notzucht und Missbrauch im untersuchten Zeitraum von 1500 bis 1850, die vor dem Züricher Gericht verhandelt worden sind, auch zu einer Verurteilung der Täter geführt haben.

Nissingen geraten und bis auf Bertschi getötet werden.[186] Bertschi zieht die Konsequenzen aus den Folgen dieser chaotischen, von einer Katastrophe in die andere torkelnden, letztlich verkehrten Welt und wird Eremit. Dazwischen erwartet den Leser eine Groteske in Form eines Bauernschwanks, die keine Gewalt und Grausamkeit auslässt. Gesellschaftliche Standesriten wie menschliche Triebhaftigkeiten werden parodistisch und grotesk vorgeführt. Neben den erzählten Gewaltakten, wie Mätzlis Vergewaltigung und dem grausamen Prügeln und Töten, steht immer auch die verbale Gewalt des Erzählers auf der Erzählebene, mit der er seine Gestalten verspottet und verhöhnt, so durch die hypertrophen Beschreibungen des hässlichen Äußeren seines Personals, ihres triebhaften Verhaltens und ihrer Unsauberkeit, aber auch schon durch die Namensgebung seiner Lappenhausener und Nissinger: *Rüerenzumpf, Triefnas, Blasindäschen, Höseller* (Hosenscheißer), *Kegel, Kochunsauber, Kützeldarm, Laichdenman, Lärenchopf, Lastersak, Lekdenspiess, Ochsenchropf, Saichinchruog, Scheissindpluomen* usw. Zum anderen lässt er mit großem Vergnügen und in aller Ausführlichkeit seine Kontrahenten sich gegenseitig beschimpfen, beleidigen, verhöhnen und verspotten. Das Misogyne dabei ist kaum zu übersehen. Wittenwiler bietet dem heutigen Leser geradezu ein Kompendium sprachlicher Verletzungsakte, bei dem die physische Gewalt nur die logische Konsequenz, ja die Spitze der Handlungen darstellt. Abgesehen von den zahlreichen Schimpfwörtern wie *kotze* (V. 560), *hure* (V. 7512), *huerrensun* (S. 537; 1463), *merhensun* (V. 1334), *schalk* (V. 636), *henker* (V. 468), *ziegglin* (V. 402), aber auch *jude* (V. 306) u. v. m., die derb und drastisch beleidigen, sind es dabei vor allem die Handlungszuschreibungen wie „der in daz pette saicht" (V. 971), oder die unterstellte Sodomie, die zum Spott dienten. Dem sich als Beichtvater aufspielenden Ritter Neithart berichtet Haintzo: „Secht, do vand ich dört ein kuo! | [...] | Ich staig auf sei und rait hin an, | [...] | ‚Ir faiger ketzer' sprach der ritter, | [...] | Ir möchtet nit wirser han getan." (V. 808f.). Dass er hier nicht einfach nur eine Kuh von einem Ort zum anderen brachte, ergibt sich schon aus der Reaktion Neitharts. Die Welt mit Unterhaltung dadurch aus den Angeln zu heben, dass man Ordnungen auf den Kopf stellt und Selbstverständlichkeiten bösartig karikiert, ist sicher die wichtigste Funktion des Rings. Für den hier diskutierten Gegenstand ist dieser Text daher auch so interessant. Gerade in der Verkehrung zeigt sich überdeutlich die verletzende Ordnung, sei es in seiner spiegelnden Sprache, sei es in den treffsicher eingesetzten einzelnen Sprechakten. Texte wie der „Ring" üben zwar keine Gewalt auf ihre Leser aus, diese sollen ja lehrreich unterhalten werden, aber sie zeigen ihnen exemplarisch und unterhaltsam, wie verletzendes Sprechen funk-

---

186 Vgl. dazu: Lutz 1990.

tioniert, sind insofern ein Metatext. Sie perpetuieren Stereotype (z. B. die gegen die Juden, indem sie deren Namen als Schimpfwort gebrauchen), liefern mehr oder minder lustige Spottformeln für den weiteren Gebrauch, und vor allem zeigen sie bei aller verkehrenden Kritik trotzdem, was gesellschaftlich opportun ist und was nicht. In ihrer Umkehrung aber bleiben die meisten Satiren, Schwänke oder die hier nicht besprochene Narrenliteratur Absagen an das verletzende Sprechen und wenden sich gegen die Enttabuisierung, vor allem aber gegen die Ordnungsverkehrung (Bachorski 1991, 196–202); um der Erhaltung der Ordnung willen werden sie ja auch geschrieben.

## II. 9. 7. Informierende Texte

Um 1509/10 verfasste wohl der Pforzheimer Spitalmeister Matthias Hütlin ein Buch über die Fahrenden, das dann 1510 bei Thomas Anselm gedruckt wurde und als „Liber Vagatorum" seinen Erfolgszug durch die nachfolgenden Jahrhunderte antrat (mehr dazu im Kapitel zu den Textsorten der Bettlerausgrenzung, III. 1. 7). Nicht nur dass der Liber bis 1755 eine hohe Anzahl weiterer Ausgaben erlebte, er war auch einer der wichtigsten Stichwortgeber für spätere Wörterbücher zur so genannten Gaunersprache bzw. zum Rotwelschen.[187] Die Wittenberger Ausgabe „Von der falschen Betler buberey", die Martin Luther im Jahre 1528 (WA 26, 638–654) besorgte, beginnt mit der Angabe der Umstände und des Zweckes der Publikation.

> Luther, WA 26, 638 (Liber): Hie nach volgt ein huebschs buechlein genãt Liber vagators dictiert von eim hochwirdigen maister nomine expertus in trufis dem Adone zu lob vnd ere, sibi in refrigeriũ et solaciũ, allen menschen zu einer underweisung vnd lere, vnnd denen die diße stuck brauchen zu einer besserung vnd bekerung.

Die Fiktivität bzw. die Faktizität der im Liber gebrachten Anschuldigungen gegenüber den Fahrenden und Bettlern ist nicht überprüfbar, der Duktus ist dennoch ganz im Sinne wissensvermittelnder Texte „allen menschen zu einer underweisung vnd lere" gehalten. So begründet Martin Luther seine Neuherausgabe mit den Worten: „Jch habs aber fur gut angesehen, das solch buechlin nicht alleine am tage bliebe, sondern auch fast uberall gemein wurde, damit man doch sehe und greiffe, wie der teuffel so gewaltig ynn der welt regiere, obs helffen wolte, das man klug wuerde und sich fur yhm ein mal fursehen wolte" (WA 26, 638f.).

Luther will seine Mitmenschen über die Gauner und deren Tricks informieren; folglich sollen seine Informationen nicht nur einer kleinen Gruppe von

---

187 Kluge 1901/1987; Wolf 1985; Vgl. dazu auch: Jütte / Boehncke / Johannsmeier 1987.

Lesern zugänglich gemacht, sondern an möglichst viele weitergegeben werden, damit diese ihr Verhalten entsprechend ausrichten können. Wahrheit und Richtigkeit der Information werden ebenso unhinterfragt vorausgesetzt wie die Notwendigkeit ihrer Verbreitung. Sie soll zu gemeinschaftsschützendem, sozialem Handeln führen. Damit entspricht Luthers Intention vollständig demjenigen, was Reichmann / Wegera über informierende Texte schreiben:

> Reichmann / Wegera 1988, 170: Als informierend sollen diejenige Texte aufgefaßt werden, deren Auftraggeber/Autoren/Schreiber/Drucker einen natürlichen oder kulturellen Sachverhalt oder Handlungen von Menschen für einschlägig interessierte Rezipienten – oft für Angehörige fachlich orientierter Gruppen – mit dem Anspruch auf Objektivität beschreiben. Der Zweck informierender Texte liegt mithin in der Faktizität des Mitgeteilten und der damit verbundenen Schaffung einer kognitiven Disposition zu sachlich (z. B. kausal oder final) begründetem instrumentalem oder sozialem Handeln. Zu den informierenden Texten gehört ein Großteil der sich insbesondere seit dem 14. Jahrhundert im Zusammen-hang mit der Entwicklung von Wissenschaft und Technik sowie der zunehmenden gesellschaftlichen Arbeitsteilung herausbildenden Fachliteratur.

Die drei Teile des Buches haben als Ganzes betrachtet nahezu kriminologischen Handbuchcharakter. In Teil 1 und 2 wird der Leser über Bettelarten und Bettlertypen sowie über die ihnen jeweils zugeschriebenen Betrugshandlungen informiert. Im dritten Teil erfährt er Genaueres über die benutzte Geheimsprache, die in einer Art Wortliste lexikalisch dokumentiert wird. Der „Liber" bietet somit die Vorstufe zu einer Gaunertypologie (28 Typen), die schon an den entsprechenden Kapitelüberschriften ablesbar ist.

> Von den Bregern / Von Stabůlern / Von den Loßnern / Von den Klencknern / Von Dobissern odder Dopffern / Von den Kammesierern / Von Vagierern / Von den Grantnern / Von Dutzern / Von Schleppern / Von den Zickissen / Von den Schwanfeldern oder Blickslahern / Von den Voppern und Vopperin / Von den Dallingern / Von den Důtzbetterin / Von den Sůndbegern / Von den Sůndfegern / Von den Bildtregerin / Von der Junckfrawen / Von Můmsen / Von übern sŏntzen gangen / Von den Kandierern / Von den Deranerin / Von Christianern odder Calmierern / Von den Seffern / Von den Schweigern / Vom Burckart / Von Platschierern.

Eine solche Typologie supponiert nicht nur qualitativ die Existenz von Bettlern und Gaunern, ihre Organisiertheit, die Faktizität ihrer gaunerischen Handlungen, bei denen vor allem das Verkrüppelt- oder Blindsein immer wieder als betrügerische Täuschung entlarvt wird, sondern evoziert bereits durch ihre lineare Anhäufung wie durch die vorgenommenen Faktizitätspräsuppositionen für den sogenannten unbescholtenen Bürger das Gefühl einer umfassenden Bedrohung. Der Gegenstand, über den man informiert, wird bereits dadurch, dass man über ihn spricht, ihn scheinbar dokumentiert, zu einer Gegebenheit, angesichts deren man sich zu verhalten hat. Dies gilt insbesondere dann, wenn die dem Faktischen inhärente Verhaltensforderung von kontinuierlich repetierten Warnungen, Wahrheitsbezeugungen und vor allem narrativen Elementen flankiert wird. Ähnlich einem ebenfalls in erster Linie der Information verpflichteten Zeitungsartikel vermischen sich auch hier unterschiedliche Handlungstypen miteinander, und zwar mindestens das Beschreiben, Drohen, Warnen, Bezeugen, Legitimieren, Dokumentieren, vor allem auch das Unterhalten. Man kann davon ausgehen, dass zeitgenössische Leser die kleinen Einzelgeschichten genau wie Zeitungsleser von heute nicht nur mit bedrohlichem Schrecken, sondern auch mit Lustangst, Schadenfreude gegenüber den „Gedutzten" und mit der Faszination am cleveren, einfallsreichen Betrug rezipiert haben.

> Luther, WA 26, 651: Huete dich des gleichen auch fur den artzten, die affter land ziehen und tyriack und wuertzlin feil tragen und thun sich grosser ding aus, und besondern sind etlich blinden, einer genant Hans von Straßburg, ist gewesen ein Jude und ist zu Straßburg getaufft worden ynn den Pfingsten vor iaren, und sind yhm sein augen ausgestochen worden zu Worms, und der ist itzund ein artzt und sagt den leuten war und zeucht affter land und bescheist alle menschen, wie, ist nicht not, ich kuend es wol sagen.

Betrachtet man die Charakterisierungen näher, so wird deutlich, wie die Wahrheit der Informationen durch zumeist einfache und zusammengesetzte Aussagesätze und übersichtliche Reihungen sowie durch eine sprechsprachennahe Syntax unterstrichen wird. Als zugehörige Verbformen dominieren der Indikativ Präsens Aktiv bei Sachverhaltsbeschreibungen und das Präteritum bei Handlungsbeschreibungen. Das Tempus Präsens präsupponiert die Faktizität, ohne sie beweisen zu müssen: *der ist itzund ein artzt und sagt den leuten war*. Der nachgestellte Hinweis darauf, dass der Autor beschreiben könnte, wie dies etwa verlaufen ist, impliziert in versteckter Form zusätzlich eine Zeugenschaft, die aber nicht weiter ausgeführt wird. Hinzu kommen direkt appellierende Imperative (*huete dich*), Unterstellungen durch indirekte Rede (*betler, die sprechen, sie seyen*, S. 640) und Aufzählungspartikeln (*item*).

Wenn ein fachbezogenes Vokabular ein wichtiges Kennzeichnen informierender Texte ist, dann erscheint das vom Autor als Fachvokabular vorgelegte 219 Einheiten umfassende Glossar der vermeintlichen Gaunersprache doppelt interessant. Zum einen suggeriert es, dass die als Kriminelle stigmatisierten und zu einer einheitlichen Gruppe subsumierten Sprecher eine ebenfalls kriminelle Geheimsprache mit einem speziellen Fachvokabular besitzen, mit dem sie ihre Betrügereien verschleiern und gegen die Gesellschaft einsetzen können. Zum anderen wirkt das Vokabelwissen des Glossators tendenziell wie ein Distanz schaffendes und Sicherheit suggerierendes Herrschaftswissen, mit dem die Ordnung wieder hergestellt werden könnte. Ein Blick auf das Vokabular selbst lässt jedoch an der Integrität der Liste wie der des Autors zweifeln, da man sich fragt, ob hier nicht eher eine Schimpfwortsammlung sowie der Straßenjargon der Zeit abgefragt und dokumentiert wurden.

> Luther, WA 26, 652 (Liber): Glied hur / Gliedenfetzerin / hurwirtin / Glidenbeth [...] Hautz pawr / Hautzin peurin / Gackenschern hun / Hornbock ku Gurgeln / lands knecht betlin /Holderkautz huen / Glyss milch / Horck baur / Galch pfaff / Hellerichtiger guldin / Galle pfaff Hans waltar lauss / Galchenbeth pfaffenhaus / Har fleuch / Giel mund / Hegis spital Gitzlin stucklin brot Hocken ligen Grim gut Hans von geller rauch brod Greim gut Grunhart feldt / Glesterich glas / Gugelfrantz muench / Gugelfrentzin nun.

Der *Liber vagatorum* gehört sicher nicht zu den typischsten Vertretern informierender Texte, wie es etwa für Konrads von Megenberg „Buch der Natur", seine „Deutsche Sphaera" oder Sebastian Müntzers „Kosmographie" gelten dürfte, aber er erhebt denselben objektiven Anspruch auf Wissensvermittlung wie diese.[188] (Weiteres zum „Liber vagatorum" in Kapitel III. 1. 8).

## II. 9. 8. Anleitende Texte

Wie schwierig die Abgrenzung von Textsorten ist, zeigt ein Vergleich informierender mit anleitenden Texten, als deren prototypische Vertreter zwar Rezeptbücher angesehen werden, die aber darüber hinaus all jene Texte umfassen,

> Reichmann/Wegera 1988, 191: deren Auftraggeber/Autoren/Schreiber/Drucker einem einschlägig interessierten, oft einer bestimmten Berufsgruppe zugehörigen oder sonst fachlich orientierten Rezipientenkreis auf bestimmten Kenntnisvoraussetzungen beruhende genaue Verfahrensregeln zur Erreichung eines meist instrumentalen, seltener sozialen Handlungszieles geben.

Doch anders als informierende Texte, zu denen erhebliche Überschneidungen bestehen, liefern anleitende Texte genaue Instruktionen bzw. Gebrauchsanweisungen, wie mit einem Gegenstand oder einem Sachverhalt zu verfahren ist. Anleitende Texte entwickeln sich textsortengeschichtlich erst zu Beginn des Frühneuhochdeutschen in der Folge der beginnenden Stadtentwicklung, einer zunehmenden Technisierung und einer deutschsprachigen Wissenschaftskultur, die sich immer mehr einer beobachtbaren und als handbabbar betrachteten Welt

---

188  Dazu: Haage 1991, 231–244.

zuwendet. In ihrem Zentrum stehen neben Kochbüchern (z. B. die „Kuchenmeysterey") auch das medizinische Schrifttum (z. B. Meister Albrants „Roßarznei"), Texte zur Kriegskunst oder solche, die Landwirtschaftswissen, Gartenbau- und Weinbaukunst (z. B. das „Pelzbuch" Gottfrieds von Franken), Handwerkskunst und Handwerkserfahrung betreffen. Es sind zum Teil Bücher aus der Praxis für die Praxis. Der berühmteste Anleitungstext ist sicher das „Rechenbuch" von Adam Ries (zuerst 1522). Als Kennzeichen anleitender Texte gelten:

> Reichmann/Wegera 1988, 191: Einfache und zusammengesetzte Aussage- und Befehlssätze, präsentische und vor allem imperative Verbformen, nominaler Stil, ausgeprägtes Fachvokabular, Darstellungsmittel nichtsprachlicher Art wie Tabellen, Schemata usw.

Auf den ersten Blick erscheint es schwierig, sich einen anleitenden Text als Ausgrenzungstext vorzustellen. Bei näherem Hinsehen jedoch erkennt man, dass zu dieser Textsorte gerade auch solche Texte zu zählen sind, die explizit die Verfahren zur Ausgrenzung, Diskriminierung, letztlich sogar zur Vernichtung einführen. So kann Heinrich Kramers (Institoris) ‚Malleus maleficarum', der sogenannte Hexenhammer[189] aus dem Jahre 1491, in einem doppelten Sinne als Beispiel für anleitende Texte herangezogen werden. Zum einen ist er eine Art theologisch-juristisches Handbuch bzw. Kriminal-Kodex, mit welchem den weltlichen wie den geistlichen Gerichten mitgeteilt wird, was Hexerei ist, wer sich dazu versammelt, welche Wirkungen und Schäden sie aufweist und wie man gegen sie vorzugehen hat (I. und II. Teil). Zum anderen bietet der Text im dritten Teil eine Art Prozessordnung, in der festgelegt wird, mit welchen Quaestiones von Seiten welcher Personen die Hexerei erkannt werden kann, wie man mit den unter Hexereiverdacht stehenden Frauen umzugehen hat und welche Strafe sie zu erwarten haben (Todesstrafe). Er bietet also detaillierte Verfahrensanweisungen z. B. darüber (4v/112), „wie die oberkait sol den rechten gerichtz handel füren."[190]

Allein die Existenz dieses Textes als Handlungsanweisung zur Verurteilung von in Argwon geratenen Menschen, vorzugsweise von Frauen, aufgrund der Unterstellung, sie hätten einen Schadenszauber vollzogen und seien Teufelsbuhlen, ist ein Akt sprachlicher Gewalt. Doch auch jede einzelne Anleitung innerhalb des Textes, so die Anweisungen zur Befragung und zur Folterung (8v/120), sprechen eine deutliche Sprache. So heißt es im „newnde[n] capitel. Waß hin-

---

189   Hier zitiert nach: Jerouschek 1992.
190   Da Hexerei als *crimen laesae maiestatis divinae* gilt (Gotteslästerung), wird sie wie ein Ketzerprozess verhandelt und als *crimen mixtum* sowohl der kirchlichen wie der weltlichen Gewalt unterworfen.

derlüst der richter braucht vnd nit sol geben fewrin oder gliegende eysen zuo tragen für die vnschuld. So aber der richter merckt / daß sy hart ist in der güchtung vnd nit bekennen will so gebrauch er aller lüstikeit" (9v/122). Das ist die geradezu systematische Folge von Konzession (hier: kein *fewrin geben*) und folgender Verstärkung des Gewollten mit *aber* (hier: *so aber*).

Die Sprache des Hexenhammers ist an die gängige Lexik der Juristen und deren Klassifizierungen angelehnt (*gerichtshandel, gichting, oberkeit, richter, unschuld*). Und wie es bei anleitenden Texten üblich ist, finden wir neben dem juristischen Fachvokabular (ein wichtiges Wort darunter ist *Argwon*) zumeist „einfache und zusammengesetzte Aussage- und Befehlssätze, präsentische und vor allem imperative Verbformen, einen nominalen Stil" und sehr häufig lateinische Einschübe. Besonders die Anleitungsüberschriften und die Handlungsanweisungen sind wirksam in kurze prägnante Sätze gefasst:

> Jerouschek, Nürnb. Hexenhammer 1v, 14 (Augsb., 1491): wa sy begert gliegen eysen zū tragē wie er [richter] sich dar in haltē soll.

In diesem Text ist von Anfang an erstens klar, dass es Hexen / Unholde gibt, zweitens, dass diese eine Verschwörung gegen das Christentum planen, und drittens, dass man sie aus diesem Grund auf jeden Fall töten muss. Die gesamte Prozessordnung lässt an diesen Prämissen keinerlei Zweifel; die Befragung ist so ausgelegt, dass der Befragte von Anfang an als schuldig betrachtet wird. Allein die Möglichkeit, dass ein Richter einen Delinquenten freilassen könnte, weil er ihn für unschuldig hält und es ablehnt, einen Menschen aufgrund persönlicher Feindschaft, eines bloßen Gerüchtes / einer Fama (s. u.: *klafferei, feindschaft*) zum Tode zu verurteilen, lässt Kramer zu offenen Drohungen und zu versteckter Sekundärstigmatisierung der Obrigkeit greifen (*beschirmer der vnholden*):

> Jerouschek, Nürnb. Hexenhammer 10v/124: Zuo mercken auch ist das die verfluochte maynung die ettlich oberkaitt haben alß ob nit zehalten sey vff den lümuot so durch clafferey der weiber oder durch veintschafft solliches entspringen mag wann durch solichen schirm mit den vnschuldigen auch die schuldigen vngestrafft bleiben vnd do durch die boßhait zuo nehmen ist / billich die selbig oberkait in sollich swere pen fallen ist nit daß sy vnholden seyen. Sunder beschirmer der vnholden genant / kain sach auch mich inquisitoren fester bekumert dann sollich torecht oberkait.

Im letzten Teil des Zitates begegnet wieder die Sprechaktfolge von Konzession (*nit das*) und nachfolgender Verstärkung (durch *sunder* >aber<). Spätestens nach der Lektüre dieses Absatzes weiß der Richter, wie er sich zu verhalten hat.

Der Hexenhammer war im Unterschied zu verabschiedeten Rechtsordnungen und Gesetzen kein rechtsverbindlicher (sozial bindender) Text, sondern eine von einem Dominikaner verfasste Anleitung zur Hexenjagd, deren tatsächliche Durchführung im Ermessen regionaler Richter und Obrigkeiten lag. Sein Wirkpotential ergab sich aus seiner rhetorischen Nähe zu sozial bindenden Texten, seinem rechtsförmlichen Aufbau, aus der Suggestion von Wissen und Kompetenz und der Schaffung einer formalen Scheinordnung und Scheinsicherheit, nach denen örtliche Rechtsvertreter verfahren konnten, ohne im Ernstfall ihr eigenes Gewissen belasten zu müssen. Andere, scheinbar kompetentere Autoritäten hatten ja schon zuvor alles bedacht; ihnen musste nur noch gefolgt werden.

## II. 9. 9. Agitierende Texte

Von allen bisher vorgestellten Textsorten fällt die Flugschrift nicht nur unter textlinguistischen Gesichtspunkten ins Gewicht. Flugschriften „sind nichtgebundene, mehrblättrige Druckwerke, mit denen man meinungsbildend oder auffordernd auf politische und gesellschaftliche Verhältnisse einwirken will" (Schwitalla 1999, 1).[191] Sie repräsentieren zweierlei: Zum einen eine neue Öffentlichkeit, in der gesellschaftspolitisch aktuelle Themen diskutiert wie verbreitet werden und daraus resultierend zum anderen eine neue, für das Frnhd. typische Textsorte, die der politisch-agitierenden Propaganda zuzuordnen ist. Politisch zu agitieren heißt, nicht nur Zustandsbeschreibungen zu formulieren, sondern argumentativ zu konkretem Handeln aufzufordern. Flugschriften (darunter das Flugblatt) haben ihre erfolgreichste Phase während der Unruhen des *gemeinen mannes* zur Zeit der Reformation. Als berühmte Flugschriften gelten die „12 Artikel der Memminger Bauern" oder Martin Luthers „An den christlichen Adel deutscher Nation von des geistlichen Standes Besserung" (1520). Im Titel der Adelsschrift wird sofort mitgeteilt, was alles verändert werden muss und wer es zu tun hat. Der Appell an den weltlichen Stand ist also von vornherein vorformuliert. Als agitierend werden nach Reichmann / Wegera Texte verstanden,

> Reichmann / Wegera 1988, 212: deren [...] Autoren [...] eine gruppengebundene, in der geistigen, religiösen, politisch-sozialen oder anderweitig bestimmten Situation der Zeit gefährdete weltanschauliche Position so vortragen, daß der Kreis diesbezüglich indifferenter oder zumindest noch unentschiedener Rezipienten zu positiver, gruppensolidarisierender Stellungnahme bewegt wird, die vorgetragene Position damit gegenüber ihren Gegnern aktiv mitvertritt und auf diese Weise zu ihrer Umsetzung in die gesellschaftliche Praxis beiträgt.

In agitierenden Texten werden häufig ideologische Strategien wie die Polarisierung (oft durch Schwarz-Weißmalerei), die Legitimierung, die Naturalisierung oder die positive Historisierung verwendet, um den eigenen Standpunkt als den

---

191  Vgl. auch: Schwitalla 1983.

einzig richtigen vorstellen zu können. Die Position des Gegners wird demgegenüber als unrichtig, wenn nicht sogar als moralisches Unrecht verworfen. Der Gegner wird nicht selten persönlich angegriffen, verhöhnt oder lächerlich gemacht, in religiösen Konflikten verketzert. Kennzeichen agitierender Texte sind nach Reichmann / Wegera (ebd.) „eine gewisse Kürze, direkte oder sich aus der inhaltlichen Konstellation ergebende Aufrufe zur Solidarisierung mit der Gruppe bzw. zur Abgrenzung von der Gegengruppe, dementsprechend ein Hervortreten des Ausrufe-, Wunsch- und Befehlssatzes, von rhetorischen Fragen, Wiederholungen, satirischen Redemitteln, ein positiver bzw. negativer Wertwortschatz, eine besondere Rolle des Imperativs und Konjunktivs gegenüber dem Indikativ."

Luthers Adelsschrift geht ein Widmungsbrief an Nikolaus von Amsdorf voran, der mit den Worten beginnt (WA 6, 404, 11): „Die zeit des schweygens ist vorgangen, und die zeit zureden ist kommen". Dieses Motto ist wie die Schrift, die es einleitet, als ein „Stoß in die Kriegsposaune" (Johann Lang) bezeichnet worden.[192] Kraft seines Amtes als *Doctor der Bibelexegese*, ausgestattet mit der Vollmacht, Gottes Wahrheit zu verkünden, und mit dem Hinweis auf die drückende Not der Christen (WA 6, 405), seine Wahrheit außerdem verpackt in die Weisheit eines *narren*[193] greift Luther die Römische Kurie sinnbildlich in dreien ihrer Fundamente, den sogenannten *mauern*, an. Er richtet seine Argumentation erstens gegen die von Rom beanspruchte Oberhoheit der Kirche über die weltliche Obrigkeit und fordert die Trennung von weltlicher und geistlicher Macht, von Staat und Kirche (WA 6, 406, 23). Beim Angriff auf die zweite Mauer geht es ihm um den Anspruch des Papstes auf das alleinige Recht zur Auslegung der Heiligen Schrift (WA 6, 406, 26), und bei der dritten greift er die Konzilien an, die als institutionelles Reforminstrumentarium versagt hätten. Auf dem Spiel steht nichts weniger als die gesamte Macht der Kirche, und zwar sowohl hinsichtlich ihrer säkularen Komponenten wie ihrer geistlichen Führerschaft. Mit direkten Appellen und Handlungsanweisungen fordert Luther den Adel deutscher Nation zu innerweltlichem sozialen Handeln auf.

> Luther, WA 6,428,28 szo sol hie der Christlich Adel sich gegen yhm setzen [...] umb der armen seelen heyl willen, die durch solch tyranney vorterben mussen, setzen, gepieten und vorordenen, das hynfurt kein lehen mehr gen Rom getzogen, keinsz mehr drynnen erlangt werde auff keinerley weysze, sondern widder von der tyrannischen

---

192 Vgl. dazu: Lobenstein-Reichmann 2001, 106ff.
193 Luther, WA 6, 404, 30f.: „wie Paulus sagt ‚wer do wil weys sein, der musz ein nar werden'. Auch, dieweil ich nit allein ein narr, sondern auch ein geschworener Doctor der heyligen schrifft, byn ich fro, das sich mir die gelegenheyt gibt, meynem eyd, eben in der selben narn weysze, gnug zuthunn."

gewalt erausz ruckt, heraussen behalten, und den Ordinarien yhr recht und ampt widderstatten, solch lehrer zuvorordenen, auffs best sie mugen, in deutscher Nation.

In vielen argumentierenden Passagen listet er zu diesem Zweck die Gravamina gegen die Kirche auf; und er erörtert, welche seiner Beschwerdepunkte auf welche Weise zur Not der Kirche geführt haben. Er weist alle päpstlichen Hoheitsrechte in der Welt zurück und fordert das die geistliche Gewalt des Papstes aufhebende Laienpriestertum ein sowie das Recht eines jeden Gläubigen auf unmittelbaren Zugang zum Evangelium.

> Luther, WA 6, 407, 13 (1520): Dan alle Christen sein warhafftig geystlichs stands, unnd ist unter yhn kein unterscheyd, denn des ampts halben allein, wie Paulus i. Corint. xij. sagt, das wir alle sampt eyn Corper seinn, doch ein yglich glid sein eigen werck hat, damit es den andern dienet, das macht allis, das wir eine tauff, ein Evangelium, eynen glauben haben, die machen allein geistlich und Christen volck. [...] Dem nach so werden wir allesampt durch die tauff zu priestern geweyhet, wie sanct Peter i. Pet. Ij. sagt ‚yhr seit ein kuniglich priesterthum, und ein priesterlich kunigreych', und Apoc. ‚Du hast uns gemacht durch dein blut zu priestern und kunigen'.

Mit der Bibel in der Hand, das Wort Gottes zitierend und mit ihm argumentierend reißt der Reformator die metaphorisch als Mauern gedachten Machbastionen der Kirche ein und wird dabei durchaus auch beißend gegenüber den katholischen Gegnern. Der Papst habe sich das Recht der alleinigen Schriftauslegung selbst gegeben ebenso wie die Schlüsselgewalt der Sündenvergebung. Anderes zu sagen, sei eine *erdichtete Fabel* (WA 6, 411, 33f.). Zudem müsse man wohl konstatieren, „das mehrer teyl der Bepst on glauben gewesen sein, wie sie selb bekennen mussen". Direkte Leseransprachen, wir-Inklusionen, bei denen er sich mit ins handelnde Boot nimmt, sowie die indirekte und direkte Erhebung des Anspruchs, im Besitz der besseren Wahrheit zu sein, flankieren seine Forderungen wie seine konkreten Handlungsanweisungen:

> Luther, WA 6, 412, 28 (1520): Ausz dieszem allenn und vielen andern spruchen sollen wir mutig und frey werden, unnd den geyst der freyheit (wie ihn Paulus nennet) nit lassen mit ertichten wortten der Bepst abschrecken, sondern frisch hyndurch allis, was sie thun odder lassen, nach unserm gleubigen vorstand der schrift richten, und sie zwingen zufolgen dem bessern unnd nit yhrem eygen vorstand.

Die Adelsschrift ist eine brisante Mischung aus fachtheologischer Aufklärung, gesellschaftskritischer Argumentation und höhnischem Spott und war vielleicht gerade deshalb ein Verkaufserfolg. Schon nach zwei Wochen musste die zweite Auflage gedruckt werden. Doch Luthers Streitrhetorik fand nicht nur Zuspruch. Sie wurde von den katholischen Gegnern mit derselben bissigen Münze zurückgezahlt. Exemplarisch seien im Folgenden Hieronymus Emsers und Thomas

Murners Antworten aufgeführt. Emser publizierte ebenfalls eine Flugschrift mit dem Titel:

> Wie Luther beyde stend den geystlichen und den weltlichen durch einander vermenget und die ordnung Christi und der heyligen kirchen tzurstoert, damit er allen hader und ungluck angericht und die ersten ursach tzur aufrur gegeben hat.[194]

Die Flugschriften der Reformationszeit sind, wie sich oft bereits in den Titeln zeigt, in einem intertextuellen Sinne dialogisch. Sie antworten einander und handeln damit in und mit aller Öffentlichkeit die Reformation aus. Das Agitieren als Intention der Textautoren und die entsprechende Textfunktion (-wirkung bei den Rezipienten) ist damit in einem doppelten Sinne zutreffend. Zum einen werben die jeweiligen Autoren um die Menschen, um möglichst viele gruppensolidarische Bundesgenossen für die eigene Position zu gewinnen, zum anderen wird die gesellschaftliche wie die theologische Welt durch das dialogische Sprechhandeln aktiv verändert. Durch diese Art publizistischer Dialogizität werden also sowohl Gruppen neu gebildet wie Wahrheiten neu geformt. Flugschriften werden zum Massenmedium mit propagandistisch-agitatorischer Zielsetzung und führen in ihrer Hochphase zur Einführung und Konsolidierung der Reformation und ihrer ‚Wahrheiten'. Nach deren Konsolidierung verloren sie erheblich an Breitenwirkung.

Im Jahre 1522 erscheint in Straßburg Thomas Murners[195] gegenreformatorische Satire „Vom grossen lutherischen Narren". Murner stand aufgrund seiner antiprotestantischen Publikationen[196] ganz persönlich im Schussfeld der protestantischen Angriffspolemik. Dazu gehörte auch die Verballhornung seines Namens. Es war wohl zuerst Jacob Wimpfeling, der in seinen „Versiculi Theodorici Gresemundi" (Straßburg 1502) aus dem Namenszeichen Murner das Schimpfzeichen *Murr-narr* machte.[197] Und im „Karsthans" verhöhnte man den aus dem Elsass stammenden Franziskanermönch mit dem Katzenonomatopoetikum *Murmaw murmaw* (aaij). Auf diesem Hintergrund verwundert es kaum, dass der Verhöhnte seine Antwort mit den Worten einleitet:

---

194 Emser, zitiert nach: Laube 1975, 360.
195 Vgl. dazu: Schutte 1973; Könnecker 1975, 116–124.
196 U. a. „Ein christliche vnd briederlich ermanüg zu [...] Martino Luther [...]: Das er etlichen reden von dem newen testament der heiligen messen gethan abstande, vnd wider mit gemeiner christenheit sich vereinige", „Von Doctor Martinus luters leren vnd predigen", beide 1520.
197 In manchen Regionen ist Murner auch noch noch der übliche Ausdruck für Katze. Im DWB steht als Worterklärung: „name der katze und des katers, mit beziehung auf den murrenden ton dieser thiere". (DWB 12, 2723).

> Murner, Vom Lutherischen Narren Vorw. 37 (1522): Sicut fecerunt mihi sic feci eis. iude. | Jch hab sie des geniessen lon, | Wie sie mir haben vor gethon. | Werden sie mein nicht vergessen, | So will ich inen besser messen. | Wa sie sich mit eim wort me eigen, | Will ich in baß den kolben zeigen, | Entgegnen in fürt solcher massen, | Das sie den narren ruwen lassen.

Der „Lutherische Narr" ist eine Gegenschrift gegen den Karsthans, aber auch gegen die „15 Bundesgenossen", und „Murnarus Leviathan", also vor allem gegen diejenigen Texte, in denen Murner selbst angegriffen worden war. Bereits in der Einleitung sagt er, was er neben seiner persönlichen, im Vorwort angekündigten Rache erreichen will. Es geht ihm um eine Art Exorzismus, bei dem die lutherischen *Erznarren* beschworen und ausgetrieben werden:

> Murner, Lutherischer Narr 5, 1 (1522): wie die lutherischen ertznarren sollen beschworen werden. | Den halt ich für ein weisen man, | Der zů zeit auch nerschen kann |/ Vnd kan ein katz sein mit geferden, | Das er ein mensch mög wider werden. |/ Ich wil zům ersten protestieren / | Vnd ein nötlich reden fieren, / Das ich in allem meinem gedicht | Keine weisen man hie meine nicht, [...] Allein wil ich die grosen naren / Hie beschweren vnd vertreiben [...].

Murner *protestiert* als Narrenbeschwörer gegen die Protestanten, greift Luther anfangs zwar nicht persönlich an, kriminalisiert aber all diejenigen als Lügner und Betrüger, die für die lutherische Lehre werben. Er führt *nötliche* Reden, sagt, er habe sich lange zurückgehalten, obwohl man ihn angegriffen habe, müsse nun aber eingreifen, denn „Wan solches [affenspil vnd bůben dant] also gewonheit wer, / Were niemans sicher seiner eer / In der nehe vnd in der fere" (6, 30). Murner legitimiert seinen Text als notwendige Reaktion auf die Lehren der Protestanten, die nicht nur für ihn selbst beleidigend und verstörend, sondern im Begriff seien, die christliche Ordnung der Kirche und des Reiches, das Heil der ganzen christlichen Welt zu zerstören, da „Luthers ler ein buntschůh ist" (15, 328), der Beginn des Aufstandes gegen die göttliche und weltliche Ordnung.

Im Unterschied zu anderen katholischen Mitstreitern hatte Murner verstanden, dass antireformatorische Polemik sowohl in der Sprache der Gläubigen, also auf Deutsch, geschrieben als auch unterhaltsam sein müsse, soll sie denn wirksam sein. Er verfasste daher anders als Cochlaeus, Emser oder Eck zu dieser Zeit nicht nur fachtheologische, lateinische Traktate. Mit diesen hätte er zwar gegen die neue lutherische Lehre argumentieren, nicht aber die Gläubigen erreichen können. War man bisher von katholischer Seite bemüht, die theologische Diskussion möglichst im innerkirchlichen Rahmen zu halten, weswegen man konsequent fortfuhr, auf Latein zu publizieren, suchte Murner bewusst die Öffentlichkeit und die dort stattfindende Diskussion. Dabei antwortet er zugleich auf die Murnersatiren, die wiederum als Reaktion auf seine antiprotestantischen Schriften im Jahre 1521 erschienen waren, allen voran auf den Karsthans. Murner will sich persönlich verteidigen, das Kirchenvolk aufwühlen und die Protestanten angreifen, und zwar all dies gleichzeitig.

Die Satire vom „Lutherischen Narren" ist eine apologetische Schmährede, die in predigtähnlicher Form vor allem die Unschlüssigen der Zeit auf die katholische Seite zurückziehen soll. Seine Antwort lebt daher von affektsteigernder Theatralik, beißender Ironie, einprägsamen Wiederholungen der wichtigsten Schlagworte und Argumente (Schutte 1973, 153), aber auch von drastischer Bildlichkeit. Hatte er Luther in den ersten beiden Teilen der Satire, der „Narrenbeschwörung" und der Erwiderung auf die „15 Bundesgenossen" noch geschont, greift er ihn im dritten Teil, in dem er höhnisch eine Hochzeit mit dessen Tochter inszeniert und dabei die protestantische Sakramentenlehre verurteilt, umso drastischer an. Am Ende der Satire will Murner den toten Luther einfach ins „scheißhaus" befördern (V. 4413; 4444).

Man erkennt, dass die in dieser Textfolge erkennbare Dialogizität nicht nur ein intellektuelles Spiel ist, sondern existentielle religös-revolutionäre Agitation mit dem Zweck, die herrschenden Sinnwelten semantisch und pragmatisch zu verändern. Besonders wirksam ist das satirische Spiel mit der Tier- und Narrenmetaphorik (vgl. dazu Kapitel II. 2. 2). Murner, dessen Name im Karsthans zu Murnar verballhornt worden war (s. o.), und über den Sachs im satirisch agitierenden Spruchgedicht[198] „Wittenbergisch Nachtigall" später noch schreiben wird: „so bedeutet die katz den Murner, / des bapstes mauser, wachter, turner" (Sachs 1523, 24), kehrt die Symbolwelt einfach um. Ist die Katze bislang immer als das Sinnbild des Ketzers erschienen und gilt sie normalerweise als Symboltier des Teufels und der Hexen, wird sie hier in der Gestalt des katholischen Katers Murner zum Streiter für den richtigen Glauben, deren Katzenjammer Luthers *leibfal* begleitet.

> Murner 96, 4446f.: So sie mich hon zůr katzen gmacht, | So hon die menschen mein kein acht [...] | Kumpt ir katzen, schwartz vnd grauw, | Vnd singet mauw vnd aber mauw. | Mauw, mauw, singen har | Der murmauw vnd der murnar, | Meuwe, meuwe, der tenor, | Mauw vnd mauw der baß fürwor. | Wan ich nit eine katze wer, | Wie künt ich als mauwen her?

Durch die Katzenkappe kann Kater *Murnarr* den Narren sagen, was er vermeintlich sonst nicht zu sagen gewagt hätte, und zum *narrenbeschwerer* (99) werden. Die Agitation gegen die Protestanten ist nicht zu übersehen. Ihre Bücher seien *nerrisch* und *töricht* (54, 497), *ungesalzen ungebacken, Die nit ein quintlin weiß-*

---

198 Zur bürgerlichen Reformationspropaganda bei Hans Sachs vgl. Balzer 1973.

## 9. Textsorten der sprachlichen Ausgrenzung 185

*heit hant.* Er bezweifelt die Motive ihres Handelns, glaubt, dass sie das Evangelium nur um des Aufruhrs willen vorschieben.

> Murner 58, 610: Jr ler sei vß der heiligen geschrifft; | Wie wol sie vnder disem gifft | Suchen, das ein mort betrifft, | Vnd sunst vff erden nichtz herfür ziehen | [...] Allein die bösen reden fieren, | Damit man sol den buntschů schmieren | Vnd ein friedsam Christlich gemein | Damit vffrürig mecht allein.

Murner hält sich weder mit derben Vergleichen, noch mit Verteufelungen und Kriminalisierungen zurück. Immer wieder macht er sein Entsetzen darüber deutlich, dass Luther die Sakramente aufgehoben habe, am schlagkräftigsten an den Stellen, in denen er die sarkastisch fingierte Ehe mit Luthers Tochter ablehnt. Fäkalwortschatz und Krankheitsmetaphorik wechseln sich mit Tiervergleichen ab. Die Verwünschung mündet in die typische Exorzismusformel ein.

> Murner 91, 4277: Der vnflat hat doch solchen grindt, | Wird das nur schmackt, das im geschwindt. | Der tüffel hol dich mit dem kindt! | So hastu gelernet auch noch me, | Kein sacrament sol sein die ee. | Jst es dan kein sacrament, | So hab ich dich doch nit geschent. Sich mögen hůren, bůben scheiden, | Wan mich das sacrament nit bindt, | So schiß ich dir wol vff dein kindt. | Der wüste wůst hat doch den grindt | Dicker, dan ein suw hat sprindt, | Ja dicker, dan ein mor hat speck: | Nim den wůst, heb dich hinweg.

In der direkten Ansprache wird Murners Narrenbeschwörung zum persönlichen Rachefeldzuge gegen Luther und dessen Anhänger, vor allem gegen jene Schriften, die gegen ihn persönlich gerichtet waren. Deren Namen und Titel versteckt Murner nur oberflächlich. So ist Martin Bucer der Bauer mit seinem *buer* [...] *mit seinem schlegel* („Neukarsthans"). Mit *kegel* ist die Flugschrift „Kegelspiel" (1521) gemeint, mit *studens* wird auf Vadians „Karsthans" verwiesen und mit *der vnflat mit dem Drachen* bezieht sich Murner auf „Murnarus Leviathan".[199]

> Murner 105, 4723: So kumpt der buer auch mit seinem schlegel | Vnd luthers hanß mit seinem kegel, | Darzů mit ihnen der studens, | Der in dem karsthanß briet die gens. | So kumpt der vnflat mit dem drachen....

Murner arbeitet gezielt mit inkludierender und exkludierender Pronominalisierung (*ich / wir* gegen *die, euer* und *ihr*), mit Dialog und wechselnder Anrede. Er spricht nicht nur den neutralen Leser an, um ihn von der Narrheit der Reformation zu überzeugen, mit der direkten Anrede geht er in die persönliche Offensive gegen Luther und die protestantischen Narren, macht ihnen Vorwürfe, droht ihnen und beschwört sie. Seine Rhetorik ist hochemotional und mitreißend, lässt den Leser immer wieder auflachen, ohne dabei den theologischen Ernst der

---

199 Vgl. dazu: Berger 1933, 133.

Sache, um die es hintergründig immer geht, in Frage zu stellen. Kurzum: Diese Satire ist Agitation in Reimform.

Man könnte an dieser Stelle noch eine Reihe weiterer Texte und Gattungen auflisten, die prototypisch agitierende Intentionen und entsprechende Funktionen aufweisen. (Verwiesen sei hier auch noch einmal auf das im Kapitel II. 9. 4 über die Fabel Geschriebene). So ist z. B. das Reformationslied „Eine feste Burg ist unser Gott" nicht nur Erbauungslied bzw. liturgisches Kirchenlied, sondern wird zum wichtigsten protestantischen Bekenntnislied. In der religiösen Kampfmetaphorik des von Luther selbst verfassten Textes mutiert die Auseinandersetzung um die rechte Lehre von einem Kampf zwischen Papst und Reformator zu einem Kampf zwischen Gott und Teufel. Das ist eine Transzendierung des Gegenstandes, bei der der *Fürst dieser Welt,* der *alt böse Feind* durchaus päpstliche Züge erhält. Luther inszeniert damit nicht nur die Bedrohlichkeit der Situation für das Seelenheil mit dem Blick auf seine immanenten Gegner, sondern auch als allgemeingültige Bedrohung, als heilsgeschichtliche Auseinandersetzung um das Seelenheil jedes Einzelnen, der damit zur unbedingten existentiellen Stellungnahme gezwungen wird. Nicht ohne Grund nannte Friedrich Engels dieses Lied die Marsaillaise des 16. Jahrhunderts.[200]

Flugschriften, Satiren, Lieder, auch die schon erwähnte Fabel können, wie im Kapitel zu den belehrenden Texten bereits angedeutet wurde, als Kampfschrift intendiert sein und als solche rezipiert werden. So schreibt Hasubek (Theorie 1982, 49) von einem „dünnen pointierenden Schleier, der über die dargestellte Realität gebreitet wird." Als Schleier kann auch der Titel nachfolgener Agitationsschrift gelesen werden: „Auslegung des XIX. Psalm. Coeli enarrant / durch Thomas Muntzer an seyner besten junger einen / auff new prophetisch / nicht nach der einfeltikeit des wort Gotes / sonder aus der lebendigen stimme vom hymel. Auslegung des selben Psalms / wie yhn S. Pauel auslegt nach der einfeltikeit der Apostel / und nach der meinung Davids. Johan Agricola Ißleben Wittemberg. MDXXV." Wieder ist es der dialogische Wechsel von Rede und Gegenrede, diesmal in der Form von Auslegung und Gegenauslegung eines Psalms. Doch es geht nicht primär (im Sinne dominanter versus neben- und untergeordneter Intention) um eine theologische Argumentation, also um das disputierende Verständnis einer Bibelstelle, sondern um die Setzung von Teufelsbanden, um die Verketzerung Thomas Müntzers und seiner Schriften, auch wenn diese nicht explizit genannt werden.

> Johan Agricola, Auslegung des XIX. Psalm 44 (1525): So sich aber Gott auß hertzlicher barmhertzikeyt / widderumb durch seyn Evangelion der welt und sonderlich

---

200   Walz 1988, 36.

Deutschen landen eroffnet hat / aus dem finsternis darynne wir gefangen waren / durch seyn wort ynn das licht und hellen tag gesetzt hat / will der Sathan abermals seyner art nach / sich unterstehen / das wort widder weck zu nemen / erweckt newe geyster / die sich rhůmen der schrifft / auch des heyligen geysts meyster / und wissen doch nicht / die armen / elenden / blinden leutt / wo von sie sagen / odder was sie setzen / wollen leren und konnen doch nicht leren / brüsten sich und werffen sich auff / mit prechtigen / hohen / schwulstigen wortten / wilche der heylige geyst taddelt und fur eynen grewel hat [...].[201]

Agitieren kann man nahezu mit jeder Textform, mit jeder Gattung ungeachtet ihrer textsortentypisch vorgegebenen Muster und Inhalte. So repräsentieren Psalmenauslegungen der von Agricola vorgelegten Art zwar innertheologische Fachdiskurse, richten sich kommunikativ aber gegen einen unerwünschten Sektierer. In ihnen wird nicht nur auf der legitimierenden Basis der Heiligen Schrift die eigene theologische Position festgemacht und als die einzige wahre der gegnerischen gegenübergestellt, es wird darüber hinaus auch die Person des Gegners polemisch zur Unperson gemacht.

Am Ende dieser Liste veranschaulichender Beispiele wird man möglicherweise die Frage stellen: Gibt es eine Textsorte „verletzender Text?" Nach der Argumentation dieses gesamten Buches kann die Antwort nur wie folgt lauten: Man kann zweifellos von einem Text sagen, dass sein Autor aufgrund der historischen Konstellation, aus der heraus er den Text verfasst hat, die Intention gehabt haben muss, einen antizipierten Rezipienten zu verletzen. Und man kann aufgrund der Rezeption, die dieser Text nach Ausweis respondierender Texte erfahren hat, ebenso zweifellos sagen, dass der Text seine Funktion (Wirkung) erfüllt habe. Man wird vielleicht auch sagen können, ob bzw. inwieweit Intention und Funktion übereinstimmen. Aussagen dieser Art sind von ihrem Status her aber etwas Anderes als Aussagen der Art: Das *ist* ein verletzender Text (und nichts Anderes) oder verallgemeinernd: *Es gibt* die Textsorte ‚verletzender Text' (und viele weitere). Die hier als möglich charakterisierten Aussagen besagten, *dass man etwas sagen (tun) kann*. Dann referiert man aus heutiger Sicht auf einen Gegenstand, hier: einen Text, man charakterisiert ihn hinsichtlich einer seiner ‚Eigenschaften', prädiziert eine seiner Eigenschaften. Das heißt einmal, dass der Textlinguist die Möglichkeit hat, genau so viele Aussagen über einen Text zu machen, wie er ‚Eigenschaften' an ihm erkennt; das sind infinit viele Aussagen. Zieht man in Betracht, dass die gerade bemühte ‚Eigenschaft' als Existenzpräsupposition eingeführt wurde, also jederzeit und von jedem anderen akzeptiert oder nicht akzeptiert, ergänzt oder nicht ergänzt, modifiziert oder nicht modifiziert werden kann, dann kommt man erst recht ins Infinite. Genau dies bedeutet aber nun,

---

201  Zitiert nach: Fischer 1976, 44.

dass man durchaus sagen kann und immer sagen wird: *Es gibt* die Textsorte ‚verletzender Text'. Man sollte dann nur wissen, dass man eine Prädikation über einen oder auch über mehrere (‚ähnliche') Einzeltexte abstraktiv unter Weglassung aller anderen ‚Eigenschaften' verallgemeinert und sich damit eine eigene kognitive Größe und zugleich Handlungsgröße geschafften hat, die einen völlig anderen Status hat als die Aussagen, aus denen sie konstituiert wurde.

Diese Argumentation ist theoretischer Natur; sie liefert kein Klassifikationskriterium für eine wie auch immer geartete Menge von Texten, mit denen man textlinguistisch umzugehen hat. Auf der Arbeitsebene lautet die obige Frage nach der Textsorte ‚verletzender Text' wie folgt: Ja, *es gibt* sie, allerdings mit dem genannten Status.

Alle wirklich interessanten Texte leben von der Mischung unterschiedlicher Intentionen, Funktionen und Handlungstypen und können daher in der Regel nur mehr oder weniger zugeordnet werden, je nachdem, was als dominante Intention bzw. Funktion interpretiert wird. Man kann, das hat sich in den vergangenen Kapiteln gezeigt, in allen Textsorten Verletzungs- und Ausgrenzungshandlungen ausführen und vollziehen. Sie werden jeweils nur unterschiedlich in die Text-, Sinn- bzw. Lebenswelt eingeführt: in institutionalisierter Form durch informierende, mit Machtgestus durch sozial bindende Texte, die allgemeine Zustimmung einholend und setzend z. B. durch unterhaltende, legitimierende und agitierende Texte. Sprachliche Gewalt kommt immer dann vor, wenn Meinung zur Meinungsübernahme drängt, und das geschieht strukturell immer dann, wenn zwei Menschen mit einem eigenen Kopf aufeinandertreffen, sich als Individuum definieren und vom anderen abgrenzen. Geschieht das in verschriftlichter gesellschaftlicher Form, so ist es in allen genannten Textsorten mehr oder minder deutlich ausgeprägt anzutreffen. Doch aufgrund dieser Prämisse sind Agitation und sprachliche Verletzung mehr als nur nahe Verwandte. Agitation ist der entscheidende Rahmen zur Verletzung, wie im vorliegenden Kapitel gezeigt werden sollte. Aber die sprachliche Verletzung ist auch die entscheidende Waffe in der Agitation. Die Verbindung von Agitation und Verletzung soll wegen ihrer Systematik im Folgenden an einem der bekanntesten Text‚kämpfe' des Frnhd. noch einmal aufgegriffen und explizit veranschaulicht werden. Es soll daran auch gezeigt werden, dass die agitierenden Texte ein besonders hohes Potential zur Diskriminierung und Ausgrenzung aufweisen.

## II. 10. Ein Text im Diskurs: Johannes Ecks „Eines Judenbüchleins Verlegung" aus dem Jahre 1541

Im Jahre 1541 veröffentlichte der katholische Gegenspieler Luthers, der Ingolstädter Theologe Johannes Eck,[202] die Widerlegung (im Titel: *Verlegung*) eines Gutachtens, in dem die zeitgenössischen wie die älteren Berichte über vermeintlich von Juden begangene Ritualmorde als Legenden und Machwerke von Klerikern entlarvt wurden. Der vollständige Titel seines Textes lautet: *„Eines Judenbüchleins Verlegung: Ains Juden Büechlins Verlegung darin ain Christ, gantzer Christenhait zuo Schmach, will es geschehe den Juden Unrecht in Bezichtigung der Christen Kinder Mordt. hierin findt auch vil Histori, was Übels und Büeberey die Juden in allem teütschen Land, und andern Künigreichen gestift haben."* In dieser Schrift bemüht sich Eck nicht nur mit ausführlicher Polemik, seine Wahrheit über die gegen Juden vorgebrachten Anklagen zu beweisen, er will außerdem auch noch diejenigen anprangern, die es gewagt haben, sich für die Juden einzusetzen. Dies alles geschieht also nicht ausschließlich um der Perpetuierung antijüdischer Hetze willen, die freilich reichlich Material erhält, sondern vor allem darum, die Protestanten, zu denen der Verteidiger der Juden gehörte, mit diesen in einen negativen bis blasphemischen Zusammenhang zu bringen und sie gemeinsam mit ihnen zu verketzern. Opfer der primären Stigmatisierung sind also erst einmal thematisch die Juden, rhematisch sodann ist es – sekundär – Andreas Osiander, der protestantische Autor des inkriminierten Gutachtens, drittens, auf einer weiteren Stufe der Sekundärstigmatisierung, schließlich ist es Martin Luther als Urheber der Reformation und mit ihm viertens der Protestantismus als nicht mehr aufzuhaltende religiös revolutionäre Bewegung.

### II. 10. 1. Der Text und seine Voraussetzungsdiskurse

#### II. 10. 1. 1. Adversus-Judaeos-Literatur

Johannes Ecks „Judenbüchlein"[203] ist ein nicht unbedeutendes Glied innerhalb einer langen Tradition antijudaistischer Schriften, die seit der Ablösung und Abgrenzung des Christentums von seiner jüdischen Ursprungsreligion, dem sogenannten älteren Bruder, verfasst wurden. Es ist also ein Text, der in eine

---

202 Vgl. zur Person: Iserloh 1981 (der Ecks „Verlegung" in seiner Biographie mit keinem Satz erwähnt); Ziegelbauer 1987. Vgl. auch: Frey 1987, 177–197.
203 Vgl. dazu: Hägler 1992, 1991; Benz 2004, 78.

lange Text- und Diskurstradition eingebettet ist und von den dort erfolgreich erprobten Mustern profitiert. *Eines Judenbüchleins Verlegung* ist eine Mischung aus argumentativ ausgerichteter Adversus-Judaeos-Literatur in der Tradition religiöser Streitgespräche, einem (nach dem Selbstverständnis seinen Autors nach) informierenden Aufklärungstext, mit dem die Leser vor der Gefährlichkeit des religiösen Gegners gewarnt werden, und einer polemisch agitierenden Hasspredigt. Die Intention der praktizierten Judenfeindschaft führt zu einem verschiedene Textsorten übergreifenden Handeln: Scheinbar argumentierende Elemente stehen neben narrativen, christlich-konfessionelle Belehrung und Information neben antijudaistischer, aber auch antiprotestantischer Agitation.

Manuela Niesner definiert (2005, 1): „Als Adversus-Judaeos-Literatur werden [...] unabhängig von ihrer formalen Gestaltung alle Texte angesehen, die die argumentative (also nicht narrative) Auseinandersetzung mit der jüdischen Religion oder den Juden zum Hauptgegenstand haben oder Materialien für eine solche Auseinandersetzung zusammenstellen."[204] Die Präposition *adversus* macht den intentionalen Duktus dieser Texte deutlich: Es handelt sich um Texte, mit denen sich christliche Autoren seit dem 2. Jahrhundert mehr oder minder argumentativ gegen eine potentielle bzw. unterstellte Missionierung des Christentums durch Juden wenden. Sie versuchen die jüdische Religion und die Juden z. B. vermittels aus dem Kontext gerissener Talmudzitate als falsch und sündhaft zu überführen. Das heißt: hier wird umfassend antijudaistisch agitiert. Die Adversus-Judaeos-Literatur ist demnach eine durch die Jahrhunderte hindurch zu verfolgende pseudoargumentative Textgattung, in der „Hate speech" im Sinne Judith Butlers bereits zum zentralen Movens der Entstehung gehört, auch wenn dies immer wieder mit dem Hinweis begründet wurde, man sorge sich nur um das Seelenheil der Christen. Die die Tradition ausprägenden Textsorten reichen von der argumentativen Traktatliteratur über reine Testimoniensammlungen bis hin zur Disputationsliteratur. Ergänzt werden die argumentierenden Textsorten durch Polemiken aller Art aus ganz anderen Texttypen. Für das 16. Jahrhundert wären Flugschriften, Exempelliteratur, Fastnachtsspiele, Schwänke bzw. Predigten mehr oder weniger pseudomissionarischen (Zwangspredigten) oder offen hetzenden Charakters zu nennen. Eine Textsorte im religiös ideologischen Sinnbereich, in der nicht gegen die Juden agitiert wurde, ist wohl schwer zu finden.

Der Beginn des Frühneuhochdeutschen, also die Mitte des 14. Jahrhunderts, markiert einen Höhepunkt in einer langen Reihe gewalttätiger Ausbrüche christlicher Judenfeindschaft. Diese schlug sich nicht nur in rechtlicher, wirtschaftlicher oder sozialer Ausgrenzung, sondern auch in Pogromen mit hohem

---

204 Vgl. auch: Schreckenberg 1991, 1994; 1999.

Gewaltniveau nieder und forderte ungezählte Opfer. Die mittelalterliche Ermordung der Juden war in der Regel das kurzfristige Ergebnis akuter Prozesse, darunter ökonomischer Konkurrenz und Profitgier, sich spontan entladender, mündlich verbreitender Hetzkampagnen, weniger die Antwort auf aktuell publiziertes literarisches Schrifttum. Dieses wirkte eher langfristig und schaffte eine latente antijüdische Stereotypenlandschaft (vgl. dazu Kapitel III. 4), das heißt, es stellte ein überregional und dauerhaft gültiges Inventar diskriminierender Stereotype bereit. Konkret bezogen auf die Adversus-Judaeos-Literatur waren die Pogrome zwar ein gewolltes, aber nicht im Vordergrund stehendes Sekundärergebnis. *Hate speech* und damit das konkrete Aufrufen zur Gewalt war mit anderen Worten nicht das eigentliche Ziel dieser Autoren, auch wenn Gewaltsamkeit in ihrer verbalen Form zum tragenden Pfeiler der Polemik gehörte. Denn die Funktion der körperlichen Gewalttaten mit vorbereitenden und sicher auch begleitenden Texten hatte in der Regel nur wenig mit den daraus resultierenden Opfern zu tun. Man setzte sich nämlich eigentlich weniger mit ihnen auseinander als mit sich selbst: Jüdische Religion und damit die Juden dienten oft nur als „Stichwortgeber" (so Schreckenberg 1994, 16) in einem innerchristlichen Selbstvergewisserungsdiskurs.[205]

Die Adversus-Judaeos-Literatur war damit vornehmlich der Spiegel einer Gesellschaft, die einer innerchristlichen Selbstvergewisserung bedurfte, damit eines Diskurses, in dem die Juden und die jüdische Religion nur als Gegenbild, Projektionsfläche und *Stichwortgeber* (so Schreckenberg ebd.) dienten, nicht aber ernst genommene Disputationsgegner waren.

> Schreckenberg I, 1994, 16: Als Literaturgattung dienten die Traktate Adversus Judaeos weniger oder gar nicht der Widerlegung und Bekehrung der Juden, sondern vielmehr der eigenen christlichen Glaubensbestätigung, deren Notwendigkeit offenbar angesichts der religiös vitalen Weiterexistenz des Judentums post Christum als besonders dringend empfunden wurde, weil diese den alleinigen Wahrheitsanspruch des Christentums in Frage zu stellen schien.

---

205  Vgl. auch: Schreckenberg 1994, III, 33. Anders Niesner (2005, 43ff.), die in den Adversus-Judaeo-Texten Zeugnisse der interreligiösen Begegnung sieht. Es ist unbestritten, dass es immer wieder zu Gesprächen zwischen Juden und Christen gekommen ist. Doch ich gebe zu bedenken, dass diese in der Regel wohl in einem privaten, nicht öffentlichen Kreise stattfanden, das heißt die Ebene der Mündlichkeit nicht überschritten. Veröffentlichte Verschriftlichungen erforderten zum einen ein anderes Maß an Leserschaft und zum anderen wohl auch eine andere Rhetorik. Verbalaggressionen der christlichen Autoren gegen jüdische Schriften und Gebräuche dienten eher zu Erstellung einer antijudaistischen Drohkulisse und damit zur Aufhetzung gegen die Juden denn zu ihrer Missionierung.

## II. Pragmagrammatik der sprachlichen Ausgrenzung

Wie gewichtig die hier angenommene Infragestellung des Christlichen durch die fortbestehende Existenz des Judentums tatsächlich war, sei dahingestellt. Eine ernsthafte Gefahr für das alles beherrschende Christentum durch das marginalisierte Judentum bestand wohl kaum.

Es bleibt darüber hinaus auch zu fragen, welche wahren Absichten mit den missionarischen Judenpredigten verfolgt wurden, die mit dem 13. Jahrhundert auch ihren Weg ins Reich gefunden hatten. Das Gegenbild des Anderen diente vornehmlich der Erziehung der Christen, die bei diesen Predigten sicher die größte Anzahl der Zuhörer stellten. Das Judentum fungierte als Matrix zur Konstituierung bzw. Verstärkung einer Eigenidentität, zur inneren Konsolidierung, zur inneren Disziplinierung und zur christlichen Gemeinschaftsbildung.

Es ist daher auch kein Zufall, dass das 14. Jahrhundert, in dem die alte, vom Realismus geprägte Frömmigkeit des hohen Mittelalters sich verstärkt den Herausforderungen des Nominalismus und den religiösen Bewegungen verschiedener Art zu stellen hatte, auch den Beginn einer neuen antijudaistischen Welle begünstigte. Bestätigt finden wir diese Spiegelungsfunktion des Jüdischen in der innerchristlich-konfessionellen Krisenphase der Reformationszeit, in der die Bedrohung durch den Anderen, das heißt durch die andere religiöse Denkweise, zur konkreten Realität wurde und entsprechend mithilfe lange eingeübter, tradierter antijüdischer Stereotype bekämpft werden konnte.

Die Frage nach dem Antijudaismus im 16. Jahrhundert ist demnach die Frage nach dessen Rolle im alles beherrschenden innerchristlichen Glaubenskampf. Welche Rolle spielt das Judentum für die Reformation, für die Konfessionalisierung? Wie war es für die jeweiligen Parteien instrumentalisierbar? Für das 16. Jahrhundert konstatieren Historiker eine Perfektionierung der sozialen Ausgrenzung der Juden, eine Popularisierung des Antijudaismus, seine Ökonomisierung und seine Indienstnahme für die Agitation innerhalb der Glaubensspaltung (Battenberg 2001, 84).

Zwei antijudaistische Texttraditionen sollen hier genannt und exemplarisch charakterisiert werden, zum einen die narrative Hass-Polemik, wie sie im Zusammenhang mit Ritualmordlegenden und Hostienfreveln durch die Jahrhunderte hindurch betrieben wurde. Man könnte diese den *volksnarrativen Diskurs* nennen. Zum anderen die vorwiegend argumentativ konstruierte theologisch-fachwissenschaftliche Auseinandersetzung der Adversus-Judaeos-Literatur am Beispiel des Reuchlin-Pfefferkorn-Streites, die keineswegs polemisch-agitierender Zügen entbehrt und außerdem Teil eines Expertendiskurses ist. Ecks Judenbüchlein lebt von beiden Texttraditionen und Diskurssträngen.

## II. 10. 1. 2. Vom Volksglauben, von Mythen und Legenden – Die sprachliche Konstruktion der Ritualmordlegende

Zwischen 1150 und 1173 verfasst der Benediktinermönch Thomas von Monmouth ein in 7 Bücher gegliedertes Werk »Über das Leben und Leiden des heiligen Märtyrers William von Norwich«. Es behandelt die Geschichte des ersten nachantiken Ritualmordfalles, der sich in Norwich im Jahre 1144 zugetragen haben soll. Ausführlich wird geschildert, wie ein zwölfjähriger Christenjunge von Juden zu rituellen Zwecken ermordet wurde. Obwohl diese Geschichte bereits für die Zeitgenossen erkennbar nur der Legendenbildung diente und bezeichnenderweise auch niemand verurteilt wurde, bildet sie den literarisch-diskursiven Auftakt für die sich in ganz Europa ausbreitende Ritualmordlegende.[206] Dokumentiert sind mindestens 5 Fälle im zwölften Jahrhundert, 15 aus dem dreizehnten, 10 aus dem vierzehnten, 16 aus dem fünfzehnten, 13 für das sechzehnte und 8 für das siebenzehnte Jahrhundert.

Die Geschichten gleichen sich hinsichtlich der Tatzeit, des Opfers, des rituellen Aktes sowie der Überführung der Täter durch göttliche Fügung. Es ist zumeist kurz vor Pessach. Das Opfer ist ein unschuldiger kleiner Junge,[207] die Tat ist besonders grausam, sie erscheint oft in semiotischer Anlehnung an die Kreuzigung Christi und dient vor allem der rituellen Blutentnahme, die im Fall von Norwich allerdings noch unbekannt war.[208] Der Übergang zum zweiten üblichen Vorwurf, dem der Hostienschändung ist insofern fließend, als es jeweils um die Schändung des Leibes Christi geht. Das in beiden Ritualen (Kindermord, Hostienschändung) gewonnene Blut[209] sollte angeblich heilsam wirken, den vermeintlich jüdischen Geruch verhindern, zu religiösen Handlungen (Salbung) gebraucht werden und zur Zubereitung der Mazzot dienen. Nach der Ermordung werden die Täter regelmäßig dadurch überführt, dass die Leiche des Opfers beim Heranführen der Täter erneut zu bluten beginnt. Das damit vollzogene Wunder ist dann nicht selten der Ausgangspunkt für eine Reihe weiterer Ereignisse, die schließlich aus einem Tatort einen Wallfahrtsort werden lassen.

---

206 Moore 1987, 119ff. Vgl. dazu: Po-Chia Hsia 1988; Ders. 1997.
207 Ritualmord an Kindern vgl. dazu: Po-Chia Hsia 1988, 12 (besonders ab der Mitte des 15. Jhs.).
208 Zu den Zusammenhängen mit dem Laterankonzil von 1215 und der dort verkündeten Transsubstantiationslehre vgl. Erb 1993; 1999.
209 Zu Blut und Seele: Po-Chia Hsia 1988, 8ff.; 10f.

Auch wenn die Obrigkeiten vielerorts, ähnlich wie in Norwich, letztlich gegen die Verleumdungen vorgingen,[210] mehren sich nicht nur die Vorfälle, sondern vor allem die dokumentierten Zeugnisse seit der zweiten Hälfte des 15. Jahrhunderts.[211]

> Po-Chia Hsia 1988, 4: A bewildering variety of sources – „confessions" of the Jews, protocols of official investigations, judicial records, legal briefs, minutes of city council meetings, correspondence between magistrates, princes, and emperors, folk songs, tales broadsheets, woodcuts, pamphlets, chapbooks, theological writings, and personal reminiscences – shed light on the complexity of the blood libel.

In nahezu allen möglichen Textsorten wird das Thema ausgiebig verhandelt und somit auch überliefert. Eine Einschränkung z. B. auf den Rechtsbereich gibt es nicht. Gerade über narrative Texte, in der volkstümlichen Dichtung, in Liedern und auf Flugschriften fand das Thema reißenden, da skandal- und schauerbefriedigenden Absatz. Man kannte die Geschichte des Simon von Trient, auf die auch Johannes Eck rekurriert, dann die des Richard von Paris, die Werners von Oberwesel bei Bacharach oder die der Fuldaer Juden. Zur Zeit der Reformation jedenfalls gehörte der Tatvorwurf des Ritualmordes zum festen Wissen und Glauben der Zeit, war anerkannter juristischer Tatbestand und bedurfte keiner kommunikativen, geschweige denn juristischen Regresspflicht mehr. Po-Chia Hsia beschreibt die Grammatik der Abläufe wie folgt:

> Po-Chia Hsia 1988, 52f.: A fundamental structural unity amounting to a unified discourse underlay the multiplicity of communicative functions and cultural forms. The form of the discourse was the narrative: a ritual murder or a host de-secration was essentially a story; it was a tale with a dialectical morality, of the wickedness of Jews and their magic, and of the power and efficacy of Christianity. The titles of many broadsheets and chapbooks reflected the narrative essence: "A Cruel Story ...", "A Miraculous Story ...", "A True Tale ...", or simply "The Story of ..." or "The History of ..." In the discourse on Jewish magic, the distinction between history and story disappeared; both were defined by the word Geschichte. History, a Story, has a narrative beginning, a turning point, and a satisfying end. What was being created in the two generations between 1470 and the Reformation, and what is revealed here, was a process of cultural creation that literally made historical and salvific reality out of fragments of inexplicable facts, an ideology of anti-Semitism, and the imaginative powers of a deeply pious society.

---

210 So hatte Kaiser Friedrich II. aufgrund einer Ritualmordbeschuldigung aus Fulda (1235) Gutachten eingeholt, die deutlich deren Verleumdungscharakter betonten. Auch Päpste und Bischöfe intervenierten.

211 Man berichtete auch in der Schedelschen Weltchronik davon, s. Hartmann Schedel, Weltchronik, Nürnberg 1493, 201v.

Was als die tiefer angelegte Motivik für die schnelle Verbreitung und den Anstieg angesehen werden muss, ist unklar. Genannt werden die Frömmigkeitsbewegung des 15. Jahrhunderts bzw. die christliche Angst vor der jüdischen Magie[212] der Kabbala; das sind jeweils innerchristliche Unsicherheiten.

> Po-Chia Hsia 1988, 5: Three cultural themes underlay this powerful idea of Jews as magicians: the cabalistic belief and practice of word magic in the religion and medicine of medieval Jews; the potency of blood, a belief found in all folk cultures; and finally, the salvific power attributed to human sacrifice in the medieval Christianity, as reflected in the magical notions projected onto the sacrament of the Mass and Eucharistic sacrifice. The notion that Jews as sorcerers practiced ritual murder was entirely constructed by Gentiles.

Doch auch die machtpolitische wie die sozialpolitische Funktionalisierung solcher Legenden darf nicht unterschätzt werden. Sie dienten oft genug dazu, die lokale und territoriale Rechtshoheit auszuhandeln. Rechtlichen Schutz und Schirm über die Juden gewährten in der Regel die überdachenden, überregionalen Obrigkeiten, nicht zuletzt Kaiser und Papst. Widerstand gegen die ihnen direkt unterstellten Schutzbefohlenen bedeutete dann nicht selten auch Kampf um die eigene rechtliche Autonomie. Einen solchen Fall dokumentiert R. Po-Chia Hsia (1988, 66–85) ausführlich am Beispiel der Regensburger Judenanklage. Dieser Fall ist insofern außergewöhnlich, als die Betroffenen nach jahrelangen Qualen und vor allem juristischen und politischen Querelen zwischen dem Kaiser als ihrem Schutzherrn und dem Regensburger Magistrat als ihrer judenfeindlichen Anklagebehörde am Ende (1480) freikamen.

Anders ist dies im nachfolgenden Fall, dem ersten, gut dokumentierten Ritualmord aus dem Heiligen Römischen Reich deutscher Nation. In diesem auf das Jahr 1470 zu datierenden Mord an einer vierköpfigen Familie geht es außer um das Leben der ortsansässigen Juden um eine ganze Kette von Folgetaten. Ronni Po-Chia Hsia (1988, 17) rekonstruiert die Ereignisse:

*Der Fall von Endingen im Breisgau*
1470 wurden die Endinger Juden Elias, Eberlin und Mercklin in Arrest genommen, nachdem beim Renovieren des Beinhauses die Knochen zweier Erwachsener und zweier Kinder gefunden wurden. Diese konnten niemandem zugeordnet werden und warfen entsprechend Fragen auf. „Someone remembered that eight

---

212 Po-Chia Hsia 1988, 5: "Ritual murder discource in the fifteenth and sixteenth centuries must be understood as fundamentally a discource of Jewish magic and Christian anti-magic, with the Jews appearing as involuntary partners in an unequal interlocution, struggling against the roles assigned to them as murderous magicians."

years ago, in 1462, many Jews had gathered in the house of Elias to celebrate Passover and a poor beggar family had been given refuge by Elias. Suspicion of murder soon fell on the Jews." Die genannten Brüder wurden am Ende des nun folgenden Prozesses dem Scheiterhaufen überantwortet, ihre Familien vertrieben. Fünf Quellentypen berichten von den nun folgenden Ereignissen: das Verhörprotokoll, die gewonnenen Geständnisse, Berichte vermeintlicher Zeugen, eine Ballade und ein Judenspiel. Die Geständnisse waren zum Teil unter Folter erzwungen und standen schon vor den Aussagen fest: „dan man wisse wol, das den morde nieman anndders gethon hab, dann die jüden".[213] Die Protokolle lesen sich wie eine Mischung aus juristisch-moralischem Sündenregister und Horrormärchen. Auf die Frage, warum die Juden das Christenblut brauchten, antwortete Mercklin angeblich: „es sye gar heilsam". Doch mit dieser Antwort waren die Ankläger nicht einverstanden, auch nicht mit der olfaktorischen Begründung, dass die Juden stinken und das Blut gegen den Geruch einsetzen würden.[214] Erst der Hinweis auf das Werk des Teufels stellte die Ankläger zufrieden. Nicht nur diese Art und Weise des suggestiven Fragens lässt Zweifel am Wahrheitsgehalt der Berichte aufkommen.

> Po-Chia Hsia 1988, 22: What can we make of this judicial record of confessions to a heinous crime? It would be tempting to dismiss it as propaganda, a document of hatred reflective of anti-Jewish prejudices and Christian superstitions and practically worthless as a historical record. Certainly it is useless as a documentation of an event, the alleged crime, because, in all probability, even if these were violent deaths, the Jews did not commit them. In other words, the crucial question concerns not a murder; at issue is the fabrication of the "event" of a ritual murder out of diverse fragments of social reality: the discovery of the bodies, the long-standing suspicion of Jews, their incarceration and judicial torture, and their execution. The interrogation record represents an attempt to create coherence out of troubling disparate facts; it is itself less a documentation of a historical event than a testimony to the process of cultural representation that blamed Jews for child murders and sent them to their deaths.

Neben der offiziell juristischen Verhandlung verläuft die volkstümliche Verarbeitung im Lied „von den eltern und unschuldigen kindern" und im „Judenspiel". Durch kritische Analyse des Liedes meint Po-Chia Hsia (1988, 33f.) im Ortsmetzger den wahren Mörder erkennen, das heißt eben auch die wahre Geschichte hinter den Geschichten herauszulesen zu können. Doch die eigentliche Wahrheit hinter der Geschichte, das Ereignis, das gar nicht stattgefunden haben muss, ist längst unwichtig geworden. Man hatte Knochen gefunden, von denen nicht einmal klar war, ob es sich wirklich um Menschenknochen handelte. Man

---

213 Zitiert nach: Po-Chia Hsia 1988, 18.
214 A. a. O.

hatte einen Ankläger, der schon im Volkslied verdächtig vorkam, und man hatte Juden, die man loswerden wollte. Vielleicht waren die Bettler ja auch schon weitergezogen und wurden gar nicht ermordet.

> Po-Chia Hsia 1988, 40: the only murders that took place were in the townsfolk's fantasies, conjured by vivid imaginations of horror, inspired by a belief in Jewish magic, and excited by a haunting rumor spread by a Jew hater.

Aus einem Gerücht war eine Anklage geworden, aus der Anklage ein Prozess mit Prozessdokumenten, nach Freiburg weitergereichten Berichten und Kopien, es kam zu einer aktenkundigen Verurteilung und zu einer Hinrichtung. Aus einer Legende war in den Händen eines bankrotten Metzgers eine gut dokumentierte historische Tatsache mit literarischem Niederschlag geworden.

Auch die folgende Geschichte des kleinen Simon von Trient[215] konnte man schon bald nach ihrer Ereigniserfindung in der Schedelschen Weltchronik (CCLIIII) nachlesen.

*Simon von Trient*

Im Jahre 1475 war der zwei- oder dreijähriger Simon von seinem Vater als vermisst gemeldet und bald darauf ertrunken in einem Brunnen gefunden worden. Der Prior des Trienter Franziskanerklosters Bernhardin da Feltre nutzte dieses Ereignis zur Bestätigung seiner antijudaistischen Hasstiraden. Sofort nach der Entdeckung der Leiche wurden die Juden Trients verhaftet. Angeblich begann der Tote sofort zu bluten, als man einen gewissen Samuel, den Arzt Tobias und noch fünf weitere angesehene jüdische Bürger an den Leichnam heranführte. Bei der Leichenschau wurde als Todeszeitpunkt das Passahfest genannt. Nach zweimonatiger Folter wurde Samuel am 21. Juni verbrannt, weitere Hinrichtungen folgten. Der eigentliche Mörder, ein gewisser Zanesius, wurde nicht belangt, obwohl nachfolgende Verfahren (1476) die Unrechtmäßigkeit des ersten, zum Tod der Juden führenden Prozesses offensichtlich machten. Einer der Gründe für die Nichtaufklärung der Tat war wohl, dass sich schon bald am Sarg des Jungen wundersame Geschehnisse zutrugen, die immer mehr Pilger in die Stadt führten. Auch diese Legende verbreitete sich als Narrativ mit großer Geschwindigkeit durch ganz Europa.[216] Der kleine Simon wurde 1584 zum Märtyrer erklärt, 1782 kanonisiert; zur Erinnerung an den Ritualmord wurden in fernen Städten, so auch in Frankfurt am Main, Standbilder aufgestellt. Erst 1965 nahm

---

215  Vgl. dazu: Po-Chia Hsia 1997.
216  Po-Chia Hsia 1988, 45.

die katholische Kirche die Heiligsprechung mit dem Hinweis zurück, sie sei aufgrund eines Justizirrtums geschehen.[217]

Auch die Legende vom „Heiligen" Simon von Trient wurde zum Gegenstand von Volksliedern, Gedichten und Chroniken.[218]

> Grossmann, Unrest. Öst. Chron. 47, 12 (oobd., 3. Dr. 15. Jh.): Vermerckt in den zeyten ein wunderzaychen von ainem chindt, das die schalckhafftigen Juden zu Tyrent gemortert und getodt haben [...] Und die Juden, die das kindt also getott haben, waren genant Thobias, Samuel, Moyses [...].

Die Rollen waren klar verteilt. Auf der einen Seite der christliche Märtyrer, auf der anderen die als verbrecherisch dämonisierten Juden. Mit Hilfe dieser Geschichten wurden antijüdische Stereotype und Polemiken geschaffen, ritualisiert und in das kollektive Gedächtnis der europäischen Gesellschaft inskribiert.

> Moore 1987, 122: In each of these stories we see the shaping of the stereotypes of the Jew and the heretic [...] which justified their persecution.

Die Hetze mithilfe des kleinen Simon beinhaltete neben der Dämonisierung schließlich auch die Behauptung, die Juden wollten das Heilige Römische Reich zerstören. Matthias von Kemnat schreibt (1475/6):

> Vnd ist ein gros wunder, so die hunde vns so gefrere vnd feindt sint, das sie die fursten vnd herren, desgleich die stede den boswichten so gros freiheit geben vnd so uil vbersehen vnd ire groste feinde bei inen erneren, dan die verfluchten juden teglich rach vber die christen schrien vnd betten, vnd besunderlich alle tag bitten sie vmb die zerstorung des romischen reichs.[219]

### II. 10. 1. 3. Hostienfrevel

Aufgehetzt durch die vielschichtigen antijudaistischen Legendenbildungen kam es trotz mancher Schutzverordnungen durch die geistliche wie die weltliche Obrigkeit immer wieder zu gewaltsamen Ausbrüchen gegen die Juden. Wie im Taubertal waren es oft einzelne Aufrührer aus den unteren Schichten, so auch der Metzger Rintfleisch, die ein Judenpogrom auslösten. Im Falle des von ihm initiierten und nach ihm bezeichneten Rintfleischaufstandes wurde ein ver-

---

217 Vgl. Benz 2004, 72.
218 Vgl. "Vom heiligen Simon". Liliencron 1865f, 2, Nr. 128, 13–21. Vgl. auch: Bertau 2005, 600; Worstbrock 2010, in: Verfasslerlexikon. 2. Aufl. Bd. 8, 1260–1275, dort Auflistung der lateinischen und deutschen Rezeptionstexte.
219 Hofmann 1969, 124f.

meintlicher Hostienfrevel 1298 im hohenlohisch-fränkischen Röttingen zum Anlass einer Hatz auf die im Taubertal, in Würzburg, Rothenburg und Nürnberg lebenden Juden. Etwa 5000 von ihnen sollen dabei getötet worden sein.[220] Innerhalb kürzester Zeit hatte sich die Gewalt epidemisch von Franken aus in die Oberpfalz, nach Hessen und sogar Thüringen ausgebreitet.

Im Hostienfrevel wird der Vorwurf des Gottesmordes rituell semiotisiert. Hostienfrevel und das sich daran anschließende Hostienwunder bestanden darin, dass eine Hostie, nachdem die Juden sie vermeintlich mit Messern oder Nadeln traktiert hätten, wie Christus am Kreuz zu bluten begann. Seit dem 4. Laterankonzil (1215), in dem die Transsubstantiationslehre ihre verbindliche kirchliche Fassung fand, galt die Hostie als Fleisch und Blut Christi. Wie absurd der Vorwurf des Hostienfrevels ist, erkennt man an seinen theologischen Prämissen. Nur wer an die christliche Transsubstantiationslehre glaubte, also daran, dass die Hostie Christus verkörpert, und innerhalb des christlichen Glaubenssystems dachte, was die Juden gerade nicht taten, konnte die Hostie schänden und damit den Christusmord wiederholen. Hägler (1992, 120) vermutet daher, dass der Hostienfrevel von den Christen sogar dazu inszeniert wurde, die Realpräsenz Christi immer wieder wundersam zu bestätigen. Und je dramatischer man diese Inszenierung vollzog, desto wirksamer war ihre Wunderhaftigkeit. Johannes Eck stellt nicht nur eine ganze Liste solcher Sakramentsschändungen zusammen, sondern bemüht sich, sie detailliert auszuführen. Dies unterstreicht zumindest rhetorisch die behauptete Faktizität.

> Eck, Verlegung 79r: Salomon hat darnach sein mißhandlung bekant mit dem Sacrament: daṅ er hats auff ain tisch gelegt/ darein mit messern gehawĕ vñ gestochen/ mit vil lester vñ schmach wortĕ. Bist du der Christen GOTT/ so erzaig dich in tausent teüfel namen: da ist das Sacrament auff ain stich in drei tail gesprungĕ/ wieß der priester in der Meß tailt: [...] den drittĕ partickel hat er wòllĕ vernützĕ/ ins wasserwerffen/ verbrennĕ: ist jhm alles vnmüglich gewesen: hat darauff gehawĕn vn gestochen/ das blůts tropffen her auß geflossen

> Ebd. 80r: Bald darnach als man zalt 1514. ist zů Hall in Sachsen ain getaufter Jud verbrent wordĕ mitwoch nach Egidij: der vnder anď bößwichts stucken bekent. Es hab drei geweicht Hostien gestoln: das ain Sacrament hab er gestochen vnd gemartert/ das daruon das klare blůt geflossen ist: vnd do hat er glaubt/ das es GOTT vnd mensch sey: die ander zwen particckel hat er den Juden verkaufft.

Jede Form des Missbrauchs der Hostie wurde als ein Akt gegen Gott selbst betrachtet und geahndet; jede entsprechende Unterstellung galt für die Heilsgemeinschaft wie für die vermeintlichen Täter als außerordentlich bedrohlich. Für

---

220 Benz 2004, 75; Lotter 1988, 533–583.

die Heilsgemeinschaft war sie bedrohlich, weil diese Gottes Strafe fürchtete, für die vermeintlichen Schänder war sie dies, weil sie mit der unerbittlichen Strafe der Heilsgemeinschaft zu rechnen hatten, die in ihrer Heilsangst ebenso wie in ihrer von Hetzern aufgepeitschten Massenhysterie kaum berechenbar war. Im oben erwähnten Röttingen will man eine blutige Hostie in einem Mörser gefunden haben. In Deggendorf wurde 1336 angeblich sogar beobachtet, wie Juden die Hostie schändeten, doch erstaunlicherweise zog Ritter Hartmann von Deckendorf erst ein Jahr später mit Unterstützung der Bevölkerung los und ermordete die vermeintlichen Übeltäter. Die „Deggendorfer Gnad", eine Wallfahrt, die sich schon bald nach dem angeblichen Ereignis sehr lukrativ für die Stadt entwickelte, wurde bis 1992 begangen. Röttingen und Deggendorf sind nur zwei Beispiele, die den „epidemischen" Charakter einer solchen Anklage demonstrieren. Denn auch nach dem Fall von Deggendorf folgten weitere Pogrome in ganz Niederbayern.

### II. 10. 1. 4. Ein intellektueller „Experten"diskurs: Der Reuchlin-Pfefferkorn-Streit

Das Schlagwort *ad Fontes*, mit dem der Humanismus zu einer neuen, über alles Bisherige hinausgehenden kritischen Beschäftigung der gebildeten Welt mit den kultur- und heilsstiftenden Texten der Antike aufforderte, musste zwangläufig dazu führen, die *hebraica veritas* in den hebräischen Quellen der Heiligen Schrift, also in ihrer Urfassung, wiederentdecken und rekonstruieren zu wollen. Doch im Heiligen Römischen Reich deutscher Nation konnten höchstens Juden Hebräisch, und deren Schriften waren bislang ohnehin für einen christlichen Leser Ketzerwerk. Johannes Reuchlin gilt als einer der ersten, der diese Verketzerung durchbrach. Dass eine solche Enttabuisierung nicht ohne Skandal und mit einer neuen Verketzerung, nämlich desjenigen, der die alte Kompetenzverteilung unterhöhlte, einhergehen würde, war erwartbar. Damit öffnete sich auch ein neues Feld verbaler Gewalt: Der Streit um die hebräischen Schriften und deren Verfügbarmachung für den christlichen Leser, ein im Kern intellektuelles Anliegen, mündete in den berühmten Reuchlin-Pfefferkorn-Streit, eine Auseinandersetzung, bei der das intellektuelle Ziel in den Hintergrund rückte.

Dazu sei ein kurzer Exkurs eingefügt: Unter den historischen Bedingungen des 16. Jahrhunderts verschmelzen kulturpädagogische Absichten selbst von der epochemachenden Qualität des Humanismus handlungsgrammatisch und handlungssemantisch zu einer Einheit, in der sich das Eine, nämlich hohe kognitive Inhalte, systematisch mit dem Anderen, und zwar ihrer zeitgenössischen Instrumentalisierbarkeit, ihrem Handlungs- und vor allem ihrem Verletzungspotential aufs engste verbinden. Dabei kann der Inhalt teilweise durchaus in seinem hier einmal als denkmöglich vorausgesetzten Eigenwert erkennbar sein, er kann aber je nach Absicht des Textautors auch in mannigfacher Weise schillern und dann zweckdienlich an einer bestimmten Textstelle für ein bestimmtes Agitationsziel modifiziert und an einer anderen Textstelle für ein anderes Agitationsziel gebraucht werden. Umgekehrt gesprochen kann eine Autorintention an einer Textstelle offen ausgesprochen und an einer anderen hinter einem ‚neutral' vorgetragen Inhalt versteckt werden, und zwar so, dass dem Rezipienten die Möglichkeit zufällt, zu erschließen, dass das Gesagte etwas nicht Gesagtes meint. In der Terminologie der Thema-Rhema-Struktur von Texten gesagt: Etwas thematisch Vorausgesetztes kann rhematisch expliziert werden; das Rhema kann aber auch im Thema bereits entscheidend mitgesetzt sein.

Ein nicht ganz fiktives Beispiel möge das Gemeinte verdeutlichen: Man kann argumentativ über die Todesstrafe für Juden schreiben, ohne sie zu fordern, aber sie doch als Möglichkeit in den Raum stellen; man kann auch darlegen, dass eine hohe Autorität des Alten Testamentes die Todesstrafe für bestimmte Abweichler gefordert habe, ohne dass man sie selbst fordert (dabei aber doch suggeriert, dass man sie anwenden könnte), man kann auch gegen die Todesstrafe sein, aber wissen, dass man nicht verhindern kann, dass ein Rezipient sie bejaht; und man kann einmal dieser und ein anders Mal anderer Meinung sein. Der Reuchlin Pfefferkorn-Streit ist hierfür ein Beispiel, und er sollte die gelehrte Welt der ersten 20 Jahre des 16. Jahrhunderts beschäftigen.

Johannes Reuchlin (1455–1522),[221] Jurist und einer der bedeutendsten Humanisten neben Erasmus von Rotterdam, begann sich während seines Italienaufenthaltes 1490 für das Judentum, die Kabbala[222] und damit auch für das Hebräische zu interessieren. 1506 verfasste er ein Lehrbuch zur hebräischen Grammatik („De rudimentis Hebraicis") und propagierte für alle Theologen ein dreisprachiges Bildungsideal. Man sollte nicht nur die griechischen Originalschriften zu lesen im Stande sein, sondern auch die hebräischen biblischen Texte und ihre Grundlagen rezipieren können. Lateinkenntnisse waren ohnehin vorausgesetzt.

Mit dieser Forderung erkennt er – ganz Humanist, Sprachwissenschaftler, Rechts- und Kulturhistoriker und gestützt durch die Tradition des *Codex iustinianus* –, die Juden als ‚concives', als ‚Mitbürger', an. Sie sind folglich nach den Gesetzen des Reichs zu behandeln, „dann sie sind auch ain volck des Rômischen rychs". Doch ist dies insofern kein Zugeständnis, als er schon im nächsten Satz schreibt: „Jtem durch das wort burger / hab ich den iuden kain sonndere ere

---

221 Ludwig 1889, 785–799. Vgl. dazu auch: Herzig / Schoeps 1992; Hacke / Roeck 2002.
222 Reuchlin verfasste 1517 die erste systematische Einführung zur Kabbalah: De arte cabalistica.

erbotten / dann sie sind kainer eren werdt".[223] Reuchlin verteidigt also nicht die Juden und deren Religion, sondern die „heilige" Sprache Hebräisch und die hebräischen Texte, so weit sie für das Christentum von Interesse sind: „Jst es zimlich das man menschen soll hassen vnnd verwerffen / so trag ich grossen haß zů der beschneydung / wie wol ich die iudisch sprach lieb hab / darinn gott vnd die engel mit den menschen geredt haben / des gleichen unßer herr Jesus sein werde můter / die aposteln vñ die heiligen."[224] Jüdische Schriften, die blasphemisch oder schändlich für das Christentum seien, wie er sie nennt: die *schmachbücher*, die *der gots lesterung vnnd ketzery* dienen und *die verbotten zauberei practicieren*, wollte auch er verbrennen.[225]

Hier zeigt sich eine zutiefst ambivalente Haltung Reuchlins gegenüber den Juden. Die Sprache hat er „lieb", die Sprecher kann er zwar im Rahmen der Reichsgesetze tolerieren, hält sie aber dennoch für Ketzer, wenn auch für solche, die außerhalb der christlichen Kirche stehen und damit nicht im eigentlichen Sinne als Häretiker anzusehen sind. Auch er hält an der Vorstellung fest, dass das Christentum das Judentum als einzige Religion und die Christen die Juden als auserwähltes Volk abgelöst hätten. Diese Position ist nicht erst das Resultat der sich radikalisierenden Diskussion um die Judenschriften, sondern zeigt sich bereits 1505 im „Tütsch missive [...] warumb die Juden so lang im ellend sind". In dieser Schrift bedient Reuchlin lange vor dem eigentlichen Streitfall alle tradierten Vorwürfe gegen die Juden. Auch wenn er nicht in offene Demagogie gegen sie verfällt, sie z. B. nicht als Brunnenvergifter anklagt, bleiben sie für ihn dennoch schuld an Christi Tod; sie sind auch in seinen Augen oft genug Gotteslästerer und daher der Blasphemie schuldig. Der Text endet in der zeitgenössisch üblichen Hoffnung, dass die Juden am Ende doch noch Christus als Messias erkennen mögen: „so würdt all ir sach gůt hie in dieser wellt. Vnd dort ewiglichē amē" (a. a. O. avv).

Publizistischer Ausgangspunkt des Reuchlin-Pfefferkorn-Streites war ein juristisch-theologisches Gutachten über den Talmud, das Reuchlin verfasst hatte, als der Mainzer Erzbischof Uriel von Gemmingen ihn um seine Stellungnahme zu der vieldiskutierten Frage bat, ob man auch in Deutschland die jüdischen Schriften konfiszieren und verbrennen solle. Dieses Gutachten, das ohne das Wissen seines Autors in Pfefferkorns Hände gelangte und von diesem sofort mit einem

---

223 Reuchlin, Ain clare verstentnus in tütsch uff Doctor Johannsen Reüchlins rathschlag von den juden büchern vormals auch zu latin imm Augenspiegel ußgangen Aivv s.l. [1512]. Vgl. dazu auch: Battenberg 2001, 83.
224 a. a. O., A iiv; vgl. auch: Reuchlin, Tütsch missive [...] warumb die Juden so lang im ellend sind. Pfortzheim 1505.
225 a. a. O., A iijr; A iijv s.l.

Gegengutachten beantwortet wurde, weitete Reuchlin später aus und veröffentlichte es 1511 unter dem vielsagenden, durch zwei Brillengläser untermalten Titel „Augenspiegel".[226] Mit diesem Text und der daraus resultierenden öffentlichen Aufmerksamkeit war der erste große Skandal des 16. Jahrhunderts geboren.

Inquisitorisch und theologisch wurde die Diskussion wohl durch die Kölner Dominikaner und deren politisches Einwirken auf den Kaiser initiiert. Als Hauptakteur schickten die Mönche ihren neuen Mitbruder Johannes Pfefferkorn,[227] einen getauften Juden, auf die Bühne des Geschehens. Auf dessen Anregung hin hatte Kaiser Maximilian I. 1509 ein Mandat erlassen, in dem er ihm erlaubte, bei den Juden vermeintlich antichristliche Bücher zu konfiszieren. Natürlich blieben die Proteste derjenigen Juden, bei denen Pfefferkorn tatsächlich beschlagnahmend tätig geworden war, nicht aus. Sogar der Mainzer Erzbischof intervenierte und verlangte weitere Gutachten zur Sache. Diese sollten aber diesmal von ausgewiesenen Fachleuten eingeholt werden, wobei er wohl schon an den Humanisten Reuchlin dachte. Tatsächlich ging der Kaiser darauf ein, ordnete die Rückgabe der Bücher an und bat, dennoch unzufrieden mit der Situation, um weitere Gutachten zum Streitpunkt. Eines davon kam dann von dem Kölner Universitätstheologen Jacob Hoogstraeten, dem Prior des Kölner Dominikanerklosters, der zugleich auch päpstlicher Inquisitor und Ketzermeister war. Da der Orden der Dominikaner die Auseinandersetzung begonnen hatte und zudem für seine Judenfeindlichkeit bekannt war, fiel dessen Gutachten „Consultatio contra immundos libros Iudaeorum" („Ratschlag gegen die sündhaften Bücher der Juden") entsprechend negativ aus. Das Gutachten, das Reuchlin lieferte (nhd. „Ratschlag, ob man den Juden alle ihre Bücher nehmen, abtun und verbrennen soll"),[228] hielt allerdings mit juristisch-humanistischer Argumentation dagegen.

Diesem wiederum widersprach der Dominikanermönch Pfefferkorn; ein berühmter, öffentlich ausgetragener Streit um die Juden im Deutschen Reich nahm seinen Lauf. Es ging dabei zwar *über* die Juden in dem Sinne, dass sie zum Gegenstand von Verhandlungen wurden, doch es wurde an keiner Stelle *mit* ihnen verhandelt. Sie kamen weder schriftlich noch mündlich zu Wort, hatten zu keinem

---

226 Doctor Johannsen Reuchlins der K. M. als Ertzhertzogen zu Osterreich auch Churfürsten vnd fürsten gemainen bundtrichters inn Schwaben warhafftige entschuldigung gegen vnd wider ains getaufften Juden genant Pfefferkorn vormals getruckt ußgangen unwarhaftigs schmachbüchlin Augenspiegel [...] Tübingen [1511].
227 Vgl. dazu: Kirn 1989; Martin 1994.
228 Deutschsprachige Fassung: Reuchlin, Johannes: Ain clare verstentnus in tütsch uff Doctor Johannsen Reüchlins rathschlag von den juden büchern vormals auch zu latin imm Augenspiegel ußgangen s.l. [1512]

Zeitpunkt ein Rederecht als Kommunikationsteilnehmer. Man verhandelte *über* ihre Schriften, *über* ihre Religion und *über* ihren gesellschaftlichen Status wie über eine Sache in der Er-sie-es-Position, nicht aber mit ihnen in der gleichberechtigten, dialogischen Du-Position. Dies ist ein Akt struktureller konversationeller Gewalt seitens der intellektuellen, moralischen und politischen Vordenker der Mehrheitsgesellschaft gegenüber einer so verohnmächtigten Randgruppe.

Befragt man diese Diskursstrategie auf die ihr zugrundeliegende Handlungsdisposition, dann fällt das Urteil (zugegebenermaßen aus heutiger Sicht) noch schärfer aus: Die Juden, ihre Religion und ihre gesellschaftliche Stellung bildeten thematisch gesehen zwar das Verhandlungsobjekt mit ernstzunehmender Eigenrelevanz, illokutionär gesehen aber ging es um ein ganz anderes Anliegen: Man brauchte auf der Grundlage eines stillschweigenden mehrheitsgesellschaftlichen Konsenses einen letztlich beliebig verfügbaren Gegenstand, um innermehrheitsgesellschaftliche Interessen zur Geltung zu bringen. In diesem Licht ist der Reuchlin-Pfefferkorn-Streit eine innerkirchliche Auseinandersetzung, die im Zuge des Humanismus nicht nur zufällig im zeitlichen Vorfeld der Reformation stattfand. Man stritt um die Schriften, die Kultur und die Sprache der Juden und meinte doch vor allem die eigene entweder humanistische oder scholastische Sicht auf das Christentum, auf seine mittelalterlichen wie seine antiken Schrift- und Denktraditionen und deren Quellen. Die meisten Humanisten stellten sich mit ihrer Sicht schließlich in den Gegensatz zu den herkömmlichen, lateinischen, römischen, scholastisch-kirchlichen Traditionen der Papstkirche. Der Streit um den nahen Fremden, so könnte man die Juden bezeichnen, war damit zum Stellvertreterkrieg geworden, bei dem der Fremde zum Gegenstand und zum Opfer geradezu ertextet wurde. Zwar rettete man am Ende den Talmud als wichtigen religionsgeschichtlichen Text, aber man hatte dabei eine Reihe antijüdischer Grundsätze publizistisch wirksam festgeklopft. Der Konvertit Pfefferkorn tat dies, um sich von seinen ehemaligen Glaubensgenossen abzugrenzen. Seinem Gegner Reuchlin diente die Perpetuierung der antijüdischen Grundsätze dazu, nicht selbst in den Verruf des Ketzerischen zu geraten, wenn er sich zu sehr auf die Seite der jüdischen Schriften stellte. Es war den Kontrahenten kaum möglich, das vermeintlich Ketzerische der Schriften zu diskutieren, ohne dabei gleichzeitig erstens die Spannungen zwischen Humanismus und römischer Traditionalität zu bedienen, zweitens die Argumente des latent vorhandenen Antijudaismus hervorzukehren und drittens die Fragen nach der Stellung der Juden in der Gesellschaft, den Umgang mit ihnen, ihr heilsgeschichtliches Bedrohungspotential für die Christen erinnernd und neu semantisierend auszuhandeln. Dass dieses fortlaufende Repetieren und das anhaltende Re-, Um- und Neusemantisieren antijüdischer Stereotype in der Thema- wie in der Rhemaposition zugleich zu deren Festigung führte, war dabei sicher nicht ungewollt, selbst wenn es nur den Status einer nicht voll bewussten Zusatzhandlung gehabt haben mag. Das aggregative *Juden, Heiden, Ketzer,* das schon Berthold von Regensburg formuliert hatte (vgl. die Kapitel III. 4. 1; 2), wird in diesem Zusammenhang noch deutlicher herausgestellt, das heißt: noch deutlicher mit einem Gleichheitszeichen versehen als es bisher bereits üblich war. Es avanciert öffentlichkeitswirksam zum nicht mehr diskutierbaren Gegenstand eines über die konfessionellen Grenzen hinweg bestehenden Konsenses.

Dass Reuchlin dem nichts substantiell Projüdisches entgegenzusetzen hatte, wurde angedeutet. Trotz der von ihm aus juristischen Argumenten hergeleiteten *tolerantia simplicis permissionis*[229] blieb der antijüdische Konsens im vorgegebenen Rahmen also bestehen. Dies sollte bei aller Bewunderung für die Reuchlinschen Handlungen nicht vergessen werden. Durch die Attacken Pfefferkorns, eines *Bekerlings* im Sinne von frnhd. *bekeren 7* >sich einer religiös fundierten Existenz zuwenden< (FWB 3, 1108), dem als Eingeweihtem eine besondere Zeugenschaft zugesprochen wurde, erhielt die Verketzerung der Juden eine neue, vor allem eine polemisch-öffentliche Dimension; die Verteidigung der Sprache Hebräisch durch Reuchlin vermochte dem nicht entgegenzuwirken.

Doch wie verlief der Disput inhaltlich? Seit Beginn seiner Publikationstätigkeit hatte Pfefferkorn die Juden immer wieder auf dieselbe Weise und mit denselben Vorwürfen angeklagt: Sie seien blasphemisch gegen die christliche Dreifaltigkeit, die Mutter Gottes und die Heiligen, sie seien religiös verstockt und müssten daher gezwungen werden, christliche Predigten zu hören, damit sie gerettet werden könnten. Nicht nur den Wucher betreiben sie zum Schaden der Christen, sondern sie hätten sich insgesamt gegen diese verschworen, insbesondere aber gegen das Römische Reich, dass es „zerstöret vñ gantz vergenglich werdẽ sol" („Handt-Spiegel" Ai v ff.).[230] Ursächlich für den andauernden Hass gegen die Christen seien die jüdischen Schriften, allen voran der *Thalmud* (ebd. Aiir). Dieses Aussagenbündel findet sich bereits in folgendem Buchtitel aus dem Jahre 1509. Die deontisch aufgeladene Botschaft wird deutlich: Juden sind verstockt, sie sind Ketzer und müssen bekämpft werden.

> Pfefferkorn, Johann: In disem buchlein vindet Yr ein entliche[n] furtrag, wie die blinden Juden yr Ostern halten, vnnd besonderlich wie das Abentmal gessen wirt Verer wurdt außgedruckt das die Juden ketzer seyn, des alten vn[d] neuwen testaments, Deßhalb sye schuldig seyn des gerichts nach dem gesetz Moysi. Coln am Rhein 1509.

---

229  Die Juden durften ihre Religion so lange ausüben, so lange sie dem Christentum nicht schadeten, nicht missionierten, keine Zauberei oder Gotteslästerung betrieben usw. (z. B. a. a. O. Ciiv).
230  Pfefferkorn, Handt-Spiegel wider die Juden, und Jüdischen Thalmudischen Schrifften ...Cölln [1512].

Der Hinweis auf das Buch Moses wird ausgeführt. Die dort geforderte Strafe ist die Todesstrafe: „do sprach got zo Moysen er sol werden getodt dieser man mit stainen ewserhalb der schar" (Ciir). Doch Pfefferkorn impliziert dies nur und vermittelt sein Anliegen über einen „heiligen" Bericht. Es kann nicht als direkte Handlungsaufforderung, sondern muss eher als offene Möglichkeit verstanden werden, die der jeweiligen Entscheidung des Handelnden unterliegt. An anderer Stelle schreibt er sogar: „So solt yn nit begeren das sie getodt noch vertryben werden" (Diiir). Dennoch ist augenfällig, mit welcher Härte er immer wieder an die christliche Obrigkeit appelliert, endlich ein Wucherverbot zu erlassen, ein Blasphemieverbot und eine Bücherverbrennung zu initiieren.

In relativ dicht aufeinanderfolgenden Gegenschriften agitiert der Dominikaner Pfefferkorn seinerseits doppelgleisig: Einmal wirft er Reuchlin seine reservierten Aussagen hinsichtlich der rigorosen Anwendung der Todesstrafe vor; zum anderen hetzt er gegen die Juden; damit schafft er sich zwei Gegner. Immer wieder warnt er vor dem *falschen Thalmud* („Brantspiegel", A iir),[231] den „vnützen schnöden falschen vnzüchtigen geschrifften vnd biecher der iuden" („Zu lob und Ere", Av)[232] und auch immer wieder davor, dass sie „manichen Christen menschenn gelert vnd vngelert zů vnglauben [Raytzen]". Wo Juden wohnen, geschehe *vil ketzerey* und *vnkeuschait* („Judenfeind", biiiv).[233] Es sei für sie verdienstlich, Christen zu betrügen, und wenn es notwendig wäre, sie gar zu ermorden (C v). In dem im Jahre 1506 publizierten „Juden Spiegel" schreibt Pfefferkorn:

> Pfefferkorn, Der Juden Spiegel, Av (Nürnberg 1596): dar innen wirt auff gethan ein heimlich rat gruntlich zu verkleren / den vngehorsamē verdeckten vnd verdumpten creaturē der Judischen nation vnd veruolger der ewigen warheyt / die lange zeyt Jn sölcher hoffnung versuncken vnnd betrogen sind / die zukunfft messyas / vnd in sunderheyt die funfftzehenhundert iar zuuerwarten [...] / So betreugt sie der bosen veint.

---

231 Pfefferkorn, Brantspiegell [fängt an:] Abzotraiben vnd aus zulesche[n] eines vngegrunte[n] laster buechleyn mit namen Auge[n], spiegell So Johannes Raichlein lerer der rechten, gegen vnd wyder mich Johannes Pfefferkorn erdicht, gedruckt, vn[d] offentlich vormals vßgeen hat lassen Dar gege[n] ich mey[n] vnschult allen menschen gruntlich tzu verneme[n] vn[d] tzu vercleren in desez gegenwyrdige[n] buechgelgyn gena[n]t Brantspiegell. gethan hab. Collen [1512].

232 Pfefferkorn, Zu lob und Ere des allerdurchleichtigsten und großmechtigsten Fürsten und Herren, Herr Maximilian von gottes gnaden Römischen kaiser [...]. Hat durch Joannes Pfefferkorn [...] dys büchlin gemacht [...] und sagt wie die k. ma. dem vorgemelten pfefferkorn volmechtigen gewalt geben hat den Juden alle falsche bücher zenemen [...] Augspurg 1510.

233 Pfefferkorn, Ich bin ain Buchlinn der Juden veindt ist mein namen. Augspurg 1509.

Regelmäßig werden die religiöse Verstocktheit, die kognitive Blindheit der Juden herausgestellt, und immer wieder wird der *böse Feind* herzitiert, um zu begründen, warum die Juden das Evangelium, das doch die Wahrheit spricht, nicht anerkennen. Im zweiten Teil des Textes bringt er den bereits erwähnten seelsorgerlichen Ratschlag, „wie den armen creaturen [den Juden] uß den schlegen des veintz hingelegt vnnd gehollfen möcht werden / zu dem wege des heyligen cristenlichen glaubēs"; er fordert aber auch ein verschärftes Eingreifen der Obrigkeit, verlangt nach Zwangspredigten, nach der Verbrennung ihrer Bücher (auch des Talmuds) („Der Juden Spiegel" E iir; iif.) und nach dem Wucherverbot (E iif). „Was seyt yr anders dan straß rauber", spricht er die Juden an (D iiv) und fordert von ihnen ehrliche Arbeit.[234] Neben der damit angedeuteten traditionellen Polemik gegen den angeblichen Müßiggang der Juden schimmert hier das neue Arbeitsethos der Zeit durch. Welche Art Arbeiten und damit welche Demütigung Pfefferkorn den Juden jedoch zumuten wollte, schreibt er explizit im „Brantspiegel" 1512:

> Pfefferkorn, Brantspiegel Av (Köln 1512): haymlich gemach fegen vnd strossen keren | Des hungers musten sy sich so ernen. | Auch stainbrechen vnd mörter tretten | Vnd das vnkrauyt in dē felde vß getten| Dan worden sy von anderen synnen. | Wa sy yr broyt mit arbeit gewynnen.

Auch wenn Pfefferkorn bestreitet, dass die Juden christliche Kinder umbringen („Der Juden Spiegel" E iir), bedient er trotz, vielleicht gerade wegen der eigenen jüdischen Herkunft in den dicht aufeinanderfolgenden Schriften die traditionellen antijüdischen Stereotype und Topoi (so auch die von der Hostienschändung, dass die Juden Christus- und Christenmörder[235] seien). Dies gilt auch für die 1508 publizierte „Judenbeichte".[236] Hier behauptet er, dass die Juden das Kreuz schändeten, die Dreifaltigkeit verhöhnten (Ciiijv), die Christen zur Irrlehre verführten (Ciiirf.), und fordert zu hartem Vorgehen der Obrigkeit auf (C iiijv). Im „Judenfeind",[237] der 1509 folgte, ist es Pfefferkorns Hauptanliegen, von der *Blasphemierung* (Aiir) durch die Juden zu berichten:

> Pfefferkorn, der Juden veindt Av (Augspurg 1509): Etlich vnere, schmach vnnd schande so die Juden teglich got Maria seiner hochwirdigen műter vnd allem himlischē her an thun vñ beweisen in yren hebraischen sprach.

---

234  Bei Eberlin von Günzburg bestand diese ehrliche Arbeit im „strassen rein halten, kameyn fegen, vnd die heimlich gemach ausreumen stein tragen". Zitiert nach: Kirn 1989, 76.
235  Pfefferkorn, Handt-Spiegel wider die Juden, und Jüdischen Thalmudischen Schrifften [...] Cölln. Aivr; biiir.; divrf. 1512
236  Pfefferkorn, Ich heyß ein buchlijn der iudenbeicht, In allen orten vint man mich beicht [...] 1508
237  Pfefferkorn, Ich bin ain Buchlinn der Juden veindt ist mein namen. 1509.

Maria würde von den Juden als *henckerin* bezeichnet, sie habe in *vnrainikait* gelebt, Jesus sei der *verfurer der volcks*, aus einem *vnsawaern Ebruch* geboren und *gehangen* worden (Aiiir). Die christliche Kirche heiße in der Sprache der Juden *scheißhhaus* (Aiiv). In einem ihrer Gebete, so schreibt Pfefferkorn weiter, „bitten [si] auch rach vber die gantz gemain der cristenlichen kirchen vñ in sunderhait das das Römisch Reich verwust zebrochen vñ verstört wird." In einem anderen beteten sie um „mord vnd schwer. Hunger Pestilentz vnd sunder plagen / vnnd das geschech vmb vnsern willen" (Aiiir). Äußerungen der Juden werden dabei nicht nur als Verbalinjurien gebrandmarkt, sondern zu zitierten und zitierbaren Zeugen realer Schuld. Pfefferkorn hetzt, indem er seine Leser auf das blasphemische Unrecht der Anderen hinweist und dabei die eigene Gruppe in ihrem von ihm selbst provozierten Unmut und Zorn ins Recht zu setzen hofft.

Pfefferkorn wiederholt, wie mit den aufgeführten Zitaten deutlich wurde, immer wieder dieselben stereotypen antijudaistischen Argumente. Er tut dies, weil er nachdrücklich sein will, nachdrücklich auch im Kampf gegen seine eigentlichen Gegner.

Während er im „Judenfeind" vom Schaden des Wuchers erzählen will, insgesamt vom Schaden, den die Juden den Christen zufügen, erfährt der Leser außerdem, dass Pfefferkorn sich verfolgt fühlt. Man könnte darin das Motiv erkennen, das für sein aggressives Vorgehen gegen seine ehemaligen Glaubensgenossen verantwortlich ist.

> Pfefferkorn, der Juden veindt Av (Augspurg 1509): wie sie die cristn [...] zů vngötlichen vnd vncristlichen hendlen fur yr valsche gůt [...] raitzen / vnnd dar mit entlichen wie sy mir [...] zů ermordñ vnnd zů verdilgen nach stellen der hoffnung die Cristenlichen hewpter sollen solichs zů herzen fassen vnnd denn schaden so Cristlicher macht in baiden gaistlichem vnnd weltlichem Stat durch die außsetzigen hundt zůgefuigte / wirt bedencken vnd den fürkumen.

Doch bei aller Agitation Pfefferkorns gegen die Juden, sein erklärter Hauptgegner war der Humanist und Hebraist Reuchlin. Dessen Eintreten für die jüdischen Schriften erklärt Pfefferkorn sekundärstigmatisierend zur Ketzerei.

> Pfefferkorn, Johann: wider die drulosen Juden. anfechter des leichnams Christi. vnd seiner glidmossen aivv (Köln 1514): so bederft man nit die heidē oder die vnglobigen in die cristenheit weinschen oder wollen. Dan es wurden onglobigen vberflissig auß vnß kristen vffsten vnd erwachsen. vñ solt wol durch die Juden vñ reuchlin vñ sein anhang ein solches affenspil worden wie es dan bey den ketzern erwachst. Oder Johan huß beschehen ist.[238]

---

[238] Vgl. auch: Pfefferkorn, wider die drulosen Juden. anfechter des leichnams Christi. vnd seiner glidmossen biv. Köln 1514.

Ebd. bijr: was Reuchlin vñ die seinē dar gegē hādlē. schribē oder redē das geschicht durch einblasung des hofertigsten teufel Lucifer gn āt.

Die Verketzerung sowohl der Juden wie des Humanisten geht einher mit dem Hinweis auf Jan Hus, der wegen Ketzerei verbrannt wurde. Mit dessen Erwähnung mündet der Satz implikativ in die unausgesprochene Bedrohung, dass das Schicksal des Jan Hus gleichsam geschichtsnotwendig zum Schicksal Reuchlins werden (vgl. die Naturmetapher *erwachsen*) könne.

Der Ketzereiverdacht wird begleitet vom Vorwurf der Kompetenzlosigkeit, der besonders für einen Humanisten beleidigend sein musste. Pfefferkorn bestreitet, dass Reuchlin tatsächlich des Hebräischen mächtig sei.[239] Er wolle sich nur aufblasen, seine Schriften seien eigentlich von Juden verfasst (biijr). Mit dieser Behauptung wird Reuchlin zum Erfüllungsgehilfen und Handlanger der Juden degradiert, seine Schriften werden so indirekt auf einer zweiten Ebene zusätzlich verketzert. Als roter Angriffsfaden zieht sich durch alle Schriften zudem die Behauptung, Reuchlin *dichte* und vor allem (damit partiell synonym): *er lüge* (biijr ff.).[240] Spätestens hier wird deutlich, woher Johannes Eck viele Jahre später seine Argumente bezogen hat. Zumindest sind die Parallelen kaum zu übersehen.

Pfefferkorns Argumentation bleibt auf der polemischen Ebene. Alles, was er Reuchlin entgegenzusetzen hat, ist die Autorität der Kölner Inquisition, auf deren Seite er steht und die Reuchlins Schriften bereits dem Feuer übergeben hat. Dasselbe verlangt er nun auch von anderen Obrigkeiten. 1513 kommt es schließlich durch Hoogstraeten zum Ketzerprozess gegen Reuchlin. Nach langen öffentlichen Streitereien, deren wichtigstes literarisches Produkt die fingierten *Dunkel(männer)briefe (Epistolae obscurorum virorum,* 1515)[241] waren, mit denen Anhänger Reuchlins Hoogstraeten, Pefferkorn und die Dominikaner der Lächerlichkeit preisgaben, wurde Reuchlins „Augenspiegel" im Jahre 1520 von Papst Leo X als ketzerisch verurteilt. Dass mit der Verketzerung Reuchlins auch Pfefferkorn ins kanonische Recht gesetzt wurde, liegt auf der Hand.

Als moralische Sieger galten dennoch Reuchlin und der Humanismus, weniger die Juden, obwohl man zum ersten Mal öffentlich für die Erhaltung des Talmud eintrat. Diskursgeschichtlich ist die Bewertung dieser Diskussion keine Frage einer neuen Reuchlinschen Toleranz. Für ihn blieben die Juden, wie ge-

---

239 Vgl. auch: Pfefferkorn, Handt-Spiegel wider die Juden, und Jüdischen Thalmudischen Schrifften [...] Cölln 1512. Aiiir.
240 Vgl. FWB s. v. *liegen* und *lüge*.
241 Es waren wohl Crotus Rubeanus, Hermann von dem Busche und Ulrich von Hutten, die in verballhorntem Latein fingierte Briefe von Anhängern Pfefferkorns publizierten.

zeigt wurde, ehrlos.[242] Die Auseinandersetzung um die jüdischen Schriften, die ja in erster Line eine Auseinandersetzung zwischen Scholastik und Humanismus war und ganz und gar nicht die Verbesserung des christlich-jüdischen Verhältnisses zum Ziel hatte, spülte im Gegenteil antijudaistisches Gedankengut in die gelehrte Öffentlichkeit und verfestigte dieses. Ein schon lange vorhandener Konsens über die Bewertung des Judentums und ihrer angeblichen Verbrechen lässt sich somit nicht nur für den Historiker nachzeichnen. Er wird auch für den Zeitgenossen sichtbar, und vor allem: Er bleibt in der Disputation unwidersprochen.

Der Streit hatte viele Folgewirkungen. Vorbildlich für andere antijudaistische Schriften, allen voran Ecks Judenbüchlein, war Pfefferkorn zum einen in seinem sekundärstigmatisierenden Vorgehen. Zu seinen Vorwürfen gegen Reuchlin gehörte, dass dieser „Ein aduokat vnd patron der vnglaubhafftigen trewlosen juden"[243] bzw. ein „zuneiger der falschen juden"[244] sei, dass er sich habe von den Juden bestechen lassen.[245] Parallelen gibt es außerdem daraus, dass Pfefferkorn Reuchlin als *deß buchlins dichter* (Pfefferkorn, Johann: *wider die drulosen Juden* biv; *Handt-Spiegel* Aivr u. ö.) anspricht, ihm also mit der Charakterisierung als *dichter* den Wahrheitsgehalt seiner Aussagen abspricht. Nicht zuletzt fällt auf, dass Pfefferkorn wie Eck dieselbe Vorstellung haben, zu welcher Arbeit die Juden, nachdem man ihnen das Wuchern verboten hat, gezwungen werden sollten: die Straßen fegen, den Kehricht wegräumen usw.

Am Beispiel dieses Streites kann man sehen, wie die argumentativen Verbindungen der beiden Diskursstränge, also des volksnarrativen Hass-Diskurses und der theologisch-fachwissenschaftlichen Auseinandersetzung, geknüpft und systematisch dazu genutzt werden, das etablierte antijüdische Denken zu verfestigen, zu verbreiten und zudem sekundärstigmatisierend einzusetzen. Interessant sind auch scheinbar nebensächliche Beobachtungen, die zum nächsten Kapitel führen. Ohne den Humanismus und ohne Reuchlins Eintreten für das Hebräische hätte der Priester Andreas Osiander 1520, im selben Jahr, in dem Reuchlins „Augenspiegel" verurteilt wurde, in Nürnberg nicht seine Stelle als Hebräischlehrer antreten können. Und ohne diese hätte er kaum sein eigenes gutachterliches Schreiben zu verfassen vermocht. Gerade auch solche biographischen Bezü-

---

242  Vgl. dazu auch: Battenberg 2001, 83.
243  Zitiert nach: Schwitalla 2010, 99.
244  Pfefferkorn, Sturm Joha[n]sen Pferfferkorn vber vnd wider die drulosen Juden. anfechter des leichnams Christi. vnd seiner glidmossen. Sturm vber eynen alten sunder Johann Reuchlin. zuneiger der falschen Juden. vnd wesens. vff warer thatt begriffen. in seinem biechlin Augenspiegell [...]. Cöllen 1514, Ar.
245  Pfefferkorn, Handt-Spiegel [...] [1512].

ge können als Resultat der sich über Jahre hinziehenden, wenn auch zur Zeit Luthers und Osianders bereits lange zurückliegenden Auseinandersetzung angesehen werden.

## II. 10. 2. Der Konfliktfall: Eine antijudaistische Streitschrift im Zeitalter der Reformation

II. 10. 2. 1. Die Kontrahenten: Andreas Osiander

Andreas Osiander, geboren am 9. Dezember 1498 im fränkischen Gunzenhausen, verstorben am 17. Oktober 1552 in Königsberg (Preußen), war einer der wichtigsten Vertreter der Reformation in Süddeutschland.[246] Seit 1520 lebte er als Hebräischlehrer im Augustinerkloster in Nürnberg, war befreundet mit Albrecht Dürer, Lazarus Spengler, Willibald Pirkheimer und Hans Sachs. Er hatte zuvor bei Johannes Eck in Ingolstadt studiert, war 1520 zum Priester geweiht worden und seit dem Frühjahr 1522 Prediger an St. Lorenz (Nürnberg). Schon in diesem Jahr trat er offen für die Sache Luthers ein. Osiander gehörte zu den versiertesten Hebraisten und Kennern der jüdischen Mystik seiner Zeit, wurde wohl auch deshalb von einem Freund, vermutlich Pfalzgraf Ottheinrich, gebeten, ein privates Gutachten zu verfassen: „Ob es war vnd glaublich sey / daß die Juden der Christen kinder heymlich erwürgen / vnd jr blut gebrauchen / ein treffenliche schrifft / auff eines yeden vrteyl gestelt. Wer menschen blut vergeußt / des blut sol ouch vergossen werden".[247] Der Anlass für diese Bitte war zum einen ein Ereignis und zum anderen die Verbreitung einer anonymen, dieses Ereignis zum Thema machenden Flugschrift mit dem Titel: „Ein erschrocknlich geschicht vnd Mordt / szo von den Juden zu Pösing (ein Marckt in Hungarn gelegen) an einem Neunjährigen Knäblein begangen / wie sie das jämerlich gemartert / geschlagen / gestochen / geschnitten vnd ermordt haben. Darumb dann biß in die dreissigk Jůden / Mann vnd Weibs personen / vmb yhr mißhandlung / auff Freitag nach Pfingsten / den xxi.tag May / des. M.D.vnd.xxix. jars/ verprennt worden seind."[248]

---

246 Seebaß 1999, 608.
247 Osiander, Gutachten zur Blutbeschuldigung, 216–247.
248 „Ein erschrocknlich geschicht und Mordt, so von den Juden zu Pösing (ein Marcke in Hungarn gelegen) an einem Neunjährigen Knäblein begangen. [...]": 1529; vgl. dazu ausführlich: Hägler 1992, 12–23.

Das neunjährige Knäblein hieß Hans Meylinger und wurde seit dem Himmelfahrtstag des Jahres 1529 im genannten Pösing vermisst.[249] Eine Woche später fand man die Leiche. Schnell verdächtigte man die Juden, an diesem Jungen einen Ritualmord begangen zu haben. Durch Folter erzwungene Geständnisse führten schließlich dazu, dass am 21. Mai 1529 alle 30 Juden, darunter auch Frauen und Kinder, öffentlich dem Scheiterhaufen übergeben wurden. Für die Flugschrift war dies ein klarer Fall, für Osiander keineswegs. In seinem Antwortschreiben, das als Gutachten in die Geschichte eingehen sollte, zweifelt er nicht nur das Urteil im Pösinger Fall an, sondern ist programmatisch bemüht, die Ritualmordlegende insgesamt als *Lügende* (FWB 5, 1449f., s. v. *lüge* 2 und 3) zu entlarven.

Wie brisant Osiander eine solche Stellungnahme einschätzte, wird bereits in den einleitenden Sätzen deutlich, in denen er wohl nicht nur toposhaft von dem an ihn herangetragenen Anliegen als *bürde* spricht, „die ich tragen vil zu gering und zu schwach bin" (Osiander 223). Dennoch fühle er sich zu einer Stellungnahme verpflichtet, um der „armen, ellenden Juden", aber auch um der „obrigkeit" und „der gemeinen christenheit" (224) willen. Allein wolle er dies „nicht offenlich an yderman, sonder in gehaim an euch allein schreibe[n], der ir mein schrifft, wo sie [...] mir selbs nachtaylig sein möcht, wol köndt und billich solt in gehaim behalten und untertrucken" (224). Als Osiander sein Gutachten verfasste, dachte er also nicht an eine Publikation. An die Öffentlichkeit kam es dennoch. Wieder war der Anlass eine Blutbeschuldigung, auch diesmal war es die Ermordung eines Jungen. Und wieder machte man die Juden dafür verantwortlich. Elf Jahre später (1540) wurde in Sappenfeld, einem Dorf in der Nähe von Eichstätt, Michael Bisenharter, ein vierjähriger Junge im Wald ermordet aufgefunden. Als das Gericht in Eichstätt die Juden zum Verhör vorlud, legten zwei von ihnen ein anonymes Gutachten zu ihrer Verteidigung vor. Der Ingolstädter Theologe Johannes Eck wurde daraufhin vom Eichstätter Bischof beauftragt, die vorgelegte Schrift zu widerlegen, was dieser mit seinem 1541 veröffentlichten Judenbüchlein tat. Eck erkannte schnell seinen ehemaligen Studenten Andreas Osiander als den Verfasser genau der anonymen Schrift, die die Juden nun zu ihrer Verteidigung anführten. Zudem war bekannt, dass Osiander die Juden schon auf der Kanzel verteidigt hatte.[250]

Was erboste Eck so sehr? In erstaunlich direkter Weise macht Osiander von Anfang an deutlich, dass den Juden Unrecht (225) geschehe. Er habe noch keinen getauften Juden gefunden, der das Gegenteil bezeugt habe, und gäbe es Geständnisse, so seien diese durch Folter erzwungen. Mit zwanzig aufeinanderfolgenden Argumentationen begründet er seine Verteidigung. So verweist er u. a. auf das

---

249   Vgl. dazu die Einleitung zu Osianders Gutachten von Kayser 1988, 219.
250   Kayser 1988, 218 (siehe auch Fußnote 7). Vgl. auch: Hägler 1992, 32.

für Juden wie Christen gleichermaßen gültige Verbot zu morden, auf die jüdischen Reinheitsgebote und deren Bluttabu. Es sei außerdem von „natur allen menschen in das hertz eingepflantzet, das blutvergiessen unrecht und verboten" sei, und es sei noch „greulicher, ein jungs unschuldigs kindt zu erwürgen" (227). Da die gesetzesgläubigen Juden in keiner Weise fürs Morden bekannt seien, wäre es noch weniger glaublich, „das sie disen unnatürlichen und allergreulichsten mordt begeen sollten" (227), besonders auch deswegen nicht, weil sie damit ihr ewiges Leben verwirken würden. Denn genau dieses stünde beim Bruch der mosaischen Gesetze auf dem Spiel. Die Juden respektierten im Gegenteil auf göttliches Geheis dasjenige Volk, bei dem sie zu Gast seien; sie würden ja durch die Tatsache, dass sie dazu verflucht seien, ohne Heimat umherziehen zu müssen, ohnehin andauernd in Unsicherheit leben. Schließlich bezeichnet Osiander die unterstellten Motive für den Blutbedarf als Lügen, so den Bedarf für die vermeintlich damit vollzogene Priestersalbung oder zur Heilung des von Gott angeblich als Strafe auferlegten Blutflusses. Er begründet dies rational zum einen damit, dass die Juden „dieser zeyt kein gesalbten cohan" (obersten Priester) (229) hätten und dass die vermeintliche Krankheit eines andauernden Blutflusses bei den Juden schlichtweg „wider die natur und aller menschen vernunfft" (230) sei. Zudem sei es ja gar nicht nötig, die Kinder zu töten, um ihr Blut zu erhalten. Spitzfindig stellt er die Frage, was die Juden denn in den Ländern machten, in denen es keine Christen gibt? Osiander vermutet außerdem, dass die meisten Juden aus Abscheu vor einer solchen Tat zum Christentum übertreten würden, entspräche dieses grausame Ritual der Wirklichkeit. Selbst die zum Christentum konvertierten Juden hätten trotz ihrer Konversion niemals behauptet, Zeuge eines solchen Rituals gewesen zu sein. Hier beruft er sich sogar auf Johannes Pfefferkorn, der in seinen antijudaistischen Schriften ansonsten nicht gerade zimperlich mit seinen ehemaligen Glaubensgenossen umgegangen ist. Bei der dreizehnten Begründung verweist Osiander auf die Geschichte. Es sei doch recht auffällig, dass

> Osiander, Über die Blutbeschuldigung 233 (vor 1540): seind der geburt Christi bißhere zu keiner zeyt an keinem ort von disen kindermord nichts gehort noch ye gedacht ist worden biß in diese letzten zwey- oder dreyhundert jar, in denen münch und pfaffen allerley buberey und betrug mit walfarten und andern falschen wunderwercken angericht haben.

Spätestens an dieser Stelle wird die Verteidigung der Juden zur Anklage der Christen. Die Implikatur beschuldigt die Vertreter der katholischen Kirche des moralischen Verfalls, macht sie nicht nur verantwortlich für die Ritualmordlegende, sondern auch für vieles Andere, hätten sie doch selbst *allerley buberey und betrug [...] angericht*. Wallfahrten werden insgesamt als Betrügerei verworfen und damit auch feste Bestandteile des katholischen Ritus.[251] Die Kirche, ihre Riten wie ihre Vertreter, werden offen kriminalisiert. Als wären die vorgebrachten Vorwürfe nicht schon schwerwiegend genug, begründet Osiander das Vorgehen gegen die Juden auch noch als reaktives Handeln von Inkompetenten gegenüber den Verständigen. Man habe die Juden deshalb besonders gefürchtet, weil:

> Osiander, Über die Blutbeschuldigung 233 (vor 1540): sovil das gesetz antrifft, die Juden mer verstands in der schrifft gehabt haben dann sie, daher sie die Juden auffs höchst verfolgt, verunglimpft und verhaßt gemacht haben, biß zuletzt sie inen die bücher gar verbrennen wolten. Aber Got hats nicht gestattet, on zweyffel der christenheit zugůt damit durch die hebraischen sprach die christen wider zum rechten verstand ires glaubens möchten kommen. Daher ist zu besorgen, solche judenfeindt haben das und dergleichen mer auff die Juden erdichtet und außgeben, dann sie wol so ungeschickt handeln auff disen tag auch gegen den christen, die sie luterisch nennen, wie alle welt wol sicht, empfind und heymlich bewaynt.

Zusammengefasst: In Osianders Augen waren die Juden die eigentlichen Opfer; die wahren Täter seien unter den Christen, vor allem in der Papstkirche zu finden. Pfaffen und Mönchen wirft er Büberei und Betrug vor, im zweiten Zitat kommen noch Lüge und Hetze hinzu, unterschwellig ist es wohl auch Mord. Dieser wird ihnen zwar nicht explizit zugeschrieben, aber eben auch nicht ausgeschlossen; er ergibt sich aus der Logik des *erdichtens, lügens*, der *büberei* und des *betrugs* der Kirche in dem Sinne: Wer sonst hätte die Kinder töten sollen?

Unter den Aspekten von Inklusion und Exklusion ist der letzte Abschnitt des Zitates von außerordentlicher Brisanz: Er vergleicht die jüdischen Opfer mit den als *lutherisch* stigmatisierten Protestanten, mehr noch, er setzt beide in ein und dasselbe Boot. Das über die Behandlung der Juden Gesagte betrifft demnach auch die Protestanten und wirft einen vielsagenden Blick darauf, was die Papisten ihren Gegnern antun. Die gesellschaftlichen Verhältnisse der Juden werden so zur bedrohlichen Veranschaulichung all desjenigen, was den Protestanten in Zukunft widerfahren könnte.

Von nun an argumentiert Osiander unter dieser Prämisse. Er führt seinen Lesern vor Augen, dass der Vorwurf des rituellen Blutmords auch den Christen schon vor 1200 Jahren von ihren Gegnern gemacht worden sei, und wiederholt noch einmal, diesmal ausführlich und am Beispiel des Regensburger Falles, dass

---

251 Frey (1987, 178) weist darauf hin, dass Osiander hier interessanterweise darauf verzichtet, päpstliche Autoritäten zu zitieren wie die „Bulle Martins V. vom 20. Februar 1422. Dort steht, es gebe – insbesondere ‚in den Zeiten des großen Sterbens und anderer Calamitäten' – nicht wenige Christen, die, um die Juden ihrer Güter berauben zu können, Ritualmordvorwürfe erfinden."

alle Geständnisse unter der Folter erpresst worden seien und „kein warheyt, sonder eytel lauter erdroet und erzwungen gedicht" (235) darstellten. Die damit zum Ausdruck gebrachte Kritik am juristischen Instrument der Folter ist überraschend und mutet außerordentlich modern an. Osiander geht noch weiter; er unterstellt, dass Gott diese Art der Strafe sicher nicht gewollt hätte, wären die Bestraften doch nicht nur die Juden, sondern auch die Christen und ihre ermordeten Kinder, das Ergebnis in jedem Fall die Verdammnis, nicht die Besserung. Bevor er die Blutbeschuldigung schließlich zu einem philologischen Übersetzungsfehler eines Halbgebildeten erklärt, zitiert Osiander das kaiserliche Mandat Friedrichs III. aus dem Jahre 1470, durch das die Juden vor Verleumdungen dieser Art eigentlich geschützt und geschirmt werden sollten. Osiander legitimiert seine Ausführungen also mit göttlichem Recht, Naturrecht und dem weltlichen Recht der Obrigkeit, die über den kleinen Provinzobrigkeiten steht. Außerdem appelliert er direkt wie indirekt immer wieder an den gesunden Menschenverstand. Dieser allein würde ausreichen, um die Blutbeschuldigung als Lüge zu entlarven. Entsprechend fährt er mit dem genauen kritischen Durchbuchstabieren des Pösinger Fallbeispiels fort.

War Osiander im ersten Teil seines Gutachtens im Allgemeinen und Allgemeingültigen verblieben, wird er im zweiten Teil, in dem er den Fall Pösing behandelt, sehr konkret. Man wisse, dass der Graf zu Pösing ein Tyrann sei und Schulden bei den Juden gehabt habe. Der Prozess habe zudem einige Ungereimtheiten aufgewiesen, die jüdischen Schuldigen seien schon klar gewesen, bevor sie bekannt hätten, was unter anderem daran zu erkennen sei, dass man ihr Gut bereits vor den unter der Folter erzwungenen Geständnissen konfisziert habe. Auch die Zeugen könnten nichts wirklich gesehen haben. Der Fall beruhe auf Vorurteilen, Gerüchten und vor allem Habgier. In logischer, nahezu kriminologischer Beweisführung plädiert Osiander für die Unschuld der Pösinger Juden und macht dabei die Schuld und das Versagen der (katholischen) christlichen Obrigkeit und ihrer Handlanger offensichtlich. Schließlich begibt er sich selbst auf die Suche nach dem Mörder. In Frage kommen für ihn der Oberherr, „ein geytziger tyrann oder ein vertruncken, verspilt oder verhüret streußgutlein" (246), dessen Amtleute, die Pfaffen und Mönche daselbst, „den schein grosser heyligkeyt zu erlangen, grosse wunderwerck und neue walfarten anzurichten begirig oder sunst die Juden zu vertilgen seer geneygt" (247) seien, ferner Schuldner, Zauberer, andere Kinder oder einfach die Eltern selbst. Die Juden jedenfalls sind für ihn unschuldig, so sehr man sie auch zu Schuldigen erklären wolle.

Osianders Judengutachten ist eine erstaunliche Ausnahme innerhalb der Übermacht antijudaistischer Texte der Zeit. Zwei Gründe mag es dafür geben: Zum einen war er Hebraist und kannte die Inhalte jüdischer Schriften wie ihre Bedeutung für das Christentum. Gediegene Kenntnisse dieser Art wirken vorurteilsentlarvend und toleranzfördernd. Im Zuge der Auseinandersetzungen um die hebräische Sprache, die hebräischen Schriften und den Talmud, die im Reuchlin-Pfefferkorn-Streit ihren Kulminationspunkt hatten, war es außerdem in humanistischen Gelehrtenkreisen zu einer gewissen Toleranz gegenüber den Juden gekommen. Zum anderen war Osianders Gutachten noch vor den radikal antijudaistischen Schriften Luthers verfasst worden („Von den Juden und ihren Lügen" 1543, WA 53, 412–552); sie standen also im Nachklang einer ungewöhnlich positiven und weit verbreiteten Schrift des Reformators aus dem Jahre 1523. Diese Schrift war schon mit einer Provokation betitelt, nämlich: „Dass Jesus Christus ein geporener Jude sei" (WA 11, 314–336). Der Hebraist und eigenwillige Protestant Osiander wurde jedoch im Unterschied zum Wittenberger Reformator auch später nie zum Judenfeind.

### II. 10. 2. 2. Die Kontrahenten: Johannes Eck

Seit 1518 bis zu seinem Tode 1543 stritt Johannes Eck, eigentlich Hans Maier, geboren am 13. 11. 1486 in Egg/Eck an der Günz,[252] gegen die Reformation und deren Vertreter. In dieser Auseinandersetzung machte er nicht nur eine erstaunliche kirchliche Karriere, wurde Pfarrer, Professor in Ingolstadt, päpstlicher Pronotar und Nuntius, sondern wurde dabei selbst zum Reformator, allerdings zu einem solchen, der innerhalb der katholischen Kirche handelte und verblieb. Es konnte ja kaum ausbleiben, dass im Zuge der konfessionellen Auseinandersetzungen auch die katholische Seite in Bewegung kam. Doch Eck hatte schon früh die Reformbedürftigkeit der Kirche erkannt und sich in seinen ersten bedeutenden Schriften darüber geäußert. Bezeichnenderweise waren zwei Themenkomplexe für ihn relevant. Zum einen rang er um eine neue Wirtschaftsethik, die er im Zinstraktat (1515) vorstellte, und zum anderen um die Frage nach Gnade und Prädestination, die er im „Chrysopassus" (1514), seinem ersten selbständigen theologischen Werk, beschrieb und so beantwortete, dass Urbanus Rhegius 1527 zumindest behaupten konnte, Eck habe 1514 selbst das *sola gratia* vertreten.[253] Tatsächlich war in diesen vorreformatorischen Jahren keineswegs absehbar, dass Eck zu einem der wichtigsten Kontrahenten der protestantischen Sache werden sollte, und schon gar nicht, dass aus der anfänglich guten Beziehung zwischen ihm und Luther eine lebenslängliche Feindschaft erwachsen würde. Eck begann seine Studien 1498 in Heidelberg, wechselte dann nach Tübingen und

---

252 Zur Biographie Ecks: Iserloh 1981; Ziegelbauer 1987.
253 Iserloh 1981, 17.

Köln, später nach Freiburg, wo er schon 1502 als Professor des Fakultätssenats gelistet ist. Es folgten 1506 die Berufung zum Dekan, 1508 die Priesterweihe in Straßburg, 1509 das Lizentiat der Theologie, 1510 die Promotion und schließlich auch die Berufung zum Professor der Theologie an der bayerischen Landesuniversität in Ingolstadt. Auch dort wurde er bald Dekan und sogar Rektor (1512). Er nannte den Straßburger Prediger Geiler von Kaysersberg seinen geistlichen Vater,[254] war mit den oberrheinischen Humanisten befreundet, aber auch mit Reuchlin, dessen Vorlesungen zum Hebräischen er hörte. Die Auseinandersetzung mit Luther begann nach der Veröffentlichung der 95 Thesen am 31. Oktober 1517 gegen den Ablass und des noch publikumswirksameren „Sermon von Ablaß und Gnade" (1518). Obwohl selbst kein Freund des Ablasswesens, verfasste Eck achtzehn außerordentlich kritische Adnotationes zu den 95 Thesen und verschickte sie. Luther, enttäuscht von seinem Freund,[255] beantwortete die Obelisci (›Spießchen‹) Ecks in zitierender Rede und antwortender Gegenrede mit Asterisci (›Sternchen‹) in seinen „Asterisci Lutheri adversus Obeliscos Ecki" (WA 1, 278–314). Wenngleich dieser schriftlich ausgetauschte, letztlich aber doch eher privat gehaltene Disput noch nicht an die Öffentlichkeit drang, – Luthers Text wurde erst nach Ecks Tod 1545 publiziert –, bildete er doch den Grundstein ihrer Feindschaft. Von Anfang an ist der Tonfall persönlich angreifend. Während Eck Luther mit den Hussiten verketzerte, behauptete Luther, Eck sei der allergrößte Feind der Liebe (*caritas*) und ein Verführer (*seductor*) des einfachen Volkes:

> WA 1, 305, 9 (1518): Ecce os effrene et plenum maledictione et amaritudine. Propositiones illae, quia non nisi charitatem et pietatem proximi fructuosam continent, ideo sterilium Indulgentiarum et nulli nisi suo commodo utilium amator Bohemicas vocat. Et quomodo potest invidia aliud nomen dare charitati quam pessimum? Ego, etiamsi Eckius esset angelus in medio Seraphim, adhuc dico, ipsum esse impiissimum hostem charitatis seductoremque simplicis populi, dum docet, steriles Indulgentias populo bonas esse ac charitatis praedicationem esse Bohemicum saporem.

Der literarische Kampf um die göttliche Wahrheit hatte begonnen. Aus dem Mönchsgezänk zwischen dem Ablassverkäufer Tetzel und dem Wittenberger Augustiner wurde ein öffentliches Anliegen. Doch war es gut, den inneren Zirkel der Theologen bei der Diskussion innerkirchlicher, theologischer Auseinandersetzungen zu überschreiten? Bei allen Diskussionen um die Frage nach der Öffentlichkeit, die im Zuge der Reformation nicht mehr nur als unumgehbare Größe diskutiert wurde, sondern als tragendes gesellschaftspolitisches Element neuartig

---

254 Iserloh 1981, 14.
255 Vgl. dazu: WA Br 1, 77, 177–179.

erstand, waren die Katholiken der Meinung, es sei besser, diese Öffentlichkeit draußen zu halten. Doch Luther wollte die Öffentlichkeit schon bald bewusst mit in das Geschehen einbeziehen, war doch nicht nur der Ablasshandel eine öffentliche Angelegenheit, sondern wurde auch der Glaube selbst als zentrales Dogma der protestantischen Konfession zur Scheidemünze, die jeden Enzelnen existentiell anging. Im Zuge der Auseinandersetzungen zwischen Karlstadt und Eck forderte auch Luther Johannes Eck zur offenen Disputation heraus.

> WA Br. 1, 317, 66 (1518): Quanquam mallem, ut monstrum, quod iam diu in me alis et quod te male habet, aliquando pareres et nauseas, quibus stomachus tuus periclitatur, tandem evomeres in publicum minisque illis tuis basilicis et gloriosis per omnia finem imponeres. [Übersetzung von Iserloh 1981, 30: daß du das Ungeheuer, das du schon so lange gegen mich nährst und das dich plagt, endlich zur Welt bringst und die widerlichen Dinge, die deinen Magen krank machen, in die Öffentlichkeit hinausspeist.]

Aufeinandergetroffen sind Eck und Luther schließlich bei der Leipziger Disputation. Sie sollte zunächst zwischen Eck und Karlstadt stattfinden, wurde dann aber entscheidend mit Luther ausgetragen. Iserloh berichtet, die Gespräche seien von solch „polemischer Härte" geprägt gewesen, dass der herzogliche Rat Cäsar Pflug eingreifen musste. Er habe schließlich die Disputatoren aufgefordert, sich „von nun an gegenseitiger Beschuldigungen und Beleidigungen"[256] zu enthalten. Doch dieser Aufforderung kamen die Kontrahenten auch in den nachfolgenden 23 Jahren nicht nach. Der Streit spitzte sich mit der vom Papst an Luther gerichteten Bannandrohungsbulle noch weiter zu; sie war bekanntermaßen unter der Mitwirkung Ecks verfasst worden. Diesen Frontalangriff auf Luthers Schriften, letztlich auf seine gesamte theologische wie gesellschaftliche Existenz, beantwortete Luther mit der Schrift: „Von den Newen Eckschen Bullen und Lügen" (1519/29; WA 6, 579–594). Auch hier geizt Luther nicht mit Angriffen auf die Person Ecks. Er verweist sogar schon auf den „Eccius dedolatus"[257] (›Der gehobelte / enteckte Eck‹; 1520 in Erfurt gedruckt), eine gegen Eck gerichtete dialogisch inszenierte Spottschrift, in der wohl Willibald Pirckheymer[258] im Anschluss an die Leipziger Disputation dem katholischen Opponenten Luthers in satirischer Form Lasterhaftigkeiten wie Trunksucht und Unzucht unterstellt und ihn einer Gewaltkur unterzieht, ihn ent-eckt. Dabei erhält der Patient nicht nur eine Tracht Prügel. Man zieht ihm auch noch die Haut ab, um darunter

---

256 Zititert nach Iserloh 1981, 37.
257 Einsehbar in der Bayerischen Staatsbibliothek unter: http://www.mdz-nbn-resolving.de/urn/resolver.pl?urn=urn:nbn:de:bvb:12-bsb10167388-8
258 Zur Verfasserschaft: Berger 1931, 47; dort auch Abdruck des lateinischen Textes.

zahlreiche bösartige Geschwüre zu entdecken, die nichts anderes als die Auswüchse seiner Laster darstellen sollten.[259] Körperliche Gewalt wird im „Eccius dedolatus" von den Nürnberger Humanisten verbal ebenso anschaulich wie spöttisch inszeniert. Pathologisierung und Moralisierung gehen dabei Hand in Hand, sie beschädigen Ecks gesamte religiöse wie sittliche Glaubwürdigkeit. Dass der Betroffene, zuvor noch selbst im Kreise der Humanisten verkehrend, darüber nicht erbaut war, liegt auf der Hand und musste zur Fortsetzung des Streites führen.

Eine der berühmtesten Schriften, die Eck im Laufe der darauffolgenden Jahre gegen die Lutheraner publizierte, war sein in 121 Auflagen und Übersetzungen überliefertes Handbuch[260] „Enchiridion Locorum communium adversus Lutteranos" (1525), eine katholische Antwort auf Melanchthons „Loci communes" (1522). Das Enchiridion stellt einen, auch an Laien adressierten Abriss der katholischen Lehre dar, der anlässlich des Augsburger Reichstags auch ins Deutsche übersetzt und in dieser Sprache gedruckt wurde. Im „Handbüchlinn gemayner stell vnd Articker / der yetz schwebenden newen leren" (1530) disputiert Eck nicht mehr, sondern stellt für jedermann klar, was die rechte Lehre sei und was von den *Newchristen* und mit ihnen vom Teufel komme (42r). So nennt er z. B. den „wercklosen Glauben eytel und nichtig" (44r), parallelisiert die Protestanten hinsichtlich des allgemeinen Priestertums mit den verhassten Juden (55r), widerspricht der evangelischen Freiheit (75r) und behauptet, Luther instrumentalisiere diese nur zur Verdeckung seiner Bosheit (75v). In seiner Abhandlung, in der es um die Bibel, die Herkunft der Kirche, die Gültigkeit der sieben Sakramente, den freien Willen usw. geht, stellt er Luthers Anhänger, die sog. *Newchristen* (62v u. ö.), die *alten und newen Manicheer* (167r) oder *Ketzer* (59r; 72r; 83r; 205r u. ö.) den *Glaubenden / Glaubigen* (46r; 83v) bzw. den *beständigen* (54r), *gelübdthaltigen* (117r) *Christen* gegenüber. Der Streit um die Wahrheit der eigenen Gruppe wird zum Streit um das Ketzertum der anderen. Er wurde längst nicht mehr auf Latein in und für einen gebildeten kleinen Expertenkreis geführt, sondern in der Sprache der Laien, so dass ihn viele Menschen verstehen und aktiv mitgestalten konnten. Die Kontroversliteratur der Reformation, so zeigt dieser kurze Einblick in die Anfänge des literarischen Krieges zwischen Eck und Luther, ging nicht zimperlich mit ihren Kontrahenten um. Zum theologischen Wortkampf gehörten fundamental beleidigende Angriffe auf den gegnerischen Autor. Man focht mit dem gesamten Arsenal der sprachlichen Mittel, die den humanistisch geschulten Protagonisten des Kampfes individuell und institutionell zur Verfügung standen. Genau so wurde man auch angegriffen.

---

259 Vgl. dazu: Rupprich 1973, 106–109; Könnecker 1975, 84–90.
260 Iserloh 1981, 54.

> Pfeifer 1978, 108: Eck ist gereizt, – und er will selber reizen, so daß der Eindruck entstehen muß, er versuche nicht, seine Widersacher zu überzeugen, sondern er bemühe sich vor allem, seine Gegner zu vernichten.

„Bei aggressiven Stilen" dieser Art, so schreibt Sandig (2006, 286), „ist die Beziehungsrelation zentral. Kritik oder Gegenwehr gegenüber Kritik wird nicht ‚sachlich-neutral' sondern ‚emotional' und ‚emotions-auslösend' vorgebracht." Im Bemühen, den protestantischen Gegner zu vernichten, nutzt Eck nicht nur alle ihm zur Verfügung stehenden Mittel, sondern auch jede sich bietende oder herbeigeführte Gelegenheit. Als man Eck bat, das Judengutachten Osianders zu prüfen, hat er wohl auch deshalb zugesagt, weil er hier die Sekundärstigmatisierung, die er im „Enchiridion" mit der Parallelisierung von Juden und Protestanten begonnen hatte, fortzuführen vermochte. Nunmehr konnte er mit einem Streich die Lutheraner und die Juden treffen. Indem er die Protestanten als Juden verketzerte, griff er nicht nur die konfessionellen Gegner an, er perpetuierte und erneuerte zugleich den latent schwelenden Antijudaismus. Noch wirksamer war die Sekundärstigmatisierung aber, wenn man sie umkehrte, wenn man die im gesellschaftlichen Konsens verhassten Juden in aller Ausführlichkeit und Emotionalität auf die Anklagebank erheben und die Protestanten als deren kriminelle Verbündete erscheinen lassen konnte.

Genau diese besondere Möglichkeit ergab sich für Eck, als man ihn um eine Widerlegung des „Judenbüchleins" bat. Seine 95 Seiten umfassende Widerlegung war im Geiste der Scholastik geschrieben. Dicht bestückt mit Traditionsbeweisen aus der Patristik, mit Konzilsbeschlüssen, Bibel- und Autoritätenzitaten von der Antike bis in die kanonische Gegenwart, versehen mit zahlreichen narrativen Strecken, in denen er um der Historisierung seiner Behauptungen willen anschauliche Geschichten erzählt, agitiert Eck systematisch polemisch und manipulativ gegenüber seinem christlichen Publikum. Mit diesem Text erhielt der Antijudaismus eine neue Dimension. Er wurde nicht mehr nur in seiner mittelalterlichen Form fortgeführt, in allen Details verschriftlicht und somit für die nächsten Jahrhunderte nachlesbar festgezurrt, sondern er wurde auch funktionalisiert und politisch zur Abgrenzung der Konfessionen und damit zur Stabilisierung der Glaubensspaltung instrumentalisiert.[261]

---

261  Battenberg 2001, 85.

## II. 10. 2. 2. 1. Johannes Ecks Programm in der „Verlegung"

Die Ereignisse von Pösing und Sappenfeld und der daraufhin neu aufbrechende antijudaistische Diskurs lieferten Eck die Gelegenheit, sowohl die Juden mit ihren Sitten und Gebräuchen sowie mit ihren religiösen Schriften als auch die Protestanten und ihre Lehre zu diffamieren. Bereits der ausführliche Titel des *Judenbüchlins verlegung* verrät dieses Programm:

> Ains Juden büechlins verlegung: darin ain Christ/ gantzer Christenhait zů schmach/ will es geschehe den Juden vnrecht in bezichtigung der Christen kinder mordt. [...] Hierin findst auch vil histori/ was übels vnd büeberey die Juden in allem teütschen land/ vnd andern künigreichen gestift haben. [>Widerlegung eines Judenbüchleis, in dem ein Christ zur Schmach der gesamten Christenheit darlegen will, dass den Juden mit der Bezichtigung des Mordes an Kindern der Christen Unrecht geschehe [...]. Darin findest Du auch viele Geschichten, was alles die Juden im gesamten deutschen Land und in anderen Königreichen an Übel und Bubenstücken begangen gaben<].

Man erkennt sofort Ecks Doppelgleisigkeit. Zum einen will er eine argumentative Widerlegung eines Buches vorlegen, in dem ein *Christ* sich seiner Meinung nach in verleumderischer Absicht erlaubt, für die Unschuld der Juden einzutreten, zum anderen (vgl. die Partikel *auch*) will er auch Kriminalgeschichten, das heißt die Kriminalgeschichte der Juden, erzählen. Einer Anklageschrift gleich unterstellt er dem christlichen Autor des Gutachtens Verleumdung und Schmähung der eigenen Glaubensgenossen. Schon die Wortbildung *Judenbüchlin* verhöhnt den so Angegriffenen als jemanden, der für die Juden arbeitet und mit diesen unter einer Decke steckt, letztlich unter der Mörderdecke, denn es geht um Mord, und zwar um den Mord an Christenkindern. Zum Beweis zerrt er nicht nur den Christen, sondern vor allem die Juden, die der Christ verteidigt hat, vor das Gericht der Öffentlichkeit. Doch die Juden, so wird schon in der hierarchischen Auflistung der Angeklagten deutlich, werden dazu instrumentalisiert, den Verfasser des *Judenbüchlins* vorzuführen. Sie bilden als bekannte Schuldige das Hauptargument der Anklage und werden am Ende zusammen mit dem sie verteidigenden Christen auch die Verurteilten sein. Ihre tatsächliche Schuld ist dabei zweifellos. Denn dass die Juden schuldig sind, wird bereits in Form der Faktizitätspräsupposition *was übels vnd büeberey die Juden in allem teütschen land / vnd andern künigreichen gestift haben* deutlich. Eck behauptet nicht etwa regresspflichtig, *dass* die Juden *Übel stiften*, sondern er erzählt textthematisch vorausgesetzte, ihrer Art nach jedermann bekannte ‚Untaten' und ergänzt rhematisch einige neue *Wie*-Aussagen; er knüpft damit an das Vorwissen seiner antizipierten Leser an. Kurzum: Eck lässt also keinen Zweifel daran, *dass* sie Übles stiften, er will nur noch erzählen, *welche* kriminellen Taten sie im Detail ausüben.

Handlungstheoretisch erfolgt die Verstärkung der bereits vorhandenen Kriminalisierung und Stigmatisierung durch die ideologischen Strategien der Kollektivierung, der geographischen (vgl. *in allen landen;* weiter unten in der *Vorrede: viele ort*) und der historischen (vgl. das Perfekt *gestift haben*; weiter *unten: je und je*) Universalisierung sowie der Naturalisierung. Im Visier stehen mit dem kollektiven Plural *die Juden;* das heißt erstens, dass es sie als Typus und zweitens, dass es sie als einheitliche Gruppe gibt (Existenzpräsupposition). Mit dem weiterführenden *wie* (vgl. dazu auch das einleitende *wie* der Kapitelüberschriften) wird dann, die Schuld voraussetzend, nur noch gezeigt, *wie* sie als Gruppe immer und überall *büberei gestiftet* hätten. Kriminalisierung, Kollektivbeschuldigung und geographische Universalisierung der vermeintlichen Übeltaten stehen also schon fest, noch bevor Eck mit seinen eigentlichen Begründungen beginnt. Das herkömmliche Konsens- und Diskursuniversum wird aktiviert, ohne dass es je begründet werden müsste. Das Inhaltsverzeichnis der Eck'schen *Verlegung* (>Widerlegung<) liest sich entsprechend wie eine Anklageschrift und ein Urteil gleichermaßen.

Widmung
Vorred diß büechlins.
Vorred des blůtbů chlins vnd deren verlegung.
1. Das Erst Capitel. Verlegung.
2. Wie vnbeschaiden der Juden schutzer sein hauptschlußred gesetzt hab [...].
3. Die judē vnderlassen nit der kinder mordt/ von des gebots wegen. Du solt nit tödten: Dann sie je vnd je manschlåchtig gewåsen. [...].
4. Wie die juden blůtdurstig/ auß dem Newen testament vnd ander zeügnus. [...].
5. Von der Juden Neid gegē allen vőlckern/ aber zum hefftigsten wider die Christen. [...].
6. Wie blůtdurstig die juden seien/ blůt brauchen vnd die geschrifft fålschlich brauchen auff jhr mord. [...].
7. Wie grosse landmordt die juden gestifft haben auch an den alten Christen/ vnd von jhr mordischer artznei. [...].
8. Die Juden vnderlassen nit der kinder mort vmb verlusts wegen ewigs leben. [...].
9. Die juden halten vns für jhr feind/ vnnd darumb betten sie tåglich wider die Christen/ so verzagt seind sie nit. [...].
10. Wie die juden dem Rômischen reich so gram seind/ vnd begern das zerstôrt werd. [...].
11. Auß was vrsach die Juden stellen nach der Christen kinder blůt. [...].
12. Erzelung viler ort jn der Christenhait/ da die juden der Christen kinder ermôrdt haben: vnd zů dem ersten von S. Simon zů Trient. [...].
13. Von andern môrden der kinder durch Juden begangen. [...].
14. Wa juden blůt in der Türckey nemmen/ vnd wie blůtdurstig sie seind. [...].
15. Münch vnd pfaffen machen die juden nit hessig/ die über laden seind mit menschen fündlin. [...].
16. Das recht werden Thalmud verbrennen. [...].

17. Die juden werden nit entschuldigt/ dz die haiden die Christen bezichtigt/ von kinder erwürgen/ noch darum das sie auß marter an peinlicher frag bekennen/ auch von Juden v. Regenspurg. [...].
18. Gottes straff bessert nit alweg/ so seind auch die jetzigen juden von Gott nit erwölt. [...].
19. Es ist nichts vmb der juden rüemen mit bäpstlichen vnd Kaiserlichen mandaten. [...].
20. Wie die Juden vil schmach vnd vnehr gelegt haben an die bildnus des Creützigten Marię vnd der hailigen. [...].
21. Wie die Juden das hohwürdig Sacrament gelestert: vnd was jhn darob begegnet. [...].
22. Warumb die kirch gedult die Juden/ die doch hassen die Christen ob all nation auf erden. [...].
23. Was den Juden botten sei vnnd verbotten. [...].
24. Was verderben sey gůt/ leib/ vnd seel des Jüdischen bsuchs an der herrschaft vnd vnderthan. [...].
25. Von den Juden zů Pósing verbrent/ von der kinder wegen/ vnd wie der tichter all Christen schmácht. [...].
26. Beschluß.

Nicht zufällig handelt der Text zu allererst von seinem christlichen Angeklagten, der als Judenschützer ironisiert und verhöhnt wird. Vom dritten Kapitel an widerlegt Eck zwar unsystematisch, dafür aber um so polemischer, Osianders 20 Argumente (s. o.), indem er die Schuld der Juden anhand drastischer Beispiele historisch wie narrativ vor Augen führt, sich auf kirchliche Autoritäten sowie auf die Bibel beruft, auch indem er eine Reihe von Konvertiten als Zeugen anführt. Wenn er in den ersten Kapiteln die vermeintliche *evidentia facti* den vorgeblichen Lügen Osianders gegenüberstellt, bestätigt er immer wieder die prinzipielle Erbschuld der Juden. Sein historisierendes und geographisch universalisierendes Pseudoargument lautet, dass, wer schon immer und überall schuldig war, es jetzt auch noch ist, und zwar so, dass es durch seine Art, sein *Wie*, evident wird. Das heißt logisch schlüssig: Etwas, das evident ist, muss ein Faktum sein. Dies bezieht er jedoch nicht nur auf den Vorwurf des Gottesmordes, sondern auf alle Schandtaten, die er den Juden unterstellt, und die diese, zumindest seinen Ausführungen nach, schon immer und überall ausgeführt haben, was er durch historische Rückgriffe und die geographische Weite der Beispiele immer wieder unterstreicht. Auf Osianders Argument, dass es den Juden verboten sei zu töten, antwortet Eck mit einem biblischen Sündenregister, das vom Brudermord Kains an Abel bis hin zu allgemeinem *landmord* reicht. Die kommunikative Beweiskraft eines Bibelzitats in frnhd. Zeit ist nicht zu unterschätzen. Es gilt nicht nur als historisch wahr, sondern auch von Gott besonders legitimiert. Ein weiterer Akt historisierender Beweisführung verläuft über eine Auflistung von Ritualmordfällen aus der gesamteuropäischen Geschichte. Einige davon beschreibt er geradezu detailbesessen, so auch die Geschichte des kleinen Simon von Trient (12. Kapitel). Konsequent repetiert er dabei die alten Topoi der Adversus-Judaeos-Literatur und der allgemeinen literarischen bzw. in der Literatur kolportierten Judenfeindschaft. Erwähnt werden (teils in Variationen): der Ketzersegen (Kapitel 9; Niesner 2005, 60), die jüdische Ketzerei, die angeblichen Talmudlügen und die talmudischen Gotteslästerungen (16. Capitel), die verkehrten Messias- und Gottesvorstellungen, schließlich der Topos vom Gottesmord und daran anschließend der Ritualmord an Christenkindern sowie der Hostienfrevel, auch die Legende von der jüdischen Weltverschwörung (10. Kapitel). Ein ebenfalls gängiger Topos war der von der jüdischen Bestechung (Niesner 2005, 81).[262]

Ecks Hauptstrategie ist die ausführliche Narrativität, die textliche Veranschaulichung von erzählerisch inszenierter und dann faktisierter Grausamkeit, Widerwärtigkeit und Bedrohlichkeit, was, wie Frey (1987, 186) es ausdrückt, „in der genüßlich-detaillierten Darstellung des angeblichen Mordes" an Simon von Trient gipfelt. Eck befriedigte damit sicherlich nicht nur die Sensationslust seiner Leser. Je schlimmer er die Verbrechen der Juden zeichnet, desto dunkler wird auch der Schatten, der auf den Verteidiger fällt. Doch es geht ihm natürlich nicht nur um Osiander und den Angriff auf die Protestanten, sondern um den Angriff auf die Juden. Deren phänomenale Bosheit betont er konsequent von der ersten Seite an direkt oder indirekt und rollt ihr Sündenregister ab dem 20. Kapitel widerholend noch einmal auf, um zu Vorschlägen zu gelangen, wie man mit ihnen umzugehen habe, welche Verbots- bzw. Gebotsnormen für sie gelten sollen. Sein Text mündet wie derjenige Osianders in eine Diskussion des Pösinger Falls und kehrt damit wieder zu Osiander und seinem Gutachten zurück. Die Glaubwürdigkeit des protestantischen Autors und seines Gutachtens hatte Eck zumindest seiner Meinung nach nun grundlegend zerstört.

Das Repetitive, das in ideologischen Diskursen auch als wiederholendes Einhämmern bezeichnet wird, findet in der Verlegung noch an einem zusätzlichen Ort statt, in der Marginalie.

*Die Randglossen, eine besondere Form manipulativer Zuspitzung*

Betrachtet man Ecks Widerlegung als Gesamttext, dann fallen nicht zuletzt die vielen Marginalien auf. Würde man diese für sich genommen lesen, so könnte man zwei Listen erstellen. Auf der ersten stünden alle von Eck herangezogenen Bibelstellen, auf der zweiten das von ihm zusammengetragene Sündenregister

---

262  Niesner 2005, 81: „Daß sie durch ihren Besitz Vorteile bei den Mächtigen erkauften, wurde den Juden häufig vorgehalten. Die Behauptung, daß sie ihr Vermögen zum Zwecke der Proselytenmacherei gebrauchten, erscheint nochmals am Schluß des 68. Kapitels des Passauer Anonymus. Dieser Vorwurf scheint zwar nicht sehr verbreitet gewesen zu sein, läßt sich jedoch auch anderweitig nachweisen."

der Juden, ihre Kriminalitätsgeschichte aus der ganzen Welt und schließlich auch ihre Verurteilung. Diese zweite Liste hätte den Charakter einer Sammlung von Schlagwörtern, die Ecks Hassreden kurz und prägnant auf den Punkt bringen. Bezogen auf Osiander schreibt Eck u. a.: *Schmácht die oberkait* (6r) / *Der vernaint weißt nichts* (7v) / *Ain wan/ kain gewißhait* (8r) / *Der judēuater ist Luterisch* (26v) / *Der judenuater macht die judē besser dann die Luterischen* (27r), *Tichter schmecht Christenhait mit den teüfel* (64v), *des juden vater gotslesterung* (67v) / *Der Judenvatter belestigt die Christen mit der kindsmorderey* (93r), indirekt: *Luterisch frucht* (52v), *Luterisch vngeweicht pfaffen* / *Luterisch ietz böser dañ Zwinglisch* (80v).

Noch expliziter sind die antijüdischen Marginalien (u. a.): *Kind gemartert zů Saona* (6v) / *Kind gemartert von juden bei Freiburg* (8r) / *Kind geschwaißt* (8r) / *Juden manschlechtig. Geñ 34.* (9v) / *Juden haltē jedermā für hund* (13v) / *Juden biegē geschrifft auf jr mord* (18r) / *Juden auff das höhst feind der Christen* (19v) / *Ketzerey in Hispania* (21v) / *Juden brunnen vergifft* (22r) / *Juden zauberer* (23v) / *Juden artznei gifft* (24v) / *Warüb Christen nit sollē judē artzt haben* (25v) / *Judē wan/ sie verdiend den himmel mit der Christen mordt* (28r) / *Antichrist wirt nit kōmen dañ dz Römisch reich sey zerstört* (33v) / *Juden begerē zerstörūg des Römischen reichs. Mich. 4* (34v) / *Der juden wan/ vom grossen reich* (34v) / *Merck jüdische art vnd tugend* (35v) / *Fürnemlich vrsach/ warumb die juden kinder tödten* (39v) / *Juden gwöhait* (43v) / *Krafft des judischen gelts* (44v) / *Juden habē nit verschöt jr aigner kinder* (51v) / *Juden blůtdurstig* (52r) / *Getaufft judē habē das bekannt* (53r) / *Münch vnd pfaffen habē juden nit hessig gmacht/ sonder jr bůbenstuck* (56r) / *Juden auß Engelland veriagt.c. de iud. xlv dis* (56v) / *Thalmud vnd ander bücher den juden nemmen* (57r) / *Böser giftiger inhalt des Thalmuds* (59r) / *Juden seind ketzer* (59v) / *Sacrament gelestert* (79r) / *Merck Jud* (82v) / *Juden leben wol in müessig gan* (89r) / *Was übels stift der wůcher* (89v) / *Wie die Judē zů haltē* (90v) / *Die Grauen von Pösing werden vnbillich geschmächt* (91r) / *Judentück* (92r) / *Judē tugēt. Falsch würfel* (95r).

Es sind unter propositionalem Aspekt Marginalien der Behauptung, der Beweisführung, der Bestätigung, der Ontologisierung, der Epistemik, oft auch der räumlichen Verortung, wenn Städtenamen oder Ländernamen genannt werden. Sie bringen alle negativen und abwertenden Prädikationen und Stereotype typographisch visuell herausgehoben ein zweites Mal, beziehen sie kollektivierend auf *Juden* und übertragen sie auf den protestantischen Osiander. Unter illokutivem Aspekt erscheinen die Randkommentare als Appelle, Drohungen und Warnungen. Es sind oft ontologisierende Aussagesätze, die ein deontisches Konzentrat des Textes darstellen mit der Botschaft: Hütet Euch vor den Juden, aber eben auch: Hütet Euch vor denen, die mit den Juden gemeinsame Sache machen. Damit sind die Protestanten gemeint.

Oft werden die Marginalien flankiert von Bibelstellenangaben, um ihre Wahrhaftigkeit zusätzlich zu den ohnehin schon selbstständig aufgeführten Textstellen, zu unterstreichen. Die Angabe von Bibelstellen legitimiert und sakralisiert die vorgebrachten antijudaistischen Fiktionen; sie binden diese an die Heilige Schrift, ohne dass es jemals einen jüdischen Ritualmord in der realen Geschichte oder in der biblischen Geschichte gegeben hat. Doch nach dieser Bibelverknüpfung gegen die antijudaistische Fiktion vorzugehen, hieße die Wahrheit der Heiligen Schrift in Frage zu stellen.

Die narrative Fortschreibung der antijudaistischen Geschichte durch erfundene Geschichten oder im Sinne Po-Chias (1988, 22) „the fabrication of the event of a ritual murder out of diverse fragments of social reality" hat in Eck seinen berühmtesten antireformatorischen Kompilator gefunden. Er reformulierte die Geschichte der Ritualmorde für seine Zwecke und bettete sie in eine andere Geschichte ein, nämlich in die der Reformation. Sie bekam so ein neues gesellschaftspolitisches Gewicht.

### II. 10. 2. 2. 2. Ecks Ereignisdarstellung oder: Ecks narrative Ereigniskonstruktion

Wie gezielt Eck vorgeht, erkennt man an dem vorangestellten Widmungsschreiben an Christopheln von Madrutz, den Bischof von Trient. Mit diesem verbanden ihn zwar keine persönlichen Beziehungen, er war aber der Nachfolger desjenigen Bischofs, der im „Ritualmordfall" des kleinen Simon von Trient geurteilt hatte. Diesem liefert Eck in seinem Schreiben als allererstes eine verkürzte Darstellung der sogenannten Ereignisse. Den Anlass dazu gab der Kindermord von Sappenfeld:[263]

> Eck, Verlegung 2v: ain böß mordt [...]: dz ain knab vierthalb jar alt/ mit namē Michel/ deß Georgen Pisenharters zů Zapenfeld sun/ ist verloren worden am Sontag Judica/ vierzehen tag vor Ostern: vnd ist gefunden wordē am freitag nach Ostern durch den hirten von Gern / durch scharrung des hunds: da dz kind mit vil dirrē laub ist zů gedeckt gewesen: vñ wie man das kind meinem G. H. dem neŵ erwölten Bischoue zů Eistet gebracht: hat sein F. G. nebē sein Râtē auch die wundartzt/ balbierer vñ bader das kind besichtē lassen: das erbärmlich an allen seinē leib zerflaischt war/ vñ sach man vil stich am leib/ in dē dañ das flaisch außgeschnitten war/ dz man die stich nit sehē solt selbst, jhm ain ✝ creützlin geschnittē auff der gerechtē achsel/ vnd die vorhaut an seinem manlichen glid abgeschnitten/ das also auß allen vmstenden ain grosser verdacht fiel auf die Juden/ die sollich kinder mordt vor an andern enden auch

---

263 Aufgrund der Tatsache, dass Ecks „*Verlegung*" bislang nicht ediert ist, werde ich im Folgenden etwas ausführlicher als bisher zitieren.

gethan haben: vñ auff meins G. H. von Eistet ansůchen/ haben all weltlich oberkait herum/ hinder den Juden gesessen / die selbigen gen Eistet geschaft über das kind / ob GOTT dē morder anzaigē wurd/ wie vor oft geschähen:

Die Detailgenauigkeit der Ausführungen erinnert einerseits an einen Polizeibericht, mit dem die Faktizität des Geschehens für die Zeitgenossen unterstrichen wird. Sie verweist andererseits auf die bekannten Topoi und Narrative: Ostern, eine kleiner, unschuldiger Junge, das passende Alter, die typischen Misshandlungen, die Leichenschau, die Verhaftung der Juden usw. Der übliche Fortgang wäre nunmehr zum existenziellen Schaden der Juden vorprogrammiert gewesen. Doch wurde er überraschend durchbrochen. Denn die zusammengerufenen Juden übergaben dem bischöflichen Rat ein (3r) „truckts bůchlin" (das Gutachten Osianders), von dem Eck schreibt, es sei „von ainem Christē geticht: der mit vil losen außredē vñ vnnützē geschwetz trungklich beschlußt / vñ er sey deß gewiß/ das dē Judē in disem fal vnrecht geschehe." Damit war das zweite, das eigentlich unerhörte Ereignis eingetreten: Ein Christ war mit einem Fachgutachten in ein von Volksnarrativen geprägtes und von der Obrigkeit (mit)inszeniertes antijudaistisches Verfahren eingebrochen und hatte dadurch den allgemeingültigen Konsens in Zweifel gezogen. Damit hatte man nun umzugehen. Eck erhielt also den Auftrag, das von den Juden vorgelegte Gutachten zu prüfen.

Was er von diesem Gutachten hält, offenbart er sofort: Er nennt es kurz und diffamierend einfach das *Judenbüechlin* (95v als Kurzform des Titels), auch das *malatzig bůchlin des Judenuaters* (91r), gar das *blůtbůchlin* (5v; 54v). Der Autor des Gutachtens wird als Dichter, Lügner und Ketzer präsentiert. Es seien Ausreden und Entschuldigungen, unnützes Geschwätz, gar *wanmütige ertichte außred* (49v) / *auffblasne wortt [...] / ohn grund der warhait* (8r), *unnützes wäschen* >Gewäsche, Geschwätz< (20r). Damit sind die roten Fäden in der Polemik gegen Osianders Gutachten angedeutet. Eck greift Osiander, Luther und die Protestanten sofort ad personam sowie auf der Ebene ihrer persönlichen Beziehungen an. Auf der Gegenstandsebene argumentiert er vordergründig gegen die Unschuld der Juden, hintergründig gegen die lutherische Lehre. Sein Ziel ist es, die Glaubwürdigkeit Osianders zu zerstören und damit die Wahrheit, vor allem die katholische, zu stärken. Osianders Gutachten jedenfalls sei in seinen Augen wertlos.

Eck, Verlegung 20r: Also greift ain jeder/ auch klains verstands/ wie der juden vater mit seinem falschen vnnützē wäschen/ gar nichts außricht.

Solche Attacken sind typisch für die gesamte Anlage seiner Polemik: In einem einzigen Satz wird das Handeln seines Kontrahenten als *wäschen* abqualifiziert, dieses als sowohl *falsch* wie *unnütz* charakterisiert, so dass es *nichts*, das noch durch *gar* verstärkt wird, *ausrichte*. Das alles betrifft die Sachebene; die persönliche Ebene wird dadurch in den Text eingewoben, dass von dem Verfasser des Gutachtens als *Judenvater* die Rede ist, als einer Person, die hinsichtlich ihrer geistigen Fähigkeiten hinter *jeden* (das ist wohl die vorauszusetzende menschliche Einsicht), genauer: *hinter jeden auch nur klains verstands* zurückfällt. Dieser Satz, bei dem er den Leser geradezu epistemisch unter Druck setzt, ist keine Ausnahme, die gebrauchten stilistischen Mittel durchziehen den gesamten Text. Man vergleiche die folgenden weiteren Beispiele:

> Eck, Verlegung 8r: Aber darmit ainem gůthertzigen leser dieweil nit lang wirdt.

> Ebd. 8r: Wie kan aber der juden vatter/ so freuenlich sagen: Ehr zweiuel nit/ so jm Bapst/ Kaiser/ Künig/ Fürsten vnd herren/ treffenlich steet/ in so vil Künigreichen/ das wider spil sagen.

> Ebd. 20v: Wie kan ain Christ ain solcher andabata sein/ ain blinder fechter/ wañ er schon luterisch ist/ dz er herein blapert wider alle erfarnus/ vñ historien: darzů das sein einfierung (consequentia) nit schließlich ist.

Schimpfbezeichnungen, indirekte Leseransprachen (*gůthertziger leser*), rhetorische Fragen (*wie* [...], oft als Ausdruck besonderer Empörung; 8r; 17v u. ö.), negative Handlungscharakterisierungen (*freuenlich*), metakommunikative Legitimationsfiguren wie Sprechensbewertungen, zu denen auch das Verb *plappern* im Sinne von ›unsinniges Zeug reden‹ zu zählen ist (20v), Universalisierung von Zeit (*steet*, gesteigert durch *treffenlich*) und Raum (*so vil Künigreiche*), der Vorwurf logischen Wirrwarrs (*andabata*), die Diagnose fehlender Logik (*consequentia* sei *nit schließlich* ›unlogisch‹), die Nichtbeachtung von *erfarnus* und *historie,* dies alles bei gleichzeitiger Präsupposition gegenteiliger Qualitäten bei ihm selbst, kennzeichnen Ecks polemische Argumentationsstrategie.

### II. 10. 2. 2. 3. Ecks Angriffe auf Osiander: Vom *Christen* zum *Mamelucken*

Der Autor des Gutachtens wird wie das Gutachten selbst mit den adjektivischen Eigenschaftsprädikationen (*seichtgelert / vnsålig / verblent* s. u.) diffamiert und mit deutlich abwertenden Charakterisierungen versehen: *Ey du vnsåligs lastermaul* (9v); *Höre/ Höre du juden vater* (29r), *Du langer schalck* (75r) oder *schäm dich du vnseliger Christ* (64v), wobei Eck ihn im letzten Beleg immerhin noch – wenn auch sarkastisch – zum Kreis der Christen hinzuzählt. Für Eck ist Osiander: *ein mårlin trager vñ schånder / macht groß lugner / verrůcht/ vnrůewig/ eherendieb* (4v), *ain kunstloser bloderer vñ schwetzer / vngelertēr wåscher* (7v), ein *unsaliges lastermaul* (9r), ein *vnsåliger tichter* (11v), *vnsåliger Christ* (16v), *zungen verkaufer tichter diß bösen judischen büchlins* (45r). Die übliche Ansprache für Osiander

*Judenvater* (3v; 7r; 11r; 20r/v; 26v; 29r; 32v; 51v; 61v; 63v; 65r; 67v; 93r u. ö.) wird variiert mittels *judenschützer* (9v; 11v; 92r), *juden vertädinger* (9v; 17v), *judenkopf* (26r), *schender der Christenhait* (55r/ 8r) bzw. *Christenschender* (93r), *kindsprediger* (29v; 51v), *luterisch gesell* (56r), *der secten Predicant* (4v).

Wie diese Belege zu erkennen geben, haben die substantivischen Charakterisierungen System: Nomina agentis mit *–er*, Wortbildungen mit negativierendem Grundwort, Verstärkung der Substantive durch ein oder mehrere, ihrerseits abwertende Adjektivattribute, Doppelungen, Variationen aller Art und Kombinationen dieser Mittel.

Einer der schärfsten Vorwürfe lautet *mameluck*. Mit diesem Ausdruck wird Osiander in einer Art Nebenbeiklassifizierung nicht nur beleidigt, sondern Eck spricht ihm nun auch sein Christentum ab, eine Sprechhandlung, die sich in der Marginalie zum nachfolgenden Zitat: *Osiander belestigt die Christen* fortsetzt.

> Eck, Verlegung 93r: Zů letst thůt der mameluck den sach aller büeberey auff der Christenschender: So ehr die Juden mit vil worten hat wöllen der kinds morderey vnschuldig machen/ so will ehr die Christen mit sollich mord belestigen.

Gerade bei den Benennungen, die, je weiter der Text fortschreitet, immer radikaler werden, zeigt sich das Spektrum lexikalischer wie wortbildungsmorphologischer Mittel, die Eck zur Diffamierung nutzt. Das aus dem Semitischen stammende *Mameluck*, das er gegen Ende des Textes als Schimpfwort, geradezu als semantische Klimax gegen Osiander einsetzt, bezeichnete in der ausgangssprachlichen Bedeutung einen islamischen bzw. türkischen Militärsklaven.[264] Die übertragene Bedeutung lautet s. v. *mameluck* 2 im FWB: >vom christlichen Glauben, der Konfession [...] Abgefallener, Abtrünniger, Verräter, willfähriger Diener des religiösen, konfessionellen oder politischen Gegners<.[265] In der Ansprache *Mameluck* attackiert

---

[264] Vgl. dazu auch die zeitgenössische christliche Einschätzung: Österley, Kirchhof. Wendunmuth 3, 458, 32 (Frankf. 1602): „Etwas von den Mamelucken und ihrem namen. Die Mamelucken und ihr königreich haben ihren anfang gehabt bey werender regierung keyser Friderich II. [...]. Der nam an ihm selbst heißet nicht einen verlaugneten Christen, sondern bedeut so viel als einen, der umb seinen sold dienet und ein kriegsmann, denn sie als kriegsleuth ihrem sultan dieneten."

[265] Vgl. dazu auch: Luther, WA 32, 299, 25 (1532): „Als erstlich sind jnn dis funfft Capitel gefallen die groben sewe und esel, Juristen und Sophisten, des Bapst Esels rechte hand und seine Mammo Luchen". Tittmann, Schausp. 16. Jh. Krüger 117, 356 (o.O. 1580): „erstlich so war der Lucifer | von got geschaffen ein engel zart, | der bald zum Mamelucken wart, | und tet sich über Got erheben". Sachs 15, 470, 36 (Nürnb. 1562): „Auch steht in sorgen und gefahr, | Sie [christliche schar] auß-zu-tilgen und vertrucken | Heyden, Jüden und Mamalucken, |Gleißner, schwermer oder die ketzer, | Ob gleich die haben zu anhetzer | Etwan gottlose obrigkeit."

Eck Osiander also nicht nur als Glaubensfremden, sondern auch als Abtrünnigen, als ketzerischen Verräter und „Judenknecht".

Dass Osianders im Gutachten gemachte Aussagen zudem falsch sein müssen, unterstreicht Eck, wie bereits angedeutet, systematisch mit den benennenden substantivischen Handlungszuschreibungen *lügner, tichter, bloderer, schwetzer, lastermaul*. In seinen Komposita mischt er an sich positiv konnotierte substantivische Handlungsprädikationen (*schützer*) mit negativ konnotierten Zuordnungsprädikationen (*Juden*) wie in *Judenschützer*, so dass der so Bezeichnete stigmatisiert wird und in seinen Handlungen als fehlgeleitet erscheint. Noch ironischer und abwertender wirkt dies vermittels der Nähe- und Verantwortungsherstellungen durch *Judenvater*. Anders als beim *Judenverteidiger* ist er bei dieser Diffamierung mindestens ein Kollaborateur, wenn er nicht als Vater der Juden sogar in eine Art Urheberschaft eingeführt wird. Die Botschaft bei Wortbildungen mit *-jude* ist deutlich: Osiander mache gemeinsame Sache mit den Juden; damit wird er auch in den Kreis der Juden inkludiert. Diese Kriminalisierung setzt sich in *geselle* im Sinne von >Spießgeselle< (FWB 6, 1444) fort. Mit *Kindsprediger* macht Eck Osianders theologischen Status lächerlich und verhöhnt gleichzeitig dessen Rezipienten. Sogar den Namen *Osiander* nennt Eck explizit, doch überführt er diesen sofort mit *oder ain ander* in eine präsupponierende Anklage. Die Alternative *oder ain ander Luterischer verfierer* besagt ja, dass auch Osiander in seinen Augen ein Verführer ist, selbst wenn er wider Erwarten doch nicht der Autor des Gutachtens sein sollte.

> Blatt 16v: Wolan/ es sei Hosander oder ain ander Luterischer verfierer: so will ich dise vnnschliessig entschuldigung zů grund vmbstürtzen:

Die verbalen Angriffe gegen Osiander verlaufen mindestens auf drei Ebenen. Zum einen attackiert Eck dessen Kompetenz und damit auch seine Legitimation, ein solches Gutachten zu verfassen, sodann stellt er Osianders Person, seine moralische Integrität und Unabhängigkeit in Frage, um ihm drittens schließlich seinen religiösen Irrweg, das heißt seine protestantische bis heidnische Ausrichtung vorzuwerfen. Letztlich sind die genannten drei Angriffsformen nur analytisch zu trennen. Eck impliziert mit jedem einzelnen Vorwurf gleich auch die anderen mit. Entscheidend für ihn ist, dass er Osianders Glaubwürdigkeit und damit auch die des Gutachtens umfassend zerstören kann. Im Folgenden sollen die drei angesprochenen Angriffsstrategien näher beleuchtet werden.

1. Strategie der Kompetenzversagung

Kompetenz und Legitimation gehen Hand in Hand. Nur wer kompetent ist, als Autorität oder Fachmann akzeptiert wird, hat das Recht mitzureden und z. B. Gutachten zu verfassen. Eine zentrale Strategie der Ehrverletzung besteht folglich darin, dem Kontrahenten im Diskurs seine Kompetenz(en) abzusprechen. Einer der Angriffe Ecks gilt denn auch „der Größe" der kognitiven Fähigkeiten seines Gegners: *klainē verstand hat der judenuater* (51r). Andere sind grundsätzlicherer Natur, da sie sogar in Zweifel ziehen, dass der Angesprochene weiß, was er tut: *waißt der bloderer nit wz er sagt* (53r). Verschärfend fragt Eck, ob Osiander überhaupt noch bei dem allgemein zu erwartenden, eben dem *gemeinen* Verstande sei. Das ist eine Pathologisierung, eine der üblichen Angriffstechniken agitierenden Sprechens und Schreibens, die den Vorwurf mangelnder Kompetenz von einer einmaligen Fehlleistung zur prinzipiellen Defizienz erhebt. Sie betrifft sowohl die Erkenntnisebene (*erkent, vnsinnig*) wie die Wahrnehmungsebene (*sicht*), damit die gesamte kognitive und apperzeptive Verfassung des Gegners, seine allseitige Ver*blend*ung (s. u. *verblent, blint*). Mit dieser Diagnose verbindet sich der Hinweis auf die Schuldigen: Es sind mit dem jedermann bekannten Tropus *guldin kalb* die Juden. Eck spielt hier mit dem gängigen, antijüdischen Stereotyp der Verblendung und überträgt es auf Osiander: Es ist demnach nicht Osiander selbst, der für seinen verlorenen Verstand verantwortlich gemacht wird, sondern es ist das goldene Kalb, das die toposhaft unterstellte jüdische Verblendung auf ihn übertragen hat.

> Eck, Verlegung 26r: Hat doch das guldin kalb disen Luterischen knaben/ so gar verblent/ das er nit sicht/ noch erkent: Ja das er auch verloren hat den gmainē verstand: dañ wie kindt er sunst so vnsinnig sein: das er nit sehe sein eitel vnd nichtig volg.

> Ebd. 56r: Auß vergiftem neid vnd vor dem guldin kalb kan der luterisch gesell/ das nit sehen/ lobt die juden über die Christen die Christus blind nent vnd blinden fierer.

Die Pathologisierung setzt sich im Angriff auf Osianders Bildung fort. In den folgenden Belegen wird bestritten, dass er die Inhalte des damaligen Ausbildungsspektrums, weder des Triviums noch des Quadriviums, auch nur in ihren Anfangsgründen wahrgenommen habe; immer wieder wird seine Kompetenz auf den Gebieten der Logik, der Rhetorik, der Theologie, in Aufzählungen auch z. B. der Mathematik und Physik und implizit selbst der alten Sprachen geleugnet:

> Eck, Verlegung 5v: Der tichter des büchlins hat grossen mägel an kunst: das er weder form/ noch maß/ noch art rechter kunst gehalten hat.

> Ebd. 69r: die vnartlich vnordēlich/ verkerte form des tichters: der doch kunstloß ist.

Sei es der *Mangel an Kunst*, sich nicht nach *Art rechter Kunst* halten zu können, oder das Prädikativ *kunstlos*, Eck negiert Osianders Können gänzlich oder relativiert es – wie im nächsten Beleg – als *seichtgelehrt*, als dasjenige eines *Baccalaureus*. Seine Argumente seien logisch *vnschließlich, vnbindig*, also rhetorisch nicht schlüssig, und verstießen außerdem gegen die gängigen Regeln der *dispositio*:

> Ebd. 66r: Find ich dich da du judenuater. Es hat für vnd für das büchlin nach dir gestuncken mit vnnützem wāschē/ spötlichen vnschließlichē argumenten/ wie dañ du ain seichtgelerter Baccalaurei bist
>
> Ebd. 69v: Also auch lehrt man jn Rhetorica/ das vor recht/ soll die trefflichsten vrsach am anfang setzen/ darmit deß richters gemüet zů bewegen/ lehrt Cicero: vnd darmit es hafte in des richters gemüet/ soll er zů letst beschliessen mit fürträglicher vrsach: dz alles hat diser Judenuater vergessen/ wiewol er will ain balierter lateiner sein. (sapitore, non corde: nec ore quidem.) Aber freilich all sein tag kain lection in der Rhetorick gehört/ als wenig als in der Mathematick/ Physick/ Metaphysick/ vnd Theologey. Jch will das jedem für die augen legen: vnd will also sein letste vnbindige/ kündische/ nārrische außred/ zů vor erörtern: Vnd sprich/ das sein fürwendē vom Dam ain er ticht/ ain lugē ist:

Besonders effektiv unter den Bedingungen der Zeit ist es, wenn der Angriff auf Osianders theologische Bildung zielt, z. B. seine Bibelkenntnisse und sein Bibelverständnis in Frage stellt, wenn Eck ihn also mit der Bibel schulmeistert.

> Ebd. 67v: zaigt an wie vngelert der judenuater ist/ vnnd Paulum nit verstat.

Derartige Angriffe hatten deshalb kontroverstheologische Brisanz, weil bei den Protestanten der Verweis auf die Heilige Schrift, das *sola scriptura* programmatisch war. Die Häufung der Bibelbeweise darf daher nicht nur als übliche Legitimationsfigur disputierender Theologen betrachtet werden; sie hat vielmehr Zeichenfunktion. Sie stellt in Ecks Angriffspolemik einen permanenten Seitenhieb gegen die Protestanten dar.

> Ebd. 51v: Het doch der juden vater mögen lesen/ was die geschrifft sagt/ das der [...] Künig Achas sein sun zů ainē grewel gemacht [...] Hat er nit den Dauid gelesen: Vnd sie haben jhre sün geopfert/ vnd jr töchtern den [Psal. 105. f.] teüfeln geopfert: vnd vergossen das vnschuldig blůt/ das blůt jhr sün vnd töchtern/ welche sie opferten den abgöttern Chanaan. [...] Hast [Ezech. 16.] du nit gelesen Ezechielem/ do er sagt. Du hast genommen deine sün vnd töchtern/ die du mir geboren hast/ vnd hasts in geopfert zů fressen &c. Höre doch kindsprediger/ der die Sophisten nit verstast/ aber der Bibel gast du über: bist du nie in den propheten Hieremiam kummen: Do [Hier. 19. b.] er spricht. Sie haben erfült diß ort mit der vnschuldigen blůt.

## 2. Strategie der Integritätsverletzung

Seit der antiken Rhetorik war auch die Integrität des Redners (Aristoteles, *Rhetorik*, 1366a; 1378), darunter seine persönliche Glaubwürdigkeit, eine der maßgeblichen Voraussetzungen für eine wirkungsvolle Rede. Angriffe auf die Glaubwürdigkeit einer Person zogen daher immer auch die Sache selbst in Zweifel. Während Eck seinem Selbstverständnis nach Zeugenaussagen vorbringt, sich auf die *Verstendigen* (7v) beruft, glaubwürdige Evidentien ins Feld führt, wirft er

Osiander vor, lediglich zu behaupten, zu vermuten oder zu bezichtigen (5v). Der in Frage gestellten Wahrnehmungs- und Erkenntnisfähigkeit Osianders (s. o.) werden von Eck die echte Zeugenschaft *Verständiger* und die authentischen Sinneswahrnehmungen ‚Sehen' und ‚Berühren' als nicht hinterfragbare *evidentia facti* entgegengehalten:

> Eck, Verlegung 9r: Da judenuatter/ das ist gwiß/ da was euidentia facti: das kindle was vor augē: die stich vnd windlin mocht man sehen vnd greifen.

Eck erhöht den Wert der von ihm vorgebrachten evidentia, indem er auch sich selbst als Zeugen inszeniert: „Nit von hóren sagen/ sonder das ich mit mein augen gesehen: [...] das kindle hab ich gesehen mit mein augen/ die stich des kinds/ etwa vier wochen nach dem mordt mit meinē fingern griffen vnd angrüert" (8v). Das eigene Sehen und Berühren wird, in lexikalisch gleicher Form (vgl. *sehen, greifen, anrüren*) wie in einer Zeugenaussage in Stellung gebracht. Nicht zu übersehen ist die Allusion an die biblische Erzählung, in der Thomas, der kritische Ungläubige, seine Hand in Christi Wunden legte, um von dessen Auferstehung überzeugt zu werden. Neben den Augenzeugen gibt es auch Ohrenzeugen. Denn auch die Geständnisse der Juden „haben vil hundert menschenn gehórt" (9r).

Der Schaffung von Evidenz bzw. *evidentia facti* und ihre vermeintliche Verifizierung durch Zeugenaussagen, womit er die sinnliche Unbestreitbarkeit einer Sache vor Augen führen will, stellt Eck die Falsifizierung der einzelnen gegnerischen Argumente gegenüber. So erklärt er das kaiserliche Mandat Friedrichs II., das Osiander zugunsten der Juden gebraucht hatte, zur Fälschung, indem er es u. a. ein *ertichtet mandat* nennt (71v). Der Vorwurf der *Erdicht*ung eines Argumentes richtet sich morphemidentisch (mittels *dicht-*) und natürlich gleichzeitig glaubwürdigkeitsschädigend an dessen Verfasser, den in Ecks Text 17mal begegnenden *tichter,* in casu: an Osiander. An dieser Stelle ist einzufügen, dass sich in damaliger Zeit mit *dichten* und den zugehörigen Wortbildungen eine jahrhundertealte Diskussion um den Wahrheitsgehalt (*warheit* versus *lüge*) aller sprachlicher Aussagen und speziell poetischer Texte verband. Jemanden als *dichter* zu bezeichnen, war speziell dann vernichtend und partiell synonym mit der Bezichtigung als *lügner*, wenn es um religiös ausgezeichnete Gegenstände ging. Das Morphem *lieg-* findet sich denn auch in verbaler Form (als *liegen*; z. B. 54r oder 65r: *Das aber der judenuater sich nit schämt zů liegē*) im Simplex *lüge* sowie in der Wortbildung *erzlüge* (33r). Die Lügenverdächtigung erscheint zumeist an den Stellen, an denen Eck besonders erbost über Osianders Argumente ist.

> Eck, Verlegung 55v: Noch darf der judenuatter so ain starcke luge thůn [...] Aber noch ain faißtere luge thůt der schender der Christenhait/ So er den verblenten juden zů legt/ sie verstanden die gschrifft/ des gsetz baser dañ münch vñ pfaffen

234  II. Pragmagrammatik der sprachlichen Ausgrenzung

Man kann jemanden auch der Lüge bezichtigen, indem man den epistemischen Gehalt seiner Worte in Zweifel zieht, so durch die funktional orientierte Charakterisierung der Aussagen als Ausreden (*Außred*) oder Entschuldigungen (*entschuldigũg*) bzw. durch die Unterstellung ihrer Nichtverifizierbarkeit:

> Ebd. 66r: FErner bringt er zwo gar faul auß redē/ [Außred für die juden.] die doch weder hånd noch füeß haben

> Ebd. 28v: ES hatt der juden vatter aber zwo entschuldigũg der judē zů samet geraspelt.

Eine Variante der Unwahrheitsunterstellung ist das einem Argument vorangestellte Zitieren eines Sprichworts, in dem das Lügen thematisiert wird. Im nachfolgenden Beleg kommt zur Lügenunterstellung noch hinzu, dass Osianders Lügen so schlecht seien, dass man sie sofort als solche entlarven könne.

> Ebd. 92v: Der liegen will soll wol bedåchtig sein/ ist ain alts sprüchwort: Obē hat er gsagt/ das die Judē zů Pösing dē maistē tayl von Ofen kumēn/ do der Türck die statt geplindert hab: vnd sollich verderben hat [...].

Wer lügt, der betrügt auch, ist insgesamt ein liederlicher Mensch. Wer ihn dazu gemacht hat, meint „der Ehrenmann" Eck zu wissen: Es war wie bei der Kompentenzversagung der schlechte Umgang, der Osiander *böse*, *liederlich*, *verkehrt* werden ließ, genau gesprochen, der Umgang mit den Juden. Das mittelalterliche Berührungs- und Umgangsverbot wird begründend herangezogen, ebenso die Hl. Schrift, um noch einmal zu bestätigen, warum die übliche Segregation der Juden sinnvoll ist. Denn jüdische Schlechtigkeit, die hier als nicht bezweifelbar vorausgesetzt wird, sei ansteckend und verunreinigend. Die Reinheits- und Verderblichkeitsmetaphorik umspannt den religiösen Bereich der Sündhaftigkeit wie den der charakterlichen Anständigkeit. Eck schlägt so wieder einmal die Juden wie Osiander gleichermaßen.

> Ebd. 5v: Aber mit den juden/ vil/ vnd lang verwonet sein/ macht liederlich Christen: dañ bey gůten/ wirdt man gůt/ vnd bey bösen wirdt man verkört spricht Dauid: vnnd wer anrůrt båch/ [Psal. 17. Eccle. 13.] der befleckt sich darmit: dann vil seind am gůt/ am leib/ eer vñ seel verdorben: die zůuil gmainschaft/ mit den juden gehabt: darüb sie im rechten verbotten

Wer *am gůt/ am leib/ eer vñ seel verdorben* ist, der ist auch kriminell. Tatsächlich wird Osiander von Eck durchgängig kriminalisiert. Ein Anklagepunkt wird fast gebetsmühlenartig immer wieder aufgefrischt, mal direkt adjektivisch, mal im Nebensatz, mal als Nebenbeiprädikation: der Bestechlichkeitsvorwurf.

Die Formen, mit denen die Bestechlichkeit Osianders ertextet wird, sind:

– das charakterisierende einfache, partizipiale Attribut:

> Eck, Verlegung 9v: wie der gedingt wort verkauffer / so kalte/ falsche/ vnbindige vermůtung bring/ das […].

– das erweiterte (teils nachgestellte) partizipiale Attribut:

> Ebd. 4v: wie dañ ietz ain seicht gelerter kinds prediger/ mit ainem klawen des guldins kalb jn die seyten geworfen / vnderstat die blůtdurstigen Juden zů vertädingen.

> Ebd. 16r: Nun wöll wir hören/ was der vnselig mitt gelt erkaufft der juden fürsprech [fürwendt].

– der relativische Attributsatz:

> Ebd. 11v: WElcher frommer Christ wolt aber nitt ain grewel haben ob disem judenuater/ der durch das judisch wůcherisch gelt al so verblent ist/ das er nitt will glauben/ das die juden der Christen kinder tödten.

> Ebd. 54v die blinthait des judenuaters/ der mit judischem gold also verblent.

– der modal-resultative Nebensatz:

> Ebd. 61r: Aber zů letst schmächt der verblent judenvater die gantz Christenhait vnd Christlichen glaubē: so dz guldin kalb auß jhm blert.

Die Osiander unterstellte Bestechlichkeit basiert letztlich auf dem antijüdischen Materialismustopos. Es ist insofern kein Zufall, dass das goldene Kalb immer wieder als Marker instrumentalisiert wird. Eck spielt damit nicht nur auf den Mammon an, sondern zusätzlich darauf, dass die Juden, als sie in der biblischen Geschichte um das goldene Kalb tanzten, sich gleichzeitig vom wahren Gott lösten. Dieses Beispiel des Glaubensabfalls überträgt er dann wieder auf den Protestanten Osiander, der sich in Ecks Argumentation mit seinem Gutachten nicht nur zum gedingten Judenknecht gemacht habe, sondern mit dem Protestantismus eben auch vom wahren christlichen Glauben abgefallen ist. Dieser Vorwurf führt daher auch direkt zur Strategie der Verketzerung.

3. Strategie der Verketzerung

Argumentiert Eck auf der Ebene des Religiösen, so nutzt er nahezu jede Gelegenheit, Osiander, aber auch die Protestanten generell als Ketzer zu diffamieren. Eine Möglichkeit zur Erreichung seines Zieles besteht darin, Osianders Christentum prinzipiell in Zweifel zu ziehen. Im nachfolgenden Beleg geschieht dies in der Weise, dass er die Zugehörigkeit seines Kontrahenten zum Christentum herablassend (vgl. *du darfst*) und ironisch distanzierend als Ergebnis seines Selbstlobs (vgl. *rümen*) verhöhnt, um dieses scheinbare Zugeständnis dann mittels *wiewol lutherisch* sofort zu relativieren. Einschränkungen wie die Schimpfwortprädikation *lutherisch* eröffnen einen Interpretationsspielraum, der aus Osiander entweder einen falschen Christen oder einen Christen zweiter Klasse werden lässt. Die Ausgliederung aus der Eigengruppe und die Zuordnung zur heilszerstörenden Fremdgruppe wird offensichtlich.

> Eck, Verlegung 11v: O du vnsåliger tichter/ der dich auch rüemen darfst/ du seiest ain Christ/ wiewol Luterisch:

Das Adjektiv *vnsålig* impliziert plakativ und doch nur nebenbei das für die Heilsgemeinschaft Bedrohliche solcher Personen und ihrer Abtrünnigkeit. Eck setzt es häufig als bewertendes Attribut für Osiander ein, kennzeichnet damit jedoch auch die Juden (39v).[266] Semantisch kann sich *vnsålig* also auf das verlorene Heil des so Attribuierten beziehen, aber auch auf seine Wirkung auf die Gemeinschaft. Tabuisierungsedikt und Berührungsverbot scheinen auch hier wieder durch, wenn, wie im nächsten Beleg, aggregativ Ansteckung und Verunreinigung durch die Juden impliziert werden. Mit der Auflistung der Kriminalitätssymptome und der kognitiven Blindheit verweist Eck in beide Richtungen, sowohl auf den Angesteckten wie auch auf den Ansteckenden (vgl. *Mameluck*).

> Ebd. 67v: Wer im kat ist/ werde noch kattiger. Aber der judenuater ist blind worden mit den blinden juden: dañ ehr het sunst die gmainest straff der juden/ die zerstreung in die gantze welt angesehē/ wie vil bessern sich darab: werdens nit vol aller gotslesterung/ morderei/ verreterei/ wůcherei/ da sicht er klar vnd hål/ das seine argument krafftloß seind/ vnd ehe das widerspil schliessen.

Solchen mehr oder minder versteckten Seitenhieben auf das Luthertum folgen Gotteslästerungs- und Verketzerungsvorwürfe (67v). Eck unterstellt, dass Osiander mit dem Teufel im Bunde sei.

> Ebd. 64v: Aber schåm dich [Marg.: Tichter schmecht Christenhait mit den teüfel.] du vnseliger Christ (Doch luterisch/ wie du selbs bekenst.) das du gmaine Christenhait zeihen darfst/ so vil künigreich vnd potentaten/ sollicher verdacht über die juden kum auß kainer ander werckstat/ dañ auß dem teüfel: Jch zů Ehrn der Christenhait sprich glaubhafftiger/ das der teüfel auß dir rede/ darmit du der juden mordt entschuldigst/ vnd die oberkait mit dem teüfel schåndest.

Es wundert daher nicht, dass eine wichtige Form der Verketzerungsstrategie darin besteht, Osiander, Protestanten und Juden miteinander zu vergleichen bzw. gleichzusetzen (26r).

> Eck, Verlegung 8r: Er bleib auff seiner mainung/ vnd zweifel nichts daran: dz spricht vnd thůt ain alter blinder verstopfter jud auch.

---

266  So auch *seellos* (73r).

> Ebd. 27r: Es gefelt mir dannoch/ das der judenuater so verblent ist/ das er die judē besser macht/ dañ die Luterischen Christen: vnd das thůt ehr hie zway mal: Zů dem ersten/ das er den juden zůgibt/ das sie glauben selig zů werdē durch fleissige haltung des gesatz: aber sein Luterischer Christ ist gnůg das ehr allain glaub/ darff des wercks nit/ od haltung des gsatz.

> Ebd. 28r: Ja wir thunds dem Euangeli vnd dem GOTTs wortt zů eheren/ Das wir den waren gots dienst gern fürderen wolten/ aber durch sollich fürding/ vnd fürgebner gůter mainung/ werden sie nitt entschuldigt/ als lützel als die mordischen Juden: dann weder die juden noch die abtrinnigen Christen werden da entschuldigt an jhr vnwissenhayt: sonder würdt jhn juden vnd ketzer erfült die prophetzei. Darumb ist mein volck gefangen geführt worden: dann sie haben kain [Ro. 10.] wissenhait gehabt. Darumb ist des judenuatter außred ain vnnützer tant/ vnd vngründts waschen.

Im nachfolgenden Beispiel wirkt die jüdische Vergleichsmatrix in Form einer Sekundärstigmatisierung besonders diffamierend für die Protestanten.

> Ebd 55r: dz abergleübig volck/maint sie geben jhr sünd dē hanen den würgent sie/ fressen jhrn beichtuater/ nachuolgendē tag treibē sie auch vil narrenwerck dē gantzē tag biß stern an himel kommen: den prassen sie/ vnd ist jhr fast vnd beicht auß (.Sie habē dannoch ain [Fasten.] fasten jm herbstmonat/ wie Türcken jm Maiēt die luterischen vnd Zuinglischen seind böser dañ juden vñ Türcken habē gar kain fasten.)

Ein Vorteil dieser vergleichenden bzw. parallelisierenden Angriffsmethode besteht darin, die Juden als abschreckende Projektionsfläche zu nutzen. So kann Eck, wie schon Osiander vor ihm, nur mit umgekehrter Stoßrichtung, Beispiele aus der antijüdischen Geschichte auf eine mögliche, für alle Katholiken bedrohliche, lutherische Zukunft projizieren. Und daher weiß er auch aus der Geschichte zu begründen, mit welchen Konsequenzen man wegen der lutherischen Abtrünnigkeit zu rechnen habe. Er konstruiert das Schreckbild einer türkisch-heidnischen Invasion als Folge des protestantischen Abfalls.

> Ebd. 21r/v: So will ich ain anders verreterisch mordstuck anzaigen: das die juden gelebt haben wider alt vnd jung Christen/ wider frawen vnd man/ fürsten/ herren/ edel/ burger vnd bawṙē. Wie die Cronick der Spanier außweißt: do der letst künig des teütschen blůts der Gothier Rodericus abfiel von der Christlichen kirchen: pfaffen vnd münch weiber namen/ vnd hinfiel beichten/ fasten/ abbruch des flaisch auff bestimbte tag. Jnn summa/ wie jetz das luterisch gesündle lebt vnd lehrt: wañ dise ketzereien seind nit neẇ: da hat GOTT verhengt/ das der künig ist erschlagen worden von Sarracenen: die haben gantz Hispanien darnach vnder sich bracht/ außgenommen das lāndle Asturia in legion (O Herre GOTT behüete vns teütschen/ das vns der Türck nit auch also thüe von der Luterischen/ vnd Zwinglisch/ Hosandrischen wegen).

Was Eck dem jungen Kollegen Osiander in erster Linie vorzuwerfen hat, ist dessen Bekenntnis zum Luthertum und damit sein Anteil am Aufruhr seiner Zeit.

Daher sieht er in ihm vor allem den Repräsentanten dieser neuen Bewegung. Wieder gilt: Trifft er Osiander, so meint er alle Protestanten, trifft er diese als Kollektiv, so schlägt er zugleich den *Judenvater*. Seine Argumentation verzichtet selten auf antiprotestantische Polemik; man erhält sogar den Eindruck, als setze er die Leipziger Disputation um die Rolle der Werke im Rechtfertigungsprozess auf diese Weise mit seinem hintergründig präsenten und durch Osiander vertretenen Gegner Martin Luther fort. Damit geraten auch die gesamte Rechtfertigungslehre und die Diskussion um die guten Werke ins Visier.

> Eck, Verlegung 26r: Zů dem andern laßt der judenuater hie ain Luterischen haderlumpen fallen: so er spricht/ [Der judēuater ist Luterisch.] die Christen suchen die såligkait durch den glauben/ nit durch die werck: so doch alle geschrifft lobt vnd preißt die werckh/ die Gott gebotten/ GOTT von vns fordert/ GOTT in vns belonen will: daṅ GOTT will jhm geben den lon seiner werck. GOTT wirdt jedem widergelten nach sein wercken. Alle barmhertzigkait macht [Ro. 2.] stat ainē jeden nach dem verdienst seiner werck. [...] Aber das ainer mit dem blossen/ nacken den/ wercklosen/ faulen Luterischen glauben wöll gen himel rumpeln/ ist wid’ alle geschrifft/ wider alle vernůnfft: Wir müessen die gebot hal ten/ wöll wir selig werden/ die haissen vns gůte werck thůn.

Dies wiederum führt zu einem grundsätzlichen theologischen und überlieferungsgeschichtlichen Angriff, nämlich zum Angriff auf die humanistische Rückführung der Heiligen Schrift auf ihre antiken Quellen. Eck sieht im Heranziehen althebräischer Texte eine böswillige Relativierung der gesamten lateinisch-mittelalterlichen Tradition der katholischen Kirche. Bezeichnenderweise geht die Beschimpfung der protestantischen Theologie wieder mit der Beschimpfung der Theologen einher.

> Ebd. 61v: Was schendt aber der spitzbůb die Christen hait/ dz durch die Hebraisch sprach wider kummen möcht zů rechtem verstandt jhrs glaubēs: was sagst du? hat daṅ gemain Christlich kirch dē rechtē verstand des glaubēs verlorn: darumͫ so du vnd dein secter den glauben verlorē habt? Oder so die hebraisch sprach so nutzlich/ warum [Luterisch nit Hebraisch.] bringend jhr die nit aufft die baan: [Sinn: >Warum redet Ihr nicht gleich Hebräisch<?]

Besonders Luther steht im Schussfeld. Er ist nicht nur Osianders *secter*, der den Glauben verloren hat, sondern ein Aufrührer, der ganz *Teutschland* schadet. Ecks Stoßgebet am Ende des Zitates unterstreicht den diagnostizierten Jammer.

> Ebd. 54r: daṅ erst hab ich erzelt/ wz jamers der abtrinnig auß gelauffen münch Martin Luther in teütschland gestift hat/ GOTT wolt das ain end het.

Für Eck hat sich der *doppelbube* (94v) Osiander der zweifachen Komplizenschaft schuldig gemacht. Zum einen als Kumpan der Juden und zum anderen als abtrünniger Protestant, der mit Luther zusammen die rechte Ordnung aufhebt und die Welt in Aufruhr und Verderben führt. Wie sehr Eck auch den Juden Weltvernichtungsabsichten unterstellt, soll im nächsten Kapitel gezeigt werden.

### II. 10. 2. 2. 4. Ecks Angriffe gegen die Juden

Man könnte Johannes Eck einen Satz unterstellen, den Franz Kafka später den Richter in der Strafkolonie sagen lässt: „Der Grundsatz, nach dem ich entscheide, ist: Die Schuld ist immer zweifellos".[267] Sie wird schon mit der Überschrift der *Verlegung* bestätigt (vgl. dazu die Ausführungen: II. 10. 2. 3.) und ist unwidersprochene Prämisse des gesamten Textes. Johannes Ecks Hauptanklagepunkt lautet: Die Juden sind schuldig am Mord christlicher Kinder. Die Wahrheit dieser Anklage will er mit seiner *Verlegung* verifizieren.

Im folgenden Kapitel soll das in II. 10. 2. 3. kurz umrissene Programm Johannes Ecks zusammen mit den von ihm genutzten ideologischen Strategien (Historisierung, Naturalisierung, Universalisierung, Kriminalisierung, Polarisierung, Sakralisierung usw.), seinen sprachlichen Ausführungen (vor allem seine Präsuppositionen und Kollektivierungen, rhetorische Fragen, expressive Metaphern, inkludierende und exkludierende Pronominalisierungen, einprägsame Iterativität) noch einmal explizit am Beispiel der gegen die Juden vorgebrachten Vorwürfe (Hostienfrevel, Brunnenvergiftung, Christenmord, Weltverschwörung, Verrat, Blasphemie, Schmarotzertum, Fremdheit, Undankbarkeit) sowie den daraus abgeleiteten Deontiken ausgeführt werden.

### 1. Christusmord, Christenmord und Weltverschwörung

War der Anlass der *Verlegung* ein einzelner Ritualmord gewesen, so nutzt Eck diesen dazu, den Juden den programmatischen Christenmord sowie die Weltverschwörung als Programm zu unterstellen. Systematisch und regelmäßig erfolgt die Verifikation der Schuld, wie auch die dritte Kapitelüberschrift zeigt, satzsemantisch durch die beschriebene Präsupposition: *Die judē vnderlassen nit der kinder mordt / von des gebots wegen. Du solt nit tödten.* Er diskutiert also nicht, ob die Juden Kinder morden, sondern unterstellt ihnen, dass sie es trotz göttlichen Verbotes tun und obwohl sie das *ewige leben* (so Überschrift 8) damit verwirken. Seine Aussage wird dadurch der direkten Regresspflicht entzogen. Mit alledem qualifiziert er die Juden zu gottlosen Menschen ab, was im religiös bestimmten Denken der Zeit nichts anderes bedeuten kann, als dass sie kollektiv

---

267  Kafka 2008, 823: In der Strafkolonie, 1916.

aufgrund ihrer Jüdischheit mit dem Teufel im Bunde stehen. In die gleiche Richtung gehen die Punkte 11, 13 und 25 der Überschriftenliste, die ebenfalls den Kindermord zum Thema haben, sowie die anderen Vorwürfe: Die Anschuldigung, dass sie das *römische reich* zu *zerstören* beabsichtigen, wird bezeichnenderweise wieder mit *wie* eingeleitet. Auch dies bedeutet eine Unterstellung, die sich im Fortgang des Textes mehrfach nachweisen lässt (z. B. 12r).

Eck unterstreicht seine Urteilsprämissen in Form von Historisierungs- und Universalisierungsstrategien (z. B.): „Dann sie je vnd je manschlåchtig gewåsen". Das adverbiale Phrasem der andauernden Zeiterstreckung *je vnd je* historisiert das unterstellte Morden im Sinne von: Es war schon immer so. Es enthebt es geradezu einer bestimmten Zeitspanne und macht es universal gültig, was gleichzeitig die bedrohliche Prognose impliziert: Sie werden es weiterhin tun. Auch das Adjektiv *manschlächtig* erfüllt diese Funktion. *Manschlächtig* ist in der vorgegebenen Satzstruktur eine ontologisierende Kategorialbewertung und bedeutet >blutrünstig, mörderisch<. Eck will also sagen: Die Juden töten Kinder, weil sie so sind, wie sie sind, nämlich blutrünstig. Der mögliche Zusatz, dass sie gar nicht anders können, bleibt unausgesprochen, kann aber aus der Seinsaussage *sie sind* herausgelesen werden. Diese Form der Kategorialbewertung führt Eck im darauffolgenden Kapitel mit dem bedeutungsverwandten Wort *blůtdurstig* isotopisch weiter; er bleibt seiner faktizitätspräsupponierenden Strategie treu. Die Aussage: *Wie die juden blůtdurstig*, die mehrfach nicht nur im Inhaltsverzeichnis wiederholt wird, reformuliert die von ihm als Tatsachen gesetzten Behauptungen immer wieder aufs Neue. Zum Beweis folgen über mehrere Kapitel hinweg Beispiellisten, in denen die vermeintlich verbrecherischen Taten aus dem Alten und Neuen Testament, aus der säkularen Geschichte, aber auch aus der bekannten europäischen Welt referiert werden. Diese Listungen vermögen bereits durch die Anzahl ihrer Beispiele überzeugen, wirken aber umso mehr, als sie durch beständiges Verweisen auf die Bibel in den Rahmen der sakralen Glaubwürdigkeit gestellt werden.

> Eck, Verlegung 12r: wie ain morderisch volck die juden seind/ darumb dann sie auch erwölten/ ehe den mörder Barrabas ledig zelassen/ dann den vn- [Math. 27.] schuldigen Christum/ über den schrien die blůthund: Nim̃ jhn hin/ Nim̃ jhn hin/ Creützig jn/ [Iohan. 19.] Creützig jn: Wan d' nit wer ain übeltheter/ hette wir den dir nit übergebẽ: Wir habẽ ain gsatz/ vñ nach dẽ gsatz soll er sterbẽ: Wan du dẽ ledig lasest/ bist du nit ain freünd des kaisers: dz hat jn S. Peter nit verhaltẽ/ do er predigt jm tẽpel. [Act. 3.] Ir aber habt verleügnet den gerechten vnd hailigen: vnd baten vm̃ den morder euch zů geben: aber den schöpfer des lebẽs habt jr tödt: also het ten die manschlechtigen juden den prophetẽ gethan:

## 10. Ein Text im Diskurs 241

Was die biblische Quelle angeht, so beginnt Eck seine „Beweis"führung beim Topos des jüdischen Verrats an Christus und der daraus resultierenden Kreuzigung, geht dann zu den Geschichten der Propheten und Apostel über, um an diesen biblischen Beispielen den unterstellten Hass der Juden gegen die Christen und auch ihre abgrundtiefe Bosheit zu begründen.

> Ebd. 16r: vnder den juden ist kain edler/ kain Fürst/ wiewol sie vnseglich gelt vñ gůt samlẽ mitt wůcher auß der Christen schwaiß vñ blůt/ auß gfelschter mintz/ auß erkaufftẽ diebstal sie rüeffen den Küng an/ den Kayser: aber wie der Weiß jn prophetisiert/ allenthalb seind sie on ehr prouer. 10. Jhr namen würdt faulen.

Immer wieder betont der Theologe, dass Gott die Zerstreuung der Juden (15v) nicht umsonst als Strafe eingesetzt habe. Deshalb müssten sie *ellend* ohne König und Heimatland in der Fremde leben. Göttliche Strafe und Zorn (66r), ebenso die Sanktionen und Strafen der Obrigkeiten (Ausweisungen, Verbrennungen), wie Eck sie aus allen Teilen der damals bekannten Welt berichtet, werden zum Beweis der jüdischen Schuld angeführt. Vorgelegt wird eine scheinbar lückenlose Beweiskette vom Alten Testament, das nach der langen Aufzählung jüdischer Gewalttaten fast wie eine jüdische Verbrechensgeschichte anmutet, bis in die Eck'sche Gegenwart, wobei Eck die biblischen Geschichten, die „reale" Geschichte sowie auch die aktuelle Zeit geschickt in eine Traditionslinie bringt. Indirekt fragt er, deontische Handlungsaspekte implizierend, warum man ihnen Gastfreundschaft gewähren soll, obwohl sie so undankbar seien und ihre christlichen Beschützer töteten (19v). Es stehe doch sogar im Thalmud: „Es sei die best that/ wann ain jud tôdt ain Christen oder haiden" (20r). Die variantenreich repetierte Unterstellung, die Juden würden systematisch morden, verbildlicht er dramatisch durch die Zitierung von Jesaia 1, 15.

> Ebd. 25r: Ewer hånd seind vol blůts: vnd hernach. Ewer hånd seind vnrain võ blůt/ vnd eŵer finger von boßhait: dann eŵer leftzen reden lungen: Die juden seind eben die gesellen/ daruon jhr prophet schreibt Micheas. All stellend haimlich dem blůt nach/ jeder jagt sein brůder zů dem todt

Ecks Absicht ist es geradezu, die Juden allseits und prinzipiell als Bedrohung für das Leben der Christen zu inszenieren, wozu er falsche Ärzte anprangert oder jüdische Zauberer. Neben der Brunnenvergiftung und dem damit angezettelten Massenmord unterstellt er zudem als einer der ersten eine jüdische Weltverschwörung. Da sie niemandem *feinder* als den Christen (20r; 33r) seien, strebten sie in ihren Gebeten wie in ihren Taten den Untergang des römischen Reiches an (33r) und wollten, *dz die Christenhait möcht vertilckt werden* (37v). Nach Ankunft ihres Messias würden die Juden schließlich die Weltherrschaft übernehmen, wobei Eck deutlich macht, dass er ihren Messias für den Antichristen hält.

> Eck, Verlegung 33v: [die] jüdischait/ die zů der zeit Messię in grosser anzal das jüdisch land erfüllen wirt: vñ vil sün hat/ das Römisch reich ist schwach wordē: dañ der herr macht arm die Römischen/ vnd macht reich die judischait: Ernidert den Kayser vñ er höcht der judē künig Messīā: der wirdt regierē über die gantze welt: dañ der herr wirdt vrtailn die end der welt: Vnd ehr wirt geben den gwalt seinem künig: vnd er wirt erhöhen des horn seines Messię/ Christi: darum̃ achten sie nit/ das sie mögē erhöcht werden/ Es werd dañ das Römisch reich genidert: so werd jhr Messias monarch sein der gantzē welt: [...]. Jn dem stat aber jr fal: dañ war ist/ das aufhoren würd das Römisch reich: aber nit würd kom̃en Messias Christus/ der vor M. D. XL. jar schon kom̃en ist: sonder der falsch Messias der Antichrist:

## 2. Kriminalisierung

Eck baut anders als Osiander, der in das herrschende Urteilssystem einbricht und es in Frage stellt, auf die Erwartungen seiner Leser, auf die bekannten antijüdischen Stereotype. Zentrale sprachliche Mittel sind die Universalisierung über den kollektiven Singular, den kollektiven Plural, das Präsens Indikativ Aktiv (*der jud* [kollektiver Singular] *der Synagogen sun* [kollektiver Singular] *hasset* [Präsens Indikativ Aktiv] *den Christen* [kollektiver Singular] *biß in todt;* 50v) sowie das Perfekt der Verben, eine Fülle charakterisierender Adjektive, klassifizierende wie bewertende Substantive, Adverbien der Zeitdauer (wie *allweg*, vgl. auch das oben schon zitierte *je und je*), die den Wahrheitsanspruch und die Allgemeingültigkeit der Prämissen manifestieren.

> Ebd. 13r: Das also die judenschaft allweg waglerisch/ auffrüerisch/ manschlåchtig vnd mörderisch gewesen ist/ vnangesehen/ das sie das gebott gewißt/ das sie nit tödten solten/ nit solten blůt vergiessen.

Alle Juden, so lautet die dem Kollektiv *Judenschaft* zugeschriebene Charakterisierung, seien schon immer so gewesen, wobei das *so* mit solchen Adjektiven gefüllt ist, die Kriminalität, Grausamkeit und Ungehorsam gegen Gottes Gebote zum Ausdruck bringen. Dies sind auch die Hauptargumente, die Eck dem Gutachter der Gegenseite entgegenwirft. In seiner Beweisführung verfährt er analog zur argumentatio ad personam, nur dass er die Person zum Gruppenkollektiv erweitert. Er argumentiert also auf der Ebene prinzipiell unterstellter, typischer Eigenschaften der Juden, nicht aber auf der Ebene komplexer Sachzusammenhänge oder von Einzelfällen. Die Liste von Adjektiven, die er neben den schon erwähnten *waglerisch/ auffrüerisch/ manschlåchtig* vnd *mörderisch* zur Beeigenschaftung braucht, enthält unter anderem: *unselig* (s. u.), *blůtdurstig* (allein dreimal in den Überschriften), *blůtgierig* (14r), *prophetenschlechtig / christschlechtig* (53v), *glaubbrüchig* (46v), *verblent* und *verstopft* (52r), *die ellenden von GOTT den von GOTT verworfen juden / toll / blind / wansinnig* (16r), *schalckhafftig* (26r), *seellos* (70v). Oft werden sie im Text aggregativ kumuliert:

> Eck, Verlegung 35v: das die juden seind můtwillig/ hertneckig/ vnlustig/ tückisch: vnzüchtig/ vntreŵ/ falsch/ mainaidig/ diebisch/ schalckhaftig/ verbittert/ neidisch/ ain vnuolck/ rachselig/ blůt gierig/ verzeterisch/ manschlechtig/ mörderisch/ gotslesterlich uolck.

Es scheint, als gäbe es keine (bekannte) Negativattribuierung, die Eck nicht zu nutzen bzw. aufzuzählen wüsste, als habe er ein Wörterbuch der schlechten Eigenschaftsprädikate ausgeschrieben. Für ihn sind die Juden der Inbegriff des phänomenal Bösen. Mit leidenschaftlicher Akribie und sprachlicher Kreativität bemüht er sich nicht nur die Liste der Negativprädikationen zu füllen, er setzt dies auch in den Anreden fort. In diese Richtung weisen neben den Simplizia *ketzer* (31v; 59v u. ö.), *verreter* (95v) oder *ehrlose bůben* (95v) auch die schon genannten Komposita mit *Jude*, sowie mit verstärkendem Bestimmungswort: *flaischböβwicht* (47r), *blůtvergiesser* (13r), *schlangen vnd nater gezicht* (12r), *blůthund* (14v). Zusammengefasst: Die Juden werden verketzert, dämonisiert, dehumanisiert, kriminalisiert, asozialisiert und so für die christliche Heilsgemeinschaft als Bedrohung für Gut, Leib, Leben und Seele vorgeführt.

Brigitte Hägler bezeichnet die Strategie der Kriminalisierung, die mit *ehrlose bůben* (95v) angedeutet wurde, als einen Versuch, dem Feindbild ‚Jude' eine rationale Basis zu geben (Hägler 1992, 167), das heißt es durch eine dem Anspruch nach argumentative Beweisführung zu untermauern. Diese entpuppt sich bei näherem Hinsehen jedoch als eine Kette von Zirkelschlüssen. Zur Kriminalisierung sind nicht nur rechtsrelevante Taten wie Mord (z. B. durch Brunnenvergiftung oder in Form des diskutierten Ritualmordes), Diebstahl und Anstiftung zum Aufruhr (z. B. 13r) zu rechnen, auch der Wucher und die ebenfalls juristisch verfolgte Sakramentsschändung bzw. die Gotteslästerung gehören hierher. Passend zur Mordanklage als Hauptthema der Ausführungen werden die Juden von Eck außerdem als Müßiggänger, Schmarotzer, Diebe und Hehler beschrieben.

> Eck, Verlegung 88v: der Jud frißts alles/ saugt jm das blůt auß dem leib/ das marck auß dem bain.

> Ebd. 94v: Sie gand bey vns/ sond´lich im teütschläd můssig vñ werckloß/ als wäre sie vnsere herren/ vnd wir müeßten sie mit vnser arbait neeren in jhr lasterlichen faulkait. Sie leben im sauß vnd prassent/ halten sich feücht vñ reilich von der Christen gůter/ blůt vñ schwaiß: kaufen an sich alles was kumt von gestolē vnd geraubtem gůt/ auff das geringst vñ wenigst: damit machen sie das land dieb vnd bůben vol.

## 3. Religiöse Riten, jüdische Sitten und Gebräuche. Ecks Angriffe auf den Talmud

Als einen weiteren Akt verbaler Gewalt muss man das abwertende und verhöhnende Sprechen über dasjenige ansehen, was jemandem emotional oder existentiell wichtig ist. Ecks Angriffe auf die religiösen Riten, Sitten und Gebräuche der Juden gehören hierzu. Er nennt die Juden *abergleübig volck,* ihre Riten *narrenwerck* (55r). In der Tradition Pfefferkorns greift er den Thalmud an, von dem er sagt, dass es *das böß falsch bůch d' Judē* (96r) sei, und listet wieder in aller Ausführlichkeit 20 von dessen *vil schåntlich/ nårrisch ketzerisch/ vnd Gotßlesterlich* Irrtümern auf, mit denen er beweisen will, dass der Thalmud *verkert vnd felscht den rechten verstand der Bibel* (57v).

Seine vermeintliche Zitatenliste, die er aus allen möglichen jüdischen wie nichtjüdischen Büchern kompiliert (z. B. von Michel Beheim),[268] ist nicht nur angefüllt mit indirektem Hohn und Spott auf das Judentum (so das erste Zitat), sie spart auch nicht mit sexualisierten und sodomitischen Unterstellungen (das nachfolgende Zitat), die bei den christlichen Zeitgenossen sicher mehr als nur blasphemisch ankamen.

> Eck, Verlegung 58r: 8. Got hab ain groß loch in der erschöpfung im himel gelassen: ob ainer auf stůnd/ vnd sagte. Er wåre almechtiger Gott: wurd jhm GOTT fürhalten: bist du almechtig/ so mach das loch zů im himel.

> Ebd. 58r: 13. Adam sey im paradeiß ain Hermaphrodit gewesen/ manlichs vnd weiblichs geschlechts: sey mit vnkeüschait bewegt worden/ vnd mit den vnuernünfftigen thiern/ sonderlich mit den eseln/ affen vnd schlangen/ biß GOTT Eua erschief: do warden die Thier Eua feindt vnd richten die schlangen an/ die verfiert Euā: do warden Eua vnd Adam blind in jhr sünd: also blind hat Adam xxx. vnd hundert jar mit ainem teüfelin lüloß zů schaffen gehabt/ biß er wider gesehend ward/ nam er Euam wider: Sie liegen auch/ der rapp hab geeifert mit Adam vm die råppin: hab darumb den jungen rappen nit wöllen åmeln/ so sie weiß waren/ vn̄ nit schwartz wie er.

Die Liste der Irrtümer scheint eine negativ verkehrende Auslegung der zehn Gebote darzustellen, bei denen man die Eltern *on sünd flůchen vnd schlagen* (58v) darf und in der weder Mord noch Ehebruch strafbar sind. Dass der Teufel nicht nur als Schlange bei Adam und Eva die Hand im Spiel haben musste, sondern auch beim Verfassen des Thalmud, daran ließ Eck keinen Zweifel, auch nicht an der Richtigkeit bzw. Notwendigkeit, diesen deshalb verbrennen zu müssen (57v). Gezielte Hetze betreibt er auch mit allen anderen hebräischen Schriften, indem er mehrfach von etwaigen Gotteslästerungen und Verhöhnungen gegen Christus und die Gottesmutter „berichtet".

---

268  Vgl. z. B. Gille u. a., M. Beheim 23440ff.:

> Eck, Verlegung 60v: Aber vilmer die gotslesterliche büechlin die vnserm lieben herren CHRISTO zů schmach vnd schand mit erticht̄en lugen seind gemacht/ wider sein haylig geburt/ lebē vnd sterben/ das sie jhn nur den gehenckten haissen: Verflüechen alle die jhn anbåtten für GOTT den gehenckten vnd das faul holtz/ das ehr verdamt sey/ vnd groß peen darin leyd/ darumb das ehr verlacht hab die wort der weisen jm Thalmud/ vnd ander vnerhörte gotslesterung/ Ehr sey ain Talui/ Jescho ain Manser/ ain verfüerer ain chartom zauberer &c. Deß gleichen die můter GOTTes/ die apostel Minim ketzer die hayligē/ das Sacrament vnd Priester/ kirchen vnd kirchhoff/ das soll als verbrent werden/ vnd die juden bey denen sollichs funden gestrafft: Auch wa sie jhr bått thund/ oder haben/ werden auch gestrafft: Welche die juden vnder jhn haben sitzen/ sollen ettlich mal sie Visietieren lassen

Stellen die Anfeindungen auf Osiander dessen persönliche Integrität in Frage, wird hier eine Religionsgruppe insgesamt auf allen relevanten Ebenen verspottet und verurteilt. Eine Auflistung der Handlungszuschreibungen würde das von Eck konstruierte, aber auf dem Diskursuniversum der Zeit beruhende Sündenregister nur noch weiter ausmalen (vgl. dazu Kap. II. 4).

Im nachfolgenden Zitat geht Eck gegen Osianders achtes Argument vor, in dem dieser die Frage gestellt hatte, zu welchem Ritus die Juden das Christenblut brauchten, da sie doch gar keinen Cohan mehr hätten, der damit die Kranken salben könne. Ecks Antwort darauf nimmt zwar das unterstellte Motiv der Priestersalbung relativierend zurück, verschiebt die Begründung aber wieder von der Sachebene auf die Personenebene, das heißt: er bezieht es auf den Kollektivcharakter der Juden. Ihre Riten werden damit aufgehoben, das jüdische Handeln wird dem unterstellten Grundmotiv der jüdischen Mordlust als Hauptantrieb unterworfen.

> Eck, Verlegung 39v: acht ich es treib die vnsåligen juden darzů/ ob sie schon des blůts nit notturftig seyen/ jr vnmenschlich hefftiger gefaßter neid gegen gmainer Christēhait: das also wa kain andere vrsach verhanden/ so were doch die selbige genůgsam/ das sie sich jhn gfar geben/ allain das sie jhr blůtdurstig hitzig gmüet wider den herren Christum vnd der Christenhait außstossen/ [...]. Vnd ist gar nichts fürtreglich/ das der judenvatter bringt/ warumb nit auch ains Türcken kind/ oder ains alten Christen blůt auch gůt sey: dann die juden haben geschrien sein blůt/ Christi blůt/ nitt des Türcken blůt: [...]. Darumb sie das vnschuldig Christen blůt begeren/ nit ains alten Christen/ der die vnschuld jm tauff erlangt durch nachuolgēde sünd wider verwürckt hat. Es steet auch wol darauff/ das ain tail juden das thund allain auß falschem won/ das sie mainen/ sie müessen Christen blůt haben: Es mag auch sein auß **anererbter boßhait**/ das sie jhr våtter Christicidium: Christus tödten auch schuldig: als wann sie den herren Christum noch hetten/ so wolten sie jhn creützigen wie jhr våtter than haben: So sie aber Christum nit haben: marteren sie an seiner stat ain vnschuldigs Christlichs kind.

## 4. Anererbte boßhait

Ecks Antwort hebt also das unterstellte Morden vom Rituellen ins Grundsätzliche. Die Juden morden, weil sie einen *vnmenschlich hefftig[-] gefaßte[n] neid gegen gmainer Christēhait* hegten, also weil sie die Christen einfach hassten und weil sie eben *blutdürstig* seien. Das zeige sich bereits daran, dass sie es schon immer getan hätten, wie der historisierende Verweis auf ihre Väter und die Tötung Christi belegen soll. Sie tun es, so schreibt Eck, letztlich aus *anererbter boßhait* (39v), was soviel besagt wie: Sie können gar nicht anders, sie tragen die Mordlust ererbt und damit weiter vererbbar in sich. Dennoch würde es zumindest zu weit führen, dem Ingolstädter Theologen Johannes Eck an dieser Stelle Kryptorassismus vorzuwerfen: Die damit angesprochene ererbte Schuld ist ein theologisches Gedankenbild, das einen „Fluch" bezeichnet, der von Generation zu Generation weitergetragen wird, sie ist aber sicher keine biologisch-genetische Größe. Es ist dennoch auffällig, wie Eck die Übertragung des Christenhasses als *ererbt* einführt bzw. durch *Mutterbrust* und *Muttermilch* vermittelt und daraus die Nichtverbesserlichkeit der Juden begründet.

> Eck, Verlegung 14r: Vnd niemandts soll gedencken/ das sie besser werden mit der zeit/ sonder je lenger je erger vnd blůtgieriger: das also die juden auff den heütigen tag vns hessiger/ auffsetziger/ vnserm gůt/ blůt/ leben nachstelliger/ dañ je gewesen seind: dañ **von jhr můtterbrüst her saugent sie den neid gegē der Christēhait**/ werden darauff zogen/ geraitzt/ gehetzt/ vnd verbittert: wie S. Hieronymus spricht: die juden die jetz den herren IHESVM lestern in jrē Synagogē/ seind mit vil ainer grössern anzal der teüfel besessen/ dañ da sie in Aegypten seind gewesen oder in der wüste

> Ebd. 59v: So nun vil stuck hie erzelt ketzerisch seind/ auch wider das alt testament vnd verfüerisch: **die juden võ můtermilch her verbitert** wider die Christen/ vnd verhindert von jhr bekerung: so soll man das falsch ketzerisch bůch jhn nemmen/ vñ verbrennen.

In den Belegen wird die *anererbte bosheit* zusätzlich mit Ketzertum und Teufelsbesessenheit in Verbindung gebracht. Besonders geschickt ist Letzteres inszeniert. Denn obwohl der Hl. Hieronymus eine geschichtliche Gestalt ist, ist sein Sprechen nicht auf seine eigene Zeit reduziert. Die Zeitdeixis *jetz* lädt geradezu dazu ein, die Anzahl der Teufelsbesessenen auch für die eigene Gegenwart als erhöht anzusehen. Der Satz stellt auf jeden Fall eine weitere Historisierung dar, damit einen deutlichen Hinweis darauf, dass die Juden schon immer vom Teufel besessen gewesen seien. Damit stützt die Historisierung auch das Argument der Vererbbarkeit, das sich im Bild der Mutterbrust bzw. der Muttermilch fortsetzt.

Es verwundert aus diesem Grund nicht, dass im 23. Kapitel des Traktates, in dem Eck ausführlich zusammenträgt, was *den Juden botten sei vnnd verbotten*

(84r), explizit gesagt wird, dass weder eine Christin *seügmůter* eines jüdischen Kindes sein durfte noch eine Jüdin die eines Christenkindes (85v).

5. was *den Juden botten sei vnnd verbotten* sei und wie man die *Juden zu halten habe*

Eck trägt insgesamt 12 Gebote und Verbote zusammen. Mit den Verboten listet er noch einmal auf, was man den Juden vorwirft, und betont, dass alle Vorwürfe wahr seien. Er beginnt mit der unterstellten Gotteslästerung

> Eck, Verlegung 85v: wider Christum/ Mariã sein werde můtter/ die lieben hailigen/ gmaine Christenhait/ wider die Sacramēt/ bildnus des crucifix/ des creütz der hailigen: wie oben anzaigt ist das sie dz hohwürdig Sacrament mißhandelt haben/ das vnschuldig Christlich blůt vergossen/ mit dem gmain gebåt wider die Christenhait &c. Darumm sollen sie gestraft werdē/ wañ sie CHRISTVM ain Manser nennē/ ain banckart/ Ben hanida, filium menstruatæ, Talui, den gehenckten. Mariam die werde Künigin haissen sie haria ain verwüesterin/ ain verflüechte. Zona ain vnståterin/ vnuerschåmte fraw̃/ Theluia ain henckerin auch die apostel Minim ketzer/ vnd Christē ain vnuolck: vnd der gleichē lesterung ist jhn alle verbotten/ das sie kain bild/ creütz/ kirchen anspeien oder sunst vneheren.

Als nächstes verbietet er ihnen, in der Karwoche das Haus zu verlassen und Fenster und Türen zu öffnen. Das dritte Gebot betrifft das Sichtbarmachen der Ausgrenzung, die offensichtliche Stigmatisierung[269] durch Kennzeichnung. Eck verlangt keine besondere Kleiderfarbe (z. B. das übliche Gelb) und auch keinen Judenhut, aber er will, dass sie sich kennzeichnen, damit man sie und ihre Bedrohlichkeit für Leib und Leben der Christen erkennen möge.

> Eck, Verlegung 84r: 3. Sie sollen auch sunst stets ain vnderschidlichs zaichen haben/ Dardurch sie von Christen vnnd andern erkent werden. [...] Dann also wurden sie sich mer schemen/ auch wurd vermitten das Christen/ weib vnnd man weßten sie baß zů vermeidē. Daruon in fortalicio fidei, gar manigfaltig würd anzaigt/ was vnraths darauß entstanden sein: Wañ sie kain zaichen haben/ so schleichen sie hin vnd her/ von ainem land zů dem andern/ vnd richten morderei der kind/ gotslesterei des Sacraments mit mer vortails an/ vnd ander büeberey/ vnd sonderlichs in kriegs leüfen stiften sie vil rauberei/ morderei/ brant/ vnd verreterey/ legen sich darumb zů weil vnder die knecht/ lassen sich einschreiben mit der Christē vñ ertichtē namē: Wa ain Jud sein gwonlich zaichē nit trieg/ es wåre in stettē/ mårckten/ dörfern/ oder auff dem land/ der solt vogel frey/ vnnd jederman erlaubt vnnd breyß sein.

Wieder nutzt er die Gelegenheit, das kriminelle Sündenregister noch einmal zu perpetuieren: *morderei der kind/ gotslesterei des Sacraments [...] rauberei/ morderei/ brant/ vnd verreterey*. Erfüllt von Hass gegen die Juden will er, dass sie sich

---

269 Vgl. dazu auch: Lobenstein-Reichmann, Stigma 2009, 258.

schämen, dass jede Form der sozialen Berührung mit ihnen vermieden wird, und dass man sie töten kann, wenn sie ihr Zeichen nicht tragen. Er verweigert ihnen zudem im weiteren Verlauf des Textes, jemals ein öffentliches Amt anzunehmen, da sie es seiner Meinung nach sofort gegen die Christen einsetzen würden. Aus diesem Grund verbietet er mehrfach, dass Christen zu jüdischen Ärzten gehen. Und er gibt weitere Umgangsverbote: Juden dürften keine christlichen Dienstboten anstellen, wie oben schon aufgeführt, auch keine Ammen (6. Verbot). Er will jegliche Gemeinschaft von Christen und Juden auf ein Minimum reduzieren, wenn nicht sogar ganz verhindern. Dies begründet er nicht nur mit den üblichen Kriminalisierungen, sondern auch mit der Furcht vor einer jüdischen Missionierung (85r). Beschneidung außerhalb der Eigengruppe stellt er unter Todesstrafe (10. Verbot; 86r). Aber auch Heirat und sexuelle Kontakte zwischen den Religionen will er bestraft wissen (11. Verbot; 86v). Die Juden müssen siebtens den Zehnt geben (85v), erhielten aber achtens kein Recht auf eine eigene Gerichtsbarkeit und waren neuntens nur im Ketzerprozess zeugnisfähig. Im 12. und letzten Verbot sagt er explizit: *Es ist den Juden verbotten aller gwerb: dardurch sie die Christen möchtē beschweren oder vndertrucken* (86v). Es ist eine klare Überleitung zum nächsten Kapitel, in dem er den Hauptvorwurf gegen die Juden noch einmal ausführlich thematisiert, den Wucher. Auch dieser wird ihnen als kriminelle Handlung unterstellt und schließlich verboten. Die Frage ist, was bleibt ihnen zu tun übrig, wenn sie weder als Ärzte, Handwerker noch als Kaufleute tätig sein dürfen?

Den Höhepunkt der jüdischen Diskriminierung bildeten Ecks Vorschläge, wie man die „Juden zu halten habe". Segregation, Tabuisierung, Dehumanisierung, Verspottung und Entrechtung werden nunmehr pointiert handlungsanweisend zusammengefasst. Auch wenn er dabei zum Teil nur wiederholt, was andere vor ihm gefordert haben (z. B. M. Beheim, Eberlin von Günzburg oder J. Pfefferkorn[270]) und was zum Teil gängiges Recht ist, so greift er in der unten zitierten Ausführung doch weit darüber hinaus. In Anbetracht der tatsächlich vollzogenen Vorgänge während des Nationalsozialismus vierhundert Jahre später in Wien, als man die Juden mit der Zahnbürste die Straße putzen ließ, erhalten Ecks versklavende Vorschläge einen gespenstisch prognostischen Charakter.

> Eck, Verlegung 90r/v: Beschließlich/ die Juden soll man vnder den Christen gedulden/ wie gaistlich vnd weltlich recht zů gibt auß vrsachen oben vrmeldt/ aber on wůcherischen brauch/ sonder wieß die Tür- [Geñ. 3.] cken halten/ das sie sich mit jhr arbait/ mit jhrn hånden/ in dem schwaiß jhrs angsichts sich neren müeßten/ vñ verachtliche

---

[270] Gille u. a., M. Beheim 23440ff. (Zitat s. u. in Kapitel III. 4); vgl. auch die Stellen bei Günzburg oder Pfefferkorn, s. Kapitel II. 10. 1. 4.

arbait thůn: daṅ [August.] sie seind knecht d' Christen spricht S. Augustin: so solt mans knechtlich halten/ vnd nit so herrlich: in ainer stat gassen seübern/ haimlich gemåch raumen/ das vnziuer auff gassen außtragen/ schelmen auß ziehen/ gråben machen vnd raumen/ vnd sunst mit der hand arbaitē/ hacken vnd graben/ wildsteck außreüten/ mist außtragen oder in die berg tragen/ möser abtragen/ die schlachtheüser seübern &c.: Vnd dar bey niemants mit jhn eß oder trenck/ badet/ wie das sunst im rechten verbotten.

Johannes Ecks Widerlegung des Judengutachtens zeigt eine antijudaistische Tradition, die – obwohl sie selbst nicht rassistisch begründet war – problemlos in den rassistischen Antisemitismus des 19. Jahrhunderts einmünden konnte. Eck emotionalisiert, polarisiert, errichtet eine klare Feindbildkonstruktion, betreibt Hetze. Er wirft sich zum selbsternannten Verteidiger der Christenheit auf, die von den Juden bedroht werde. Doch dazu hat er den akuten Verteidigungsnotstand vorher erst sprachlich erschaffen müssen. Denn man kann kaum von einer wirklichen Gefahr durch die Juden sprechen.

Gerade das Nichtvorhandensein einer solchen Bedrohung zeugt für die Sekundärstigmatisierung. Eck will an den Juden vorführen, was er durch die Protestanten befürchtet. Mit seiner Inszenierung hat er vor allem das *new Evangelium* und dessen Vertreter im Visier. Dass er dabei die Situation der Juden erheblich verschlechtert, nimmt er nicht nur bedenkenlos in Kauf, sondern unterstreicht noch, dass die Juden in seinen Augen ebenfalls vom Teufel besessene Ketzer waren. In Glaubens- und konfessionelle Trennungsnot geraten war die Christenheit allerdings nicht durch die Juden, sondern ausschließlich durch sich selbst.

> Benz 2004, 78: [Eck] schrieb das Menetekel der jüdischen Weltherrschaft an die Wand. Der Ingolstädter Gegenreformator war damit einer der Ahnherren der Parole von der „jüdischen Weltverschwörung". Ecks umständlicher Traktat gehört mit seiner drastischen Sprache zum Extremsten, was in der Zeit der Glaubensspaltung und des Humanismus an judenfeindlichen Äußerungen gedruckt wurde. Die Schrift bildete im Traditionsstrang des christlichen Ressentiments einen Beitrag zum Nährboden des „modernen Antisemitismus", der rassisch argumentiert. Ecks wortgewaltiges Pamphlet blieb (obwohl es allenfalls eine zweite Auflage erlebte und von den Zeitgenossen wenig beachtet wurde) so wirkungsmächtig über die Jahrhunderte, dass sich noch der „Stürmer", das Blatt Julius Streichers, damit munitionierte. In der „Ritualmord-Nummer" von 1934 dient Dr. Eck als einer der Experten [...].

## II. 10. 2. 3. Das antijudaistische System der Zeit

### II. 10. 2. 3. 1. Ecks Schreibstil, sein Spiel mit vorgegebenen Mustern und den Erwartungshaltungen seiner Leser

Beim Vergleich der Schriften Johannes Ecks und Andreas Osianders wird deutlich, dass hier ein im Stil religiöser Argumentation und Predigt verfasster Agitationstext gegen ein juristisches Gutachten gestellt wird. Während Eck die zeitgenössische Sakralität (mit Amen, Anrufung Gottes, tradierten Aberglaubensbeständen, Bibelallusionen) bemüht, arbeitet Osiander mit juristischen, soziologischen, historischen und schließlich mit theologischen Argumenten, die auch den modernen Leser überzeugen können. Eck agitiert, Osiander gutachtet. Eck ruft nach scholastischer Manier die Bibel, die katholische Patristik sowie die Kanonistik in den Zeugenstand, außerdem gelehrte weltliche Autoritäten, den Kaiser oder die Obrigkeit, immer wieder auch getaufte Juden, während Osiander nach den glaubwürdigeren Zeugen und nach überprüfbaren Beweisen in der realen Welt fragt, sich eben gerade nicht auf das Hörensagen parteiischer Personen verlässt. Doch der moderne Leser ist nicht der Zeitgenosse Ecks und Osianders. Für Letztere waren die frnhd. „Glaubens"bedingungen und die dazu notwendigen Formulierungstraditionen andere als für uns heute.

Wenn Eck sich selbst als Augenzeugen aufführt, wundert sich der moderne Leser zwar, wie dieser vier Wochen nach der Ermordung des Jungen in Denzlingen noch mit den Fingern in dessen Wunden gegriffen haben will, doch das benutzte biblische Bild der Zeugenschaft des ungläubigen Thomas hat hohe sakralnarrative Beweiskraft.

> Eck, Verlegung 8v: das kindle hab ich gesehen mit mein augen/ die stich des kinds/ etwa vier wochen nach dem mordt/ mit meinē fingern griffen vnd angerüert.

Auch in anderer Weise will er Zeuge sein, etwa aus einer für sich in Anspruch genommenen *Kennt*nis der Juden:

> Ebd. 17v: Wol an judenuater/ ich bin auch vm̄ die juden gwesen: jch kenn sie auch.

Nachweisbare Evidenzien haben weniger Gewicht als Bezeugungen durch Autoritäten, Bestätigungen des längst Gewussten, Einbettungen in sakrale Narrative, Perpetuierungen von Negativstereotypen und die Befriedigung von Aberglauben und Angst. Je mehr dies alles kumuliert und widerholt wird, desto stimmiger und einprägsamer muss es gewirkt haben.

> Frey 1987, 185: Ihm [Eck] kommt es nicht so sehr auf die ratio der Argumente an wie Osiander, sondern auf die emotionale Beeinflussung, und dabei ist nicht die Masse wichtig, sondern die Wiederholung.

Während Osiander rational bleibt, werden Eck und Pfefferkorn immer wieder persönlich und setzen die *argumentatio ad hominem* zielstrebig als Waffe ein (vgl. Kapitel II. 7. 3). War Osianders Gutachten anonym und gerade nicht für die Öffentlichkeit bestimmt, formulierte Eck seine Widerlegung ganz bewusst an eine breite Leserschaft und in einem dezidiert öffentlichkeitswirksamen Duktus. Er spielt mit der Sensationslust seiner Leser, wenn er detaillierte Schilderungen der Kindermorde liefert, diese mit drastischer Lexik metaphern- und bilderreich ausschmückt, Freund-Feind-Schemata aufmacht (*böse* Juden vs. *frumbe / guotherzige / arme / einfaltige* Christen), die Juden als mit dem Teufel im Bunde dämonisiert, sie gegen die Christen polarisiert, letztlich alle antijudaistischen Erwartungen bedient.

> Eck, Verlegung 38v: Es hat auch bald nach dē sterbē Cristi Appiō die judē dise grimmigkait beschrait wie sie jårlich ain kriechē menschen fahend/ einsetzen/ vnd mesten biß auff ain bestimte zeit: da schlachtē sie jhn/ vñ opffern jhn nach gebrauch jhrer fest/ vnd essen von seinem blůt/ zů ainem zaichē/ das sie ewige feindtschafft habē: Seind aber die juden vns nit wåniger hessig/ dañ den kriechen: Oben haben wir den getaufften Emanuel auch bei bracht/ der ain eingeduncktē bissen vom Christen blůt gessen hab.

In seinen nicht seltenen Appellen ruft er (wie Pfefferkorn) explizit dazu auf, den Talmud zu verbrennen, die Juden zu visitieren, sie zu kriminalisieren, gar zu verknechten (s. u.) und selbst diejenigen zu bestrafen, die sie schützen (60v). Frey (1987, 185) hebt zu Recht hervor, dass sich besonders „die Wörter aus dem Sinnbezirk des Tötens" häufen, seien es Verben wie *martern, morden, töten* oder Adjektive wie *blutgierig* und *manschlächtig* usw. (vgl. dazu auch II. 10. 2. 2. 4). Dieser auf Hetze ausgerichtete Schreibstil äußert sich jedoch nicht nur in den oben beschriebenen offenen antijudaistischen und antiprotestantischen Beschimpfungen und Diskriminierungen, also in den von ihm vorgenommenen expliziten Prädikationshandlungen, oder in einer emotionalisierten bzw. emotionalisierenden Sprache. Er äußert sich auch nicht nur in expliziten oder impliziten Leseransprachen, mit denen er sich deren Geneigtheit versichert (*darmit ainem gůthertzigen leser dieweil nit lang werd* 8v / *lieber frommer Christ* 30v; *Wilt du ainem juden vertrawen/ der dein todt feind ist* 24v) und eine klar abgrenzbare Gemeinschaft mit ihnen einfordert, sondern der Stil zeigt sich immer wieder auch in präsuppositional gefassten Prämissen und Unterstellungen. Mit ihnen beschwört Eck eine allgemeine Diskurs- und Konsensgemeinschaft herauf, deren Wahrheitsanspruch nicht mehr hinterfragt werden muss.

> Eck, Verlegung 3r: den ain grosser verdacht fiel auf die Juden/ die sollich kinder mordt vor an andern enden auch gethan haben.
>
> Ebd. 16v: es sei Hosander oder ain ander Luterischer verfierer.

„Epistemisch" untermauert werden die vorgenommenen Setzungen durch Sprichwörter und unzählige Bibelsentenzen wie:

> Ebd. 3r: Ein reicher Jud/ vnd armer Edelman/ seind nit gůt bey ainander.
>
> Ebd. 4v: Wa man nit zů hört/ da treib nit vil wort: [Eccl. 32.]

Es hat sich gezeigt, dass es eine kaum übersehbare Reihe von gestalterischen Parallelen zwischen

- den Stereotypen (z. B. religiöse Verstocktheit, kognitive Blindheit, Teufelbund),
- den Ehrabschneidungsstrategien (Kompetenzverweigerung, Absprechen der persönlichen Integrität, Verketzerungsstrategie),
- den Ideologisierungsstrategien (kollektiver Singular, Historisierung, Universalisierung der Argumente, Kriminalisierung, Dehumanisierungs-, Pathologisierungs- und Befleckungsmetaphorik)
- und der bewusst eingesetzten Sekundärstigmatisierung gibt,

mit denen Eck, aber auch schon sein ideologischer Vorgänger Pfefferkorn, gegen ihre unterschiedlichen Gegnertypen vorgingen, also sowohl gegen den innerchristlichen konfessionellen wie auch gegen den außerchristlichen jüdischen Gegner.

Als wichtige Parallele zwischen beiden hat sich die Sekundärstigmatisierung erwiesen, bei der der innerchristliche Gegner dadurch als „Jude" semantisiert und pragmatisiert wird, dass man alle antijudaistischen Prädikationen mit den entsprechenden Handlungsaufladungen auf ihn überträgt.

Zu den genannten Parallelen kommen noch allusionsartig vorgetragene inhaltliche Übereinstimmungen zwischen Eck und Pfefferkorn hinzu. Eine davon betrifft die Vorstellung, wie man die Juden *halten solle*. In Pfefferkorns Ausführungen sollen sie

> Pfefferkorn, Brantspiegel Av (Köln 1512): haymlich gemach fegen vnd strossen keren | Des hungers musten sy sich so erneren. | Auch stainbrechen vnd mörter tretten | Vnd das vnkrauyt in dē felde vß getten| Dan worden sy von anderen synnen. | Wa sy yr broyt mit arbeit gewynnen.

Eck greift diese Vorlage fast zitierend auf:

> Eck, Verlegung 90v: so solt mans knechtlich halten/ vnd nit so herrlich: in ainer stat gassen seübern/ haimlich gegmåch raumen/ das vnziuer auff gassen außtragen/ schelmen auß ziehen/ gråben machen vnd raumen/ vnd sunst mit der hand arbaitē.

## II. 10. 2. 3. 2. Das antijudaistische Diskursuniversum

Bürgerliches Arbeitsethos und Verknechtung der Juden gehen, wie der zuletzt zitierte Beleg zeigt, Hand in Hand. Ob man auf Berthold von Regensburg, Hans Folz, Michel Beheim, Eberlin von Günzburg oder eben auf Johannes Pfefferkorn und Johannes Eck verweist: Die Formulierungen gleichen sich (vgl. dazu auch Kapitel III. 4, in dem die sprachlichen Einzelstrategien wie die inhaltlichen Stereotype systematisch zusammengetragen werden). Sie alle beruhen auf einem feststehenden Fundus diskursiver Inhalte, in den volksnarrative Erzählstoffe und -fragmente eingegangen sind und der auch für gebildete Kreise nutzbar gemacht wurde. Eck konnte inhaltlich wie sprachlich bedenkenlos darauf aufbauen.

> Hägler 1992, 175: Der ganze Sammlerfleiß ist ausschließlich darauf gerichtet, judenfeindliche Stereotype zu erhärten, teils im Hinblick auf eine Rechtfertigung des Ritualmordvorwurfs, teils zur Verfestigung der vorhandenen Denkkategorien.

Die vorgestellten Volksnarrative stellen ebenso wie die Fachgutachten demnach Ausschnitte eines allgemein akzeptierten Denk- und Diskursuniversums dar, bei dem die zeittypisch als normal und richtig angesehenen Vorstellungen über Juden variantenreich ausformuliert werden. Auch wenn Reuchlin im humanistischen Sinne an den Vorurteilen gegenüber der hebräischen Sprache und den hebräischen Texten rüttelte, verharrte er selbst doch im antijudaistischen Denksystem. Allein Osiander rebellierte gegen die Erwartungshaltung der Zeit, stellte sich außerhalb des herrschenden antijudaistischen Wissens-, Handlungs- und Meinungssystems und griff es an. Was Osianders Text zur Ausnahme macht, ist seine logisch argumentierende Art, die Systematik seiner Begründungen. Indem er die beweisbaren, greifbaren und logischen Schlüsse, die er durch den vertrauten Umgang mit den Juden und aus seiner Kenntnis des Hebräischen zog, den durch Aberglauben bedingten und polemisch eingesetzten Narrativen entgegenstellte, konnte er das antijüdische Denksystem der Zeit zumindest hinterfragen, zerstören aber konnte er es nicht. Denn auch er musste sich zumindest argumentativ auf das übliche Vorurteilssystem einlassen, um es mit rationalen Argumenten widerlegen zu können. Das bedeutet eine Systemkollision: auf der einen Seite rationale Argumentation, auf der anderen die Anhäufung legitimierender Bibelzitate, direkter Gottesanrufungen und die Schaffung kriminalisierender, Körper wie Seele erfassender Bedrohungsszenarien. Dies ist ein prinzipielles Problem. Kann man gegen Hass-Polemik vernünftig argumentieren, ohne dabei die Sprache des Kontrahenten zu perpetuieren?

Osianders Kritik war dadurch möglich geworden, dass das gesellschaftliche System des beginnenden 16. Jahrhunderts bereits mit der Reformation ins Wanken geraten war und damit auch einige der Prinzipien, auf denen antijudaistisches

Denken bis dahin beruhte, angetastet waren. So mussten die zeitgenössisch außerordentlich beliebten Wallfahrten zuerst einmal theologisch von Luther und der Reformation verworfen werden, bevor sie von Osiander als katholische Geldquelle und damit als Betrug entlarvt und denunziert werden konnten.[271] Doch auch wenn Osiander an manchen Stellen über den christlichen Tellerrand zu blicken in der Lage war, bleibt selbst er in einer Reihe von Punkten den Denkschemata der Zeit verhaftet, so wenn er im 18. Argument von der letzten Bekehrung der Juden ausgeht. Auch sein Blick ist christozentrisch.

Während Osianders Haltung immer die Bekehrbarkeit der Juden und deren Fähigkeit, sich zum Guten wenden zu können, präsupponiert, negiert Eck dies mit kategorialer Ablehnung und verweist auf das Jüngste Gericht, an dem die Juden merken würden, „das der Entichrist sie betrogen hat" (83v). Für ihn sind die Juden prinzipiell verdammt, ihre Bosheit ist angeboren oder mit der Muttermilch von Generation zu Generation weitergegeben. Immer wieder betont er, dass sie nicht bekehrbar seien (66r; 68r). Der Weg in die Moderne verläuft über beide Bahnen, wobei Ecks Naturalisierungsargumente, die Juden seien durch mütterliche Vererbung, wie sie sind, denjenigen die Richtung wies, die später den Rassismus befürworten werden.

Die Frage der Bekehrbarkeit weist im System der Zeit aber nicht nur auf eine kollektive Beeigenschaftung der Betroffenen hin, sondern verweist heilsgeschichtlich auf die Rückkehr des Messias und damit auf die Christen. Wenn der Messias von den Juden nicht anerkannt wird, kann die Welt nicht gerettet werden, so zumindest formulierte Reuchlin die in die Juden gelegte Hoffnung bzw. deren andauernde Verantwortung auch für die Christen. Der Vorwurf der jüdischen Verstocktheit, der in allen Schriften der Zeit toposhaft immer wieder auftaucht, betrifft also nicht nur das Heil der Juden innerhalb der christlichen Welt, sondern wieder vor allem das der Christen selbst und ihres Glaubens. Wie immer dreht sich der Antijudaismus letztlich also nur um ein Denken, das ausschließlich innerhalb des christlichen Systems als stimmig gelten kann. Und genau diese Frage nach der Rückkehr des Messias und damit nach dem nahenden Ende der Zeiten wurde im Zeitalter der Reformation mit neuer Dringlichkeit diskutiert. Die Rolle der Juden bekam im innerkonfessionellen christlich-reformatorischen Aushandlungsprozess somit auch für die Christen ein neues Gewicht. Eine neue Denkrichtung konnte sich daraus jedoch schon deshalb nicht ergeben, weil man diese glaubensgrundsätzliche Frage von vorneherein

---

271 Man könnte vermuten, dass ein Grund für den verschärften antijudaistischen Diskurs während der Reformation darin lag, dass mit dem Wegfall alter Begründungsformen (wie der Wallfahrt) eine Neuformierung und eine Stabilisierung der Grundablehnung auf anderem Wege erfolgen musste.

wieder zur Eigenpositionierung und Destabilisierung des Gegners funktionalisierte. Die Stabilität der Exklusion war umso wichtiger, als die Paradigmen von Inklusion und Exklusion im Zeitalter der Reformation insgesamt neu ausgehandelt werden mussten. Während die Trennung zwischen den christlichen Gruppierungen immer offensichtlicher zutage trat, und man oft nicht mehr wusste, wer zu welchen „Schwarmgeistern" gehörte (Anhänger Thomas Müntzers, Täufer, Zwinglianer usw.), verfestigten sich die Ressentiments gegen die Juden auch innerhalb der Reformatoren wieder.

II. 10. 2. 3. 3. Johannes Eck und Luthers Radikalisierung. Ein kurzer Exkurs

Der Glaube an die Bekehrbarkeit der Juden und damit an das baldige Ende des Elends in dieser Welt trennt, das sei hier nur angemerkt, auch den jungen vom älteren Luther. Hatte dieser 1523 in „Das Jesus Christus ein geborner Jude sey" (WA 11, 314–336) noch die Hoffnung, die Juden würden sich bekehren lassen, war er am Ende seines Lebens desillusioniert. In „Von den Jüden vnd jren Lügen" (WA 53, 417–453) schreibt er 1543: Man soll sie (521) „wie die tollen hunde aus jagen, damit wir nicht, jrer greulichen lesterung und aller laster teilhafftig, mit jnen Gottes zorn verdienen und verdampt werden". Auch er verschriftlicht nun die bekannten Topoi, zum Beispiel den vom teufelsbesessenen Juden (511), vom Gotteslästerer (436), vom Wucherer usw. Auch bei Luther fällt die Sekundärstigmatisierung auf, da er die Juden seinerseits gerne mit den Papisten parallelisiert und sie wie diese zum Beispiel *ungelerte grobe esel* (479) nennt. Doch selbst in seiner letzten Radikalisierung lässt er trotz der Verketzerung, Dämonisierung und radikalen Stigmatisierung der Juden nicht gänzlich von der Hoffnung ab:

> WA 53, 453: So hat auch hierin (hoffe ich) ein Christ, der sonst nicht lust hat ein Juede zu werden, so viel, das er sich der blinden, gifftigen Jueden nicht allein wol erwehren kan, Sondern auch der Jueden bosheit, luegen, fluchen mus feind werden und greiffen, das jr glaube nicht allein falsch, sondern sie gewislich mit allen Teufeln besessen sind. Christus, unser lieber [Joh. 17, 3] HErr, bekere sie barmhertziglich und erhalte uns in seiner erkenntnis, welche [1. Kor. 15, 58] das ewige Leben ist, fest und unbeweglich. AMEN.

Die vielen ‚Gründe', die für Luthers Radikalisierung angeführt werden könnten, liegen einmal in der Enttäuschung über die fehlende Bereitschaft der Juden, sich dem christlichen Evangelium, wie es die Reformation verstand, zuzuwenden. Es ist außerdem die Radikalisierung der konfessionellen Diskussion gewesen, die zu dem extrem schroffen Pamphlet Luthers geführt hat. Der gesamte reformatorische Streitdiskurs zwischen Protestanten und Katholiken instrumentalisierte den Ketzervorwurf gegenüber den Juden zur Sekundärstigmatisierung des jeweiligen innerchristlichen konfessionellen Gegners. Battenberg (2001, 85) ist zuzustimmen, wenn er schreibt: „Für die Juden hat sich Luther kaum interessiert, sie vielmehr als eher fiktive Gruppe in sein theologisches System eingebaut." Seine Enttäuschung führt ihn jedoch dazu, an einer Stelle genau das explizit zu formulieren, was Eck und die meisten seiner antijüdischen Parteigänger ausmacht. Juden sind zwar Objekt und Gegenstand des Gespräches, werden aber nicht als Gesprächspartner akzeptiert. Auch er sprach nicht mehr *mit* ihnen, sondern nur noch *über* sie.

> WA 53, 419, Von den Juden und ihren Lügen (1542/3): Auch weil sie so hart und schlegefaul worden sind, das sie nicht witzig werden wollen, aus der schrecklichen Plage, das sie nu uber vierzehen hundert jar im elende sind und noch kein ende oder bestimpte zeit durch so hefftig ewiges ruffen und schreien zu Gott (als sie meinen) erlangen kuennen. Helffen (sage ich) die schlege nicht, So ists gut zu rechen, das unser reden und deuten viel weniger helffen wird. Darumb sey ein Christ nur zufrieden und zancke mit den Jueden nicht, Sondern mustu oder wiltu mit jnen reden, so sprich nicht mehr, denn also: Hoerestu, Juede, Weissestu auch, das Jerusalem und ewer Herrschafft sampt dem Tempel und Priesterthum verstoret ist, nu uber 1460. jar? Denn dis jar, da wir Christen schreiben von der geburt Christi, 1542., sinds gerade 1468. jar und geht also ins 1500. jar, das Vespasianus und Titus Jerusalem zustoret haben und die Jueden draus vertrieben. Mit diesem Nueslin las sich die Jueden beissen und disputiren, so lange sie wollen.

Diese Gesprächsverweigerung hatte der jüngere Luther noch nicht. Nicht nur im Prozess der Bibelübersetzung hatte er den kommunikativen Austausch mit den Juden gesucht.

Deutlich ist, dass konversationelle Gewalt, wird sie einmal durchbrochen, wie es am Beispiel der Hebraisten Reuchlin und Osiander geschehen ist, dazu führen kann, dass Brücken gebaut und Vorurteile abgebaut werden. Luthers „Rückfall" mag, abgesehen von den üblichen Argumenten, von denen seine Enttäuschung über die Unbekehrbarkeit der Juden nur eines sein kann, wohl vor allem durch die polemische Radikalisierung der konfessionellen Auseinandersetzung begründet wurde. So wie Zwingli sich gegen den Vorwurf zu wehren hatte, er habe seine Theologie von den Juden gelernt,[272] so mussten sich auch Luther und die Protestanten immer wieder gegen derartige Verketzerungsstrategien verteidigen. Eck selbst hat, wie gezeigt wurde, genau diese Strategie ausgiebig genutzt. Darauf

---

272 Zwingli, Huldrych: Ain flyssige und kurtze Underrichtung, wie man sich vor Lügen (dero dise Zyt nit on Geverd voll louffend) hüten und bewaren sol. Getruckt zuo Zürich, [1524]. Vgl. dort: A iirff.

musste Luther reagieren. Mit seiner judenfreundlichen Schrift von 1523 hatte er sich ebenso angreifbar gemacht wie Reuchlin und Osiander. Dies nutzte Eck aus. Indem er die Protestanten pauschal und Osiander im Besonderen als Judenfreunde sekundärstigmatisierte und zugleich verketzerte, provozierte er deren radikale Abgrenzung von den Juden, wollten sie doch die Reformation nicht allzu sehr gefährden. Trotzdem: Was Luther angeht, so leben er und Eck jedenfalls hinsichtlich der Juden im selben Diskursuniversum, auch wenn Eck, so meine These, den Reformator in seiner Radikalisierung vor sich hergetrieben und aufgepeitscht hat.[273] Beide führen einen Diskurs fort, der lange vor ihrer Zeit begann, in den Kreuzzugspredigten und den Bußpredigten Bertholds seine ersten Höhepunkte hatte und durch die Reformation eine neue Qualität und Wirksamkeit erhielt. Und so bleibt es bei dem Fazit von Frey:

> Frey 1987, 189: Osiander steht mit seinen vernunftseligen Ansichten bei Freund und Feind [...] ziemlich allein da. Im antijüdischen Ressentiment sind sich Altgläubige und Protestanten einig.

II. 10. 2. 3. 4. Ecks Funktionalisierung der Juden, ein Fazit

Diskurse leben von inhaltsseitigen wie ausdrucksseitigen Versatzstücken, die an manchen Stellen fast ritualisierte Formelhaftigkeiten aufweisen. Der antijudaistische Diskurs hat seine typischen Stilzüge, seine Stereotype, seine Topoi, seine Hauptargumente und seine Formulierungsweisen. Eck hat sie gesammelt und für sich zu nutzen gewusst. Bedient hat er sich vor allem zweier Diskurslinien, zum einen schöpft er aus den Volksnarrativen zur Ritualmordlegende und zur Hostienschändung, die, wie gezeigt wurde, sich nicht nur aus dem Bodensatz abergläubischer Skandallust herleitete, sondern oft genug obrigkeitlich genutzt, gestützt, wenn nicht sogar konstituiert worden ist. Der zweite Diskursstrang geht auf den innertheologischen Fachdiskurs zurück. Der Reuchlin-Pfefferkornstreit stellt das anaphorische Diskursvorspiel zum konfessionellen Konflikt- und Streitfall dar, den der Protestant Osiander sich mit dem papsttreuen Johannes Eck liefert. Während Pfefferkorn und Reuchlin sich noch um den Stellenwert der traditionellen Scholastik im Verhältnis zu einer humanistisch geprägten Moderne stritten, bei dem die Wege letztlich auch zur Reformation gebahnt wurden, ist der Streit zwischen Eck und Osiander bereits der Abgrenzungsstreit zweier Konfessionen. In beiden Fällen sprachen und schrieben die Akteure zwar durchaus für

---

273 Ich stimme der These Obermans zu, dass Luther Ecks Schrift kannte, als er die letzte Judenschrift publizierte. Vgl. Hägler 1992, 140.

sich selbst, doch waren sie auch Stellvertreter für einen zeittypischen Aushandlungsdiskurs, der in erster Linie gerade nicht das Leben der Juden zum Thema hatte, sondern das der Christen. Eck kompiliert in seiner Auseinandersetzung mit Osiander nicht nur das vorgegebene antijudaistische Material, er nutzt auch die schon von Pfefferkorn gegen Reuchlin verwendeten Sekundärstigmatisierungsstrategien als polemisches Argument, schreibt sie geradezu aus. Insofern geht die Intertextualität weit über das bloße Zitieren und Kompilieren bekannter Argumente hinaus. Damit wird eine erfolgreiche zweisträngig doppelzüngige Diskriminierungsstrategie weitergeschrieben, bei der zum einen der Antijudaismus perpetuiert, ausgebaut, ausgefeilt, geradezu inskribiert wurde, bei der aber auf der anderen Seite auch die Binnensolidarisierung bzw. Gruppenstabilisierung bzw. -konstitution durch Ausgrenzung der konfessionellen Gegnergruppe sowie deren Dämonisierung und Verketzerung mittels des aggregativen wie des direkten Vergleichs mit den konsensuell längst verketzerten Juden und deren Religion vollzogen wird.

Hinzu kommt der propagandistische Effekt, dass Ecks Antijudaismus volksnah argumentiert und damit katholische Volksnähe ausdrückt und Osianders Vernunftargumentation eine Domäne der gebildeteren Schichten bzw. der Obrigkeit war. War die deutschsprachige Volksnähe bislang in der Regel der Siegesgarant der Protestanten, griff Eck sie nun für sich und die Sache der Katholiken auf. Frey drückt dies so aus:[274]

> Frey 1987, 191: man läßt sich eine Wallfahrt, eine ‚Gnad', einen Märtyrer nicht par ordre de mufti wegnehmen [...]. Das heißt, daß Vernunftargumente nur schwerlich Anklang finden, wenn sie von einem ‚Herrschenden' vorgebracht werden und wirklich oder vermeintlich die Grundfeste von praktizierter Tradition bedrohen. Das ist dann die Stunde der virtuosen, scheinbar volksnahen Propaganda, die vorgibt, die Tradition zu schützen vor der zerstörenden Rationalität der Herrschenden.

Die Funktion der Juden besteht (zusammengefasst) darin, den Christen eine Projektionsfläche zu bieten, auf der sie sich in einem Selbstvergewisserungsdiskurs abgrenzen, abheben, solidarisieren und gegenseitig disziplinieren konnten. Diese Instrumentalisierung zeigt sich nicht zuletzt noch einmal in der Begründung, warum man die Juden trotz ihrer unterstellten Grausamkeit und Bedrohlichkeit dennoch duldet. Zunächst erinnert auch Eck daran, dass „die kirch auß den Juden ist angefengt vnd erbawen worden" (81vf.), dass Christus sowie die Apostel Juden waren und das Alte wie das Neue Testament von Juden verfasst ist. Daraus eine Bruderschaft oder positive Tradition zu entwickeln, liegt ihm

---

[274] Es bleibt natürlich zu fragen, inwieweit man die prostetantische Volksnähe mit derjenigen Ecks vergleichen kann.

jedoch fern. Die Juden werden geduldet, weil sie im Kontext der christlichen Geschichte als Gottesmörder heilsgeschichtlich als bedeutsam galten. Ihre Duldung liegt also vor allem in ihrem Vergehen gegen Christus, im „Gottesmord", begründet. Nur zu dessen fortwährender Zeugenschaft seien die Juden da. Ihre leidvolle Existenz wie ihre Diaspora bezeugen für jedermann augenscheinlich die von Gott erteilte Strafe für den Mord an Christus. Und weil diese Strafe so hart ausgefallen ist, zeugt sie wiederum dafür, dass der Gekreuzigte tatsächlich Gottes Sohn gewesen sein muss. Man duldet die Juden demnach „das sie wurden deß glaubens zeügen zů sein/ dem sie feind seind" (83v). Wieder werden die Juden in den Dienst der christlichen Gruppenbildung gestellt, sind wesentlicher Teil der christlichen Heilsgeschichte, werden als Staffage zur Aufwertung der Christen (Hägler 1992, 121) funktionalisiert.

War die Identität der Christen maßgeblich durch den Blick in das Gesicht des Anderen entstanden, das seit der Christianisierung zumeist das jüdische Antlitz war, so wurde der antijüdische Diskurs im Laufe der Geschichte immer mehr zu einer Art verschobenen Kampfplatzes, bei dem die Juden zur wirksamen Ausgrenzungs- und Verketzerungsstrategie benutzt wurden und ihre Rolle als die religiöse Gruppe, von der man sich abzugrenzen hatte, verloren. Doch was man beibehielt, waren der lange eingeübte Hass und die erfolgreich an ihnen erprobten polemischen Strategien. Das hat der kurze Einblick in den Diskurs zeigen sollen, in dem sich nicht nur Ecks Judenschrift verortet.

# III. Die ausgegrenzten Gruppen im Frühneuhochdeutschen

## III. 1. Bettler – eine sprachhistorische Analyse

Der Lexikograph Georg Henisch schreibt in seiner „Teütsche[n] Sprach und Weißheit":

> Henisch 114 (Augsb. 1616): Der arme Man muß draussen für der thür stehen.

‚Armut' ist ein signifikantes Merkmal fast aller im Folgenden zu diskutierenden Randgruppen. Sie ist sowohl Ursache als auch Folge der Ausgrenzung. Die Gruppe, für die Armut als semantisch konstitutiv angesehen werden muss, ist die der Bettler. Die Art ihrer Ausgrenzung hängt in besonderem Maße vom jeweiligen Armutsbegriff innerhalb einer Gesellschaft ab. Schon in der Spätantike könne man, so der Historiker Gerhard K. Schäfer (2008),[275] zwei parallele Begriffslinien nachzeichnen, zum einen die rechtshistorisch relevante Sozialkonnotierung des Codex Iustinianus (anno 529), die eine Unterscheidung zwischen arbeitsunfähigen unterstützenswerten Armen einerseits und starken, d. h. arbeitsfähigen Armen andererseits macht. Die zweite, eindeutig positiv konnotierte Linie entstamme der christlich-theologischen Tradition. Besonders Augustinus habe aus den Evangelien heraus ein Armutsideal begründet, das die freiwillige spirituelle Armut, als Möglichkeit, Gott nahe zu kommen, zum festen Bestandteil der christlichen Demutstheologie erhoben habe. Der freiwillige Verzicht finde in den Ordensregularien der späteren Bettelorden seinen Niederschlag und propagiere von dort aus eine besondere Würde der Armen. Es scheint eine durch die Geschichte hindurch verfolgbare Semantik zu geben, in der Armut so etwas wie >Mangel an weltlichen Gütern< und >Mittellosigkeit< bedeutet, unabhängig davon, wie diese verursacht wurde und wie man mit ihr umgeht.

Doch noch im frühen Mittelalter, so argumentiert Schäfer (2008, 221 ff.) nun linguistisch, habe das Adjektiv *pauper* gar nicht im Gegensatz zu ‚reich an Gütern und materiellem Besitz', sondern im Gegensatz zu *potens* >mächtig, waffentragend< gestanden und damit vorwiegend den Aspekt der gesellschaftlichen Ohnmacht und Wehrlosigkeit betont, einen Aspekt, auf den ich später noch einmal zurückkommen werde.[276] Erst mit dem Bevölkerungswachstum des 11. Jahrhunderts, dem Aufblühen der Städte und der Geldwirtschaft gewinne das

---

275 Schäfer 2008, 221–242. Vgl. auch: Hunecke 1983, 491 ff.
276 Zur Kritik an diesem Vorgehen: Lobenstein-Reichmann 2011, 72 f.

Gegensatzverhältnis von *arm* und *reich* (im Sinne von lat. *dives*) an Bedeutung. Die soziale Frage wird mit dem Entstehen der Lohnarbeit zur Herausforderung an die *liberalitas* der Gemeinschaft, die Großzügigkeit der reichen Zeitgenossen gegenüber den Bedürftigen. Bedeutende Theologen wie Thomas von Aquin propagierten in dieser Zeit das Almosengeben als christliche Grundhaltung.

Doch mit der Schwarzen Pest (1348) kommt es zu einem umgreifenden Wandel im Armutsdiskurs und schließlich zur Stigmatisierung der Armen. Jetzt werden die als unwürdig kategorisierten Armen einem negativen, in der Regel kriminalisierenden Prädizierungshandeln unterworfen. Die repressive Sozialdisziplinierung derjenigen Menschen, die als „unwürdig", da arbeitsfähig, aber arbeitsunwillig klassifiziert werden, beginnt.[277]

> Schäfer 2008, 234ff.: Die Zeitspanne zwischen 1348 und ca. 1520 ist wesentlich dadurch charakterisiert, dass sich in dialektischem Wechselspiel von Armutsrealität und Armutsbewertung das Stereotyp vom lästigen, Furcht einflößenden und unwürdigen Armen herausbildete. Dieses Stereotyp dominierte in immer stärkerem Maße das gesellschaftliche Bild des Armen. Die religiöse Identifikation der Armen als pauperes Christi wurde verdrängt durch die Figur des hässlichen und kriminellen Armen, die zu einem verbreiteten literarischen Topos avancierte.[278]

Was aus der Perspektive des Historikers als ein Staffellauf sich ablösender Semantiken erscheint, müsste sich auch in den Wortgebräuchen spiegeln. Doch es zeigt sich, dass in frnhd. Zeit alle Bedeutungen mit ihren konnotativen und deontischen Bedeutungsdimensionen gleichzeitig vorhanden sind. Der Artikel *arm* im FWB veranschaulicht dies ebenso (vgl. dazu ausführlich Kapitel III. 1. 6) wie die nun folgenden Ausführungen zu den semasiologischen, onomasiologischen und wortbildungsmorphologischen Vernetzungen von *betler*.

Der Artikel *betler*, dessen Belege im FWB sich über das gesamte Frnhd. erstrecken, ist eine Fundgrube für stereotypische Stigmatisierungen. Der Bettler wird als Angehöriger einer sozialen Gruppe gesehen, der generell moralische und soziale Defizienz ('Faulheit', 'Raffgier') zugeschrieben wird und von der gruppentypische Handlungen wie Stehlen, Trinken, Betrügen erwartet werden. Bettler sind deshalb immer wieder Gegenstand obrigkeitlicher Maßnahmen, aber auch Objekt allgemeinsprachlich greifbaren Hohnes und Spotts, von Kriminalisierung und moralischer Abwertung.[279] Parallel zur Negativkonstruktion findet

---

277 Vgl. dazu: Schäfer 2008, 221.
278 „Ihre [Obrigkeit] zunehmend rigorose Abwehrpolitik trug letztlich eher dazu bei: ‚eine Schicht kaum mehr sozialisierbarer Menschen' zu schaffen" (Schubert 1990, 186, hier zitiert nach: Hippel 1995, 33).
279 Vgl. dazu auch: Irsigler / Lassotta 1989, 17–67.

eine religiöse und moralische Überhöhung des Bettlers statt, und zwar in Richtung auf Werte wie ‚Würde der Armut, tiefe, da nicht durch Verhaftung in äußerem Reichtum gestörte Frömmigkeit', daraus resultierendes ‚moralisches Verhalten', darunter immer wieder ‚Ehrlichkeit'. Die letztgenannten Zuschreibungen beschränken sich zunehmend auf den religiösen Kontext. Das positive Spiegelbild zeigt sich denn auch bald in einer bestimmten textlichen Distribution, die auch für *arm* gilt: Die Tradition des Adjektivs *arm* im Sinne von >aus religiösen Gründen freiwillig arm< läuft im 15. Jahrhundert aus; würdig *arm* im Sinne von >moralisch integer, herausgehoben< findet sich bis zum Ende der Sprachepoche, allerdings eher als moralischer, gehäuft in didaktischen Texten oder Textpassagen auftretender Gegenbegriff gegen die frühbürgerliche / frühkapitalistische Verteilung des Reichtums und weniger als positive Bewertung einer sozialen Existenzweise. Mit diesen einleitenden Ausführungen wird deutlich, dass Wortsemantik das Resultat einer zeitspezifischen Bewertungs-, das heißt Prädikationspraxis ist.

## III. 1. 1. Der *Betler* und seine zeittypischen Prädikationen

Negativzuschreibungen erfolgen in der Regel vermittels bestimmter immer wiederkehrender Prädikationen. Eine Prädikation ist keine grammatische Kategorie (vgl. dazu Kap. II. 3.), sie ist also nicht gleichzusetzen mit dem grammatischen Prädikat. Es handelt sich vielmehr um eine textlinguistische Kategorie, die man als ‚Zuschreibung von Inhalten' in welcher sprachlichen Form auch immer definieren könnte: Mit prädizierenden Aussagen werden den Bezugsgegenständen oder Sachverhalten eines Textes, hier den Bettlern, bestimmte Eigenschaften zugeschrieben, die, wenn man sie regelmäßig wiederholt, zu stereotypen Eigenschaften werden können.[280] Ob die in Betracht kommenden Inhalte in irgendeinem Sinne ‚real' begründbar sind und begründet werden oder ob sie als interessebedingte ideologische Setzungen verstanden werden müssen, ist für den Status der Zuschreibung als sprachliche Handlung irrelevant: Entscheidend für ihre zeittypische Funktion ist aber das Verhältnis von Begründbarkeit (die hier einmal angenommen werden soll) und freier Setzung (die es offensichtlich gibt). Letztere kann so dominieren, dass einzeltextliche und kollektive Fiktionen entstehen, die stufenlos zu gesellschaftlicher Realität werden.

Die wichtigsten grammatischen Formen in denen diese Zuschreibungen erfolgen, sind direkte Aussagen mittels grammatischer Prädikate aller Art, besonders vermittels Verben. Hinzu kommen eher indirekte nominale oder adjektivische

---

280  Vgl. dazu: von Polenz 2006, 125ff.

# 1. Bettler – eine sprachhistorische Analyse

Attribute, jeweils in Verbindung mit unterstützenden Gestaltungsmitteln. Hinsichtlich des Verbs heißt das bei Hörmann:

> Hörmann 1994, 437: Das Verb steuert das Verständnis; es gibt Anweisung, wie die durch die Wörter etc. repräsentierten Begriffe und Einzelinformationen in der Prädikation zusammenzufassen und zu organisieren sind.

Man könnte das Verb daher als Stereotypenorganisator bezeichnen, vor allem aber als Stütze zur Memorierung, denn, so wieder Hörmann (ebd.): „Verbum und Argumente bilden eine Einheit im Gedächtnis".

Typische Syntagmen, das heißt stereotype Zuschreibungen, lauten in frnhd. Zeit: Bettler *stelen, gehen in das wirtshaus, sitzen vor der kirche* [um zu betteln], *haben viel kinder, bescheissen das land, genären sich (nicht) von der arbeit*. Die wichtigste Stereotypenliste für Bettler, die zweifellos bis in die Gegenwart hineinwirkt, wäre damit zusammengestellt. Georg Henisch kann mit seiner Sammlung als Brücke über die Zeiten gelesen werden.

> Henisch 345 (Augsb. 1616): Mutwillige / Gottlose betler / geben gern Verrhâter / mordkremer / vnd meuchelmörder.

Der Beleg hat *betler* als Gegenstand der Aussage; die Prädikation formuliert sentenzenhaft eine soziale Gesetzmäßigkeit – wenn auch durch *gern* gemildert. Die prädikativ gebrauchten Substantive sind wortbildungsmorphologisch gesehen Nomina agentis auf *-er*, stilistisch betrachtet Teile einer Dreierreihe, die nach dem Gesetz der wachsenden Gliederzahl geordnet und aus diesen Gründen besonders eingängig und gut memorierbar ist. Das Subjekt steht im kollektiven Plural (ohne Artikel), meint also den *betler* schlechthin. Seine beiden Adjektivattribute haben bezeichnenderweise keine die kategoriale Leistung des kollektiven Plurals aufhebende deskriptiv-charakterisierende Funktion, sondern sind vom Autor als Epitheta (mit dem Marker: *Epith*), das heißt hier als Epitheta ornantia, in anderer Terminologie als synthetische Beiwörter gemeint, die ohnehin im Substantiv enthaltene (analytische) Information überflüssigerweise synthetisch ausdrücken, so als würden sie Neues bringen. Kollektiver Plural und schmückende Beiwörter zusammen fingieren eine gesellschaftliche Pauschalgröße *betler* und erhöhen deren Faktizität durch gesetzesartige Aussagen, die alle Glieder der betroffenen Gruppe typisieren. Je häufiger solche Negativkennzeichnungen erfolgen und variiert werden, desto tiefer prägen sie sich in das Gedächtnis der Sprachteilhaber ein, werden stereotypisch und dienen dann zur Begründung einer negativen Kollektividentität, einer *virtualen sozialen Identität* (Goffman 2008, 19).

Dies gilt insbesondere unter folgendem Aspekt. Substantivgruppen wir *mutwillige bettler* [...] haben grammtisch gesehen zwei Lesarten. Die eine lautet:

Bettler sind immer mutwillig. Die zweite lautet: diejenigen Bettler, die mutwillig sind. Wenn analytische Aussagen gebracht werden, dann hebt sich die zweite Lesart auf. Es gibt nicht dasjenige hölzerne Hölzchen, das [...].

Adjektivattributionen sind, wie in Kap. II. 3 beschrieben, ihrer Funktion nach ein entscheidender Prädizierungs- bzw. Bewertungsort. Einige typische Adjektive zu *betler* wie zum Beispiel *gering* konstituieren den am untersten Rand der Gemeinschaft anzusiedelnden Sozialstatus. Andere, wie *landstreichend, umschweifend*, aber auch wie *mutwillig / gotlos* und *unverschämt* spiegeln die übliche moralische Bewertung. Dabei kann, wie bei *landstreichend*, die Grenzziehung zu einer anderen Gruppe, eben den Landstreichern, aufgehoben werden; oder es kann, wie bei *gotlos*, die Nähe zu den Ketzern suggeriert werden. In beiden Fällen wird die moralische Defizienz (*betler + landstreicher*) gleichsam verdoppelt und kann in allen ihren Nuancen weiter ausgefächert werden.

Es gibt auch Eigenschaftswörter, die explizit den Rechtsstatus definieren: *Stark* oder *unbresthaft* sind frühneuhochdeutsch terminologisierte Kategorisierungen für arbeitsfähige Arme. Wurde ein Bettler als *stark* bezeichnet, unterstellte man seine Arbeitsfähigkeit, folglich durfte er nicht betteln, hatte kein Anrecht auf kommunale Almosen und wurde in der Regel aus der Stadt ausgewiesen. Entsprechendes galt für *fremde* Bettler.

> Sachs 22, 34, 9 (Nürnb. 1524): Ich gib kaynem sölchen starcken betler ychts, wann das betteln ist verboten.

Eine Kollokation, die durch ihre performative Widersprüchlichkeit ins Auge fällt, bezeichnet / schafft einen besonderen Typ des *betlers*, den *reichen betler*.

> Henisch 345 (Augsb. 1616): Vier reiche betler seind in der Welt / Augustiner / Barfüsser / Carmeliten / Prediger.

Diese Attribuierung impliziert pragmatisch einen Betrugs- und Täuschungsvorwurf; die Kollokation bekommt Schlagwortcharakter. Solche stilistisch auffälligen Ausdrucksweisen dienen der kommunikativen Anprangerung so effizient, dass sie auf andere Wortgebräuche zurückwirken. Nur auf dem Hintergrund des Wissens um den Wortgebrauch des *reichen Bettlers* ist die gegensätzliche (unter logischem Aspekt analytische und damit überflüssige) Kollokation des *armen Bettlers* verstehbar, denn ein Bettler ist ja per definitionem arm bzw. Armut gehört zur distinktiven Kennzeichnung seiner sozialen Existenz. Die vermeintliche Tautologie erklärt sich aus den üblichen Kollokationsfeldern: Weil es den reichen Bettler als Anprangerung gibt, muss sein positives Pendant, der arme Bettler, der als wirklich arm und almosenwürdig angesehen wird, explizit als arm nachepithetisiert bzw. nachdefiniert werden. Dies ist umso nötiger, als der Konnotationsrahmen des Wortes *betler* nun prinzipiell negativ gestimmt ist und die Mitleidsfrage nur für den tatsächlich Armen gestellt werden darf. In diesen Nachdefinitionskontext können auch andere, in ähnlichem Sinne verwendete Adjektive wie *alt* oder *blind* eingefügt werden. Sie machen nicht nur deutlich, dass der Bettler wirklich arm ist, sondern auch, dass die hauptsächlichen Ursachen für Armut und Hilflosigkeit Alter und Krankheit sind.

Doch auch diese Begründungszuschreibungen werden in bestimmten Texten (wie z. B. dem „liber vagatorum") wiederum durch überlagernde weitere Zuschreibungen oder durch epistemische Partikel wirksam in Zweifel gezogen: Der blinde Bettler ist dann nicht mehr wirklich blind, sondern täuscht seine Blindheit nur vor, ist ein Betrüger, der das Mitleid der Anderen ausnützt. Das Ergebnis solcher Semantisierungen / Pragmatisierungen ist jedenfalls ein semantischer Übergang von den unwürdigen Armen, die in der Regel einfach als Bettler bezeichnet werden, zu den Kriminalisierten der Zeit, den Gaunern, Dieben und Vagabunden, insgesamt allen als moralisch verwerflich angesehenen Personen.

### III. 1. 2. Die Onomasiologie des Wortes *betler*

Die onomasiologische Vernetzung bestätigt die vorgetragenen Ausführungen. Für *betler* sieht sie in ihren Grundzügen folgendermaßen aus:

*Almosensamler, beghard, begutze* >heuchlerischer Bettler, Schmarotzer<, *bitter 2, blikschlaher* (semantisches Merkmal: 'Vagabund', 'Betrüger'), *gartknecht* >vagabundierender, herumziehender, herrenloser Landsknecht<; *gäufer 2,* $^1$*geiler 1* >zudringlicher (unverschämter) Bettler<, *gesinde 6, grantner* (>Bettler, der vorgibt, eine schwere Krankheit zu haben, Gauner<; Rotwelsch), *heuschrecke 1, jaufer* >Gauner, Bettler, Hausierer<, $^2$*klant* >Bettler, der eine schwere Krankheit vortäuscht, Gauner< (Rotwelsch), *klenker* >Bettler, der eine schwere Krankheit vortäuscht< (Rotwelsch), *landesbetler* >im Lande umherziehender Bettler, Taugenichts, Vagabund, zum fahrenden Volk zählende Person<, *landfarer 2, landstreicher, müssiggänger, paltenäre, parasitos, poverellus, pracher, pultener* (>Landstreicher<), *schmarotzer, schotten, schräpler, Schwanfelder* (s. *blikschlaher*), *spieler, stabyl* (aus dem Rotwelschen), *sterzel 1* >Müßiggänger, Bettler, Herumstreichender<, *sterzer, stabstreicher, steckenbube, steckenknecht, streifer, suppenfresser, tatter, zigeuner; unbekannte frembde personen, prediger* (bdv. zur Spezialbedeutung >Mitglied eines Bettelordens<; speziell: *Augustiner / Barfüsser / Carmeliten), Tattern / Dieb, gerende leute.*

Nahezu alle Einheiten dieser Auwahlliste sind pejorativ gemeint und könnten durch eine Anzahl extensional gebrauchter Negativausdrücke wie *lose leute* ergänzt werden. Sie sind zudem alle schimpfworttauglich, was ihre abwertende Funktion zusätzlich unterstreicht. Der Rahmen der Vernetzung zieht sich jedenfalls vom *almosensammler* über den *schmarotzer* und *müssiggänger*, *landstreicher* und *zigeuner* bis hin zum verbrecherischen Gauner jeder Art. Auch die Metapher *heuschrecke* wird bereits in frnhd. Zeit bemüht, um die Bettler als Landplage zu dehumanisieren.[281]

Wird das Wort *Bettler* in einer bestimmten Zeit von einem bestimmten Sprachteilhaber in einem bestimmten Kontext benutzt, so ist zwar die jeweilig gemeinte (okkasionelle) Kontextbedeutung relevant, aber alle anderen möglichen, das heißt regelhaft auftretenden und damit auch regulären anderen semantischen Nuancen und Varianten schwingen als Hintergrund mit. Sie bilden die mehr oder minder bewusste semantische wie pragmatische Inhalts- und Gebrauchsmatrix des Ausdrucks. Sie konstituieren sowohl seinen notativen Bedeutungsrahmen als auch den konnotativen und den deontischen Gebrauchsrahmen des Wortes. Die Matrix wird kulturspezifisch durch die Kette der zum Wort üblichen Interpretanten (im Sinne von U. Eco, Ch. S. Peirce) geprägt. Eine solche Kette liegt mit der oben aufgeführten Liste für *bettler* vor. Es ist aufschlussreich, den Gliedern dieser Kette einmal im Detail zu folgen.

Geht man von einem beliebigen Wort der Liste aus, z. B. vom erstgenannten *almosensamler* >Bettler, Almosenjäger<, so erschließt sich schnell der negative Konnotationsrahmen, der das gesamte onomasiologische Feld zu *bettler* bestimmt. Auch das scheinbar neutrale *almosensamler* wird durch den aggregativ gestalteten Belegkontext interpretiert und negativ konnotiert.

> WINTTERLIN, Würt. Ländl. Rechtsqu. 2, 562, 14 (schwäb., 1510): Es soll auch kain amptman kain varenden schulern, würst buben oder juff buben oder allmusensamler an die kirchen oder sunst, die dem kirchherrn nit versigelt hand gezeigt haben, daß sie nicht sachen füren, samlen und die leut übergan laussen.

*Almosensamler* erscheint im Beleg mit den Ausdrücken *varende schüler, würst buben* und *juffbuben*. Dabei dominiert das ‚faren' mit seiner implizierten Nähe zur spielerischen, noch nicht kriminellen Gaunerei. Bedeutungsverwandt zu *jaufbube* >Gauner, Vagabund< sind nun *trosser, jaufer, jaufkind*. Mit diesen Wörtern, speziell mit dem Morphem *jauf-*, eröffnet sich wieder ein Wortfeld des Verbrechens, vorzugsweise der Gaunerei. Verfolgt man den so eingeschlagenen Weg weiter, so gelangt man in fließendem Übergang nicht nur zur Kriminalisierung, sondern auch zur sittlich-moralischen Diskreditierung im moraltheologischen und soziologischen Sinne, etwa dann, wenn Eberlin 1524 (3, 249, 22) über „hurerey, hurische, yuffische, narrische, lesterliche wort vnnd weyss" schreibt.

---

[281] Fish, Simon / Franck, Sebastian (1529): Klagbrieff oder supplication der armen dürfftigen in Engenlandt, an den König daselbs gestellet, wider die reychen geystlichen bettler. Nürnberg.

Mit dem Adjektiv *jaufisch* 1. >spaßhaft, spöttisch< charakterisiert man eine Art des Sprechens, die von den Autoren als ‚lästernd, moralisch unangemessen' bewertet wird. Entsprechendes gilt für die Prädikationen, die sich mit *hurisch, lästerlich, närrisch, spötlich* verbinden. Mit der Bedeutung 2 von *jaufisch,* >erbärmlich<, wird das Merkmal der Armut wieder aufgenommen. Das mit *jaufisch* aggregierte und damit in dessen semantische Nähe gebrachte *hurisch* repräsentiert den Übergang zum Sittlichkeitswortschatz. Die einzelne Assoziationskette geht demnach in eine umfassende Diskreditierung über. Der eigentlich nur bedürftige *almosensamler* wird durch die Kontextualisierung mit *jaufbube* und weiteren Ausdrücken in allen mit ihnen verbundenen semantischen Ausfächerungen in einem einzigen Satz sowohl kriminalisiert als auch sittlich-moralisch diskreditiert, zumindest an den Rand von ‚Verbrechen' im oben unterschiedenen rechtlichen und moralischen Sinne, wenn nicht gar in dessen engeren Kreis hineingetextet. Da *almosensamler* nur ein anderer Ausdruck für *bettler* ist, fällt dies automatisch auch auf dessen Bezugsgrößen, also auch auf *bettler* zurück.

## III. 1. 3. Die Wortbildungsfelder mit *jauf-* und *geil-*

Wie die bedeutungsverwandten Ausdrücke sind auch die Glieder eines Wortbildungsfeldes als Kette von Interpretanten zu verstehen, und zwar nunmehr insofern, als (in der Regel) ein einziges Morphem als Klammer über alle Glieder eines Wortbildungsfeldes fungiert. Damit ist die sog. *Motivationssemantik* angesprochen. Das ist diejenige Dimension der inhaltsseitigen Ordnung lexikalischer Einheiten, die auf der Durchsichtigkeit eines feldbildenden Morphems beruht. Ein solches Morphem hat eine Basissemantik, die in mehr oder weniger direkter Weise die Bedeutung aller Einheiten des mit ihm gebildeten Feldes mitbestimmt.

Als Beispiel möge hier zunächst das schon angeführte *jauf-* dienen, das im Frnhd. eine gewisse wortbildunsgsmorphologische Fruchtbarkeit zeigt: Wir haben *jaufer, jauferei, jaufisch, jaufkind, jauflich, jauflied, jaufsache, jaufteiding* und weitere Bildungen in teils dichter Belegung. Vier assoziativ miteinander verbindbare semantische Merkmale kennzeichnen das Feld:

1. Ein Teil der Wortbildungen ist durch das deutlich negativ konnotierte Merkmal ‚grober Scherz, Spaß, Spott' geprägt. Das Adjektiv *jauflich* zum Beispiel charakterisiert demnach nicht nur unschuldig Fröhliches oder Lustiges, sondern Handlungen und Verhaltensweisen, die jenseits der Grenzen des moralisch Erlaubten liegen. Substantive, die mit *jaufisch* näher bestimmt werden, öffnen den Rahmen zum negativ konnotierten Gauklertum.

2. Das zweite inhaltsbestimmende Merkmal ist die Nichtsesshaftigkeit, bezogen auf Vagabunden und Hausierer aufgrund ihrer als nicht ordnungsgemäß empfundenen Lebensform. Gemeint sind damit wiederum Gaukler, Bettler, Tagelöhner und Hausierer, aber auch Zigeuner.
3. Das dritte Kennzeichen ist die Armut. Sie geht alle durch sie charakterisierten oder gar definierten Personen an und muss als der kleinste gemeinsame semantische Nenner aller hier diskutierten Gruppen angesehen werden. Der Sprachgebrauch zeigt dabei keinen Unterschied, ob Armut Voraussetzung oder Folge der Ausgrenzung ist.
4. Als wichtigstes pragmatisches Merkmal ist der Kriminalitätsvorwurf zu nennen. *Jaufer* sind der Bedeutung nach >Gauner<.

Die semantischen Merkmale der *jauf*-Bildungen orientieren sich an der Frage des Angemessenen, Normalen, an der von einer Gesellschaft als rechtmäßig gesetzten Ordnung. Es zeigt sich, dass Spaß und Spott ohne rechtes Maß negativ als das Unangemessene bewertet werden. Auch das Unterhaltsame und Lustige hat seinen fest angewiesenen Platz im Ordnungsgefüge des frnhd. Sprachgebrauchs. Zusammen bilden die oben genannten semantischen Merkmale ein Bewertungsnetz, das in vielerlei Gewichtungen und Variationen die rechtliche und die sozialgesellschaftliche Ausgrenzung fast aller betroffenen Gruppen (ausgenommen der religiös ausgegrenzten) möglich macht. Mit dem Gebrauch jedes der mit *jauf*- gebildeten Ausdrücke (wie generell der Einheiten von Wortbildungsfeldern) ist demnach die Gesamtheit der genannten semantischen Merkmalsgebungen aufgerufen, wobei einmal – geradezu oszillierend – eher das eine, ein anderes Mal eher das zweite oder das vierte dominieren kann. Im vorliegenden Fall ist immer die Negativierungssemiose entscheidend. Dies bedeutet, wie schon in Kapitel II. 4. 2. zur aggregativen Diskriminierung ausgeführt, dass das aggregativ neben einen *jauf*-Ausdruck gestellte andere Wort von derselben Negativfärbung betroffen ist.

Ein interessantes Bild ergibt sich bei den Wortbildungen zu einem anderen Bedeutungsverwandten von *betler*, nämlich bei ²*geil*- (zu mhd. *gîl*, nicht zu verwechseln mit ¹*geil*- zu mhd. *geil*). Wieder sind es die Merkmale Kriminalität, unangemessener Spaß, Nichtsesshaftigkeit und Armut, die das Wortbildungsfeld ausmachen: ²*geil* >bettelnd<, ²*geilen* >zudringlich fordern<, ²*geiler* 1 >zudringlicher (unverschämter) Bettler<, ²*geilerin* >Bettlerin, Landstreicherin<,[282] *geilermeister* >Bettleraufseher<, *geilersrok* >Bettlerrock<. Die motivationellen Bezüge zwischen den Einheiten des Feldes sind unmittelbar einsichtig.

---

282 Der Bearbeiter der Wörterbuchstrecke hat die Homonymie der frnhd. Fortsetzungen von mhd. *gîl* aufgrund semantischer Berührungen nicht klar erkannt.

Mit ²*geiler* ›zudringlicher (unverschämter) Bettler‹ sind folgende Bedeutungsverwandtschaften verbunden: *betler, parasit, schmarotzer, suppenfresser*. So schreibt Michel Beheim:

> Gille u. a., M. Beheim 236, 2 (nobd., 2. H. 15. Jh.): ich wil euch offennbern | von geillern, stiphern und sterczern, | von petlern, phening predigern, | geistlich, weltlich ich meine.

Mit der dazu gehörigen Ableitung ²*geilerin* ›Landstreicherin, Bettlerin‹ wird die Verbindung zum Bettlertum und Vagantentum weitergeführt. Die Parallelen zu *jaufer* sind nicht zu verkennen. Es zeigt sich, dass in das hier behandelte Feld ²*geil* ›bettelnd‹ ein anderes Feld, nämlich dasjenige von homonymem ¹*geil* mit seiner Nähe zu ›Unzucht‹ hineinspielt, was die Negativität des ersteren zusätzlich mitbestimmt und verstärkt haben mag. Doch auch wenn der Sprachwissenschaftler von heute eine etymologisch-begründete Unterscheidung zwischen erstem und zweitem *geiler* macht, also eine strikte Trennung zwischen den Wörtern vornimmt, so ist diese Homonymie im zeitgenössischen Sprachgebrauch sicher kaum von Belang. Denn die Semantik der Homonyme verläuft in ihren moralischen Bewertungen parallel und geht schon deshalb semantisch ineinander über. ²*Geiler* bezeichnet einen Unzucht treibenden Menschen:

> Voc. Teut.-Lat. k vir (Nürnb. 1482): Geyler gayler. oder frischer. od' vnkeuscher. lasciuus.

## III. 1. 4. Das Wortbildungsfeld *betler-/bettel-*

Die Semantik eines Wortbildungsfeldes ist, wie sich an den Beispielen *jauf-* und *geil-* bereits gezeigt hat, nicht unerheblich für die Repräsentation und den Vollzug von Ausgrenzungen. Zeigten diese Felder allerdings eine nur ‚mittlere' Fruchtbarkeit, so bildet das lexikalische Morphem *bettel-* (genau gesprochen die Kombination des lexikalischen Morphems *bet-* mit dem iterativen Wortbildungsmorphem *-el-*) die motivationelle Klammer eines Feldes von 103 allein im FWB gebuchten, oft polysemen Einheiten. Die in vorliegendem Zusammenhang herausgestellte semantische Ausrichtung des Feldes sei durch das Kompositum *betlerstab* eingeführt. Das Wort, das analog zu *Wanderstab* auf den ersten Blick motivationell nur einen solchen für Bettler zu meinen scheint, ist pragmatisch betrachtet nichts anderes als die zum Schlagwort gewordene Warnung, wo derjenige enden könnte, der zum *betler* wird, nämlich am Galgen. Das Wort schwankt im folgenden Beleg zwischen Euphemisierung und Verhöhnung. Dass Luther die Strafe Gottes als Ursache für Armut und Bettelei betont, ist dabei nur typisch für eine sich verbreitende moralische Rechtfertigung der Ausgrenzung.

Luther, WA 25, 425, 28 (1527): Si iudex non suspendit te, ipse deus an ein galgen, der heist betlerstab.

Ähnlich aussagekräftig sind die Motivationen folgender Wortbildungen (in Auswahl): Nicht ganz so doppelsinnig wie *betlerstab,* aber gleichermaßen drohend ist *betlerstok* >Pranger<. Doppelt kriminalisierend wird *betlerbube* gebraucht, da sowohl das Grundwort als auch das Bestimmungswort das semantische Merkmal des Betrügerischen beinhaltet. Neben der Bezeichnung typischer Bettlerutensilien wie *betlerschüssel, betlernapf* und *betlerzeichen* >Abzeichen der Bettler< gibt es Kollektivbezeichnungen, die man auch als Schimpfwort gebrauchte: *betlersvolk* und *betlersplage.* In hochalemannischen Texten weisen die Komposita darauf hin, was man mit den Bettlern macht, wenn sie lästig werden: Man veranstaltet z. B. eine *betlerjägi* >Jagd, Streifzug auf Bettler< (a. 1630). Komposita wie *betlerslaus* stellen zwar auf den ersten Blick durch das Bestimmungswort einen Referenzbezug zu Bettlern her, mit dem Wort ist jedoch keineswegs eine Läuseart gemeint, die sich bevorzugt auf Bettlern aufhält. Solche Wortbildungen sind gerade deswegen interessant, weil sie mit einem Bestimmungswort verbunden werden, das zur genaueren Identifizierung des bezeichneten Gegenstandes nichts beiträgt. Eine *Betlerslaus* ist nur eine Kleiderlaus, mehr nicht. Doch das Kompositum spiegelt die spöttisch-ornative Lust am Wortspiel. Mit dem Kompositum wird in pragmatisch abgrenzender Funktion zum einen präsupponiert, dass Läuse in erster Linie bei Bettlern zu finden sind, zum anderen wird die Abscheu vor den Läusen und den Bettlern gleichermaßen zum Ausdruck gebracht. Dies alles geschieht, ohne dass das Bestimmungswort überhaupt auf Bettler als Referenzgröße Bezug nimmt. Die Negativbewertung hat den Weg zur konventionellen Verstetigung angetreten.

In Wortbildungen des Typs *bettelarm* und *bettelarmut* fungiert *bettel-* als Präfixoid zur Steigerung bzw. Gradierung im Sinne von >sehr, außerordentlich, blut-<. Eine parallele Form ansatzweiser Morphologisierung liegt vor, wenn – wie in *betlerpelz* – das formale Bestimmungswort zu einem Geringwertigkeitsaffixoid mutiert: Ein *betlerpelz* ist ein motivationell durchsichtiger höhnischer Euphemismus für ein Kleidungsstück von sehr geringem Wert, das *betlersbette* ein >einfaches, ärmliches Bett<, *betlersammet* eine bloße Andeutung von echtem Samt. Es geht in all diesen Bildungen nicht darum, dass ein ‚betler' einen Pelz oder eine bestimmte Art des Bettes besäße oder mit einer besonderen Samtsorte umginge, sondern um die Kategorisierung von Alltagsgegenständen entsprechend der üblichen Armutskennzeichnung. Bei *bettel-* ist diese Tendenz bereits für das Simplex konstitutiv: *Bettel* hat als zweite Bedeutung >wertloses Zeug, Bettel<. Die dem entsprechenden Wortbildungen lauten *bettelmene* >ärmliches Gespann<, *bettelrecht* >wertloses, geringfügiges Recht<, *bettelreich, bettelschlos, bettelsreuterdienst* >Elendstruppe< (Luther, WA 30, 2, 148), *bettelstat, bettelstük* 2, *bettelweisheit, bettelwerk* 2. Der wortinhärente ironisierende Charakter mancher dieser Ausdrücke ist offensichtlich.

Hinsichtlich dieser Beispiele könnte man von einer kulturgeschichtlichen Bewertungskategorie sprechen, die fester Bestandteil des semantischen und morphologischen Inventars der Sprache geworden ist. Wann diese Art der Systematisierung ihren kulturhistorischen Ausgangspunkt gefunden hat, lässt sich mit einer gewissen Wahrscheinlichkeit vermuten. Die meisten Belege stammen aus der Reformationszeit bzw. aus der Zeit der Glaubenskämpfe. Sie sind aufgrund ihrer Bewertungshaltigkeit Ausdrucksformeln und Instrumente der kommunikativen Auseinandersetzung mit dem konfessionellen Gegner, damit der zum Teil inhaltsentleerten bloßen Abwertung; und sie waren außerdem zur Überzeugung der theologischen Anhänger notwendig. Typisch antikatholisch ist das Kompositum *bettelbauch* als abwertende Bezeichnung für die römisch-katholische Geistlichkeit. Es ist wohl kein Zufall, dass gerade das Mönchstum, besonders aber die Minoriten- oder Bettelorden, die in dieser Zeit immer stärker in die gesellschaftliche Kritik gerieten, von dieser Negativierungsform betroffen waren.[283] Die Protestanten konnten nämlich mit dieser Art der pejorisierenden Semantisierung mehrere kommunikative Ziele verfolgen, zum einen lag die Negativprädizierung der Bettelorden und damit der katholischen Kirche in ihrem Interesse,[284] zum anderen das kommunikative Vorgehen gegen die starken Bettler. Beide Gruppen bauten auf das Prinzip der Werkgerechtigkeit, nach dem die Stiftung von Almosen als Weg zur Rechtfertigung galt. Außerdem lief ihre Lebensweise dem protestantischen Arbeitsethos zuwider. *Betler* konnte bezeichnenderweise eben explizit

---

283 Vgl. dazu: Luther, WA 7, 456 (1520/21): „Ich hab nit von Prelaten und Fursten gesagt, szondernn alsz ich wolt, es were keyn Bettell ordenn: das sag ich auch noch unnd mit myr viel frum leut. Amen." Vgl. auch: Luther, Ordnung eines gemeinen Kasten: WA 12, 23ff. (1523): „Betteln der monche, stationirer und kirchenbitter abgethan. Keinem muonche, keinem stationirer noch kirchenbitter, sall yn unnserm kirchspiell, yn der stadt und dorffern zu betteln ader zu betteln lassen, gestattet noch verhangen werdenn. Betteln fremder schuler abgelegt. Kein fremd schuler sall ynn unserm kirchspiell ynn der stadt noch dorffern czu betteln geliden werden. [...] Bettler und bettlerÿn abgelegt. Keine betteler unnd bettlerÿn sollen ynn unnserm kirchspiell ynn der stadt noch dorffern, gelidden werden, dann welche mit alder oder kranckheit nicht beladen, sollen arbeiten ader aus unnserm kirchspiell, aus der stadt unnd dorffern, auch mit hulffe der obrigkeitt, hynwegk getrieben werden. Die aber aus zu fellen bey uns verarmen, ader aus kranckheit und alder nicht arbeiten konnen sollen durch die verordenten zehen aus unserm gemeinen kasten zimlicher weiße versehen werden, yn massen hiernach volgett."

284 Luther kontextualisierte die Bettelorden gerne mit *Landleuffern*: WA 10, 1, 1, 635 (1522).

auch Angehörige der Bettelorden meinen (s. Beleg Henisch 345 oben), was einige Assoziations- und Spottspielräume eröffnete. Die große Anzahl spöttisch gebrauchter Synonyme zu *bettelmönch*, darunter wieder Wortbildungen mit *betler*, z. B. *schmalzbetler* oder *wurstbetler*, sind aussagekräftig. Bettelmönche werden außerdem u. a. als *wurstsamler, käsjäger, alefanzer, blippenplapper, gleisner, klosteresel, pfründenfresser, tellerlecker* beschimpft.

Besonders Luther und die Protestanten bezeichneten das von ihnen als wertlos, minderwertig oder nutzlos Erachtete gerne mit dem Wortbildungsmorphem *bettel-*. Für Luther ist *betlerisch* mit *lausig* synonym (WA 8, 157), aber auch mit *partekisch, stückig, zottich*:

> Luther, WA 10, 3, 224, 32 (1522): Das ist ein parteckische, betlerische, stucklechte, zottichte barmhertzigkait.[285]

Er bezeichnet außerdem das *menschengesetz* als *bettelwerk* (WA 8, 232)[286], materielle Güter als *betteley und kleien* (WA 49, 36, 10)[287] und Neuigkeiten, die keine sind, als *bettelweisheiten* (WA 49, 360, 10).[288] Ein von ihm gern benutztes Wort ist *bettelsack*. Mit dieser Metapher für den menschlichen Körper brachte er die Wertlosigkeit der irdischen Existenz geradezu schillernd zum Ausdruck.

> Luther, WA 41, 297, 32 (1535): ersauffen also die leute jhe lenger jhe tieffer im geitz und hoffart, als solt der arm bettel sack ewig hie leben.[289]

Auch phrasematische Ausdrucksweisen wie *etw. für ein bettel achten* zeigen, wie produktiv diese Minderwertigkeitssemantik war.

Zur Morphologisierung und Lexikalisierung der Negativprädikation kommt es aber nicht nur bei den *bettel*-Wortbildungen, auch beim relativ neutralen Adjektiv *arm* ist die Bedeutung 6 auffällig: >untreu, böse, unehrlich< als eine dem Armen (im Sinne von *arm* 4 bzw. *armut* 4) zugeschriebene Qualität.

---

285 Luther, WA 8, 157 (1521): muessen sich mit solchen angst gloßen unnd nodreden ßo laußsicht und bettelisch behelffen, so doch Christus die tauff, das sacrament unnd allis, was er hat wollen haben, ßo viel unnd klerlich auß.

286 Luther, WA 8, 232 (1521): es sey eyn gesunder glawb, der an yhm selb gnug hat und nit bedarff der spitalischen gerechtickeit, die sich mit menschen gesetzen oder werck flicket und der gleychenn bettelwercks Tit. 2, 2. sich behilfft.

287 Luther, WA 49, 36, 10 (1540): Gold, silber, coron, die grümpeln sollen wir bei dem Konig nicht warten, ist betteley und kleien.

288 Luther, WA 49, 360, 10 (1544): Philosophi sind feine und weise leute gewesen. Sed est Bettelweisheit.

289 Luther, WA 46, 333, 27 (1538): es thuts leider auff erden nicht, Der elende Bettelsack, unser alte haut, ist zu enge dazu, darumb mus hie der Heilige geist zu hulff komen.

Ein Beispielbeleg für das oben angesprochene Arbeitsethos stammt aus dem Jahre 1529: Franck, Klagbr. 222, 8 (wohl Nürnb. 1529): *die alle arbeit flihen* [...] */ mit irer geylen bettlerey*. Hier liegt mit dem Syntagma *alle arbeit fliehen* nicht nur ein Vorwurf vor, dass ‚betlerei' mit Arbeitsverweigerung einhergeht, sondern wir haben hier zusätzlich auch eine Negativierung durch die beiden Ausdrücke *geilen* und *bettlerey*. Abwertungen dieser Art stellen den modernen Leser regelmäßig vor die Frage, ob der Autor nur verstärkend argumentieren will oder ob ein neuer Typenbegriff vorliegt, nämlich der des herausfordernden Bettlers. Wahrscheinlich ist beides der Fall. Die Amplitude reicht dann von implizierter Ablehnung der Armut bis hin zum Ausdruck sozialer Aggression gegen den Armen.

## III. 1. 5. Semantische Ambivalenzen

Wenn bei Henisch *Bettler, Zigeuner, Diebe* und *Soldaten* (Henisch 345, vgl. Kapitel III. 1. 8) extensional synonymisiert werden, dann hat diese Kontextualisierung, wie schon angedeutet wurde, auch die kontextspezifische Monosemierung des Wortes *Bettler* zur Folge. Der Gebrauch eines Wortes in seiner Umgebung bestimmt also seine jeweilige Belegstellenbedeutung mit. Im nun folgenden Beleg führt die Kontextualisierung zu einer ausgesprochen positiven Bewertung und damit zu einer anderen Bedeutungslinie, als sie bisher besprochen wurde.

> Luther, WA 52, 38, 21 (1544): Denn obgleych die junckfraw Maria ein bettlerin oder mit züchten zů reden, ein unehrliche fraw gewesen.

Allein die Tatsache, dass sich *bettlerin* auf die Jungfrau Maria bezieht, macht diese Verwendung zu einer theologischen Verklärung. Ganz anders als die hier bisher beschriebenen Semantiken öffnet sich an diesem Beleg das weite Feld positiv bewerteter Gebräuche von *bettel*-Bildungen. Das heißt nichts anderes, als dass man die Bezugsgrößen (Personen, Sachen, Qualitäten) der Ausdrücke des Wortbildungsfeldes gleichsam aus der sozialen Welt heraus und in eine gesellschaftlich konstruierte, religiös und moralisch überhöhte Würdeposition hineintextet, geradezu hineinkatapultiert. Damit ist das Phänomen der semantischen Ambivalenz infolge der Gleichzeitigkeit des Ungleichzeitigen und des Ungleichschichtigen angesprochen. Wenn Historiker Diskurslinien vorführen, dann vermitteln sie oft den Eindruck, als habe sich das Bild des Bettlers von einem historischen Zeitpunkt zum anderen hin vollständig gewandelt. Sie suggerieren, dass es sich um einen Wandel des ‚gesamten' Bedeutungsspektrums einer Einheit oder gar eines ganzen Einheitenfeldes handelt. Wortgeschichtlich argumentiert man dabei insofern außerhalb der sprachlichen Realität, als die Polysemie lexikalischer Zeichen ein Inventarcharakteristikum natürlicher Sprachen ist Das Polysemiedogma lässt folglich für jedes Semem einer lexikalischen Einheit eine eigene semantische Geschichtslinie zu. Es öffnet – bei allem Wissen um systemoidartige Zusammenhänge – den Blick dafür, dass jede Sememlinie eine gewisse Unikalität hat, dass eine bestimmte Linie also kürzer oder länger und vor allem anders verlaufen wird als jede andere. Dieser Hintergrund fällt bei monosemistisch angelegten Beschreibungen gerne aus der Betrachtung heraus.[290] Ein Blick auf das gesamte semasiologische und wortbildungsmorphologische Feld eines Wortes macht den diachronen Prozess dadurch deutlich, dass die Gleichzeitigkeit eines geschichtlich Früheren mit einem Späteren als Regel sichtbar wird, und dass dabei systematisch immer auch gegensätzliche Bedeutungen und Bewertungen im Spiel sind. Beide Phänomene lassen sich beim Wortfeld *bettel-* nachzeichnen. Neben den sicherlich immer frequenter werdenden negativen Gebräuchen bleibt die Diskurslinie von der Würde der Armut lebendig. Das schließt aber nicht aus, dass man – sprachsoziologisch und sprachpragmatisch argumentierend – sogenannte Gebrauchsdomänen erkennen und entsprechende Zuordnungen bestimmter bedeutungsgeschichtlicher Linien vornehmen kann. Für *bettel-* gilt, dass sich die Linie der Überhöhung der Armut und mit ihr die positive Bewertungslinie mit wenigen Ausnahmen auf theologische und moraldidaktische Textsorten reduziert, in denen es um eine christliche Idealwelt geht und nicht um den frnhd. Alltag.[291] Denn dass vor Gott alle Menschen gleich sind, hat sich in der spätmittelalterlichen und frühneuzeitlichen Lebenswelt kaum als Handlungsmotiv durchsetzen lassen.

> Jostes, Eckhart 80, 21 (14. Jh.): und biten um die almusen von got. In der weis sei wir alle betler.

> Hübner, Buch Daniel 1802 (omd., Hs. 14./A. 15. Jh.): Bischove, vrien, greven, | [...], | Pfaffen, munche, voyte ho, | Burger, betler glich also, | Vogle, tiere, swie sie sint, | Ezit des bumannis kint.

> Luther, WA 41, 502, 7 (1536): Jn Christo hin fort gilt knecht so viel ut herr, betler ut Rex, quia est unus Christus.

---

290 Es ist leider zu beobachten, dass es trotz linguistic turn noch immer nicht gelungen ist, das Bewusstsein für natürliche Sprachen zu wecken. Monosemistische Beschreibungen suggerieren eine nicht vorhandene Eineindeutigkeit von Ausdrücken, die es so nur in rationalistischen Theorien, aber nicht in der flexiblen, auf Polysemie ausgerichteten Sprache gibt. Vgl. Lobenstein-Reichmann 2011, 67ff.

291 Das Armutsideal der Bettlerorden wie der Franziskaner wurde bereits angedeutet. Mit der Reformation werden auch diese negativ konnotiert (vgl. Luther, WA 38, 103, 4).

Die Textsortenexplosion, die der Erfindung des Buchdrucks folgte, geht mit der semantischen und bewertenden Ausdifferenzierung in weltliche und religiöse Textsorten und Textwelten einher. Parallel dazu verläuft die Ausdifferenzierung der textsortenspezifischen Bedeutungsverhältnisse. Doch die Bestimmung unterschiedlicher Textwelten darf nicht darüber hinwegtäuschen, dass positive wie negative Bewertungen im Bewusstsein der Menschen gleichwohl nebeneinander existieren konnten. Derselbe Luther, der Christus als Bettler bezeichnete und die Würde der Armut predigte, konnte das Wort auch ausgiebig als Schimpfwort in der konfessionellen Polemik nutzen.

## III. 1. 6. Gleichzeitigkeit des Ungleichzeitigen

Wie diese ambivalenten Diskurslinien geschaffen wurden, ist mit der Ausdifferenzierungsthese angedeutet worden: Pauperisierung, Hierarchisierung, Sozialdisziplinierung, Bürokratisierung, die schon sehr früh beginnende Einbettung der Reformation in die Ordnungsstrukturen der Zeit, dies alles in Wechselwirkung mit den neuen medialen Möglichkeiten, wurden als die wichtigsten Pfade beschrieben, über die der Gesamtprozess verlief. Im hier vorgelegten Kapitel soll ausgeführt werden, dass ein Prozess mit so vielen Komponenten als historisch und sozial geschichtet / gruppiert betrachtet werden muss: Sozial an verschiedenen Stellen zu Verortendes ist zwar hauptsächlich / typischerweise / im Normalfall einer sozialen Einheit a zuzuschreiben, gleichzeitig aber auch in anderen Einheiten, etwa x, y oder z, auffindbar. Und eigentlich Älteres ist eben nie vollständig vergessen, sondern auch in späteren Zeiten in irgendeiner Wechselgestalt an irgendeinem Ort des Kommunikationsspektrums noch vorhanden. Diese Synsozialität des typischerweise Diasozialen und die Synchronizität des Diachronischen sei hier mit der zusammenfassenden Synekdoche *Gleichzeitigkeit des Ungleichzeitigen* angedeutet. Ich spreche deshalb von einer ‚Synekdoche', um klarzustellen, dass es um eine genuin geschichtliche komplexe Erscheinung mit mehreren Dimensionen geht. Es sind nicht nur zeitliche, im Morphem *-chron-* fassbare, sondern mindestens auch sozialschichtige, gruppengebundene und textsortenbezügliche sowie (hier allerdings nicht weiter behandelte) sozialräumliche Komponenten im Spiel. Linguistisch gesehen entspricht dem eine neue Mischung der Wortsemantik, ein neuer Innovationsschub des Textsortengefüges, in anderer Terminologie: eine Neurangierung der Kette der Interpretanten und ihrer Textzusammenhänge, sobald eines ihrer Kettenglieder in Bewegung gerät. Wenn sich die Kette der Interpretanten gesellschaftlich ändert, so ändern sich Bedeutungen und ihre Frequenzen. Vorher übliche Gebräuche gehen dabei aber nicht verloren, sie werden vielmehr nur semasiologisch modifiziert.

Die damit dargelegte Gleichzeitigkeit des Ungleichzeitigen sei am Beispiel des Artikels *arm* (Adj.) veranschaulicht. Das semasiologische Feld von *arm* gliedert sich folgendermaßen (FWB Bd. 2, 1, s. v. *arm*):

1. >arm, bedürftig, besitzlos, ohne die zum Lebensunterhalt erforderlichen finanziellen und sonstigen Mittel<; sehr oft im Ggs. zu *reich* gebraucht. [...].
2. >(eines Besitzes, einer Fähigkeit) beraubt, um etw. gekommen<. [...].
3. >aus eigener Entscheidung in Armut lebend, freiwillig arm, innerlich von allem Besitz und allem Vertrauen auf die eigenen Kräfte gelöst, sich selber verlierend, um der höchsten Vereinigung mit Gott fähig zu werden<. [...].[292]
4. [arm] dient der Kennzeichnung von Personen, die in irgendeiner Form der Abhängigkeit, Unfreiheit oder Leibeigenschaft stehen; das sind meistenteils die unteren Sozialschichten auf dem Lande, aber auch in den Städten und in den frühen Industriebetrieben; daneben können vereinzelt auch Personen höherer sozialer Schichten, Angehörige von Gruppen (z. B. Klostergemeinschaften), gemeine Soldaten, jeweils soweit sie unter einer Ordnung stehen oder sich dorthin gestellt sehen, sowie die Juden als von der jeweiligen obrigkeitlichen Gesetzgebung Abhängige als *arm* bezeichnet werden [...]: >abhängig, unfrei, untertan; leibeigen; zins-, abgabepflichtig; den unteren Sozialschichten zugehörig, in ärmlichen Verhältnissen lebend, verelendet; bäuerlich, einfach, gering, klein<; von Tieren: >gequält<. [...].
5. >als Bettler im Lande umherziehend<. [...].
6. >untreu, böse, unehrlich< als eine dem Armen (im Sinne von 4) zugeschriebene Qualität. [...].
7. >erbärmlich, verachtenswert (von Handlungen)<. [...].
8. phrasematisch am ehesten an 4 anzuschließen: *mit seinen armen leuten abziehen* >unverrichteter Dinge abziehen<; in beiden Belegen obszön gebraucht. [...].
9. in polarer Paarformel, meist: *arm und reich*, selten: *arm als reich, arm oder reich*, vereinzelt: *arm, reich*, für die Gesamtheit der Personen einer Bezugsgruppe sowie für jede einzelne Person aus der Gruppe gebraucht: >sämtlich, alle zusammen; jedermann, jeder einzelne, jeglicher<; oft substantiviert. [...].
10. >bemitleidenswert, bedauernswürdig, erbarmenswert<; die Gründe können unterschiedlich sein: Verlassenheit, Mißhandlung, hilfloses Ausgesetztsein, religiöse Sachverhalte, dementsprechend kann auch >verlassen; mißhandelt; ausgesetzt; ohne geistlichen Trost< u. ä. angesetzt werden mit Verschiebung auf Bezugsgrößen, die mit dem Menschen in Kontiguität stehen: *a. tage, a. jammer, a. elend*. [...].

---

292  Zur Sache: RGG 1, 622–28; LThK 1, 878–883.

11. ›ohnmächtig, hilflos, gebrechlich, schwach, gering (von Menschen, menschlicher Kraft, natürlichen Gegenständen gesagt)‹; [...].
12. ›krank, schwach, gebrechlich‹; speziell zur Kennzeichnung der in einem Siechenhaus Untergebrachten. [...].
13. für Personen gebraucht, die der Folterung unterliegen, vor der Verurteilung stehen oder bereits verurteilt wurden: ›gefoltert, angeklagt, verurteilt‹; von Christus: ›gekreuzigt‹. [...].
14. ›sündig, erbarmenswürdig, erlösungsbedürftig, verloren (jeweils im Sinne der christlichen Religion); dem Fegefeuer ausgesetzt; zur Hölle verdammt‹. – Vorw. religiöse und didaktische Texte. [...].
15. ›armselig, kläglich, schlecht, das übliche Maß an Größe, Qualität usw. nicht erreichend‹; je nach Bezugsgröße z. B.: ›abgetragen‹ (von Kleidern, dazu bdv.: vgl. *abhäre*); ›geringhaltig‹ (von Erzen, dazu bdv.: *schlecht, gering*; Ggs.: *mächtig, reich*); ›schlecht‹ (von Wein); ›klein‹ (von Häusern, Gebrauchsgegenständen, dazu bdv.: *klein*); hierher phrasematisch: *die arme scheibe salz* ›Scheibe (Maßeinheit) halleinischen Salzes‹. [...].
16. als Phrasem *arme ritter/ritler* ›in Milch geweichte, dann in Ei und geriebener Semmel panierte und in heißem Fett gebackene Weißbrotscheiben‹; [...].

Neben den materiell Bedürftigen (Bedeutungsansatz 1, im Unterschied zu *reich*) und den freiwillig Armen (Bed. 3), die vorwiegend in mystischen und didaktischen Texten des 14. und 15. Jahrhunderts behandelt werden, gibt es in dichter Belegung immer auch noch *arm* im Sinne von ›sozial machtlos‹ (Bed. 4). Damit sind Personen gemeint (s. o. Bedeutung 4), „die in irgendeiner Form der Abhängigkeit, Unfreiheit oder Leibeigenschaft stehen; [...]".

So ist der alte Gegensatz von *arm* und *mächtig* also auch noch im Frühneuhochdeutschen üblich. Er offenbart allerdings die frnhd. gesellschaftlichen Verhältnisse, das heißt, die zeitgenössische Art der Machtlosigkeit. Auch wenn diese nicht mehr wie im Althochdeutschen im Gegensatz 'zu Waffen tragend' beschrieben werden kann,[293] – wobei sich mir die Frage stellt, ob dies in althochdeutscher Zeit nicht bereits metaphorisch gemeint war –, entspricht sie genau dieser Vorstellung. Die Gegenüberstellung von *armer Bettler* und *gewaltiger herr* im folgenden Beleg zeigt dies.

> Roloff, Naogeorg/Tyrolff. Pamm. 247, 2304 (Zwickau um 1540): Kein stoltzer ding nicht wol kan sein auff erdn / Denn so arm Betler gewaldig herren werdn.

---

293 Vgl. dazu: ²*gewer*: Phrasem: *jm die gewer verbieten* als Zeichen der Entehrung bzw. *die gewer abbekennen* ›jm. das Recht auf Tragen von Waffen aberkennen‹, wobei die *gewere* als Zeichen der Würde betrachtet wurde (vgl. die 2. Bedeutung).

*Gewaltig* 5 als Antonym zu *arm* bedeutet: >mächtig, im Besitz politischer, militärischer, sozialer Macht (meist von Amtsträgern); einflussreich (von Personen); über Sachen / Personen gebietend<. Es kann also keine Rede sein von einer Entwicklung weg von der Machtlosigkeit hin zur Besitzlosigkeit, vor allem nicht, wenn man bedenkt, dass das eine schon immer mit dem anderen einherging. Jede Trennung der beiden Bedeutungslinien ist rein analytisch.

Im Artikel *arm* lassen sich auch die weiteren, schon angeführten semantischen Ambivalenzen nachzeichnen. Auf der einen Seite steht, allerdings hoch präsent, die Negativbewertung. So macht Bedeutungsansatz 5 auf die nicht zu duldende Nichtsesshaftigkeit der Armen aufmerksam und Ansatz 6 auf die übliche moralische Kategorisierung: >untreu, böse, unehrlich< als eine dem Armen (im Sinne von 4) zugeschriebene Qualität. Bezeichnenderweise konnte diese Qualifizierung in 7. >erbärmlich, verachtenswert< auch zur Abwertung von Handlungen gebraucht werden. Auf der anderen Seite stehen solche Bedeutungen, die die ontische und ontologische Ohnmacht des Menschen (Bed. 11) oder seine ontische sowie ontologische Schuld und seine Erlösungsbedürftigkeit (Bed. 14) feststellen, bzw. solche, bei denen in affirmativer Grundhaltung das Mitleid ausgedrückt wird (Bed. 10). Besonders hervorzuheben ist Bedeutung 13, wo *arm* für Personen gebraucht wird, die der Folterung unterliegen, vor der Verurteilung stehen oder bereits verurteilt wurden: >gefoltert, angeklagt, verurteilt<; von Christus: >gekreuzigt<. Dies ist eine überraschende Mitleidsbekundung gegenüber denen, die per Gerichtsbeschluss aus der Gesellschaft ausgestoßen wurden. Die Vielschichtigkeit sprachlicher Ausdrucksformen wird damit deutlich. ‚Vielschichtig' heißt facettenreich (diasozial und diachronisch, auch natürlich diatextlich, diatopisch usw.) in Referenzierung und Bewertung, zeithistorisch angepasst, aber oft auch widersprüchlich gelagert oder sich gar ausschließend. Wenn Christus als *Bettler* bezeichnet wird, kann das Wort nicht mit *Dieb* übersetzt werden, obwohl genau dieses in der Bewertung der Zeitgenossen normalerweise gemeint war. Wie immer ist der Kontext und, wie oben schon formuliert, die Textsorte ausschlaggebend.

## III. 1. 7. Sprachliche Ausdrucksformen in Wörterbüchern und als Teil narrativer Moraldidaxe: Vergleiche, Phraseme, Sentenzen mit Bezug auf Bettler

Zu den alltagsüblichen Beschreibungsmustern gehören Äußerungen, in denen die Bettler mehr oder minder direkt als Schmarotzer und Kriminelle aus der Gesellschaft der Anständigen ausgegrenzt werden (s. v. ¹*betler*). Besonders beliebt waren Vergleiche, Phraseme und Sentenzen.

> Luther, WA 33, 40, 21: Sie haben Gott lieb nicht anders denn, wie die Leuse den Betteler lieb haben, auf das sie jn fressen und das blut aussaugen.

Mit solchen Phrasemen sind Bettler zwar nicht direkt angesprochen, sie dienen aber als publikumswirksame Vergleichsgröße und werden dadurch doppelt verhöhnt. Zum einen präsupponiert Luther mit dem Vergleichssatz und dem kollektiven Singular, dass Bettler Läuse haben, was sie auch damals schon zu Unberührbaren machte, und zum anderen nutzt er den Topos vom läusebehafteten Bettler dazu, seine eigentliche Aussage, die nichts mit Bettlern zu tun hat, bildhaft und belustigend zu verstärken. Die Wirkung des Komischen, des Narrativen und Metaphorischen dient der Herstellung und Festigung von Stereotypen und Vorurteilen oft mehr als jede disziplinarische Maßnahme oder jede explizite Belehrung. Unter diesem Aspekt kann auch der folgende Beleg betrachtet werden, der inhaltlich auf die unterstellte Raffgier des ‚betlers' (wiederum im kollektiven Singular) nicht nur anspielt, sondern sie direkt aussagt, der ihm höhnend *noten* und *gesang* unterstellt und sich formal ebenfalls auf rhetorische Spielereien stützt:

> Henisch 346 (Augsb. 1616): Sol / sol / mir / mir / sol / sol / mir / mir / Das sind der betler nothen in jhrem gesang.[294]

Moralische Bewertungen mit offenem Übergang zur Kriminalisierung findet man in vielen Sentenzen. Diese stehen teils isoliert, teils verbinden sie sich mit rhetorischen Kunstgriffen, wie folgende Belege veranschaulichen:

> Harsdoerffer, Trichter 3, 24 (Nürnb. 1653): die Bettler tugend ist unverschämt seyn.

> Henisch 345 (Augsb. 1616): Betler / spitzbuben vnd eigenwillige / haben kein theil am Reich Gottes. [...]. Kirschner vnd betler die widerwertigsten in der Welt / jene kehren das schönst herauß in futteren / dise kehren das vnfletigst herauß / vnd das schönst hinein.

---

[294] Vgl. auch: Henisch 1652: „Trag her / mehr her / gib mir / man gibt jhr / Also lauten der Betler glocken."

Die Sentenzenhaftigkeit der Ausgrenzungsbelege ist kein Zufall. Dieser rhetorische Kunstgriff stellt den Sprechenden als Überlegenen dar. Sentenzen dienen dem Ausdruck kollektiven Wissens, darunter vor allem didaktischer Konzepte. Sie verdeutlichen zudem die Handlungsaufforderung, sich vor Armut als einer Art Gottesstrafe zu hüten und vor den damit als schuldig determinierten Bettlern zu warnen. Die Warnung kann explizit geäußert werden; im folgenden Beleg erscheint sie als Aufruf zur Sparsamkeit, damit das Abgleiten in die Armut verhindert wird.

> Bihlmeyer, Seuse 283, 15 (alem., 14. Jh.): so sammert in dem lieben zite, daz ir nit werdent an der stunde betlere.

In der Häufung, mit der Lehrsentenzen vor allem in Wörterbüchern wie in den Sprichwortsammlungen zitiert sind, zeigen die Belege in eindrucksvoller Weise zum einen die umfassende onomasiologische Gesamtvernetzung des Wortes *betler* durch die Vielzahl aggregativ kumulierter bedeutungsverwandter Ausdrücke und zum andern den dahinter stehenden moralischen Zeigefinger einer sich selbst disziplinierenden Gesellschaft. Sie zeigen zum dritten, wie leicht solche Prädizierungen memorierbar gemacht werden können. Henischs (344) sentenzenhafte Parallelisierung von Kriminalität, Ketzerei, Zuchtlosigkeit und Hurerei sind nicht nur kaum zu übersehen, sie reimen sich sogar manchmal: „Betlen vnd gleißnerey / nehret sich von Simoney."

## III. 1. 8. Textsorten der Bettlerausgrenzung

Eine große Anzahl der Bettlerbelege entstammt Texten des Rechtsbereichs. In den unterschiedlichen legitimierenden und sozial-bindenden Ordnungen der Sinnwelt ‚Recht' wird explizit geregelt, wer als *fremder* oder wer als *starker betler* gilt und damit keinen Anspruch auf Almosen in einer Kommune hat, deshalb nicht beherbergt werden darf, sondern auszuweisen ist.[295] Die Ordnungen legen auch fest, mit welchen Rechtsmitteln sich die heimischen Bettler als almosenberechtigt zu legitimieren haben.

> Toeppen, Ständetage Preußen 1, 73, 2 (preuß., um 1394): welch beteler in eyme vremdin kirspil wirt begriffen, der sal siner buse nicht wissen.

---

[295] Barack, Zim. Chron. 3, 352, 10 (schwäb., M. 16. Jh.): darvor die von Ulm ain ordnung in der stat angesehen, das kain bettler sollte eingelassen werden. Vgl. auch: Wintterlin, Würt. Ländl. Rechtsqu. 2, 297, 15.

> Ebd. 2, 666, 29 (1445): losze lewthe, beteler und stabstreicher, man adir weib, die sich von erer arbeit muchten generen, sullen vor den slossen und in den dorfferen, steten und vorsteten nicht gehwset adir geheget werden.

Das Überwachen und Strafen der Bettler wurde von Angehörigen bestimmter, dazu eingesetzter ‚Berufe' übernommen: *amptleute, bauherre 2, betlermeister, bettelherre, bettelrichter, bettelmeister, bettelschreiber, bettelfogt, geilermeister, schergant* usw.

> Müller, Alte Landsch. St. Gallen 74, 27 (halem., 1553): das den amptlüten bevolchen, ufsehen zehaben wo die bettler in die wirtsheuser giengen.

> Müller, Nördl. Stadtr. 476, 8 (schwäb., 1552): In der stat hin und wider, auch in wirtzheusern und allenthalben uf bettler, praier und landtstreicher ir gut achtung zu haben, sie weder bettlen noch praien zu lassen.

Auch die Ausweisung gehörte zu den Aufgaben der obrigkeitlichen Kontrolle des Bettelwesens. Dies konnte in der Schweiz in Form einer *landjäge*,[296] *betteljäge, zigeunerjäge* geschehen. Die Herausbildung einer Bettlerexekutive ist die notwendige Nebenwirkung der neuen, immer bürokratischer werdenden Bettelgesetzgebung, die sich nicht nur in den einzelnen Ordnungen, sondern auch in neuen Ausweisen niederschlug.

> Skála, Egerer Urgichtenb. 126, 2 (nwböhm., 1574): Der Jacob (aber) hab auch ein Pettelbrief gehabt Aber gesagt er hab In vorloren.

> Wintterlin, Württ. Ländl. Rechtsqu. 1, 176, 5 (schwäb., 1593): es sein etlich vermeinte bettel- und andere mandate durch des herren grafen scherganten [...] alhie an die kürchthurn [...] angeschlagen worden.

Die Konstruktion des Bettlers als Randgruppe erfolgte demnach über folgendes Netz kommunikativer Maßnahmen: eine Ausdifferenzierung der Gesetzgebung, die mit dieser korrespondierende Einrichtung eines Kontrollapparates, die Kennzeichnung des Bettlers durch *zeichen* (Toeppen, a. a. O. 1, 72, 37), eine Ausweispflicht auf Seiten des Betroffenen, einschlägige Bekanntmachungen von Seiten der Behörde. Diese Liste ist zugleich ein Hinweis auf die Entwicklung der zugehörigen Textsorten und eine Andeutung der Kennbarmachung von Menschen durch Zeichen nicht sprachlicher Art. Das dazu notwendige Zeichen konnte ein Herren-, das ist: ein Zugehörigkeitszeichen (*zeychin* [...] *sines herren*; Toeppen, 1, 72, 37), oder ein stigmatisierendes Zeichen sein. Es musste aber in jedem Fall zuvor zu einem solchen erklärt werden, das heißt, es musste eingebettet sein in einen gesellschaftlichen Sprechhandlungsprozess mit Deklaration,

---

[296] Rennefahrt, Zivilr. Bern 465, 38 (Regestbeleg); Rwb 8, 470; Schweiz. Id. 3, 22.

kommunikativer Akzeptanz und Verbreitung. Innertextlich entsprechen dem folgende Entwicklungen:

- die in Kapitel III. 1. 2. besprochene Pejorisierung des Bettlers durch ein Feld negativ besetzter lexikalischer Ausdrücke (onomasiologische Vernetzung),
- die Cumulierung aggregativ miteinander verbundener und wechselseitig aufeinander abfärbender Bezeichnungen, deren Bezugspersonen als Verbrecher und Gauner kategorisiert werden; an dieser Stelle öffnet sich das onomasiologische Feld zum Frame hin;
- Prädizierungen, die in die lexikalisch-benennende Kriminalisierungssemantik hineinschlagen,
- Negativierungsschübe in der Wortbildungsmotivik und -dynamik,
- die Trennung, Auseinanderdifferenzierung und Dislozierung der Strategien der *bettel*-Semantisierung, die dazu spiegelbildliche Entwicklung einer entgegengesetzten Positivsemantik,
- die Zurückdrängung der neutralen bis positiven Sicht auf den ‚betler' aus der säkularen Alltagswelt bis hin zu seiner Textualisierung in einem religiösdidaktischen Spezialbereich.

Der damit gekennzeichnete administrative und gleichzeitig textliche Rahmen soll im Folgenden noch durch einige abstraktive Aussagen wie durch hinzufügte Details näher beleuchtet und veranschaulicht werden. Die zunehmend negative Alltagssemantik des Bezugsbereiches ‚Bettlerwesen' steht in einem wechselseitigen Konstitutionsverhältnis mit einer außersprachlich gedachten Gesetzgebung, in der das hochschichtig entwickelte und elaborierte, Anerkennung heischende Medium ‚Schrift' mit all seiner Diskriminierungspotenz zunehmend stärker dominiert. ‚Wechselseitigkeit der Konstitution' soll heißen: Einerseits bestimmt der Ordnungswille des zur Gesetzgebung Befugten die Textform, in der dieser Wille festgelegt und vermittelt wird; andererseits prägt die Textform, da sie immer schon vorhanden ist, den Willen des Gesetzgebers. Dabei ist Folgendes zu betonen: (1) Obwohl das gemeinte Wechselverhältnis von einem der beiden Ausgangspunkte her vollzogen werden und bestimmt sein mag, ist doch immer auch der Gegenpol mit im Spiel semantischer Prägung. Die Botschaft ist ebenso das Medium, wie das Medium die Botschaft ist. Dies Letztere soll hier allerdings besonders betont werden, denn ein hochentwickeltes Schriftmedium ist ein nicht zu unterschätzender Machtfaktor. (2) Es geht immer um einen Wechselprozess, der als solcher einen Absolutheits- oder gar Ewigkeitswert als Ziel hat. Prozess und Ergebnis werden damit unbestreitbar ‚real'. (3) Prozess und Prozessergebnis haben immer eine kognitive Seite in dem Sinne, dass etwas konstituiert wird, das in genau gleicher Form noch nicht vorhanden war, und sie haben immer eine Vermittlungsseite, die kommuniziert wird und damit in den sozialen Raum gestellt wird. Der Prozess und das Prozessergebnis sind damit einmal Gegebenheiten des sozialmenschlichen, das heißt: des hochschichtigen Kopfes, die der Prägende erst einmal herstellen und verstehen muss (dies noch ohne an einen Rezipienten zu denken); und sie sind zum anderen Gegebenheiten, die sprachlich so zu fassen sind, dass sie auch den Rezipienten kognitiv verständlich sind und gleichzeitig für seine Handlungsdispositionen kompatibel werden. Bei beidem ist selbstverständlich wieder Macht im Spiel.

Das alles heißt: Der Ausbau der systematischen Administration traf die Randgruppen in besonderer Weise: Es wurden Textsorten aktiviert oder entwickelt, in denen die Ausgrenzung vollzogen und der Vollzug dokumentiert, nachhaltig archiviert und schriftlich über die orts- und zeitgebundene Welt hinaus gültigkeitsheischend kommuniziert werden konnte.

> Sehling, Evangelische Kirchenordnung, IV, 177 (Danzig 1551): alle bedelers sullen mit namen in ein register geschreven werden.

> Görzer Statutbuch 87 (15. Jh.): sol man in ewigklich aus dem land sprechen und also in das achtpuech schreiben

Keine Ausweisung, kein geahndetes Vergehen, keine Form der Ehrlosigkeit war damit unautorisiert, keine konnte erfolgen ohne den Betroffenen zum Objekt zu machen, keine konnte nunmehr über die Jahre vergessen werden oder auf den kleinen regionalen Raum beschränkt bleiben. Ein besonderes Kennzeichen dieser Form der Überwachung war die Einführung einer neuen Formulartextsorte, nämlich der Ausweispapiere (s. o. den Beleg Skàla, Egerer Urgichtenb. 126, 2). Auch wenn ein solcher Ausweis z. B. für die heimischen und damit geduldeten Bettler das Recht bedeutete, überhaupt in der Stadt Almosen zu empfangen bzw. betteln zu dürfen, so machte er oder das äquivalente Bettelzeichen auf dem Kleidungsstück die Ausgrenzung doch erst perfekt.[297]

> Rudolph, Qu. Trier 199, 12 (mosfrk., 1593/4): Derohalben man sonderliche zeichen machen laßen, welche man den bettlern, so zugelaßen, bißweilen aus ge-theilt, damit die fremde und nicht dürftige ab- und ausgehalten werden.

In Augsburg mussten die einheimischen Armen, die ein Recht auf Almosen hatten, den „Stadtpir", das rot-weiße Stadtwappen, zur Kennzeichnung tragen (Stuart 2008, 42). Als ein armer Uhrmacher sich weigerte, wurde er – und das ist

---

297 Hampe, Nürnb. Ratsverl. 1, 54, 33 (nobd., 1488): „den steynmetzen, der an der stat arbeit ein schaden an seinen geliden empfangen hat, zu bürger aufzenemen und im daz bürgerrecht schencken; im auch ein zaichen ze geben, daz er petteln muge." Siehe dazu auch: Irsigler / Lassotta 2004, 25.

zeichenhaft – festgenommen. Für ihn war der Stadtpir ein negatives Statussymbol, ein Zeichen der Schande.²⁹⁸ Dass das Betteln tatsächlich als beschämend empfunden wurde, macht auch ein Beleg aus Würzburg deutlich:

> Hoffmann, Würzb. Polizeisätze 204, 37 (nobd., 1490): die pettler und petlerin, die sich bey dem tag zu petteln schawmen und allein des nachts petteln wollen, sollen on zeychen des obern rats nit petteln [...] dadurch zu versteen, ob sie des bettelns notdurftig sein oder nit.

Der wichtigste Ort der Kriminalisierung ist nun nicht, wie vielleicht erwartet werden könnte, die juristische Fachsprache mit ihren Textsorten, sondern es sind wieder (in einem deutlich weiteren Sinne des Wortes) die literarischen und bildungssprachlichen Texte der verschiedensten Art mit allen ihren unterhaltenden, erbaulichen, didaktischen, agitierenden (usw.) Facetten, in denen Ausgrenzungen vollzogen wurden. Zu nennen sind u. a. (vgl. dazu Kap. II. 9.) Satiren und Predigten, Traktate und Postillen, die Schwankliteratur, aber auch die neuen Wörterbücher mit moraldidaktischen Intentionen, wie sie die „Teütsche Sprach und Weißheit. Thesaurus linguae et sapientiae Germanicae" von Georg Henisch (1616) prototypisch zeigt: Sein Thesaurus ist bereits als ‚Wörterbuch' an die bildungsorientierte Gelehrtenschicht adressiert und schon unter diesem Aspekt eine Textsorte der sozial herausgehobenen Schichten. Denn wer, außer den Gelehrten, konnte sich damals für die Entsprechungen (Heteronyme) des deutschen Lemmazeichens *betteln* in 9 europäischen Sprachen interessieren? Der Thesaurus ist aber mehr noch eine normative Grammatik der Meinungsbildung, und zwar der bildungsschichtig gehobenen und obrigkeitlich gewollten Meinung. Im unten in Auszügen zitierten Artikel umfasst der eigentlich fachlexikographische Teil nur elf Zeilen, nahezu der gesamte Rest von 3, 5 Spalten ist der *Sapientia, Weisheit* gewidmet. Man beachte bei der Lektüre die poetischen Gestaltungselemente, die impliziten und expliziten Unterstellungen, Drohungen, Negativurteile, Ironisierungen, Sprichwörter, Sentenzen, Handlungsaufforderungen bis hin zur Unterhaltung und zum Ratschlag: „Dreyerley leuth sollen auß den Statten außgeführt werden / die Siechen / todten / vnd starcke betler" (s. u. S. 345).

> Henisch 184 (Augsb. 1616): Wer sich bettlens vnd liegens ernehren soll / dem wirdt bang gnug.

> Ebd. 345: Bettler / der nach brot gehet / der weder zu beissen noch zu brechen hat / mendicus [...]. Junger Juncker / alter betler. [...]. Ein junger Schlemmer / ein alter betler. Ein junge stoltze Magd / ein alte betlerin. Mutwillige / Gottlose betler / geben gern Verrhäter / mordkremer / vnd meuchelmörder. [...]. Vier reiche betler seind in der

---

298 Eine Anzahl Nürnberger Bettelzeichen sind abgebildet in Sachße / Tennstedt 1998, 46.

Welt / Augustiner / Barfüsser / Carmeliten / Prediger. [...]. Dreyerley leuth sollen auß den Statten außgeführt werden / die Siechen / todten / vnd starcke betler. Es sein mehr reich betler / dann armer leut. [...]. Am tag ein betler / zu nachts ein dieb. [...]. Betler / spitzbuben vnd eigenwillige / haben kein theil am Reich Gottes. Betlern ist man allweg geneigter zu geben / dann fromm̄en weisen leuthen. Der Vatter ein schlemmer / der Sohn ein betler. Die bettler / Tattern / Dieb geschwind / Vnd Landsknecht eines gebacks sind. Kirschner vnd betler die widerwertigsten in der Welt / jene kehren das schönst herauß in futteren / dise kehren das vnfletigst herauß / vnd das schönst hinein.

Ebd. 346: Die betler sind den Hunden feind / die Hund den betlern [...]. Ein betler im lande macht keinen kummer. Ein König ist eim betler gleich / Der nicht hat freund im gantzen Reich. [...]. Es ist besser / seines thuns warten / vnd dabey gedeyen / denn sich vil vermessen / vnd dabey ein bettler bleiben. Gottes handwerck ist auß betlern Herren machen. [...]. Hopffen ohn melthaw / vnd betler ohn leuse / sind selten zufinden. Kein betler verdirbt. [...]. Kein betler sagt / es ist zu vil. Kein Schermesser scherpffer schirt / Dann wann ein betler Edel wirt. [...]. Sol / sol / mir / mir / sol / sol / mir / mir / Das sind der betler nothen in jhrem gesang. [...]. Alle betlers kranckheit warten vns auff den dienst. [...].

Ebd. 347: Besser gebettlet / als gestolen. Besser sterben als betlen [...]. Betlen ist ein Orden / darinn vil seind zu Herren worden. Betlen heist armut zetlen. Betlen verderbt niemand / aber man wirdt sein vnwerth. Denck Jung an den alten Mann / wiltu nicht betlen gahn. Mature fias senex. Der schwender muß zu letzt betlen gehn. Betlen vnd gleißnerey / nehret sich von Simoney. Böß gesellschafft nimbt ein Weib / die heist armut / die gebüret einen Sohn der heist spott / der last betlen so lang er lebt. Der Reiche Mann will alles han / Vnd solt der arm gleich betteln gahn. Der nicht denn fromm̄ kan sein / der muß betteln. [...]. Die lieb fürkompt das betteln. Es hat wol mehr ein König gebettelt Einer der das bettlen gewohnt / der höret nicht auff zu betlen. [...]. Fromme leut lobet jederman / Vnd lesset sie doch betlen gahn. [...] Vil handwerck / bettlen das best. [...] Wer hurt / der muß bettlen. Wer Jung gern stilt / der gehet im alter bettlen.

Im Unterschied zu den regional begrenzten Bettler- oder Polizeiordnungen, die kleinräumige Verhältnisse regelten, konnten bildungssprachliche und literarische Texte – geographisch gesehen – im gesamten deutschen Sprachgebiet rezipiert werden und hatten daher eine relativ große kommunikative Reichweite. Wichtiger noch aber war ihr soziales Prestige: Sie fungierten, soweit dies überhaupt sagbar ist, nicht explizit sozial-bindend bzw. institutionell normativ, sondern standen für unbestrittene Weisheiten mit sowohl religiöser wie moraldidaktischer wie seelsorgerlicher und juristischer Absicherung. Hinzu kommt die mit der sozialen Abwertung des Bettelns regelhaft verbundene Haltung, sich selbst nicht den Ausgegrenzten zuzuschlagen, sondern sich lieber mit den Ausgrenzenden zu identifizieren. Mit Hilfe dieser Texte konnte die innere Sozialdisziplinierung in ganz anderer Weise vollzogen werden, als dies mit explizit sozialbindenden normativen Texten möglich gewesen wäre. Dass sich besonders in frühneuhochdeutscher Zeit die Kommunikationsbereiche gegenseitig bedingen, dass diese hinsichtlich Wirkungsabsichten ihrer Autoren reziprok sind, braucht hier nur mit dem Hinweis angedeutet zu werden, dass natürlich auch Rechtsordnungen im Verständnis der Zeit eine Art Seelsorge darstellten und dass viele Autoren, die sich zum Bettlerwesen geäußert haben, auch und vor allem als Juristen oder Theologen tätig waren.

Will man das Spätmittelalter und seine literarischen Textsorten auf einen gemeinsamen Punkt bringen, so ist es das Bedürfnis nach Belehrung, das sowohl seelsorgerlich als auch ordnungs- und wissensorientiert begründet war. Auffällig ist das in dieser Zeit immer stärker werdende Interesse an der alle Lebensbereiche umfassenden Moraldidaxe, sei es in säkularen Kommunikationsbereichen in den Formen der mehr oder minder kunstvollen Lehrdichtung, der Reimpaarsprüche, Spruchdichtungen, Fastnachtsspiele, des Meistersangs, sei es in der Sinnwelt ‚Religion' in der Predigt, der Traktatliteratur oder in den Beichtspiegeln. Entsprechend sieht Max Wehrli (1980, 695) z. B. in der Reimsprecherkunst das „laikale Pendant" zur Predigt. Laienbildung, zu Beginn des Frühneuhochdeutschen als geistige Bildung noch kaum von geistlicher Bildung trennbar (Lämmert 1970, 304), wurde dem interessierten Publikum zur praktischen Nutzanwendung, nicht also mit besonderer Rücksicht auf Kunst und Kunstfertigkeit der Autoren als l'art pour l'art, angeboten, obwohl beides durchaus oft gleichzeitig vorhanden war. Oder wie Lämmert es ausdrückt: „Lehrdichtung und moralische, soziale, politische Zweckdichtung verlangen eine eigene Poetik". Die literarische Lehrhaftigkeit jedenfalls wird, wie schon angeführt, ganz im Sinne ihrer obrigkeitlich gewollten (ebd. 303) praxisbezogenen Wirkungsabsicht durch die rechtsnormative und glaubenskompatible bzw. -normative Gesetzgebung zusätzlich gestützt.

Morallehren müssen in besonderer Weise verpackt sein, damit sie von den Rezipienten in ihren einzelnen Inhalten angenommen werden können. Deshalb konstituieren Literatur, Theologie und Religion zusammen die sich immer stärker ausdifferenzierenden sozialdisziplinierenden Ordnungsvorstellungen, besonders diejenigen, die die Gesellschafts- und Ständeordnung betreffen. Während auf der einen Seite Ständerevuen, nach Wehrli (1980, 708) „katalogartige Aufreihungen oder auch Auftritte der nach Stand, Beruf, Alter, Geschlecht oder sonstwie unterscheidbaren Gruppen" immer beliebter wurden, weil damit trotz beständiger Ausdifferenzierung eine funktionierende Einheit allegorisiert werden konnte, wurde auf der anderen Seite immer deutlicher, wer nicht in die gegebene

Ordnung hineinpasste und damit aus der zwar partikularistischen, aber sich als Einheit verstehenden Solidargemeinschaft herausfiel.[299]

Die Ausgrenzung erfolgt also oft narrativ-unterhaltend wie bei Pauli, „Schimpf und Ernst", in satirisch-spöttischer Weise wie im „Narrenschiff" Sebastian Brants, in den „Fastnachtsspielen", in moralisch-pädagogischen Gedichten und Reimpaarsprüchen (etwa von Heinrich dem Teichner oder Hans Folz), in geistlicher und weltlicher Lieddichtung (wie bei Michel Beheim), im politisch-konfessionellen Streitgespräch (wie bei Thomas Murner) oder in Predigten mit transzendenter Relevanz (wie bei Martin Luther oder Geiler von Kaysersberg). Gerade das literarisch-illustrierende Aufbereiten, speziell in Reimen, hatte sowohl Anschaulichkeitscharakter als auch den nötigen Memorialeffekt.

Wohl aus dem Jahre 1420 stammt die Ständesatire „Des Teufels Netz". Aus der Perspektive des Teufels wird geschildert, wie dieser alle Stände in seinem Netz einfängt. In einem eigenen Kapitel geht es über die weltlichen Bettler, über die es zum Beispiel stereotypisch heißt:

Barack, Teufels Netz 6356 (Bodenseegeb., 1. H. 15.Jh.): Landstricher und stirnenstöffel | Sind tag und nacht vol: | Das tůnd si armen lüten abstraiffen | Mit hinken, biegen und graiffen.

Gesellschaftskritisch und sozialdisziplinierend gleichermaßen war Sebastian Brants *Narrenschiff,* eine Moralsatire mit weitreichender Wirkung. Es gilt als das erfolgreichste Buch vor der Reformation. Der Jurist und Kanzler der Stadt Straßburg nutzt die als gottvergessend und sündig topologisierte Narrenfigur dazu, der Gesellschaft seiner Zeit einen Spiegel vorzuhalten. Von den Bettlern heißt es:

Lemmer, Brant. Narrensch. 63, 3 (Basel 1494): Der båttel hat ouch narren vil | All welt die ryecht sich yetz vff gyl | Vnd will mit båttlen neren sich | Pfaffen / mynchs órden sint vyst rich | Vnd klagent sich / als werent si arm.

Ebd. 22: Mancher důt båttlen by den joren | So er wol wercken möht vnd kundt | Vnd er / jung / starck ist / vnd gesundt. [...] Zů Basel vff dem kolenbergk | Do triben sie vil bůbenwergk | Jr rottwelsch sie jm terich hand | Jr gfůge narung durch die land | Jeder stabyl ein hörnlüten hatt | Die voppen / ferben / ditzent / gat.

---

299 An dieser Stelle sei bemerkt, dass gerade das Bürgertum sich explizit als exklusive Gruppe solidarisiert und positiv abgegrenzt hat. Dies kann jedoch nicht als Exklusion bezeichnet werden. Denn diese Form der Abgrenzung von anderen Gruppen geschieht zum Zwecke des Machtgewinns bzw. des Machterhalts und innerhalb der Solidargemeinschaft. Soziale Nachteile für den Dazugehörenden waren nicht zu erwarten, höchsten bei Ausschluss daraus durch den zumeist damit verbundenen sozialen Abstieg.

> Ebd. 91: Mancher verloßt vff båttlen sich | Der spielt / bůbt / halt sich üppeklich | Dann so er schon verschlembt syn hab | Schleht man jm båttlen doch nit ab.

Den Bettlern werden von Brant alle negativen Eigenschaften zugeschrieben, die man sich denken kann. Sie seien falsche Mönche, reiche Betrüger, die Krankheiten und Behinderungen (ebd. 65f.) nur vorspielten, arbeitsscheue Faulpelze, Schmarotzer, Prasser. Für Mitleid war kein Platz. Ähnliches liest man bei Michel Beheim in seinem Gedicht „von geilern und sterzern".

> Gille u. a., M. Beheim 236, 3 (nobd., 2. H. 15. Jh.): ich will euch offennbern | von geillern, stiphern und sterczern, | von petlern, phening predigern, | geistlich, weltlich ich meine. [...] etlich verstelen sich, sam sie | arm und jemerlich sinde, | Lam, chrump, czerprochen, plinde, | frat, faul, plut runsig, sy das tun | mit chraut und schaff plut, das sy nun | in platern haimlich lassen fun | iren glidern troffen.

Einerseits in dieser diskriminierenden Tradition stehend, aber andererseits durch explizite Handlungsappelle weit darüber hinausgehend, ist hier noch einmal der 1509/10 erschienene „Liber vagatorum"[300] zu nennen. Er wurde wohl, wie im Kapitel zu den informierenden Textsorten (Kapitel II. 9. 7) bereits ausgeführt, vom Pforzheimer Spitalmeister Matthias Hütlin verfasst und 1510 dort bei Thomas Anselm gedruckt. Für dieses Datum spricht auch, dass Thomas Murner das Buch 1512 in seiner „Narrenbeschwörung" erwähnt (Boehncke / Johannsmeier 1987, 54). Es ist nicht das erste Beispiel eines solchen Gaunerbüchleins. Schon 1430/40 waren die Basler „Betrügnisse der Gyler" erschienen. Doch der „Liber" war das erfolgreichste Gaunerbuch nicht nur seiner Zeit. Schon 1510 war er auch in niederdeutscher Sprache gedruckt worden. Bis 1755 folgten weitere Ausgaben. 1856 schließlich lässt es August Heinrich von Fallersleben im 4. Band des „Weimarischen Jahrbuchs" noch einmal drucken (Boehncke / Johannsmeier 1987, 71f.). Sein Blick auf die Vaganten war fast romantisch-verklärend und damit völlig anders als der, den sein berühmter Herausgebervorgänger aus dem 16. Jh. auf ihn hatte.

Der „Liber vagatorum", den Martin Luther im Jahre 1528 (WA 26, 638f.) neu herausgab, ist ein typisches Beispiel für ideologisch perspektivisches Schreiben, das mit Hilfe humorvoll-narrativer Darstellungen letztlich eine aggressive Ausgrenzungspolemik gegen die Bettler und Fahrenden betreibt. Allein das aggregative Nebeneinander der Ausdrücke *Bettler, Bube, Fahrender* und weiterer kriminalisierender Synonyme spricht für sich. Was den Text außerdem interessant macht, ist das vom Verfasser angelegte Glossar zur so genannten Gauner-

---

300 Boehncke / Johannsmeier 1987, 43–78. Es ist zusammen mit der niederdeutschen Fassung auch nachzulesen bei: Kluge 1901, 35–80. Der *Liber Vagatorum* wird hier nach der Weimarer Ausgabe der Lutherischen Werke zitiert: WA 26, 638–654.

sprache, dem Rotwelschen. Dieses Glossar hat bereits Luther interessiert. Über seine Motive zur Neuherausgabe schreibt er in der Vorrede:

> Luther, WA 26, 639ff.: Vnd wirt diß buechlein geteilt in drey teil, Das erst teil sagt von allen narûgê, dy die betler oder lantfarer brauchen, vnd wirt geteilt inn xx capitel et paulo plus, dan es seind xx 'narungen et ultra da durch der mêsch betrogê vñ vber fuert wirt, Das ander teil sagt etlich notabilia die zu denn vorgenantê narungen gehoeren, Das drit sagt von eim vocabulari rotwelsch zu deuetsch genant.", das ist, ein recht erfarner gesell ynn bueberey, Welchs auch dis buechlin wol beweiset, ob er sich gleich nicht also genennet hette. Jch habs aber fur gut angesehen, das solch buechlin nicht alleine am tage bliebe, sondern auch fast uberall gemein wurde, damit man doch sehe und greiffe, wie der teuffel so gewaltig ynn der welt regiere, obs helffen wolte, das man klug wuerde und sich fur yhm ein mal fursehen wolte. Es ist freylich solch rottwelsche sprache von den Juden komen, denn viel Ebreischer wort drynnen sind, wie denn wol mercken werden, die sich auff Ebreisch verstehen.

Luther hat also zum einen ein philologisches Interesse am Rotwelschen, zum anderen aber auch ein seelsorgerliches, denn am „Liber vagatorum" zeigt sich in seinen Augen das Treiben des Teufels in der Welt. Indem er das Rotwelsche den Juden zuschreibt, subsumiert er die wichtigsten Randgruppen des Frühneuhochdeutschen und stellt sie gemeinsam unter den Generalverdacht, kriminell zu sein. Um diese Klassifizierung zu bestärken, berichtet er von eigenen Erfahrungen, davon, dass er selbst Opfer von Landstreichern geworden sei. Die daran anschließende Warnung ist die Hauptintention sowohl der Neuedition als auch der ursprünglichen Abfassung des Werkes.

> Ebd.: Jch bin selbs diese iar her also beschissen und versucht von solchen landstreichern und zungendresschern, mehr denn ich bekennen wil. Darumb sey gewarnet, wer gewarnet sein will.

Der „Liber vagatorum" bietet aus der Perspektive des Verfassers eine umfangreiche Bettler- und Verbrechertypologie, die in ihrer Ausdifferenzierung zum einen die betrügerische Vielfalt des Verbrechens bzw. des verbrecherischen Vortäuschens von Armut zum Ausdruck bringt und zum anderen seine Lust an ihrer Beschreibung und an der Bezeichnungsvielfalt zeigt. In der Ansammlung der im „Liber" überlieferten Synonyme spiegelt sich außerdem das angebliche oder tatsächliche Bedürfnis der sogenannten „Gauner", mit Hilfe dynamischer Bezeichnungsvariationen bei ihren Verfolgern Verwirrung zu stiften bzw. das mit einem der Ausdrücke Gemeinte geheim zu halten. In dem Maße, in dem dies Letztere der Fall ist, dient Synonymie der Verschleierung in absichtsvoller Weise.

Doch dies ist nur die eine den Rotwelschsprechenden unterstellte Perspektive. Die Vielfalt pejorativ gebrauchter Bezeichnungen zu ihrer Kriminalisierung, wie sie im „Liber" zum Ausdruck kommt, ist das sprachkreative Produkt einer Mehrheitsgesellschaft, die die Rotwelsch Sprechenden verachtet und sich durch sie bedroht fühlt. Da gibt es *schlepper, dutzer, grantner, dagierer, kamesierer, dopfer, dobisser, besefler, klenckner, losner, stabyler, breger, blickschlaher, schwanfelder, vopper, dallinger, duetzbetterinnen, sündveger, veranerinnen, muemsen, christianer, calmierer, seffer, schweiger, burckarte, wiltner, sefelgräber* usw. Mithilfe kleiner, mehr oder minder unterhaltender Kriminalgeschichten, oft in Form von Tatsachenberichten, werden die einzelnen Bettlergruppen und ihre jeweiligen Betrügereien und Täuschungsversuche beschrieben. Die Ausführungen unterliegen einem gewissen Gestaltungsformular; sie beginnen häufig mit einer Art Worterklärung und enden mit der Aufforderung, den vorgeblich betrügerischen Bettlern das Almosen zu verweigern und sich generell vor ihnen zu hüten.

> Luther, WA 26, 645: Jtem, das heist auch gedutzt, wenn ein betler vor dein haus koempt und spricht, liebe fraw, ich wolt euch bitten umb ein leffel mit buttern, ich hab viel kleiner kind, das ich yhn ein suppen machet, Jtem, umb ein betzam, ich hab eine kindbetteryn, ist erst achtagig, Jtem, umb ein trunck weins, ich hab ein sieche frawen, et sic de alijs, das heist dutzen, Summa, den dutzern gib nicht.

Das Ineinandergreifen aufklärend informierender, belehrender, appellierender und unterhaltender Elemente des „Liber vagatorum" unter dem Deckmäntelchen, den unbescholtenen Bürger über die Gauner zu informieren, ist wohl auch für seine Breitenwirkung verantwortlich (allein 30 Drucke erschienen im 16. Jahrhundert; so Boehncke 1987, 65). Für den Historiker Boehncke (ebd. 55) stellt dieses Buch den „Höhepunkt der literarisch-dokumentarischen Versuche" dar, „den Gaunern auf die Schliche zu kommen". Textsorten wie der „Liber vagatorum" sind entsprechend Ausdrucksformen einer sich verschärfenden Kritik am Bettelwesen. Diese Kritik hat zwei Väter, zum einen die reale soziale Situation der Menschen, die seit dem 14. Jahrhundert zu einer zunehmenden Pauperisierung führte und zu der man Stellung zu beziehen hatte, zum anderen den Prozess voranschreitender Sozialdisziplinierung und Rationalisierung, der sich in umfassenden gesellschaftlichen Ordnungsmechanismen, z. B. in Form und mit Hilfe didaktisch orientierter Textsorten, äußert. Aus sprachkritischer Perspektive kann es als ein Buch gesehen werden, mit dem der Bettler als kriminell klassifiziert und dadurch als gesellschaftliche Randgruppe konstituiert wird. Von der sozialen Not der Armen ist systematisch nicht die Rede. Der „Liber" wird sogar sekundärstigmatisierend instrumentalisiert: Die Aussage, dass das Rotwelsche von den Juden komme, steckt diese mit den vom Teufel getriebenen Verbrechern, mit den Bettlern und Gaunern unter eine Decke. Zur diskriminierenden Subsumtion werden also schon zu Luthers Zeiten und von Luther selbst philologische Argumente genutzt.

Der „Liber vagatorum" ist kein Ausnahmetext, sondern ein typisches Beispiel für eine lange Reihe vergleichbarer didaktisch-warnender „Skandal"- bzw. Kriminalisierungsabhandlungen. Eine kleine Zusammenstellung lieferte schon Kluge in seinem 1901 publizierten Buch über das Rotwelsche. Genannt sei hier wegen des sprechenden Titels außerdem noch Jacob Koebel neues Gedicht von 1520: „Eyn Neüwe Gedicht. Wie die Lantbescheisser / Zwyecker / Orenbeysser / Bleer / Meinster / Heyligman / vnd Störck / Die Freyen vnd Boperten [...] Betrygen / Leychen / vnd überfüren / deren viele ir fürwitz gebüßt wirdt." (vgl. Kluge 1901, 86). Das Interesse am Rotwelschen war vielfach begründet, zum einen faszinierte das Spiel mit der Sprache selbst, zum anderen wollten die Autoren die sogenannte Geheim- und Gaunersprache entlarven und mit ihr deren vermeintlich verbrecherische Sprecher, und zum dritten standen sie – möglicherweise unbewusst – im Dienste einer obrigkeitsorientierten Gesellschaftsstrukturierung.

Auf der diskursiven Matrix des Armuts- und Bettlerdiskurses seit der Antike lassen sich für das späte Mittelalter und die frühe Neuzeit zusammenfassend mehrere Begriffslinien feststellen.

Neben einer in der der Sinnwelt ‚Religion' konzentrierten und der religiösen Überhöhung verpflichteten Linie, die die Heilige Familie als göttliche Bettler beschreibt und damit Armut als würdig konnotiert, das heißt als würdevolle Form privater Lebensführung und sozialer Existenz fingiert, steht seit Mitte des 14. Jahrhunderts eine in der Sinnwelt ‚Alltag' zu verortende diskriminierende Bettlerverachtung im Vordergrund der Belege. Die Extreme der Betrachtungsweise sind damit umrissen: auf der einen Seite das sakrosankte Unerreichbare und Nachzuahmende, auf der anderen die Inszenierung realer Alltagsbedrohung, die jeden betreffen kann. Doch anstatt eine sprachliche Kultur des mitleidigen Helfens zu semantisieren, überlässt man dieses – wenn auch je nach Gruppenzugehörigkeit je anders – handlungsverweigernd den Heiligen und den Heiligenlegenden, und macht umgekehrt die Armen in den Alltagstexten zum Gegenstand ausgeprägter Stigmatisierung. Da ‚Armut' das distinktive Merkmal der Bettler ist, ungeachtet der Frage, ob sie als Folge oder als Voraussetzung der Ausgrenzung angesehen werden muss, kann das Wort als Oberbegriff für fast alle genannten anderen Randgruppen genutzt werden. Dies zeigen die onomasiologischen Vernetzungen, die Wortbildungsfelder, die üblichen aggregativen Kontextualisierungen und die ubiquitär anwesende Sekundärstigmatisierung, die allesamt einzeln oder in Kombination mit Bezug auf ‚Bettler' nachzuweisen sind. Sie erscheinen eingebettet in eine sich mit fortschreitender Zeit immer deutlicher herausbildende negativierende Gebrauchsmatrix, deren Bewertungsnetz von der Diskriminierung über die Kriminalisierung bis hin zur Erklärung ihrer vollständigen Minderwertigkeit, gar Wertlosigkeit reicht, bei der den Betroffenen das soziale Menschsein abgesprochen wird. Nicht selten kommt es dabei vor, dass die Betroffenen die abwertende Fremdklassifikation annehmen, sich mit dieser identifizieren und sie als Selbstbeschreibung übernehmen.

Im Unterschied zu prototypisch geschichtswissenschaftlichen Darstellungen ist hier zu betonen, dass sprachliche Ausdrücke systematisch polysem sind, dass sie in strukturellen (semasiologischen, onomasiologischen und wortbildungsmorphologischen) Feldern stehen und dass sie in bestimmten syntagmatischen und in handlungspragmatischen Zusammenhängen begegnen. Das Gesamt dieser Möglichkeiten führt zu der Schaffung von Realitätsbildern und damit sozialen Realitäten, in denen Gleichzeitigkeiten des Ungleichzeitigen und damit Widersprüchlichkeiten, aber auch zeittypisch herrschende Auffassungen aufscheinen. Es ist deutlich geworden, dass z. B. die alltagsnahe Predigt im Frühneuhochdeutschen die negative Betrachtung des unwürdigen Armen nicht nur übernahm, sondern dass die Negativität auch in literarischen Hochformen, z. B. durch Geiler von Kaysersberg oder Martin Luther, ausgebaut wurde. Das Zeitalter der Verfolgungsgesellschaft hat mit dem Frühneuhochdeutschen deutlich an Kontur gewonnen.

## III. 2. Menschen mit einer Behinderung, einer körperlichen Abweichung oder einer Erkrankung

Im Roman von der Königin Sibille erhalten wir einen kurzen Einblick in die Beschreibung eines ‚Andersartigen' im 15. Jahrhundert.

> Tiemann, E. v. Nassau-S. Kgn. Sibille 119/120 (rhfrk., um 1435): Als der konnig also mit syme gesinde stünt / da tratt in dem pallas eyn heßlicher getwerch /des fleysch was also swartz / als obe er zehen jare jn dem rauch gehangen hette / Syn antlitz stünde als eyn breit küssen / vnd sin nase dar jnn als eyme affen / Syn hare stünt zü berge gerecket / als eyns swynes bürsten / Syn oren und sin armen vnd aller sin was heryg / Syn ougen stünden yme dieff jn syme heubte / als ratten ougen / Syn zene stünden yme als eyme eber swyne / vnd waren gele.

Der ‚getwerch' (normalisiert: *gezwerg*) wird als ausnehmend hässlich beschrieben und mit dem Kommentar gekennzeichnet: „Man mochte keyn heßlicher mensche erdacht han" (ebd. 120). Je nachdem, wie man diese Kennzeichnung intoniert und interpretiert, wird er entweder noch als ‚Mensch' gesehen oder schon als etwas Monströses, denn die dehumanisierenden Vergleiche seiner Körperteile mit Affennasen, Schweinsbürsten, Eberzähnen und Rattenaugen lassen eher das Bild eines Monsters aufscheinen als das eines Menschen. In entsprechender Weise reagierte die Hofgesellschaft.

## 2. Behinderung, körperliche Abweichung oder Erkrankung 293

Ebd. 120, 13: Er [der getwerch] wart von dem hoffegesinde grüwelich angesehen / Jr ye eyner sprach zu dem andern / -- Das en ist ye keyn mensche / dan es ist der duffel / Verflucht sye der müder die yne ye gedrug.

*Zwerge* oder *gezwerge* erscheinen in der Literatur immer wieder als altgermanische Fabel- und Mythenwesen. Am bekanntesten ist der Zwerg Alberich im Nibelungenlied. Es ist außerdem die damals übliche und heute diskriminierende Bezeichnung für einen nach „normalen" Maßstäben zu kleinen Menschen. Zwerge in der Literatur wie die nach Ihnen benannten Kleinwüchsigen waren Schattenwesen, die Erstgenannten, weil sie das Dunkle und Heimtückische verkörperten, die Letztgenannten, weil sie im Schatten der Gesellschaft leben mussten, oft im Schatten der Hofgesellschaft, die sich auf ihre Kosten amüsieren konnte. Man denke da nur an den Heidelberger Hofnarren Perkeo.

Munz, Füetrer. Persibein 154, 7 (moobd., 1478/84): das zwerg an hüeb mit hellem don zůe singen | ain hof lied wunicleiche, | so das es thet frölich in oren clingen.

Doch nicht die Fröhlichkeit ist das Markenzeichen des Zwerges, seine als grotesk wahrgenommene Hässlichkeit und die ihm unterstellte moralische Defizienz sind bedeutungskonstitutiv für das Wort *Zwerg*. Die von *getwerg* oder *zwerg* ausgehende Deontik lautete: Diesem Wesen ist nicht zu trauen, hüte Dich vor ihm. In bestätigender Weise fährt auch der Erzähler in der zitierten „Königin Sibille" fort: „Sye hatten ware / Er macht darnach groß vnglück". Denn im weiteren Verlauf der Geschichte wird die Königin vom Zwerg sexuell belästigt und schließlich von ihrem Mann vom Hof vertrieben. In der Beschreibung wie in der Reaktion des Hofgesindes zeigt sich die Vermischung der Fabelwelt mit der Menschenwelt. Wie Vieles, das man sich nicht erklären konnte, wurde besonders die Kleinwüchsigkeit dämonisiert. Man sprach dem Zwerg mal mehr, mal weniger sein Menschsein ab und erklärte ihn zum Teufel. Die Mutter, die ihn geboren hatte, wurde verflucht.

Doch dies ist nur die moralische Ausgrenzung. Der moralischen Ausgrenzung entsprechen die soziale Randverortung sowie die Einschränkungen ihrer Rechts- und Geschäftsfähigkeit.

Piirainen, Stadtr. Sillein 152, 29 (sslow. inseldt., 1378): auf gedwerge erstirbet weder lehen noch erbe Noch auf chruppel chint.

Bedeutungsverwandt zu *zwerg* und ebenso abwertend waren die Bezeichnungen *grasteufel, pigmäus, wichtel, krüppelkind* (s. o.) oder einfach nur *krüppel*. Das Wort *krüppel* umfasste alle Formen von Behinderungen, zu denen neben körperlichen Lähmungen auch geistige Behinderungen zählte, die man nicht nur mit den Adjektiven *dumm* attribuierte, wie der nachfolgende Wörterbuchbeleg zeigt.

> Schöpper 76 (Dortm. 1550): Stultus. Narre alber thor geck düppell gauch sott narrecht thorecht hirnloß vnbesint närrisch vnweiße weißloß vnwitzig.

Eines der wichtigsten Wörter für den geistig Behinderten war sicher *narr*. Es ist kein Zufall, dass *krüppel* und *narr* zu den häufigsten Schimpfwörtern der Zeit zählten.

> Pfefferl, Weigel. Gn. S. 67, 11 Var. (um 1571, Hs. 1615): Es begibt sich offtmals, daß ein Khrimpl [Var. Krüppel] oder Narr geboren wirdt.

Die meisten Verkrüppelungen waren im Unterschied zu den körperlichen und geistigen Anomalitäten, die von Geburt an den Betroffenen zu einem Leben am Rande verurteilten, oft die Folge von Gewalt oder Krankheit. Ihre gesellschaftliche Wertigkeit war daher außerordentlich unterschiedlich, was man am Beispiel des berühmten Götz von Berlichingen und seiner eisernen Faust sehen kann. Von Berlichingen hatte nicht nur die finanziellen Möglichkeiten, sich eine für die damalige Zeit außergewöhnliche Prothese schmieden zu lassen, er war als Adeliger nicht auf seiner Hände Arbeit angewiesen und zudem sozial abgesichert.

Krankheit bedeutete in der spätmittelalterlichen und frühneuzeitlichen Gesellschaft das Zurückfallen auf das soziale Netz der Familie und einer sozialen Gruppe, zum Beispiel der Zunft, zu der man gehörte. Fehlte dieses Netz, so war die Armut mit all ihren Folgen vorprogrammiert und das Überleben unwahrscheinlich. In den meisten Texten werden jedoch nicht die Fälle behandelt, in denen Menschen durch Krankheit und Unfall unschuldig in Not geraten, sondern solche, in denen Krankheiten als Bedrohung für das Kollektiv angesehen werden, zum einen wegen der Gefahr körperlicher Ansteckung, zum zweiten wegen ihrer Verbindung mit moralischen und religiösen Vorwürfen und zum dritten wegen ihres angeblichen oder wie auch immer bedingten tatsächlichen Missbrauchs durch bettelnde Randgruppen. In welch massiver Weise Bettler selbst dann mit Ekel wahrgenommen werden, wenn sie offensichtlich unschuldig krank, damit *gnaddürftig*, *hilfwirdig* geworden sind und nicht anders können, als ihre Situation zu zeigen (zu *entdecken*), demonstriert der folgende Beleg:

> Franck, Klagbr. 221, 12 (wohl Nürnb. 1529): Klagend wymerleissend vnd achtzend fallen für deine knye / aller Durchleuchtigister Künig / alle betler / maltzig / krippel / blind / lame / schebig / vnd mit stinckenden geschweren beladne / Welche nachend souil tödlichs giffts außgissen / das sich auch ein grawen den anschawendenn zufügen möchte / Ja diser arm vnselig hauff / der welt grewel vnd eckel / vor allen ellend vnd arbeitselig leut / billich von menigklich zu erbarmen / gnadtörfftig vnd hilffwirdig / Die allein vom almusen leben / vnd einiche arbeit zuuerwalten vntüglich seind worden / ihr eigen zwang vnd armůt fürzutragen vnnd zuentdecken auß not gedrungen.

Die Ausführungen zu den Bettlern haben gezeigt, dass diese, sofern sie als Ursache ihrer Armut eine Krankheit, ein Gebrechen oder eine Behinderung anführen, unter den Generalverdacht unlauterer Handlungen, insbesondere der Täuschung und des Betrugs gestellt werden. Die Kriminalisierung ist zugleich Sozialdistanzierung wie Warnung. Jemanden als arbeits-unfähig zu klassifizieren und ihn womöglich zusätzlich – wie im folgenden Beleg – der Täuschung zu bezichtigen, enthebt der Sozialverantwortung selbst dann, wenn bei einigen der Bettler z. B. *zerbrochene schenkel* nicht bezweifelt werden. Andere werden trotzdem Gauner sein, so dass man allen Grund hat, die gesamte Gruppe zu stigmatisieren.

> Luther, Liber vagatorum, WA 26, 641: Das vierde Capitel ist von den klencknern, das sind betler, die vor den kirchen auch offt sitzen auff allen messtagen odder kirchweyhen mit den boesen zerbrochen schenkeln, einer hat kein fus, der ander hat kein schenckel, der dritte keine hand odder keinen arm. [...] Jtem, mancher verbint ein schenkel, ein arm mit heilenden und gehet auff kruecken, yhm gebricht als wenig als andern menschen.

Systematisch aus der Gesellschaft ausgestoßen wurden vor allem diejenigen, die an einer ansteckenden Krankheit litten und damit als physisch gemeinschaftsschädigend wahrgenommen wurden. Dies galt kurzfristig für die an Syphilis oder Pest Erkrankten, langfristig für die Aussätzigen und Leprakranken. Als Zeichen solcher Krankheiten bzw. als die Krankheit selbst galten im Frühneuhochdeutschen: *apostem, aussaz 3, bitzel, blater 2, blaterzeichen, ¹brechen 2, drüse, eis, fistel, fras, geflecht, geschwer, geschwulst, krätze, krätzigkeit, krebs, pestilenz 1, pickel, räude, räudigkeit, schrinde, sterbdrüse, tumor*. Weniger gefährlich waren: *grind, aussaz 3, blater 2, feigwarze, flechte, gnaz, jucken 3, juckung, krätze, krätzigkeit, mal, maselflechte, masenschlag, maser, mieselsucht, milbe, reude, reudigkeit, schäbigkeit, schorf, schwäre, unflat, warze, zittermal, zittersch*. Segregation und Ausschluss erfolgten zum Schutze der Allgemeinheit in der Regel im Anschluss an eine vom Gericht angeordnete Begutachtung, der *malazeischau*, ausgeführt vom *malazeischauer*. Nach positiver Diagnose erfolgte das Urteil:

> Koeniger, Sendgerichte 128, 34 (rhfrk., 1587): über den gebresten des aussatzs soll auch von diesem gericht erkannt und diejenigen, so damit behafft, durch diss gericht ausgeschlossen werden.

> Henisch 345 (Augsb. 1616): Dreyerley leuth sollen auß den Statten außgeführt werden / die Siechen / todten / vnd starcke betler.

Besonders radikal war der Umgang mit den sogenannten Aussätzigen.[301] Das aggregative Nebeneinanderstellen der Kranken und der Toten im letzten Beleg

---

301 Vgl. dazu auch: Irsigler / Lassotta 2004, 74ff.

ist symptomatisch für eine Zeit, in der im Extremfall z. B. Leprakranke in ihrer Anwesenheit und bei lebendigem Leibe eine rituelle Totenfeier erhalten und damit für ihre Angehörigen für tot erklärt werden konnten.[302] Mit dem sozialen Tod hatten sie keinerlei Rechte mehr, durften keine Messe mehr besuchen und mussten ihr Kommen akustisch mit einer *klaffer* ankündigen. Entsprechend wurden sie als *klaffenmänner* bezeichnet (Maaler 1561, 244r), partiell synonym aber auch als *aussetzel, aussetze, (be)sonderieche, miesling*, positiv überhöhend: *gutleute* usw. Sie lebten in der *kosung*, der *leproserie*, der *malazenkotte* (in Köln *malatenkotte*[303]), dem *malazhaus*, dem *gutleuthof* oder *gutleuthaus*, einem Gebäude fernab der Gemeinschaft, und wurden wie die Bettler in eigenen Listen registriert.[304] Ihr Tagesablauf war häufig streng reglementiert, und man verbot ihnen den sexuellen Kontakt mit dem Ehepartner.[305] Sie mussten einen ausschließenden Ausweis mit sich führen.

Es verwundert daher kaum, dass die von solchen Krankheiten Betroffenen möglichst lange versuchten, ihre Erkrankung zu verschweigen. Dass dies möglich war, ohne dass der Erkrankte die medizinische Versorgung verlor, wurde durch die Schweigepflicht der Ärzte und Apotheker gewährleistet. Wie sehr aber gerade auch die Angst vor der Ausgrenzung die ersten Reaktionen der Betroffenen prägte, überliefert z. B. das „Buch Weinsberg". Weinsbergs Schwester „Catharina, die Anzeichen der Pest bei sich feststellte", rief entsetzt aus: „Nu werde ich vur uch allen gescheut und verwirft mich unser here gott, doch, was sin gotlich will, ist" (zit. nach Jütte 1991, 208).

Man kann sich vorstellen, dass diese Ausgrenzungsbedrohung auch als wirksames Mittel z. B. in nachbarschaftlichen Auseinandersetzungen eingesetzt werden konnte. Dies zeigen die überlieferten Verleumdungsklagen, in denen bestimmte Personen sich gegen solche Erkrankungszuschreibungen zur Wehr setzten. Jütte (1991, 169) berichtet von einem Kölner Bürger, der 1612 das Opfer übler Nachrede wurde, als man von ihm behauptete, er habe die Syphilis, „er solte oder möchte mit den abschewlichen pocken oder frantzosen [...] behaftet

---

302 Moore 1987, 11: „Lepers were to be segregated from the rest of the community by expulsion or confinement and deprived of legal rights and protection, and of their property and ist disposition – logically enough, since confirmation of the diagnosis of leprosy was announced by a ceremony closely modelled on the rite for the dying. The leper was treated thenceforth as being efectively dead, with all the cruelty and the ambivalence that implies." Vgl. auch: Roeck 1993, 63.
303 Chron. Köln 2, 75, 14. Vgl. zu Köln: Irsigler / Lassotta 2004, 69ff.
304 Holmberg 1970, 25–71.
305 Irsigler / Lassotta 2004, 74.

## 2. Behinderung, körperliche Abweichung oder Erkrankung   297

sein." Der Betroffene ließ sich daher amtsärztlich untersuchen und über das negative Untersuchungsergebnis eine notarielle Bescheinigung ausstellen.

Bei der Syphilis als der Geschlechtskrankheit der Zeit tritt ein Aspekt überdeutlich hervor, der auch bei anderen Krankheiten wie der *malazei* immer mitgedacht werden muss, auch wenn er nicht in dieser Weise lokalisierbar und sichtbar war. Es betrifft die allgemein herrschende Vorstellung, dass Krankheit die zeichenhafte Folge der Ursünde ist und personenbezogen speziell als Strafe Gottes für eine begangene Sünde zu betrachten ist.

> Weyer, Johann, Artzney Buch. Von etlichen biß anher unbekannten und unbeschriebenen Kranckheyten [....], Frankfurt (1588): Die Suenden aber seyn nicht allein auff angeregter weiß bey und ffuer Gott / sondern auch in den Menschen selbsten nicht allein Ursachen / sondern auch die eigentliche Materi aller Seuchen unnd Krankheyten / sintemal dieselbigen nur von einem unordentlichen Leben / so der Mensch entweder mit Fressen und Sauffen / oder mit Unzucht / oder mit unzeitigem rach'gierigen Zorn / oder mit Ehr und Geltgeitzigen Melancholischen Gedanken / und in Summa inn und mit allen Abgoettischen / Fleischlichen unnd Suendlichen Handlungen fuehret / gemeiniglich herkommen.[306]

Wie der Beleg zeigt, ist auch die psychische Depression (*melancholische Gedanken*) zeichenhaft. Im Zweifelsfalle hatte der Teufel seine Hand im Spiel:

> Luther, WA Tr 1, Nr. 360, S. 151, 21f.: Der Teufel ist ein Ursacher des Todes und aller Seuchen und Krankheiten; item, daß die Aerznei von Gott komme, derhalb man ihr wol brauchen möge.

Die ererbte Schuld gilt als wahrer Auslöser für die Vergänglichkeit und somit für eine der wichtigsten Krankheitsursachen. Paracelsus formuliert dies mit den Worten: „Die Zeit ursachet die Fäule der Dinge" (Paracelsus, zitiert nach: Schipperges 1980, 59). Die Vorstellung von Krankheit als Folge persönlicher Sündhaftigkeit ging so weit, dass man in der Art der Krankheit ein Zeichen für die vorausgegangene Sünde erkennen zu können meinte und die Heilmittel danach ausrichtete.

So spiegelt das Adjektiv *grindig* >aussätzig, schorfig, hautkrank (vom Menschen)< in seiner lexikalisierten Metapher >sündhaft, schlecht (von Menschen, deren Handlungen und Werken); sozial elend, arm, verwahrlost< das im einzelnen Textbeleg nie sicher und vollständig trennbare Miteinander des ‚eigentlichen' Gebrauchs (im Sinne von >schorfig<) und der übertragenen Verwendung (im Sinne von >sündhaft<). Im Übrigen lässt die Formulierung der letzteren Bedeutung in sich nochmals einen Tropus, und zwar eine Metonymie, nämlich das mit >sündhaft< sachkontingente >elend, [...]<, erkennen. Dass auch *rein* als

---

306   Zit. nach Jütte 1991, 47.

das Antonym zu *grindig* eine vergleichbare Polysemie aufweist, kann als Hinweis auf die Systemhaftigkeit der semantischen Verbindung des Einen (>körperlich krank<) mit dem Anderen (>irgendwie sündenverfallen<) und einem dritten (>elend, arm<) gewertet werden. Speziell der Aussatz galt als Strafe Gottes für die Sündhaftigkeit des Menschen und ist demnach deren Zeichen.

> Helm, H. v. Hesler. Apok. 23045 (nrddt., 14. Jh.): sin lesterlich unzucht | Ist erger wen di misel sucht, | Durch di her ist us gesat | Von der hemilischen stat.

Entsprechend typisch ist die bei Berthold von Regensburg wie bei Luther vorzufindende Metaphorik, bei der der Aussatz als Indiz für die Sündhaftigkeit und der Priester folglich als ihr heilender Arzt angesehen wird:

> Luther. Hl. Schrifft. Jes. Sir. 38, 15 (Wittenb. 1545): WEr fur seinem Schepffer sündigt / Der mus dem Artzt in die hende komen. [Dazu Marginalie:] Betten hilfft mehr denn ertzneien / Vnd der Priester thut mehr denn der Artzt.

Bei Berthold wird *sünde*, sogar klassifiziert nach Unterarten (*tötliche* und *tägliche*), in einer *ist*-Prädikation mit *aussetzig(keit)* gleichgesetzt und entsprechend ihrer körperlich-seelischen Bedrohlichkeit betrachtet, was bedeutet, dass der Sündige wie der *aussetzige* zu behandeln ist. Die Möglichkeit, ihn *gesund* zu machen, erscheint auch bei Berthold, bezeichnenderweise aber in einem restringierenden Nebensatz: *ir müget in danne [...]* >es sei denn, dass [...]<; hier wird das Zeichen der Sündhaftigkeit als Möglichkeit, jemanden zu heilen, angedeutet.

> Berthold von Regensburg II, XLVIII, 118: Ûzsetzikeit daz sint tôtlîche sünde, der ûzgebrochen ist, daz sint tegelîche sünde. [...] Swer ûzsetzic ist, als ich iezu sprach, den sult ir von den liuten tuon: daz ist, swer in tôtlîchen sünden ist, den sult ir tuon von der gemeine der heiligen kristenheit, daz ir in gotes lîchnam niht geben sult, weder mit gesundem lîbe noch mit siechem lîbe noch vor dem tôde noch nam dem tôde, ir müge in danne gesunt machen.[307]

Die Aussatzmetapher dient als explizite Aufforderung zur Segregation: Aussatz und Sünde haben ein tertium comparationis, das in der Metapher nicht genannt, sondern kulturspezifisch gesetzt und als solches erkannt wird: Indem *aussatz* als Metapher für ‚Sünde' steht, wird er im Sinne von Peirce zu einem indexikalischen Zeichen, das nach hinreichend langer sozialer Praxis mit ‚Sünde' in eine ebenso sachliche Beziehung gestellt wird, wie sie zwischen Rauch und Feuer besteht. Der damit verbundenen doppelten Gefährdung hatte man geradezu zwangsläufig im Sinne der Deontiktheorie von Hermanns (1995, 84) entgegen-

---

[307] Vgl. auch: Berthold von Regensburg: Von der uzsetzikeit II, XLVII, 115f.; Swer den siechen arzat fraget umbe gesuntheit (I, 6); Von der sele siechtuom (II, XLI, 45); Von den siben Erzeniene II, XLV. Zur Reinigungsmetaphorik: Ders. II, XLVII, 122.

zutreten. Die daraus resultierende radikale Praxis der topographischen Segregation und des Ausschlusses aus der Gesellschaft mit allen Konsequenzen wurde bereits beschrieben. Damit dies organisiert und durchgesetzt werden konnte, wurden die Betroffenen wie die Bettler in eigenen Listen registriert.

Die Überzeugungskraft bei der Propagierung des *aussatzes* als Index für *sünde* wird dann besonders wirksam, wenn man eine Beziehung nicht nur zwischen *sünde* und *aussatz,* sondern zwischen der Art der *sünde* und der Art des *aussatzes* sowie zwischen der Handlung herstellt, die dem Aussatz entspricht. Wir haben also eine tropische Reihe, die von der Sünde auf den Aussatz und von diesem auf die Ausgrenzungshandlung verläuft; das jeweils Erstere bedingt das jeweils Folgende. An der Art des Aussatzes, so Berthold, könne man nicht nur die Art der begangenen Sünde, sondern auch den Grad der Ausgrenzung bestimmen. Betroffen von der *Ûzsetzikeit am bart* sind *toppeler* und *spiler* (ebd.), alle die *scheltent und fluochent und meine* (>falsche Eide<) *swern*. Die Logik dieser Bezugsetzung wird verständlich, wenn man weiß, dass man *bei seinem Bart schwört* (so ein Syntagma s. v. *bart* 1; FWB 3, 27) und dass *bart* Teil des Fluches *gots bart* (ebd. 29) war. Von der *Ûzsetzikeit* am *velle* sind diejenigen betroffen: die *sich schminken und färben*. Die *Ûzsetzikeit* an der *kelwin* >Kahlstelle< spiegelt die Sünde derjenigen, die: „mit tuochlach umbe gênt, mit gelwem gebende, sô gelwe sleir, sô pfâwenhüete" (ebd. 119), also die Kleiderzeichen unehrenhafter Gewerbe tragen. Die im Laufe dieses Buches immer wieder betonte Deontik sprachlicher Einheiten und die daraus resultierenden Handlungsaufrufe (im Ernstfall das Abhacken der Schwurhand im Fall von *meine*) werden durch Sinnkonstruktionen der vorgeführten Art offensichtlich.

Kontiguitäten sachlicher oder fingierter Art setzen eine interpretierende Indexikalisierung voraus, für die sprechakttheoretisch gesehen mindestens vier illokutive Nuancen angenommen werden können: Sie ist sachlich begründend, mahnend, vor allem aber bedrohend und appellierend gemeint. Die Gewichtungen zwischen diesen (sprecherseitigen) Handlungsabsichten schwanken, ihre kognitive Rezeption und ihre Befolgung werden ebenfalls unterschiedlich gewesen sein. Möglicherweise hat der eine oder andere Zuhörer verschämt an sich oder neugierig an seinem Nachbarn heruntergesehen, ob nicht auch er selbst oder Letzterer verräterische Flecken am Körper aufweist. Die auf Levithicus 13 (3. Mose) zurückgehende Ausgrenzung der Aussätzigen und die damit verbundene Indexikalisierung der Sünde findet ihre logische Fortsetzung: zum einen im Hexenmal als dem *stigma diabolicum*, zum anderen in der verordneten Kennzeichnung derjenigen Personen, die der Heilsgemeinschaft durch ihre Sündhaftigkeit ähnlich ansteckend galten wie die tatsächlich Kranken. Gemeint sind neben den Hexen alle unehrlichen Personen, vor allem aber diejenigen, die als Huren oder Homosexuelle klassifiziert wurden.

Auch wenn die Strafe ‚aussatz' das Individuum traf, implizierte sie die kollektive Verantwortlichkeit des Einzelnen für alle. Die Kollektivgemeinschaft war immer auch eine religiöse Heilsgemeinschaft, deren Wohl und Wehe vom Sündenstand des Individuums abhing und damit symptomatisch auch an dessen körperlichem Zustand abzulesen war. Die Ausgrenzung der Aussätzigen sollte damit auch der Reinigung und über diese der Rettung der Heilsgemeinschaft dienen.

## III. 3. Die so genannten unehrlichen Berufe

Das Adjektiv *unehrlich* ist bereits zitiert worden (Kap. II. 1. 5), allerdings in einem recht ungewöhnlichen Zusammenhang. Luther kennzeichnete damit die Gottesmutter. Er nannte sie eine *bettlerin, oder mit zůchten zů reden, ein unehrliche fraw* (WA 52, 38, 21). Was – wie die *unerlichkeit* – in der realen Welt des 16. Jahrhunderts zur sozialen Ausgrenzung führte, ist in der christlichen Idealwelt ein Topos. Dieser dient in theologischen Kontexten aufgrund der Radikalität der demütig vollzogenen Selbsterniedrigung letztlich der absoluten religiösen Überhöhung. Die Ambivalenz des Sprachgebrauchs innerhalb der Text- und Sinnwelten wird wieder deutlich.

Als gesellschaftliches Phänomen wird die Unehrlichkeit verstärkt im 14. Jahrhundert, also wieder an der Epochenschwelle zum Frühneuhochdeutschen, greifbar, und zwar zeitgleich mit den Ausgrenzungsschüben, denen andere Randgruppen, wie die Juden, die Aussätzigen, die Homosexuellen oder die Prostituierten, unterlagen. Kirche, Staat, aber auch tragende Teile der Gesellschaft wie die Handwerker entwickelten ein zunehmend systematisiertes Instrumentarium zur Gliederung der Gesellschaft nach moralischen Kriterien (sowohl durch Infamie wie durch Überhöhung). Dem entsprach ein flexibles Bündel von Maßnahmen zur Kenntlichmachung und Ausgrenzung der als unehrlich abgewerteten Abweichler. *Unerlichkeit* ist eine sozial-mentale Kategorie, die Kennzeichnung einer sozialen Stellung, nämlich des untersten Sozialstatus, den eine Person haben kann. In dem Maße, in dem dies gesellschaftlich akzeptiert wird, mutiert *unerlichkeit* in einer klassischen transitio ab intellectu ad rem zur Sachqualität in dem Sinne, das die als *unerlich* Bezeichneten tatsächlich *unerlich* sind. Den Grad der Ehrzuweisung konnte man daran ermessen, was ein Mensch im Justizfall wert war. Dazu nur zwei veranschaulichende Fälle, die Beispielwert haben könnten: Die Wergeldtarife bei Körperverletzung oder gar Tod wurden je nach Standeszugehörigkeit bemessen. Laut Stuart (2008, 24) lagen Priesterkinder oder andere unehelich Geborene noch tiefer als Tagelöhner. „Fahrende Sänger durften sich für erlittenes Unbill am Schatten eines Mannes rächen" (ebd.).

Die Folgen der Unehrlichkeit konnten beträchtlich sein: Unehrliche Personen waren in ihren Rechten beschränkt, durften kein Bürgerrecht erhalten, nicht als Vormund oder Zeuge auftreten (so die Abdecker), geschweige denn als Richter. Sie konnten nur bedingt ein Erbe übernehmen, kein Lehen empfangen und keinen ehrlichen Beruf ergreifen, durften also keine zünftigen Handwerker werden. Das waren Regelungen, die die Betroffenen aus heutiger Sicht gleichsam rechts- und gesellschaftskonform entehrten.

Die Einschränkungen der Rechtsstellung, die aus heutiger Sicht bis zur Rechtlosigkeit reichen, war nur die offizielle Seite der alltäglichen gesellschaftlichen Stigmatisierung. Man setzte sich im schlimmsten Falle nicht mit einer ehrlosen Person zum Essen oder Trinken an einen Tisch, man übernahm keine Patenschaft für deren Kinder, man heiratete nicht in seine Familie ein und ging auch nicht auf deren Beerdigungen (van Dülmen 1990, 41; vgl. 83ff.). Unehrliche Personen wurden im Leben vielfach auch sozialtopographisch segregiert (Gerber, Abdecker, Prostituierte), mussten also entweder außerhalb der Siedlung oder an deren Rand wohnen. Straßen- oder besser: Gassennamen wie *Gerberstraße, Judengasse, Spielmannsgasse, Gilergasse* oder *Bettlergasse* erinnern noch heute daran.[308] Im Tode schließlich wurden unehrliche Personen außerhalb des Friedhofes beerdigt (Dinzelbacher 2000, 272).[309] Auch hier durften sie die Heilsgemeinschaft nicht belasten. War die Ehrlosigkeit das Ergebnis eines juristischen Verfahrens, wurde sie mit der Stadt- und Landesverweisung (Schubert 2007, 122) verbunden.

Die Ehrlichkeit einer Person hängt von drei wichtigen Aspekten ab, dem Beruf, dem Stand und der Lebensführung. So sind zum Beispiel *ehelichkeit* und *erlichkeit* eines Menschen oft gebrauchte Kontextsynonyme; das beiden übergeordnete Antonym lautete: *makel*. Der immer wichtiger werdende Abstammungsnachweis war ebenso ausschlaggebend für den Rechtsstatus (Stuart 2008, 15) wie der Beruf des Vaters bzw. enger Verwandter. Unehrlichkeit war also nicht nur ein individuelles Phänomen, sie betraf die gesamte Sippe.

Begründet wurde sie in erster Linie als eine gruppenkonstitutive Kategorie des Zunft- und Handwerkerwesens.[310] Die alles umfassende Handwerkerehre ist ein Konstrukt der Gemeinschaftsbildung wie der Abgrenzungspolitik. Sie richtet sich außer auf innere Gliederungen auch an die fremden nicht sesshaften Anderen.

---

308 Vgl. dazu auch: Irsigler / Lassota 2004, 39–44.
309 Außer den genannten Personen durften bekanntlich auch keine Selbstmörder in geweihter Erde begraben werden: Mollay, Ofener Stadtr. 261, 3 (ung. inseldt., 1. H. 15. Jh.): „Der sich selber tottet, der ist nicht wirdig, das man yn anders wo hin pegrab, denn vntter den galgen".
310 Vgl. dazu auch: Deutsch, s. v. Ehre, HRG 2008, 1226.

van Dülmen 1990, 21: Unter Ehrlichkeit des Handwerks wie überhaupt unter Ehrbarkeit des Standes verstehen wir einen Habitus, der in gleicher Weise eheliche Geburt, tugendhaften Lebenswandel und handwerkliches Können umfaßt; nur unter dieser Rücksicht begründete er Zunft- und Bürgerrechte. Die Ehrlichkeit des Handwerks bemaß sich dementsprechend nicht nach handwerklicher Zuverlässigkeit, sondern setzte auch standesgemäße Lebensführung, gute Herkunft und zünftlerischen Geist voraus. Wer dem nicht entsprach, konnte nicht ins Handwerk aufgenommen oder gar Meister werden.

Bei aller regionaler Unterschiedlichkeit[311] sind es typischerweise folgende Berufe, die als *unerlich* galten: Spielleute und alle, „die gut fur ere nehmen und die sich zu eigen haben geben" (Schwabenspiegel, Landrecht II 287 § 310), Handwerker oder Angehörige vergleichbarer Bereiche, deren Tätigkeit in irgendeiner Weise als *unsauber, unlauter* galt, z. B. Gerber, Töpfer, Bader, Leineweber, Schäfer, Müller. Auch hier muss wieder die Polysemie der Ausdrücke berücksichtigt werden: *unlauter* kann sowohl >unrein< als auch >betrügerisch< bedeuten. Als *unerlich* galten außerdem die im öffentlichen Dienst stehenden Berufe des Strafvollzugs: *Türmer, Nachtwächter (40), Totengräber, Gassenkehrer, Gerichts- und Polizeidiener, Abdecker, Scharfrichter*. Laut Stuart (2008, 4) war „der gesamte Strafvollzug [...] stigmatisiert".[312]

Es ist sicherlich schwierig, die Motivik dieser Berufsausgrenzungen zu fassen, zu unterschiedlich sind die regionalen Besonderheiten und die genannten Gruppen. Betroffen sind, wie oben angedeutet, vor allem jene Berufe, die mit Tod, Unrat und Schmutz umzugehen hatten (etwa mit der Tötung und der Folter von Menschen, der Bergung und Entsorgung von totem Vieh, der Reinigung der Gassen, Aborte usw.). Die Angst vor Krankheit und Ansteckung, auch die vor dem Tod und den Toten, vor Wiedergängern und Geistern, vor der Übertragung von Sünde und Unreinheit mögen hier tabuisierend zusammengespielt haben. Mit letzteren Gegebenheiten sind aber nicht mehr gesellschaftliche Tatsächlichkeiten, sondern kollektive Fiktionen im Spiel. Beide ‚Motive' mischen sich in unterschiedlicher Weise.

---

311 Zu den regionalen Unterschieden Stuart 2008, 14: „Leineweber waren nur im nördlichen bzw. nordöstlichen Deutschland unehrlich, nicht jedoch im Süden, wo sich die größten Textilzentren befanden. Müller waren es in Nürnberg, aber nicht in Augsburg. Schweineschneider waren es in Hessen, Sachsen, Brandenburg, Lüneburg und Köln, aber nicht in Augsburg. Auch im Detail gab es regionale Unterschiede. Scharfrichter waren im Norden weniger scharf ausgegrenzt als im Süden. Dort konnten sie Eide leisten, Testamente machen, als Zeugen auftreten und sie mussten keine besondere Tracht tragen." Vgl. Wilbertz 1979, 318–334.

312 Vgl. dazu auch: Nowosadtko, 1995, 169.

Beliebter, da ein in seiner Ambivalenz außerordentlich interessanter Untersuchungsgegenstand ist der Beruf des *henkers*. Der *henker* vollzieht, wie die Wortbildung (nomen agentis) bereits zu verstehen gibt, die Tötung von Menschen,[313] und zwar in der Regel rechtsförmlich Verurteilter. Dies entspricht dem genannten ausgliederungskonstitutiven Motiv ‚Tötung', so dass das Stigma der persönlichen *unerlichkeit* nachvollziehbar wäre. Infolge der hohen Rolle des Standes (s. o.) gilt die *unerlichkeit* einschließlich aller Konsequenzen (z. B. des Berührungsverbotes) dann auch für seine Familienangehörigen, auch dies wäre als systemkonform zu beurteilen. Für sie alle galt das Berührungsverbot. In anderen Regionen war er dagegen ein geachteter Teil der Gemeinschaft. Manchmal verbanden sich sogar Ausgrenzung und gesellschaftliche Achtung miteinander. Auf der einen Seite wurde er als mit der Tötung von Menschen beauftragter Inhaber des Henkeramtes ausgegrenzt, auf der anderen war er als heilkundiger Arzt reich und geachtet.

Die Bezeichnungsvielfalt für den 'Henker' im Frühneuhochdeutschen ist vielsagend. Hier eine kleine Auswahl an Synonymen:

*Amblätzer, Anheischer, Angstman* (nd./md.), *aufhenker* 1, *ausländer* 2, ¹*balz, passer, besserer, dallinger, diebhenker, galgenmeister, gerichtsknecht, grieswart* 3, *haher, hangdieb* 1, *hängeschwind, hänger* 1, *hatschier, henker, hundsbub, hundschlager, keibenschinder, klemeister, landprofos, lebenzüchtiger, lewe* 4, *nachrichter, peiniger* 2, *peinlein, presser, quäler, racker, richters knecht, scharfrichter, scherge, statzüchtiger, steckenknecht* 2, *stöcker, stokmeister, züchtiger, zuchtmeister* usw.

Ein Blick auf die onomasiologische Vernetzung verrät die differierende gesellschaftliche Bewertung, Tabuisierung und Funktion des Henkers gleichermaßen. Man fürchtet ihn, weswegen man ihn *angstman* nennt, und scheut sich, seinen wahren Namen auszusprechen: ¹*balz* ist ein Eponym, eine Kurzform von Balthasar. Zur Verharmlosung dienten auch *dallinger, Meister Stoffel*[314] oder *Meister Hans*.

> Luther, WA 22, 108, 35 (1544): ob gleich meister Hans mit dem schwert, rad und strick eusserlich wehret.

> Kurz, Waldis. Esopus 4, 43, 34 (Frankf. 1557): Darumb sehe sich ein jeder vor, | Vnd sich für böser gwonheit hůten, Sonst wirdts jm Meister Hans verbieten.

---

313 Vgl. dazu: Deutsch 2001; 2003; van Dülmen 1990a; 1995; 1999; Nowosadtko 1995; Stuart 2008; Schubert 2007.
314 Vgl. dazu: Roeck 1993, 108.

Eine andere Form der Angstbewältigung war der halbspöttische Umgang, der sich in Phrasemen äußerte, wie *bei dem henker beichten gehen* >peinlich befragt, gefoltert werden<. Der Henker war der Folterknecht, dessen *peinigung* man zu fürchten hatte. Diese fand am Stock oder Pranger in aller Öffentlichkeit oder in der Folterkammer statt. Entsprechend seinem Wirken und Bewirken nannte man ihn ganz und gar nicht metaphorisch auch den *quäler* und *peiniger*. Hatte er Hand an eine Person gelegt, so war diese unehrlich geworden, was den völligen Verlust des ehemaligen Rechtsstatus darstellte. Dieser Effekt ergab sich insofern, als er im Auftrag der Obrigkeit handelte und so zur Sozialdisziplinierung der Gesellschaft beitrug. In dieser Funktion nannte man ihn mit den motivierten Wortbildungen *gerichtsknecht, statzüchtiger, züchter, zuchtmeister* usw.

Henker zu sein ist erst ein Beruf des Spätmittelalters und der Frühen Neuzeit. Die „Fachkraft des Folterns und Hinrichtens", wie Schubert (2007, 75) ihn nennt, war ein „obrigkeitlicher Mietling" (ebd. 72), der als das neu geschaffene Instrument der staatlichen Gewaltmonopolisierung diente und zum Symbol der frühneuzeitlichen Professionalisierung von Justiz und Strafvollzug wurde.

> Stuart 2008, 26: In den herrschenden Kreisen setzte sich allmählich die Auffassung durch, daß Verbrechen und ihre Bestrafung das Gemeinwohl betrafen und somit öffentliche Aufmerksamkeit verdienten. Da man nicht länger bereit war, die Strafverfolgung als Privatsache anzusehen, entwickelte die Obrigkeit ein neues rechtliches Verfahren, bei dem nicht mehr abgewartet wurde, bis ein Geschädigter Klage erhob. Die Gerichte wurden vielmehr von sich aus tätig und nahmen Verdächtige fest. Man verließ sich nicht mehr auf die im Mittelalter üblich gewesenen Reinigungseide oder Gottesurteile, sondern untersuchte das Verbrechen als solches eingehend und verhörte die mutmaßlichen Täter, um ein Geständnis zu erlangen.

Mit der Einführung obrigkeitlicher Strafverfolgung ist nicht nur die zunehmende Verbreitung der Folter verbunden (wie etwa in Augsburg im Jahre 1321), es ist auch eine Zunahme der vollzogenen Hinrichtungen (statt Geldstrafen) zu verzeichnen. Auch die Vielfalt der Hinrichtungsarten scheint zugenommen zu haben (Stuart 2008, 26). Ob das Synonym *besserer* ironisch gemeint war oder die obrigkeitliche Intention (vgl. nhd. *Besserungsanstalt*, engl. / amerik. *Correctional institute*) spiegelte, hing wohl vom Kontext ab.

Der Henker war in Personalunion oft auch der Abdecker, der die Tierkadaver (besonders die Hunde) entsorgte, er heißt dementsprechend auch *keibenschinder, klemmeister, hundbub* oder *hundeschlager*. Besonders mit den letztgenannten Komposita konnte man das Referenzobjekt wechseln, also den Akt der Referenzierung pragmatisch umwerten. Henkerbezeichnungen dienten dann nicht mehr nur als negativ markierte Bezeichnungen eines unehrlichen und unsauberen Berufes, sondern konnten zur ehrverletzenden Beschimpfung anderer

Personen, also als Schimpfwort eingesetzt werden. In Verbindung mit dem Stigmawort -*hund* war dies sicher besonders wirksam.

> Grothausmann, Stadtb. Karpfen 25, 23 (mslow. inseldt., 1507): Schindler Balasch gethan schmächlich wieder Michl Mayer, [...], Ihn ein Henger gehoissen.

> Turmair 4, 48, 16 (moobd., 1522/33): ist doch mit seinen puntsverwanten des öbresten himlischen kaisers scherg amplatzer henker und züchtiger.

Häufig erscheint *hänger / henker* in Flüchen (*in hängers namen, zum hänger!*) und Verwünschungen:

> Holland, H. J. v. Braunschw. V. e. Weibe 263, 12 (Wolfenb. 1593): Das dich der Henger schende, Hastu dann keine Ohren?

Das verschleiernde Synonym *ausländer* 2 zeigt, dass der Henker oft von außerhalb geholt werden musste, weil man sich nicht überall einen solchen leisten konnte. Auch er gehörte also zu denjenigen Menschen, die viel unterwegs waren. Mag sein, dass sich hieraus auch die Motivation des Kompositums *steckenknecht* erklären lässt. Während dieses nämlich im zweiten Bedeutungsansatz für den Gerichtsknecht und den Henker steht, ist mit dem ersten Ansatz der Landstreicher gemeint. Das semantische Verwischen der Randgruppen schimmert wieder durch.

## III. 4. Juden

Die Ausgrenzung der Juden als stigmatisierte Gruppe durch die Zeiten hindurch ist Gegenstand einer inzwischen kaum überschaubaren Literatur.[315] Der antijudaistische Diskurs wurde im vorliegenden Band bereits an einem Einzelfall (Kapitel II. 10), nämlich am Beispiel der Auseinandersetzung zwischen Johannes Eck und Andreas Osiander, vorgeführt. In den folgenden Darlegungen sollen die Strategien der Ausgrenzung generell, das heißt über den Einzelfall hinaus, dargestellt werden.

Das Frnhd. gilt als eine Epoche, in der die Juden einer neuen Dimension der Verfolgung ausgesetzt wurden.

> Weinfurter 2008, 205: Eine der Folgen, die jene von der Pestepidemie verursachten Umwälzungen auslösten, waren die unbeschreiblichen Judenpogrome um die Mitte des 14. Jahrhunderts. Sie werden von den Historikern als die bis dahin größte singuläre Massenmordaktion an der jüdischen Bevölkerung eingestuft, die später nur noch durch den Holocaust übertroffen werden sollte. Schon im späteren 13. und frühen 14. Jahr-

---

315  Battenberg 2001; Benz 2004; 2009; Po-Chia Hsia 1988; Lobenstein-Reichmann 2009a.

hundert hatte die Verfolgung der Juden in den Städten zugenommen, wobei die willkürliche Beschuldigung, sie würden Ritualmorde begehen, häufig eine Rolle spielte.

Die Diskriminierung der Juden in Wort[316] und Bild (z. B. durch die Abbildung einer karikaturistischen „Judensau", so in den Domen von Regensburg und Erfurt oder im Münster von Heilsbronn) wird schon nach Ausweis derartiger kirchlich sanktionierter Darstellungen nunmehr zum festen Bestandteil frnhd. Text- und Sinnwelten.[317] Programmatisch unterstützt wurde diese Entwicklung durch die Wiederbelebung der Beschlüsse des 4. Lateranums (1219) in der Bulle *Cum nimis absurdum* (1555). In dieser Bulle wird explizit die soziale und räumliche Segregation der Juden gefordert, ferner ihre Kennzeichnungspflicht mit dem *pileus cornutus* (dem jüdischen Spitzhut), das Verbot, dass jüdische Ärzte Christen behandeln oder jüdische Frauen Christen als Krankenschwestern pflegen. Man verbot den Juden, mit Christen zu essen, mit ihnen zusammen zu baden, zu wohnen oder zu feiern. Juden durften keine öffentlichen Ämter annehmen, keine Waffen tragen, kein christliches Gesinde anstellen usf.[318] Sprachnormativ wurde Juden untersagt, den Ehrentitel „Herr" zu tragen. Auch Christen durften sie nicht auf diese Weise ansprechen.[319] Das Arsenal der Forderungen, die Johannes Pfefferkorn und Johannes Eck in ihren Schriften im beginnenden 16. Jahrhundert erhoben und die im Kapitel II. 10 dargelegt wurden, waren keine genuinen Erfindungen dieser beiden Autoren, sondern waren längst vorher schon von anderen Autoren vorgetragen worden.

> Gille u. a., M. Beheim 23440ff. (nobd., 2. H. 15. Jh.): Darumb solt man vermeiden ser | ir gsellschafft und gehaim, wann wer | und welcher pech anruret, der | wirt sich vermeilen daren. | Davon chain crist mit in hab phlicht | mit pad, mit essen, trinken nicht, | wann wer ir speis und trank nymt icht, | so wissent, da er danne | Ist in des pabstes panne. | ir erczny nem auch niemen hie, | [...] | Auch sagt das recht und auch die wul, | das chainr chains ambtes phlegen sull, | noch nit machen chain neue schull, | und die alten nit cziren. | [...] | Ir chainer auch nit solde, | als pald die marter woch ging an, | fur sein haus an die strassen gan, | noch an dem char freytag nicht stan | in kain sein venster niren, | Wan sy die cristen in spot han, | die sy in andacht sehen an. | auch sol chain cristen weib noch man | in iren hausen dienen, | Wann wer den checzern diennt, da van | chumpt er auch in des pabstes pan.

Ob und wie dies im Alltag oder in der Rechtspraxis tatsächlich vollzogen wurde, ist nicht sicher. Da Ausgrenzungen und Kontaktverbote zum Teil auch für andere

---

316  Vgl. dazu auch: Hortzitz 1996, 107–129.
317  Frey 1991, 359–371.
318  Vgl. dazu den Artikel *Jude* im DRW VI, 517–518.
319  Battenberg, a. a. O. 17.

als unehrlich bezeichnete Personen und Personengruppen galten (so z. B. das Berührtabu mancherorts für den Henker), ist nicht auszuschliessen, dass die Formulierungen Michel Beheims zwar allgemein geltende Handlungsanweisungen waren, aber gerade deshalb auch nicht befolgt wurden.

Die besonders diskriminierende Rechtsstellung der Juden äußerte sich zusätzlich durch außergewöhnlich entehrende Strafverschärfungen wie das grausame Verkehrtherumhängen *bei den füssen* [...] *neben den hunden*, das im nachfolgenden Beleg zwar abgelehnt wird, aber durch das explizite Verbot auf eine gewisse Praxis hinweist.[320]

> Niederösterreichische Landgerichtsordnung (Codex Austriacus), § 5, I, 48 (1656): wann ein judt zum strang verurtheilt wirdt, soll derselbe zwar nicht bey den füeßen, neben den hunden [...], jedoch zum unterschid der christen an ein von dem galgen herausgehenden palcken [...] gehenckt werden.

Im theologischen bzw. religiösen Diskurs verschärfte sich zudem die bewusste Verketzerung. Mit dem Einbrechen der Pest erfolgte schließlich die komplette semiotische und schriftsprachliche Ausarbeitung der antijüdischen Ausgrenzung.

## III. 4. 1. Sprachliche Ausdrucksformen antijüdischer Polemik (eine Auswahl)

Auf sprachlicher Ebene wird die vollständige Segregation immer wieder mit denselben Mitteln vollzogen. Dabei wiederholen sich besonders folgende Ausdrucksformen: Negative Prädikationen und Stereotypisierungen, dem entsprechende Wortbildungen, Sekundärstigmatisierungen und ideologische Polysemierungen, Vergleiche und Metaphern, dichte onomasiologische Vernetzungen und Synonymisierungen, Aggregationen, der kollektive Singular, Sentenzen, Sprichwörter, Phraseme, Präsuppositionen, direkte Ausgrenzungsappelle und Hetze sowie die Kombination von alle dem.

### III. 4. 1. 1. Negative Prädikationen

Sie erscheinen in Form von Eigenschafts-, Zustands- und Handlungsprädikationen und deren Verfestigung in zeitunabhängigen Stereotypen (s. auch Kapitel II. 5.):

---

320 Schubert 2007, 62; vgl. auch: van Dülmen 1995, 89; 137.

a. attributiv: *alter / arger / armer / ausländischer / bekerter / beschnittener / blinder / böser / falscher / gelber / getaufter / gotloser / halber / kluger / schelmischer / schnöder / treuloser / unbeschnittener / unflätiger / ungläubiger / unmilder / unreiner / verfluchter jude* usw.,
b. prädikativ auf Eigenschaften und Zustände bezogen: Sie seien *sun des sterns*[321] */ hurenkinder / kinder des teufels / feind gottes / allzeit voll gifts / das weiland Gotes Volk / die Weltverachte Rott / der frevle Wuchermann*[322] */ ein mörderisch volk / bluthunde* (Eck 11v); sie hätten eine *böse natur* usw. Die Rede ist weiterhin von *der juden ungloubē / ihrem irrverstand*[323] */ vom erbittert hertz vnd blůtdurst der juden* (Eck 12v),
c. prädikativ auf Handlungen bezogen: *stelen / handlen mit gestolner vnd gerawbter war / heimlich fluchen / giften* (s. u.) */ begeren unschuldig Christen bluot* (Eck k iijr) */ lestern den herren* (Eck 14r) */ haltē jedermā für hund* (Eck, Marg. 13r) usw.

Noch aussagekräftiger sind die Belege in ihrem weiteren syntaktischen und erst recht in ihrem textlichen Zusammenhang; folgende Ausschnitte mögen das vorherrschende Bild vermitteln:

Fastnachtsp. 29, 35 (nobd., v. 1486): Wer meinst du, wann irs recht be decht, | Der furpas ander Juden mecht, | Dann die die lant darnach einnomen? | Darvon den aber hurnkind komen. | Also es genzlich am tag leit, | Das ir nu drifach hurnkinder seit.

Pfefferkorn, Der Juden Spiegel, Bv (1507): ir [Juden] bleybt des halbē in ewre volherthung kynder des teufels.

Ebd. D iiir: Den iůden als veynt gottes / vnnd in sunderheyt der werden muter gottes.

Pfefferkorn, Judenbeichte (1508)[324]: Die juden aber habē ouch an yn eyn boese natuyr boeser vnd snoeder dan die duuelische natuyr.

Pfefferkorn, der Juden veindt, Aivr (Augspurg 1509): So ist doch vnter allen (seckten vnnd glauben) kain diebischer dückischer vnnd der Christenhait schedlicher volck. dan die vnrainen vnd verflůchtē Juden / welche all zeit [...] mit hohem vleys gedenckē vñ embsiglich dar nach trachtē wie si die macht vñ gewalt d' cristē vßrytē od' verdiligen möchten.

---

321 Fastnachtsp. 29, 27.
322 Harsdoerffer. Trichter 3, 282, 15 (Nürnb. 1653).
323 Anderson u. a., Flugschrr. 10, 7, 2 (Zürich 1524).
324 Pfefferkorn, Johann (1508): Ich heysß ein buchlijn der iudenbeicht, In allen orten vint man mich beicht [...], Coelen.

> Pfefferkorn, wie die blinden Juden yr Ostern halten, Dv (Köln 1509): Jch geschweig was sie [Juden] handlen mit gestolner vnd gerawbter war / die jne gar vmb eyn cleyn gelt beleibt. Sie stelen auch selbst vnd sagen dan es sey jnen vmb souil gelts vorsetzt des halb sie in der cristenhait gar schedlich seyn.
>
> Pfefferkorn, wider die drulosen Juden, aiiv (Köln 1514): die Juden sin allzeit voll gifts. vnnd in der vbung. wie sy die heilig kirchen vnd die ler Christi. vß reiten. vnd verdilgen mochten.
>
> zu Dohna u. a., Staupitz/Scheurl 256 (Nürnb. 1517): das die eer gots meer abneme aus der juden ungloben, dann das sie wüchs aus seiner verlassung.
>
> Reithmeier, B. v. Chiemsee 15, 46 (München 1528): Die juden seinn von anfang bis auff hewt todfeind Cristi.

Negativprädizierungen dieser Art bleiben oft auch dann bestehen, wenn die betreffende Person zum Christentum konvertiert ist, was schon im Frnhd. die Unaufhebbarkeit der Zugehörigkeit zum Judentum auch ohne moderne rassistische Begründung impliziert.[325]

> Fastnachtsp. 350, 10 (nobd., 15. Jh.): Zuo einem wirt, der heist der Älpetrüll, | [...] | Der was ein unflettiger taufter Jud.

Ähnlich schreibt Georg Schwarz in seinem anti-jüdischen Pamphlet aus dem Jahre 1570:

> Ich halte Juden für Juden / Sie seyen getaufft oder beschnitten / | Sind sie nicht all einer Ankunfft / Gehören sie doch all in ein Zunft / | Sie dienen all gleich einem Gott / Den Christus Mammon genant hat. | Welcher mit sein Dienern entlich gleich / wird faren in des Teuffels Reich.[326]

An dieser Stelle ergibt sich wieder die Frage, ob die Agitation von Georg Schwarz oder diejenige von Johannes Eck Züge, Einzelargumente, Unterstellungen enthält, die – wie indirekt und mit welcher Absicht auch immer – aus moderner Sicht als Vorläufer rassistischen Gedankenguts des 19. und 20. Jahrhunderts identifiziert werden können. Die Frage lautet zugespitzt: Sehen Autoren wie Schwarz oder Eck (und wohl auch dessen Gegner) *die Juden*, wie im kollektiven Plural immer wieder gesagt wird, als eine Gruppe von Menschen, der man zwar eine Vielzahl von über Jahrhunderte und über Großräume hinweg begangenen und evidenten Untaten zuschreibt, die sich aber auch im Sinne der Mehrheitsgesellschaft kulturalisieren, belehren, umerziehen lassen? Oder sehen sie *die Juden* als eine Gruppe von Menschen, die von ihrer Art, ihrer Natur her so sind, dass

---

325 Po-Chia Hsia 1995, 161–176.
326 Zitiert nach: ebd., 169.

sie sich nicht erziehen lassen? Es ist die Frage nach möglicherweise protorassistischen Zügen der Zeit, die sich aus den üblichen handlungszuschreibenden Stereotypisierungen herleiten lassen.

Mit handlungszuschreibenden Stereotypisierungen sind Aussagen gemeint, die die Juden durch einzelne, in die Vergangenheit projizierte Handlungen charakterisieren, ihnen zudem raum- und zeitübergreifende Handlungsdispositionen unterstellen und all dies generalisierend und typisierend für die Gruppe und jeden dazugeordneten Angehörigen festlegen. Juden „sind" dann „alle" Gottesmörder, Ritualmörder, Hostienfrevler, Brunnenvergifter, Wucherer, Verräter. Die sprachlichen Formen, in denen diese geschieht, können stark variieren; sie aufzuführen, würde die Liste der genannten Mittel wiederholen (adjektivisch eigenschafts- und handlungszuschreibend sind z. B. *stinkend*[327] und *wuchernd*[328]). Folgende beiden Belege bringen Beispiele, die den Vorwurf der Brunnenvergiftung als Hintergrund haben:

> Bihlmeyer, Seuse 75, 6 (alem., 14. Jh.): wan es was in den selben ziten, do daz geschell waz von der gift (>als das Gerücht aufkam von der Vergiftung<; bezogen auf die den Juden unterstellte Vergiftung der Brunnen).

> Luther, WA 53, 538, 19 (1543): wo sie [Juden] uns Christen heimlich fluchen, gifften [bezogen auf die unterstellten Brunnenvergiftung] oder schaden thun können.

> S. v. d. Broek, Suevus. Spieg. 151r, 36 (Leipzig 1588): das die Jüden viel böser stück fürgenomen / Sonderlich aber die Brunnen vergifftet / das viel Menschen dauon gestorben sind.

### III. 4. 1. 2. Wortbildungen

*jüdeln* >sich so verhalten, wie man es üblicherweise einem Juden zuschreibt; wuchern<, *judensau, judenspiess*. Interessant sind das im Rechtswörterbuch für das Jahr 1379 belegte *Judenbeck* >(christlicher) Bäcker, bei dem auch Juden kaufen<, aber auch der *judenheller* als Bezeichnung für einen schlechten, minderwertigen Heller. Doppelt stigmatisieren das erst 1712 belegte *Judenbettler* und das 1717 belegte *judengesindel* (DRW VI, 533ff.), da in beiden Fällen das Grundwort bereits negativ konnotiert ist. Die Wortbildung *Judenhandel* spiegelt ein Phänomen, das unter Punkt 6 als ideologische Polysemierung näher beschrieben wird. In der ersten, im Rechtswörterbuch belegten Bedeutung,

---

327 Vgl. dazu die Ausführungen im Kapitel II. 2. 2. Vergleiche, Metaphern.
328 Zum Wuchertopos könnten immer wieder die Schriften Pfefferkorns herangezogen werden.

>Rechtssache, die die (Stellung der) Juden betrifft<, wird die Komposition auf eine Angelegenheit bezogen, die die Juden angeht. Nach dem zweiten Ansatz bedeutet es in judenfeindlicher Auffassung: >unreeller, wucherischer Hausier- und Tauschhandel< (DRW VI, 546). Die Sekundärstigmatisierung, die im folgenden Punkt am Beispiel des Simplexes *Jude* ausgeführt wird, gilt auch für *Judenhandel*.

### III. 4. 1. 3. Sekundärstigmatisierung und ideologische Polysemierung

Ein Ausdruck, der üblicherweise für eine Bezugsgröße a gebraucht wird, tendiert mit fließendem Übergang zu einer Neuverwendung mit Bezug auf b, ohne dass bei dieser Entwicklung ein Punkt angegeben werden könnte, wo die ‚alte' Bedeutung zur ‚neuen' „kippt" (deshalb der Terminus *Grenzverschiebungstropus* bei H. Lausberg 1973, 292f.). Das Wort *Jude* erhält als zweite Bedeutung >Wucherer< und erweitert damit pragmatisch seine Bezeichnungsfunktion, die dann mit einer ausschließlichen Beschimpfungs- bzw. Bewertungsfunktion für nichtjüdische Referenten sekundärstigmatisierend aufgeladen wird. Wer *Jude* im Sinne von >Zugehöriger zu einer Religion<, gebraucht, suggeriert dann gleichzeitig, mehr oder minder stark, auch diese zweite Bedeutung. Er erweitert pragmatisch die notative Bezeichnungsfunktion, versieht sie mit Wertungen und setzt sie sogar sekundärstigmatisierend für nichtjüdische Referenten ein, macht sie für Schimpfzwecke geeignet. Ein Beispiel: Im nachfolgenden Beleg (Berthold) ist keineswegs ein Jude angesprochen, vielmehr wird ein Christ als ‚Jude' beschimpft. Im daran anschließenden Lutherbeleg steht *Jude* sogar als Metapher (eine der vornehmsten Arten der Polysemierung) für ‚Wucher' überhaupt. Die angesprochenen Wucherer werden zudem durch das Verb *aussaugen* als parasitär dehumanisiert. Dies ist ein besonders subtiler Stigmatisierungsakt, da er sekundärstigmatisierend auf die Juden als Schimpfnamensgeber zurückschlägt.

> Berthold von Regensburg, XVII, 244: Pfi, daz dich diu erde niht verslant, daz dû mit dem heiligen toufe getoufet bist! Wan dû ein jüde bist an dînen werken und an dînem leben. Unde dâ mite ist dîn fride mit dem tiuvel iemerstæte.

> Luther, WA 6, 262 (1520): Zum dritten, vortreyben den wuchersuchtigen tzinszkauff, der in aller welt alle land, leudt und stet vorterbet, vortzeret und vorstoret durch sein schalckhafftigen schein, damit er macht, das er nit wucher sey, so er doch warhafftig damit erger dan wucher ist, drumb das man sich nit, wie für dem offentlichen wucher, fursicht. Sih, das sein drey Juden (wie man sagt), die die gantzen welt ausz saugen. Hie solten hern nit schlaffen noch faul sein, wolten sie got ein gute rechenschafft geben von yhrem ampt.

## III. 4. 1. 4. Vergleiche und Metaphern

Immer wieder finden sich stigmatisierende Vergleiche. Hinsichtlich des sekundärstigmatisierenden Aspektes interessant sind diejenigen, in denen Nichtjuden mit Juden verglichen werden: *verstokt wie die juden; wie eine sau in eines juden haus komen; sich wie die juden in Christi kleider kleiden* >sich etw. widerrechtlich aneignen<; *verloren wie eines juden sele*. In jedem dieser Vergleiche zeichnet sich die Doppelstigmatisierung ab, zuerst bezogen auf den so Angesprochenen, der auf dieselbe Ebene gestellt wird wie die diskriminierten Juden, dann diese selbst. Der Vergleich bietet die inhaltliche Wiederholung und die Erinnerung der zugeschriebenen Negativprädikationen bzw. Stereotype.

Zur metaphorischen und vergleichenden Dehumanisierung dienen, wie gezeigt worden ist (vgl. dazu Kapitel II. 2. 2.), vor allem wieder schlagkräftige[329] Tiermetaphern wie *Judensau, schlangen vnd nater gezicht* (Eck, Judenbüchlein 12r) oder *blůthund* (ebd. 14v; zu *hund* als Schimpfwort und Dehumanisierungsmetapher s. u.). Außerdem:

> Fastnachtsp. Folz, die alt und neu ee 1, 4, 16 (nobd. 1474): [Aus der Perspektive der Juden gesprochen: Wir werden] schir in aller werlt erkent | Fur lotterbuben, ketzerhunt.

> Fastnachtsp. Folz, Kaiser Constantinus 106, 804, 3 (nobd. 1475): Die giftigern würm das seit ir.

> Pfefferkorn, der Juden veindt Av (Augspurg 1509): die außsetzigen hundt.

> Fastnachtsp. Folz, Ein spil von dem herzogen von Burgund 1, 4, 16 (nobd. um 1486–1494): das man vor allem ding | Die allergrost schweinsmutter pring.

## III. 4. 1. 5. Die onomasiologische Vernetzung

Diese offenbart neben den intensional üblichen Bedeutungsverwandten extensional auch das Zuschreibungsfeld eines Wortes. Hat man die gesamte Liste aller für eine Gruppe verwendeten Namen, so hat man auch die dazu üblichen Bewertungen.

---

329 Vgl. dazu schon „die das ganze Mittelalter hindurch zitierte Auffassung des Johannes Chrysostomus (um 350 bis 407), [...]. ‚Ein Ort, wo eine Hure zur Ansicht steht, ist ein Hurenhaus. Was schlimmer ist, die Synagoge ist nicht nur ein Hurenhaus und ein Theater, sondern auch eine Diebeshöhle und ein Hort wilder Tiere ... nicht die Höhle eines nur wilden Tieres, sondern die eines unreinen wilden Tieres'", zitiert nach: Frey 1991, 361.

a. Bedeutungsverwandt zu *Jude* werden z. B. die Ausdrücke *bekenner, hebräer, heide, lombarder, kawerze, ketzer, pharisäer, range, türke, ungläubiger, wucherer* usw. gebraucht. Zu den bedeutungsverwandten Ausdrücken gehören aber eben auch alle Stereotypisierungen (s. o.) und all diejenigen Ausdrücke, die metaphorisch dehumanisierend, dämonisierend und pathologisierend gebraucht werden, also alle antijüdischen Schimpf- und Spottnamen (s. o.). Die onomasiologische Vernetzung spiegelt die vorgenommenen Benennungshandlungen einer Kultur und einer Zeit, sonst könnte das Wort *wucherer* nicht bedeutungsverwandt zu *jude* stehen.
b. Antonymisch zu *jüdisch* ist intensional gesehen das Adjektiv *christlich*, extensional wären es z. B. all diejenigen Ausdrücke, die z. B. Eck positiv bewertend dem sog. Jüdischen entgegenstellt.

### III. 4. 1. 6. Aggregation

Die Aggregation wird hier zusammenfassend verstanden als kriminalisierende und verketzernde Parallelisierungen bzw. aggregative Aneinanderreihungen von Juden mit anderen Randgruppen: So werden die Juden regelmäßig mit Dieben, Straßenräubern, Ketzern oder Zauberern gleichgesetzt; *juden, heiden, ketzer* bei Bertoldt von Regensburg (I, 3; III, 44) oder im folgenden Beleg:

> Steirische und kärntnische Taidinge 442, 24 (17. Jh): soll auch sonsten kein gerichtsman [...] in Straßfriderischen gericht ledigmassige persohnen und herrenloß gesindl so wenig juden, schotten, sofeyer, unbekant petler, zigeiner, landsknecht und andere landfahrer [...] beherbigen.

Die Kategorisierung als *Nicht-* bzw. (im Beleg unten) als *Vn-christen* und die Aggregation mit den Türken verbindet sich zu einer Unheilskulisse, aus der die im Reich lebenden Juden nur schlecht entrinnen können.

> Mathesius, Passionale 35v, 19 (Leipzig 1587): eine gewisse Rûstung vnd Gewehr / wider allerley Abgötterey vnd Grewel der Jûden / Mahometisten / vnd andern Vnchristen.

> Mayer, Folz. Meisterl. 75, 1 (nobd., 1517/8): Schem dich jüd, heid, türck, machmetist | Der dw geläubest nicht | Das Got ye was, wirt sein und ist.

### III. 4. 1. 7. Kollektiver Singular / kollektiver Plural

Der kollektive Singular (s. auch den Beleg Österley unter Nr. 8) und der kollektive Plural (s. den Lutherbeleg unten) sind übliche Mittel zur Typisierung (dazu ausführlich Kapitel II. 4. 1.).

> Luther, WA 47, 471, 3 (1537/40): Nun hat der Jude das Gesetz Mosi verlassen, kompt hiehehr und kriegt das Euangelium auch nicht, Dortt hat ehr einen gaul, hie einen Gorren.

Der hier geradezu prototypisch gebrauchte kollektive Singular *der Jude* enthält zwei Präsuppositionen: Erstens die Setzung, dass es ‚den Juden' als Typus gibt (s. u. 9), und zweitens die Setzung, dass jeder Einzelene alle Eigenschaften des Typs verkörpert. Pfefferkorn stellt diesen Typus im nachfolgenden Beleg aber nicht nur einfach mit dem Teufel gleich, was eine Verketzerung wäre, er erhebt die Beeigenschaftung mit *genatürt* auch noch ins Naturgegebene und damit Irreversible (Strategie der Naturalisierung).

> Pfefferkorn, Handt-Spiegel wider die Juden, und Jüdischen Thalmudischen Schrifften fr (Cölln 1512): dann der jüd genatürt wie der tewfel welcher den menschen tag vnd nacht / seiner fell zů verletzen nach stelt.

Eine ähnliche Form der Naturalisierung zeigt sich in nachfolgender Legendenbildung.[330]

> Barack, Zim. Chron. 3, 198, 3 (schwäbisch, M. 16. Jh.): Wer will dann ursach finden, das uf keines Juden haus die storken nisten? und da ein Jud in ein behausung zeucht, darauf die storken, so verlassen sie doch das nest und fliegen darvon.

Analog zu lesen ist die vergleichende Naturbegründung, die sich im Lutherzitat (WA Tr 5, 246) findet, das unten in Gänze zitiert wird. Dort steht:

> Also vnmuglich ist, das die elster ir hupffen lest, die schlang ir stecken etc. als wenig lassn die Juden ir machinari mortem christianis.

### III. 4. 1. 8. Sentenzen, Sprichwörter, Phraseme

Der offene Übergang zwischen naturalisierender Begründung des Antijudaismus zu warnenden Sentenzen und Sprichwörtern sei mit folgenden Belegen angedeutet:

> Österley, Kirchhof. Wendunmuth 3, 255, 10 (Frankf. 1602): so wenig die katz der mauß könte gut sein, so wenig auch der Jüd einem Christen.

---

[330] Der erzählte Topos wird noch in Trübners Wörterbuch fortgeführt.

Gille u. a., M. Beheim 23440ff. (nobd., 2. H. 15. Jh.): Darumb solt man vermeiden ser | ir gsellschafft und gehaim, wann wer | und welcher pech anruret, der | wirt sich vermeilen daren.

Hier anzuschließen wären die Phraseme (*den judenspiess gebrauchen*[331] >wuchern<) und Kollokationen, wie *der ewige jude*: Phraseme als Mehrwortausdrücke der lexikalischen Ränge der Sprache und Kollokationen als syntaktisch gefestigte Einheiten werden hier zusammengestellt, weil sie erstens in einem Übergangsverhältnis zueinander stehen, und weil sie zweitens – dies ist hier noch relevanter – allgemeine, die Juden betreffende Überzeugungen voraussetzen und diese beim Gebrauch der Einheiten verstärken.

III. 4. 1. 9. Präsuppositionen (vgl. II. 4. 3)

Präsuppositionen kommunizieren das Mitgemeinte, das nicht explizit Ausgedrückte. Im Lutherbeleg unten unterstützen sie das bereits Gesagte. Wenn Luther formuliert: „Die Juden haben ir zauberei gleich wol als andere zeuberer" (WA Tr 5, 246, Nr. 5567), so erklärt er nicht nur, dass Juden Zauberei haben, sondern er präsupponiert zusätzlich, dass sie selbst Zauberer sind. Proposition und Präsupposition ergänzen sich in ihrer verketzernden Wirkung.

III. 4. 1. 10. Direkt und indirekte Ausgrenzungsappelle, Hetze, Spott

In der nachfolgenden „Tischrede" Luthers werden die wichtigsten sprachlichen Ausgrenzungsformen noch einmal in einem einzelnen Text zusammengeführt.

Luther, WA Tr 5, 246, Nr. 5567 (1543): Die Juden haben ir zauberei gleich wol als andere zeuberer. Sic cogitant: Gereth es vns, so stheths wol mitt vns; sin minus, so ist es vmb ein christen gethan! Denn sie achten eines christen wie eines hundes. Abr hertzog Albrecht thet recht. Da im ein Jud einen knopff gab mitt seltzamen characteribus, der solt dienen vor kalt eisen, sagt er: Das will ich an dir, Jud, erstlich probirn! Furet den Juden fur das thor vnd henget im den knopf an hals, zoch das schwert raus vnd stach in durchaus: Also, inquit, wer mirs auch gangen, so ich dir trauet hett! Also vnmuglich ist, das die elster ir hupffen lest, die schlang ir stecken etc. als wenig lassn die Juden ir machinari mortem christianis. Noch sitzen sie bei vns in grossen eheren. Wenn ich wer an stadt der herren zu Franckfurt wolt ich alle Juden zusamen fodern vnd sie fragen, warumb sie Christum ein hurn kind heissen, sein mutter ein hure, ja hariam, das heist ein scheishaus; kunten sie das probirn, so wolte ich in 1000 fl.

---

331 Vgl. zum *Judenspiess* die Ausführungen von Po-Chia Hsia 1995, 165.

schencken, konden sie aber nicht, wolte ich inen die zung zum nacken heraus reissen. In summa, man soll die Juden nicht bei vns leiden. Man soll wider essen noch trincken mit inen.

Neben der konkreten Segregationsbefehlen („In summa, man soll die Juden nicht bei vns leiden. Man soll wider essen noch trincken mit inen"), stehen Beleidigungen, verketzernde Präsuppositionen, vergleichende Sentenzen mit Naturalisierungseffekt („Also vnmuglich ist, das die elster ir hupffen lest, die schlang ir stecken etc.") usw. Doch der Lutherbeleg zeigt vor allem eine Form der Hetze, die über das Denunzieren läuft. Man behauptet, die Juden hätten Unrecht gegen die Christen getan oder noch verwerflicher: Unrecht gegen Gott („warumb sie Christum ein hurn kind heissen, sein mutter ein hure"). Die Blasphemieunterstellung steht im Beleg neben den Gottesmordunterstellungen und ist Teil derjenigen Hetzaussagen, die den solidarischen Zorn der Christen erwecken sollten und es oft auch taten.

## III. 4. 2. Antijüdische Ausgrenzungsstrategien innerhalb von Verrats-, Verketzerungs- und Kriminalisierungsdiskursen

Nach der schematischen Auflistung sprachlicher Ausgrenzungsstrategien sollen diese nachfolgend in den antijudaistischen Diskurs der Zeit eingebettet werden. Der am häufigsten und wohl auch am effektivsten kolportierte Vorwurf und vermeintliche Ausgrenzungsgrund gegen Juden war die prädizierende Beschuldigung als Gottesverräter[332] bzw. -mörder.

Ein Einzelfall, der Verrat des Jüngers Judas an Christus, war demnach zum Ausgangspunkt einer generalisierenden und gleichzeitig prototypisierenden Anklage- und Vorwurfstradition geworden,[333] die von der Individualschuld einer Einzelperson ausgeht, diese zur Kollektivschuld erhebt und auf die Gesamtgruppe mit allen daraus abgeleiteten Konsequenzen überträgt.

> Wiessner, Wittenw. Ring 3294 (ohalem., 1400/08): daz besser wär, | Dem gotzverräter [Judas] nicht so swär, | Ob er gewesen wär ungporn.

Der Topos vom jüdischen Verrat wird sprachlich mehrfach umgesetzt, so dass man im Zusammenhang mit Verrat, Heimlichkeit, Betrug und Schuld vom *judaskuss*

---

332 Vetter, Pred. Taulers 89, 31; Warnock, Pred. Paulis 27, 56; Wyss, Luz. Ostersp. 6665; Mathesius, Passionale 50r, 23.
333 Vgl. dazu auch: Kochendörffer, Tilo v. Kulm 3751 (preuß., 1331): er [Judas] was ein dieb | Und hatte vil winkel lieb | Und trug und anewante | Di dink di man in sante.

(z. B. Henisch 315) oder vom *judasgrif* ›verräterischer Trick‹, von der *judasscharte* ›Schande‹, dem *judasschelten,* dem *judaszan,* der *judaszunft* ›betrügerische Gesellschaft‹, der *judaszunge* und als Schimpfwort vom *judaskind* spricht.

> Barack, Zim. Chron. 4, 229, 5 (schwäb., M. 16. Jh.): Sie gab mir zu letst ain Judaskuss, | Als die frawen sein gewon, | Da sie iren man | Anlachen.

> Bolte, Pauli. Schimpf u. Ernst 2, 48, 27 (Frankf. 1545): Wie er hinaußkam, hebt sich das Geböch und Judasschelten in der Kirchen an.

Judas war damit sekundärstigmatisierend zum Inbegriff des Betrügerischen geworden, zur ersten entscheidenden jüdischen Person, die mit dem Teufel im Bunde steht.

> Feudel, Evangelistar 22 (omd., M. 14. Jh.): Judas der inwas do nicht, | der tuvil der hatte mit ym pflicht.[334]

Immer wieder, besonders häufig in den allseits memorierten Kirchenliedern,[335] wird auf seine Tat verwiesen.

> Kehrein, Kath. Gesangb. 3, 105, 1 (o. O. 1517): Der schamlich Judas [...] | [...] kam mit der schar | Der blůthund, das er jn [Christus] geb bar.

Obwohl der Vorwurf vom Verrat und Mord an Christus sich als der wichtigste rote Faden durch die Geschichte zieht, gibt es davon abgeleitet auch Seitenfäden, deren Funktion darin bestand, zum einen implizit und explizit an den ersten Verrat des Juden Judas zu erinnern, zum anderen aber eine antijüdische Erwartungshaltung zu schaffen und aufrecht zu erhalten, bei der Verrat als eine prinzipielle jüdische Haltung postuliert wird, die sich immer wieder aufs Neue an den Streitern Christi wiederholen würde. So variiert auch das katholische Kirchenlied „Von Stephan dem Ertzmartyrer" den jüdischen Verrat am Beispiel des Hl. Stephan. Dieser sei, so die dehumanisierende Behauptung der nachfolgenden Strophe, von den *Jüdischen Hunden* aus der Stadt Jerusalem vertrieben und gesteinigt worden.

> Kehrein, Kath. Gesangb. 2, 474, 6 (Nürnb. 1631): Der Juden Grimm, Haß vnd Verdroß, | Von dir nit mehr sich kund verbergen, Mit arger List vnd Marter groß, | Dachten sie dich gantz verderben. Hingegen dich die Göttlich Macht, | Von oben stärckt mit grossem Wunder, | Daß du kundts stehen vnverzagt, | In mitten der Jůdischen Hunden.

---

334 Vgl. dazu auch: Goldammer, Paracelsus 7, 43, 7.
335 Kehrein, Kath. Gesangb. 1, 357, 6.

Dass Opfer wie Täter Juden waren, wird im christlichen Narrativ völlig ausgeblendet. Es gibt dort nur noch Juden als Täter in der Nachfolge des Judas und im Dienst des Teufels auf der einen Seite und den edlen Märtyrer Stephan in der Nachfolge Christi und als Identifikationsfigur für die Christen auf der anderen. Stephan wird somit vollständig aus der jüdischen Lebenswelt herausgelöst und zum Inbegriff des ihr diametral gegenüberstehenden Christentums erhoben. In der textlichen Konstruktion entstehen somit zwei von einander losgelöste Lebenswelten, die es so kaum gegeben haben kann. Während die eine Welt das Licht repräsentiert, steht die andere für das Dunkle, Verbrecherische. Der Gottesmord wird dabei textuell weitertradiert. Bezeichnend sind wieder die Dehumanisierungsmetaphern *bluthund* (s. o.) für Judas und *jüdische Hunde* für die Verfolger des Hl. Stephan. Diese *hund*-Metaphern gebrauchten auch Johannes Eck (11r; 14r) und Martin Luther (WA 50, 511). Mit ihnen werden die Juden nicht nur explizit in die Nähe von Ketzern gerückt, sondern auch mit demjenigen Tier verglichen, das zu den am meisten verachteten gehörte. Man assoziierte mit *Hund* nicht den treuen Wach- und Schoßhund, wie es heute üblich ist, sondern das herrenlose Herumstreunen, das Aasfressen, in der Anthropomorphisierung Ketzerei[336] und kriminelle Gewalt. Passend dazu schreibt Luther vom *hundsweg*:

> Luther, WA 10, 1, 2 (1522): Judas [...] het den beütel mit dem gelt und gieng den hundsweg.

Im Zusammenhang mit den Juden erscheinen – der üblichen Ausgrenzungsstrategie entsprechend – wieder die anderen Randgruppen, und zwar in aggregativer Kontextualisierung mit Kriminellen, Ketzern, Vaganten oder Aussätzigen. In den in der Liste zur Aggregation (III. 4. 1. 6) zitierten Steirischen und kärntnischen Taidingen (442, 24) stehen Fahrende unbestimmter Herkunft (*betler, landsknechte, landfarer, zigeuner*) im Mittelpunkt, ferner solche, die man landschaftlich oder hinsichtlich einer Herkunft meint zuordnen zu können, also *schotten* oder *savoyer*. Aggregative Gleichsetzungen und onomasiologische Vernetzungen betten das Ausgangslexem *Jude* in ein bestimmtes Wortfeld ein, das im Sinnbezirk des „Verbrechens", des „Vagabundierens", des „Ketzertums" und des „äußeren Feindes" auftritt. Wenn Luther die Juden in eine „Unheilskette" mit „Papisten", Sektierern und Türken einreiht, so hat er nach den Vorstellungen einiger Historiker dabei nicht nur semantische Verbindungen der vorgeführten Art gesetzt, sondern letztlich den Weg hin zur Endzeitbedrohung beschritten.[337]

---

336 Vgl dazu auch Berthold von Regensburg (I, XXXV, 522), der in der Predigt „Von vier Dingen" die das Ketzerische verkörpernde Kröte aggregativ mit dem Hund nennt, daran die Natter, die Spinne und den Wolf anschließt.

337 Vgl. dazu auch: Battenberg 2001, 85.

In der württembergischen Quelle werden die unter Verdacht stehenden Gruppen viel umfänglicher bemessen; es geht um Personen, die den Gottesdienst versäumen, lästern, spielen, sich außerhalb der moralischen Ideale bewegen und auf jede denkbare Art irgendeiner als kriminell geltenden Handlung nachgehen, im Beleg z. B. der *judenhantierung*.

> WürtLO. [Tit. 73 § 33], Bl. 82 r – 82 v (1552): Wo nun diß vnser Ordnung vnd satzung / in einem oder mehr Artickeln / es sei in verachtung vn{d} versomung des Goettlichen worts / Gotslesterung / zůtrincken / falsch spilen / hůrerey / ehebruch / kuplen vnd heimlichen auffenthalten / verbotten büchssen vnd wurff beühelm / todtschlagen / frid gebietten vnd halten / diebstaln / wůcherlichen contraecten vnd fürkeüffen / juden handtierung / wildtpretschützen / vnd andern lastern / vnd obuermeltner / verbotner artickel halber / von einichem vnserm vnderthonen übertretten / vnd solchs von jemandt gehoert [...] oder das sonst erfarn wurd / Woellen wir vnd gebietten auch darauff einem jeden / bei seinem geschwornen eid / das er solchs dem Amptman oder der Oberkeit / fürderlich fürbring vnd anzeig.

Komposita wie das im Beleg begegnende *Judenhantierung* sind insofern bezeichnend, als sie alle möglichen Handlungen der Juden kriminalisierend zusammenfassen und als typische Machenschaften derselben verallgemeinern. Wucher- und Betrugsvorwurf gehen hierbei Hand in Hand. Die Referenzierung öffnet sich zudem für andere, nicht jüdische Referenzgrößen. In welchem Zusammenhang und wie auch immer man gerade argumentieren mag, es geht weniger um Vorwürfe, die konkret durch eine signifikante Menge von Ereignissen als berechtigt nachgewiesen wären, als um eine Funktionalisierung der Juden zum Zwecke der Erhaltung bzw. Verstärkung der zeit- und gruppentypisch (z. B. konfessionell) gewünschten Ordnung; Sekundärstigmatisierungen von Verbrechern als Juden und umgekehrt von Juden als Verbrechern (im weitesten Sinne) sind dann möglich und werden zur Regel.

Auch der Ketzereitopos hat aggregative Tradition (vgl. Kap. II. 4. 2). Bei Berthold von Regensburg werden *juden, heiden, ketzer* (I, 3; III, 44) nicht nur aggregativ und nahezu formelhaft immer wieder nebeneinandergestellt, er liefert zudem Begründungen:

> Berthold von Regensburg I, 401 Predigt XXI (2. Hälfte 13. Jh.): Die heiden habent sô vil unde sô maniger leie unglouben, daz des nieman an ein ende komen mac. Unde die jüden gloubent in einem hûse, daz sie in einem andern niht engloubent; und er gloubet sô kranc dinc von gote, daz erz sînen kinden ungerne seite. Wan sie sint ze ketzern worden unde brechent ir ê an allen dingen. Ez sint ir zwelfe zuo gevarn unde habent ein buoch gemachet, daz heizet dalmut. Daz ist allez sament ketzerîe, unde dâ stêt sô verfluochtiu ketzerîe an, daz daz übel ist daz sie lebent. Ez seit unde seit sô bœsiu dinc, diu ich ungerne reden wolte. Fråget mir einen jüden, wâ got sî unde waz er tuo, sô sprichet er: 'er sitzet ûf dem himel unde gênt im diu bein her abe ûf die erden.' Owê, lieber got, sô müestest dû zwô lange hosen hân nâch der rede.

Indem er den Vorwurf begründet, erhöht er die Glaubwürdigkeit des Vorwurfs. Die Begründung verläuft über folgende Inhalte und sprachliche Strategien: Vielfalt des Unglaubens (*maniger leie unglaube*), Wankelmut (im Unterschied zur unterstellten *constantia* der Christen), Gotteslästerung (so *krank ding von got glauben*), habitueller Gesetzesbruch (*brechent ir ehe*), Verketzerung des Talmud, noch einmal eine unterstellte Verhöhnung Gottes durch den inszenierten Dialog. Die Reihenfolge der Argumente spielt kaum eine Rolle, das Wichtige an ihnen ist ihr Schweregrad. Auffällig ist die Häufung von Unsagbarkeits- und Unvermittelbarkeitstopoi. Es gibt kein *ende*; man kann es den *kindern ungerne sagen*, man kann nur *ungern* darüber *reden*. Frey (1991, 366) weist auf die Tradition hin: Hieronymus beschreibe die Juden bereits im 4. Jahrhundert als diejenigen, die dem Teufel verfallen seien. Talmud, Synagoge und alles, was von ihnen komme, sogar ihre Sprache, müsse daher als Inkarnation des Bösen betrachtet werden, den Christen zum Unheil.[338] Auf dem Hintergrund der erläuterten Heilsgemeinschaft und deren Gefährdung durch Sünde und Ketzerei reicht die antijüdische Polemik Bertholds vom Handlungsaufruf zur Legitimierung der Ausgrenzung bis hin zur existenzbedrohenden Aussage, dass es *übel* sei, *dass* sie *leben*. Mit Juden darf man, so fast 250 Jahre später auch noch Johannes Pfefferkorn in seiner „Judenbeichte", also schon deshalb keine Gemeinschaft haben, weil sie die Christen zur Ketzerei verführen.

Die Installation dieses Vorwurfs als Fertigteil in literarischen Texten durch die Zeit hindurch zeigt ein Blick auf Michel Beheims Contra-Iudeos-Lieder (Lieder Nr. 203 bis 234). Schon bei der Nennung der Motive für das Verfassen der Lieder bezeichnet er die Juden als *Ketzer*. Das Wort gehört bei ihm zum festen Bestandteil der onomasiologischen Vernetzung von *Jude*:

> Gille u. a., M. Beheim 203, 11 (nobd., 2. H. 15. Jh.): ich will tichten wider die | argen checzer und juden hie | und ir schalkait vergehen.

Zur Verketzerung gehört auch der Vorwurf der religiösen Verstocktheit (bei Pfefferkorn *verblintheit*)[339] und die üblicherweise damit einhergehende stereotype Zuschreibung erkenntnistheoretischer Inkompetenz.[340]

---

338 Vgl. dazu die Ausführungen zum Reuchlin-Pfefferkorn-Streit (Kapitel II. 10. 1. 4).
339 Pfefferkorn, Johann (1508): Ich heysß ein buchlijn der iudenbeicht, In allen orten vint man mich beicht [...], Coelen, Cv.
340 Wir finden ihn aber auch bei Helm, H. v. Hesler. Apok. 11835 (nrddt., 14.Jh.): „die blintheit | Die do truc und noch treit | Die blinde judesche diet." Anderson u. a., Flugschrr. 29, 7, 24 ([Augsb.] 1524): „wann sy seynd so blind / armsalig / vn̄ verstockt / das man billicher mitleiden mit jn hett. Spechtler, Mönch v. Salzb. 17, 6 (oobd., 3. Dr. 14.Jh.): „alle dingk vernewet sind, | juden gelaub der ist nu plint."

Spechtler, Mönch v. Salzb. 17, 6 (oobd., 3. Dr. 14. Jh.): alle dingk vernewet sind, | juden gelaub der ist nu plint.

Michel Beheim, Hans Folz, Martin Luther und andere unterstellen immerhin, dass bei normaler Erkenntnisfähigkeit doch auch die Juden die christliche Wahrheit erkennen und sich dann zum sofortigen Übertritt zum Christentum entschließen müssten. Wenn dies nicht geschieht, kann etwas entweder nicht mit rechten Dingen zugehen oder es ist der Beweis ihrer kognitiven Unfähigkeit.

Gille u. a., M. Beheim 209, 1 (nobd., 2. H. 15. Jh.): Ir plinden juden taub und stum, | ir teufelhaften toren tum | warum glaubt ir nit an Jesum.

Ebd. 215, 1: das die juden mit gesehenden augen plint sein.

Ebd. 215, 15: Hor jud, das dein sach keczerey | auch plinthait, taubung, tumhait sey.

Mayer, Folz. Meisterl. 75, 105 (nobd., 1517/8): Dar umb jud, heid, türck, machmetist, | [...] | Wert doch dürch war beyspil gelert.

Schon Blindheit und Taubheit sind pathologisierende Metaphern, mit dem nachfolgenden *jüdischen wanwitz* werden die Juden schlichtweg für geistig verwirrt erklärt. Die Substantivgruppe *jüdischer wanwiz* wird von Luther zudem sekundärstigmatisierend eingesetzt. Die Formulierung referiert zwar auf eine den Juden zugeschriebene Eigenschaft, eigentlich verhöhnt aber werden die katholischen Gegner der Reformation und deren Ignoranz (so argumentierte umgekehrt schon Johannes Eck gegen Osiander); all dies wirkt wieder verstärkend auf die Juden zurück.

Luther, WA 50, 511 (1539): Aber wir armen schwachen Christen, die bey solchen Heiligen [Papsttreuen; ALR] muessen Ketzer heissen sollen froelich und guter dinge sein, Gott den Vater aller barmhertzigkeit mit allen freuden loben und dancken, das er sich unser so hertzlich annimpt, Und unsere Moerder und Bluthunde mit solcher Egyptischer blindheit[341] und Juedischer wahnwitze schlegt, das sie jnen fursetzen muessen, schlecht nichts zu weichen in keinerley stuecke, und wollen ehe die Christenheit lassen zu grund gehen, ehe sie die geringste Abgoetterey (der sie vol und uber vol sticken) wolten lassen Reformiren.

In den folgenden Versen liefert Michel Beheim die jahrhundertealte stereotype Begründung, warum Juden von den Christen gehasst werden. Der Hass gegen sie sei nichts als die begründete Strafe Gottes dafür, dass sie „haben verkauft den grechten hy | umb das silber" (208, 14; vgl. auch 208, 62; 209, 160).[342] In direkter

---

341 Es ist nicht ganz klar, ob Luther mit *Egyptischer blindheit* an dieser Stelle nicht sogar auf die „Zigeuner" verweist.
342 Vgl. dazu: Lindqvist, K. v. Helmsd. 1235 (halem., Hs. um 1435): „wie der lieb Jhesus | Mit ainem bösen falschen kuss | Von Juda hin gegeben ward | Den grymmen bösen juden hart!"

Ansprache schreibt er (203, 117): „wann got hat dich verworffen". Auch das kausale *wan* begegnet:

> Gille u. a., M. Beheim 207, 40 (nobd., 2. H. 15. Jh.): wann got sein czoren nie pegund | so großlich uber euch czu tund, | wert ir nit so in grosser sund.

Mit der Legitimierung des menschlichen Judenhasses als Fortsetzung des göttlichen Zorns wird jeder Antijudaist zum gerechten Vollstrecker des göttlichen Willens. Dieses enthebt ihn der geltenden christlichen Moral- und Handlungsverpflichtungen. Unter deontischem Aspekt sind die damit gelieferten Appelle unmissverständlich. Sie werden zudem untermauert durch parallel verlaufende Verteufelungen: Die Juden seien *teufels chind* (204, 2), *keczerliche speyre* (204, 61), *checzer* (207, 92), wieder in direkter Ansprache: ir *verworffen keczer* (209, 191), ir *judschen keczer ungestalt* (212, 1). Sie seien (206, 1ff.:) *verrucht, vertampt, verflucht, verplent* und *tum* (207, 1).

Auf der Matrix einer zusammengehörenden, durch jüdische Mitbewohner bedrohten Heilsgemeinschaft ist Beheims direkter Aufruf, dass man die Juden allesamt töten solle, nicht mehr überraschend. Diese Radikalität seiner Forderungen macht ihn zusammen mit Hans Folz zu einem der Hauptvertreter des literarischen Antijudaismus im Spätmittelalter.[343]

> Gille u. a., M. Beheim 232, 84f. (nobd., 2. H. 15. Jh.): noch michels mer solt man zu mal | all juden toten uberal. | wann sy doch unserm vater | Und all der welt pestater, | schepher und herren fluchen hie.

> Ebd. 218, 1: Ir keczer in der judischeit | das ir tot und verfluchet seit | und wir cristn gebenedeit | das mugent ir wol gomen.

Zu diesem Beleg sei angemerkt, dass das später so virulente Verb *ausrotten* (z. B. in der Form *ausreuten*) schon in dieser Zeit regelmäßig für inkriminierte Gruppen, speziell für Juden und Ketzer, aber auch für Hexen, gebraucht wurde:

> Bell, G. Hager 251, 1, 6 (nobd., 1601): all juden der gstalt | aus zu reitten an hindernus.

> Erwytterte Unholden Zeyttung Ulm 1590: Darumb sie [Hexen] ja nit unbillich nach dem befehl Gottes auszurotten sein.[344]

Gerade die von Hans Folz[345] vorgetragene Judenfeindlichkeit in den Fastnachtspielen „Die alte und die neue Ehe" und „Der Herzog von Burgund", vor allem in „Der Juden Messias und Jüdischer Wucher" aus dem Jahre 1491 und in „Wahre Beschreibung der Juden" (1501) gipfelt in ihrer öffentlichen Demütigung und

---

343 Vgl. dazu: E. Wenzel, Zur Judenproblematik bei Hans Folz. ZfdPh 101 (1982), S. 79–104.
344 Zitiert nach: Behringer 1995, 221.
345 Vgl. dazu auch: Schiel 2002, 148–177.

dem Aufruf zu ihrer Misshandlung, und dies nicht nur in der literarischen Vorlage.[346] Schwitalla (2010, 97) kommentiert den Zusammenhang zwischen den historischen Ereignissen in der Stadt Nürnberg im Jahre 1499 mit den von Hans Folz vorgelegten Narrativen: „Bei Folz wird diese Vertreibung symbolisch vorweggenommen: In einer sinnlich erfahrbaren Aufführung in Privathäusern und Gaststätten wird sprachlich ausgemalt, wie Juden wie Verbrecher ausgezogen, ertränkt, mit Hunden gehetzt, als brennende Fackeln angezündet werden. Es wird beschrieben, wie ihre Zungen als Strafe der Gotteslästerung zum Nacken herausgerissen werden."

In den Fastnachtspielen lassen sich überdies die nicht nur zeitgenössisch zur Demütigung und Herabsetzung recht wirksamen dehumanisierenden Mittel der Tiermetapher und des Tiervergleichs nachzeichnen. Beliebt war neben der schon aufgeführten Metaphorisierung und Beschimpfung als *Hund* vor allem wieder die Schlange, die für Ketzerei und den Teufel steht.

> Mayer, Folz. Meisterl. 100, 297 (nobd., um 1480): das die slang die Evam betrogen hab, hab sich mit ir vermischt. Dar auß ich beslis das die slang ist ein stiffvater der juden.

Rhetorisch besonders aggressiv ist folgende Bezugsetzung bei Folz:

> Mayer, Folz. Meisterl. 100, 280 (nobd., um 1480): Spricht rabi Elezer das Adam sich vermischt hab mit allen thiren, und da von sint kummen die wünderlichen menschen nach mancherley gestalt der thir und menschen. Dar auß bessliss ich das die eselin und der aff und der gleichen sint stiffmütter der juden. Die sinagog spricht: 'Dar umb sint sye auch stiffmüter der cristen und andern menschen, seidt mals Adam ein vater ist aller.

Die Dehumanisierung beginnt mit einer einem Rabbi unterstellten Mitteilung, Adam habe sich mit den Tieren vermischt. Der Christ nutzt dies zu der Aussage, dass der Affe dann der Stiefvater der Juden sei. Dem hält die Synagoge entgegen, dieser Schluss sei doch wohl auch für die Christen zutreffend, da Adam ja der Vater aller Menschen ist. Obwohl hier ein Text mit literarisch-satirischen Zügen vorliegt und der Witz des ge*schärfte*n *pfeils*, des *köchers* (so in der Überschrift) zugunsten der Juden ausgeht, befinden diese sich doch in der Rolle derjenigen, auf deren Kosten man agitiert. Hinzu kommt die Entrüstung des zeitgenössischen Rezipienten, der sich von den Juden als Esel oder Affe angesprochen fühlt. Seine Bereitschaft, das angeblich Gesagte mit gleicher Münze zurückzugeben, wird nicht gering gewesen sein.

Neben Folz und den Fastnachtsspielen seien Thomas Murners „Deutsche Schriften" als Stigmatisierungsvorlagen genannt.[347] Sein Text „Von den fier ket-

---

346 Vgl. dazu: Röcke 1995, 124–134; Schönleber 2002, 163–182; Schwitalla, a. a. O. 2010.
347 Von den fier ketzeren. Hrsg. von Eduard Fuchs. Berlin 1929, 78 [2140–2153].

zeren" ist ähnlich wie Beheims „Lieder" eine groß angelegte narrativ-spöttische Dichtung mit religiös-didaktischem Anspruch und inhärenter Warnung [4441] zum Schluss. Er schreibt, wieder leicht memorierbar, in Versen: „Getauffte iuden / oerlen holtz, | Die geben gar ein schlechten boltz." Auch der im Kapitel II. 10. 1. 4. vorgestellte jüdische Konvertit Johannes Pfefferkorn, der nicht nur zur Zielscheibe der berühmten Dunkelmännerbriefe geworden ist, sondern auch das textliche Vorbild der Eck'schen „Verlegung" lieferte, hatte mit seinem „Judenspiegel" (1507), der „Judenbeichte" (1508), dem „Judenfeind" (1509) und dem „Handspiegel" (1511) seinen Teil an antijüdischer Polemik beigetragen. In die Reihe antijudaistischer Autoren ist auch wieder der spätere Luther einzureihen. Bezeichnend ist, dass seine durch biblische Vorlagen motivierte antijudaistische Metaphorik traditionsbildend wurde und bis ins 20. Jahrhundert hinein als wirkungskräftige Dehumanisierungsstrategie fortgesetzt wurde.

> Luther, Von den Juden und ihren Lügen, WA 53, 530/1 (1543): Es stimmet aber alles mit dem urteil Christi, das sie [Juden] gifftige, bittere, rachgirige, hemische Schlangen, meuchel moerder und Teufels Kinder sind, die heimlich stechen und schaden thun, weil sie es oeffentlich nicht vermoegen. [...] Das ists, das ich droben gesagt habe, das ein Christ, nehest dem Teufel, keinen gifftigern, bittern feind habe, denn einen Jueden, So wir doch niemand so viel guts thun, noch so viel von jemand leiden, als eben von solchen boesen Teufels Kindern und Schlangen gezichte.[348]

Bezeichnenderweise – und das sei an dieser Stelle noch einmal betont – haben Luther (vgl. auch Kapitel II. 10), Beheim, Folz und andere in ihren Schriften immer nur über Juden geschrieben, sich aber selten bis nie mit ihnen auseinandergesetzt. Man sprach in der Regel nur *über* sie, aber nicht *mit* ihnen. Dies ist eine besondere Form der Kommunikationsverweigerung und als solche der Gewaltausübung, die im späteren Mittelalter und in der Frühen Neuzeit den Regelfall darstellte. Selbst im berühmten Reuchlin-Pfefferkorn-Streit ist, wie gezeigt wurde, die wichtigste Schrift der Juden, der Talmud, zwar Gegenstand der Verhandlung und damit auch das Schicksal der Juden im Reich, aber es geht eben doch jeweils um einen Gegenstand in der Distanz der ‚er / sie / es'-Position. Falls man sie doch einmal zu Wort kommen ließ, so erfolgte dies – wie oben an den Belegen von H. Folz deutlich wurde – in Form typisierender Vorstellungen bis zur Ridikulisierung hin. Diese distanzierende Vergegenständlichung hat kommunikativen Zeichenwert: Sie ist das textliche Kennzeichen für die vielfältigen Funktionen, denen die Randgruppen unterworfen werden: Sie dienen der Mehrheitsgesellschaft zur Abgrenzung nach außen und zur Gliederung nach innen, werden aber weder als Einzelindividuen noch als Kollektiv wirklich wahr-,

---

348  Vgl. auch: Luther, WA 53, 587f.

geschweige denn ernstgenommen. Die Folgen dieser Sündenbock- und Stellvertreterfunktion mussten sie allein tragen.

Dass besonders die Juden als eine fiktive Gruppe sehr effizient zu instrumentalisieren waren, zeigt die beschriebene „Verlegung des Judengutachtens" durch Johannes Eck. Wie es dem katholischen Gegenspieler Luthers trotz langatmiger antijudaistischer Hasstiraden am Ende gar nicht um die Juden ging, sondern nur darum, über diese den konfessionellen Gegner ebenso populistisch wie sekundärstigmatisierend anzugreifen, so ging es auch Luther um die Instrumentalisierung der Juden für seine Zwecke. Die Reformation lieferte den Christen somit nur ein weiteres Motiv, gegen die Juden zu agieren. Das Entscheidende daran war die neue Variante des kommunikativen Missbrauchs, nämlich die „Indienstnahme für die Glaubensspaltung". Eine Form davon bestand in der Übertragung antijüdischer Topoi von protestantischer Seite auf die Katholiken und von katholischer Seite auf die Protestanten. *Christusmord* und religiöse Verstocktheit als antijüdische Topoi wurden gegen die Katholiken (*papisten* als *christmörder*) eingesetzt, wobei jedem bewusst sein musste, wer „normalerweise" mit solchen Handlungs- bzw. Eigenschaftsprädikationen versehen war. Wie bei Eck gezeigt wurde, gilt das natürlich auch umgekehrt.

> Luther, WA 30, 3, 410, 23 (1531): Also mussen wir auch uber unser verstockten Gottes feinde und Christmörder, die Papisten, schreien.

## III. 4. 3. Nonverbale Stigmatisierungsformen

Was auf sprachlicher Ebene vorgemacht wird, hat auf der symbolischen seine Äquivalenzen. Obwohl die Sichtbarmachung der Juden zur Segregation von den Christen schon im Laterankonzil im Jahre 1215 beschlossen worden war, begann man vor allem in frnhd. Zeit, sie zunehmend systematisch visuell als Juden zu kennzeichnen.

> Chron. Augsb. 2, 375, 11/14 (schwäb., Hs. 15. Jh.): nachdem und si [juden] an vil enden und in menigen lannden [...] gemerket und ußbezaichnet sind, so bitten wir [...], uns [...] zů gunnen [...], die judischhait in unser statt wonhafft uß ze bezaichnen mit zaichen uff ir gewand ze machen.

Die Stigmatisierung erfolgt wie bei den Bettlern durch besondere Judenzeichen, wie Judenhüte oder Judenringe, so wie es über die gesamte frnhd. Zeit hinweg vom Schwabenspiegel über Eck („Verlegung" 84r) bis Harsdoerffer gefordert wird (Harsdoerffer. Trichter 3, 282, 15; Nürnb. 1653).

> Schwabenspiegel Art. 262 (1275/87): die ivden svln hvete tragen die spitz sin, da mit si vz gezeichent von den cristenen lviten, daz man si fvir ivden haben sol.
>
> Schöpf, Tirol Id. (1603) 295: dass die juden müessen ain gelben ring auf der linggen seit auswendig von gelben tuech tragen.
>
> Harsdoerffer. Trichter 3, 282, 15 (Nürnb. 1653): Jud / Juden. Der Ebräer / das weiland Gotes Volk / die Weltverachte Rott / der frevle Wuchermann / deß Kleid ein gelber Ring von Christen unterscheidet.

Ein Spitzhut diente jedoch nicht nur der Kennzeichnung der Juden, sondern wurde als Schandmütze auch zur Infamierung und Verspottung von Nichtjuden genutzt. Vergleich dazu die Belege zu *Judenhut* II im DRW:

> Grimmsche Weisthümer I, 504 (1390): [*ein Wucherer soll Kirchenbuße tun*] und eyn judenhut uff han.
>
> OfenStR. 178 (1413/21): vnd eynen gespizten judenhút sol er haben auf dem haúpt [der der Zauberei Überführte].

Es gehört regelhaft zur Logik der Stigmatisierung hinzu, dass man auch die Stigmatisierungszeichen, waren sie einmal eingeführt, von einer Gruppe auf die andere übertragen kann. Auf nonverbaler Zeichenebene ist die Übertragbarkeit ebenso sekundärstigmatisierend wie der Schimpfwortgebrauch des lexikalischen Zeichens *Jude*. Sieht man einen Spitzhut, so denkt man zunächst, man habe einen Juden vor sich. Ist es eine Schandmütze, bleibt der Gedanke an die Juden dennoch erhalten.

Der folgende Beleg, nunmehr wieder textlicher Art, zeugt von der sekundärstigmatisierenden Verwendung von *jude* als Schimpfwort:

> Kramer, Volksl 299 (Ansbach 1529): er gestehets auch nicht, das er im ein juden gescholten, sonder gesagt, er sey erger als ein jud.

Die ‚eigentliche' Referenz geht verloren, *jude* wird zur Beleidigung eines nichtjüdischen Gegners gebraucht, der Fokus wird also auf den pragmatischen Gehalt des Beschimpfens gelegt; die Stigmatisierung verselbständigt sich. Pragmatisch betrachtet findet hier die Konstitution einer besonderen Art der Gebrauchsbedeutung statt. Dass man dabei immer auch die Stigmatisierung des Ursprungsreferenten weitertradiert und verfestigt, muss mitbedacht werden. Die zuletzt zitierte Beleidigung erfährt aber durch eine Floskel der Unvergleichbarkeit noch zusätzlich eine Steigerung: *ärger als ein jude*. Dies ist eine Technik, die bereits für Berthold von Regensburg belegt wurde.

## III. 4. 4. Kommunikative Machtlosigkeit

Juden gehören zu den besonderen Opfern der sich konstituierenden Verfolgungsgesellschaft. Sie standen in doppelter Hinsicht am Rande der neuen Gesellschaft, zum einen als Andersgläubige, zum anderen als Fremde. Ihr Außenseitertum wird religiös begründet, über die biblische Judas-Geschichte als Kriminalisierung inszeniert und schließlich xenophobisch erweitert. Die sprachlichen Äußerungen der Zeit sagen dennoch nur sehr wenig über die tatsächlich betroffenen einzelnen Menschen aus. Sie besagen aber sehr viel über die Einstellung, die man ihnen entgegenbrachte. Die Juden wurden in den Texten zunehmend als körperliche wie geistliche Bedrohung für die Heilsgemeinschaft inszeniert. Dies gelang schon dadurch, dass man ihnen eine bewusste Beteiligung an den realen Alltagskatastrophen unterstellte. Aufgrund ihrer Randgruppenexistenz und ihrer Machtlosigkeit konnten sie einer solchen Polemik nichts entgegensetzen. Im Gesamtdiskurs der Zeit hatten sie keine Stimme. Wenn der Franziskaner Johann von Capistrano oder der Dominikaner Petrus Nigri in Nürnberg in ihren Zwangspredigten zu ihnen sprachen, dann war auch dies nur wieder eine besondere Spielart kommunikativer Gewalt von Seiten der Christen.

Projüdische Äußerungen (s. u.) sind selten und oft sogar in der genauen Mitteilungsabsicht ihrer Sprecher sowie in deren Deontik ungewiss. Im unten zitierten Beleg aus dem Jahre 1348, verfasst während einer der entscheidenden Pestphasen, könnte der Verfasser das Wort *leumdung* bewusst benutzt haben, um auf ein bloßes Gerücht hinzuweisen, vielleicht sogar um die Abwegigkeit der so unterstellten jüdischen Verschwörung anzudeuten. Doch die Vorstellung, die Juden würden die Christen vergiften wollen, bleibt mit dem Gesagten trotz allen Zweifels in der Welt.

 Bernoulli, Basler Chron. 4, 4, 373, 4 (alem., 1348): es stůnd ein gross lumdung uff, das die Juden die Cristenheit dilken woltten mit vergift.

Die Darstellung im folgenden Beleg (von Aventin/Turmair) ist ein Bericht über Gesagtes, in dem das Modalverb *sollen* epistemisch verwendet wird und damit zum Ausdruck bringt, dass es so sein kann, aber nicht so sein muss. *Sollen* fungiert hier als Verwahrindikator, der den Berichtenden der kommunikativen Regresspflicht enthebt: Es wird ja lediglich gesagt, dass [...]. Zur Wahrheit des Gesagten erfolgt keine Aussage. Dennoch könnten solche Formulierungen das Gerücht überhaupt erst in den Diskurs einbringen bzw. dieses geradezu schüren.

 Turmair 5, 501, 33 (moobd., 1522/33): die [Juden] solten zu austilgung der christenheit die prün vergift haben.

Höchstens Mitgliedern der Mehrheitsgesellschaft war es möglich, verteidigend für die Juden einzutreten. Taten sie es, mussten sie mit einer Sekundärstigmatisierung rechnen. Bezeichnenderweise sind es die Verteidiger der Juden, der Ketzer und der Hexen, die von einer solchen Sekundärstigmatisierung betroffen waren. Während eine für die Armen eintretende Nonne geheiligt wurde, galt der kritisch argumentierende Retter der vermeintlich Unheiligen als befleckt. Die Negativierung dieser Gruppen war nicht ambivalent, sondern eindeutig und vollständig. Sie ließ keinen Ausweg zu.

## III. 5. Die Fahrenden und Vaganten: Landläufer, Vagabunden, Spielleute

> Geremek 2004, 377: Im Recht der Barbaren sowie im frühmittelalterlichen Gewohnheitsrecht tritt ganz allmählich der Bann im Sinne einer Ausschließung in Erscheinung. Er ersetzt die Aufopferung des Lebens, mit der die Verletzung der sakralen Ordnung hätte wiedergutgemacht werden können. Der Bann bewirkt, daß man aus dem Rechtsfrieden ausgeschlossen wird, seiner natürlichen Rechte beraubt wird und seiner Menschlichkeit verlustig geht. Die *Lex Salica* (55,2) sagt von dem Geächteten, daß er „*wargus sit*", d. h. daß er wie ein Wolf zu behandeln ist, daß man ihn also von den menschlichen Siedlungen vertreiben soll und es ein erlaubtes Mittel der Verteidigung ist, ihn zu töten. In denselben gewohnheitsrechtlichen Aufzeichnungen findet sich jedoch auch die Feststellung, daß der Mensch, der ohne gesellschaftliche Bindungen und außerhalb der 'Heimat' lebt, der zu einem Leben in der ungebändigten Natur verurteilt und den Gesetzen des Lebens in Wildnis und Einöde unterworfen ist, zu einem Wolf oder Wolfsmenschen wird: Die Werwölfe aus der Sage haben ihre Entsprechung in dem asozialen Menschen, der die Regeln des gesellschaftlichen Zusammenlebens verletzt hat und danach außerhalb der Gesellschaft steht.

*Außerhalb der ‚Heimat' zu leben*, setzt voraus, dass man normalerweise eine solche besitzt. Und die Aussage, *ohne gesellschaftliche Bindung* zu sein, präsupponiert, dass man dies überhaupt kann bzw. dass es nur die eine gesellschaftliche Bindung, die als die normale angesehen wird, gibt. Der Bann, deklarativer Sprechakt der Ausgrenzung, ist das Resultat vorausgegangener Normverletzung gegenüber der Gesellschaft und wird nun zum mehr oder minder gerechtfertigten Ausgangspunkt für die Rechtskraft der sozialen Ausgliederung und der nachfolgenden Dehumanisierung. Er macht damit den Außenseiter infolge eines anerkannten Verfahrens zu einem zu Recht oder zumindest mit Grund Ausgegrenzten (vgl. *Wolf, Wolfsmensch* usw. in obigem Zitat).

Das bloße Außenseitertum, das auf diese Weise zum als bedrohlich angesehenen Wölfischen wird, erhält einen neuen Status und wird seinerseits zur Ursache von Folgeentwicklungen. Während die anfangs möglicherweise noch begründeten Motive verschwinden, bleibt also die Bedrohung erhalten. Jetzt ist das Wölfische nicht mehr die Folge, sondern Ausgangspunkt und neuer Anlass für die Angst vor denjenigen, die keine Heimat haben.[349] Jetzt wird die Heimatlosigkeit, die ehemals die Folge der Ausgrenzung war, zum Motiv für eine neue soziale Wirklichkeit, für das Vagieren, Umherziehen bzw. Fahren. Nichtsesshaftigkeit war somit der Ausgangspunkt der Ausgrenzung und ihr Ergebnis gleichermaßen.

> Wyss, Limb. Chron. 93, 29 (mfrk., zu 1397): so dan da waren funftehalp hondert farender lude, so spellude, pifer, dromper, sprecher unde farender scholer.

Der Beleg kennzeichnet eine Versammlung von *fürsten, räten, grefen*, hohen *herren* aller Art zu einem *großen rat unde consilium*. Außerdem (vgl. das aufzählende *so dan*) seien die genannten *farenden leute, spielleute* usw. anwesend gewesen. Sie werden nicht explizit abgewertet, sondern eher als interessante, einer großen Versammlung zugehörige Randgruppe betrachtet. Bezeichnend ist, dass sie erst am Ende eines längeren Absatzes, gleichsam rangikonisch nach den (teils einzeln genannten) Vertretern des hohen Adels und den (schon nicht mehr als Individuen aufgeführten) *rittern* und *edelen knechten* erwähnt werden. Sie stehen also in der Rangordnung der Zeit ganz unten. Die Quelle betrifft das Jahr 1393; sie hat noch einen anderen Ton als die Texte späterer Zeiten.

Später nämlich wurde das sogenannte fahrende Volk, eine völlig inhomogene Gruppe, die aus Juden, Zigeunern, Soldaten, Spielleuten, Musikanten, Bärenführern, Schaustellern, Gauklern, Kesselflickern, Quacksalbern, Taschenspielern, Scherenschleifern, Dirnen, Geächteten, Kleinhändlern und Hausierern bestand, als asozial und bedrohlich angesehen. Laut Reinhard (2004, 325) waren davon ca. 1 bis 4 % der Bevölkerung betroffen, „etwa so viel, wie für den Adel veranschlagt wird".[350] Differenzierend benannt werden sie entweder nach ihrer Religion (*Juden*), ihrer Fremdheit (*Zigeuner*) oder nach ihren verschiedenen Tätigkeiten, wobei das Kriegshandwerk, die Unterhaltung und das Hausieren überwiegen.[351] (Eine Zusammenstellung der frnhd. Bezeichnungen folgt weiter unten).

---

349 Bezeichnenderweise spielt der Werwolfvorwurf auch in den Hexereiprozessen eine Rolle; vgl. dazu das Protokoll Alme 1630 in: Macha 2005, 10ff.
350 Vgl. Schubert 2003, 413ff.
351 Vgl. dazu: Bumke 2000, 698f.: „Wie zahlreich und wie verschiedenartig das Volk der Fahrenden war, zeigen am deutlichsten die Reiserechnungen des Passauer Bischofs Wolfger von Erla († 1218), in denen die täglichen Ausgaben des Bischofs auf seinen Reisen durch Österreich und Italien in den Jahren 1203 und 1204 festgehalten sind. Bischof Wolfger hatte eine offene Hand für alle, die seine Unterstützung suchten und

Was die einzelnen Gruppen auf jeden Fall miteinander verband, war ihre Armut, ihre Heimatlosigkeit, zusammengefasst: ihr Nichteingebundensein in ein räumlich und sozial festes Netz; aus der Perspektive der Ausgrenzenden war das letztlich ihre Nichtkontrollierbarkeit durch die Obrigkeit. Damit unterlagen sie dem Generalverdacht, nicht nur außerhalb der Ordnung zu stehen, sondern diese Position auch zum Schaden der Gemeinschaft auszunutzen. Was zuerst da war, die Ausgrenzung und Kriminalisierung der Fahrenden als Folge der neuen Landfahrergesetzgebungen oder die Kriminalität der Ausgegrenzten und erst als deren Folge die frühneuzeitlichen Polizeiordnungen, ist sozialgeschichtlich nicht wirklich entscheidbar. Es ist jedoch zu vermuten, dass beides beständig Hand in Hand ging: Die Gesetzgebungsverfahren verschärften die Not unter den Fahrenden und drängten diese in die tatsächliche Gesetzlosigkeit; dies führte umgekehrt wieder zur Verschärfung der Gesetze.

Die Zahl der bedeutungsverwandten Ausdrücke, die oben nur in Auswahl aufgelistet wurden und die sicherlich regional ausdifferenziert werden müssten, ist auffallend hoch. Obwohl Wortspielereien nach bestimmten, einmal gebildeten motivationellen Pfaden und in den Bahnen der Tropisierung verlaufen, dürfte die Menge der hier in Betracht kommenden Einheiten doch die Bewertung der meinungsbildenden Teile der frnhd. Gesellschaft spiegeln. Dies gilt auch unter dem Aspekt, dass die Negativierung des Wortschatzes generell die Funktion hat, die Wortbildenden / Polysemierenden von den Gemeinten, hierarchisch niedriger Eingestuften, abzugrenzen. Dementsprechend erscheinen viele der aufgelisteten Ausdrücke als Schimpfwörter bzw. konnten viele als solche gebraucht werden. Manche davon sind auch heute noch gebräuchlich, so *halunke* oder *irrer*. Andere hingegen, so z. B. das Wort *abenteurer* oder die Wortbildungen mit *frei-*, dürfen

> sich um ihn drängten, wo immer er hinkam. Zu den »Fahrenden« (vagi, girovagi) gehörte die Menge der »Armen« (pauperes, pauperculi) und »Alten« (vetuli), »Kranken« (infirmi), »Blinden« (caeci) und »Dickleibigen« (pingues); weiter die zahlreichen »Pilger« (peregrini, wallerii) und »Büßer« (penitenciarii), die »armen Kreuzfahrer« (pauperes cruciferi) und die wandernden »Mönche« (monachi, moniales). Nicht geringer war die Zahl von Studierten, die trotz ihrer Bildung auf dieselbe soziale Stufe abgesunken waren: die »armen Kleriker« (pauperes clerici), die »Scholaren« (scolares), die »Lotterpfaffen« (lodderpfaffi) und mancher »alte Kanonicus« (vetulus canonicus). Noch größer war die Gruppe der fahrenden Künstler, die den Bischof auf seinen Reisen aufsuchten. Sie wurden zumeist in der traditionellen kirchlichen Terminologie als »Spielleute« (ioculatores), »Gaukler« (histriones) und »Schausteller« (mimi) bezeichnet. Es begegnen aber auch genauere Namen, aus denen sich ergibt, daß die musikalischen Darbietungen der »Geiger« (gigari), »Sänger« (cantores, discantores), »Sängerinnen« (cantatrices) und eines »Mädchenchors« (puellae cantantes) sich besonderer Wertschätzung erfreuten."

aus heutiger Sicht nicht romantisch verklärt werden.³⁵² Sie waren im Frühneuhochdeutschen vorwiegend abwertend, genauer gesagt: sie fungierten als Abgrenzung von oben nach unten.

Das semasiologische Feld des nomen agentis *abenteurer* zeigt nicht nur die Pejorisierung, sondern auch wieder die Gleichzeitigkeit des Ungleichzeitigen (vgl. Kap. III. 1. 6). Der erste Bedeutungsansatz, nämlich >Ritter, der seine Tüchtigkeit im Turnier unter Beweis stellt<, steht in der Fortsetzung der mhd. Tradition; dann folgt die deutlich pejorative zweite Bedeutung, >herumziehender Unterhaltungskünstler, Gaukler, Possenreißer, Trickkünstler<, die aufgrund der Negativität systematisch offen ist zu >Schwindler, Gauner<. Sind die angewendeten Tricks sprachlicher Art, so bezeichnet man mit *abenteurer* einen >Lügenbold und Sprücheklopfer<. Die Belege dieses Inhalts stammen vorwiegend aus dem Oberdeutschen und begegnen seit dem 15., verdichtet im 16. Jahrhundert. Auch das onomasiologische Feld ist sprechend: *gaukler, nar, sprecher, schwatzer, bube, zauberer*. Diese für das Frnhd. typische Bedeutungsverschlechterung findet in einem dritten Ansatz eine zusätzliche Bestätigung. Von der hehren Tugend der mhd. Ritterepik ist nichts mehr geblieben. Der *abenteurer* ist nunmehr nur noch ein >fahrender Händler, Jahrmarktskrämer, Preziosenhändler<. Und passend dazu lauten die bedeutungsverwandten Ausdrücke: *krämer, landfarer, meister*. Das Wort *abenteurer* ist damit eine der umfassendsten Randgruppenbezeichnungen der Zeit. Entsprechendes gilt für das in der Mehrzahl seiner Verwendungen als nomen actionis auffassbare *abenteuer*. Sein Bedeutungsspektrum reicht von der noch mhd. geprägten >ritterlichen Bewährungsprobe< über die >militärische Auseinandersetzung< über >Merkwürdigkeit< in den Bereich von >Lüge<, >Unrechtmäßigkeit< in einer ganzen Anzahl von Spezialisierungen. Auch hier ist eine zeitliche Abfolge erkennbar, außerdem aber auch das in Kap. III. 6. am Beispiel der Bettler besprochene Phänomen der Gleichzeitigkeit des Ungleichzeitigen: Die Veränderung der Wortsemantik verläuft über eine lange zeitliche Überlappungsphase und zudem über räumliche Überlagerungen (Genaueres im Artikel *abenteuer* des FWB, dort Band 1, 61ff., und des DWB, Neubearb., dort Band 1, 150ff.).

Die folgende Liste, die im paraphrasierenden Bereich noch ergänzbar wäre, lässt die Motive der Ausgrenzung erkennen: *Aussätzel* bezieht sich auf Krankheit und markiert den Ausgrenzungsgrund, *bachant* und *bierschwelger* den Trinkervorwurf und *dieb* den schon genannten Generalverdacht. Man vergleiche ferner: *Abenteurer 3, alchbruder, ausläufer, aussätzel, bachant 2, paltenäre* >Landstreicher, Bettler<, *paltenärsche* >Landstreicherin im Bettlergewand<, *bärenhaut 2,*

---

352  Vgl. dazu auch: Schubert 2003, 412.

*bärenhäuter, bärenleiter, batschok* >eine Art Vagabund<, *betrieger, bierschwelger, blössel, blösslig, blatschierer* >Vagant, Gaukler, der auf Märkten (erfundene) Geschichten erzählt<, *blikschlaher* >Vagant, Bettler, Betrüger<, *büffel, pultener* >Landstreicher, Bettler<, *dieb, fraz, freigeselle, freihart, freiheit, freiheitsbube, freiheitsgeselle, freiman, gartenbruder, gart(en)knecht, gartenkrieger, garter, gassentreter, geilerin* 1, *gesinde* 6, *gumpelvolk, halunke, hausierer* 2, *holzgeher, irrende, irrer, jakobsbruder, jaufbube, cammesierer, kannengießer, kaufman, kockin, krämer, kretzenträger, landläufel, landesbeschädiger, landesbescheisser, landesbetler, landbube, landfarer* 2, *landläufel, landschweifer, landstreicher, landstreifer, landstreuner, landstrichling, landstörer, landstürzer, lediger, lediggänger, losmann, losleute* 1, *lotter, nachstörzer, schlüffel, schlünz, spielman, spizbube, stabstreicher, stationierer, steckenknecht, steklinbube, steinschneider* 3, *sterzel* 1, *sterzer* 1, *streuner, strolch* (rotwelsch; 1697, wobd.), *strudler* (17. Jh.), *stutzer, suddeler, übertreter, umbläufer* (Hartlieb, Luther 34, 1, 144), *umstreicher* (16. Jh), *unflat, umstreifer, vagabund, vagant, verfürer, villain, zigeuner.*

Substantivgruppen, die hier angereiht werden könnten, sind z. B.: *müsiggehende leute*[353] / *farender man* / *umschweifend elend volk*[354] / *loser mensch* oder *leuthe, die ein verlaeumbt leben fuehren.*

Das Bestimmungswort *land-* in den Komposita *landbube, landläufel, landesbescheisser, landesbetler, landstreicher, landstreifer, landstreuner, landstrichling, landstörer, landstürzer* begegnet mit besonderer Häufigkeit; es bezieht sich zum einen auf die Nichtsesshaftigkeit und seine Folge, das Vagabundieren. Zum anderen scheint es ein Beispiel für den Übergang eines lexikalischen Morphems hin zum Affixoid zu sein, genauer: zu einem Präfixoid mit steigernder Funktion im Sinne von nhd. >Erz-<. So ist der *landbube* ein besonders schlimmer >Bösewicht<, gleichsam ein >Erzbösewicht<, ähnlich wie der *landesbescheisser, landstörer* oder *landstürzer*. Entsprechend ist bei diesen *land*-Komposita neben den genannten Wortbildungen auch das weitere abgeleitete onomasiologische Feld interessant. Als bedeutungsverwandt zu *landesbescheisser* wären *bösewicht, schalk, teufels kinder* zu nennen, zu *landesbetrieger* etwa *dieb, mörder, mordstifter, räuber, wucherer,* zu *landstreicher* gehören *betler, böswicht, bube, fasnachtbruder, lotter(bub), schelm, sondersiecher, stirnenstoffel, folsaufer, weggänger.* Wir haben damit noch pointierter die Merkmale ‚verbrecherisch', ‚Alkohol konsumierend', ‚lasterhaft' und letztlich ‚sündhaft'.

---

353  Spechtler u. a., Frnhd. Rechtstexte 2, 45, 23 (moobd., 1526): „Soll auch der Starckhen und frömbden Auslendischen petler Samlern Stationierern und anndern muesgeenden leutn, in unnserm Lanndt verpoten sein zuhausieren."
354  Müller, Alte Landschaft St. Gallen 81, 6.

> Barack, Teufels Netz 6356 (Bodenseegeb., 1. H. 15. Jh.): Landstricher und stirnenstöffel | Sind tag und nacht vol.

Recht deutlich wird diese Negativierung wieder bei Berthold von Regensburg und Martin Luther.

> Berthold von Regensburg XXI, 319: gumpelvolke [...], die dâ sint des tiuvels blâsbelge.

> Luther, WA 34, 2, 91, 10 (1531): Frawen und Junckfrawen schender, Gots lesterer, spiler, schwelger, Summa: dise landts buben sein des außerwelten teuffels kinder gar.

Adjektivische Attributionen wie *fremd / herrenlos* oder *ledig* spiegeln das unkontrollierbare Außenseitertum, *erzverböst*,[355] *schädlich, schalkhaft, wiederspännig* die Kriminalisierung, *faul / undankbar / unnütz / seltsam* den Vorwurf der gesellschaftlichen Nutzlosigkeit und *gotlos* die unterstellte Ketzerei und Unmoral.

Die Abwertung bestimmter Personen, verstanden als Zusprechung von Inhalten der Art ‚unkontrollierbar', ‚zum Verbrechen neigend', ‚lasterhaft' usw. ist eine Strategie des semantischen Kampfes auf der Ebene der Kognition: Es geht darum, den Gemeinten (wenn möglich wortbildungsmotivationell) als so seiend, wie er bezeichnet wird, zu charakterisieren und in der so geschaffenen Identität in den Köpfen der Rezipienten zu verankern. Der Fahrende ist dann etwa derjenige, der – wie Berthold von Regenburg formulierte – „guot für êre" nahm (I, 155). Dies ist letztlich nur eine andere Umschreibung für Unehrlichkeit und führt zum gesellschaftlich verankerten kategoriellen Misstrauen. Dass dies deontisch zu entsprechenden Abwehr- und Gegenhandlungen auffordert, ist offensichtlich. Eine steigernde Dimension erhält die deontische Handlungsimplikation in bestimmten Rechtstexten dadurch, dass sie dort zumeist rhematisch explizit ausformuliert wird. Man setzt dann von den etwa als *lotter, bube, schänder* Bezeichneten und kognitiv als solche Konstituierten, geradezu Verurteilten nicht nur voraus, dass sie schon entsprechend behandelt worden sind, sonst könnte man sie ja nicht so bezeichnen, sondern man fordert mögliche Textrezipienten auch noch direkt zu einer Handlung gegen sie auf (vgl. die folgenden beiden Belege):

> Iglau StR. 240 (inseldt., 1360): lotern vnd puoben, schenderen vnd freyen gesellen vnd soelichen spillaueten, die mit pösen worten vnd wercken wöllen den lawten dienen, den sol man nit geben noch ir dienst auf nehmen.

> Behrend, Magd. Fragen 1, 131, 34 (omd., um 1400): Eczliche lute dy heissen rechtelosz, das ist anrechtig, also das ir recht nicht also volkomen ist als ander luthe unde sy mogen keynem manne behulffen syn zcu syme recht, also spelluthe [Var. 16. Jh.: gerende leute] und lotterer adir dy unelich geborn syn.

---

355 Oorschot, Spee / Seifert. Proc. 482, 12 (Bremen 1647).

Jemandem *nicht zu geben, nicht iren dienst aufzunemen*, ihm *nicht beholfen zu sein* sind Beispiele solcher Aufforderungen. Die Strategie lautet: Jemand ist ein x (im kognitiven Sinne), Du wirst ihn schon deshalb entsprechend behandeln (deontische Implikation), ich rufe Dich explizit auf, das auch zu tun. Dem entspricht ikonisch die Äußerungsfolge des Textes: Erst die kognitive Aussage einschließlich der deontischen Implikation, dann der Handlungsaufruf. Die Inhalte der kognitiven Festlegungen sind bekannt und in den vorangehenden Absätzen beschrieben worden; sie kreisen um Sünde, Nähe zum Teufel, Ketzerei, soziale Unkontrollierbarkeit usw.

Laut Kirche befanden Spielleute sich im Zustand der Sünde und konnten nicht in den Himmel gelangen.[356] Aus ihnen spreche der Teufel, sie seien gar das „Ingesinde des Teufels" (Berthold von Regensburg)[357] und verführten die Unschuldigen zur Sünde. Schon Augustinus wollte die Fahrenden wie die Prostituierten von der Kommunion ausgeschlossen sehen (Stuart 2008, 25). Und noch Luther warnt, wieder in eindringlicher Metaphorik:

> Luther, WA 32, 196, 22 (1530): wie er [Paulus] die zu Philippen lobet und sie doch ermanet, daß sie sich hûteten fur den Landstreichern, denn ehe man sich umbsihet, haben sie mehr Gifft denn wir Heilthum geseet.

Luthers Warnung vor dem religiösen Verführer, vor *des Teufels kindern*, markiert den semantischen Übergang vom Umherschweifenden hin zum Ketzer. So bedeutete das Adjektiv *irgängig* eben nicht nur >umherschweifend<, sondern auch >abtrünnig<, die dazu gehörige Substantivierung: >Vagabund< und >Ketzer<.

> Voc. Teut.-Lat. p vjv (Nürnb. 1482): Irgengiger. irriger. irwegiger. irgeender.

Der *Irre* ist entsprechend einmal der >Hausierer, Vagabund< und zum anderen der >Verbreiter von Irrlehren, Ketzer< (bedeutungsverwandt dazu: *halbnar, ketzer, störer*). Diese semantische Nähe ist im Alltag nicht wegzudenken, selbst wenn der Sprecher jeweils kontextspezifisch different monosemiert.

> Adrian, Saelden Hort 362 (alem., Hss. E. 14./15. Jh.): flûh enweg, blutiges tier, | an Gottes errer, Lucifier!

Die Metapher des räumlichen Umherirrens impliziert das kognitive Chaos, in frühneuhochdeutscher Weltperspektive bedeutete dies das Ketzerische. Das Beispiel des 'Irrens' zeigt wieder das semantische Ineinanderübergehen der Randgruppen in den semasiologischen Feldern.

Zumindest auf den ersten Blick anders ist die Semantik von *hausierer*. Wir haben zwei Bedeutungen, die eine neutral, die andere negativ: 1. >von Haus zu

---

356 Vgl. Reinhard 2006, 327.
357 Zitiert nach: Bumke 2000, 699.

Haus ziehender und Waren (oder Dienstleistungen) zum Kauf anbietender Händler<; 2. >Vagabund, Landstreicher<. Handelt es sich hierbei um zwei Sprachgebräuche oder um das deutliche Indiz dafür, dass die vom Lexikographen angelegte Trennung nur analytisch begründbar ist? Die bedeutungsverwandten Ausdrücke zu 1 sprechen für die Untrennbarkeit von Deskription und Wertung: *buttenkrämer, gängeler, handelsman, händler 2, hantierer 1, hausierer, kauderer 2, paudelkrämer, stirnenstössel, tändler* sind jedenfalls nur in dem Sinne zu deuten, dass – wie in folgenden beiden rechtstextlichen Belegen – etwa der *hausierer* als solcher jemand ist, dem allerlei verdächtige Verhaltensweisen eigen sind; der *hausierer* ist Warenanbieter, Umherziehender, Sitzloser, in *sonderbaren häusern* Hausender, sich als *landsknecht* Gebender (statt im Krieg zu dienen), tendenziell Nötigender in einem.

> Rennefahrt, Zivilr. Bern 310, 6 (halem., 1612): Was die husierer syent, gibt das wörtlin selbs zůverstan, daß es namlich die, welche hin und wider im land umbher von eim huß zum andern züchend, ihre wahre feyl piettend und den lüten ynschwätzend, kein blybenden sitz noch burgrecht habend, und ihre herbergen nit in offnen tavernen, sonders sonderbaren hüseren nemmend.

> Siegel u. a., Salzb. Taid. 209, 29 (smoobd., 1565): der stêrzer und haussierer, die sich lantsknecht nennen und selten oder nimer in krieg kumen [...], die von der strassen zu den törfern auch auf die perg zu ain heussern straifen und lassen sich nit benuegen, was man innen mit lieb gibt.

Die Ausdrücke, mit denen die Ausgrenzung und die Ausgegrenzten lexikalisch gefasst werden, zeigen durchgehend die Übergängigkeit eines semantischen Spektrums. Zwar kann man analytisch zwischen einem – wie man gerne sagt – notativen (obwohl er das kaum ist) und einem wertend-konnotativen (obwohl auch dieser notative Züge hat) Gebrauch unterscheiden. Ein *dieb*, ein *schänder*, ein *bube* ist demnach nun einmal jemand, der als Stehlender, als Schändender oder als Spitzbube semantisiert ist, und kann als solcher logisch klar von anderen semantischen Identitäten innerhalb des Sinnbezirks ‚Mensch' abgegrenzt werden. Die Belege geben aber regelhaft zu erkennen, dass ein *dieb* (usw.) zugleich oft auch ein *sünder*, ein *ketzer*, ein *landstreicher*, ein *lotter*, ein *freier geselle* usw. ist. In diesen Fällen stellt sich die Frage, was der Philologe, der Lexikologe bzw. der Lexikograph eigentlich tut, wenn er eine Bedeutungstrennung vornimmt. Schafft er eine beschreibungssprachliche Eigensemantik, die den historischen Sprachgebrauch, hier: die Einheit eines heute leicht Unterscheidbaren, verfehlt? Diese Frage kann ebenso gut mit „ja" wie mit „nein" beantwortet werden, wobei im Einzelfall, also pro lexikalische Einheit, einmal eher das eine und ein anderes Mal eher das andere präferiert werden wird. In vorliegendem Zusammenhang geht es – mit dieser Argumentationsparenthese – nur darum, die spektrumsartig zu denkende Verbindung mehrerer Gebrauchsdimensionen als typisch für die Ausgrenzungsstrategien des Frnhd. zu betonen.

Als Beispiel für eine semantische Ambivalenz kann das Adjektiv *ledig* gesehen werden. Es wird in Bedeutung 7 des FWB im Sinne von: >nicht ortsansässig, fremd< pejorativ ausgrenzend und wie *fremd* als Signalwort für nicht angepasste, unerwünschte Personen gebraucht: *Ledig frembte leüt*,[358] *ledigs volk*,[359] *lediges gesinde*. Das hochgradig polyseme *ledig* (im FWB wurden 12 Bedeutungsansätze vorgenommen) spiegelt, fixiert, verstärkt und begründet die Haltung einer Gesellschaft, in der das Ungebundene juristisch fachsprachlich und fachtextlich nicht geschätzt wird, da es nicht kontrollierbar ist bzw. da sein Verursacher(prinzip) außerhalb der gesellschaftlichen oder religiösen Ordnung steht. Ist das Ungebundene jedoch religiös motiviert, kann es zum Inbegriff der Rettung werden: *ledig* bedeutet dann (Ansatz 9): >von Sündenschuld frei; erlöst<; speziell in der paulinischen Tradition der Gerechtigkeit durch den Glauben steht es dann für: >gerechtfertigt, freigesprochen und damit frei von moralischer Schuld und Sünde, im Zustand des Gerechtseins; frei von aller Bindung an Äußerliches, der Dinge enthoben<. Da diese Bedeutung fast ausschließlich in Texten religiösen und didaktischen Inhalts erscheint, bleibt die Domänentrennung erhalten. *Ledig* ist nur im religiösen Kontext positiv bewertet, im weltimmanenten, alltäglichen jedoch steht es dem Ordnungsprinzip entgegen. Die textsortenspezifische Aufspaltung, die auch hier wieder deutlich erkennbar ist, darf also nicht darüber hinwegtäuschen, dass in der realen Welt die sozialgesellschaftlich-juristische die sozial relevante, handlungsaffine Bedeutung war und die theologische ihren Platz in einer zwar ebenfalls sozialen Welt hatte, aber einer solchen, die transzendent begründet war und einen transzendenten Fluchtpunkt hatte. Die theologische stellte demnach nur eine hoffnungsfrohe Metapher dar.

Was sich hier in der Sprache zeigt, kann im täglichen Umgang ein freundlicheres Gesicht haben. Spielleute waren bei Hof durchaus geachtet, auf die Gaukler und Artisten freute man sich schon der Unterhaltung wegen, die den monotonen Alltag für einige Tage im Jahr durchbrechen konnte.[360] Und ohne die Hausierer und Kesselflicker wäre der notwendige Haushaltsbedarf vor allem in ländlichen Gebieten oft nicht zu decken gewesen. Trotz dieser gelegentlichen, oft sogar regelmäßigen Kontakte zwischen den Sesshaften und den Nichtsesshaften blieb der Reisende doch immer der Fremde.

---

358 Bischoff u. a., Steir. u. kärnt. Taid. 326, 35 (m/soobd., 1617).
359 Ebd. 505, 11 (1579): „ledigs volk [...], welliches nit kleinen abbruch thuet den armen in iren heussern."
360 Vgl. dazu: Bumke 2000, 698f.

## III. 6. Zigeuner

„Zigeuner" waren und sind auch heute noch in der Vorurteilsbildung der Inbegriff des Fahrenden, gesteigert des unheimlichen Fremden (von Hippel 1995, 41f.). „Der Zigeuner" war der andere, der fremde Fremde, der mit dem Beschluss des Reichstags von Freiburg (1498) juristisch rechtlos wurde.[361] Man hatte behauptet, Zigeuner seien die Spione der Türken (Turmair 5, 572, 30),[362] weswegen sie aus Deutschland verwiesen und im Fall ihrer Rückkehr für rechtlos zu erklären seien. Die Verratsunterstellung ist also wie bei den Juden auch bei den „Zigeunern" ausgrenzungskonstitutiv. Nicht zuletzt damit begann auch die Exklusionsgeschichte dieser Gruppe, die ihren Höhepunkt während der Zeit des Nationalsozialismus hatte. Doppelt fremd waren die „Zigeuner" für die Menschen in frühneuhochdeutscher Zeit einmal aufgrund ihrer Nichtsesshaftigkeit, zum anderen aufgrund ihrer ganz eigenen, fremden Lebensweise und Kultur. Die zeitgenössischen Quellen wussten sie nicht einzuordnen, weder der Herkunft noch der Religion nach.

Sebastian Münster schreibt 1550 in seiner „Cosmographey": „Zygeiner oder Heyden" seien „ein ungeschaffen, schwartz, wüst und unfletig Volck", ein „seltzam wüst Volck, kann viel Sprachen". Bei Christian Urstius heißt es dagegen Ende des 16. Jahrhunderts in seiner „Basler Chronik", sie seien „nichts anders den allerley zusammengeloffene Bößwichte, Dieb und Räuber", „ein schwartz, ungestaltet und wildschweiffig Gesind".[363] Urstius steht damit für eine Betrachtungsweise, bei der die „Zigeuner" als eine inhomogene Gruppe von Menschen ohne gemeinsamen ethnischen Hintergrund verstanden wurden, eine Gruppe, die sich zufällig „zusammengerottet" habe, um in mehr oder minder verbrecherischer Weise durch die Lande zu ziehen. Es möge sein, dass diese Gruppe ursprünglich aus einem kleinen „Haufen" ägyptischer Pilger bestanden habe, sich nun aber (so noch Jahrhunderte später Jablonski 1721, 905)[364] „durch aufnemung anderer [...] allgemach weiter ausbreite [...]". Sebastian Münsters Einordnung ist ein Beispiel für die zweite übliche Betrachtungsweise, in der man diese Gruppe eher als kleines umherziehendes Volk mit eigener Lebensweise verstand.

---

361  Irsigler / Lassotta 1989, 168ff.
362  So schon 1424 beim Presbyter Andreas aus Regensburg, vgl. Kugler 2004. Siehe auch: Schubert 2007, 128; ders. 2003, 411f.; Ruch 1986, 47–53.
363  Zitiert nach: Opfermann 2007, 50. Zu Zigeunern in der Frühen Neuzeit siehe auch: Schubert 2007, 128; Ruch 1986, 47–53.
364  Jablonski, Johann Theodor, Allgemeines Lexikon der Künste und Wissenschaften. Leipzig 1721.

Auffällig ist bei beiden Zugängen, dem sozialen (von Urstius) und dem ethnischen (von Münster), die sich immer wieder findende Erwähnung des fremdartigen Aussehens. Für Harsdoerffer[365] sind ‚Zigeuner' *wetrerfarbe* und *abgebraeunt*. Anders als die bisherigen Randgruppen wird im Falle der „Zigeuner" das Aussehen als Kriterium der Unterscheidung und schließlich der Ab- und Ausgrenzung bis zur Diffamierung hin wirksam, und zwar unabhängig davon, ob man sie als soziale Gruppe oder ethnisch als Volk verstand. Der folgende Beleg zeigt durch den zur besonderen Abwertung gedachten Vergleich, dass die Hautfarbe tatsächlich merkmalskonstitutiv für Zigeuner war und damit auch zum sekundärstigmatisierenden Kriterium werden konnte:

> Sachs 14, 211, 25 (1552): Ir wolt zum man den jüngling nehmen. | [...] | Er ist dür, man zelt im sein rieb, | Und schwartz, einem ziegeiner gleich.

Doch *schwarz* ist für die Zeit nicht nur die Bezeichnung einer Hautfarbe, ‚schwarz' ist zugleich der Inbegriff des Hässlichen wie des Unmoralischen. In der Farbensymbolik des Mittelalters steht es für „Sündhaftigkeit / Teufel, geistige Traurigkeit, Unglück, Demut, Unwissenheit".[366] *Schwarz* oder *braun* sind damit sozialdiskriminierende, vielleicht sogar kriminalisierende, aber noch lange keine rassistischen Kategorien. Dazu fehlte es zu dieser Zeit an der rassistischen bzw. sozialdarwinistischen Ideologie. Zwar wird der Fremde hier als optisch vollständig anders wahrgenommen, vielleicht sogar ansatzweise als differente Ethnie,[367] aber in erster Linie sah man in ihm ein Mitglied einer Personengruppe, die sichtbar nicht dazu gehörte, sich auch offensichtlich nicht anpasste und überdies sozial und religiös different war.[368]

Dies zeigen auch die bedeutungsverwandten Ausdrücke, die diese Linien abdecken. Wir haben zum einen die spekulativen Zuordnungen zu einem Volk, weswegen man sie *Tartaren* (*tarter, tatter*), *Pharaone* (*pharone*)[369] oder *Egypter* nennt. Auch das bei Heinrich Wittenwiler erwähnte „weib von Spangenland" (V. 2881) könnte nach dem Kontext auf eine Zigeunerin bezogen sein (vgl. E. Wiessner 1974; Kommentar zur Stelle).

---

365 Harsdörffer, Trichter 3, 501, 1 (1653).
366 Lexikon des Mittelalters 4, 290.
367 Interessant ist in diesem Zusammenhang der schon zitierte Jablonski, der 1721 zur Stützung seiner These vom zusammengerotteten Gesindel behauptet: „Sie färben den neuen einkömmlingen das gesicht, mit einer salben von kienruß und gänse=fett, damit sie das ansehen bekommen, als ob sie aus den heissen Morgenlandern waren" (a. a. O.).
368 Vgl. dazu: Kugler 2004, 21–42.
369 Quelle Brassô 5, 502, 23.

Hinzu kommt zweitens die Schwierigkeit der religiösen Zuordnung. Einer der wichtigsten weiteren Namen für sie ist *heide*,[370] und dies, obwohl sie in der Legendenbildung als christliche Bußpilger galten. Es hieß, sie müssten aus Strafe darüber, dass sie der Heiligen Familie in Ägypten kein Obdach gewährt hätten, büßend von einem Ort zum anderen ziehen.[371] Die Parallelisierung zum jüdischen Ahasver, der seit Christi Kreuzigung umherirren muss, liegt auf der Hand.

Das Umherziehen, also die Nichtsesshaftigkeit, ist Motiv für eine dritte, stark besetzte Gruppe bedeutungsverwandter Ausdrücke: *Zigeuner* erscheint regelhaft als Synonym zu allen nicht vertrauenswürdigen, in der Regel als diebisch angesehenen ‚Fahrenden, Nichtsesshaften, Landstreichern, also z. B. zu ¹*betler, bube* 3, *büffel, fraz,* ²*geiler, hausierer, schlüffel, schlünz, vagant, landfarer, landstreicher, landstrichling, stationierer, steckenknecht, sterzel, sterzer*. Hinzu kommen typische Berufsbezeichnungen wie *kessler* oder *spengler* (so z. B. bei Gehring, Württ. Ländl. Rechtsqu. 3, 450, 33) und Kollektiva sowie paraphrastische Synonyme wie *fremde menschen, loses verlaufenes gesindlein, unnützes gesindlein, unnützes verwegenes gesinde, verdächtige und argwönige personen, zusammengeklaubte rotte* (Bär / Bär 1998, 130).[372] Auch das *herrnlose faulenzerische gsindel* des nächsten Beleges gehört hierher.

> Siegel u. a., Salzb. Taid. 136, 47 (smoobd., 17. Jh.): woßmassen die zigeiner [...] herrnlos faulenzerisch gsindl in dem erzstift [...] aufhalten, die underthonen mit iren gewonten folschen praticken bevorteln.

Die von Bär / Bär (ebd.) zusammengetragenen Syntagmen (hier in Auswahl) zeigen folgende übliche Prädizierungen: *zigeuner bescheissen / ziehen durch die land hin und her / dringen mit gewalt wo ein / greifen mit diebstal an / leidigen / schädigen / warsagen*. Mit den letzten Syntagmen werden sie in die Nähe von Hexen und Ketzern gerückt, was bei Luther in der Weihnachtspostille aggregativ, vergleichend, scheinbar nebensächlich im Nachfeld des Satzes geschieht.

> Luther, WA 10, 1, 591, 3 (1522): die hexen, das sind die boßen teuffelshuren, die da milch stelen, wetter machen, auff booeck und beßen reytten, auff mentel faren, die leutt schiessen, lemen und vordurren, die kind ynn der wigen marttern, die ehlich glidmaß betzaubern unnd desgleychen. Item tzum funfften die beschweerer, die das fihe und leutt segen, die schlangen betzawbernn, stall und eyßen vorsprechen und viell sehen und ßaußen unnd tzeychen konnen. Zum sechsten die warsager, die den teuffell hynder den ornn habenn unnd den leutten sagen konnen, was vorlorn ist, und was sie thun odder thun werden, wie die Tattern unnd tzygeuner.

---

370 Bolte, Schimpf und Ernst 1, 228, 13 (Straßb. 1522).
371 So schon Turmair 1439.
372 Bär / Bär 1998, 119–155. Dort reichliches Belegmaterial.

Wieder sind es die Ausweisungsgebote und die mit Strafandrohungen verbundenen Beherbergungsverbote,[373] die in den frnhd. Texten am häufigsten thematisiert wurden.

> Chron. Nürnb. 5, 603, Anm. 4 (nobd., E. 15./A. 16. Jh.): und die jhenen, die die tatter hausen und herbergen, zu straffen an leyb und an gut.
>
> Müller, Lands. St. Gallen 80, 28 (halem., 1543): Wer auch der zeginer [...] in unser landschaft betritt, die sollen uns [...] dieselben vengkhlichen annemen.
>
> Siegel u. a., Salzb. Taid. 60, 42 (smoobd., 17.Jh.): solle ainicher soldath, auslendischer petler, störzer, halter, zigeiner, henker [...] weder bhaust, beherbergt oder anderweitig unterschlaipf geben werden.[374]

Im Unterschied zu den Bettlern bekamen sie im Laufe der Zeit immer seltener einen der „neuen" Ausweise:

> Siegel u. a., Salzb. Taid. 140, 4 (smoobd., 17. Jh.): das den zigeinern [...] keine paßport oder urkund mittheilt werden solen.

Dieser letzte Beleg ist insofern erstaunlich, als man den Gruppen aufgrund zeitgenössischer Berichte nachsagte, sie hätten obrigkeitliche Geleitsbriefe bzw. Empfehlungsschreiben bei sich, die sogar vom Kaiser oder Papst stammten.[375] Doch sowohl im Falle verweigerter wie erteilter Schutzbriefe kollidierten ganz offensichtlich die Interessen der regionalen Obrigkeiten mit denen der überregionalen Ordnungsmächte. Letztere verfuhren weniger rigoros; erstere scheinen im Normalfall kurzen Prozess gemacht zu haben, teils in der Weise, dass die Betroffenen bereits bei ihrer Ankunft verhaftet, gefoltert und dann wieder ausgewiesen wurden, ein Verfahren übrigens, das noch bis ins 20. Jahrhunderte für die Jenischen in der Schweiz üblich war.

> Schib, H. Stockar 160, 6 (halem., 1520/9): Uff dye zitt komand zyeguner har, und dye fye[n]g man, wyb und kinder und dy mian, und fürt uff rathus, und mardaratt myan ubel und lyes sy dan wyder gon und verbott inen das land mit heren und das sy numen komen.

---

373 Vgl. auch: Wintterlin, Würt. Ländl. Rechtsqu. 315, 16 (schwäb. 1586/91). Zur Strafe z. B.: Müller, Alte Landsch. St. Gallen 80, 23 (halem., 1543): „Das hinfüro niemandtz [...] die ziginer [...] weder in husern, städeln, speichern noch uf dem veld weder husen, hofen noch endthalten solle. Dann wellicher das thät, der soll zu gesetzter buß von yeder person, sovil er deren zeginer behalten hat, ain pfund pfening ze buß geben."

374 WürtLO. 1552, 77r: „Es soll auch fürther kein Zigeiner / in vnsers Fürstenthumbs Oberkeit / geduldet / sonder in den anstossenden orten gewarnt vnd abgewisen werden."

375 Irsigler / Lassota 1989, 169.

## 6. Zigeuner

Die Tatsache, dass man den „Zigeunern" überhaupt Schutzbriefe ausstellen musste, zeigt deutlich, wie schwierig die Lage für sie schon immer war. Die Notwendigkeit solcher Dokumente widerspricht also der zum Teil vorherrschenden Meinung, dass die „Zigeuner" zu Beginn ihrer Ankunft im Alten Reich vorwiegend freundlich aufgenommen worden seien.

In den schon zitierten Salzburger Taidingen, wie in vielen Quellen aus anderen Orten,[376] weigerte man sich, den „Zigeunern" Pässe auszustellen, das heißt in der Regel, dass man ihnen kein Geleitrecht erteilte, was einer Ausweisung gleichkam. Weigerten sich die Betroffenen, dem nachzukommen, so führte man die Ausweisung mit allergrößter Härte, darunter dem *glockenstreich*,[377] durch.

> Siegel u. a., Salzb. Taid. 137, 7 (smoobd., 17. Jh.): wo si [zigeiner] sich auch dagegen sötzen [...] wolten, mit ergerung des gloggenstraich lebendig oder todt zur hoftung bringen.

Zum Zwecke besserer Wiedererkennung gab es statt Geleitbriefen auch die Brandmarkung. Sie wurde mithilfe folgender im Beleg (betreffend Basel; 1494) genannter Werkzeuge durchgeführt: *blasebalg, eisen* mit sog. *baselstäben*).

> Jtem j lb ij ß die heiden durch die backen ze brennen und j bloßbalg und den knechten lon sy harjn zefüren. [...] Jtem v ß die ysen mit den baselstäben zemachen damit die heiden gebrent wurden.[378]

Die wichtigsten Beleglieferanten für die Existenz der wenigen tatsächlich herumreisenden ‚Zigeuner' und für ihre Behandlung durch die Mehrheitsgesellschaft sind rechtsrelevante Texte. Vereinzelt geben sie zugleich Auskunft über die Größe der inkriminierten Gruppen. In Siegburg waren es gerade einmal sieben Personen.[379] Die tatsächliche Anzahl steht also in keinem Vergleich zur narrativen Inszenierung.

Die chronikalischen oder die literarischen Belege,[380] wie der schon von Hans Sachs (14, 211, 25) zitierte, zeigen wieder vorwiegend den Schimpfwortgebrauch und die damit verbundene Sekundärstigmatisierung. Explizit auf diesen Gebrauch verweist Agricola in seiner Sprichwörtersammlung:

---

376 Schon 1482 in Kitzingen, vgl. Gilsenbach 1994/1998, 84; 101.
377 *Glockenstreich* ›öffentlicher Aufruf zu Maßnahmen gegen Ausgegrenzte (Zigeuner)‹ durch das Läuten der Glocke.
378 Zitiert nach: Guggenbühl, Dietegen 2002, 31 (Fußnote 96).
379 Ebd. 170.
380 Wieder ist es Michel Beheim, der sich in seiner Verserzählung vom Woiwoden Drakul über die Zigeuner äußert; mehr dazu bei Bär / Bär 1998, 127 ff.

> Gilman, Agricola. Sprichw. 1, 353, 2 (Hagenau 1534): [typographische Auszeichnung der Überschrift im Original:] **Du gebest eynen bosen Zygeüner / du kanst nicht warsagen.** [Dann die Erläuterung:] Es ist eyn Welsche nation / die pflegt sich inn Deutschen landen zů neren / eyns teyls auß Lombardey / die die schornsteyne fegen und camein / eyns teyls auch von Creta oder Candia / [...] Die nennet man Zygdeüner oder Tattern / die selbigen understehen sich den leütten war zu sagen [...]. Dise Tattern neren sich fast mit stelen und heymlichen partiren. Ich halt sie fur bettler und kundschaffer oder verretter / welche dem hautzen und die hautzin beseffeln / und verjanen darnach dass yhre in dem sonnebeth. Wen aber yemand berüchtiget ist mit lügen / der es sich befleißt / und wir wöllen yhn höflich lügen strafen / sagen wir / er gebe eyn bösen Ziegüner / Denn er könde nicht war sagen.

Dieser Beleg Agricolas wurde hier deswegen ausführlich zitiert, weil er wohl in komprimierter Form die wichtigsten Vorstellungen und Vorurteile der Zeit zusammenfasst, die unsichere Herkunft, das schwarze Aussehen (wenn auch etwas verklausuliert: *die schornsteyne fegen und camein*), vor allem die Kriminalisierung, und zudem exemplifiziert, wie man die Negativprädizierungen gegen einen Dritten einsetzen konnte. Es ist zu vermuten, dass die Schimpfwortfunktion des Wortes *Zigeuner* diejenige ist, die im Sprachgebrauch der Zeit insgesamt am häufigsten genutzt wurde. Die Referenzierung auf die umherziehende Gruppe wird dagegen weit geringer zu veranschlagen sein. Schon Agricolas Zeitgenosse Aventin / Turmair nutzte den Vergleich mit den stigmatisierten Zigeunern, um eine andere Gruppe mit den ihnen zugeschriebenen Prädikationen zu verunglimpfen.

> Turmair 5, 34, 10 (moobd., 1522/33): den Baiern, so bisher on gewiß haus und hof überal wie die zigeuner lange zeit gesterzt warn.

Äußerungen wie diejenigen Ecks und seines Gegenspielers Luther machen deutlich, wie die einzelnen Randgruppen mit ihrem jeweiligen Negativierungspotential zur gegenseitigen Verunglimpfung genutzt bzw. wie sie in ihrer stigmatisierenden Wirkung geradezu gegeneinander ausgespielt werden. Auch hier ist die Aggregation konstitutiv und zielführend.

> Eck, Judenbüchlein [Blatt 14v; D ij]: dañ kain volck ist vnder der sonnē/ das mer verhaßt sey dañ die juden: wañ die Türckē/ Tatter/ Sarracen/ moren etc. halten all die judē verächtlich/ wie die gloß spricht Naum.

> Ebd. [Blatt 15v; D iij]: Ehs haben die wagler vnd haußlosen zigeiner merer regimēt/ dann die ellenden von GOTT verworfen judēt Seind sie nit toll/ blind/ vnnd wansinnig/ das sie nitt sehend/ das die prophetzei Jsaię ist erfült.

> Luther, WA 53, 614, 32 (1543): denn eine faule neige von zugelauffener, frembden buben oder Zigeunern, die sich beschneiten und stellen, als weren sie Júden.

## III. 7. Sexualität außerhalb des normativ Erlaubten – Ehebrecher, sogenannte Kindsmörderinnen, Prostituierte und ‚Sodomiten'

Die Ausgrenzung aufgrund sexuellen Verhaltens kann unterschiedliche Facetten haben. Betroffen waren im Prinzip alle Menschen, die sich nicht innerhalb des moralisch Erlaubten bewegten bzw. durch die Umstände gezwungen waren, sich außerhalb der geltenden Norm einzurichten. Sie wurden als Personen wahrgenommen, die gegen die inkorporierten sozialen Strukturen[381] einer Gesellschaft verstießen, die großen Wert auf moralische Integrität legte. Auch wenn anzunehmen ist, dass ‚Moral' teils verinnerlicht gewesen sein wird, wurde sie doch auch instrumentalisiert, und zwar in dem Maße, in dem man sie als ordnungserhaltend betrachtete bzw. in dem sie die Ordnungsfunktion tatsächlich erfüllte. Dem entspricht eine Flut sozial bindender, legitimierender und anleitender Texte mit genauen Verhaltensregeln. Eines von vielen Beispielen dafür bilden Eheordnungen mit ihren Detailregelungen. Danach waren für Männer und Frauen, die vorehelichen Geschlechtsverkehr hatten oder eines außerehelichen Verhältnisses überführt wurden, bestimmte Strafen vorgesehen.

> Wintterlin, Würt. Ländl. Rechtsqu. 1, 515, 20 (schwäb., 1554/1649): mit jungen angehenden eheleuten frühem beyschlaf, kuppler und kupplerin, lassen würs bey der in unßerer eheordnung gesetzten straff beruehen.

Während Männer bei der Übertretung solcher Ordnungen in der Regel weniger Strafe oder gar Ausgrenzung zu befürchten hatten, waren die Konsequenzen für Frauen oft verheerend.[382] Die vielfach belegte Tötung unehelich geborener Kinder durch sog. *kindermörderinnen, kinderverderberschen, kindsvertuerinnen* (letzteres z. B. bei Teichner;[383] s. v. *kind* 1, FWB 8, 903f.; vgl. auch die Wortstrecke mit *kind-* im DRW 7, 808ff.) ist einer der sozialen Orte, an denen sich die besondere Betroffenheit der Frauen verdichtet;

> Qu. Brassô 4, 203, 30 (siebenb., 1680): Catharina [...] wird aber eine Kindermörderin, denn sie selben Sohn ins Cloac werfet.

Die Kindstötung kann mithin als soziale Folge der unterschiedlichen Benachteiligungen von Frauen gesehen werden; für Mitleid war in dieser Gesellschaft kein

---

381 Bourdieu 2006, 730.
382 Die zeitgenössisch übliche Misogynie, wie sie besonders ausgeprägt bei Stricker oder in der Schwankliteratur zu finden ist, soll hier nicht diskutiert werden. Ich verweise auf Geier / Kocher 2008; Holland 2008.
383 Hippel 1995, 25.

Platz: Die Betroffenen wurden nicht nur mit Ausgrenzung bestraft, sondern mit den grausamsten Formen der Todesstrafe.

> BambHalsGO. 1507 Art. 156, Bl. 43 v: *Straff der weyber / so jre kinder todten.* Item welch weyb jr kindt / das leben vnd glidmaß entpfangen hat / heymlicher boßhafftiger williger weyß ertoedet / die werden gewonlich lebendig vergraben vnd gepfelet / Aber darinnen verzweyffellu(n)g zuuerhueten / moegen dieselben vbelteterin in welchem gericht die bequemheyt des wassers darzu verhanden ist / ertrenckt werden / Wo aber soelich vbel offt geschehe / woellen wir die gemelten gewonheyt des vergrabens vnd pfelens vmb merer forcht willen soelcher boßhafftiger weyber auch zulassen / oder aber das vor dem ertrencken die vbeltetterin mit gluenten zangen zerrissen werde / alles nach rate der verstendigen.

Aber nicht nur die Mütter, die als *vbelteterinnen, boßhafftige weyber, tetterinnen, mörderinnen* juristisch wie moralisch verurteilt und mit dem Tod bestraft wurden (so auch: „Peinliche Halsgerichtsordnung" 1532, Art. 131), mussten ihr Vergehen büßen.[384] Auch die überlebenden Kinder bzw. diejenigen, die aus außerehelichen Verhältnissen stammten, waren ein Leben lang der sozialen und rechtlichen Stigmatisierung infolge ihrer illegitimen Geburt und den damit verbundenen Demütigungen unterworfen. Dies motiviert die folgende Bibelstelle (in der Übersetzung M. Luthers).

> Luther. Hl. Schrifft. Weish. 4, 6 (Wittenb. 1545): die Kinder / so aus vnehelichem Beyschlaff geborn werden / müssen zeugen von der bosheit wider die Eltern / wenn man sie fraget.

In dieser Praxis spiegelt sich auch die zunehmende rechtliche und damit gesellschaftspolitische Marginalisierung von Frauen. Sie wurde vor allem durch die Zünfte vorangetrieben und kann als Ergebnis des frnhd. Gesellschaftswandels gesehen werden. Je stärker die Handwerkszünfte das gesellschaftliche Leben regulierten, desto seltener durften Frauen als selbständige Meisterinnen agieren. Je festgelegter das Recht im juristischen Diskurs wurde, desto mehr verschlechterte sich ihre Rechtsstellung. Passiv rechtsauffällig waren Frauen häufig, wenn sie im Krieg zur *beute* oder zum Opfer von Vergewaltigungen wurden, wobei sie die an ihnen begangene Straftat auch noch öffentlich *beschreien* mussten. Dem Erleiden des Verbrechens folgte also das Erleiden der öffentlichen Schande.

> Siegel u. a., Salzb. Taid. 320, 43 (smoobd., 1354): wann ainer aine notzogt [...], kumbt si gelaufen fur den richter mit gelöstem peent und mit fladernten har und mit zerissem leib.

---

384 Kohler u. a., Peinl. GO Karls V. 67, 30 (o. O. 1532): „Mogen dieselbigen vbellthaterin [...] ertrenckt werden."

Der Verdacht liegt nahe, dass viele Frauen ihren Vergewaltiger aus Scham und aus Angst vor den gesellschaftlichen Statuskonsequenzen erst gar nicht anzeigten.

In der Regel wurden Frauen als *erbare hausfrauen*, als die *gespielen* der Männer angesehen; letzteres Wort war im Frnhd. wie folgt semantisiert. Es bedeutet: 1. >Person, die einer anderen nahesteht, mit ihr vertraut ist, den Tagesablauf teilt<; [...] bei Bezug auf Frauen: >Spielgenossin, Gespielin, Freundin, Vertraute, Gefährtin, Gesellschafterin<; teils mit Öffnung zu verschiedenen Spezialisierungen bzw. Negativierungen (jeweils selten): >Kampfgefährtin<; >Komplizin<; >Anhängerin<; >Liebhaberin, Geliebte eines Mannes<; >Arbeitskameradin<. Es stand im Orientierungsfeld mit*: dirne, frau, jungfrau* 1; 2; 7, *maget, meisterin, gevatterin, weib, helfer*. Verhielten sich Frauen gemäß der anerkannten Ordnung und eiferten sie im Idealfall sogar dem weiblichen Idealbild der Jungfrau Maria nach, sei es im Alltag oder als Nonnen im Kloster, dann waren sie in gewisser Weise unantastbar.

Doch Frauen werden in den Texten dieser frnhd. Männergesellschaft immer wieder als Gegenstand männlicher Begierde dargestellt.

> Fastnachtsp. 377, 13 (nobd., 15. Jh.): Wol auf gen pad! | Ir herrn, mit lecken, paden und krauen | Kan ich versehen wol die frauen.

Texte wie das zitierte Fastnachtspiel spiegeln zum einen die männlichen Beschützerinstinkte und die davon nicht zu trennenden Besitzansprüche, zum anderen das sexuelle Begehren. Man stellt anderen Frauen nach, ist aber außerordentlich ungehalten, wenn die eigene Frau, Tochter oder Verwandte zum Objekt des Begehrens wird. Besonders das offensichtliche Nachstellen durch einen *buler* war öffentlich verpönt, da es der Ehre als dem wichtigsten Prestigewert der Frauen schadete.

Im nachfolgenden Beleg von Hans Sachs blitzen mit dem Kompositum *ehrendieb* allerdings nicht nur das Ehrverletzende des Buhlens und der Zorn der Sittenstrenge auf, sondern auch das männergesellschaftliche Schmunzeln scheint durch; Sachs macht deutlich, dass man, sofern es nicht die eigene Frau betraf, einen Buhler wohl eher (neidvoll?) belächelt und verspottet als ernsthaft bestraft hat.

> Sachs 16, 519, 19 (Nürnb. 1562): Die voll rott offt ein buler jagen, | [...] | Etwan ir freundschafft ihn ergreifft | Bey ir, und hinder ihm auffpfeifft | Und schelten ihn ein ehrendieb.

Gaben hingegen die Frauen einem buhlerischen Drängen nach, verloren sie ihre Ehre, wurden sie zu Ehebrecherinnen erklärt und nicht selten als Huren stigmatisiert.

> Goldammer, Paracelsus 7, 172, 9 (1530): die aber nit jungfrau ist, sonder des freien willens ein hur, die hat das brochen, das sie sol in die ehe ganz bringen.

In der sozialen Realität gestaltete sich das Verhältnis der Geschlechter im Einzelnen sehr unterschiedlich: In manchen Fällen konnten die Frauen je nach Gegebenheit mit einem Mann in einem eheähnlichen Verhältnis leben; sie konnten aber auch als Ehebrecherinnen an den Pranger gestellt werden; und sie konnten zur Prostitution gezwungen werden bzw. nur darin einen vermeintlichen Ausweg aus der Not finden. Der sozialen Entehrung folgte in der Regel der wirtschaftliche Abstieg und die sichtbare Kennzeichnung durch bestimmte Kleidungen (gelbe Gewänder, gelbe Schleifen) oder durch Hurenkennzeichen (z. B. Brandzeichen, vgl. den Beleg unten: Rennefahrt, Staat/Kirche Bern 943, 37).[385] Berthold nennt die Betroffenen nicht beim Namen, charakterisiert sie aber als diejenigen, die *auf dem graben gehen* und macht sie an der Farbe ‚gelb' erkennbar. Die Parallelisierung mit jüdischen Frauen ist sicher nicht zufällig.

> Berthold von Regensburg I, 415:[386] Ez sollten ouch niwan die jüdinne unde die pfeffinne unde die bœsen hiute tragen, die ûf dem grâben dâ gênt: die süln gelwes gebende dâ tragen, daz man sie erkenne. Wan swelhiu frouwe anders ein gilwerinne ist, daz sult ir mir alle merken, daz sich daz niemer vervælet, ez sî der vier tætelîn einz an ir: als wærliche wollte ich ein guoter mensche sîn, als wâr daz ist, daz der vier tætelîn einz an ir ist oder zwei oder driu. Sie ist eht eintweder unstæte an dem herzen mit bœsen gedenken, oder sie ist bœse mit den werken. Ist der dewederz dâ, sô ist aber daz dritte dâ: daz sie ein tætelîn an dem lîbe hat, eintweder die gelsuht oder ein anderz daz im glîche ist: dû weist wol waz ich dâ meine. Ez ist ein mâlflecke, den sie mit dem gelwen gebende vertilgen will: man muoz einen unflât mit dem andern verdecken.

Der Ort, an dem die Frauen die Prostitution (frnhd. *bulerei, geilheit 2, hurenhandel, hurenleben, hurerei, hurheit, gewerbe 1, kaufliebe* usw.) ausübten, war nicht selten das Bordell, mit frnhd. Wörtern: *bubenhaus, frauenhaus, hurenecke, hurenherberge, hurenwinkel, hurenhaus, hurenteiber, hurenwirtschaft, hurschande, hurenstall, luderhaus, plazhaus, teiber, teiberhaus; das gemeine haus, das gemeine frauenhaus.* Oft unterstanden die Frauen inoffiziell einem *hurenbote, hurenfürer, hurenhauptmann, hurenmenger, hurenwirt* oder *ruffian* und offiziell im Kriegstroß einem *hurenweibel.* Manchmal es eine *hurerin*, das heißt ein ›Kupplerin, Zuhälterin‹ (bdv. dazu *frauenwirtin, hurenwirtin, kupplerin*). Die Prostitution wurde wie alle unehrlichen Berufe den damit verbundenen Regelungen unterworfen, darunter der sozialtopographischen Ausgrenzung im Leben wie im Tode.[387]

> Gehring, Würt. Ländl. Rechtsqu. 3, 731, 35 (schwäb., 1585): Von huorey und unehelichen beyschlaffen. [...] Es sollen auch alle und iede meine hinderseßen und gerichts-

---

385  Vgl. dazu auch: Irsigler / Lassotta 1989, 196.
386  Vgl. dazu auch: Bertold von Regensburg VIII, 115.
387  Vgl. ebd. 193.

verwandten ainiche verehlichte personen, so nit bey irem ehegemecht sein will, item zwo personen, die außerhalb der ehe bey einandern wohnen wolten, deßgleichen kein man und sonderlich kein weibspersohn, die der huorey verdacht oder kundbar von ir ist, weder in diensten noch haußheblich noch sonst in keinen weg beherbergen, underschlauf geben oder underhalten, sonder dieselb person meinen amptleüten anzeigen.

Man nannte die betroffenen Frauen fortan offiziell und ungestraft *huren*. Das Wort *hure* ist daher eine stigmatisierende Exklusions- und Beleidigungsbezeichnung mit der jeder Frau nach den Wertmaßstäben der Zeit unmoralisches, unsittliches oder schändliches Verhalten vorgeworfen wird und die damit der gesellschaftlichen Verachtung und Ausgrenzung preisgegeben werden kann; im Einzelnen (als Ausgangs- bzw. Primärstigmatisierung): a) >Prostituierte, Frau, die gegen ein Entgelt sexuelle Handlungen vornimmt<; davon abgeleitet, aber nicht oder nur selten eindeutig abgrenzbar (als Sekundärstigmatisierung): b) >Ehebrecherin<; >heimliche Geliebte, Nebenfrau (oft von Priestern)<; >Frau, die vor- oder außerehelichen Geschlechtsverkehr hat bzw. gehabt haben soll< (vgl. dazu FWB 7. 5 s. v. *hure*).

Man nannte Frauen daher einfach auch *dirnen*, sodann *amie, angst(erz)hure, angsthure (angst-* dient hier als Präfixoid der Graduierung)*, arshure, as, aufmacherin* >Kupplerin<, *babsthure, balg 7, beilägerin, beischläferin, beiweib, pecke, pellex, pfaffenhure, pfaffenkallere, pfaffenkellnerin, bubensak, bubenwirtin, bübin, bule, bulerin, bulweiber, putane, cadartin, concubine, curtisane, dame 2, gassenhure, geldfrau, geldhure, gelle, gesellendienerin, gilde, grete* (das Adjektiv *greten* >begierlich, lüstern<), *haushure, heimlicherin, iltis 3, iltisbalg 2, iltishaut, kammermagd, kauffrau 2, ²kebse, kebsweib, körblinsmeid, ¹kotze 1, klosterhure, kuplerin, landeshure, luder, ludlerin, metze, meretrix, palmesel, schlafweib, schleppe, schleppsak, staffenmagd, stegläufe, stiefelhure* >Edelhure<, *stokhaushure, taundel, unhulde, vettel, zufrauen, zuweiber; gemeine / unleumde weiber, auserwählte / heimliche / unkeusche frauen* usw.

Die sich in solchen Ausdrücken und der damit verbundenen Verachtung manifestierende Stigmatisierung, die man besonders gut im nachfolgenden Beleg von Hardörffer nachlesen kann, galt lebenslang.

Harsdoerffer. Trichter 3, 276, 16 (Nürnb. 1653): Huer. Eine offentliche Dirne / gemein Schleppe / Metze / Vetel / [...] Sie ist ein Schandgefäß voller Unflat / eine Behaltniß der Unreinigkeit / ein Stein der Aergerniß und deß Anstoßes [...] die auf den Abweg von der tugend leitet an den Bettelstab. [...] Sie gleicht der Pestilentz / die unschuldigen vergifftend. Die niemals satte Wölffin / lustert nach Menschenfleisch. Das Wort Huer kommet her von heuren / bestehen fur gewisses Gelt bedingen (sicut etiam meretrix a merendo nomen habet) oder von hůren / welches [...] so viel / als beflecken / verunreinen / daher auch der Tauben Hůre genennet wird.

Man konnte die Stigmatisierung, war man einmal damit behaftet, kaum wieder loswerden. Selbst eine Ehe war, darauf weist Paracelsus explizit hin, kein Ausweg. Für ihn war eine Frau bereits dann eine Hure, wenn sie vor der Ehe ihre Jungfräulichkeit verloren hatte.

> Goldammer, Paracelsus 7, 172, 3 (1530): so eine nun ehelich wird und ist ein hur gewesen, so ist sie ein hur ir lebenlang, und das nembt ir der ehelich stand nit hin. Und der sie hat zu der ehe, der hat ein huren, und ein iedeliche hur, die in die ehe kombt, ist leichter denn ein jungfrau. Dann jungfrauen sollen ehefrauen werden.

Das oben aufgelistete *bübin* zeigt mit seinem umfassenden Bedeutungsfeld nicht nur, dass der semantische Übergang von der Ehebrecherin zur Hure fließend war, sondern dass man diesen Frauen letztlich auch alle anderen kriminellen Tätigkeiten unterstellen konnte und unterstellt hat. Mit der sexuellen Unschuld war also die moralische Unschuld generell verloren und der prinzipielle Generalverdacht eingetreten. Die Exklusion folgte oft schneller als erwartet und oft über Maßnahmen wie die nachfolgend genannten:

> Rennefahrt, Staat/Kirche Bern 943, 37 (1672): Umschweiffende tirnen [...] sollen [...] mit [...] wasserschwemmung, lands-verweisung, außschmeitzung und brönnung [...] ohne schonen angesehen werden.

> Ebd. 756, 34 (1712): soll ein solche ausgelassene tirnen ausgeschmeitzet, [...] und bey wiederbetrettung im land mit dem schwert hingerichtet werden.

*Ausschmeizung* ist ein Synonym für das *Auspeitschen*. Wie im Beleg deutlich wird, ist dies aber nur eine von vielen Strafmaßnahmen, die der offiziellen Deklaration als *dirne* folgten.

Bei der Beurteilung der Belege ergibt sich für den heutigen Interpreten wieder eine schon mehrfach diskutierte Schwierigkeit. Zeitgenossen konnten die Ehebrecherin bei der sprachlichen Stigmatisierung als eine *Hure* bezeichnen, auch wenn sie dies nur moralisch verunglimpfend meinten und die Betroffene den mit diesem Wort ebenfalls bezeichneten Beruf gar nicht ausübte.[388] Doch mit demselben Wort konnten auch Frauen bezeichnet werden, die sich vorehelich einem Mann hingaben (DRW s. v. *hure*). Entsprechend unsicher ist oft die historische Beurteilung derjenigen Belege, in denen keine explizite juristische Tatbestandsfeststellung vorgenommen wird (wobei natürlich auch diese ein Willkürakt sein konnte). Wo also ist die Grenze zwischen dem Schimpfwortgebrauch und der „normalen" Referenzierung? Es stellt sich also wieder, wie schon so oft in diesem Buch, die im Kapitel III. 4. zuletzt diskutierte Frage: Wie lässt sich der Gebrauch der hier gemeinten Ausdrücke linguistisch beschreiben?

---

388 Henisch 541.

Die Antwort kann auch hier nur lauten: Der Ausdruck *a* (z. B. das hier beliebig herausgegriffene *kotze* oder *bube*) für eine aus sexualmoralischen Gründen ausgegrenzte Frau bzw. für einen Mann kann systematisch in verschiedener Weise gebraucht werden, aber so, dass alle Gebrauchsmöglichkeiten bei jeder Aktualisierung immer im Spiel sind; allerdings ist die Gebrauchsamplitude teils so extrem, dass eine bestimmte Verwendung so dominant und eine andere so randständig werden kann, dass der pragmasemantische Zusammenhang nicht erkennbar wird.

Im Folgenden wird versucht, drei Stufen in der Gebrauchsamplitude lexikalischer Ausdrücke vom Typ *hure, kotze* usw. zu unterscheiden: Einmal kann ein Ausdruck vorwiegend referentiell gebraucht werden. Dies ist etwa der Fall, wenn er – wie *hure* im Beleg „Anshelm" (s. u.) – in einem Vergleich mit einer unbezweifelbaren Größe steht und dann so getan wird, als gäbe es in der sozialen Realität eine Identität ‚hure', auf die man sich wie auf einen Baum oder Stein beziehen könne. Ein weiteres Beispiel für diese Stufe bildet der Beleg „Toeppen", in dem ein *verheiter, geheiendiger kotzenson* als Referenzgröße ins Spiel gebracht wird. Zum anderen kann ein Ausdruck – wie *ir kotzen* im Beleg „Barack" – als direktes Schimpfwort gebraucht werden. In diesem Fall ist der Bezug auf *kotze* in seiner referentiellen Bedeutung außerordentlich mittelbar; der Autor hätte auch dadurch beschimpfen können, dass er (sekundärstigmatisierend) gesagt hätte: *ir huren* oder *ir ketzer*. In der Mitte zwischen diesen beiden Möglichkeiten liegt eine weitere Verwendung, nämlich diejenige als textlich gebrochener Schimpfausdruck. Gemeint sind Beispiele der Art, dass berichtet wird, dass jemand einen anderen einen *kotzenschalk heist* (so die Belege „Kisch" und „Grosch"). In Fällen dieser Art wird nicht gesagt: Du bist z. B. ein *hurenson*, sondern ein Berichtender entdirektisiert die Beschimpfung, indem er sagt, jemand habe einen anderen mit diesem oder jenem Schimpfausdruck belegt.

Aussagen der Art, dass ein Ausdruck *a* an einer bestimmten Stelle referierend, an einer anderen beschimpfend gebraucht werde, verdecken, dass systematisch mehrere Intentionen des jeweiligen Textautors angenommen werden können. Kriterien, was dominiert, sind oft nur aus der Textsorte heraus, innerhalb dieser aus der Handlungsabsicht des Textautors zu gewinnen, die freilich ihrerseits ein Interpretationstatbestand ist.

Im folgenden Beleg macht jedenfalls nur der Vergleich den Unterschied explizit.

V. Anshelm. Berner Chron. 4, 107, 6 (halem., n. 1529): Es ist aber etlicher stirn so gar unverschämt, dass si sich wie hůren darbietend.

Ohne Vergleich wäre die Klärung der Referenzverhältnisse und damit auch der kommunikativen Handlungsdiagnose schwierig.

Auch die meisten Belege zu *kotze* stehen für die relativ harmlose Verwendung des Ausdrucks als Schimpfwort; sie lassen sich vor allem in juristisch relevanten Textsorten nachzeichnen. Sie haben nichts mit ‚tatsächlichen' Prostituierten zu tun; sie haben damit auch eine pragmatisch andere Funktion, als eine juristische Kategorisierung z. B. mit dem Wort *hure* sie gehabt hätte. Im einen Fall wäre es eine vor Gericht einklagbare Verleumdung, im anderen der Anlass zur Segregation.

>   Kollnig, Weist. Schriesh. 144, 28 (rhfrk., Abschrift 1620–1702): alles, so durch den nachrichter zu strafen ist, alle hohe blasphemien und gotteslästerungen, alle injurien und schmähungen, wie die namen haben, alß dieb, schelm, lecken, untüchtig böß-wicht, unredlich verräter, hur, zauberer [...].

Der bevorzugte Schimpfwortgebrauch gilt auch für die entsprechenden Wortbildungen: *kotzenson* (>Sohn einer Dirne<, bdv.: *bankhard, hurenbub, hurenkinder, hurenson, hurentochter*), *kotzenschalg, kotzer* >mit einer Dirne verkehrender Mann<. Die Wortbildungen verlaufen nach folgenden Motivationen bzw. deren Kombination: nach der Kleidung (*stiefelhure*), der Tätigkeit (*beischläferin*), dem äußeren Verhalten (*curtisane*), der Geldgier (*geldfrau*); die Bestimmungswörter sind referentiell durchsichtig, zeigen eine vorsichtige Tendenz zur Verwendung als steigerndes, verstärkendes Präfixoid (*angst-, ars-*). Bezeichnungen für Frauen überwiegen quantitativ diejenige für Männer. Bei letzteren fungiert oft ein neutraler Ausdruck als Grundwort, als Determinativ wird eine pejorativ gebrauchte Bezeichnung einer Frau genutzt: Wortbildungen für *hurenman, hurenson, hurenschalk* oder *kotzer* semantisieren / instrumentalisieren die Frau als Folie der Abwertung des Mannes.

>   Toeppen, Ständetage Preußen 1, 228, 8 (preuß., 1414): der hat ez ertiht und erdocht und lewget als eyn verheiter geheyendiger koczczenson.
>
>   Grosch u. a., Schöffenspr. Pössneck 189, 14 (thür., 1474): daz er yn eyn meyneyde kotczenschalg geheyßin habe.
>
>   Kisch, Leipz. Schöffenspr. 682, 10 (osächs., 1523/4): Einer unser compon [...] der hat uns gescholden [...] und hat uns mit namen kotzensune geheißen.
>
>   Barack, Zim. Chron. 2, 296, 39 (schwäb., M. 16. Jh.): ist er [...] von vilen weibern [...] ufgefangen worden [...] hat er in zorn geschrieen: Packt euch, ir kotzen!

Im nachfolgenden Beleg spielt der Autor mit der Polysemie des Wortes und der Homonymie zu einem weiteren *kotze*. $^1$*kotze* bezeichnet nämlich nicht nur die Prostituierte, sondern auch >vulva, Scheide<. Hinzu kommt das homonyme $^2$*kotze* >grobes Wollzeug<; als Metonymie: >Decke; Mantel; (Mönchs)Kutte<. Der Gebrauch als Schimpfwort ist im nachfolgenden Beleg daher sowohl sprachspielerisch gekonnt als auch besonders despektierlich gemeint; er impliziert beide Wörter wie deren Verwendungsweisen.

> Fastnachtsp. 731, 21 (nürnb., 15. Jh.): Und redet mit ir hübschlich und schon, | Das sie meinn esel solt ein thon | Und ließ mir di kötzen vor der tür hangen.

Die obszöne Bildhaftigkeit, mit der auf Huren prädiziert wird, veranschaulicht auch die sentenzenhafte Beschreibung durch den zitierenden Lexikographen.

> Henisch 1757 (Augsb. 1616): Der huren mund ist eine tieffe gruben / fovea profunda est meretrix.

Die Sentenz arbeitet – semantisch gesehen – mit einem Chiasmus: inneres *grube* wird durch *fovea* >(Fall)grube< plus >vulva< wieder aufgenommen, dem ‚hurenmund' am linken Rand entspricht die ‚meretrix' am rechten Rand. Belege dieses literarisierten Typs und vergleichbarer Formgebungen finden sich vielfach bei Henisch. Auch dort kann man immer wieder sentenzenhafte bzw. sprichwörtliche Belege für die Verfestigung moralischer Lehrmeinungen bzw. für die Kriminalisierung der ‚Hure' finden. Einige stehen bezeichnenderweise unter dem Stichwort *bube*, einem allgemeinen, aber hochfrequenten Ausdruck für einen Kriminellen.

> Henisch 544 (Augsb. 1616): Ein hur auffm Schloß / ein bub auffm Roß [...]. Es ist kein volck das lieber ehr hat / dann hurer vnd buben / vnd weniger darnach stelt. Es ist nichts das sich ehe findt / dann huren vnd buben / gleiches bey gleichem. [...] Huren vnd buben ein gespan [...] Huren vnd buben vngeruffen. Im Mayen gehen huren vnd buben zur Kirchen.

Der lehrhafte Charakter wird besonders im folgenden Sprichwort deutlich, in dem das aggregative Nebeneinander von Huren und Kriminellen durch eine überdeutliche Tiermetaphorik begleitet wird.

> Henisch 544 (Augsb. 1616): Huren vnd buben vnd filtzleuse | / Fliegen / flöhe vnd fledermeuse. | Wo die nemmen vber hand / | Verderben sie ein gantz land.

In beiden Belegen fallen auf: Parallelismen (Doppelungen, Dreifachformeln), (Binnen)reime (*Schloss / Ross*), Alliterationen (*gleiches / gleichem*), Gesetz der wachsenden Gliederzahl (*filzläuse, fledermäuse*), schließlich die ausgeprägte Dehumanisierungsmetaphorik (*huren, läuse, mäuse*). In der Nähe der Literarisierung stehen Komposita vom Typ *klosterhengst* für einen unkeuschen Mönch. Diese Bildung zeigt – wie auch z. B. *iltisbalg, iltishaut* u. a. – eine gewisse ironisierende Distanzierung von der sozialen Realität.

War bei den Männern der Ehebruch zwar auch verwerflich, wurde er bei ihnen doch nicht in derselben Weise geahndet wie bei Frauen. Selbst der unkeusche Mönch, fast bewundernd *klosterhengst* genannt, war eher dem wohlwollenden, hochachtungsvollen Spott ausgesetzt als der moralischen Verachtung seiner männlichen Konkurrenten.

Was allerdings für Männer ernsthaft gefährlich werden konnte, war der Verdacht oder gar die Entdeckung der Sodomie bzw. der Homosexualität, der *stummen sodomitischen sünde*[389] oder bei

> Heinrich von Langenstein 96 (1388): dÿ pös svnd, da vngenem vnd vnmenschleich von ze reden ist, dÿ man haizzt dÿ svnd wider dÿ natur.

In einem österreichischen Weistum steht ohne den tabuisierenden Topos der Unaussprechbarkeit relativ sachbezogen, was ‚wider die Natur' ist:

> Winter, Nöst. Weist. 8, 277 (1585): [lantgerichtsmassig und malefitz *ist:*] wer wider die natur, als mit einem viech oder mansbilt, handlet.

Beide Formen der Sünde, diejenige mit einem Gleichgeschlechtlichen und diejenige mit einem Tier, wurden traditionell als *kätzerey wider die menschliche natur* (*peccatum contra naturam*) angesehen. Denn:

> PurgoldtRb. V, 5 (1503/04): wer dan ubell ader unrechtt thudt, der thudt widder dye natur nicht in der wyse, das es seiner natur unmoglich sey, es ist aber widder dye natur, dye got gut gemacht hatt.

Sodomie gilt als theologisches Konstrukt und in ihrer Amoralisierung als eine Erfindung des christlichen Mittelalters (Petrus Damianus, Hincmar von Reims).[390] Sie umschreibt nach H. Puff (1999, 264) „zum einen eine Anzahl illegitimer, nicht-provokativer Sexualakte wie z. B. Masturbation, Bestialität oder heterosexuellen Analverkehr (die Liste ist [...] nicht abschließbar),[391] zum anderen ist mit Sodomie primär diejenige Form sexuellen Verkehrs konnotiert, die im Begriffsraster der Moderne mit Homosexualität bezeichnet wird."[392] Von Bestialität zum Beispiel spöttelt wieder einmal Hans Folz in literarischer Gestaltung:

> Fischer, Folz. Reimp. 17, 11 (Nürnb. um 1488): Ich kam eins an ein heimlich ort, | Do ich ein manspild peichten hort | Sprechend: "mein herr, hapt mein gedult, | Ich hab mich gar gröblich verschult | Mit unczal sünden, groß und schwer. Die erst: ich nam eim hund sein er | [...] | Desgleichen auch geschwecht ein geiß. | Noch ist ein sünd, die macht mir heiß: | Ein ku ich auch gehindert han | Und ging eins mals ein

---

389 Dazu: Hergemöller 1999; Hehenberger 2005.
390 Hehenberger 2005, 9.
391 Hehenberger behandelt darunter auch einen Fall von inzestuösem Kindesmissbrauch (a. a. O. 124ff.).
392 Puff 2000, 364–380.

wülfin an | Und unkeüscht mit eim esel vert, | Het offt zu schicken mit eim pfert, | Desgleich zu schaffen mit eim schoff.

Das Wort *Sodomie* wird auf die in der Bibel von Gott wegen ihrer Unzucht zerstörte Stadt Sodom zurückgeführt, also tief in der alttestamentlichen Geschichte verankert, womit auch zugleich die Stetigkeit des Bedrohungspotentials für die christliche Heilsgemeinschaft angedeutet und plastisch vorgeführt ist. ‚Sodomie' (»vitium sodomiticum«) wurde entsprechend als eine der schwersten, die Strafe Gottes am stärksten evozierenden Sünden angesehen. Man erklärte sie häufig damit, dass hier der Teufel am Werk gewesen sei und die Menschen verführt habe.[393] Die Übergängigkeit zum Verdacht der Hexerei ist offensichtlich.

Vergehen der hier behandelten Art wurden tatsächlich seit dem 9. Jahrhundert als *Ketzerei* betrachtet,[394] seit dem Spätmittelalter auch mit diesem Wort bezeichnet (FWB 8, 2, s. v. *ketzerei* 2) und entsprechend mit denselben Konsequenzen geahndet.

> Chron. Augsb. 2, 26, 34 (schwäb., Hs. 16. Jh.): Auf sant Margreten tag verprant man fünf ketzer umb ketzerei, die sie mit ainander getan [Var.: *getriben*, das ist die für Sexualverkehr gültige Kollokation] hetten.

Artikel 116 der Carolina forderte die Todesstrafe bei Sodomie, das ist bei Unzucht mit Tieren (*viechunreiner*; Schmeller[2] I, 1316),[395] bei männlicher Homosexualität und lesbischer Liebe.

> Straff der unkeusch, so wider die natur beschicht. Item so eyn mensch mit eynem vihe, mann mit mann, weib mit weib, unkeusch treiben, die haben auch das leben verwürckt, und man soll sie der gemeynen gewonheyt nach mit dem fewer vom leben zum todt richten.[396]

---

393 Guggenbühl 2002, 69.
394 Hergemöller 1996, 83: „Die Vorstellung eines unmittelbaren Zusammenhangs von heidnischem Götzendienst und normwidriger Unzucht gehörte somit seit dem 9. Jahrhundert zu dem festen Arsenal der theologischen Schuldzuschreibungen."
395 In Basel wurde 1426 ein Mann wegen Bestialität als Kuhbräutigam und Ketzer verbrannt. „Über die missbrauchte Kuh wurde gesondert Gericht gehalten". Sie wurde danach, wie es üblich war, ebenfalls getötet (Guggenbühl 2002, 53). Von einem Fall aus dem Jahre 1688 berichtet Koch (2006, 123): Eine Frau behauptete, den siebzigjährigen Bauern Lorentz Craemer mit einer Geiß im Stall erwischt zu haben. Als der Fall vor Gericht kam, ging es vor allem um die Glaubwürdigkeit der denunzierenden Zeugin. Vgl. dazu auch: Hehenberger 2005, 103–156.
396 Constitutio criminalis Carolina 1968, 224: „wer unkeusch wider die natur als mit ainen viech oder ain manspild mit dem anndern begint."

Da die Zeugung von Nachkommenschaft das voraussetzende Gebot der Sexualität, die Lust hingegen verpönt war, wurde die Samenvergeudung in welcher Art sie auch immer erfolgte, zum wichtigsten Motiv der sittlichen, religiösen[397] und juristischen Verurteilung. Beim geschlechtlichen Verkehr mit Tieren glaubte man möglicherweise, dass aus der vollzogenen Sodomie teuflische Mischwesen entstehen könnten.[398] Auch mit dieser Assoziation ist wieder der Weg zum Ketzerei- bzw. Hexereiverdacht vorgezeichnet, so dass es nicht verwundert, wenn man auch in Basel das Wort *Ketzerei* für den beschriebenen Straftatbestand genutzt hat.[399]

Obwohl die gleichgeschlechtliche Liebe von Männern und Frauen in den Formeln *man mit man, weib mit weib* angesprochen wird, ist die lesbische Liebe in den Quellen kaum belegt. Dieses Schweigen der Quellen ist das Ergebnis „einer männerdominierten Sozialstruktur", in der im Unterschied zur strengen Bekämpfung der männlichen Homosexualität ein geringerer strafrechtlicher Verfolgungsdruck bestand.[400] Über die Motive hierfür herrscht Unklarheit. War es ein Ausdruck für das prinzipielle Desinteresse an der weiblichen Sexualität? Oder hing es mit dem Fortpflanzungsgebot zusammen, das durch lesbische Liebe im Gegensatz zur Samenverweigerung bzw. -vergeudung beim Praktizieren männlicher Homosexualität nicht gefährdet war. Als Frau konnte man sich der Verheiratung kaum entziehen, gleich welche sexuellen Vorlieben man hatte. Die letztlich vorherrschende Besitzerhaltung und Macht des Mannes blieb unangetastet. Tabuisierung und Heimlichkeit wurden möglicherweise eben dadurch gestützt, dass Männer diese Art der *unkeusche* häufig nicht wirklich ernst nahmen. Jacqueline Murray (1996, 199) erklärt diese Nahezu-Abwesenheit weiblicher Homosexualität in den Quellen mit einem „phallocentric understanding of human sexuality. [...] In the absence of either penis or a substitute, male writers minimized the seriousness of the sin".

Dies bedeutete jedoch nicht, dass man Frauen im Ernstfall nicht doch den Prozess gemacht hätte. Im Jahre 1477 wurde eine gewisse Katharina Hetzeldorfer in Speyer wegen Sodomie angeklagt und zum Tod durch Ertränken verurteilt. Ihre weiblichen Mitangeklagten wurden der Stadt verwiesen. Im Verhörprotokoll hieß es:

---

397 Die entsprechenden Verbote in der Bibel sind unter 3. Mose 18–20 zu finden. Laut Guggenbühl (2002, 43) wird gegen die weibliche Homosexualität mit dem Römerbrief (26 und 27) argumentiert.
398 Guggenbühl 2002, 37.
399 Ebd., 35.
400 Mehr dazu: Hergemöller 1999, 11.

> Elß, Henck [?] Michels [?] fraw sagt daz sie hab gesehen... fastnachtag, daz die uf dem tornn lyt stunde vnd hur als eyn man. Sie hab jr auch darnach gegriefen. Sie sagt auch, daz sie mit helsen vnd kußen ge vnd lichken gepor als eynn mann mit den frawen.[401]

Es wird ausführlich beschrieben, wie die Angeklagte ein „instrument gemacht habe mit eym roden loschen ledder [...] vnnd da mit jr gefert mit den zweyn wibern vnd die jr swestern sin soll geschaft." Der Vorwurf lautet immer wieder, dass die Hetzeldorferin sich gebärdet habe wie ein Mann, dass sie sich unterstanden habe, mit der Mitangeklagten „manlichkeyt zu tryben" (ebd.). Diese Anmaßung zusammen mit dem selbstgebastelten Substitut scheinen das eigentliche Verbrechen zu sein. Das Wort *Sodomie* fällt nicht. Dass es überhaupt zu einer Anklage und schließlich zu ihrer Verurteilung kommen konnte, war sicher ihrer Fremdheit und ihrem niederen Stand geschuldet; sie war eine fahrende Frau.

Der Speyrer Prozess ist überlieferungsgeschichtlich gesehen eine Ausnahme. Auch wenn zu hoffen ist, dass in Zukunft weitere Prozessakten entdeckt werden, so ist es eben doch bezeichnend, dass man bislang kaum nach ihnen gesucht hat. Die Tabuisierung hat hier bis in die Gegenwart ihre Wirkung. Wie Helmut Puff, der den Fall Hetzeldorfer ediert und beschrieben hat, feststellt, wird in der gesamten Beschreibung des Prozesses die inkriminierte Tat nie beim Namen genannt.

> Puff 2000, 46: Hetzeldorfer's crime has no name in the proceedings. [...] Significantly, neither sodomy nor any other term for Hetzeldorfer's misdeed is mentioned. [...] Yet the largely descriptive evidence leaves no doubt as to the sexual nature of her crime.

Frauen, besonders solche, die ein Randgruppendasein führten, konnten im Allgemeinen weder lesen noch schreiben. Von ihnen sind keine Geschichten überliefert, keine Briefe und keine Verteidigungsreden. Im besten Falle haben wir zweifelhafte Verhörprotokolle, wenn sie vor ihren männlichen Richtern und Folterknechten standen. Sie hatten im wahrsten Sinne des Wortes keine Stimme in der Geschichte, nicht einmal in ihrer eigenen. Die Lesbarkeit ihrer Geschichte wird daher oft abhängig sein vom Lesen zwischen den Zeilen, vom Entziffern der Lücken zwischen dem Geschriebenen und der Interpretation des Schweigens. Ihre Geschichte wird jedenfalls zur historischen Herausforderung der nächsten Jahre.

Guggenbühl berichtet über den Fall einer Elsbeth Hertnerin, der 1647 in Basel der Prozess gemacht wurde. Im Unterschied zu ihrer Speyrer Leidensgenossin gestand sie zwar, eine lesbische Beziehung mit ihrer Schwägerin gehabt zu haben; sie wurde dafür aber nicht bestraft.

---

[401] Zitiert nach: Puff 2000, 58. Die Prozessakten liegen im Stadtarchiv Speyer, 1 A 704/II, fols. 12–14r.

> Guggenbühl 2002, 46: Die angefragten Theologen und Juristen rieten davon ab und empfahlen, „dass soviel möglich diß Laster in stille und geheimb gehalten, und under dass gemeine volck nicht außgebracht werde, damit nicht etliche wundersame Leüth under Jungen oder alten Personen zu erkundigung dises Lasters veranleytet, und hierdurch diese schandtliche missethat, entweders jn der Stat oder auf der Landtschafft je lenger je mehr außgebreittet wurde."

Die „stumme sodomitische Sünde wider die Natur" (Niederösterreichische Landgerichtsordnung von 1656; Art. 43) war bei Frauen also besonders stumm. Man tabuisierte und verschwieg sie, weil man bei *wundersamen leuten* aller Altersstufen kein Interesse für das gemeinte *laster* wecken wollte. Das ist eine Begründung, die ohne die präsupponierte Faktizität des *lasters* ins Leere ginge. Doch der Speyrer Fall ist auch wegen seiner narrativ anschaulichen Schilderung eine Ausnahme. Dass hier dann doch ein geheimes Interesse an skandalumwitterten Fakten mitspielte, kann nur vermutet werden.

Das Skandalöse an der Homosexualität scheint auch Berthold von Regensburg anziehend zu finden. Seine Art, sie vor seinem Publikum auszuführen und auszubreiten, zeigt, wie spannend das Thema für ihn gewesen sein muss. Wie im Kapitel II. 2. 5. zur Tabuisierung bereits beschrieben wurde, erklärt Berthold die Homosexualität in der Predigt „Von ruofenden Sünden" (VI, 92) zu einer unaussprechlichen Sünde, zu einer Sünde, die „sündelich, über alle sünde" sei, „sô griuwelich unde sô schedelich unde sô schentlich, daz ir nieman keinen namen kan gegeben." Man durfte also nicht einmal das diese Sünde bezeichnende Wort aussprechen, geschweige denn die mit ihr befleckten Personen berühren. Die Unberührbarkeit betraf selbst dasjenige, was von diesen vorher berührt worden war. Doch anders als beim Ehrverlust durch die Berührung des Henkers wird von Berthold hier eine Bedrohlichkeit inszeniert, die über das Diesseits hinaus geht und die gesamte Heilsgemeinschaft in Gefahr bringen kann. Das Tabu war umfassend. Es bezog sich auf die Sprache, den lebenden Körper wie den toten, und es wurde mit der *deletio memoriae* letztlich auf die Erinnerung an den Toten ausgedehnt.

Trotz der beschriebenen *damnatio memoriae*[402] zeigen sich die Quellen hinsichtlich der männlichen Homosexualität wohl auch deshalb gesprächiger, weil die große Anzahl der vollstreckten Todesurteile ihre Aufzeichnung unumgehbar machte. 1378 wurde der Münchner Schreiber Heinrich hingerichtet, von dem berichtet wird, so Hergemöller (2001, 333): „er habe sich selbst befriedigt, einen Schüler so lange am „zers" (Schwanz) gezogen, bis beiden die Natur gekommen sei, und [er habe] auch Umgang mit anderen Männern gehabt." Guggenbühl

---

402 Hergemöller 2002, 24.

(2002, 54) berichtet von einer Massenhinrichtung von 18 lombardischen Söldnern im Jahre 1474 u. a. wegen Homosexualität. Noch 1657 wurden diese Moraldelikte in Zürich[403] mit der Verbrennung, der ehrlosesten aller Hinrichtungsarten, bestraft. Erst später wählte man eine weniger grausame Tötungsart und enthauptete die Verurteilten. Allein zwischen 1694 und 1698 kam es dort zu 22 solcher Hinrichtungen (Schubert 2007, 221).[404] Der Verdacht liegt nahe, dass sich hier eine propagandistisch wirksame ‚Sodomiter'jagd entladen hat, und nicht etwa, dass Zürich eine Hochburg der Homosexuellen darstellte. Nicht einmal die Gewähr, dass die Getöteten wirklich homosexuell oder päderastisch veranlagt waren und nicht einfach nur Opfer einer Verleumdung wurden, ist gegeben, vor allem nicht in der Brechung der historischen Überlieferung.

In Augsburg (Chron. Augsb 4, 33, 3) sperrte man die *Sünder wider die Natur* für jedermann sichtbar in einen Käfig, schmiedete sie daran fest und ließ sie sterben.

> Chron. Augsb. 4, 33, 1ff. (schwäb., v. 1536): da ain rat des bischoffs andtwurt und gewalt enpfangen, so schon solichs der bischof in spotweis gredt het, sind sie zů rat gangen und zů kricht sessen und mit gemeinem urtail und recht dises urtail über sie gefelt, daß man zů halbem thüren in der höch am Perlachthuren auswendig mit großen, geschrenckten blöcken ain behausung wie ain vogelhaus sol machen und die 4 sodomiten darein thon und mit eissin kethinen an hend und fiessen darin anschmiden, und sol inen nichtz zů essen und trincken geben und sol sie selbs laussen sterben. solichs ist alles beschehen.

Genannt hat man sie *arsbrauter, arsminner, beischläfer* 1*, beilieger* 1*, florenzer, gemeinsamer, kuhgeheier, kuhketzer, mährengeheier, männler, sodomit, unzuchtknabe, gemeinsamer, puseron*; die Übergänge zum Päderasten, zum *beschlafer, bubenketzer* bzw. *knabenschänder* oder *knabenkredenzer* und zum weiteren Verbrechensbereich (s. folgendes *meineider*) sind dabei nicht nur lexikalisch fließend.

> Kurrelmeyer, Dt. Bibel 2, 211, 10 Var. (Straßb. 1466): den gemein vnkeuschern der mann beyliger [Var. um 1475¹f.: vnd den beschlaffern der knaben; Luther 1545: Knabenschender] vnd den pflagern den lugnern vnd den mainaidern.

Besonderen Schimpfwortcharakter in der konfessionellen Polemik der Reformationszeit gewann, zusammen mit dem schlagwortartigen Determinativkomposi-

---

403  Siehe auch das Beispiel der Stadt Basel: Guggenbühl 2002.
404  Vgl. auch: van Dülmen 1995, 126. Guggenbühl berichtet von einer Massenhinrichtung lombardischer Söldner im Jahre 1474 u. a. wegen angeblicher Homosexualität (Guggenbühl 2002, 54).

tum *puseronenbapst* (Luther WA 54, 227, 8), der aus dem Italienischen stammende Ausdruck *puseron*.

> Luther, WA 30, 2, 461, 22 (1530): die allerleichtfertigsten, losesten buben, die sie haben konnen als Cortisanen, officiale, Sodomiten, Puseronen vnd dergleichen.

> Ders., WA 54, 226, 37 (1545): Denn die Cardinel und deines Hofes puseron und Hermaphroditen füren ein solch grewlich wesen, das Himel und erden dafür beben und zittern.

Luther nutzt die Gelegenheit, mit dem Fremdwort zugleich die *höfe* der hohen Kirchlichkeit als institutionalisierte Zentren aller Formen sittlicher Unzucht zu fingieren und das so geschaffene ‚Faktum' in den Dienst der Reformation zu stellen.

Betrachtet man die meisten nichtjuristischen Texte und ihre Bezugnahme auf normwidrige Formen der Sexualität genauer, so fällt auf, dass kaum einer der Belege wirklich von Homosexuellen handelt, sondern dass wieder nur der Schimpfwortgebrauch der Zeit gespiegelt wird. So sehr man die sexuelle Andersartigkeit auch verabscheute, so wenig fühlte man sich daran gehindert, seine Abscheu in ausmalender und lustvoller Weise verbal gegen andere Menschen, darunter gegen Anderskonfessionelle, Andersdenkende und Andershandelnde, einzusetzen. Dass diese kommunikative Praxis besonders in der konfessionellen Polemik zwischen heiratsfähigen, das heißt heiratsberechtigten Lutheranern und den der sexuellen Enthaltsamkeit verpflichteten katholischen Geistlichen genutzt wurde, ist offensichtlich und gehörte zu den polemischen Strategien der Protestanten.

> Alberus, Barf. Vorr. Alb., 3, 20 (Wittenb., 1542): Gott [...] lest die weil den Bapst hinder der Thůr stehen / Vnd seiner Huren Wirdschafft / vnd Sodomitischer Keuscheit auswarten.

Ist jedoch von tatsächlichen Vorfällen die Rede, die Referenz also konkret auf Homosexuelle bezogen, so ist die Kommunikationsbereitschaft deutlich gebrochen. Erwähnt werden die gemeinten Sünden zwar in der strafandrohenden Gesetzgebung, aber mit dem Eintreten des Rechtsvorfalles kommt es genau wie bei der lesbischen Liebe zu Sprachregelungen. Die öffentliche Kommunizierbarkeit ist dann keineswegs selbstverständlich. Auch wenn die Hinrichtung öffentlich ist, wird das Delikt wieder tabuisiert:[405]

---

405 Guggenbühl (2002, 76) weist daraufhin, dass die Tabuisierung so weit zu gehen scheint, dass die bildliche Darstellung einer Sodomiterhinrichtung fehlt. Während Hexenverbrennungen ikonographisch verarbeitet wurden, oft mit außergewöhnlicher Drastik, greift das Tabu also auch hier.

Niederösterreichische Landgerichtsordnung (CAustr.), II Art. 73 § 5 (1656): ein knabenschånder, oder aber da sonst ein mensch mit dem andern sodomitische sůnd getrieben hátte, solle anfangs enthaubtet und folgends dessen còrper sambt dem kopff verbrennt, niemahlen aber in den urtheilen dasjenige, so aergernuß geben möchte, offentlich abgelesen werden.

## III. 8. Kriminelle / Straftäter und ihre Delikte

Bestraft wird man, wenn man Böses *begeht*, an jm. Böses verübt, jm. etw. antut. So jedenfalls lautet auch die Formulierung des Bedeutungsansatzes 9 zum Verb *begehen* (im FWB). In den dazugehörigen Syntagmen erfährt man Genaueres: Man kann *arges / bosheit / ehebruch / frefel / gewalt / hochfart / lämde / laster / manschlacht / missetat / missewende / mörderei / mutwillen / notnunft / rache / raub / schande / sünde / tücke / unrecht / unbil / unzucht / wunden (an jm.)* begehen oder *diebstal / falsch / feler / mord / totschlag, narheit / ungetat / unkeuschheit, ein bubenstük*. Auch wenn sich nicht alle genannten Ausdrücke auf Tatbestände im juristischen Sinne beziehen, so sind sie es doch in einem moralischen Sinne. Substantive wie *bosheit, hochfart, mutwillen* (usw.) nennen die Voraussetzung für die eigentliche kriminelle Tat und werden dann metaphorisiert und polysemiert zur bösen Tat selbst, so dass *bosheit, sünde, laster, tücke* oder *narheit* dann die böse Tat ‚sind'. Die semasiologischen Felder von *bosheit, frevel, mutwillen, unrecht* und *unbil* lassen dabei offen, um welche genaue Tat es sich handelt, während *notnunft, unzucht* und *unkeuschheit* den Bruch sexueller Normen explizit ansprechen. Die *schande*, die sich auf alle möglichen, auch auf sexuelle Verbrechen beziehen kann, liefert also im Ausdruck selbst die Folgen der schändlichen Tat mit.

Einen Straftäter kann erstens Gott zur Rechenschaft ziehen, indem er ihn durch Krankheit und Hölle bestraft, zweitens können es die kirchlichen Institutionen durch Exkommunikation und Bann, drittens vor allem die weltlichen Rechtsinstitute durch ihre Strafverfahren und ihre institutionellen Vollzugsorgane, viertens aber auch die Gesellschaft, indem sie den Missetäter aus ihrem sozialen Netzwerk ausgrenzt. Dem entsprechend ist zwischen metaphysischen, kirchlichen, juristischen und gesellschaftlichen Strafen zu unterscheiden.[406] Ein kriminalisierter Mensch hatte letztlich mit der Verfolgung durch alle genannten Instanzen zu rechnen. Seine Verurteilung und seine Bestrafung, bei schweren Straftaten zusätzlich der Kontakt mit dem Henker, sei es bei der Folter oder bei

---

406  Zu Verbrechen und Strafe im Mittelalter: Schubert 2007.

der Hinrichtung, machten ihn ehrlos und brachten Schande über seine ganze Familie. Die Ehrlosigkeit galt aber auch dann, wenn er am Ende des peinlichen Verfahrens begnadigt oder freigesprochen wurde. Er musste in der Regel Urfehde schwören und wurde des Landes verwiesen (Van Dülmen 1995, 50ff.).

Typische Verbrechen sind Stehlen, Betrügen, Morden. Die zugehörigen Täterbezeichnungen lauten entsprechend: *Dieb, Betrüger* und *Mörder*. Diese Wörter enthalten eine gültige lexikalische Klassifizierung des Täters, die auf einem rechtsförmlich gefällten Urteil, einem theologischen Verdikt oder einem gesellschaftlichen Vor-Urteil beruht. Dieses impliziert und liefert – deontisch gesehen – die Gebrauchsanweisung für die gesellschaftliche Reaktion auf die Tat, sei es eine Verdammung durch Gott, durch die Kirche, durch eine weltliche Bestrafung oder durch die gesellschaftliche Ausgrenzung, mitliefert. Im Falle der Klassifizierung eines Tötungsdeliktes als *mord* folgte in der Regel der Tod des Täters, da *mord* juristisch als todeswürdiges Verbrechen galt. Bei einer Klassifizierung als *Totschlag* waren mildere Strafen vorgesehen. Trotz derartiger Unterscheidungen stehen alle Tötungsausdrücke und die ihnen entsprechenden Täterbezeichnungen in einem breiten Überlappungsfeld; partielle Synonymie ist also die Regel. Hinzu kommt, dass sie samt und sonders von ihrem referentiellen Gebrauch abweichend zur Beleidigung, Ausgrenzung sowie als direktes Schimpfwort genutzt werden konnten und genutzt wurden. Dies konnte unabhängig davon erfolgen, ob der Betroffene die ihm mit der Tatbezeichnung unterstellte Tat wirklich begangen hatte. Falls dies nicht der Fall war, lag eine Verleumdung vor, ein Delikt, das in einer Legion von Fällen zu einem eigenen Rechtsverfahren führte. Folgende Bezeichnungen für den Tötenden waren üblich: *bluthund, brenner, christenmörder, drosler, gurgelstecher, kelenstecher, leutmörder, mordbrenner, mördersmann, mordstifter, nachtbrenne, stecher 2, töter, totschlager, würger*. Diese Ausdrücke haben also mehrere Funktionen: erstens einen Menschen eines Kapitalverbrechens öffentlich zu bezichtigen (gerne mit den Ausrufen: *diebjo, gerichtjo, landmörderjo, mordjo*), ihn damit anzuklagen, ihn zweitens mit dem Wort vor-zu-verurteilen, ihn drittens in einem der Anklage angemessenen Verfahren tatsächlich zu überführen und ihn viertens rechtskräftig zu verurteilen. Die Tatbezeichnung kann aber außerdem dazu genutzt werden, eine andere Person in Verruf zu bringen. Das Wort wird dann zum kriminalisierenden Schimpfwort.

> Sachs 5, 256, 13 (Nürnb. 1557): du diebischer verrether, | Du mörder, bößwicht, u-beltheter, | Du rauber, hurer, und ehebrecher, | Du trunckenpoltz, du bub, du frecher, | Du knoll, du troll, du frawen-feind!

Kriminalisierung in diesem letzteren Sinne kann als eine der wichtigsten Ausgrenzungsstrategien angesehen werden. Wird sie sprachlich und bildlich zugleich vollzogen, wie es in den polemischen Flugschriften durch die immer realistischer werdenden Holzschnitte möglich wurde, war ihre affektive Wirkung auf die Rezipienten sicher besonders ausgeprägt (Schwitalla 2010, 106). Mit der verbalen Kriminalisierung fechten aber nicht nur die im Wortkampf der einzelnen konfessionellen und politischen Polemiken stehenden Gelehrten, Theologen, Fürsten, Päpste[407] oder Kaiser, sie gehört auch zum alltäglichen Ausgrenzen hinzu. Was bei Hans Sachs sprachkünstlerisch gestaltet ist, hatte in der Alltagskommunikation der Zeit eine Handlungs- und Rezeptionsamplitude, die als harmloser Spaß, als üble Nachrede, als Verleumdung und bewusst vollzogene Ehrabschneidung intendiert sein konnte, entsprechend rezipiert wurde und dann zu den bereits erwähnten Verleumdungs- und Infamieprozessen führte.

Prinzipiell werden alle hier aufgeführten Ausgrenzungsbezeichnungen vor Gericht behandelt, doch *Mörder* und *Dieb* galten als besonders ehrenrührige und gewaltsame Schimpfwörter. Entsprechend groß ist die Zahl der Injurienprozesse, in denen es um die Wiederherstellung der Ehre nach einer solchen Beleidigung geht. Die jeweilige Bezeichnungsvielfalt soll am Beispiel von ‚Dieb' vorgeführt werden: *Ächter, berauber, Beschädiger 1, besteler, betdrucker, betler, beuteldrescher, beutelmelker, beutelrucker, beutelschneider 2, pfadhüter, bluthund, pfennigdieb, pfennigräuber, pfochschneider, bösewicht, bube, buchdieb, diebesbößwicht, ehrendieb, ertzdieb, ertzkirchendieb, galgenschwenkel, gassenräuber, gartendieb, gauch 2, gesinde 6, gewaltiger 3, golddieb, greifer 1, hausstürmer, heckenreuter, heiligendieb(in), kannendieb, keibe 2, kelchdieb, kirchenbrecher, kirchenbrecher, kirchenbrüchel, kirchendieb, kirchenfeger, kirchenräuber, kistenfeger, landbube, landesbeschädiger, landesbescheisser, landesbetrieger, landesdieb, landräuber, landschelm, landzwinger 2, ¹lauer, lausser, lecker, lediger 2, lotterbube, missetäter, räuber, sakman, schalk, schelm, schnaphan, spitzbube, steler, stifträuber, strassenräuber, strassenschinder, strauchdieb, täter 1, übeltäter, verbrecher, verräter, walddieb, wucherer, zersbube, zigeuner, grauer geselle, schädlicher man* usw.

Jedes dieser Substantive hat die oben genannten juristischen wie gesellschaftlich relevanten Funktionen. Entweder sie überführen einen Täter eines bestimmten Vergehens oder Verbrechens (hier des Diebstahls) oder sie kriminalisieren einen mehr oder minder unschuldigen Menschen, setzen ihn dem gesellschaftlichen Argwohn, also dem Anfangsverdacht, aus und schädigen ihn in seinem Ruf auch dann, wenn kein Prozess folgt.[408]

---

407 So nutzte auch Luther diese Strategie, indem er den Papst 1538 und 1545 in zwei Spottwappen mehrfach symbolisch als Verbrecher kriminalisierte. Vgl. dazu (mit Abbildung): Schwitalla 2010, 103.

408 Dies konnte auch bildlich geschehen. Üblich war es wohl bis zu den Zensuredikten der Reichsabschiede, so Schwitalla (2010, 100), den persönlichen Gegner, zum Beispiel einen

Die mit der erfolgreichen Verwendung eines der genannten Ausdrücke verbundene Kriminalisierung hatte bestimmte Maßnahmen zur Folge: Das Beherbergungsverbot trat in Kraft; die Strafen für Diebe reichten vom Brandmarken, dem Abhacken der Hände über die Ausweisung bis zum Akt des Lebendig-Begraben-Werdens, das auch bei Frauen angewandt wurde;[409] speziell für diese gab es auch den Buß- und Schandstein (s. *bagstein*; FWB 2, 1710); die polizeiliche Verfolgung und förmliche Verurteilung der Mörder wurde rechtssemiotisch durch das Zerbrechen des Stabes indiziert; der Verurteilte war damit endgültig aus der Rechtsgemeinschaft ausgeschlossen und wurde dem Nachrichter zur Urteilsvollstreckung ausgeliefert.[410] Nachfolgende Belege mögen einen Einblick in den vorhandenen Katalog von Maßnahmen andeuten:

> Chron. Nürnb. 4, 385, 8 (nobd., 15. Jh.): da grub man ein grosse diebin lebendig.

> Bell, G. Hager 570, 1, 1 (nobd., 1595): Einen Dieb man aus hauet | zu Nürnburg jn Der state, | Der oft gestollen Hate. | vil volcks Den Bös wicht schauet, | als er sein strasen zuge.

Auffallend ist, dass die Autoren der Quellen in ihren Formulierungen das Delikt des Betroffenen vielfach als strafwürdig herausstellen; man vgl. *grosse diebin*, *oft gestolen*, *böswicht*, euphemistisches *seine strasse ziehen*. Das bedeutet zugleich die Affirmation des Urteils. Die Anteilnahme der Öffentlichkeit wurde von den Vertretern der Obrigkeit bewusst eingeplant,[411] indem man nicht nur die Urteile, sondern schon das Verbrechen (z. B. einen Totschlag oder Kuppelei) durch einen *Ausrufer* oder *Büttel* rituell *ausrufen* oder *ausschreien* ließ. Die wichtigsten Absichten, die beim öffentlichen Strafvollzug am Pranger[412] oder an der Hinrichtungsstätte[413] verfolgt wurden, waren die öffentliche Diffamierung des Delinquenten und die Abschreckung der Zuschauer.

> Franck, Klagbr. 223, 17 („wohl Nürnb.' 1529): mit einem auffgelegten angehencken lastersteyn werden sie etwa yederman zu gespòt dargestelt.

---

Schuldner, bildlich als Verbrecher darzustellen. Man stellt ihn so zum einen symbolisch an den Pranger, symbolisierte aber auch den Anfangsverdacht dadurch, dass man diesen auf einem Bild kopfüber am Galgen hängen ließ.
409  Mehr dazu bei Schubert 2007; Van Dülmen 1995, 61ff.; 73ff.; 121ff.
410  Vgl. Kohler u. a., Bamb. Halsger. 117, 1 (Bamb. 1507): der Richter seinen stab zuprechen sol. Jtem wann der beclagt endtlich zu peynlicher straffe geurteylt wirt, so sol der Richter seinen stab zuprechen vnd den armen den Nachrichter bevelhen.
411  Van Dülmen 1995, 57–60; 103ff.
412  Ebd. 62–80.
413  Ebd. 97–101.

> v. d. Broek, Suevus. Spieg. 73r, 14 (Leipzig 1588): wenn die Leute hören oder sehen /
> wie man die Diebe ans Halseisen schlegt / zur Staupen hawet / oder an Galgen henget.
> Jtem / wie man die Ehebrecher mit der Staupseulen / oder mit dem Schwerdt abfertigt.

Zu diesen Maßnahmen gehört auch die lebenslängliche Stigmatisierung durch ein Erkennungsmal.

> Gille u. a., M. Beheim 328, 714 (nobd., 2. H. 15. Jh.): das er [marder >Mörder<] daz mal must han | An seiner stirnen stan.

Die Strafen wurden nach dem sozialem Status des Verurteilten bemessen. Das sozial diffamierende Prangerstehen jedenfalls war zur Aburteilung von Adeligen oder ehrbaren Bürgern nicht üblich.[414]

Das Wortfeld zu 'Dieb' öffnet sich semantisch hin zu demjenigen für ‚Betrüger'. Es umfasst im allgemeinen Sprachgebrauch der Zeit also alle Arten der Kriminalität, die nicht mit einem Leibesschaden verbunden waren. *Dieb* kann so zur umfassenden Bezeichnung für jeden als betrügerisch angesehenen Händler (*partierer, paudelkrämer, landesbescheisser*), für den betrügerischen Possenreißer (*begschierer*), den Geldverleiher (*wucherer, jude*), den Falschspieler (*vierhärter*) oder Gauner werden (*beschaber, bescheisser, betrieger, geldschrage, leutbescheisser, leutbetrieger, lieger, täuscher, verräter* usw.). Der Anwendung auf alle in dieser Untersuchung behandelten Gruppen steht damit semantisch nichts im Wege. Einen Beispielbeleg für diese Extension bietet wieder H. Sachs:

> Sachs 3, 552, 13 (Nürnb. 1539): Wer sein die grossen dieb? | [...] | Er sprach: Die land und leut beschwern, | Als rauber, landzwinger, finantzer, | Auffsetz-macher und alefantzer, | Die fürkauffer und wucherer, | Die wahrfelscher unnd trügner.

Kriminalisierung durch Verbrechens-Etikettierung bzw. durch Kriminalisierungsmetaphorik ist – wie in Kapitel II. 2. 2. angedeutet – auch ein beliebtes Mittel in der konfessionellen Polemik. So nannte man die Protestanten gerne *Mörder*,[415] *selmörder, kelchbuben, kelchdiebe, brotdieb* oder *kirchenbrüchel*.

> Barack, Zim. Chron. 2, 322, 22 (schwäb., M. 16. Jh.): bistu von Reutlingen? so bistu auch der lutterischen kelchdieb einer.

Diese konterten mit denselben Waffen.

---

414  Ebd. 75.
415  Schottenloher, Flugschrr. 58, 25 (Landshut 1523): [rot] das seind dy ewangelischen vorfechter ytzt zů der zeit, wiewol vorzeiten warns kriegszleüt, Hürnwirt, Mörder [...] und dergleichen, aber dy Gramatigkh ist ytzt spützig worden.

> Bächtold, N. Manuel. Barb. 196, 1768 (Zürich 1526): Es treit [...] mencher mörder, verräter und wicht | Ein kutten, [...] | Und kan in der selben schafskappen | So vil glissnens, buckens und gnappen, | Das man wänt, wie fromm und heilig er si.

Luther nutzte das vormals eher gegen die Juden gerichtete *gottesmörder* nun gegen die Katholiken,[416] was man als weiteres Beispiel für eine Sekundärstigmatisierung ansehen muss. Er verschiebt darüber hinaus auch das Wort *gottesdieb* vom Kirchenräuber hin zu einer Person, die >den wahren Christen die rechte christliche Lehre vorenthält, sie verfälscht und damit den Gläubigen den Weg zu Gott verwehrt<. Die dazu stimmigen partiellen Synonyme sind *ketzer, mörder* und *räuber*. Sie beziehen sich auf einen metaphysischen Kontext, in dem jemandem die Seele und das ewige Leben metaphorisch gestohlen bzw. in dem der Gemeinte umgebracht wird. In diesen Zusammenhang gehören auch die Wortbildungen *gottesfeind* und *gottesverächter*. Konkret greift Luther den Papst mit den Schimpfwörtern *erzdieb* (10, 3, 265, 21) bzw. *erzkirchendieb, stifträuber* und *selmörder* an.

> Luther, WA 54, 293, 28 (1545): das man den Ertzkirchendieb, Stifftreuber, Klósterfresser, Seelmórder zu Rom so gros geld lasse zusehens rauben.

Beliebt ist auch das Adjektiv *diebisch*:

> Pfeiffer-Belli, Murner im Glaubensk. 2, 18, 24 (Luzern 1526): Es habents Keiser, Fürsten, Stet, Land, vnd leut noch nit vermógt, ich geschwig ein verlogner diebscher pfaffatus.

Die meisten der hier zitierten Belege entstammen nicht den typischen Rechtstextsorten, sie spiegeln also keinen spezifischen Rechtswortschatz. Kriminalisierung ist ein Alltagsphänomen, das zwar juristische Folgen haben konnte, aber doch in der Regel zur Gestaltung der sozialen Beziehungen bzw. zur Imagepflege im alltäglichen Miteinander von Nachbarn gehörte und als solches auch reziprok eingesetzt und rezipiert wurde. Auch wenn der hier diskutierte reformatorische Streit-Diskurs hochpolitisch, brisant und gesellschaftsverändernd war, so repräsentiert er eben nur eine bestimmte, systematisch auf breiter Basis betriebene Form des Streitens. Kriminalisierung aber war eines der wichtigsten Mittel der nähesprachlichen Streitkultur und ist es sicher auch heute noch. Die nachweisbare Zunahme an Injurienprozessen hat die Menschen der Gegenwart möglicherweise aber etwas vorsichtiger in ihrer Wortwahl werden lassen.

---

416  Luther, WA 45, 417, 25 (1537).

## III. 9. Ketzer/Häretiker

In den vorangegangenen Kapiteln ist deutlich geworden, dass *Ketzer* zu den wirksamsten Schimpf- und Stigmatisierungswörtern des Frühneuhochdeutschen gehörte. Dieser in seinem Anklage- und Ausgrenzungspotential hoch effektive Gebrauch hat eine lange Tradition: Das Wort entwickelte sich im 12. Jahrhundert von der Bezeichnung einer einzelnen ausgegrenzten Gruppe, den Katharern, zur Kollektivbezeichnung für alle diejenigen, die sich auf irgendeine Weise der herrschenden religiösen Norm bzw. den Normgebern widersetzten.[417] Dieser Widerstand musste dabei nicht unbedingt religiös-dogmatischer Natur sein. Oft genug wurde die kollektive Heilsbedrohung durch den angeblich vom Teufel ge- und verführten Ketzer nur vorgeschoben, um einen politisch unliebsamen Gegner aus dem Weg zu räumen, oder um eine Bedrohungskulisse zu errichten, die eine sich als Heilsverband verstandene Gruppe zum Handeln gegen jemanden oder für etwas bewegen sollte.

*Ketzer* wurde damit wortgeschichtlich im Laufe der Zeit generalisiert, das heißt hier: Es wurde auf nahezu alle Personen ohne Unterschied des Standes, der Religionszugehörigkeit bzw. einer anderen Gruppenanbindung angewendet, die man als nicht normgerecht, unangepasst und vor allem moralisch verwerflich anzuprangern beabsichtigte. Auf die sich damit andeutende Identifikation von Häresie, Idolatrie und Unzucht, die sich im 13. Jahrhundert immer stärker fixierte, wurde bereits hingewiesen (vgl. Kap. III. 7).[418] So werden Sodomiten

---

417 Vgl. die Ausführungen zu *Ketzer* im ensprechenden Artikel des DWB (Lfg. 11, 3, s. v. KETZER): „haereticus, mhd. ketzer, im 12. jh. aufkommend, auch kätzer, mlat. catarus (ahd. sagte man irro, keloubirro u. ä.); [...]. Der name gieng wahrscheinlich von der manichäischen secte der Cathari [...] aus, die sich im 11. 12. jh. im abendlande verbreiteten, [...]. Der ursprung musz aber früh vergessen worden sein, man brachte das wort in eine ungewisse beziehung zu katze, dem teufelsthier, schon im 12. jh.: catari dicuntur a cato, quia osculantur posteriora cati, in cujus specie ut dicunt apparet eis Lucifer. Alanus ab insulis (s. myth. 1019), vgl. katzenküsser; dâ von sô heiʒet der ketzer ein ketzer, daʒ er deheinem kunder sô wol glîchet mit sîner wîse sam der katzen (mit ihrer falschheit). BERTHOLD 403, 6 (303 Kl.). eine ähnliche vergleichung der ketzer mit den katzen noch bei ALBERTINUS der welt tummel- und schauplatz (1612) 301 fg, zuletzt: also seind und bleiben die katzen katzen und die ketzer ketzer, dann sie seind einerlei art. erkwürdig bei H. SACHS (vgl. sp. 162): einer der junge katzen macht, / den selben ich für ein ketzer acht. 3, 3, 79c. so findet sich katzenmeister für ketzermeister, katzenglaube für aberglaube, ketzerglaube. die schreibung kätzer (z. b. bei MAALER 239d, H. SACHS u. erzketzer) mag zuweilen auf diese ableitung anspielen."
418 Vgl. Hergemöller 1996, 75.

nicht nur in Basel als *Ketzer*[419] bezeichnet, auch für H. Folz (17, 25) sind *sodomitisch* und *ketzerisch* selbstverständlich ähnliche oder gar dieselben Eigenschaften.

Die Frage, ob Juden als Ketzer zu behandeln seien, was eine innerchristliche Kategorisierung voraussetzen würde, wird bezeichnenderweise je nach Interessenslage beantwortet. Für Eck ist die Sache klar. Die Marginalie zum nachfolgenden Beleg lautet: *Juden seind ketzer.*

> Eck 59r (1541): Das aber die juden ketzer seyen auch in jhrem thůn/ zaigt klarlich an Wilhelmus Parisieñ [...]. [die juden] seind jrrig worden jn jhrem gesatz vnd ketzer an dē glauben Abrahę: darumb das sie die hailig gschrifft fälschlich außgelegt haben/ gotslesterlich/ auch schmålich wider das göttlich vñ natürlich gsatz spricht Alexander de Ales [...].

In Teichners Schrift „Von ketzern" werden fast alle Randgruppen in eine Reihe gestellt: *ketzer, juden, haiden, diebe, moren*. Doch anders als Eck macht er im konkreten Fall klare Differenzierungen.

> Niewöhner, Teichner 686, 51 – 69 (moobd., 1469): aber ein ketzzer hort ich nie | das in got inn himel lie, | da sy nu pewerten mit | ab man indert wider strit | als dy juden, haiden hant | ettswo ein vorstant, | das sy schirment irn wan. | juden, haiden vindet man | ettelich tail im himelreich. | des ist nit den ketzzern gleich. Die ketzzer chain pewerung hat | seiner kchetzerlichen tat. | er mues sich alltehaben stellen | als ein dyep mit sein gesellen. | da versteht di warhait pey | das der teufel ir maister sey | der in hie als got erscheint | und sy dort daczz hell peint, | swårczer dan dy raben und morn.

Auf dem Hintergrund einer gedachten Heilsgemeinschaft, in der jedes einzelne Mitglied verantwortlich für das Wohl der Gesamtheit im Diesseits wie im Jenseits war, ist der Ketzer eine überaus bedrohliche Gestalt. Er lebte innerhalb der Gesellschaft und war dort „das interne Fremde, das Andere im Schoß der Kirche" (Ernst 2000, 15).[420] Während man die Juden erkennen bzw. identifizierbar machen konnte, waren die heimlichen Ketzer schwer auszumachen und daher besonders gefährlich. Auch ein Teil der Hexenhysterie mag in dieser Unerkennbarkeit ihren Ursprung haben. Für Teichner waren die Ketzer jedenfalls „schlimmer noch als Juden", wobei zu beachten ist, dass man wie Eck auch die Juden zu den Häretikern zählen konnte, so dass die Wörter *Ketzer* und *Jude* schließlich auch mehr oder weniger synonym angewandt werden konnten.

Ulrich Ernst (2000, 15) hat 10 Arten der Ausgrenzung von Ketzern zusammengestellt: 1. die dogmatische, 2. die intellektuelle, 3. die moralische, 4. die sexuelle, 5. die geschlechtsspezifische, 6. die soziale, 7. die ethnische, 8. die nationale, 9. die kriminelle und 10. die exstirpatorische Ausgrenzung. Die Liste dieser

---

419 Guggenbühl 2002, 35.
420 Ernst 2000, 15–34.

Zusammenstellung zeigt bereits, dass sich mit *ketzer* prinzipiell alle Randgruppen anprangern lassen. Ein Ketzer, so das FWB, ist eine ›durch Wort und Tat von der Glaubenslehre abweichende Person, ein Gotteslästerer, Häretiker‹. Die dazu angesetzten Synonyme decken das besprochene Randgruppenschema onomasiologisch und – wenn man in die Einzelsemantiken hineingeht – auch semasiologisch ab: *abentrünniger, arianer, arnoldist, aufrürer 2, bapstschänder, barbar,*[421] *bösewicht, bube 3, christmörder, christusverräter, dieb, fälscher, farzesel, gleisner, gotswortverkerer, gottesfeinde, (gottes)lästerer, gottesschalk, gottesschelm, götzenknecht, grübler, häretiker, heide, höllenbeute, hussit, irrer 2, irsäer, irsager, jude 1, katzenmeister, katzenritter, kebskind, klügling, meisterling, notzüchtiger, sacramentsschänder, schelm, scismaticus, schwärmer, schwätzer, sodomit, sonderling, störenfried, störer, teufel, teufelskind, tor, übeltäter, verfürer, verfürter, verirter, verräter, viechunreiner, waldenser, wiederchrist, wiedersacher, zauberer* uvm.

*Ketzer* könnte daher als Prototyp subsumtiver Sammelausdrücke des Frnhd. für alle ausgegrenzten Gruppen betrachtet werden. Innerhalb des gerade aufgelisteten Wortfeldes sind *fälscher, schelm, störenfried, übeltäter, aufrürer, bösewicht, bube, verräter* Ausdrücke der Kriminalisierung unter Ordnungsaspekten; *kebskind, notzüchtiger, sodomit* stehen für die sexuelle Ausgrenzung, *heide* und *jude* für die phylogenetische (im Sinne Goffmans) und *gleisner, hussit, scismaticus, schwärmer, waldenser, wiederchrist, widersacher, zauberer* für die religiöse bzw. dogmatische und konfessionelle Ausgrenzung.

Ketzer sind Verführer und Verführte gleichermaßen. Verführt wurden sie aber nicht nur vom Teufel, sondern sie sind auch die Verkörperung des Teufels auf Erden. Der Ausdruck *höllenbeute* macht ihren Opfercharakter, aber auch ihre Gefährlichkeit deutlich. Und weil sie in irgendeiner Weise mit dem Teufel als dem personifizierten Bösen im Bunde sind, sind sie nicht nur *teufelskinder,* sondern oft gar der *teufel* selbst. Man kann ihnen alles unterstellen, was in der Gesellschaft als unmoralisch oder ordnungswidrig angesehen wird, sei es, dass sie besondere sexuelle Praktiken pflegen würden (Templer), sei es, dass sie zaubern könnten oder dass sie außergewöhnlich böse sind. Auch hier gilt wieder die Reziprozität. Alle ihnen zugeschriebenen Eigenschaften, vor allem die unterstellte tatkräftige zerstörungswillige Boshaftigkeit, fallen auf jene zurück, die mit diesem Wort in Zusammenhang gebracht oder gar damit beschimpft werden und umgekehrt.

Spechtler, Mönch v. Salzb. 11, 142 (oobd., 3. Dr. 14. Jh.): der haiden, juden, ketzer list | ist gar betört zu aller frist, | seind aller zaichen in geprist, | die uns oft lerent die genist | durch Jesum.

---

421 Vgl. dazu: Braun 1981, 136ff.

> Klein, Oswald von Wolkenstein 32, 36 (oobd., 1423): Wer ungelouben hat gefŭrt, | all juden, haiden, ketzer darinn sin versnŭrt.

Besonders betroffen von dieser Art der Reziprozität waren wieder die Juden (vgl. Teichner, Beheim, Oswald von Wolkenstein), obwohl sie nach obigem Beleg Heinrichs des Teichners nicht in allen Quellen und unter allen Aspekten mit den ‚ketzern' in eins gesetzt wurden. Unabhängig davon fallen sie dann doch immer wieder unter die Prädikationen, die auch für ‚ketzer' gelten. Immerhin scheint in folgendem Beleg eine gewisse Gradierung vorzuliegen:[422]

> Berthold von Regensburg I 401 (2. Hälfte 13. Jh.): wan sie [Juden] sint ze ketzern worden unde brechent ir ê an allen dingen.

Im Übrigen zeigt sich auch hier, was Moore (2007, 66) über die entstehende Verfolgungsgesellschaft zum Ausdruck bringt: „The parallels in the development of the persecution of heretics, Jews and lepers are very striking. [...] Finally, these parallels in treatment were clearly reflected in the language that was used and the fears that were expressed about the three groups, making them in all essentials identical and interchangeable."

Ketzer werden *erkant* und *ausgerufen, gerügt, gepeinigt* und dann *gestraft, verbant* oder *verbrant*; das heißt theologisch: *verdammt* und *verflucht* usw.

> Schwabenspiegel (L.), Art. 313a (1275/87): swa man ketzere innen wirt, die sol man rvͤgen geistlichem gerihte, vnd svln si bi dem ersten versuchen, vnde alse si vͤber komen werdent, so sol sich ir der weltlich rihter vnder winden vnde sol vͤber si rihten, alse reht ist. daz gerihte ist, er sol si brennen vf einer hvͤrde[423]

Dass Ketzer als solche *ausgerufen* bzw. als solche *erkannt* werden, bedeutet, dass eine Gruppe von Menschen entscheidet, ob Ketzerei vorliegt oder nicht. Und dies wiederum bedeutet, dass man die Ketzerei zuvor im kommunikativen Austausch aushandeln muss; eine Praktik, die von der Macht und dem Prestige der jeweiligen Aushandelnden abhängt und die je nach Kontext unterschiedliche Folgen haben kann. Auf jeden Fall soll man sich vor ihnen hüten und sich gegen sie wehren. Es gibt *behemische* (>Hussiten<), *sodomitische, arianische, lutherische, betler;* die ihnen zugeschriebenen Attribute lauten: *abtrünnig / alt / arg / falsch / feig / gotlos / offenbar / recht / schändlich / ungläubig / unrein / verdamt / verflucht / vermaledeit*. Die Perspektivenabhängigkeit des Ketzerverständnisses ist offensichtlich. In den beiden nachfolgenden Zitaten verbinden sich attributivische Aggregationen mit der Katzen- bzw. Katermetapher.

---

422   Klein, Oswald 32, 36.
423   Vgl. auch: BambHGO. Art. 130 (1507).

Schottenloher, Flugschrr. 49, 13 (Landsh. 1523): Ann euch falschen gebůrten der schwartzen teuflischen Luterischen Katzenn, zestreůrer aller frůmmer hertzen, zertrenner und unterdrůcker aller ordnung des christenlichen gelaubens.

Ebd. 24: ir werdent sy an den wercken erkennen, hie die werck und nütz der falschen Luterischen katzen mit iren Herodischen und Chayscher kinder, der blůtdůrsstigen ungehorsamen Adls, alle vergifft von dem Luterischen Kather.

Wenn *ketzerei* eine ›von der herrschenden religiösen oder konfessionellen Lehre abweichende Überzeugung, falscher Glaube, Häresie‹ ist (so FWB 8, 838), dann ist die Frage nach der herrschenden Lehre die nach der hinter dem jeweiligen Text stehenden Norm. ‚Religiös herrschend' war das Christentum, womit alle Nichtchristen aus der Norm herausfielen; innerhalb des Christentums war jede Konfession für ihren Einflussbereich herrschend. Dass ‚Konfession' dabei nicht nur für die Gesamtheit der Glaubensinhalte einer gesellschaftlichen Gruppe stand, sondern auch deren weltliche Involvierung betraf, zeigt folgender Beleg aus katholischer Perspektive:

Layenspiegel H 4r (1509): am ersten haißt der ain kåtzer, der icht wider die vier concilien heltet, item wer von den sacramenten annders weder die hailig christenlich kirch heltet, item wer sich ůbt, die freyhaiten, so der römischen kirchen von got geben sein, zu entziehen, das sy nit sey ain haubt aller kirchen

Ein *ketzer* ist nicht nur jeder, der aus religiösen Gründen gegen die Beschlüsse der 4 Konzilien, gegen *die* Sakramente *der* Kirche (das ist die katholische) und gegen ihre Funktion als *haupt* aller Unterorganisationen argumentiert, sondern auch jeder, der gegen die als gottgegeben deklarierten *freyhaiten* dieser Kirche agiert, das ist de facto gegen ihre wirtschaftliche, verfassungsrechtliche und allseitige soziale Macht. M. Luther hält dieser Auffassung entgegen, dass *ketzerey* nicht darin bestehe, dass jemand mal hier, mal da sei, sondern dass man nicht *recht glaube*. Das ist eine Position, die die weltliche Dimension von *ketzerey* ausblendet bzw. sie an den Glauben im protestantischen Sinne (genau gesprochen: an Luthers Auffassung) bindet. Indem daraus allerdings der Status der Werke abgeleitet wird, greift auch Luthers Theologie weit in den sozialen Bereich ein.

Luther, WA 6, 295 (1519/20): Daher kompt es, das nit ketzerey macht, hie odder da seynn, sondern nit recht glaubenn, das macht ketzer.

Doch Luther wusste natürlich ganz genau, was er als *ketzerisch* bezeichnen würde und was nicht. Er selbst wurde mit seinen Schriften in der Nachfolgezeit zur Engführung der Interpretation genutzt bzw. zur allgemeingültigen Lehrmeinung erhoben. Die Rechtgläubigkeit eines Protestanten konnte daran gemessen werden, wie und wie oft er den zum sakralisierten Maßstab erhobenen Schriften Luthers in den eigenen Texten huldigte. Beispiele wie Johann Arndts „Bücher vom wahren Christentum" und andere Erbauungsschriften zeigen, dass mithilfe ausführlicher Lutherzitate und entsprechender Textallusionen der rechte protestantische Gehalt und damit die Rechtgläubigkeit des Autors unter Beweis gestellt bzw. geprüft wurde. Im Zeitalter der konfessionellen Spaltung gewinnen diese Legitimations- bzw. Überprüfungsstrategien erheblich an Gewicht. Solche Textualisierungsstrategien sind aber nicht allein im Protestantismus üblich. Sie sind das Symptom einer sich in der Spaltung befindlichen, nach einer überkonfessionellen Rechtgläubigkeit und nach Einheitlichkeit suchenden Kirche. Sie waren damit in allen Konfessionen im Gebrauch. Als entscheidende Vorgabe brauchte man dazu normgebende Texte bzw. solche, die die festgelegte Norm bei allen Gläubigen dogmatisch verbreiteten. Dazu gehörten neben der Bibel vor allem die Katechismustexte, die zur Verbreitung der ‚Wahrheit' bis in den letzten Winkel des sich entwickelnden Schulsystems hinein dienten.

Hier sind also die Textgeschichte und die Textualisierungsgeschichte in besonderer Weise gefragt. Zu den typischen normgebenden Textsorten gehörten neben den theologisch-dogmatischen Schriften vor allem die verbreiteten Ketzerbreviere und die Ketzerkatechismen, z. B. der katechetische „Gewissensspiegel" des Martin von Amberg, bzw. solche Schriften, in denen sich ihre Autoren von den als häretisch bzw. ketzerisch erklärten Schriften anderer abgrenzten wie z. B. „Eyn deutsch Theologia", neu hrsg. von Martin Luther, gegen die mystische Bewegung der Brüder und Schwestern des freien Geistes. „Solche Zusammenstellungen häretischer Lehren dienen der inquisitorischen Identifizierung der Ketzer, fungieren als Warntafeln gerade auch für Laien und dienen als Grundlage für Denunziationen bei der Inquisition" (Ernst 2000, 15). Diese Texte dienten nicht nur der Identifizierbarmachung von Ketzern, sondern zunächst einmal der textlichen Konstruktion des ‚Ketzers'. Erst sie legten fest, wer ein Ketzer war, indem sie bestimmten, was dogmatisch richtig und was falsch war. Sie gaben die Norm vor, an der gemessen wurde, und sie vermittelten diese Norm an die normausführenden Organe und die Laien. Für die Katholiken waren Luther und seine Anhänger *Erzketzer*.[424] Und was Luther als ketzerisch festlegt, kann bei den Katholiken christliche Lehre sein und umgekehrt (z. B. das Sakrament in beiderlei Gestalt: Luther, WA 30, 3, 289, 30). Thomas Müntzers Wirkungs- und letztlich auch Todesstätte gilt dagegen sowohl für Lutheraner wie für Katholiken als *erzketzernest* (Baumann, Bauernkrieg Oberschwaben 113, 26; v. 1542). Von beiden als Ketzer abgelehnt werden Arianer, Donatisten, Nestorianer, Waldenser, Albigenser, Pelagianer, Wiedertäufer, alle Schwärmer, eben die jeweils Andersgläubi-

---

424 Vgl. Meisen u. a., J. Eck 18, 17 (Leipzig 1520).

gen. Dazu gehören auch die anderen Reformatoren. So gilt Zwingli nicht nur bei einigen Schweizern als Vater aller Ketzer (s. v. *ätte* >Vater<).

> Bächtold, H. Salat 14, 14 (Luzern 1532): Gend hin ir vermaledeiten predicanten mit sampt üwerm ätti Zwingli in das ewig für, das da ist zůgerüst dem tüfel, das ist dem Zwingli und sinen verdampten.

Die textgeschichtliche, das heißt letztlich konfessionsideologische Perspektive, aus der heraus ein Text verfasst ist, definiert die Ketzersemantik, da ‚Ketzerei' ein Konstruktions- und Identifikationsbegriff einer institutionalisierten bzw. sich institutionalisierenden Religionsgemeinschaft ist. *Konstruktion* heißt hier: Es gibt nicht irgendwo einen unbestreitbaren Gegenstand Ketzerei, sondern ‚Ketzerei' ist ein methodisch in Texten greifbares und damit erst einmal nur in Texten existentes Konstitut bestimmter Traditionen des Sprechens, Schreibens, Texthandelns bestimmter Gruppen historisch Gestaltender. Dieses Konstitut wird allerdings in die gesellschaftliche Wirklichkeit so effektiv hineinprojiziert, dass es als Teil einer Gegenstandswelt gilt, die Ketzer einschließt und die folglich bekämpft werden „muss". Bei dieser Logik werden drei Gegebenheiten angenommen, einmal eine kognitive Größe ‚ketzerei', zum zweiten die Handlungsaufforderung, die mit dieser Größe impliziert ist und zum dritten die Identifikation der im Sinne der Handlungsaufforderung Agierenden als Gruppe. Die Reihenfolge zwischen diesen drei Größen ist dabei prinzipiell beliebig. Setzt man die kognitive Größe ‚ketzerei' an den Anfang, so folgt daraus eine entsprechende Handlung; diese führt wiederum zur Gruppenbildung. Man kann aber auch umgekehrt argumentieren: Da die Gruppe immer in irgendeiner Form schon existiert (z. B. der Katholik, der Protestant), können die Gruppenangehörigen immer wieder neu an der kognitiven Größe arbeiten, sich immer wieder neu zu Handlungen aufgerufen fühlen und sich dabei selbst immer wieder neu konstituieren. Wenn es also tatsächlich so etwas Böses wie ‚ketzerei' mit der Unbezweifelbarkeit „gibt", die dem ‚Gläubigen' eigen ist, dann hat man sich mit ihr zu anti-identifizieren und demgemäß zu handeln; dann ist es geradezu eine Pflicht, sofern man jedenfalls über keine distanzierende Instanz *über* dem gruppenbestimmten Sprechen, Schreiben, Verstehen, Handeln verfügt, ‚ketzerei' letztlich wie Unkraut oder Ungeziefer auszurotten und dabei vor allem die ‚ketzer' nicht auszuschließen. *Konstruktion* wird damit als ein Terminus eher inhaltssemantischer Konvenienz, allerdings mit einer inhärenten Handlungsaufforderung, verstanden: *Identifikation* wäre ein Terminus handlungssemantischer Konvenienz, der die Hineinstellung in die jeweilige Gemeinschaft fokussiert, natürlich auf der Basis des vorliegenden Konstruktes.

Neben den normgebenden und -vermittelnden Texten, den Brevieren, den Edikten und den Chroniken sind es vor allem die literarischen Textsorten, die als Phalanx der „Anti"ketzerbewegung dienten, die Satiren[425] und Reimpaarsprüche, die Flugschriften und Fastnachtsspiele, von Sebastian Brant über Thomas Murner (genannt seien hier beispielhaft die Schriften *4 Ketzer* und *von dem großen Lutherischen Narren*)[426] bis Hans Sachs.[427] Es gilt darüber hinaus: Wer die Texthoheit und das heißt: die Gunst des Publikums wie die Verteilungsmacht der Schriften hatte, kann bestimmen, wie die Konstruktion (also etwa ‚ketzer', ‚ketzerei', ‚ketzern', ‚ketzerheit', ‚ketzerschrift', ‚ketzerwerk' usw.) inhaltlich ausgerichtet ist, was extensional unter die Konstruktion fällt und wie die Identifizierung einschließlich der aus beidem resultierenden In- und Exklusion gesteuert wird. Ein fortwährendes Abgleichen des eigenen Tuns mit demjenigen der Gruppe wird dabei die Regel sein und einmal zur Verfestigung eines vorgängigen dogmatischen Konsenses und ein anderes Mal zu dessen Modifikation führen. Der Ketzerbegriff ist damit einer der zentralen kommunikationsgeschichtlichen und -systematischen Orte, an denen Inklusion und Exklusion stattfinden und vom Wissenschaftler exemplarisch untersucht werden kann.

Resümierend zeigt sich die beliebige Instrumentalisierbarkeit der Ausdrücke (etwa des Wortes *ketzer* je nach Handlungskonstellation für Katholiken, Protestanten, Schwärmer, Juden usw.), die Übertragbarkeit auf moralisch Andersdenkende, auf sexuell Auffällige, die Nutzbarkeit für Ab- und Ausgrenzungen aller Art, für Beschimpfungszwecke, die im Fall des Ernstgenommenwerdens durch die sich bürokratisierende Obrigkeit zum endgültigen Urteil und damit zur Ketzerverbrennung führen konnte. Ein Beispiel für den Ketzervorwurf als Waffe in der konfessionellen Polemik liefert der folgende Beleg aus Luthers Feder.

> Luther, WA 8, 230, 5 (1521): Denn sie [Papisten] kunnen nit mehr denn ketzer, ketzer, ketzer schreyen, wenn sie aber sollten auff den plan tretten und solchs beweyßen, ßo erwischen sie das haßen panir und halten sich zu der Meüße wagenburgk.

Zu welchen Handlungsfolgen die Verurteilung zum ‚ketzer' im Extremfall führen konnte, zeigt die Geschichte des Johannes Hus. Auf dem Konstanzer Konzil im Jahre 1415 zum ‚ketzer' erklärt, folgte über eine Reihe von gut überlieferten Zwischenbegebenheiten die Hinrichtung auf dem Scheiterhaufen. Hus war in vielen seiner Reformforderungen (z. B. darin, dass die Bibel als einzige Autorität in

---

425 Besonders diejenigen Thomas Murners. Dazu Schütte 1973, 30: „Gegenüber der literaturwissenschaftlichen These von der ‚Verzweckung' der Literatur im konfessionellen Streit ist zu betonen, daß die Rechtfertigung der satirischen Schreibweise für Murner und seine Zeitgenossen nicht von den Bedingungen der Kunst, sondern von den Forderungen der gesellschaftlichen Praxis her motiviert ist."
426 Vgl. dazu: Schütte 1973.
427 Vgl. dazu: Rupprich 1973.

Glaubensfragen gelten solle) ein Vorgänger Luthers. Seine Anhänger, die nach ihm benannten Hussiten, von den eigenen Leuten als *böhmische brüder*, vom Gegner als *böhmische ketzer*[428] oder abgekürzt als *Böhmer, die behemischen* identifiziert und dingfest gemacht, wurden noch lange nach dessen Tod von allen Seiten verfolgt. Eine Art der Verfolgung bestand darin, die vorhandenen Schriften des Verurteilten unter Verschluss zu halten, ihn damit der damnatio oder gar der deletio memoriae zu unterwerfen. Die sogenannten Hussitenkriege seien, da bekannt, nur erwähnt. Erst 1537 wurden die Briefe des Johannes Hus, bezeichnenderweise von Martin Luther, ediert.

Die Polemik gegen die böhmischen Brüder spielte gerne mit dem Namen ihres Gründers. Tschechisches *hus* bedeutet auf Deutsch ‚Gans'. Der Grundstein für die dehumanisierende Metaphorik und das Namensstigma war damit gelegt. Die Hussiten hießen nicht nur in den Hussitenliedern[429] „böhmische Gänse". Auch Heinrich der Teichner, Muskatblut,[430] Oswald von Wolkenstein und viele andere nutzten dieses Tierbild zur Verunglimpfung; vor allem während der Hussitenkriege nahm es an Gebrauchsintensität zu. Oswalds Aufruf zum Kampf gegen die Hussiten im Lied *Ich hab gehört durch mangen granns* ist nur ein Beispiel von vielen.

> Klein, Oswald von Wolkenstein 27, 40 (oobd., 1431/2): hilf, adler gross, dein swaimen las erwachen! fliegt schärpflich ab und stosst die genns, | das in die rügk erkrachen. | Jy Hus, nu hass dich alles laid, | und heck dich Lucifer, Pilatus herre!

Für Hans Folz sind die Hussiten *grubenheimer* ›Grubenheimer, Bewohner von Gruben‹, da sie sich während der Verfolgung oft in Höhlen geflüchtet hatten.

> Fischer, Folz. Reimp. 22, 265 (Nürnb. 1483): Er [Judas] was auch in der helle grub | gesessen lang, darum er hub | Der grubenhamer keczrey an, | Die den ergsten unglauben han.

Doch auch die Wiedertäufer wurden als *gänsbader* beschimpft und selbst ein katholischer Prediger heißt bei Hans Sachs *gänsprediger* (Sachs 11, 201, 35). Für Teichner ist der Ketzer – ebenfalls nach einer Tiermetaphorik – nicht nur der subversive Wühlarbeit leistende Maulwurf (vgl. dazu Ernst 2000, 22), ketzerisches Verhalten ist das, wovor man sich hüten muss.

> Niewöhner, Teichner 406, 16 (Hs. moobd., 1360/70): man sol poshait wider streben, | chetzerhait und süntig leben.

---

428 Altmann, Wind. Denkw. 174, 2 (wmd., um 1440).
429 Ernst 2000, 24: z. B. Konrad Öttingers aus 9 Strophen bestehendes Lied „Heiliger geist, nun gib uns rat" (1420/1) ruft zum Kampf gegen die Hussiten auf.
430 Vgl. Kiepe 1972, 220; vgl. Hohmann 1992, 321 ff.

Denn, so Heinrich Seuse, damit wird das Land verunreinigt und die Heilsgemeinschaft bedroht.

> Bihlmeyer, Seuse 68, 23 (alem., 14. Jh.): falschů lere, mit der alles lant wurdi verunreinet mit kezerlichem unflat.

Man ist sich insgesamt einig:

> Helm, H. v. Hesler. Apok. 10387 (nrddt., 14. Jh.): [Ketzer] Sie enstoren die cristenheit.

Die zweite typische Metaphorik der Ketzerexklusion, die neben die Dehumanisierung durch Tiermetaphern tritt (vgl. auch die Belege Schottenlohers zu den *lutherischen Katzen,* Zitat s. o.),[431] ist damit angedeutet. Es ist die des Schmutzes, des Drecks, der Unreinheit, der Heimlichkeit und der sündigen Unzucht. Während man selbst *christlich* ist und sich so bezeichnet, ist der andere *heidnisch, ketzerisch, unchristlich.* Der Ketzer wird verteufelt; ‚Ketzerei' ist eine Sünde vor Gott, die nicht nur für den Einzelnen, sondern für alle zum ewigen Untergang führen muss.

> v. d. Lee, M. v. Weida. Spigell 25, 29 (omd., 1487): Vngelowben adder ketzerey ist ein geÿstlicher ehbruch vor gott.

Ihre Auswirkungen sind auch aus dem einschlägigen Wortfeld ablesbar: *abgötterei* 1; 3, *betrug, blasphemie, bubentand, bubenteiding, büberei, bosheit, buberei, christusverräterei, frevel, gotteslästerung, gottescheltung, greuel* 1, *hurerei, irdraben, irgarte* 2, *irre* 1, *irrekeit, irrigkeit* 2, *irrung* 2, *irsal* 2, *irsaltum, irtum* 2, *lästerung* 2, *maledeiung, räuberei, gotteslästerliche (teufels)lere, schalkheit, sünde, unglaube, unzucht, verfürung, verheulung, verspottung, wan, zauberei, zweiung* uvm.

Ketzerei muss jedenfalls, so lautet das Fazit aller Belege, *ausgerottet* werden.[432] Dieser radikale Handlungsaufruf des Ausrottens, wie er schon im Zusammenhang mit der Ausgrenzung der Juden zitiert wurde und wie er im Einzelnen auch verstanden worden sein mag, ist keine Erfindung der Neuzeit, er gehörte im Frnhd. zu den gängigen antiketzerischen Handlungsaufrufen:

> V. Anshelm. Berner Chron. 4, 375, 5 (halem., n. 1529): kam obgenanter legat wider und ermant d'Eidgnossen [...] ouch um ussrůtung des vermaledieten Luthers und siner bůcheren.

> Meisen u. a., J. Eck 61, 1 (Ingolst. 1527): er werde mir sein göttlichen genad und hilff zů außreittung und vertilgung diser ketzerey mitteiln.

---

431 Vgl. dazu: Pfeifer a. a. O. 1978.
432 Goldammer, Paracelsus 7, 323, 5 (1530/4).

Der Wunsch, alles Ketzerische ab *dem erdrich auszutilgen* (Turmair 4, 750, 15; bei Eck z. B. *austilgung* und *ausräutung*) oder *auszurotten*, erklang besonders zur Zeit der Reformation und der Gegenreformation, in denen Sozialdisziplinierung und staatlicher Modernisierungsprozess parallel vonstattengingen und zu einer intensiven Jagd auf Andersdenkende führten (Stuart 2008, 6). Die Rückwirkung auf die Gesellschaft selbst bestand im Einprägen von Gehorsam, Rechtgläubigkeit und Arbeitsdisziplin. Betrachtet man die Wortstrecke zu *ketzer*, so fällt das beständige Ansteigen von Ableitungen wie *ketzern*, *ketzerisch*, vor allem von Komposita seit der Mitte des 14. Jahrhunderts auf. Dies ist nicht nur dadurch zu erklären, dass die Komposition in dieser Zeit als sprachliches Mittel überhaupt an Bedeutung gewann. Es war in einer Zeit des kommunikativen Aufruhrs und der damit verbundenen neuen Öffentlichkeit auch das richtige Mittel, den Andersdenkenden schlagwortartig und treffsicher zu denunzieren bzw. zu verurteilen.[433]

Anderson u. a., Flugschrr. 13, 10, 25 (Leipzig 1522): hore dw Luder / der dw bist / eben / diser schedlichen heuptketzer eyner / vor denn vns Christus Jesus [...] warnet.

Die Wortbildungen zu *ketzer*, hier mit einer kleinen Auswahl an Bedeutungsverwandtschaften, zeigen ihre Schlagkraft: *bapstketzer*, *hauptketzer*, *ketzerglaube* (bdv. dazu: *apostüzlerei*, *aberglaube*, *unglaube*), *ketzermeister*, *ketzermönch*, *ketzerprediger* (dazu bdv.: *heuchelprediger*, *lärmprediger*, *pomeranzenprdiger*, *rottenprediger*), *ketzerschrift*, *ketzerschule*, *ketzerscheinig* >der Ketzerei verdächtig<, *ketzerstük*, *ketzerwerk* usw.

Der Ketzereiverdacht gehört damit (zusammengefasst) zu den wirksamsten Ausgrenzungshandlungen in einer Gesellschaft, in der Recht und Religion keine voneinander trennbaren Bereiche und die Gesellschaft sowohl auf das Hier und Jetzt als auch auf das transzendente Dort und Danach ausgerichtet ist. Was ein Ketzer ist, kann im Hinblick auf die vielen angeführten Perspektivenwechsel jedoch nicht als objektiv beantwortbare Frage betrachtet werden, sondern ist als Produkt des jeweiligen gesellschaftswirksamen kommunikativen Aushandelns zu sehen. Die hierzu vorliegenden Texte aus verschiedenen Textsorten sind zum einen der sprachliche Spiegel dieses Handelns, zum anderen sind sie dieses Handelns selbst. Sie unterstützen Moores These von der Verfolgungsgesellschaft, in der die vorgenommenen Unterscheidungen (*distinctivnesses*) in den Augen der Betrachter, nicht der Betroffenen (als einer *cause*), liegen. Das ist ins Linguistische übersetzt: Unterscheidungen entstehen nicht aus sprechunabhängigen Referenzgrößen, sondern werden interesse- und handlungsabhängig in eine vorkognitive und vorsprachliche Welt hineingetragen, die Referenzgrößen auf diese

---

433 Vgl. dazu: Pavlov 1983; 1995, 103–125; Solms 1998, 596–610; 1999, 225–246; Lobenstein-Reichmann 2004, 69–97.

Weise also konstruiert. Ins Praktische übersetzt heißt dies: Die Verfolger müssen sich zuerst die Kriterien für den zu Verfolgenden wie für die Verfolgung schaffen, bevor sie ihre Opfer danach verurteilen können.

> Moore 1987, 67: What heretics, lepers and Jews had in common is that they were all victims of a zeal for persecution which seized European society at this time. This suspicion is strengthened by the further question which it raises, namely whether the groups from which the persecuted came were in fact as large and as distinctive as they were believed to be — by considering, in other words, the possibilities that heresy, leprosy and Jewishness lay with beauty in the eyes of the beholders, and that their distinctiveness was not the cause but the result of persecution.

## III. 10. Hexen

Der beeindruckendste Fall der beschriebenen textlichen Konstruktion eines ketzerischen Ausgrenzungsopfers ist wohl das Beispiel der Hexe. Schon die von mir hier gerade scheinbar unreflektiert verwendete Formulierung *das Beispiel der Hexe*, präsupponiert, u. a. auch durch den konstativen Gebrauch und den kollektiven Singular, dass Hexen dieselbe Realität haben wie z. B. die religiöse Gruppe der Juden und die der sozial diskriminierten Bettler. Wenn Paracelsus im unten zitierten Beleg von Konspirationstreffpunkten der Hexen schreibt, so setzt er sie als real existierende Frauen in eine reale zeit- und raumverpflichtete Alltagswelt hinein.

> Sudhoff, Paracelsus 14, 25, 25 (1529/32): ein ort, do sich die hexen und ascendenten [...] ausrichten, [...] zu underrichten und lernen, zu conspiriren, und mit einander sich vertragen.

Heute sind Hexen, wie man jedem Kind erzählt, Märchenwesen, fiktionale Gestalten ohne Realitätswert. ‚Realität' wird dabei verstanden als exophorisch zeigbare und vor jedem Zugriff des sozialen Menschen gegliederte Wirklichkeit, nicht als soziale Realität. Diese, heute wohl von niemandem bestrittene Auffassung findet sich der Tendenz nach auch in modernen Werken der Sinnwelt ‚Sozialwissenschaft'; dazu folgendes Beispiel:

> Roeck 1993, 8f: Die >imaginäre Randgruppe< par excellence ist die >Sekte< der >Hexen<. Die Meinung, es habe wirklich Gemeinschaften von Frauen gegeben, die sich dem Teufel, der schwarzen Magie, ergeben hätten, kann wenig Wahrscheinlichkeit beanspruchen. Die der Hexerei bezichtigten Frauen und Männer waren im Sinne der Anklage unschuldig. Die meisten unglücklichen Opfer der großen Verfolgungen des 16. und 17. Jahrhunderts hatten mit Teufelspakt, Nachtflug oder Schadenszauber gewiß nichts im Sinn. Doch handelte es sich zweifellos häufig um Personen, die in

irgendeiner Hinsicht bereits Außenseiter waren – alte, alleinstehende Frauen, Menschen mit einem körperlichen oder psychischen Leiden etwa; ein Umstand, der wesentlich dazu beitragen konnte, daß sie die »extreme Marginalisierung« erfuhren, der Hexerei verdächtigt zu werden. Die Erschaffung der Hexe, eine staunenswert abstruse Leistung der Phantasie, kam somit oft einer Dämonisierung des Anomalen, eines sich nicht völlig in die Regeln der ihn umgebenden Gesellschaft fügenden Menschen gleich.

Nach Aussage dieses Textes sind ‚Hexen' nicht *wirklich*, sie *ergeben* sich nicht dem *Teufel* und treiben keine *Magie*. Sie sind vielmehr eine *Leistung der Phantasie*, das Produkt einer *Erschaffung*. Das wäre etwa dasjenige, was gerade oben als *fiktionale Gestalt* bezeichnet wurde. Wenn ich dennoch mit dem Blick auf die Formulierungen Roecks von einer *Tendenz* gesprochen habe, dann hat das folgende Gründe: Einmal verwendet Roeck Verbalabstrakta wie *Verfolgung, Marginalisierung, Leistung, Dämonisierung*. Das sind textgrammatisch gesehen Wortbildungen, die einen Verfolgenden (usw.) in historischer Zeit voraussetzen, aber seine Nennung systematisch verschleiern, das heißt hier (also strikt auf das Zitat bezogen): Es wird kein Einzelner, kein Angehöriger einer handelnden Gruppe als Verantwortlicher genannt. Vorausgesetzt ist lediglich, dass irgendjemand handelt. Mit anderen Worten: Die genannten Verbalabstrakta passen nicht zu einem sozialhistorischen Text, vor allem dann nicht, wenn sie mit einem ins Passiv gesetzten, die Nennung Handelnder ebenfalls aussparenden Verb (*verdächtigen*) verbunden werden. In die gleiche Richtung weist das substantivierte Adjektivabstraktum *Anomales*, mit dem zudem eine *Leistung der Phantasie* korrespondiert, die als *staunenswert abstrus* attribuiert wird. Die Träger der Anomalität-Eigenschaft seien *Außenseiter, Alte, Alleinstehende*, Menschen mit einem *Leiden*. Auch diese Angaben sind nur zum Teil als genuin soziologisch zu charakterisieren. Kurz und gut: ‚Hexen' sind zwar als eine *Phantasieleistung* relativiert, betroffen sind aber doch Personen mit bestimmten Eigenschaften, die als real vorgegeben dargestellt, anders herum: nicht ihrerseits als *Erschaffungs*produkte innerhalb einer als Konstruktion verstandenen Ideologie einer Gesamtgesellschaft inszeniert werden. Offensichtlich ist der metaphysische Realismus, der in vorliegendem Buch bereits unter den Termini *Naturalisierung, Ontologisierung. Realisierung* im Spiel war, so stark, dass ‚Hexen' selbst in wissenschaftlichen Texten noch ein Rest von Realität zugeschrieben wird. Dies ist hier nicht als Kritik gemeint, sondern als textlinguistischer Exkurs, der deutlich macht, wie schwer es ist, aus den Fängen der Sprache und damit des Ontologisierens herauszutreten.

Hier ist nicht der Ort, die *Erschaffungs*geschichte der ‚Hexe' aus alter Zeit über die Bibel und den spätantiken Augustin von Hippo, weiter über den mittelalterlichen Thomas von Aquin, den Stricker und den frühneuzeitlichen „Hexenhammer" (1491) oder über Shakespeare bis hin zu Joanne K. Rowlings Welt des Harry Potter zu beschreiben, obwohl mit den genannten Autoren und Beispieltexten bereits ein Konstruktionsrahmen angedeutet ist. Dieser ist textlicher Art. Fiktionsbildung, *Erschaffung*, *Leistung* sind Handlungen, von denen in einem pragmasemantisch orientierten Argumentationszusammenhang angenommen wird, dass sie dadurch erfolgen, dass jemand (ein bestimmtes einmaliges Individuum, nicht ein Normalmensch, oder ein Individuum als Gruppenangehöriger) in einer bestimmten Weise spricht, schreibt, Texte bildet und damit Realitäten schafft. Die Texte, in denen er dies tut, transzendieren die üblichen Textsortenklassifizierungen bzw. unterliegen (positiv ausgedrückt) einer literarischen, rechtlichen, erbauenden, belehrenden, anleitenden, agitierenden usw. Gestaltungsabsicht. Das fehlende Bewusstsein der Fiktionalität, mit anderen Worten: der fließende Übergang hin zum Realitätsverständnis der ‚hexe' waren in ihrer reziproken Handlungswirksamkeit Komponenten der in frnhd. Zeit entstehenden Gliederungsgesellschaft. Oder sprachwissenschaftlich ausgedrückt: Die sprachliche Konstruktion ist die Konstruktion einer geschichtstypischen Gesellschaft und umgekehrt.[434]

Der Glaube an die Realität von Fiktionen, z. B. an die Realitätsentsprechung des Hexenbildes, verbleibt nun nicht im Bereich der Kognition, sondern impliziert die Möglichkeit, über das neue ‚Reale' zu verfügen, konkreter: die ‚hexe' in seinem Sinne einzusetzen. Damit wurde sie disponibel; man konnte theoretisch jedermann als ‚hexe' inszenieren, *einen* Juden und *den* Juden ebenso wie z. B. *einen / den* Andersbekonfessionellen usw. Man konnte sie für alles verantwortlich machen, das außerplanmäßig oder unerwartet geschah.

> Ermisch u. a., Haush. Vorw. 323, 37 (osächs. 1570/7): Es werden aber die hunde nicht allein oftmals von sich selbst krank, [...] sondern auch von neidigen nacht-barn, teufelsbannern und hexen sambt dem jäger und seinem gezeuge [...] bezaubert.

Interessant zu lesen sind dazu die jeweiligen Anklagepunkte in den von Macha u. a. (2005) herausgegebenen Verhörprotokollen. Neben den üblichen Hexereidelikten wie ‚Teufelsbuhlschaft', ‚Teufelspakt' und ‚Schadenszauber' mit Todesfolge für Menschen oder Tiere ist im Protokoll „Friedberg 1620" besonders der Vorwurf auffällig, die Angeklagte habe „promiskuitive Kontakte" mit Juden gehabt (Macha 2005, 209ff.). Bei Roeck heißt das: Die Hexe war

> Roeck 1993, 55: in besonderer Weise disponibel: Juden, Zigeuner, Bettler gab es wirklich [...], die Hexe war ein imaginiertes Geschöpf, das jederzeit erschaffen werden konnte, wenngleich es wohl einer gewissen Phantasie bedurfte, aus einem alten Weib,

---

[434] Man kann wohl sogar den Tatort festmachen, von dem aus die Konstruktionsgeschichte ihre Verbreitung fand: das Voralpengebiet. Vgl. dazu: Rummel / Voltmer 2008, 25; 28f. Katalysatorisch wirkte wohl das von 1431 bis 1449 stattfindende Konzil von Basel (ebd. 29).

einem buckligen Männlein oder anderen den Superverbrecher oder die Superverbrecherin zu konstruieren, die sich gegen Gott und das Universum auflehnt.

Ganz abgesehen davon, dass hier wiederum bestimmte vorgegebene Eigenschaften (*alt, bucklig*) als erleichternd für die Konstruktion eines *imaginierten geschöpfes* angegeben werden und das Phantasieprodukt damit wieder von einer vorgegebenen Realität her als partiell begründet erscheint, wird auf bestimmte zeittypische Geleise und Folgen der Phantasiebildung und ihrer Umsetzung in die Praxis hingewiesen: Bestimmte Menschen, vorzugsweise Frauen, „sind" Hexen, man verfolgt sie und verbrennt sie. Folgendes Zitat eines zeitgenössischen Kritikers kennzeichnet die Haltung mit den Worten: „dann sie ist ein Hex / vnd muß ein Hexe sterben / sie sey es oder nicht" (so kritisch feststellend: Spee, Cautio Criminalis 486).[435] Die Fiktion war rechtsrelevant und damit tödlich geworden.

> Winter, Nöst. Weist. 4, 339, 22 (moobd., 1602): Alle verbotne zauberei, abgöttische ansprechung, besuechung der zauberei soll [...] am leib gestrafft werden.

> Stambaugh, Milichius. Zaubert. 1413 (Frankf./M. 1563): derhalben sie [Hexen] auch durch Gottes gericht / und den dienst der Oberkeyt offentlich und schmelich vom leben zum todt gebracht weren.[436]

Die Motive für diesen Phantasieüberschuss werden von Friedrich Spee in seiner berühmt gewordenen Kritik an den Hexenprozessen explizit genannt.[437]

> Oorschot, Spee/Schmidt. Caut. Crim. 480, 6 (Frankf./M. 1649): daß in Teutschlandt (vnter den Catholischen am allermeisten) bey dem gemeinen Pöfel / dessen man sich wol schämen muß: Ein vngläublich vnd vnsäglicher Aberglauben / Neyd / Verläumbdungen / böses Nachreden / gifftiges Ohrenblasen vnd Klapperwerck / vnd was darauß folget / üblich. [...] Darauß entstehet am aller ersten der Argwohn von der Hexerey.

Spee nennt mit geradezu sozialwissenschaftlicher Explizitheit die Verantwortlichen der Ketzerkonstitution, nämlich den *gemeinen Pöfel* unter den ‚Catholischen', außerdem die Motive (*aberglaube, neid* usw.) sowie das Resultat, den *argwon der hexerei*, und deutet schließlich die Verfolgungsrituale an (*beschreien*).[438]

---

435 Selbstverständlich sind auch sehr viele Männer und Kinder der Zauberei und Hexerei bezichtigt und dafür verurteilt worden. Das hier Beschriebene gilt systematisch auch für sie. Zur Geschlechtsspezifik in der Hexenverfolgung vgl. Rummel / Voltmer 2008, 80.
436 Vgl. auch: Stambaugh, Milichius. Zaubert. 13, 7.
437 Erklärungsversuche zum Phänomen der Hexenjagd insgesamt vgl. Schormann 1996, 100ff.
438 Vgl. dazu auch: Walz 1997, 80–98.

Auch im nachfolgenden Zitat wird betont, dass der Pöbel die Betroffenen zuvor erst selbst zu Hexen erklärt (*gemacht*) hat (ebd. 480):

> Daher ruffet jedermann mit Vngestümme: Ein Obrigkeit soll ein einsehen thun: man soll nachfragen / wer doch die Hexen seyen / deren keine als durch böse Mäuler gemachet / vorhanden.

Als weitere Verantwortliche sind mit der Erwähnung der *Obrigkeit* die Juristen, Richter und Beamte angesprochen, die entweder auf ihren Vorteil bedacht oder unfähig seien.

Der Prozess der Erschaffung von *Hexen* hat mehrere, nur analytisch voneinander trennbare Stufen. Er beginnt mit den üblichen sprachlichen Setzungen innerhalb bestimmter Textsorten;[439] zu nennen wären u. a. etwa rechtliche Normtexte, Gutachten, Predigten, katechetische Literatur, Bußanleitungen, aber auch Schwänke, Volksbücher sowie Zeitungen.[440]

> "Erwytterte Unholden Zeyttung", Ulm 1590: "Kurtze Erzelung wie viel der Unholden hin und wider / sonderlich in dem Obern Teutschland / gefänklich eingezogen: was für großen schaden sie den Menschen / vermög ihrer urgicht zugefüget und wieviel deren / inn diesem 1590. Jar biß auff den 21. Julij von dem Leben zum Todt hingerichtet und verbrandt worden seyen. [...] Dieweil dann zu unsern zeiten alle zaubereyen und Teuffelsgespänst dermaßen über hand nehmen / das schier alle Städt / Märckt und Dörffer im gantzen Teutschland / [...] desselbigen unzifers und Teuffels dienern voll seindt."

Die Setzung verbindet sich immer mit bestimmten einzelfallbezogenen Semantisierungen; diese werden über gezielte Nominalisierungen, Wortbildungen, Prädikationen usw. ihres Bezugs auf den Einzelfall enthoben und ins Allgemeine sowie ins Prototypische gewendet. Die Nutzung, Legitimierung und Festschreibung der sprachlichen Möglichkeiten verläuft pragmatisch je nach gesellschaftlichen Domänen / Sinnwelten (z. B. Recht, Religion, Alltag, Wissenschaft) jeweils anders; das Ergebnis sind aber immer allgemein gültige Semantisierungen und ihre Übertragung in die Realität. Es kommt zur Aufnahme der Form in den Volksglauben, damit in das Alltagsbewusstsein der Menschen und nicht zuletzt zum (Wieder)erkennungswert der vorgegebenen Setzungen im konkreten Lebensalltag.

Dem von Spee angedeuteten Weg eines von unten aus den untersten Bevölkerungsschichten nach oben dringenden Volksaberglaubens, der erst in seinem Ungestüm die Obrigkeit zum juristischen Eingreifen zwingt, ist so nicht zuzustimmen. Es geht vielmehr um Wechselwirkungen zwischen der über die Schriftlichkeit verlaufenden Textkonstitution einerseits und den mündlich vollzogenen

---

439 Vgl. dazu die Auswahl bei Behringer 1995.
440 Zitiert nach: Behringer 1995, 217.

Vermittlungen bzw. Anwendungen andererseits. Damit soll der Weg von unten, aus der Mündlichkeit heraus, nach oben, in die Schriftlichkeit hinein, insofern auch das Gewicht der nähesprachlichen nachbarschaftlichen Beschreiung nicht relativiert werden. Die Denunziation einer Person als *Hexe* war tatsächlich oft eher der persönlichen Beziehung zwischen den Menschen geschuldet, sei es aufgrund innerfamiliärer Zwistigkeiten oder nachbarschaftlicher Streitigkeiten, als der abergläubischen Angst vor magischen Umtrieben. Die Konstruktion der ‚hexe' und die damit entwickelten Instrumente der Hexenverfolgung boten effektive Möglichkeiten für die Lösung privater Auseinandersetzungen an, für entlastende Schuldprojektionen oder zur Ablenkung von eigenen Verdachtsmomenten, die entsprechend der textuell vorbereiteten Möglichkeiten auch genutzt wurden.[441] Dies alles spräche für einen Weg von unten nach oben, damit zugleich für den Weg aus der nähesprachlichen Mündlichkeit in die distanzsprachliche konzeptionelle Schriftlichkeit.

Auffällig ist allerdings, dass seit dem 15. Jahrhundert immer häufiger Texte erscheinen, die nicht als unterschichtig verortet angesehen werden können und in denen doch beschrieben wird, was eine Hexe „ist", wie sie dem Teufel, ihrem Bulen, in die Fänge gerät und wie man sich vor beiden schützen kann. Das Handlungsverb *beschreiben* an dieser Stelle präsupponiert wieder die Existenz von Hexen und Teufeln, ist aber an dieser Stelle dennoch adäquat, weil die Konstruktion durch die Beschreibung als Gegenstand inszeniert und somit ontologisiert wird. Man beschreibt ja nur etwas, das existiert.

Das berühmteste Beschreibungs- und Ontologisierungswerk ist wohl Heinrich Kramers *Malleus Maleficarum*, der berüchtigte *Hexenhammer* aus dem Jahre 1491.[442] Dieser hat folgende Handlungslogik: Den zeitgenössischen Richtern wird nicht nur die Pflicht auferlegt, die Hexen (Existenzpräsupposition) zu verfolgen (Handlungsaufforderung). Sie erhalten dazu dezidierte Anweisungen, wie und

---

441 Vgl. dazu: Walz 1997, 80ff. Dort auch die Angabe von Beispielfällen. Tendenziell anders als ich es hier behaupte, schreibt Walz: „Der Hexenglaube und die Hexenverfolgungen wurden nicht ins Dorf hineingepredigt, sie sind, dies sei gesagt, auch wenn es sehr böse klingt, die perfekte Realisation agonaler dörflicher Interaktionsstrukturen." Beide Positionen stehen nicht unbedingt im Widerspruch zueinander. Aber man könnte einwenden, dass die agonale Kommunikation innerhalb des Dorfes viele Möglichkeiten hatte, einen oder mehrere unliebsame Mitbewohner zu isolieren. Das Instrument des Hexereiverdachts musste jedoch zuerst als solches geschaffen werden, damit es in dieser Radikalität genutzt werden konnte. Dass es sich nach seiner Installation in der Rechtspraxis und in den Köpfen der Menschen verselbständigt hat, ist nur konsequent und zeigt, wie wirksam die Konstitution gelungen ist.

442 Nürnberger Hexenhammer 1491 von Heinrich Kramer (Institoris). Hrsg. v. Günter Jerouschek 1992. Zur Rezeption: Rummel / Voltmer 2008, 31–33. Vgl. auch: Segl 1988.

wonach sie die Delinquenten zu befragen haben, woran diese zu erkennen sind (Beschreibung) und worin sich z. B. ein natürlicher Schaden von demjenigen unterscheidet, den etwa eine *Unholde* verursacht hat (s. o. das Kapitel zu den anleitenden Textsorten; II. 9. 8.). Das heißt: Man projiziert die Konstruktion ‚hexe' dadurch in die Realität hinein, dass man Unterscheidungen anbringt, Zeichen des Hexe-Seins voraussetzt, angibt und darstellt, natürliche Schäden von denjenigen sondert, die von Hexen verursacht sind usw. Zusammengefasst: Je mehr, je plausibler und je logischer man feststellend, beschreibend, unterstellend, begründend, belehrend, beweisend und fordernd über etwas redet und aufgrund von etwas handelt, das nur im Kopf von Interessierten existiert, desto erfolgreicher schafft man das Wissen von der Realität des Phantasieproduktes. Eine metaphysische Überhöhung erfährt dieses Tun dann dadurch, dass man Ketzer(innen) aus dem Bereich des Normalsozialen heraushebt und sie zu Abgefallenen deklariert. Hexen verdienten nach Kramer (2010, 314f.) die schwersten Strafen, „da sie nicht einfach Ketzerinnen sind, sondern auch Abgefallene, schlimmer noch, dass sie bei dieser Apostasie nicht aus Menschenfurcht oder Fleischeslust den Glauben ableugnen [...] sondern über die Verleugnung hinaus den Dämonen selbst die Huldigung erweisen, indem sie ihre Körper und Seelen preisgeben."

Aus dem nachfolgenden Jahrhundert stammt das von Johann Fischart 1591 aus dem Französischen übersetzte, in Straßburg erschienene Werk von Johann Bodin:

> De Magorvm Daemonomania: Vom Außgelasnen Wütigen Teuffelsheer Allerhand Zauberern, Hexen vnnd Hexenmmeistern, Unholden, Teuffelsbeschwerern, Warsagern, Schwartzkünstlern, Vergifftern, Augenverblendern e[t]c. Wie die vermög aller Recht erkant, eingetrieben, gehindert, erkündigt, erforscht, peinlich ersucht vnd gestrafft werden sollen.

In einem weiteren ‚Hexenwerk', dem eher literarischen „Drachen-König" aus dem Jahre 1647, gebraucht der Autor, Heinrich Rimphof, die Substantivgruppe *warhaftige, deutliche, christliche [...] beschreibung* zur Wahrheitsuntermauerung seiner Aussagen; und auch bei ihm findet sich – wie im „Hexenkammer" – die Überhöhung ins Metaphysische:

> Drachen-König: das ist: warhafftige, deutliche, christliche und hochnothwendige Beschreybung deß grawsamen hochvermaldeyten Hexen- und Zauber-Teuffels, welcher durch Gottes sonderbahre direction, Schickunge und Gnade an diesem Ort bald fürm Jahr durch ein neunjähriges Mägdelein wieder aller Menschen Gedancken manifestirt und ganz wunderbarlich ans Licht gebracht.[443]

---

443 Vgl. auch: Praetorius, Anton: Von Zauberey vnd [und] Zauberern gründlicher Bericht: Darinn der grawsamen Menschen thöriges, feindseliges, schändliches vornemmen; Vnd

Solche Texte erinnern an die von Po-Chia Hsia (1988, 22) beschriebenen „fabrication[s] of event" im Kontext der Ritualmordlegenden; sie schwanken zwischen Prozessinstruktionen[444] (dies besonders im Hexenhammer), Fahndungsbeschreibungen, Ratgeber-, Aufklärungs-, Unterhaltungs- und Skandalliteratur. Sie sind richtungsweisend für den Umgang der Justiz mit den angeblichen Delinquenten und damit auch verantwortlich für das Hexenbild der spätmittelalterlichen und frühneuzeitlichen Gesellschaft. Doch bevor sie eine Justiz mit Akkusations- und Inquisitionsverfahren in Gang setzen konnten, mussten sie dieser erst die entsprechenden Rechtskonstitute zur Verfügung stellen. Dazu gehören Täter, Opfer, Tatbestände, Schadensbefunde, erkennungsdienstliche Instrumente, Strafverfahren, Strafkataloge usw.[445] Entsprechend kann eine Entwicklung vom Beginn des Frühneuhochdeutschen bis hin ins späte 18. Jahrhundert gezeigt werden, die von der sprachlichen Überzeugungsarbeit bis zur epidemischen Hexenverfolgung führt.[446] Man möchte meinen, dass sich hier (ähnlich wie beim Antijudaismusdiskurs; vgl. Kapitel II. 10. 1) drei Diskurse miteinander verbinden, ein volksläufiger, ein theologischer und ein rechtlicher.

Der erste ist durch seine Diffusität und seine Latenz definiert. Der in der Mündlichkeit vollzogene, gerne aus archaischen Tiefen der Zeit hergeleitete und überlieferte Volksglaube mit seinen magischen Praktiken[447] ist besonders in der frnhd. Epoche nur bedingt in seinen verschriftlichten Reflexen fassbar. Der zweite – theologische – Diskurs hat schriftliche und mündliche Ausdrucksformen, schriftliche etwa in den Kirchenrechten, schriftliche wie mündliche in den Katechismen und mündliche in den Predigten. Er richtet sich zum einen gegen das vermeintlich Heidnische und Ketzerische und semantisiert das ‚Christliche' zum anderen im Sinne der Systemstabilisierung einer bedrohten Heilsgemeinschaft

---

wie Christliche Oberkeit in rechter Amptspflege jhnen begegnen, jhr Werck straffen, auffheben vnd hinderen solle vnd könne / Kurtz vnd ordentlich gestellet Durch Antonium Praetorium Lippiano-Westphalum. Hierzu ist gesetzet Der Theologen zu Nürnberg gantz Christlich Bedencken vnd Warhafftig Vrtheil von Zauberey vnd Hexenwerck. Heydelberg 1613.

444 Vgl. dazu die Auswahledition an Hexenverhörprotokollen von Macha u. a. 2005.
445 Grundlegend dazu war vor allem in katholischen Gebieten die Peinliche Halsgerichtsordnung Kaiser Karls V. (1530/1532).
446 Ob es eine eindeutige Beziehung zwischen ausgeführter Hexenverfolgung und tatsächlicher, in breiten Teilen der Bevölkerung vorhandener Hexenangst gibt, oder ob auch diese nur eine durch die historische Zeit hin und durch die Texte der Verfolger konstituierte Vorstellung ist, wozu ich tendiere, kann nicht wirklich geklärt werden. Schwierig ist eine solche Überprüfung vor allem deshalb, weil in der Regel eben nur die Ausführungen der Verfolger überliefert sind. Vgl. dazu: Rummel / Voltmer 2008, 17.
447 Vgl. dazu: Ennen 1988, 7.

geradezu als Bedrohungsgemeinschaft. Seine kommunikative Wirksamkeit lässt sich zeitlich vom Basler Konzil (1431–1449) und den dort stattfindenden Ketzer- bzw. Häresiediskussionen herleiten.[448] Der berühmteste Hexen-Fanatiker war ein Dominikanermönch, der schon genannte Autor des Hexenhammers, Henrich Institoris (dt. Heinrich Kramer), der 1487 mit seinem „Malleus maleficarum", eine „spätscholastische Summe des Wissens über Hexen" vorgelegt hat.[449] Bereits 1428 hatte es Hexenprozesse gegeben. Solche Prozesse setzen einen dritten Diskurs voraus, der für die Betroffenen der entscheidende war, nämlich einen der Verfolgung vorausgehenden, dem Häresiediskurs parallel verlaufenden Rechtsdiskurs. In ihm verbinden sich die beiden ersten zur realen Bedrohung für jedermann. Und erst in dieser Verbindung kann die Erkennbarkeit der Hexen textlich umfassend konstituiert werden. Wir befinden uns damit an den soziologisch höheren Orten der Text- und Meinungsgestaltung.

Ein prägnantes Beispiel für eine solche sprachliche Konstruktion ist das als Erkennungszeichen und damit auch als prozessrelevantes Überführungsindiz fungierende Hexenmal.[450] Das *stigma diabolicum* bzw. das *gemerke* (Bed. 1; s. v. *gemerke* im FWB) wurde von den Richtern und Folterknechten der Hexenprozesse bei den angeklagten Frauen als körperliches Indiz für einen Teufelsbund vermutet, gesucht und oft gefunden. Dieses körperliche Indiz galt als objektiver, da sichtbarer Beweis für die Teufelsbuhlschaft.[451] Man behauptete, die Verdächtigen trügen

> Helm, H. v. Hesler. Apok. 19341 (nrddt., 14. Jh.): vorn an den stirnen [...] Oder an der rechteren hant | Antecristes gemerke.

Fand man solche Erkennungszeichen des Teufels, *stigma diabolica*, frnhd. auch *kundzeichen*, bzw. *hexenmale* oder *hexenzeichen*[452] genannt, so führte diese „Identifizierung" in der Regel zur Verurteilung des Opfers. Was aber genau ein solches Teufelszeichen ist, wie es auszusehen habe, bleibt unklar und wird zur Interpretation freigegeben. Ein normaler Fleck auf der Haut, ein Leberfleck oder Feuermal konnte genügen. Man musste das gefundene körperliche Merkmal nur umetikettieren und hatte damit eine Hexe gefunden. Im *stigma diabolicum* verbindet sich die sprachliche Benennung einer Person als *hexe* mit einer impliziter

---

448 Rummel / Voltmer 2008, 29.
449 Harmening 1988, 177.
450 Zu den unterschiedlichen Vorstellungen: Rummel / Voltmer 2008, 46.
451 Die wichtigsten Komponenten der Hexereiüberführung waren der Nachweis des Teufelspaktes, der Teufelsbuhlschaft, der Beteiligung am Hexensabbat und das Schadenszaubern.
452 Vgl. dazu: Oorschot, Spee/Schmidt. Caut. Crim. 492.

Charakterisierung und der Konstituierung körperlicher Merkmale als Zeichen. Der Akt einer der durch Sprache konstituierten, bis in die Körperlichkeit greifenden sprachlichen Zeichensetzung wird hier offensichtlich. Die vorauszusetzende textliche Konstruktion von Zeichen als Teufelszeichen ist dann wieder nicht nur die Bedingung für deren Erkennbarkeit, sondern auch für die reale Existenz. Denn diese Zeichen müssen zuerst von Menschen innerhalb eines verbalsymbolischen (kommunikativen) Kreislaufs in Texten (am besten in den sozialkonstitutiven Textsorten aus den Bereichen Religion und Justiz) geschaffen werden, bevor sie als beweiserbringende Indizes für einen Teufelsbund zur Verurteilung eines Menschen herangezogen werden können. Der Akt der systemübergreifenden Semiose ist dann vollzogen, wenn eine dermatologische Auffälligkeit, die von einem Arzt mit dem Urteil *Leberfleck* diagnostiziert werden würde, von den Inquisitoren interpretiert und zu *Antecristes gemerke* oder zu einem *hexenzeichen* erklärt wird. Der Verurteilung des Zeichenträgers steht damit nichts mehr entgegen.[453]

Einer der Texte, in denen ausführlichst „beschrieben" und das heißt: festgelegt wird, welche weiteren Kennzeichen eine Hexe haben muss, in denen also die Sammlung der Zuschreibungen erfolgt, soll hier etwas ausführlicher zitiert werden: die bereits erwähnte „De Magorvm Daemonomania". Gleich zu Beginn wird deutlich, dass Bodin / Fischart zuerst einmal erklären müssen, was sie unter einer Hexe verstehen. Dass ihre *Beschreibung* oder *Definition* (s. u.) letztlich nichtssagend ist und geradezu beliebig gefüllt werden kann, ist in der Tat Voraussetzung bzw. *Fundament* aller weiteren Ausführungen.

> Bodin / Fischart 1591, 1: Das Erst Capitul. Von eygentlicher Beschreibung oder Definition der Zauberer / Hexen vnd Hexenmeister. Ejn Zauberer / Hex oder Hexenmeister ist / der fuersetzlich vnd wissentlich durch Teuffelische mittel sich bemühet vnd vnderstehet sein fürnemmen hinauß zutringen / oder zu etwas dadurch zukommen vnd zugelangen. DJese Beschreibung oder Definition hab ich zu forderst setzen muessen: Dieweil sie nit allein zu dieses angefangen Tractats Verstand hoch notwendig: Sonder auch vmb Anleitung willen / ein rechtes billiches Vrtheil von den Hexen zufellen: Welches biß hieher von allen / so sonst von den Hexen geschrieben / ist vnderlassen worden: Vnd ist also diß das Fundament / darauff gegenwertiger Tractat wird gebauwet bestehen.

Bodin / Fischart, die beide sicherlich nie in ihrem Leben eine Hexe gesehen haben, „BESCHREIBEN" detailliert, was Hexen oder Hexenmeister *sind* (22; 53; passim), was sie brauchen (z. B. *Messen* 20, *Hexenfahrt, Hexentanz*) und was sie tun: sie *stincken* (s. u.), *verzaubern die früchte / nit durch krafft d' woerter oder durch anders*

---

453 Vgl. dazu: Lobenstein-Reichmann 2012b.

/ *sondern durch huelffe des Sathans* (85ff.), sie *fressen der Todten fleisch* (93, 117, 238), *pflegen fleischlicher beiwonung mit dem Teuffel* (97, 104, 109, usw.), *betten den Teuffel an in Bocksgestalt / vnd kuessen jhm den hindern* (104, 106ff. u. ö.). Sie wissen also ganz genau, wie Hexen aussehen, nämlich *heßlich* und *scheußlich, abschewlich, vnflätig* (163), was sie tun und vor allem, wie sie riechen (hier begegnet wieder die Technik, Fingiertes durch detaillierte Beschreibung zu ontologisieren):

> Bodin / Fischart 163: die bösen geister seien gantz garstig vnnd stinckend / auch stinck das ort / da sie sich mehrtheils halten vnd versam̃elen. Daher glaub ich / sey entstanden / daß die Alten die Zäuberin vnnd Vnholden Fœtentes, Stinckböck vnnd Stanckhämmel / vnd die Gasconier Fetilleres genant haben: Wegen jhres garstigê vnflätigen gestancks: Welcher [...] herkompt von der schandlichen geylen vermischung vnnd Rammelung mit den Teuffelen. Welche / wie gläublich / zu solchen fleischlichen wüsten händelen / vielleicht eines gehenckten oder sonst leibsträflich hingerichteten Galgenaaß Cörper vnd Leib annem̃en vnnd brauchê. [...] die Hexen vnd Hexenmeister / wann sie dem Sathan zu Ehren beisamen kom̃en / pflegen jhn auch inn gstalt eines stinckenden Bocks für Heiligthumb im Hindern zuküssen.

Interessant im gerade gebrachten Textausschnitt sind die epistemischen Einschübe: *glaube ich* bzw. *wie gläublich*. Ersterer bezieht sich auf ältere fremdsprachige Motivationen einer Hexenbezeichnung. Er dient also nicht so sehr der Bekundung von Zweifel, sondern der Historisierung der Aussage im Sinne von: So war es schon bei den *Alten*, also schon immer (Historisierung). Der zweite könnte seinem Wortlaut nach so gelesen werden, als sei der Autor selbst nicht ganz von dem überzeugt ist, was er vorträgt. Allerdings erzählt er das Unglaubliche und Unbeschreibliche im Anschluss an eine als zweifelsfrei vorgetragene Behauptung (die *rammelung mit teufeln*), in einem in sich geschlossenen Bild vom Treiben mit dem Teufel, mit offensichtlicher Lust am Erzählen, wohl auch zum Zwecke der schockierenden Unterhaltung seiner Leser, so dass die gebrachte Floskel als Verstärkung der Wahrheit des Gesagten aufzufassen ist. Wenn man mit dem Blick auf die Intertextualitäten der Zeit bedenkt, dass der Henker deswegen als unehrenhaft gilt, weil er es mit Toten zu tun hat, der Abdecker, weil er das Aas entsorgt, und der einfache Bürger schon allein dadurch selbst unehrenhaft werden kann, dass er nur den Galgen oder das vom Henker benutzte Folterwerkzeug berührt, dann ist der erzählerische Effekt dieses Textes gewährleistet.

Hinzu kommt der sexuelle Tabubruch.[454] Angesprochen werden wilde Orgien, vor allem mit dem Teufel als *hexenbuler* (*hexenbulschaft*),[455] die Sodomie, die

---

454 Vgl. dazu auch: Spee, Cautio Criminalis 485.
455 Sudhoff, Paracelsus 14, 23, 12 (1529/32).

Homosexualität und die Leichenschändung. Hexen (lat. *striga*) waren eben *abholdinnen, ansprecherinnen, bademuhmen, bilwissen, druten, gabelreiterinnen, geistgenossen, hagelkocherinnen, hellekrücken, hexenpersonen, hexenmenschen, hexenweiber, lüplerinnen, milchdiebinnen, tagwäler, teufelsgenossen, teufelshuren, unholde/innen, wettermacherinnen, zauberinnen, zauberischen,* auch *berchte.* Sie gehörten zu den *hexenleuten,* zur *hexenrotte* bzw. zum *hexengesinde, hexengesindel, hexengesippe* oder *hexenvolk* und waren daher *hexen-* und *teuffelsgeschmeiß* (dehumanisierende Tiermetaphorik). Ihre Bedrohungspotential wird metaphorisch verstärkt durch die Beschimpfung als sich *hauffenweiß* vermehrendes *gewürm* und *geschwürm* (wieder dehumanisierende Tiermetaphorik), das alles *vergifftet und beschmeisset* (Bodin 150). Sie werden mit Plagen wie Pestilenz, Krieg und Hunger gleichgestellt und mit sich urzeugend vermehrenden Teufelstieren (*schlangen* usw.) verglichen:

> Bodin / Fischart 150: diß Zäubeisch Gesindlein / ist eben wie die Schlangen / Natern vnd Krotten auff erden / wie die Spinnen in Häusern / die Raupen vnd Mucke inn den Lüfften / welche auß Verfaulung und Corruption gezeugt vnd generert werden / vnd das Gifft der Erden / sampt der Vnreinigkeit vnnd Infection des luffts an sich ziehen.

Wieder ist die Deontik der Aussagen kaum zu überlesen. In dem Maße, wie man Schlangen fürchtet, sich vor Kröten, Spinnen und Mücken ekelt, will man sie aus dem Hause haben. Doch die Pathologisierung droht vom Boden, von den Wänden und sogar aus der Luft selbst. Dann verbinden sich dehumanisierende Tier-, negative Reinheits- und epidemische Krankheitsmetaphern zu einer strategisch gelungenen Schreckensinszenierung mit nicht ausformulierter, aber deutlich erkennbarer Handlungsanweisung.

Für immer mehr Menschen wurde die sogenannte Hexe auf diese Weise zum personifizierten Bösen, zur „Superverbrecherin" (Roeck 1993, 55), dies auch für den Reformator Martin Luther.[456]

> Luther, Kirchenpostille, WA 10, 1, 590: Item die hexen, das sind die boßen teufelshuren, die da milch stelen, wetter machen, auff böck und beßen reytten, auff mentel faren, die leut schiessen, lemen und vordurren, die kind ynn der wiegen marttern, die ehlich glidmaß betzaubern unnd desgleychen.

Seine Predigten waren wie die seiner katholischen Kollegen maßgeblich für die Konstitution des Hexenbildes (Dinzelbacher 2000, 98ff.).

> Goertz 2004, 226: Was vorher alltäglich und normal in der Bevölkerung war, wurde jetzt herausgestellt, stigmatisiert und kriminalisiert, so dass es nicht ganz falsch wäre

---

456   Vgl. auch: WA 51, 55, 27; Tr 3, 446, 1.

zu sagen, der Klerus habe die Vorstellung von der Hexe selbst geschaffen, von der Hexe, wie er sie dann beschuldigte, verfolgte, folterte, ertränkte und verbrannte. Dem Imaginären wurde empirische Evidenz verliehen. Das erst machte die Hexen gefährlich und legitimierte ihre Verfolgung.

Die Entdeckung der Hexe, wie sie hier beschrieben wurde, entpuppt sich nach alledem als Erschaffung der Hexe in Texten, und zwar sowohl in den genannten Rechtstexten wie (vorzugsweise) durch volkssprachliche Predigten (Geiler von Keysersberg). Erst durch deren Rezeption in den Kirchen (der katholischen ebenso wie später in den protestantischen) begann das zur Bedrohung für Leib und Seele werdende Hexenbild und mitsamt seiner narrativen Inszenierung seinen Siegeszug im Lebensalltag der Menschen. Diese Texte hatten sich nun mit altem Volksglauben von magischen Wesen mit Zauberkraft verbunden und sind Teil des kollektiven Wissens und Glaubens, zu einem alle Schichten durchdringenden tragfähigen Hexenkonzept geworden.

> Rennefahrt, Staat/Kirche Bern 678, 14 (halem., 1600): wie häfftig die arbeitsäligkeit der hexery by iren underthanen welschen landts inrysst.

Erst nach dieser Konstituierung begann man Hexenmale zu erkennen, Hagelschäden als Hexenschäden zu begreifen und nachts Hexentänze zu beobachten. Nun wurde auch das Simplex *hexe* zu einem auffällig produktiven Wortbildungsphänomen. Das Deutsche Rechtswörterbuch (DRW) verzeichnet nahezu 200 Kompositen. Dies ist eine erstaunlich große Zahl für einen ‚real' nicht existierenden Gegenstand, vor allem, wenn man ihn mit den nur 19 dort verzeichneten Bettlerkomposita vergleicht. Es ist wohl nicht nur die Rechtsrelevanz der Hexenprozesse, die hierfür verantwortlich ist. Es könnte auch daran liegen, dass ein fiktives Phänomen wie die Hexe, die rein sprachlich geschaffen worden ist, gleichsam einen erhöhten Aufwand an Lexik zu seiner Fassung und stetigen Neumotivierung und Neukonstitution braucht. Mit der prädizierenden Etikettierung *hexenwerk* oder *unholdenwerk* kann man von jedem Sachverhalt eine Verbindung zur Hexerei ziehen, ebenso mit *hexerei* selbst oder *hexerisch*. Die Verursacherin oder Produzentin eines solchermaßen bewerteten Sachverhaltes war damit genauso bedroht, wie mit dem direkten Bezeichnungsangriff mittels *hexe, unholdin* oder wie Luther in der Bibel übersetzt: mittels *zauberin*.[457]

Viele der neuen Wortbildungen haben Schimpfwortcharakter oder dienen der Sekundärstigmatisierung, was ebenso gefährlich werden konnte wie die direkte Anklage. Das heißt, man konnte mit ihnen all jene angreifen, die sich für die Opfer der Hexenstigmatisierung bzw. gegen die Hexenverfolgung einsetzten. Man brauchte sie nur mittels Determinativkomposita als *Hexenadhärent, Hexen-*

---

457 Luther, Hl. Schrifft 2. Mose 22, 17 (1545): DJE Zeuberinnen soltu nicht leben lassen.

*defensor, Hexenfavorit, Hexengenosse, Hexenfreund, Hexenführer* (II), *Hexenpatriot, Hexenpatron, Hexenverteidiger, Hexenvertreter* usw. zu bezeichnen und hatte ihnen damit ebenfalls eine Art Teufelsbund unterstellt. Welche Folgen diese Sekundärstigmatisierung haben konnte, zeigt der Angriff Rimphofs auf diejenigen Stimmen, die sich gegen die Verfolgungen wandten. Hier ist Johannes Seifert gemeint, ein Übersetzer von Spees „Cautio Criminalis".

> Rimphof, DrachKö. 500, 1647: daß der rosenkreutzige hexen-fuehrer [...] wuerdig were / daß er nebenst den hexen dem hencker vbergeben wuerde.

Krämers erstes Kapitel im *Hexenhammer* (108) „sagt von müshandel des rechtens. do for sich hütten sollen alle richter", weil sonst die „posheit der vnholden gewachsen vnd gestercktt [ist]". Der Vorwurf, die Unholden dadurch zu unterstützen, dass sie nicht bestraft würden, oder auch nur dadurch, dass man bei ihrer Be- und Verhandlung vorsichtig zu Werke gehe, mutiert dann schnell zur Drohung für alle am Prozess Beteiligten, selbst für den Richter. Spees eigene Sorge vor der Sekundärstigmatisierung wird im folgenden Zitat deutlich.

> Oorschot, Spee/Schmidt. Caut. Crim. 484, 11f. (Frankf./M. 1649): So ist es ein Crimen exceptum, in welchem wo einer Advociren will / vnd die Defension vornehmen / so wird er selber verdächtig: Dann auch ein jeder der die Richter zu erinnern sich annimmet / das sie behutsam gehen sollten / für ein Hexenmann gescholten / vnd für ein Hexenpatronen traduciret werden muß. Also werden jedermann die Mäuler gestopffet / vnnd die Schreibfedern auß der Hand gerissen / daß niemandes reden oder schreiben dörff.

So schwer es war, eine als Hexe angeschuldigte Frau zu verteidigen, so leicht war es, den Argwohn zu schüren. Der schon mehrfach zitierte Bodin / Fischart schlägt (204) ein Vorgehen vor, das man ihrer Aussage nach schon in Schottland und Mailand praktiziere. Man solle doch in jeder Kirche einen Stock haben,

> darein jedem freystande ein gerollt Papirlein zu werffen darinnen des Zauberers oder der Unholdē Namen / sampt dem fall / so sich mit jhm oder jhr zugetragen / dem ort / der zeit / den zeugen [...] beschriben seie.

Der wichtigste Sprechakt der Hexenkonstitution bleibt am Ende neben den vielen einzelnen, zur Konstruktion des Hexenbildes notwendigen Akten also vor allem die Denunziation. Man kann viele Bilder zeichnen, sie alle nutzen nichts, wenn die Menschen, denen man sie anbietet, sie nicht gebrauchen. Das Hexenbild wurde folglich oft genug eingesetzt, um unliebsame Nachbarn, Familienmitglieder und andere Personen aus dem Nähebereich loszuwerden. Die sprachliche Konstruktion von Welt und verletzendes Sprechen erhalten unter diesem Aspekt eine besondere Brisanz.

# IV. Medialität und Ausgrenzung

In den vorangegangenen Ausführungen begegneten immer wieder Fragen nach den medialen Aspekten der Ausgrenzung, Entehrung und Diskriminierung. Das Verhältnis von Schriftlichkeit und Mündlichkeit hinsichtlich deren jeweiliger Funktion für den Ausgrenzungsprozess war damit immer mit im Spiel; es ist, wie sich im Folgenden zeigen wird, vielschichtig interpretierbar: Wir haben auf der einen Seite die (nach heutiger Auffassung) eher der Nähesprachlichkeit zuzuordnenden Schimpfwörter und auf der anderen Seite die eher distanzsprachlich argumentierende, fachtextliche Konstitution der Ausgrenzung von Personen, etwa der *hexen*. Zu diskutieren wären mit den vorauszusetzenden graduellen Übergängen drei Verlaufsmodelle (als Ordnungsideen des Wissenschaftlers), die die Menge der Einzelerscheinungen in einen Zusammenhang bringen könnten.

Zunächst scheinen Ausgrenzungsphänomene in der allgemeinen, anthropologischen Verfasstheit des Menschen zu wurzeln und damit in einem fundamentalen Sinne der unmittelbaren Mündlichkeit zu entstammen. Als ein solches Phänomen würden Diskriminierungshandlungen im Prozess der allgemeinen Verschriftlichung erst einmal nur als medial transferiert aufgefasst werden müssen. Wie sie von da aus in die distanzsprachliche Schriftlichkeit gelangen, würde sich als Problem darstellen; jedenfalls gäbe es eine Anhebungsbarriere. Die zweite Möglichkeit wurde am Beispiel der Hexen problematisiert (Kap. III. 10). Als adäquat erschien dabei das Modell, Schrifttexte an den Beginn der Hexenverfolgung zu stellen. Diese Texte wurden Experten einer gehobenen Sozialschicht als Autoren zugeschrieben, als fachlich argumentierend gedacht und so dargestellt, als seien sie anschließend durch gezielt eingesetzte Narrativierung auf den Weg in eine „volkssprachliche" Mündlichkeit gebracht worden. Obwohl auch hier eine Barriere, in diesem Fall eine Absenkungsbarriere, angenommen werden muss, wären die ausgrenzenden Inhalte und Strategien doch von vielen Menschen internalisiert worden (Berger / Luckmann 2004, 65). Während die erstgenannte Möglichkeit also die sprachliche Ausgrenzung von unten aus der Volkskultur betont, setzt die zweite Variante eine gehobene, konzeptionelle Schriftlichkeit voraus, nimmt demnach einen Weg von „oben" nach „unten" an. Dieser zweite Ansatz wird durch die Thesen von der zunehmenden Bürokratisierung des Staates und von der Staatsbildung unterstützt, die in der Tat als Ursachen für *Persecution* (Moore) als systematisch gebrauchtes herrschaftsschaffendes Phänomen gesehen werden können. Auch die von Stuart (2008) angeführte zunehmende Professionalisierung der staatlichen Machtausübung, die ohne ein bestimmtes Maß an Schriftlichkeit nicht möglich gewesen wäre, würde hierzu passen. Doch sprachliche Ausgrenzungsphänomene wie die mehrfach diskutierten Schimpfwörter, die bei zunehmend schriftbestimmter Vergesellschaftung nur ausnahmsweise geschrieben worden sein dürften, also nach heutiger Denkweise der nähesprachlichen Mündlichkeit angehören müssten, verweisen eher auf die erste Variante.

Die damit angedeutete Schwierigkeit spricht für eine dritte Variante, nämlich für einen spiralförmig sich beschleunigenden Wechselwirkungsprozess, in dem sich Züge zweier unterschiedlicher Diskriminierungstraditionen miteinander verbinden, und zwar solche der Nähesprache mit solchen einer hohen Schriftlichkeit. Auf der einen Seite stünde dann eine mündliche Face-to-face-Gesellschaft, in der sprachliche Verletzungen spontan korrigiert und damit auch individuell geheilt werden könnten, deren emotionalisierende Direktheit aber auch zu individueller Entladung bzw. zu kollektiven Hysterien führen könnte. Auf der anderen würde sich eine immer skriptizistischer werdende Typisierungs- und Abstraktionsgesellschaft mit kontinuierlich festgesetzten Normen, Normüberprüfungsinstitutionen und sich entwickelnden ausführenden Organen konstituieren, deren Legitimations- und Ordnungshandlungen oft genug auf verbalen Gemeinschaftsbildungen durch Inklusionen und Exklusionen beruhen. Der Weg von der ersten, konzeptionell nähesprachlichen, zur anderen, konzeptionell distanzsprachlichen (schriftlichen) Seite verläuft offensichtlich aber nicht als Wechsel vom einen zum anderen, sondern so, dass Strategien, die als mündlich gedacht werden, von der hohen, ja sogar literarischen Schriftlichkeit nicht nur nicht abgelehnt, sondern gezielt übernommen wurden, und zwar zunehmend mit dem Fortschreiten der Zeit. Von da aus wirken sie verstärkend zurück.

So wurde bereits die Bettlerausgrenzung seit der Spätantike durch die textuelle Armutsdiskussion der Theologen gefördert und mit den Verelendungsprozessen der Pestjahre noch verstärkt. Seither greifen genormte Bettelordnungen in den zuvor weniger geregelten Umgang mit der Armut ein, so dass die soziale Verelendung mit einer sich radikalisierenden sprachlichen und juristischen Diskriminierung einhergeht und verstärkt wird. Auch Juden- und Ketzerausgrenzungen wurden entscheidend durch eben dieselben Theologen in eben denselben fachsprachlichen Expertendiskursen und mit expliziter Rückwirkung auf die Rechtsordnungen entwickelt.

Die reformatorische Polemik wusste den Nutzen der populistischen Ausgrenzungsdiskurse durchaus für sich zu nutzen. Allen voran ging Johannes Eck, der mit seinem Text gegen die Juden zu kompensieren versuchte, was den katholischen Autoren der Zeit nur bedingt gelang: Volkstümlichkeit. Das Bedienen populistischer Propaganda nutzte jedoch kaum der katholischen Sache, sondern schadete nur langfristig den Juden. Auch die textliche Konstituierung der Hexe aus volkstümlichem Aberglauben und einer diesen unterstützenden obrigkeitlichen Interessenpolitik wurde beschrieben. Dies alles sind Prozesse, die zumindest teilweise von oben gesteuert wurden. Textlinguistisch betrachtet gehen sie mit einer hoch elaborierten Literarizität einher, darunter allen Formen argumentativer Polemik und Dramatisierung sowie mit einer Narrativität, die ihre Stoffe aus dem sozialen Nähebereich mit seinen jedermann bekannten Macht- und Unrechtserscheinungen nahm. Man könnte geradezu von textuellen Strategien der Vorurteilsbildung und ihrer institutionellen Durchsetzung, damit der Ausgrenzung, sprechen. Die in den einzelnen Kapiteln beschriebene ausschmückende, adressatenbezogene Literarizität muss in einem ursächlichen Zusammenhang mit der Vorurteilsbildung gesehen werden. Je ritualisierter, je blutrünstiger oder skandalöser, je nähesprachlich anschaulicher der Text die Gründe für die Ausgrenzung entfaltete und je gefährlicher und monströser der Auszugrenzende dabei gezeichnet wurde,[458] desto größer war das Interesse des Publikums. Hinzu kommt: Je einsichtiger die Ausgrenzung in einen bestimmten politischen oder sozialen Zusammenhang passte, desto wirksamer war sie auch.

> Moore 1987, 123: Jews owed their persecution in the first place not to the hatred of the people, but to the decisions of princes and prelates.

Der Verwaltungsakt, ausgewiesene Personen zu registrieren, andere Gruppen darüber zu informieren und die damit letztlich verbundene Identifizierungsnotwendigkeit, das heißt auch z. B. Passnotwendigkeit, führten zum Ausbau und zur Perfektionierung von Verwaltungs- und Kontrolltextsorten (Roeck 1993, 72). Neue Berufe wie der des Stadtschreibers werden geschaffen, um die neuen Formulare zu verfassen, sie zu archivieren und im Anwendungsfall zu nutzen. Seit dem 13. Jahrhundert lässt sich die volkssprachliche Schreibertätigkeit also auch an der zunehmenden Ausdifferenzierung des Schreiberamtes nachzeichnen, so kommen zum Gerichtsschreiber auch die Stadt- und Ratsschreiber, Zollschreiber oder Schlossschreiber hinzu.[459] Die sich auch in den Personalbedürfnissen zeigende und immer stärker um sich greifende Schriftlichkeit kann insgesamt als das Sozialisationsphänomen der europäischen Gesellschaft spätestens seit dem 14. Jahrhundert betrachtet werden.

Auch unter soziologischem Aspekt sind starke Begründungen für die Schriftlichkeit als primären Ort von Diskriminierungssetzungen zu finden. Ausgrenzung basiert, wie gezeigt wurde, auf Zuschreibungen und Typenbildung, d. h. auf der textlichen Bildung von Gruppen, deren Mitglieder ein typisiertes Gesicht bekommen. Die Anonymisierung und der Verlust der Individualität von Men-

---

458 Moore 1987, 122: „In each of these stories we see the shaping of the stereotypes of the Jew and the heretic [...] which justified their persecution." Die Ermordung des William of Norwich ist ein interessantes Beispiel hierfür (Moore 1987, 119ff.).
459 Lindorfer 2009, 267.

schen beginnen im Moment der typisierenden Abstraktion. Der Weg von der direkten du-bezogenen Kommunikation in die indirekte Rede, vom Reden *miteinander* zum Reden *über* jemanden bis hin zum er-bezogenen Reden über Menschen als typisierten und verdinglichten Gegenstand, schließlich zum Gegenstand schriftlicher Abhandlungen wird täglich begangen. Er bildet jedenfalls kommunikationstheoretisch, -geschichtlich und -systematisch die Voraussetzung für die Ausgrenzung. Der am Ende des Weges stehende unpersönliche Gegenstand ‚Mensch' macht die Distanz möglich, in der Festlegungen und damit Typenbildungen stabil gehalten werden können. Anonymität und Indirektheit können zwar auch mündlich, durch das berühmte Hörensagen, hergestellt werden, haben sprechsprachlich aber nicht die gleiche inhaltliche Stabilität und nicht das Prestige der gelehrten hohen Schriftlichkeit. Diese Stabilität der Prädizierungen gerät ins Wanken, wenn die Kommunikationspartner wieder zur direkten Face-to-Face-Situation zurückkehren und der Ausgegrenzte sein individuelles Gesicht zurückerhält. Das Wahrnehmen des leibhaftigen Anderen fordert dann zur Überprüfung der in der Anonymität gewonnenen Typenbildung auf und überträgt diese selbst in die kleinste Sozialsituation.

Typisierungen werden also zumindest in der Schriftlichkeit anonymisiert, objektiviert und damit in einer Gesellschaft stabilisiert. Sie sind damit – aufgeladen mit der Glaubwürdigkeit und dem Prestige des Geschriebenen und den dahinter stehenden Macht- und Wissensverhältnissen – übertragbar und verbreitbar. Glaubwürdigkeit, Prestige und Macht sind die Motoren ihrer sich selbst tragenden Verstärkung und ihrer sozialen Ausbreitung.

Auf der anderen Seite steht der eher mündlich fundierte und nicht institutionelle kleine Ausgrenzungsakt, der vom spontanen Beleidigen im alltäglichen Dialog bis hin zur Äußerung des Hexereiverdachts mit tödlichen Folgen reichen konnte. Der Sprechakt des Schmähens und des Beleidigens ist ein primär mündlicher Tatbestand, ein Alltagsphänomen des Sprechens, das als solches in der Überlieferung nicht erscheinen kann. Wir finden es nur selten verschriftlicht, und selbst dann eher subtil, in indirekte Rede gesetzt, kaum in der Form mündlicher Direktheit. Es wird in der Regel nur unter der Voraussetzung verschriftlicht, dass es zu einem Gegenstand der Metaebene wird, folglich in Akten, Protokollen, z. B. eines Rechtsgeschäftes oder einer Gerichtsverhandlung erscheint. Dass diese verschriftlichten Zeugen nur die Spitze eines Eisberges an alltäglicher mündlich artikulierter Schmäh- und Spottrede sind, ist selbstverständlich. Die Ehrverletzung gehörte zum täglichen Abgrenzungs- und Hierarchisierungshandeln hinzu. Sie war Teil der individuellen Imagepflege und damit genuin nähesprachlich. Interessant sind daher auch die Ausdrücke, mit denen geschmäht wurde. Sie spiegeln verschiedene medial konstituierte Traditionslinien.

Es ist bekannt, dass die Obrigkeiten mit dem Beginn der Frühen Neuzeit immer stärker versuchten, gegen die Ausgrenzung aufgrund von Unehrlichkeit juristisch einzuschreiten. Hinter dieser Absicht stehen zwei diametral entgegengesetzte Rechtsvorstellungen: einerseits eine alltagsrelevante, zünftisch verfasste, normalsprachliche und normalsoziale Normvorstellung und andererseits eine objektivistisch abgehobene, systematische Rechtsvorstellung. Während die eine Seite die vorwiegend mündlich tradierte Unehrlichkeit zusätzlich zu Schimpfwörtern pragmatisierte, war die andere bemüht, den davon Betroffenen mit Gesetzen und Verordnungen zu entstigmatisieren. Dennoch konnten allseitig anerkannte Gegebenheiten wie die Todesstrafe oder der Tod als Folge von Krankheiten und mit beidem der Todgeweihte einschließlich aller zugehörigen kognitiven Assoziationen und deontischen Handlungsimplikationen nicht so leicht objektivistisch isoliert und aus der Normalsprachlichkeit und Normalsozialität herausgelöst und in den Rechtsbereich abgedrängt werden. Mit anderen Worten: Die Ausgrenzung der Henker, Abdecker, aller mit Unrat beschäftigter Menschen blieb als fest in allen Gruppen der Gesellschaft verankerte Erscheinung bestehen. Ähnliches gilt für die xenophisch Ausgegrenzten, die Fremden und natürlich die Fahrenden. Hinzu kommen außerdem die Ausgegrenzten aufgrund einer anderen Art an Unehrlichkeit, die tatsächlich Kriminellen und Kriminalisierten, die Diebe, Betrüger, Gewalttäter. Die volkstümlich mündlich bestimmte Ausgrenzung schlägt sich direkt im Gebrauch und in der Motivik des Schimpfwortkanons nieder.

Mit dieser letztgenannten Gruppe der Kriminellen ist dann auch wieder die Brücke zur Schriftlichkeit geschlagen. Je verschriftlichter die Welt wurde, desto klarer wurden die Bezeichnungsmonopole verteilt. Erst ein Gericht hatte nunmehr noch das Recht, auf einen Menschen mit einem bestimmten Wort Bezug zu nehmen. Das Recht einer so abgesicherten Benennung bzw. das Verbot einer solchen konnte in den Verleumdungsprozessen eingeklagt werden, und es wurde eingeklagt. Bei aller Mündlichkeit der Grundstruktur war erst die schriftlich fundierte Verrechtlichung die eigentliche Schubkraft zur Diskriminierung. In ihrer Wirksamkeit nicht hoch genug einzuschätzen sind außerdem die schriftliche Verbreitung von Stereotypen und Vorurteilen durch das Recht und die Rechtsordnungen der Zeit. Hier ist auch der Ort, an dem Vorurteile – da nunmehr verschriftlicht – ihre überregionale Verbreitung fanden. Gerade die Gruppe der sogenannten *Zigeuner* wirft die Frage nach Herkunft und regionaler Reichweite von Vorurteilen auf. Trotz der nicht zu unterschätzenden Mobilität der Zeit ist es unwahrscheinlich, dass die wenigen bekannten Zigeunergruppen (man spricht von nur ca. 1500 herumreisenden Personen) überall im Reich gleichzeitig auftauchen konnten. Schriftbasierte Traditionen haben die diesbezügliche Wahrnehmung offensichtlich mitgeprägt. Denn im Unterschied zum

Hörensagen und ‚echten' Erleben dieser Personen sind bestimmte Rechtstexte, vorzugsweise Stadtrechte, zu verbreiteten Vorbildtexten geworden und hatten so nicht nur als Textsorte weitreichende Breitenwirkung.

Neben scheinbar anonymen Rechtstexten sind nunmehr auch wieder diejenigen Autoren zu nennen, die im Dienst einer Konfession bzw. Kirche schrieben. Ihre Legitimation als Personen, die Gott besonders nahe standen, übertrug sich auf ihre Schriften, in denen sie wie Johannes Eck oder Martin Luther glaubwürdig zur Diskriminierung bestimmter Gruppen beizutragen vermochten. Ecks „Verlegung" liest sich jedenfalls wie ein Kompendium des zeitgenössischen Antijudaismus. Hier wird für viele Jahrhunderte folgenreich zusammengefasst, was als antijüdische Stereotype wirksam werden konnte. Der Vorbildcharakter schriftlich verbreiteter Werke mit theologischem Hintergrund vor allem für die von der Kanzel herab predigenden Pfarrer und Pastoren darf nicht unterschätzt werden. Die Kanzel hat als bedeutsamer Verteiler von Schriftlichkeit und ihrer Inhalte in die Mündlichkeit hinein gedient.

# V. Schlussbetrachtungen

Im Jahr 1929/30 schreibt Sigmund Freud in „Das Unbehagen in der Kultur" (1989, 220):

> Es ist Zeit, daß wir uns um das Wesen dieser Kultur kümmern, deren Glückswert in Zweifel gezogen wird. Wir werden keine Formel fordern, die dieses Wesen in wenigen Worten ausdrückt, noch ehe wir etwas aus der Untersuchung erfahren haben. Es genügt uns also zu wiederholen, daß das Wort »Kultur« die ganze Summe der Leistungen und Einrichtungen bezeichnet, in denen sich unser Leben von dem unserer tierischen Ahnen entfernt und die zwei Zwecken dienen: dem Schutz des Menschen gegen die Natur und der Regelung der Beziehungen der Menschen untereinander.

Freud will also wissen, „in welcher Weise die Beziehungen der Menschen zueinander, die sozialen Beziehungen, geregelt sind, die den Menschen als Nachbarn, als Hilfskraft, als Sexualobjekt eines anderen, als Mitglied einer Familie, eines Staates betreffen" (ebd. 225). Als er dies schrieb, lag der erste Weltkrieg hinter ihm, und die Vorboten des zweiten Weltkrieges kündigten sich am Horizont an. Die Regelungen der sozialen Beziehungen wurden mit stillschweigender Zustimmung und Mitverantwortung breitester Bevölkerungsgruppen durch die Nationalsozialisten in Richtung auf Rassismus, Antisemitismus und Antiziganismus, damit auf Diskriminierung aller ideologisch Andersdenkenden wie aller sexuell anders Orientierten neu ausgehandelt bzw. festgesetzt. Das normalkulturelle Über-, Unter- und Nebeneinander wurde zunehmend zum Gegeneinander.

Die entscheidende Anregung für die hier vorgelegte Untersuchung war die von Freud gestellte Frage nach den sozialen Beziehungen der Menschen untereinander. Dabei stand die Frage nach den Schattenseiten dieses Verhältnisses im Mittelpunkt. Die Untersuchung wurde allerdings nicht mit den theoretischen Vorgaben psychoanalytischer oder sozialpsychologischer Konvenienz und nicht mit deren Methoden durchgeführt. Sie fühlt sich vielmehr den Fragestellungen einer kulturwissenschaftlich verstandenen und einer pragmatisch, vor allem pragmasemantisch orientierten Sprach- und Kommunikationsgeschichte verpflichtet. Zentraler Gegenstand ist nicht der Bezug von Sprache und Sprechen auf eine wie im Detail auch immer diskret vorgegebene Gegenstands-, darunter Sozialwelt, sondern folgende konsequent pragmatische Annahme: Wenn Sprechen verbalsymbolisches Handeln im Rahmen weiterer Handlungstypen ist und wenn Sprache mit ihren Inhalten folglich als gestaltendes Medium wie als Niederschlag dieses Handelns (in prototypischen Formulierungen, Äußerungen, Texten und deren Inhalten) gesehen werden kann, dann ist eine neue Sprachgeschichtsschreibung gefordert. Gemeint ist eine Sprachgeschichte als Geschichte des Sprechhandelns, in dem so gesetzten Rahmen eine Geschichte der Gestaltung sozialer Beziehungen, nochmals enger gefasst: eine Geschichte gewaltsamen Handelns oder (mit anderem Schwerpunkt:) eine Geschichte des Heilens durch Sprechen und im Sprechen usw. Im Zentrum steht demnach der soziale Mensch (nicht: der Mensch als Gattung) im Gespräch sowie in gesprächsbasierten weiteren semiotischen Vernetzungen mit anderen sozialen Menschen. Das Recht der Sache, die bezeichnet wird, resultiert dann nicht aus ihr selber, sondern aus der Prägung, Konstitution, wie sie Sprechende / Schreibende vornehmen. Ernst Cassirer hat dies von einer ganz anderen philosophiegeschichtlichen Grundlage her, aber doch im Sinne des gerade Gesagten, wie folgt formuliert:

> Cassirer 2007, 50: Er [der Mensch] lebt nicht mehr in einem bloß physikalischen, sondern in einem symbolischen Universum, Sprache, Mythos, Kunst und Religion sind Bestandteile dieses Universums. Sie sind die vielgestaltigen Fäden, aus denen das Symbolnetz, das Gespinst menschlicher Erfahrung gewebt ist. Aller Fortschritt im Denken und in der Erfahrung verfeinert und festigt dieses Netz.

Um dieses Netz ist es hier gegangen, um den Frühneuhochdeutsch sprechenden und schreibenden Menschen in seinen sozialen Beziehungen, seinen konkreten kulturellen Lebenswelten und seinen gesellschaftlichen Bedingungen. „Man stiftet Menschheit, wenn man Gesellschaft stiftet; aber man stiftet Gesellschaft, wenn man Zeichen austauscht", schreibt Umberto Eco (2002, 108). Zeichen sind daher für ihn „gesellschaftliche Kräfte" und „nicht nur Hilfsmittel zur Widerspiegelung der gesellschaftlichen Kräfte". Mit dem uns ansozialisierten, von zeitspezifischer Kultur geprägten und dem diese prägenden Sprechen lernen wir nicht nur die uns umgebenden Zeichen in ihren Systemhaftigkeiten zu begreifen, wir eignen uns durch unsere Benennungen die sozial vorgeprägte Welt an, machen sie uns pragmatisch vertraut und zähmen damit nicht nur uns selbst, sondern auch die Beziehungsgefüge, in die wir hineinsozialisiert sind und die wir weiter zu gestalten haben. Letztlich konstituieren wir erst durch Sprache unsere Sichtweise auf die Welt, speziell auf die soziale Welt, und schreiben uns selbst wiederum immer wieder aufs Neue in diese ein. „Es ist eben die Sprache, vorkommend in den Texten jeweiliger sozialer Sinnwelten, in der [...] Gliederungen vorgegeben, Differenzierungen, Unterscheidungen, vor allem auch Wertungen vermittelt werden, in der – zusammengefasst – die Sinngebung vollzogen wird, die für das Leben notwendig ist" (Lobenstein-Reichmann 2009, 252). Freuds zweiter Teil der Kulturdefinition könnte daher umformuliert werden: Es ist die Praxis der in einer Gesellschaft üblichen Zeichengebräuche, mit denen die sozialen Beziehungen geschaffen, geregelt, inskribiert, verändert oder zerstört werden können, das semiotische Bedeutungsgespinst, das unsere Erfahrungswelt prägt (vgl. dazu Geertz 1983, 9).

In dieser Untersuchung ging es um die sprachliche Konstruktion der frnhd. Beziehungswelt durch (ehr)verletzendes Sprechen, um das Wie der sprachlichen Verletzungsstrategien und das Woher der sprachlichen Mittel. Die dieser Arbeit zugrundeliegende Prämisse lautete daher: Sprechen ist negative wie positive Beziehungsherstellung. Verletzendes oder speziell ehrverletzendes Sprechen ist kein zufälliges und mithin leicht behebbares Scheitern von Kommunikation, sondern ein spezielles, in der Parole vollzogenes, der Norm (im Sinne Coserius) verpflichtetes oder sie brechendes, zu den Möglichkeiten des Systems gehörendes Phänomen. Es ist gesellschaftliches Handeln von Menschen, die aus einer vorgegebenen, bereits bedeutungshaften Praxis heraus in bestimmten Praxissituationen für zukünftige Praxen bedeutungsstiftend sprechen, schreiben, antworten, rezipieren, das heißt: auf der Basis von Vorhandenem, Geschichtlichem fortwährend Anderes und Neues konstituieren, pragmatisieren, semantisieren, resemantisieren, rekonstituieren usw.

Der Blick zurück in die Geschichte verletzender Zeichenpraktiken, wie er hier am Beispiel des Frnhd. gewagt wurde, sollte dabei nicht nur ein rückwärtsgerichteter Versuch sein, eine Pragmagrammatik und Pragmasemantik der Ausgrenzung zwischen 1350 und 1650 zusammenzustellen. Es sollte in der historischen Brechung die „vielgestaltigen Fäden" auch des modernen Symbolnetzes, die Traditionen (ehr)verletzenden Sprechens, spiegeln, die systematisch wie regelhaft teils ähnlich, teils andersartig auch noch heute in ähnlich eingewobener Weise gebräuchlich sind. In der Frage nach den historischen Aushandlungs- und Ausdrucksformen von Stigmatisierung und Feindseligkeit gegenüber dem Anderen, also den negativen sozialen Regelungen einer Kultur, zeigen diese nicht nur die gesellschaftlichen Ränder des Netzes, sondern vor allem dessen kulturelle Mitte, aus der heraus die Gegenwart geboren und geprägt wird.

Statt einer zusammenfassenden Schlussbetrachtung möchte ich mit einer captatio benevolentiae schließen. Es ging mir darum, das gesellschaftliche Beziehungssystem, wie es aus einer immer schon geschichtlich-sozialen Praxis heraus für diese Praxis konstituiert wird, am Beispiel des Frnhd. analysierend anzudenken und seine Relevanz als sprachhistorisches Thema offenzulegen. Diese Untersuchung ist aus der mir in den Quellen überlieferten Sprache heraus erarbeitet worden, und damit eine sprachwissenschaftliche Analyse der frnhd. Wort-, Satz-, Text- und Diskurswelt, nicht mehr und nicht weniger. Eine solche Untersuchung abschließend durchzuführen, ist kaum möglich. Man kann das Zusammengetragene nur als Fragment stehen lassen und hoffen, dass es weitergedacht, weitergeführt und verbessert wird. Es ist ein Versuch, der als Anfang gedacht ist und mehr Fragen aufwirft, als er beantwortet.

Das vorerst letzte Wort soll daher eine Persönlichkeit haben, dessen Anliegen nicht der in diesem Buch immer wieder zitierte konflikthafte Dialog war, sondern dessen ganzes Werk im Aufzeigen der versöhnlichen Begegnung stand.

> Ich habe keine Lehre. Ich zeige nur etwas. Ich zeige Wirklichkeit, ich zeige etwas an der Wirklichkeit, was nicht oder zu wenig gesehen worden ist. Ich nehme ihn, der mir zuhört, an der Hand und führe ihn zum Fenster. Ich stoße das Fenster auf und zeige hinaus. Ich habe keine Lehre, aber ich führe ein Gespräch (Martin Buber, Aus einer philosophischen Rechenschaft 1961, 1114).

# VI. Literatur (in Auswahl)

Die zitierten Belege entstammen in der Regel den Corpusmaterialien des „Frühneuhochdeutschen Wörterbuches" und sind nach der dort eingeführten Zitierweise und den entsprechenden Siglen aufgelistet worden.

FWB = Frühneuhochdeutsches Wörterbuch. Hrsg. v. Robert R. Anderson [für Band 1], Ulrich Goebel, Anja Lobenstein-Reichmann [Einzelbände] / Oskar Reichmann [Bände 3 und 7 in Verbindung mit dem Institut für deutsche Sprache]. Berlin 1986ff.

Mancher Beleg wurde zusätzlich aus dem Material des „Deutschen Rechtswörterbuches" gewonnen:

DRW = Deutsches Rechtswörterbuch. Wörterbuch der älteren deutschen Rechtssprache. Bearb. v. Richard Schröder [u. a.]. Weimar 1914ff.

In jedem der Einzelkapitel werden darüber hinaus weitere einschlägige Quellen herangezogen (so für Kapitel II. 10 die Schriften Johannes Ecks, Andreas Osianders, Johannes Reuchlins und Johannes Pfefferkorns).

## VI. 1. Quellen

[Adrian, Saelden Hort = ] Der Saelden Hort. Alemannisches Gedicht vom Leben Jesu, Johannes des Täufers und der Magdalena. Aus der Wiener und Karlsruher Handschrift hrsg. v. Heinrich Adrian. Berlin 1927. (Deutsche Texte des Mittelalters, 26).

[Alberus. Barf. = ] Der Barfuser Muenche Eulenspiegel und Alcoran. Mit einer Vorrede D. Martini Luth. Versicu. Franciscanorum. (Übersetzt und hrsg. v. Erasmus Alberus). Wittenberg 1542.

[Altmann, Wind. Denkw. = ] Eberhart Windeckes Denkwürdigkeiten zur Geschichte des Zeitalters Kaiser Sigmunds. Zum ersten Male vollst. hrsg. v. Wilhelm Altmann. Berlin 1893.

[Anderson u. a., Flugschrr. = ] Anderson, Robert R. / Goebel, Ulrich / Reichmann, Oskar / Wolf, Dieter (Hrsg), Flugschriften aus der Zeit der Reformation, des Bauernkrieges und der Ritterschaftsbewegung (1520–1530). [Auflistung der Einzeltexte in: FWB 1, 226].

[V. Anshelm. Berner Chron. = ] Die Berner Chronik des Valcerius Anshelm. Hrsg. v. Historischen Verein des Kantons Bern. 6 Bände. Bern 1884–1901.

Arndt, Johann, Johann Arnd's Sechs Bücher vom wahren Christentum, nebst dessen Paradies-Gärtlein. Mit der Lebensbeschreibung des seligen Mannes und seinem Bildnis. [1695], Bielefeld 1996.

[Aubin, Weisth. Hülchrath = ] Die Weistümer der Rheinprovinz. Zweite Abt.: Die Weistümer des Kurfürstentums Köln. Erster Band: Amt Hülchrath. Hrsg. v. Hermann Aubin.

## 1. Quellen

Mit einer Karte des Amts. Bonn 1913. (Publikationen der Gesellschaft für Rheinische Geschichtskunde, 18).
[Bächtold, N. Manuel = ] Niklaus Manuel. Hrsg. v. Jakob Bächtold. Frauenfeld 1878. (Bibliothek älterer Schriftwerke der deutschen Schweiz und ihres Grenzgebietes, 2).
[Bächtold, H. Salat = ] Hans Salat, ein Schweizerischer Chronist und Dichter aus der ersten Hälfte des XVI. Jahrhunderts. Sein Leben und seine Schriften. Hrsg. v. Jacob Bächtold. Basel 1876.
[Bambergische Halsgerichtsordnung = ] Die Bambergische Halsgerichtsordnung: unter Heranziehung der revidierten Fassung von 1580 und der Brandenburgischen Halsgerichtsordnung zusammen mit dem sogenannten Correctorium, einer romanistischen Glosse und einer Probe der niederdeutschen Übersetzung. Hrsg. v. Josef Kohler und Willy Scheel. Neudr. d. Ausg. Halle a. d. S. 1902. Aalen 1968. (Die Carolina und ihre Vorgängerinnen, 2)
[Barack, Teufels Netz = ] Des Teufels Netz. Satirisch-didaktisches Gedicht aus der ersten Hälfte des fünfzehnten Jahrhunderts. Hrsg. v. Karl August Barack. Stuttgart 1863. Photomech. Nachdruck Amsterdam 1968. (Bibliothek des Litterarischen Vereins in Stuttgart, 70).
[Barack, Zim. Chron. = ] Zimmerische Chronik. Hrsg. v. Karl August Barack. Zweite verb. Aufl. 4 Bände. Freiburg/Tübingen 1881–1882.
[Behrend, Magd. Fragen = ] Die Magdeburger Fragen. Hrsg. v. J. Fr. Behrend. Berlin 1865.
[Bell, G. Hager = ] Bell, Clair Hayden, Georg Hager. A Meistersinger of Nürnberg 1552–1634. 4 Teile. Berkeley/Los Angeles 1947. (University of California Publications in Modern Philology 29–32).
[Bernoulli, Basler Chron. = ] Basler Chroniken. Hrsg. v. der Historischen und Antiquarischen Gesellschaft in Basel. Vierter; Fünfter; Sechster Band. Bearb. v. August Bernoulli. Leipzig 1890; 1895; 1902.
[Berthold von Regensburg = ] Berthold von Regensburg. Vollständige Ausgabe seiner Predigten. Hrsg. v. Franz Pfeiffer. I. Band. Wien 1862; II. Band von Joseph Strobl. Wien 1880.
[Bihlmeyer, Seuse = ] Heinrich Seuse. Deutsche Schriften im Auftrage der Württembergischen Kommission für Landesgeschichte hrsg. v. Karl Bihlmeyer. Stuttgart 1907.
[Bobertg, Schwänke = ] Vierhundert Schwänke des sechzehnten Jahrhunderts. Hrsg. v. Felix Bobertag. Darmstadt 1964.
[Bolte, Pauli. Schimpf u. Ernst = ] Johannes Pauli. Schimpf und Ernst. Hrsg. v. Johannes Bolte. Erster Teil: Die älteste Ausgabe von 1522. Zweiter Teil: Paulis Fortsetzer und Übersetzer/Erläuterungen. Berlin 1924. (Alte Erzähler, 1; 2).
[Brinkmann, Bad. Weist. = ] Badische Weistümer und Dorfordnungen. Erste Abt.: Pfälzische Weistümer und Dorfordnungen. Hrsg. v. d. Badischen Historischen Kommission. Erstes Heft: Reicharthauser und Meckesheimer Zent. Bearb. v. Carl Brinkmann. Heidelberg 1917. (Badische Weistümer und Dorfordnungen, 1. Abt.).
Bucer, Martin, Von den Juden, ob und wie die vnder den Christen zu halten seind. Ein Rathschlag. Straßburg 1539. BSB-München: Permalink: http://www.mdz-nbn-resolving.de/urn/resolver.pl?urn=urn:nbn:de:bvb:12-bsb10194332-9

[Chron. Augsb. 2 = ] Die Chroniken der schwäbischen Städte. Augsburg. Zweiter Band. Zweite, unveränderte Aufl. Göttingen 1965. Photomechanischer Nachdruck der Ausgabe Leipzig 1866. (Die Chroniken der deutschen Städte vom 14. bis ins 16. Jahrhundert, 5).

[Chron. Augsb. 4 = ] Die Chroniken der schwäbischen Städte. Augsburg. Vierter Band. Zweite, unveränderte Aufl. Göttingen 1966. Photomechanischer Nachdruck der ersten Aufl. Leipzig 1894. (Die Chroniken der deutschen Städte vom 14. bis ins 16. Jahrhundert, 23).

[Chron. Augsb. 7 = ] Die Chroniken der schwäbischen Städte. Augsburg. Siebter Band. Zweite, unveränderte Aufl. Göttingen 1966. Photomechanischer Nachdruck der ersten Aufl. Leipzig 1917. (Die Chroniken der deutschen Städte vom 14. bis ins 16. Jahrhundert, 32).

[Chron. Augsb. 8 = ] Die Chroniken der schwäbischen Städte. Augsburg. Achter Band. Zweite, unveränderte Aufl. Göttingen 1966. Photomechanischer Nachdruck der ersten Aufl. Stuttgart / Gotha 1928. (Die Chroniken der deutschen Städte vom 14. bis ins 16. Jahrhundert, 33).

[Chron. baier. Städte = ] Die Chroniken der baierischen Städte. Regensburg, Landshut, Mühldorf, München. Zweite, unveränderte Aufl. Göttingen 1967. Photomechanischer Nachdruck der ersten Aufl. Leipzig 1878. (Die Chroniken der deutschen Städte vom 14. bis ins 16. Jahrhundert, 15).

[Chron. Nürnb. 4; 5 = ] Die Chroniken der fränkischen Städte. Nürnberg. Vierter, fünfter Band. Zweite, unveränderte Aufl. Photomechanischer Nachdruck der ersten Aufl. Leipzig 1872; 1874. Göttingen 1961. (Die Chroniken der deutschen Städte vom 14. bis ins 16. Jahrhundert, 10; 11).

[Dict. Germ.-Gall.-Lat. = ] Dictionaire François alleman-Latin. Avec une brieve Instruction de la prononciation de la langue Françoise en forme de Grammaire: Tres vtile act allemans desireux d'appendre la langue Françoise. Derniere Edition [...]. Geneve MDCxxxvi. (2. Teil:) Novum Germanico Gallico-Latinvum ditionarium: in vsum literatae ivventvtis Ordine Alphabetico summa diligentia concinnatum. Postremo editio emendatior.

[Dinklage, Frk. Bauernweist. = ] Fränkische Bauernweistümer. Ausgewählte Texte. Hrsg. v. Karl Dinklage. Würzburg 1954. (Veröffentlichungen der Gesellschaft für Fränkische Geschichte. X. Reihe: Quellen zur Rechts- und Wirtschaftsgeschichte Frankens, 4).

[zu Dohna u. a., Staupitz/Scheurl = ] Johann von Staupitz, Libellus de exsecutione aeternae praedestinationis. Bearb. v. Lothar Graf zu Dohna/Richard Wetzel. Mit der Übertragung von Christoph Scheurl. Ein nutzbarliches Büchlein von der entlichen Volziehung ewiger Fürsehung. Bearb. v. Lothar Graf zu Dohna / Albrecht Endriss. Berlin/New York 1979. (Spätmittelalter und Reformation. Texte und Untersuchungen, 14. Johann von Staupitz. Sämtliche Schriften, 2).

Eck, Johannes, Vier deutsche Schriften gegen Martin Luther, den Bürgermeister und Rat von Konstanz, Ambrosius Blarer und Konrad Sam. Nach den Originaldrucken, mit bibliographischer und sprachgeschichtlicher Einleitung, Anmerkungen und einem Glossar hrsg. v. Karl Meisen. Münster 1929. (Corpus Catholicorum, 14).

Eck, Johannes, Gegen den Bürgermeister und den Rat von Konstanz in Sachen der lutherischen Prädikanten. [1526]. In: Eck a. a. O. 1929, S. 21–40.

# 1. Quellen 403

Eck, Johannes, Antwort auf Ambrosius Blarers Schrift in Sachen der gescheiterten Konstanzer Disputation. [1526]. In: Eck a. a. O. 1929, S. 43–52.

Eck, Johannes, De sacrifico missae. [1526]. Hrsg. v. Erwin Iserloh / Vinzenz Pfnür. Münster 1982. (Corpus Catholicorum, 36).

Eck, Johannes, Enchiridion. Handbüchlein gemainer stell unnd Artickel der jetzt schwebenden Neuwen leeren. [1533]. Hrsg. v. Erwin Iserloh. Münster 1980. (Corpus catholicorum, 35).

Eck, Johannes. Eines Judenbüchleins Verlegung: Ains Juden Büechlins Verlegung darin ain Christ, gantzer Christenhait zuo Schmach, will es geschehe den Juden Unrecht in Bezichtigung der Christen Kinder Mordt. hierin findst auch vil Histori, was Übels und Büeberey die Juden in allem teütschen Land, und andern Künigreichen gestift haben. Ingolstadt [1541]. Weissenhorn. 96 Bl. Mikroreprod. (UB Heidelberg). [Der Transkription wurde das Digitalisat der Bayerischen Staatsbibliothek München zugrundegelegt: BSB-München: VD 16 E 383].

Ein erschrockenlich geschicht und Mordt, so von den Juden zu Pösing (ein Marcke in Hungarn gelegen) an einem Neunjährigen Knäblein begangen. [...]. [1529]. UB München: Sammelband Jus 4937: urn:nbn:de:bvb:19-epub-10793-2.

Erasmus Desiderius von Rotterdam, Dialogus cui titulus Ciceronianus sive De optimo dicendi genere = Der Ciceronianer oder Der beste Stil, ein Dialog. Adagiorum chiliades (Adagia selecta) = Mehrere tausend Sprichwörter und sprichwörtliche Redensarten (Auswahl). Übersetzt, eingeleitet und mit Anmerkungen versehen von Theresia Payr. 2., unveränd. Aufl. Darmstadt 1990. (Ausgewählte Schriften: Ausgabe in acht Bänden; lateinisch und deutsch. Erasmus von Rotterdam, 7).

[Ermisch u. a. Haush. Vorw. = ] Haushaltung in Vorwerken. Ein landwirtschaftliches Lehrbuch aus der Zeit des Kurfürsten von Sachsen. Nach den Handschriften hrsg. v. Hubert Ermisch und Robert Wuttke. Leipzig 1910.

[Fasnachtsp. = ] Fasnachtspiele aus dem fünfzehnten Jahrhundert. 3 Theile und 1 Band Nachlese. Stuttgart 1853–1858. (Bibliothek des Litterarischen Vereins, 29; 30; 46).

[Feudel, Evangelistar = ] Das Evangelistar der Berliner Handschrift MS. Germ 4, 533. Hrsg. und im Rahmen der thüringisch-obersächsischen Prosawerke des 14. Jahrhunderts nach Lauten und Formen analysiert. I. Teil; II. Teil. Berlin 1961. (Deutsche Akademie der Wissenschaften zu Berlin. Veröffentlichungen des Instituts für deutsche Sprache und Literatur, 3/I; 23/II).

[Fischer, Eunuchus d. Terenz = ] Der Eunuchus des Terenz. Übersetzt von Hans Neidhart 1486. Hrsg. v. Hermann Fischer. Tübingen 1915. (Bibliothek des Litterarischen Vereins in Stuttgart, 265).

[Fischer, Folz. Reimp. = ] Hans Folz. Die Reimpaarsprüche. Hrsg. v. Hanns Fischer. München 1961. (Münchener Texte und Untersuchungen zur deutschen Literatur des Mittelalters, 1).

Fischart, Johann / Bodin, Johann, [De magorum daemonomania = ] De Magorvm Daemonomania: Vom Außgelasnen Wütigen Teuffelsheer Allerhand Zauberern, Hexen vnnd Hexenmmeistern, Unholden, Teuffelsbeschwerern, Warsagern, Schwartzkünstlern, Vergifftern, Augenverblendern e[t]c. Wie die vermög aller Recht erkant, eingetrieben, gehindert, erkündigt, erforscht, peinlich ersucht vnd gestrafft werden sollen. Gegen des Herrn Doctor J. Wier Buch von der Geisterverführungen / durch [...] Johann Bodin [...] außgangen. Vnd nun erstmals durch [...] Johann Fischart [...] auß Frantzösischer sprach trewlich in Teutsche gebracht, vnd nun zum andernmahl an vilen enden vermehrt vnd erklärt. Straßburg [1591].

[Franck, Klagbr. = ] Fish, Simon / Franck, Sebastian, Klagbrieff oder supplication der armen dürftigen in Engenlandt, an den König daselbs gestellet, wider die reychen geystlichen bettler. Nürnberg 1529. In: Sebastian Franck. Sämtliche Werke. Kritische Ausgabe mit Kommentar. Band 1: Frühe Schriften. Text-Redaktion Peter Klaus Knauer. Bern u. a. 1993. BSB-München: http://opacplus.bsb-muenchen.de/search?oclcno=165578597 (im Original einsehbar).

[Froning, Alsf. Passionsp. = ] Das Drama des Mittelalters. Die lateinischen Osterfeiern und ihre Entwicklung in Deutschland. Die Osterspiele. Die Passionsspiele. Weihnachts- und Dreikönigsspiele. Fastnachtspiele. Hrsg. v. Richard Froning. Darmstadt 1964, S. 547–864. Nachdruck der Ausgabe Stuttgart 1891/92.

[Fuchs, Murner. 4 Ketzer = ] Thomas Murner. Von den fier ketzeren. Hrsg. v. Eduard Fuchs. Berlin/Leipzig 1929. (Kritische Gesamtausgaben Elsässischer Schriftsteller des Mittelalters und der Reformationzeit. Thomas Murners Deutsche Schriften mit den Holzschnitten der Erstdrucke, 1, 1).

[Gehring, Würt. Ländl. Rechtsqu. 3 = ] Württembergische Ländliche Rechtsquellen. Hrsg. v. der Württ. Kommission für Landesgeschichte. Dritter Band: Nördliches Oberschwaben. Bearb. v. Paul Gehring. Stuttgart 1941.

[Geier, Stadtr. Überl. = ] Oberrheinische Stadtrechte. Hrsg. v. der Badischen Historischen Kommission. Zweites Heft: Überlingen. Bearb. v. Fritz Geier. Heidelberg 1908. (Oberrheinische Stadtrechte, 2. Abt.).

[Geiler von Kaysersberg. Evangelienbuch = ] Kaysersberg, Geiler von / Johannes Pauli, Das Evangelibuch das Buoch der Ewangelien durch das gantz Iar; mitt Predig und Ußlegungen. Straßburg 1515. BSB-München: [VD16 G 742]: http://daten.digitale-sammlungen.de/~db/0002/bsb00020607/images.

[Gille u. a., M. Beheim = ] Die Gedichte des Michel Beheim. Nach der Heidelberger Hs. cpg 334 unter Heranziehung der Heidelberger Hs. cpg 312 und der Münchener Hs. cgm 291 sowie sämtlicher Teilhandschriften hrsg. v. Hans Gille / Ingeborg Spriewald. Band 1: Einleitung. Gedichte Nr. 1–147. Band 2: Gedichte Nr. 148–357. Band 3, 1: Gedichte Nr. 358–453. Die Melodien Band 3, 2: Registerteil. Berlin 1968–1977. (Deutsche Texte des Mittelalters, 60; 64; 65, 1; 65, 2).

[Gilman, Agricola. Sprichw. = ] Johannes Agricola. Die Sprichwörtersammlungen I; II hrsg. v. Sander L. Gilman. Berlin/New York 1971. (Ausgaben deutscher Literatur des XV. bis XVIII. Jahrhunderts). Band I: Hagenau 1534; II. Eisleben 1548.

[Goldammer, Paracelsus. B. d. erk. = ] Das Buch der Erkanntnus des Theophrast von Hohenheim gen. Paracelsus. Aus der Handschrift mit einer Einleitung hrsg. v. Kurt Goldammer. Berlin 1964. (Texte des späten Mittelalters und der frühen Neuzeit, 18).

[Görzer Statutbuch = ] Das Görzer Statutbuch: eine deutsche Ausg. der Friauler Constitutiones des Patriarchen Marquard als Görzer Stadtrecht seit dem 15. Jahrhundert. Hrsg. von Anton Gnirs. Wien 1916.

[Grimm, Weisth. = ] Weisthümer. Hrsg. v. Jacob Grimm. 7 Bände. Göttingen 1840–1872.
[Grosch u. a. Schöffenspr. Pössneck = ] Die Schöffenspruchsammlung der Stadt Pössneck. Bearb. v. Reinhold Grosch unter Mitarbeit v. Karl Theodor Lauter / Willy Flach. Weimar 1957. (Thüringische Archivstudien, 7).
[Grossmann, Unrest. St. Chron. = ] Jakob Unrest. Österreichische Chronik. Hrsg. v. Karl Grossmann. Weimar 1957. (Monumenta Germaniae Historica. Scriptores rerum Germanicarum, NS. 11).
[Grothausmann, Stadtb. Karpfen = ] Grothausmann, Karl-Heinz, Das Stadtbuch von Karpfen (Krupina). Edition, Darstellung der Graphien, Glossar. Frankfurt/Bern/Las Vegas 1977. (Europäische Hochschulschriften. Reihe 1, Deutsche Literatur und Germanistik, 146).
[Hampe, Nürn. Ratsverl. = ] Hampe, Theodor. Nürnberger Ratsverlässe über Kunst und Künstler im Zeitalter der Spätgotik und Renaissance (1449) 1474–1618 (1633). I. Band (1449) 1474–1570. II. Band: 1571–1618 (1633). III. Band: Personen-, Orts- und Sachregister. Wien/Leipzig 1904. (Quellenschriften für Kunstgeschichte und Kunsttechnik des Mittelalters und der Neuzeit, NF. 11–13).
[Harsdoerffer. Trichter = ] Harsdoerffer, Georg Philipp, Poetischer Trichter. Darmstadt 1975. Reprographischer Nachdruck der Ausgabe Nürnberg 1650 (= Erster Teil); 1648 (= Zweiter Teil); 1653 (= Dritter Teil).
Heinrich von Langenstein. Erchantnuzz der Sund. Nach österreichischen Handschriften [1388]. Hrsg. v. Rainer Rudolf. Berlin 1929. (Texte des späten Mittelalters und der frühen Neuzeit, 22).
[Helm, H. v. Hesler. Apok. = ] Heinrich von Hesler. Apokalypse aus der Danziger Handschrift. Hrsg. v. Karl Helm. Mit 2 Tafeln in Lichtdruck. Berlin 1907. (Deutsche Texte des Mittelalters, 8).
[Helm, H. v. Hesler. Nicod. = ] Das Evangelium Nicodemi von Heinrich von Hesler. Hrsg. v. Karl Helm. Tübingen 1902. (Bibliothek des Litterarischen Vereins in Stuttgart, 224).
[Henisch = ] Henisch, Georg. Teutsche Sprach vnd Weißheit. Thesaurus linguae et sapientiae Germanicae. Hildesheim/New York 1973. Nachdruck der Ausgabe Augsburg 1616. (Documenta Linguistica. Reihe II: Wörterbücher des 17. und 18. Jahrhunderts).
[Hoffmann, Würzb. Polizeisätze = ] Würzburger Polizeisätze. Gebote und Ordnungen des Mittelalters. 1125–1495. Ausgewählte Texte. Hrsg. v. Hermann Hoffmann. Würzburg 1955. (Veröffentlichungen der Gesellschaft für Fränkische Geschichte. X. Reihe: Quellen zur Rechts- und Wirtschaftsgeschichte Frankens, 5).
[Holland, H. J. v. Braunschw. V. e. ungerat. Sohn = ] Die Schauspiele des Herzogs Heinrich Julius von Braunschweig nach alten Drucken und Handschriften. Hrsg. v. Wilhelm Ludwig Holland. Stuttgart 1855. (Bibliothek des Litterarischen Vereins in Stuttgart, 36).
[Holland, H. J. v. Braunschw. V. e. Weibe = ] Die Schauspiele des Herzogs Heinrich Julius von Braunschweig nach alten Drucken und Handschriften. Hrsg. v. Wilhelm Ludwig Holland. Stuttgart 1855. (Bibliothek des Litterarischen Vereins in Stuttgart, 36).
[Hübner, Buch Daniel = ] Die poetische Bearbeitung des Buches Daniel aus der Stuttgarter Handschrift hrsg. v. Arthur Hübner. Mit einer Tafel in Lichtdruck. Berlin 1911. (Deutsche Texte des Mittelalters, 19).

[Iglau StR. = ] Vergleichung der einzelnen Artikel des Iglauer Stadtrechtes mit gleichzeitigen oder früheren österreichischen und anderen deutschen Rechtsquellen. In: Deutsches Recht in Oesterreich im dreizehnten Jahrhundert. Hrsg. von J. A. Tomaschek. Wien 1859.

[Jablonski = ] Jablonski, Johann Theodor, Allgemeines Lexikon der Künste und Wissenschaften, oder deutliche Beschreibung des Reiches der Natur, der Himmel und himmlischen Körper, der Luft, der Erde, nebst den bekannten Gewächsen, der Thiere, Steine und Erzte, des Meeres und der darinnen lebenden Geschöpfe [...]. Königsberg / Leipzig 1721.

[Jerouschek, Nürnberger Hexenhammer = ] Nürnberger Hexenhammer 1491 von Heinrich Kramer (Institoris). Hrsg. v. Günter Jerouschek. Faksimile der Handschrift von 1491 aus dem Staatsarchiv Nürnberg, Nr. D 251. Hildesheim/Zürich/New York 1992.

[Jörg, Salat. Reformationsschr. = ] Johannes Salat. Reformationschronik 1517–1534. Bearb. v. Ruth Jörg. Band 1–3. Bern 1986. (Quellen zur Schweizer Geschichte. NF. 1. Abt.: Chroniken, VIII/1–3).

[Jostes, Eckart = ] Meister Eckart und seine Jünger. Ungedruckte Texte zur Geschichte der deutschen Mystik hrsg. v. Franz Jostes. Mit einem Wörterverzeichnis v. Peter Schmitt und einem Nachwort v. Kurt Ruh. Berlin/New York 1972. (Deutsche Nachdrucke. Reihe: Texte des Mittelalters).

Karsthans. Basel 1521. BSB-München: [VD16 K 132].

[Kehrein, Kath. Gesangb. = ] Kehrein, Joseph, Die ältesten katholischen Gesangbücher von Vehe, Leisentritt, Corner und andern. 4 Teile. Teil IV: Älter-neuhochdeutsches Wörterbuch. Ein Beitrag zur deutschen Lexikographie. Hildesheim 1965. Reprographischer Nachdruck der Ausgabe Würzburg 1859–1865. (Katholische Kirchenlieder, Hymnen, Psalmen. Aus den ältesten deutschen gedruckten Gesang- und Gebetbüchern, 1–4).

[Kisch, Leipz. Schöffenspr. = ] Leipziger Schöffenspruchsammlung. Hrsg, eingeleitet und bearb. v. Guido Kisch. Leipzig 1919. (Sächsische Forschungsinstitute in Leipzig. Forschungsinstitut für Rechtsgeschichte. Quellen zur Geschichte der Rezeption, 1).

[Klein, Oswald von Wolkenstein = ] Die Lieder Oswalds von Wolkenstein. Unter Mitwirkung v. Walter Weiß / Notburga Wolf hrsg. v. Karl Kurt Klein. Musikanhang v. Walter Salmen. 2., neubearb. und erw. Aufl. von Hans Moser / Norbert Richard Wolf / Notburga Wolf. Tübingen 1975. (Altdeutsche Textbibliothek, 55).

[Kochendörffer, Tilo v. Kulm = ] Tilos von Kulm Gedicht Von siben Ingesigeln aus der Königsberger Handschrift hrsg. v. Karl Kochendörffer. Mit einer Tafel in Lichtdruck. Berlin 1907. (Deutsche Texte des Mittelalters 9; Dichtungen des Deutschen Ordens, 2).

[Koeniger, Sendgerichte = ] Quellen zur Geschichte der Sendgerichte in Deutschland. Mit Unterstützung der Savignystiftung hrsg. v. Albert Mich. München 1910.

[Kohler u. a., Peil. GO Karls V. = ] Die peinliche Gerichtsordnung Kaiser Karls V. Constitutio Criminalis Carolina. Kritisch hrsg. mit einer Falttafel v. Josef Kohler / Willy Scheer. Halle a. d. S. 1900. Neudruck Aalen 1968. (Die Carolina und ihre Vorgängerinnen. Text, Erläuterung, Geschichte, 1).

[Kohler u. a., Bamb. Halsger. (1580) = ] Die Bambergische Halsgerichtsordnung. Unter Heranziehung der revidierten Fassung von 1580 und der Brandenburgischen Halsgerichtsordnung zusammen mit dem sogenannten Correctorium, einer romanistischen Glosse und einer Probe der niederdeutschen Übersetzung. Hrsg. v. Josef Kohler / Willy Scheel. Neudruck d. Ausg. Halle a. d. S. 1902. Aalen 1968.

[Kollnig, Weist. Schriesh. = ] Die Weistümer der Zent Schriesheim. Badische Weistümer und Dorfordnungen. 2. Band. Bearb. v. Karl Kollnig. Stuttgart 1968. (Veröffentlichungen der Kommission für Geschichtliche Landeskunde in Baden-Württemberg, Reihe A: Quellen 16).

[Kramer, Volksl. = ] Kramer, Karl-Sigismund, Volksleben im Fürstentum Ansbach und seinen Nachbargebieten (1500–1800): eine Volkskunde auf Grund archivalischer Quellen / Karl-Sigismund Kramer. Würzburg 1961. (Beiträge zur Volkstumsforschung, 13). (Veröffentlichungen der Gesellschaft für Fränkische Geschichte, 9. Reihe, Darstellungen aus der fränkischen Geschichte, 15).

Kramer, Heinrich. Der Hexenhammer Malleus Maleficarum. [1519]. Kommentierte Neuübersetzung. Aus dem Lateinischen übertragen von Wolfgang Behringer, Günter Jerouschek und Werner Tschacher. Hrsg. und eingel. von Wolfgang Behringer / Günter Jerouschek. 8. Aufl. München 2010.

[Kurrelmeyer, Dt. Bibel = ] Die erste deutsche Bibel. Hrsg. v. W. Kurrelmeyer. 10 Bände. Tübingen 1904–1915. (Bibliothek des Litterarischen Vereins in Stuttgart, 234; 238; 243; 246; 249; 251; 254; 258; 259; 266).

[Kurz, Waldis. Esopus = ] Esopus von Burkhard Waldis. Hrsg. und mit Erläuterungen versehen v. Heinrich Kurz. 2 Theile. Leipzig 1862. (Deutsche Bibliothek. Sammlung seltener Schriften der älteren deutschen National-Literatur, 1; 2).

De Lagarde, Paul, Deutsche Schriften. München ³1937.

[Lappenberg, Fleming. Ged. = ] Paul Flemings deutsche Gedichte. Hrsg. v. J. M. Lappenberg, Stuttgart 1865. (Bibliothek des Litterarischen Vereins in Stuttgart, 82). Nachdruck Darmstadt 1965.

[Layenspiegel = ] Tengler, Ulrich: [Layen-Spiegel] Layen Spiegel. Von rechtmässigen ordnungen in Burgerlichen vnd peinlichen regimenten / [Vorw.: Sebastianus Brannd]. Augspurg 1509 (Augspurg: Otmar).

[Lemmer, Brant. Narrensch. = ] Sebastian Brant. Das Narrenschiff. Nach der Erstausgabe (Basel 1494) mit den Zusätzen der Ausgaben von 1495 und 1499. Hrsg. v. Manfred Lemmer. Tübingen 1962. (Neudrucke deutscher Literaturwerke, NF. 5).

[Löscher, Erzgeb. Bergr. = ] Das erzgebirgische Bergrecht des 15. und 16. Jahrhunderts. Bearb. v. Hermann Löscher. I. Teil: Die erzgebirgischen Bergbräuche des 16. Jahrhunderts und ihre Vorläufer seit etwa 1450. Berlin 1959. (Freiberger Forschungshefte. Kultur und Technik. D 24).

Luther, Martin / Thiele, Ernst, Luthers Sprichwörtersammlung. [1535]. Nachdruck der Orig.-Ausg. Weimar 1900. Holzminden 1996.

[Luther, WA = ] Luther, Martin, D. Martin Luthers Werke. Kritische Gesamtausgabe. Weimar 1883ff. (I. Abteilung: Werke).

[Luther. Hl. Schrifft = ] D. Martin Luther. Die gantze Heilige Schrifft Deudsch. Wittenberg 1545. Letzte zu Luthers Lebzeiten erschienene Ausgabe. Hrsg. v. Hanns Volz unter Mitarbeit v. Heinz Blanke. Textredaktion Friedrich Kur. 2 Bände und ein Band Anhang und Dokumente. Darmstadt 1972.

[Maaler = ] Maaler, Josua, Die Teutsch spraach. Dictionarium Germanicolatinum novum. Mit einer Einführung v. Gilbert de Smet. Hildesheim/New York 1971. Nachdruck der Ausgabe Zürich 1561. (Documenta Linguistica. Reihe I: Wörterbücher des 15. und 16. Jahrhunderts).

[Mathesius, Passionale = ] Passionale Mathesij, Das ist / Christliche vnnd andechtige Erklerung vnd Außlegung des Zwey vnd Zwantzigsten Psalms / vnd Drey vnd Funfftzigsten Capitels des Propheten Essaiae [...] gepreidiget Durch [...] M. Johannem Mathesium / weyland Pfarrer in S. Joachimthal. Leipzig 1587.

[Mayer, Folz. Meisterl. = ] Die Meisterlieder des Hans Folz aus der Münchener Originalhandschrift und der Weimarer Handschrift Q. 566 mit Ergänzungen aus anderen Quellen. Hrsg. v. August L. Mayer. Mit zwei Tafeln in Lichtdruck. Berlin 1908. (Deutsche Texte des Mittelalters, 12).

[Meisen u. a., J. Eck = ] Johannes Eck. Vier deutsche Schriften gegen Martin Luther, den Bürgermeister und Rat von Konstanz, Ambrosius Blarer und Konrad Sam. Nach den Originaldrucken, mit bibliographischer und sprachgeschichtlicher Einleitung, Anmerkungen und einem Glossar hrsg. v. Karl Meisen/Friedrich Zoepfl. Münster 1929. (Corpus Catholicorum. Werke katholischer Schriftsteller im Zeitalter der Glaubensspaltung, 14).

Meklenburgisches Urkundenbuch. Hrsg. von dem Verein für Meklenburgische Geschichte und Alterthumskunde. Schwerin 1863 / 1977.

[Mieder, Lehmann. Flor. = ] Lehmann, Christoph, Florilegium Politicum: Politischer Blumen Garten. Faksimiledruck der Auflage von 1639, hrsg. und eingel. v. Wolfgang Mieder. Bern/Frankfurt am Main/New York 1986.

[Mollay, Ofener Stadtr. = ] Das Ofener Stadtrecht. Eine deutschsprachige Rechtssammlung des 15. Jahrhunderts aus Ungarn. Hrsg. v. Karl Mollay. Weimar 1959.

[Müller, Lands. St. Gallen = ] Müller, Walter, Landsatzung und Landmandat der Fürstabtei St. Gallen. Zur Gesetzgebung eines geistlichen Staates vom 15. bis zum 18. Jahrhundert. St. Gallen 1970. (Mitteilungen zur Vaterländischen Geschichte, 46).

[Müller, Alte Landsch. St. Gallen = ] Die Rechtsquellen des Kantons St. Gallen. Erster Teil: Die Rechtsquellen der Abtei St. Gallen. Zweite Reihe, 1. Band: Die allgemeinen Rechtsquellen der alten Landschaft. Bearb. v. Walter Müller. Aarau 1974. (Sammlung Schweizerischer Rechtsquellen, 14. Abt.: Die Rechtsquellen des Kantons St. Gallen).

[Müller, Nördl. Stadtr. = ] Nördlinger Stadtrechte des Mittelalters. Bearb. v. Karl Otto Müller. München 1933. (Bayerische Rechtsquellen, 2).

[Munz, Füetrer. Persibein =] Munz, Renate, Ulrich Füetrer. Persibein. Aus dem Buche der Abenteuer. Tübingen 1964. (Altdeutsche Textbibliothek, 62).

[Murner, Vom lutherischen Narren = ] Thomas Murner's Gedicht vom großen Lutherischen Narren. (Straßburg 1522). Hrsg. v. Heinrich Kurz. Zürich 1848. (Thomas Murners Deutsche Schriften, VI).

Murner, Thomas, Von Doctor Martinus luters leren vnd predigen. Das sie argwenig seint vnd nit gentzlich glaubwirdig zuo halten (Straßburg 1521). Hrsg. v. Wolfgang Pfeiffer-Belli. Thomas Murner, Kleine Schriften. Teil 1. Berlin/Leipzig 1927. (Thomas Murners Deutsche Schriften, VI).

Murner, Thomas, Von dem großen Lutherischen Narren. In: Satirische Feldzüge wider die Reformation. Thomas Murner / Daniel von Soest. Hrsg. v. Arnold Berger, Leipzig 1933, S. 40–106.

Murner, Thomas, Thomas Murner im Schweizer Glaubenskampf. „Ein brieff den Strengen [...] wysen der XII örter einer löblichen eydtgenoschafft" (1526). „Ein worhafftigs verantwurten der hochgelorten doctores und herren" (1526). „Hie würt angezeigt das vnchristlich freuel [...] einer loblichen herrschafft von Bern" (1528). Hrsg. von Wolfgang Pfeiffer-Belli. Münster 1939. (Corpus Catholicorum, 22).

[Niederösterreichische Landgerichtsordnung / Codex Austriacus = ] [Niederösterreichische Landgerichtsordnung von 1656] Land-Gerichts-Ordnung deß Ertz-Hertzogthumbs Oesterreich unter der Ennß. In: [Codex Austriacus] Codicis Austriaci ordine alphabetico compilati pars [...]. Wien 1704, S. 659–728.

[Niewöhner, Teichner = ] Die Gedichte Heinrich des Teichners. Band I (Gedichte Nr. 1–282). Band II (Gedichte Nr. 283–536). Band III (Gedichte Nr. 537–729). Hrsg. v. Heinrich Niewöhner. Berlin 1953; 1954; 1956. (Deutsche Texte des Mittelalters 44; 46; 48).

[Ofen StR. = ] Ofner Stadtrecht von MCCXLIV – MCCCCXXI = Buda Városának Törvénykönyve MCCXLIV – MCCCCXXI-böl / erl. und hrsg. von Andreas Michnay. Pressburg 1845.

[Oorschot, Spee/Schmidt. Caut. Crim. = ] Friedrich Spee. Cautio Criminalis hrsg. v. Theo G. M. van Oorschot mit einem Beitrag v. Gunther Franz. [Übersetzt v. Hermann Schmidt]. Tübingen/Basel 1992. (Friedrich Spee. Sämtliche Schriften. Historisch-kritische Ausgabe, 3).

[Oorschot, Spee/Seifert. Proc. = ] Johann Seifert. Gewissens-Buch: Von Processen gegen die Hexen. In: Friedrich Spee. Sämtliche Schriften. Historisch-kritische Ausgabe 3. Tübingen/Basel 1992, S. 455–494.

[Österley, Kirchof. Wendunmuth = ] Wendunmuth von Hans Wilhelm Kirchof. Hrsg. v. Hermann Österley. 4 Bände und Band 5: Beilagen des Herausgebers. Tübingen 1869. (Bibliothek des Litterarischen Vereins in Stuttgart, 95–99).

Osiander, Andreas, Gutachten zur Blutbeschuldigung. Eingeleitet und bearb. v. Klaus Keyser. In: Ders., Gesamtausgabe. Hrsg. v. Gerhard Müller / Gottfried Seebaß. Band 7. Gütersloh 1988, S. 216–247.

[Otte, Mainzer Hofgerichtsordnung = ] Otte, Albert, Die Mainzer Hofgerichtsordnung von 1516, 1521 und die Gesetzgebung auf dem Gebiet der Zivilgerichtsbarkeit im 16. Jahrhundert: Geschichte, Quellen und Wirkung des Gesetzes für die Zentraljustizbehörde eines geistlichen Kurfürstentums. Mainz 1964.

[Päpke, Marienl. Wernher = ] Das Marienleben des Schweizers Wernher aus der Heidelberger Handschrift hrsg. v. Arthur Hübner. Mit einer Tafel in Lichtdruck. Berlin 1920. (Deutsche Texte des Mittelalters, 27).

[Peil, Rollenhagen. Froschm. = ] Georg Rollenhagen. Froschmeuseler. Mit den Holzschnitten der Erstausgabe. Hrsg. v. Dietmar Peil. Frankfurt/M. 1989. (Bibliothek der Frühen Neuzeit, 1/12).

[Perez, Dietzin = ] Die Landstörtzerin IVSTINA DIETZIN PICARA genandt. Frankfurt am Main 1626; [Band 2] 1627. Reprographischer Nachdruck Hildesheim/New York 1975.

Pfefferkorn, Johann, Der Juden Spiegel. Nürmberg 1507. BSB-München [VD16 P 2300]: http://opacplus.bsb-muenchen.de/ search? oclcno =165 807879.[460]

---

460 Alle Traktate Pfefferkorns werden nach den Digitalisaten der Bayerischen Staatsbibliothek, kurz: BSB, zitiert.

Pfefferkorn, Johann, Ich heysß ein buchlijn der iudenbeicht, In allen orten vint man mich beicht [...]. Coelen 1508. BSB-München: http://opacplus.bsb-muenchen.de/search?oclcno= 165807882.

Pfefferkorn, Johann, In disem buchlein vindet Yr ein entliche[n] furtrag, wie die blinden Juden yr Ostern halten, vnnd besonderlich wie das Abentmal gessen wirt Verer wurdt außgedruckt das die Juden ketzer seyn, des alten vn[d] neuwen testaments, Deßhalb sye schuldig seyn des gerichts nach dem gesetz Moysi. Coln am Rhein 1509. BSB-München: http://opacplus.bsb-muenchen.de/search?oclcno=53410 184.

Pfefferkorn, Johann, Ich bin ain Buchlinn der Juden veindt ist mein namen. Yr schalckheit sag ich vn[d] wil mich des nit schame[n]. Die lang zeit v[er]borgen gewest als ich thu betewten Das wi[l]l ich ytz offenbarn allen Cristen lewten. Da[n] ich bin mit jren hebreische[n] schriffte[n] wol v[er]wart Vn[d] de[n] verkerten geschlecht die warhait nit gespart. Augspurg 1509. BSB-München: [VD16 P 2312] / http://opacplus.bsb-muenchen.de/search?oclcno=165807891.

Pfefferkorn, Johann, Zu lob und Ere des allerdurchleichtigsten und großmechtigisten Fürsten und Herren, Herr Maximilian von gottes gnaden Römischen kaiser [...] Hat durch Joannes Pfefferkorn [...] dys büchlin gemacht [...] und sagt wie die k. ma. dem vorgemelten pfefferkorn volmechtigen gewalt geben hat den Juden alle falsche bücher zenemen [...]. Augspurg 1510. BSB-München: [VD16 P 2295] / http://opacplus.bsb-muenchen.de/search? oclcno= 165807886.

Pfefferkorn, Johann, Handt-Spiegel wider die Juden, und Jüdischen Thalmudischen Schrifften [...]. Cölln 1512. BSB-München: http://opacplus.bsb-muenchen.de/search?oclcno= 165807879.

Pfefferkorn, Johann, Brantspiegell [fängt an:] Abzotraiben vnd aus zulesche[n] eines vngegrunte[n] laster buechleyn mit namen Auge[n], spiegell So Johannes Raichlein lerer der rechten, gegen vnd wyder mich Johannes Pfefferkorn erdicht, gedruckt, vn[d] offentlich vormals vßgeen hat lassen Dar gege[n] ich mey[n] vnschult allen menschen gruntlich tzu verneme[n] vn[d] tzu vercleren in desez gegenwyrdige[n] buechgelyn gena[n]t Brantspiegell. gethan hab. Collen 1512. BSB-München: [VD16 P 2287] / http://opacplus.bsb-muenchen.de/search?oclcno=165807866.

Pfefferkorn, Johann, Sturm Joha[n]sen Pferfferkorn vber vnd wider die drulosen Juden. anfechter des leichnams Christi. vnd seiner glidmossen. Sturm vber eynen alten sunder Johann Reuchlin. zuneiger der falschen Juden. vnd wesens. vff warer thatt begriffen. in seinem biechlin Augenspiegell [...]. Cöllen 1514. BSB-München: [VD16 P 2320] / http://opacplus.bsb-muenchen.de/search?oclcno= 165807904.

Pfefferl, Weigel. Ges =] Vom Gesetze oder Willen GOTTES. In: Valentin Weigel. Sämtliche Schriften. Begr. v. Will Erich Peuckert u. Winfried Zeller. Neue Edition, hrsg. v. Horst Pfefferl. Band 3: Vom Gesetz oder Willen Gottes. Gnothi Seauton. Hrsg. u. eingel. v. Horst Pfefferl. Stuttgart-Bad Cannstatt 1996, S. 1–45.

[Pfefferl, Weigel. Gn. S. =] ΓΝΩΘΙ ΣΕΑΥΤΟΝ. Nosce teipsum. Erke nne dich selbst [...]. In: Valentin Weigel. Sämtliche Schriften. Begr. v. Will-Erich Peuckert u. Winfried Zeller. Neue Edition, hrsg. v. Horst Pfefferl. Band 3: Vom Gesetz oder Willen Gottes. Gnothi Seauton. Hrsg. u. eingel. v. Horst Pfefferl. Stuttgart-Bad Cannstatt 1996, S. 47–197.

[Pfeiffer-Belli, Murner im Glaubensk. = ] Thomas Murner im Schweizer Glaubenskampf. „Ein brieff den Strengen eren not festen Fursuhtigen Ersamen wysen der XII örter einer löblichen eydtgnoschafft" (1526). „Ein worhafftigs verantwurten der hochgelorten doctores und herren (1526)". „Hie würt angezeigt das vnchristlich freuel, vngelört vnd vnrechtlich vßrieffen vnd fürnemen einer loblichen herrschafft von Bern" (1528). Hrsg. v. Wolfgang Pfeiffer-Belli. Münster 1939. (Corpus Catholicorum. Werke katholischer Schriftsteller im Zeitalter der Glaubensspaltung, 22).

Praetorius, Anton, Von Zauberey vnd [und] Zauberern gründlicher Bericht: Darinn der grawsamen Menschen thöriges, feindseliges, schändliches vornemmen; Vnd wie Christliche Oberkeit in rechter Amptspflege jhnen begegnen, jhr Werck straffen, auffheben vnd hindern solle vnd könne / Kurtz vnd ordentlich gestellet Durch Antonium Praetorium Lippiano-Westphalum. Hierzu ist gesetzet Der Theologen zu Nürnberg gantz Christlich Bedencken vnd Warhafftig Vrtheil von Zauberey vnd Hexenwerck. Heydelberg 1613.

[PurgoldtRb. = ] Johannes Purgoldts Rechtsbuch: nebst einem Gothaischen Stadtrecht. Hrsg. v. Friedrich Ortloff. In: Das Rechtsbuch Johannes Purgoldts. Hrsg. v. Friedrich Ortloff. Neudr. d. Ausg. Jena 1860. Aalen 1967.

[Qu. Brassó = ] Quellen zur Geschichte der Stadt Brassó. Hrsg. auf Kosten der Stadt Brassó v. dem mit der Herausgabe betrauten Ausschuß. Vierter Band: Chroniken und Tagebücher 1 (1143–1867). Fünfter Band: Chroniken und Tagebücher 2 (1392–1851). Brassó 1903–1909.

[Reichmann, Dietrich. Schrr. = ] Etliche Schrifften für den gemeinen man / von vnterricht Christlicher lehr vnd leben / vnnd zum trost der engstigen gewissen. Durch V. Dietrich. Mit schönen Figuren. Nürnberg. M. D. XLVIII. Hrsg. und mit einer Einleitung versehen v. Oskar Reichmann. Assen 1972. (Quellen und Forschungen zur Erbauungsliteratur des späten Mittelalters und der frühen Neuzeit, 5).

[Reichskammergerichtsordnung = ] Die Reichskammergerichtsordnung von 1555. Eingel. und hrsg. v. Adolf Laufs. Köln [u. a.] 1976. (Quellen und Forschungen zur höchsten Gerichtsbarkeit im Alten Reich, 3).

[Reithmeier, B. v. Chiemsee = ] Bertholds, Bischofs von Chiemsee, Tewtsche Theologey. Neu hrsg. und mit Anmerkungen, einem Wörterbuche und einer Biographie versehen v. Wolf(gang) Reithmeier. Mit einem einleitenden Vorwort v. Fr. Windischmann. München 1852.

[Rennefahrt, Staat/Kirche Bern = ] Die Rechtsquellen des Kantons Bern. Erster Teil: Stadtrechte. Sechster Band, erste; zweite Hälfte: Das Stadtrecht von Bern VI. Staat und Kirche. Bearb. und hrsg. v. Hermann Rennefahrt. Aarau 1960; 1961. (Sammlung Schweizerischer Rechtsquellen. II. Abt.: Die Rechtsquellen des Kantons Bern).

[Rennefahrt Wirtsch. Bern = ] Die Rechtsquellen des Kantons Bern. Erster Teil: Stadtrechte. Achter Band, erste; zweite Hälfte: Das Stadtrecht von Bern 8, 1; 8, 2. Wirtschaftsrecht. Bearb. v. Hermann Rennefahrt. Aarau 1963; 1964. (Sammlung Schweizerischer Rechtsquellen. II. Abt.: Die Rechtsquellen des Kantons Bern).

[Rennefahrt, Zivilr. Bern = ] Die Rechtsquellen des Kantons Bern. Erster Teil: Stadtrechte. Siebenter Band, erste; zweite Hälfte: Das Stadtrecht von Bern VII. Zivil-, Straf- und Prozeßrecht. Bearb. und hrsg. v. Hermann Rennefahrt. Aarau 1963; 1964. (Sammlung Schweizerischer Rechtsquellen. II. Abt.: Die Rechtsquellen des Kantons Bern).

Reuchlin, Johannes, Tütsch missive. warumb die Juden so lang im ellend sind. Pfortzheim 1505. BSB-München: [VD16 R 1246] / http://opacplus.bsb-muenchen.de/search?oclcno= 165903534.

Reuchlin, Johannes, Warhafftige entschuldigung gegen und wider ains getaufften Juden genant Pfefferkorn vormals getruckt ußgangen unwarhaftigs schmachbüchlin Augenspiegel [...]. Tübingen 1511. BSB-München: http://opacplus.bsb-muenchen.de/search?oclcno= 16590 3529.

Reuchlin, Johannes, Doctor Johannsen Reuchlins der K. M. als Ertzhertzogen zu Osterreich auch Churfürsten vnd fürsten gemainen bundtrichters inn Schwaben warhafftige entschuldigung gegen vnd wider ains getaufften Juden genant Pfefferkorn vormals getruckt ußgangen unwarhaftigs schmachbüchlin Augenspiegel. Tübingen 1511. BSB-München: http://opacplus.bsb-muenchen.de/search?oclcno=16 590 3529.

Reuchlin, Johannes, Ain clare verstentnus in tütsch uff Doctor Johannsen Reüchlins rathschlag von den juden büchern vormals auch zu latin imm Augenspiegel ußgangen. 1512. BSB-München: [VD16 R 1249] / http://opacplus.bsb-muenchen.de/search?oclcno= 165903534.

[Rimphof, DrachKö. = ] Rimphof, Heinrich: Drachen-Ko$^c$nig: Das ist: Warhafftige, Deutliche, Christliche und hochnothwendige Beschreybunge deß grawsamen hochvermaldeyten Hexen: und Zauber Teuffels, welcher [...] an diesem Ort bald fu$^c$rm Jahr durch ein neunja$^c$hriges Ma$^e$gdelein wieder aller Menschen Gedancken manifestirt und gantz wunderbarlich ans Liecht gebracht [...] Sampt einem Appendice wider Johan Seiferten von Ulm [...] / durch Heinricum Rimphof. Rinteln 1647 (Petrus Lucius).

[Röhrich u. a., Cod. Dipl. Warm. = ] Codex diplomaticus Warmiensis oder Regesten und Urkunden zur Geschichte Ermlands: [1231–1435]. Vier Bände. Hrsg. v. Victor Röhrich. Früher hrsg. v. Carl Peter Woelky / Johann Martin Saage. Mainz 1860/1935. (Monumenta Historiae Warmiensis oder Quellensammlung zur Geschichte Ermlands, hrsg. von dem historischen Vereine für Ermland, Bände 1, 2, 5, 9).

[Roloff, Naogeorg/Tyrolff. Pamm. = ] Thomas Naogeorg. Sämtliche Werke hrsg. v. Hans-Gert Roloff. Erster Band, Dramen I: Tragoedia nova Pammachius nebst der deutschen Übersetzung von Johann Tyrolff. Berlin/New York 1975. (Ausgaben deutscher Literatur des XV. bis XVIII. Jahrhunderts). Zwickau um 1540.

[Rosenthal. Bedencken = ] Ausführliche Widerhol vnd Vermehrung der Kúrtzen Bedenken Vom bestàndigen Baw auff den Felsen vnd nicht auff den Sand [...] durch R. P. Ioannem rosenthal der societàt Iesu Pristern [...]. Köln 1653.

[Rot = ] Simon Roths Fremdwörterbuch. Hrsg. v. Emil Öhmann. In: Mémoires de la Société neo-philologique de Helsingfors 11, 1936, S. 228–370.

[Rudolph, Qu. Trier = ] Quellen zur Rechts- und Wirtschaftsgeschichte der rheinischen Städte. Kurtrierische Städte. I. Trier. Gesammelt und hrsg. v. F. Rudolph. Mit einer Einleitung von G. Gentenich und zwei Stadtplänen. Bonn 1915. (Publikationen der Gesellschaft für Rheinische Geschichtskunde, 29).

[Sachs = ] Hans Sachs. Hrsg. v. Adelbert von Keller und (ab Band 13) Edmund Goetze. 26 Bände und ein Registerband. Tübingen 1870–1908. Registerband: 1982. Nachdruck Hildesheim 1964. (Bibliothek des Litterarischen Vereins).

Sachs, Hans, Wittenbergisch Nachtigall. In: Hans Sachs: Dichtungen. Zweiter Theil: Spruchgedichte. Leipzig 1885, S. 10–30.
[Schade, Sat. U. Pasqu. = ] Satiren und Pasquille aus der Reformationszeit. Hrsg. v. Oskar Schade. 3 Bände. 2. Ausgabe. Hannover 1863. Reprografischer Nachdruck Hildesheim 1966.
Scherer, Georg, Der Lutherische Bettler Mantel. Hie sitzt ein Bettler auff dem Stock, Von vilen flecken ist sein Rock, Bedeut des Luthers gflickte Lehr, Von alten Ketzern kompt sie her, Drumb sey gewarnet jederman, Leg keiner solchen Mantel an. 1588. BSB-München: (VD 16 S 2717) / http://opacplus.bsb-muenchen.de/search?oclcno= 166108141
[Schib, H. Stockar = ] Hans Stockars Jerusalemfahrt 1519 und Chronik 1520–1529. Mit 3 Tafeln. Hrsg. v. Karl Schib. Basel 1949. (Quellen zur Schweizer Geschichte, NF. I. Abt.: Chroniken 4).
[Schöpf, Tirol Id. = ] Schöpf, Johann Baptist: Tirolisches Idiotikon / von J. B. Schöpf. Nach dessen Tode vollendet von Anton J. Hofer. Neudr. der Ausg. 1866. Schaan/Liechtenstein 1982.
[Schöpper = ] Die „Synonyma" Jakob Schöppers neu hrsg., sowie mit einer Einleitung und einem deutschen und lateinischen Register versehen v. Karl Schulte-Kemminghausen. Dortmund 1927. (Studien zur Sprachgeschichte Dortmunds. Veröffentlichungen der Stadtbibliothek Dortmund 1). Dortmund 1551.
[Schottenloher, Flugschrr. = ] Flugschriften zur Ritterschaftsbewegung des Jahres 1523. Hrsg. v. Karl Schottenloher. Mit sechs Abbildungen. Münster 1929. (Reformationsgeschichtliche Studien und Texte, 53).
[Schultheiss, Achtb. Nürnb. = ] die Acht-, Verbots- und Fehdebücher Nürnbergs von 1285–1400. Mit einer Einführung in die Rechts- und Sozialgeschichte und das Kanzlei- und Urkundenwesen. Bearb. v. Werner Schultheiß. Nürnberg 1960. (Quellen und Forschungen zur Geschichte der Stadt Nürnberg, 2).
[Schwabenspiegel = ] Schwabenspiegel : Kurzform I. Hrsg. v. Karl August Eckhardt. Hannover 1960. (Monumenta Germaniae historica / [Leges] / Fontes iuris Germanici antiqui, nova series 4, 1).
[Sehling, Evangelische Kirchenordnung = ] Die evangelischen Kirchenordnungen des XVI. Jahrhunderts / hrsg. v. Emil Sehling. Fortgef. vom Institut für Evangelisches Kirchenrecht der Evangelischen Kirche in Deutschland zu Göttingen. Fortgef. von der Heidelberger Akademie der Wissenschaften (Band 16). Leipzig 1902–2004.
[Siegel u. a., Salzb. Taid. = ] Die Salzburgischen Taidinge. Im Auftrage der Kaiserlichen Akademie der Wissenschaften hrsg. v. Heinrich Siegel / Karl Tomaschek. Wien 1870. (Österreichische Weistümer, 1).
[Skála, Egerer Urgichtenb. = ] Das Egerer Urgichtenbuch (1543–1579). Hrsg. v. Emil Skála. Berlin 1972. (Deutsche Texte des Mittelalters,67).
[Spanier, Murner. Schelmenz. = ] Thomas Murner. Die Schelmenzunft. Hrsg. v. M. Spanier. Berlin/Leipzig 1925. (Kritische Gesamtausgaben Elsässischer Schriftsteller des Mittelalters und der Reformationszeit. Thomas Murners Deutsche Schriften mit den Holzschnitten der Erstdrucke, 3).
[Spechtler u. a. Frnhd. Rechtstexte = ] Frühneuhochdeutsche Rechtstexte I; II. Band I: Die Salzburger Stadt- und Polizeiordnung von 1524. Mit Einleitung, Register und Sacherklä-

rungen hrsg. v. Franz Viktor Spechtler/Rolf Uminsky. Rechtshistorische Einführung von Peter Putzer. Band II: Die Salzburger Landesordnung von 1526. Mit Einleitung, Register und Sacherklärung hrsg. v. Franz V. Spechtler / Rudolf Uminsky. Landesgeschichtliche Einführung: Bauernkrieg und Landesordnung v. Heinz Dopsch. Rechtsgeschichtliche Einführung v. Peter Putzer. Göppingen 1978; 1981. (Göppinger Arbeiten zur Germanistik, 222; 305).

[Spechtler, Mönch v. Salzb. = ] Die geistlichen Lieder des Mönchs von Salzburg. Hrsg. v. Franz Victor Spechtler. Berlin/New York 1972. (Quellen und Forschungen zur Sprach- und Kulturgeschichte der germanischen Völker, NF. 51 (175)).

[Stambaugh, Friederich Saufft. = ] Teufelbücher in Auswahl hrsg. v. Ria Stambaugh. Fünfter Band. Matthäus Friederich: Saufteufel. [...]. Berlin/New York 1980, S. 1–114 (Ausgaben deutscher Literatur des XV. bis XVIII. Jahrhunderts).

[Stambaugh, Milichius. Zaubert. = ] Teufelbücher in Auswahl hrsg. v. Ria Stambaugh. Erster Band. Ludwig Milichius: Zauberteufel. Schrapteufel. Berlin 1970, S. 1–184. (Ausgaben deutscher Literatur des XV. bis XVIII. Jahrhunderts). Frankfurt am Main 1563.

[Steirische und Kärnthnische Taidinge = ] Steirische und Kärnthische Taidinge. Im Auftrag der kaiserlichen Akademie der Wissenschaften hrsg. v. Ferdinand Bischoff. Wien 1881. (Österreichische Weistümer, 6).

[Sudhoff, Paracelsus = ] Theophrast von Hohenheim gen. Paracelsus, Saemtliche Werke 1. Abt.: Medizinische naturwissenschaftliche und philosophische Schriften. Hrsg. v. Karl Sudhoff. 1. Band: Früheste Schriften ums Jahr 1520 verfaßt. 2. Band: Frühe Schriften zur Heilmittellehre (Arzneistoffe und Heilquellen) zur Begründung der tartharischen Lehre in der Pathologie, samt 6., 7. und 9. Buche in der Arznei, über tertarische, psychische Krankheiten und Kontrakuren [...] München/Berlin 1922–1933.

[Tiemann, E. v. Nassau-S. Kgn. Sibille = ] Der Roman von der Königin Sibille in drei Prosa-fassungen des 14. und 15. Jahrhunderts. Mit Benutzung der nachgelassenen Materialien von Fritz Burg hrsg. von Hermann Tiemann. Hamburg 1977.

[Toeppen, Ständetage Preußen = ] Akten der Ständetage Preußens unter der Herrschaft des Deutschen Ordens. Hrsg. v. Max Toeppen in 5 Bänden. Neudruck der Ausgabe Leipzig 1878–1886. Aalen 1973–1974. (Publikation des Vereins für die Geschichte der Provinz Preußen).

[Turmair 1 = ] Johannes Turmair's genannt Aventinus Kleinere historische und philologi-sche Schriften. Hrsg. v. der K. Akademie der Wissenschaften. Erste Hälfte. München 1880. (Johannes Turmair's genannt Aventinus Sämmtliche Werke, 1).

[Turmair 4; 5 = ] Johannes Turmair's genannt Aventinus Bayerische Chronik. Hrsg. von Matthias von Lexer. Erster Band, erste Hälfte (Buch I); erster Band, zweite Hälfte (Buch II). Zweiter Band (Buch III–VIII). Vorwort, Glossar und Register zur Bayerischen Chronik. München 1882; 1883; 1886. (Johannes Turmair's genannt Aventinus Sämmtliche Werke, 4, 1; 4, 2; 5).

[Ulrich von Hutten, Di Anschawenden = ] Dialogus oder gespresch büchlin herrn Vlrichs von Hutten die Anschawenden genannt. In: Ulrich von Hutten. Deutsche Schriften. Hrsg. v. Heinz Mettke, Leipzig 1972, 1, S. 154–188.

[Ulrich von Hutten, Die Vadiscus = ] Gesprächs buechlin her Vlrichs von Hutten gekroneten Poeten vnd Orator von dem vorkaerten stand der Stat das er nennet Vadiscum oder die Roemische Dreyfaltigkeit. In: Mettke a. a. O. 1972, S. 53–153.

[v. d. Broek, Suevus. Spieg. = ] Sigismund Suevus. Erbauungsschriften. Spiegel des menschlichen Lebens. Eine Auswahl. Hrsg. und mit einer Einleitung versehen v. M[arinus] A[lbertus] van den Broek. Amsterdam 1984. [Nachdruck der Ausgabe Leipzig 1588].

[v. d. Lee, M. v. Weida. Spigell = ] Marcus von Weida. Spigell des ehlichen ordens. Aus der Handschrift hrsg. v. Anthony van der Lee. Assen 1972. (Quellen und Forschungen zur Erbauungsliteratur des späten Mittelalters und der frühen Neuzeit, 1).

[Vetter, Pred. Taulers = ] Die Predigten Taulers aus der Engelberger und der Freiburger Handschrift sowie aus Schmidts Abschriften der ehemaligen Straßburger Handschriften hrsg. v. Ferdinand Vetter. Mit drei Tafeln in Lichtdruck. Berlin 1910. (Deutsche Texte des Mittelalters, 11).

[Wackernell, Adt. Passionssp. = ] Altdeutsche Passionsspiele aus Tirol. Mit Abhandlungen über ihre Entwicklung, Composition, Quellen, Aufführungen und litterarhistorische Stellung, hrsg. v. J. E. Wackernell. Graz 1897. (Quellen und Forschungen zur Geschichte, Litteratur und Sprache Österreichs und seiner Kronländer, 1).

[Welti, Stadtr. Bern = ] Die Rechtsquellen des Kantons Bern. Erster Teil: Stadtrechte. Erster und zweiter Band: Das Stadtrecht Bern I und II. Handfeste, Satzungsbücher, Stadtbuch. Stadtsatzung 1539. Bearb. und hrsg. v. Friedrich Emil Welti. In zweiter Aufl. bearb. v. Hermann Rennefahrt unter Mitarb. v. Hermann Specker. Aarau 1971. (Sammlung Schweizerischer Rechtsquellen. II. Abt.: Die Rechtsquellen des Kantons Bern).

[Weise. Jugend-Lust = ] Christian Weisens Neue Jugend-Lust / Das ist / Drey Schauspiele: [...] II. Von der Sicil. Argenis [...]. Wie selbige Anno MDCLXXXIII. Von den gesamten Studirenden im Zittauischen Gymnasio aufgefuehret worden. Leipzig 1684.

[Wiessner, Wittenw. Ring. = ] Heinrich Wittenwillers Ring. Nach der Meininger Handschrift hrsg. v. Edmund Wießner. Leipzig 1931. (Deutsche Literatur. Sammlung literarischer Kunst- und Kulturdenkmäler in Entwicklungsreihen. Reihe Realistik des Spätmittelalters, 3).

[Winter, Nöst. Weist. = ] Niederösterreichische Weisthümer. Im Auftrage der Kaiserlichen Akademie der Wissenschaften hrsg. v. Gustav Winter. IV Teile. Mit einem Glossar bearb. v. Josef Schatz. Wien (Teil 2 und 3:) Wien/Leipzig 1886–1913. (Österreichische Weistümer, 7; 8; 9; 11).

[Wintterlin, Würt. Ländl. Rechtsqu. 1 = ] Württembergische Ländliche Rechtsquellen. Hrsg. v. der K. Württ. Kommission für Landesgeschichte. Erster Band: Die östlichen schwäbischen Landesteile. Bearb. v. Friedrich Wintterlin. Stuttgart 1910.

[Wintterlin, Würt. Ländl. Rechtsqu. 2 = ] Württembergische Ländliche Rechtsquellen. Hrsg. v. d. Württ. Kommission für Landesgeschichte. Zweiter Band: Das Remstal, das Land am mittleren Neckar und die Schwäbische Alb. Bearb. v. Friedrich Wintterlin. Stuttgart 1922.

[WürtNLO. = ] Des Fürstenthumbs Wirtemberg newe Landtsordnung / gebessert vnd gemehret / sampt darzu gedruckten der armen Casten / auch Holtz vnnd Vorst ordnungen / [von Christoff, Hertzog zu Wirtemberg geben in Tübingen den 2. Januar 1552]. Digitalisat der Universitätsbibliothek Heidelberg: http.//digi.ub.uni-heidelberg.de/ diglit/ drwWuertNLO1552.

[Ziesemer, Proph. Cranc = ] Die Prophetenübersetzung des Claus Cranc. Hrsg. v. Walther Ziesemer. Mit 13 Tafeln. Halle a. d. S. 1930. (Schriften der Königsberger Gelehrten Gesellschaft. Sonderreihe, 1).

Zwingli, Huldrych, Ain flyssige und kurtze Underrichtung, wie man sich vor Lügen (dero dise Zyt nit on Geverd voll louffend) hüten und bewaren sol. Getruckt zuo Zürich 1524. Zentralbibliothek Zürich. Signatur: 2.187: http://dx.doi.org/10.3931/e-rara-1019.

## VI. 2. Sekundärliteratur

Adamzik, Kirsten (1984): Sprachliches Handeln und sozialer Kontakt. Zur Integration der Kategorie 'Beziehungsaspekt' in eine sprechakttheoretische Beschreibung des Deutschen. Tübingen. (Tübinger Beiträge zur Linguistik, 213).

Aegerter, Roland (2001): Antisemitismus – Geschichte und Gegenwart einer hartnäckigen Feindschaft. In: Roland Aegerter / Miryam Eser Davolio / Ivo Nezel (Hrsg.): Sachbuch Rassismus. Informationen über Erscheinungsformen der Ausgrenzung. 2., aktualisierte und überarb. Aufl. Zürich, S. 95–124.

Ágel, Vilmos (1999): Grammatik und Kulturgeschichte. Die raison graphique am Beispiel der Epistemik. In: Andreas Gardt / Ulrike Haß-Zumkehr / Thorsten Roelcke (Hrsg.): Sprachgeschichte als Kulturgeschichte. Berlin/New York, S. 171–224. (SLG, 54).

Ágel, Vilmos / Gardt, Andreas / Hass-Zumkehr, Ulrike / Roelcke, Thorsten (Hrsg.) (2002): Das Wort. Seine strukturelle und kulturelle Dimension. Tübingen.

Allport, Gordon W. (1958): The Nature of Prejudice. New York.

Althammer, Beate (Hrsg.) (2007): Bettler in der europäischen Stadt der Moderne. Zwischen Barmherzigkeit, Repression und Sozialreform. Frankfurt am Main. (Inklusion/Exklusion, 4).

Aman, Reinhold (1975): Bayrisch-österreichisches Schimpfwörterbuch. Lexikon der Schimpfwörter – Psychologisch-sprachliche Einführung in das Schimpfen – Die bayrisch-österreichische Sprache. München.

Aristoteles (1995): Nikomachische Ethik. Nach der Übersetzung von Eugen Rolfes, bearbeitet von Günther Bien. Darmstadt.

Arnold, Matthieu / Decot, Rolf (Hrsg.) (2009): Christen und Juden im Reformationszeitalter. 1. Aufl. Göttingen. (Veröffentlichungen des Instituts für Europäische Geschichte Mainz – Beihefte Abendländische Religionsgeschichte, 72).

Austin, John Langshaw (1972): Zur Theorie der Sprechakte. (How to do things with words). Stuttgart.

Awosusi, Anita (Hrsg.) (1998): Stichwort *Zigeuner*. Zur Stigmatisierung von Sinti und Roma in Lexika und Enzyklopädien. Heidelberg. (Schriftenreihe des Dokumentations- und Kulturzentrums Deutscher Sinti und Roma, 8).

Baberowski, Jörg (2005): Der Sinn der Geschichte. Geschichtstheorien von Hegel bis Foucault. München.

Bachorski, Hans-Jürgen (1991): Heinrich Wittenwiler. In: Ingrid Bennewitz Ulrich / Müller (Hrsg.): Deutsche Literatur. Reinbek bei Hamburg, S. 196–202. (Handbuch Rororo, 6251).
Bächtold-Stäubli, Hanns (Hrsg.) (2005): Handwörterbuch des deutschen Aberglaubens. Unveränd. photomechan. Nachdr. d. Ausg. Berlin u. Leipzig 1927–1942. Berlin.
Backmann, Sibylle et alii. (Hrsg) (1997): Das Konzept der Ehre in der Frühen Neuzeit. Berlin.
Backmann, Sibylle / Ecker-Offenhäußer, Ute (1998): Ehrkonzepte in der frühen Neuzeit. Identitäten und Abgrenzungen. Berlin. (Colloquia Augustana, 8).
Balzer, Bernd (1973): Bürgerliche Reformationspropaganda. Stuttgart. (Germanistische Abhandlungen, 42).
Bär, Jochen / Bär, Silke (1998): Zur Verwendung des Wortes Zigeuner in der Frühen Neuzeit. In: Awosusi 1998, S. 119–155.
Bartholdus, Thomas (2002): Zum Antijudaismus im geistlichen Spiel des späten Mittelalters. In: Arne Dömros / Thomas Bartoldus / Julian Voloj (Hrsg.): Judentum und Antijudaismus in der deutschen Literatur im Mittelalter und an der Wende zur Neuzeit. Berlin, S. 121–146.
Bartsch, Renate / Vennemann, Theo (1973): Linguistik und Nachbarwissenschaften. Kronberg/Ts. (Scriptor-Taschenbücher Linguistik und Kommunikationswissenschaft, S 1).
Battenberg, Friedrich (2000): Das europäische Zeitalter der Juden. Zur Entwicklung einer Minderheit in der nichtjüdischen Umwelt Europas. 2., um ein Nachwort des Verf. erw. Aufl. Darmstadt.
Battenberg, J. Friedrich (2001): Die Juden in Deutschland vom 16. bis zum Ende des 18. Jahrhunderts. München. (Enzyklopädie Deutscher Geschichte, 60).
Bauer, Dieter R. / Dinzelbacher, Peter (1990): Volksreligion im hohen und späten Mittelalter. Paderborn etc.
Bausinger, Hermann (1986): Sprache in der Volkskunde. In: Herbert E. Brekle / Utz Maas (Hrsg.): Sprachwissenschaft und Volkskunde. Perspektiven einer kulturanalytischen Sprachbetrachtung. Opladen, S. 7–32.
Becker, Howard Saul (1982): Außenseiter. Zur Soziologie abweichenden Verhaltens. Frankfurt am Main.
Becker, Howard Saul (1990): Symbolic interaction and cultural studies. Chicago etc.
Becker, Howard Saul (1997): Outsiders. Studies in the sociology of deviance. [New ed.]. New York.
Becker, Howard Saul (2007): Telling about society. Chicago. (Chicago guides to writing, editing, and publishing).
Behrends, Okko (1999/2005): Corpus iuris civilis. Text und Übersetzung. Heidelberg.
Behringer, Wolfgang (1987): „Erhob sich das ganze Land zu ihrer Ausrottung...". Hexenprozesse und Hexenverfolgungen in Europa. In: Richard van Dülmen (Hrsg.): Hexenwelten. Magie und Imagination. Frankfurt, S. 131–169.
Behringer, Wolfgang (1995): Hexen und Hexenprozesse in Deutschland. Orig.-Ausg., 3., aktualisierte Aufl. München. (dtv-Dokumente, 2957).
Bennewitz, Ingrid / Müller, Ulrich (Hrsg.) (1991): Deutsche Literatur. Reinbek bei Hamburg. (Handbuch Rororo, 6251).

Bentzinger, Rudolf (1988): Die Wahrheit muss ans Licht! Dialoge aus der Zeit der Reformation. 2. Aufl. Leipzig. (Reclams Universal-Bibliothek Belletristik, 948).
Benz, Wolfgang (2004): Was ist Antisemitismus? München.
Benz, Wolfgang (2007): Ausgrenzung, Vertreibung, Völkermord. Genozid im 20. Jahrhundert. 2. Aufl. München. (dtv).
Benz, Wolfgang (2009): Handbuch des Antisemitismus. Judenfeindschaft in Geschichte und Gegenwart. Berlin.
Benz, Wolfgang (2010): Der ewige Jude. Metaphern und Methoden nationalsozialistischer Propaganda. 1. Aufl. Berlin. (Positionen – Perspektiven – Diagnosen, 5).
Berger, Arnold (1931): Die Sturmtruppen der Reformation. Ausgewählte Flugschriften der Jahre 1521–25. Leipzig.
Berger, Arnold (Hrsg.) (1933): Satirische Feldzüge wider die Reformation. Thomas Murner / Daniel von Soest. Leipzig.
Berger, Peter L. / Luckmann, Thomas (2007): Die gesellschaftliche Konstruktion der Wirklichkeit. Eine Theorie der Wissenssoziologie. 21. Aufl. Frankfurt am Main. (Fischer, 6623).
Berghold, Josef (2007): Feindbilder und Verständigung. Grundfragen der politischen Psychologie. 3., aktualisierte Aufl. Wiesbaden.
Bergmann, Jörg R. / Luckmann, Thomas / Ayass, Ruth (1999): Kommunikative Konstruktion von Moral. Opladen.
Bergsdorf, Wolfgang (1983): Herrschaft und Sprache. Studie zur politischen Terminologie der Bundesrepublik Deutschland. Pfullingen.
Bergsdorf, Wolfgang (1983): Sprache und Politik. Neue Entwicklungslinien der politischen Sprache. Wien.
Bering, Dietz (1992): Der Name als Stigma. Antisemitismus im deutschen Alltag 1812–1933. Stuttgart.
Bering, Dietz (1991): Kampf um Namen. Bernhard Weiss gegen Joseph Goebbels. Stuttgart.
Bertau, Karl (2005): Schrift, Macht, Heiligkeit. Berlin/New York.
Besch, Werner / Betten, Anne / Reichmann, Oskar / Sonderegger, Stefan (Hrsg.) (2000f.): Sprachgeschichte: Ein Handbuch Zur Geschichte der deutschen Sprache und Ihrer Erforschung. 2. Aufl. 4 Bände. Berlin/New York. (HSK, 2).
Bihrer, Andreas / Limbeck, Sven / Schmidt, Paul Gerhard (Hrsg.) (2000): Exil, Fremdheit und Ausgrenzung in Mittelalter und früher Neuzeit. Würzburg. (Identitäten und Alteritäten, 4).
Birkhan, Helmut (2010): Magie im Mittelalter. Orig.-Ausg. München. (Beck'sche Reihe, 1901).
Bischoff, Erich (1916): Wörterbuch der wichtigsten Geheim- und Berufssprachen. Jüdisch-Deutsch, Rotwelsch, Kundensprache, Soldaten-, Seemanns-, Weidmanns-, Bergmanns- und Komödiantensprache. Leipzig.
Blauert, Andreas / Schwerhoff, Gerd (2000): Kriminalitätsgeschichte. Beiträge zur Sozial- und Kulturgeschichte der Vormoderne. Konstanz, S. 268–271. (Konflikte und Kultur, 1).
Blickle, Peter / Holenstein, André (Hrsg.) (1993): Der Fluch und der Eid. Berlin. (Zeitschrift für historische Forschung, 15).

Boehncke, Heiner / Johannsmeier, Rolf (Hrsg.) (1987): Das Buch der Vaganten. Spieler, Huren, Leutbetrüger. Köln.
Boehncke, Heiner / Sarkowicz, Hans (Hrsg.) (1991–1993): Die deutschen Räuberbanden. [wer an den Galgen gehört, der kann nicht ersaufen]. [Sonderausg.]. 3 Bände. Frankfurt am Main. (Sammlung historica, 3).
Bogner, Ralf Georg (1996): Arbeiten zur Sozialdisziplinierung in der Frühen Neuzeit. Ein Forschungsbericht für die Jahre 1980–1994. In: Frühneuzeit-Info 7, 1996, S. 127–142 und S. 240–252, H. 7, S. 127–142 und S. 240–252.
Bogner, Ralf Georg (1997): Die Bezähmung der Zunge. Literatur und Disziplinierung der Alltagskommunikation in der frühen Neuzeit. Tübingen. (Frühe Neuzeit, 31).
Bornscheuer, Lothar (1976): Topik. Zur Struktur der gesellschaftlichen Einbildungskraft. 1. Aufl. Frankfurt am Main.
Borsche, Tilman (2001): Die Gewalt des Wortes gegen die Macht der Sprache. In: Erzgräber / Hirsch, S. 69–81.
Bosl, Karl (Hrsg.) (1964): Frühformen der Gesellschaft im mittelalterlichen Europa. Ausgewählte Beiträge zu einer Strukturanalyse der mittelalterlichen Welt. Wien.
Bosl, Karl (1964): Potens und Pauper. Begriffsgeschichtliche Studien zur gesellschaftlichen Differenzierung im frühen Mittelalter und zum 'Pauperismus' des Hochmittelalters. In: Karl Bosl (Hrsg.): Frühformen der Gesellschaft im mittelalterlichen Europa. Ausgewählte Beiträge zu einer Strukturanalyse der mittelalterlichen Welt. Wien, S. 106–134.
Boswell, John (1981): Christianity, social tolerance, and homosexuality. Gay people in Western Europe from the beginning of the christian era to the fourteenth century. Chicago.
Bourdieu, Pierre (1976): Ehre und Ehrgefühl. In: Ders.: Entwurf einer Theorie der Praxis auf ethnologischer Grundlage der kabylischen Gesellschaft. Frankfurt.
Bourdieu, Pierre (1997): Die männliche Herrschaft. In: Irene Dölling / Beate Krais (Hrsg.): Ein alltägliches Spiel. Geschlechterkonstruktion in der sozialen Praxis. Erstausg., 1. Aufl. Frankfurt am Main, S. 153–255. (Gender Studies, 1732 = N. F. 732).
Bourdieu, Pierre (2006): Die feinen Unterschiede. Kritik der gesellschaftlichen Urteilskraft. Frankfurt am Main. (stw, 658).
Bovenschen, Silvia / Frey, Winfried / Fuchs, Stephan et alli. (Hrsg.) (1997): Der fremdgewordene Text. Festschrift für Helmut Brackert zum 65. Geburtstag. Berlin.
Braun, Christian A. (2007): Nationalsozialistischer Sprachstil. Theoretischer Zugang und praktische Analysen auf der Grundlage einer pragmatisch-textlinguistisch orientierten Stilistik. Heidelberg.
Braun, Christina von (2000): Der ewige Judenhass. Berlin. (Philo. Studien zur Geistesgeschichte, 12).
Braun, Manuel / Herberichs, Cornelia (Hrsg.) (2005): Gewalt im Mittelalter. Realitäten – Imaginationen. München.
Braun, Wilhelm (1981): Barbar. In: Liselotte Welskopf-Henrich (Hrsg.): Soziale Typenbegriffe. Das Fortleben altgriechischer sozialer Typenbegriffe in der deutschen Sprache. Berlin, S. 137–168. (Soziale Typenbegriffe im alten Griechenland und ihr Fortleben in den Sprachen der Welt, 5).

Braungart, Georg / Fricke, Harald / Grubmüller, Klaus, et al. (Hrsg.) (2007): Reallexikon der deutschen Literaturwissenschaft. Neubearbeitung des Reallexikons der deutschen Literaturgeschichte. Berlin.

Brechenmacher, Thomas (2004): Das Ende der doppelten Schutzherrschaft. Der Heilige Stuhl und die Juden am Übergang zur Moderne (1775–1870). Stuttgart. (Päpste und Papsttum, 32).

Brechenmacher, Thomas (2005): Der Vatikan und die Juden. Geschichte einer unheiligen Beziehung vom 16. Jahrhundert bis zur Gegenwart. München.

Breitenfellner, Kirstin (Hrsg.) (1998): Wie ein Monster entsteht. Zur Konstruktion des Anderen in Rassismus und Antisemitismus. Bodenheim.

Bremer, Natascha (1986): Das Bild der Juden in den Passionsspielen und in der bildenden Kunst des deutschen Mittelalters. Frankfurt am Main. (Europäische Hochschulschriften. Reihe 1, Deutsche Sprache und Literatur, 892).

Breuers, Dieter (2007): In drei Teufels Namen. Die etwas andere Geschichte der Hexen und ihrer Verfolgung. Bergisch Gladbach.

Brinker, Klaus / Antos, Gerd / Heinemann, Wolfgang / Sager, Sven (Hrsg.) (2000): Text- und Gesprächslinguistik. Ein internationales Handbuch zeitgenössischer Forschung. Berlin/New York.

Brown, Judith C. (1988): Schändliche Leidenschaften. Das Leben einer lesbischen Nonne in Italien zur Zeit der Renaissance. Stuttgart.

Buchheim, Peter / Bergmann, Jörg (Hrsg.) (2000): Macht und Abhängigkeit. [Inklusive CD-ROM der Lindauer Texte mit Beiträgen von 1990–1999]. Berlin etc. (Lindauer Texte).

Buber, Martin (1961): Aus einer philosophischen Rechenschaft. Erstdruck in: Die Neue Rundschau, 7. 2. Jg. Drittes Heft. Frankfurt 1961, S. 527–538. Wieder in: Martin Buber 2001, S. 1114.

Buber, Martin (2001): Frühe kulturkritische und philosophische Schriften 1891–1924, bearbeitet, eingeleitet und kommentiert von Martin Treml. Gütersloh.

Buber, Martin (2006): Das dialogische Prinzip. 10. Aufl. Gütersloh.

Bude, Heinz (Hrsg.) (2008): Exklusion. Die Debatte über die „Überflüssigen". Frankfurt am Main.

Bullough, Vern L. / Brundage, James A. (Hrsg.) (1996): Handbook of medieval sexuality. New York, NY. (Garland reference library of the humanities, 1696).

Bumke, Joachim (2000): Höfische Kultur – Literatur und Gesellschaft im hohen Mittelalter. München.

Burkhart, Dagmar (2006): Eine Geschichte der Ehre. Darmstadt.

Busse, Dietrich (1997): Das Eigene und das Fremde. Annotationen zu Funktion und Wirkung einer diskurssemantischen Grundfigur. In: Matthias Jung / Martin Wengeler / Karin Böke (Hrsg.): Die Sprache des Migrationsdiskurses. Das Reden über „Ausländer" in Medien, Politik und Alltag. Opladen, S. 17–35.

Busse, Dietrich (2009): Semantik. 1. Aufl. Paderborn.

Bußmann, Hadumod (2002): Lexikon der Sprachwissenschaft. 3., aktualisierte und erw. Aufl. Stuttgart.

Butler, Judith (2006): Haß spricht. Zur Politik des Performativen. 1. Aufl. Frankfurt am Main. (edition suhrkamp, 2414).

Cherubim, Dieter / Jakob, Karlheinz / Linke, Angelika (2002): Neue deutsche Sprachgeschichte. Mentalitäts-, kultur- und sozialgeschichtliche Zusammenhänge. Berlin. (Studia linguistica Germanica, 64).

Cicero (1994): Rhetorica ad Herennium. Lateinisch-deutsch. Hrsg. und übers. von Theodor Nüsslein. München / Zürich. (Sammlung Tusculum).

Collingwood, Robin G. (1940): An Essay in Metaphysics. Oxford.

Cobet, Christoph (1973): Der Wortschatz des Antisemitismus in der Bismarckzeit. München.

Corbineau-Hoffmann, Angelika (2000): Gewalt der Sprache – Sprache der Gewalt. Beispiele aus philologischer Sicht. Hildesheim.

Coseriu, Eugenio (1970): Einführung in die strukturelle Betrachtung des Wortschatzes. Tübingen. (Tübinger Beiträge zur Linguistik).

Coseriu, Eugenio (1974): Synchronie, Diachronie und Geschichte. Das Problem des Sprachwandels. (Übersetzt von H. Sohre). München.

Cramer, Thomas (2000): Geschichte der deutschen Literatur im späten Mittelalter, 3., aktualisierte Aufl. München.

Danckwortt, Barbara (1995): Historische Rassismusforschung. Ideologen, Täter, Opfer. 1. Aufl. Hamburg. (Edition Philosophie und Sozialwissenschaften, 30).

Dank, Ute (1995): Rhetorische Elemente in den Predigten Bertholds von Regensburg. Neuried. (Deutsche Hochschuledition, 36).

Deppermann, Arnulf / Linke, Angelika (2010): Sprache intermedial. Stimme und Schrift, Bild und Ton. Berlin. (Jahrbuch / Institut für Deutsche Sprache, 2009).

Detje, Frank (1996): Sprichwörter und Handeln. Eine psychologische Untersuchung. Bern etc. (Sprichwörterforschung, 18).

Deutsch, Andreas (2001): Die Henker – Außenseiter von Berufs wegen? Leipzig. (Leipziger juristische Vorträge, H. 50).

Deutsch, Andreas (2003): Scharfrichter-Schicksale. Zwei biographische Skizzen aus Schwäbisch Hall. In: Genealogie. Deutsche Zeitschrift für Familienkunde, Jg. 52, H. 7/8. Band XXVI.

Deutsch, Andreas (2008): Ehre. In: Albrecht Cordes / Heiner Lück / Dieter Werkmüller und Ruth Schmidt-Wiegand (Hrsg.): HRG 5, 2007, S. 1224–1231.

Deutsch, Andreas (2008): Ehrlosigkeit. In: Albrecht Cordes / Heiner Lück, Dieter Werkmüller und Ruth Schmidt-Wiegand (Hrsg.): HRG 5, 2007, S. 1240–1243.

Die Religion in Geschichte und Gegenwart (2000): Handwörterbuch für Theologie und Religionswissenschaft. (RGG 3). Ungekürzte elektronische Ausg. der 3. Aufl. Berlin/Tübingen. (Digitale Bibliothek).

Diekmannshenke, Hans-Joachim (1994): Die Schlagwörter der Radikalen der Reformationszeit (1520–1536). Spuren utopischen Bewußtseins. Frankfurt [etc.]. (Europäische Hochschulschriften. Reihe 1, Deutsche Sprache und Literatur, 1445).

Dietrich, Wilhelm R. (2005): Arzt und Apotheker im Spiegel ihrer alten Patrone Kosmas und Damian. Kultbasis, Kultweg, Kultzeichen, Kultorte in Baden-Württemberg. Lindenberg im Allgäu.

Diewald, Gabriele (1991): Deixis und Textsorten im Deutschen. Tübingen. (Reihe Germanistische Linguistik, 118).
Diewald-Kerkmann, Gisela (1995): Politische Denunziation im NS-Regime oder die kleine Macht der „Volksgenossen". Bonn.
Dinges, Martin (1995): Die Ehre als Thema der historischen Anthropologie. Bemerkungen zur Wissenschaftsgeschichte und zur Konzeptualisierung. In: Klaus Schreiner / Gerd Schwerhoff (Hrsg.): Verletzte Ehre. Ehrkonflikte in Gesellschaften des Mittelalters und der frühen Neuzeit. Köln etc., S. 29–62. (Norm und Struktur, 5).
Dinzelbacher, Peter / Mück, Hans-Dieter (Hrsg.) (1987): Volkskultur des europäischen Spätmittelalters. Stuttgart. (Böblinger Forum, 1).
Dinzelbacher, Peter (1996): Angst im Mittelalter. Teufels-, Todes- und Gotteserfahrung: Mentalitätsgeschichte und Ikonographie. Paderborn.
Dinzelbacher, Peter (2000): Hoch- und Spätmittelalter. Paderborn, etc. (Handbuch der Religionsgeschichte im deutschsprachigen Raum, 2).
Dinzelbacher, Peter (2002): Himmel, Hölle, Heilige. Visionen und Kunst im Mittelalter. Darmstadt.
Dinzelbacher, Peter (2007): Körper und Frömmigkeit in der mittelalterlichen Mentalitätsgeschichte. Paderborn.
Dinzelbacher, Peter (2009): Unglaube im „Zeitalter des Glaubens". Atheismus und Skeptizismus im Mittelalter. Badenweiler.
Dinzelbacher, Peter (2010): Lebenswelten des Mittelalters. 1000–1500. 1. Aufl. Badenweiler. (Bachmanns Basiswissen, 1).
Dinzelbacher, Peter (2011): Handbuch der Religionsgeschichte im deutschsprachigen Raum. 6 Bände. Paderborn.
Dittmann, Jürgen / Kästner, Hannes / Schwitalla, Johannes (Hrsg.) (1991): Die Erscheinungsformen der deutschen Sprache. Literatursprache, Alltagssprache, Gruppensprache, Fachsprache. Festschrift zum 60. Geburtstag von Hugo Steger. Berlin.
Dömros, Arne / Bartoldus, Thomas / Voloj, Julian (Hrsg.) (2002): Judentum und Antijudaismus in der deutschen Literatur im Mittelalter und an der Wende zur Neuzeit. Berlin.
Dördelmann, Karin (1997): Denunziationen im Nationalsozialismus. Geschlechtsspezifische Aspekte. In: Günter Jerouschek (Hrsg.): Denunziation. Historische, juristische und psychologische Aspekte. Tübingen, S. 157–167. (Forum Psychohistorie, 7).
Duden (1995): Das große Wörterbuch der deutschen Sprache in 10 Bänden. 2. Aufl. Mannheim etc.
Dülmen, Richard van (Hrsg.) (1987): Hexenwelten. Magie und Imagination. Frankfurt.
Dülmen, Richard van (1990a): Der infame Mensch. Unehrliche Arbeit und soziale Ausgrenzung in der frühen Neuzeit. In: Richard van Dülmen (Hrsg.): Arbeit, Frömmigkeit und Eigensinn. Studien zur historischen Kulturforschung II. Frankfurt am Main, S. 106–140.
Dülmen, Richard van (Hrsg.) (1990b): Arbeit, Frömmigkeit und Eigensinn. Studien zur historischen Kulturforschung II. Frankfurt am Main.
Dülmen, Richard van (Hrsg.) (1990c): Studien zur historischen Kulturforschung. 3.: Verbrechen, Strafen und soziale Kontrolle, Frankfurt am Main 1990. Frankfurt, S. 15–55.

Dülmen, Richard van (1992): Kultur und Alltag in der Frühen Neuzeit. 2. Band: Dorf und Stadt 16.–18. Jh. 3. Band: Religion, Magie und Aufklärung 16.–18. Jahrhundert. München.
Dülmen, Richard van (1995): Theater des Schreckens. Gerichtspraxis und Strafrituale in der frühen Neuzeit. 4., durchges. Aufl. München. (Beck'sche Reihe, 349).
Dülmen, Richard van (1999): Der ehrlose Mensch. Unehrlichkeit und soziale Ausgrenzung in der Frühen Neuzeit. Köln etc.
Dürr, Renate / Schwerhoff, Gerd (2005): Kirchen, Märkte und Tavernen. Erfahrungs- und Handlungsräume in der Frühen Neuzeit. Frankfurt am Main. (Zeitsprünge, 9.2005,3/4).
[DWB = ] Deutsches Wörterbuch von Jacob Grimm und Wilhelm Grimm. 16 Bände (in 32 Bänden). Leipzig 1854 bis 1971. Quellenverzeichnis 1971. [Nachdruck München 1984]. Neubearbeitung. Hrsg. von der Akademie der Wissenschaften zu Berlin in Zusammenarbeit mit der Akademie der Wissenschaften zu Göttingen. Leipzig 1965ff.
Eckart, Wolfgang U. (2009): Geschichte der Medizin. Fakten, Konzepte, Haltungen. 6., völlig neu bearbeitete Aufl. Berlin/Heidelberg.
Eckart, Wolfgang U. / Jütte, Robert (2007): Medizingeschichte. Eine Einführung. Köln. (UTB Medizin, Geschichte, 2903).
Ecker-Offenhäußer, Ute (Hrsg.) (1998): Ehrkonzepte in der frühen Neuzeit. Berlin. (Colloquia Augustana, 8).
Eco, Umberto (1977): Zeichen. Einführung in einen Begriff und seine Geschichte. Frankfurt am Main 1977.
Eco, Umberto (2002): Einführung in die Semiotik. 9. Aufl. München.
Ehlich, Konrad (1998): Vorurteile, Vor-Urteile, Wissenstypen, mentale und diskursive Strukturen. In: Margot Heinemann (Hrsg.): Sprachliche und soziale Stereotype. Frankfurt am Main etc., S. 11–24. (Forum angewandte Linguistik, 33).
Eis, Gerhard (1964): Altdeutsche Zaubersprüche. Berlin.
Eis, Gerhard (1966): Gottfrieds Pelzbuch. Studien zur Reichweite und Dauer der Wirkung des mittelhochdeutschen Fachschrifttums. Hildesheim. (Südosteuropäische Arbeiten, 38).
Eis, Gerhard (1970): Vom Zauber der Namen. Vier Essays. Berlin.
Eis, Gerhard / Keil, Gundolf (1968): Fachliteratur des Mittelalters. Festschrift für Gerhard Eis. Stuttgart.
Elias, Norbert (2010): Über den Prozess der Zivilisation. Soziogenetische und psychogenetische Untersuchungen. 2 Bände. Frankfurt am Main.
Elias, Norbert / Scotson, John L. (2006): Etablierte und Außenseiter. 1. Aufl., [4. Nachdr.]. Übersetzt von Michael Schröder. Frankfurt am Main. (stw, 1882).
Elschenbroich, Adalbert (1990): Die deutsche und lateinische Fabel in der frühen Neuzeit: Band 1: Edition; Band 2: Grundzüge einer Geschichte der Fabel in der frühen Neuzeit. 2 Bände. Tübingen.
Eming, Jutta / Jarzebowski, Claudia (Hrsg.) (2008): Blutige Worte. Internationales und interdisziplinäres Kolloquium zum Verhältnis von Sprache und Gewalt in Mittelalter und Früher Neuzeit. Göttingen. (Berliner Mittelalter- und Frühneuzeitforschung, 4).
Ennen, Edith (1988): Zauberinnen und fromme Frauen – Ketzerinnen und Hexen. In: Peter Segl (Hrsg.): Der Hexenhammer. Entstehung und Umfeld des Malleus maleficarum von 1487. Köln, S. 7–22. (Bayreuther historische Kolloquien, 2).

Ennen, Edith (1999): Frauen im Mittelalter. 6. Aufl. München. (Beck's historische Bibliothek).
Erb, Rainer (1993): Die Legende vom Ritualmord. Zur Geschichte der Blutbeschuldigung gegen Juden. Berlin. (Reihe Dokumente, Texte, Materialien / Zentrum für Antisemitismusforschung der Technischen Universität Berlin, 6).
Erb, Rainer (1999): Der Ritualmord. In: Julius H. Schoeps / Joachim Schlör (Hrsg.): Bilder der Judenfeindschaft. Antisemitismus, Vorurteile und Mythen. Berlin.
Erfen, Irene / Spieß, Karl-Heinz (Hrsg.) (1997): Fremdheit und Reisen im Mittelalter. Stuttgart. (Mittelalterzentrum Greifswald).
Ernst, Ulrich (2000): Literarische Ausgrenzungsstrategien gegenüber Ketzern im Spätmittelalter. Versuch einer Systematisierung. In: Andreas Bihrer / Sven Limbeck / Paul Gerhard Schmidt (Hrsg.): Exil, Fremdheit und Ausgrenzung in Mittelalter und früher Neuzeit. Würzburg, S. 15–33. (Identitäten und Alteritäten, 4).
Erzgräber, Ursula / Hirsch, Alfred (Hrsg.) (2001): Sprache und Gewalt. Berlin.
Felder, Ekkehard (2007): Von der Sprachkrise zur Bilderkrise. Überlegungen zum Text-Bild-Verhältnis im Paradigma der pragma-semiotischen Textarbeit. In: Friedrich Müller (Hrsg.): Politik, [Neue] Medien und die Sprache des Rechts. Berlin, S. 191–219. (Schriften zur Rechtstheorie, 234).
Fellner, Fritz / Kocher, Gernot / Streit, Ute (Hrsg.) (2011): Schande, Folter, Hinrichtung. [Forschungen zu] Rechtsprechung und Strafvollzug in Oberösterreich [8. Juni bis 2. November 2011]; [Buch zu den Ausstellungen „Schande, Folter, Hinrichtung" im Linzer Schlossmuseum und „Richtrad und Schwert" im Schlossmuseum Freistadt]. Linz. (Kataloge der Oberösterreichischen Landesmuseen, N.S., 117).
Fiehler, Reinhard (1990): Kommunikation und Emotion. Theoretische und empirische Untersuchungen zur Rolle von Emotionen in der verbalen Interaktion. Berlin. (Grundlagen der Kommunikation und Kognition).
Fischer, Hubertus (Hrsg.) (2003): Die Kunst der Infamie. Vom Sängerkrieg zum Medienkrieg. Frankfurt.
Fischer, Ludwig (Hrsg.) (1976): Die Lutherischen Pamphlete gegen Thomas Müntzer. München/Tübingen. (Deutsche Texte, 39).
Fischer, Thomas (1979): Städtische Armut und Armenfürsorge im 15. und 16. Jahrhundert. Sozialgeschichtliche Untersuchungen am Beispiel der Städte Basel, Freiburg i.Br. und Straßburg. Göttingen.
Fitzpatrick, Sheila / Gellately, Robert (1996): Introduktion to the practices of denunciation in modern European history, In: The journal of Modern History 68, S. 747–767.
Fix, Ulla, Aspekte der Intertextualität. In: Klaus Brinker et al. (Hg.), Text- und Gesprächslinguistik 2000, S. 449–457.
Fößel, Amalie (1997): Denunziation im Verfahren gegen Ketzer im 13. und beginnenden 14. Jahrhundert. In: Günter Jerouschek (Hrsg.): Denunziation. Historische, juristische und psychologische Aspekte. Tübingen, S. 48–63. (Forum Psychohistorie, 7).
Foucault, Michel (2008): Überwachen und Strafen. Die Geburt des Gefängnisses. 1. Aufl., [11. Nachdr.]. Frankfurt am Main.
Franck, Dorothea (1973): Zur Problematik der Präsuppositionsdiskussion. In: Petöfi / Franck 1973, S. 11–42.

Fresacher, Bernhard (1998): Anderl von Rinn. Ritualmordkult und Neuorientierung in Judenstein 1945–1995. Innsbruck.
Frey, Winfried (1987): Ritualmordlüge und Judenhass in der Volkskultur des Spätmittelalters. Die Schriften Andreas Osianders und Johannes Ecks. In: Dinzelbacher / Mück, S. 177–197.
Frey, Winfried (1991): Literatur über Außenseiter: Hexen und Juden. In: Ingrid Bennewitz / Ulrich Müller (Hrsg.): Deutsche Literatur. Reinbek bei Hamburg, S. 359–371. (Handbuch Rororo, 6251).
Frey, Winfried (1995): zehen tunne goldes. Zum Bild des „Wucherjuden" in deutschen Texten des späten Mittelalters und der frühen Neuzeit. In: Sô wold ich in fröiden singen. Festgabe für Anthonius H. Touber zum 65. Geburtstag. Hrsg. von Carla Dauven-van Knippenberg / Helmut Birkhan. Amsterdam [u. a.], S. 177–194.
Frey, Winfried (2008): Das Judenbild in den Flugschriften des 16. Jahrhunderts. Nordhausen.
Freud, Sigmund (1989): Das Unbehagen in der Kultur. In: Sigmund Freud (Hrsg.): Fragen der Gesellschaft. Ursprünge der Religion. 9. Aufl. Frankfurt am Main, S. 191–270. (Studienausgabe, 9).
Freud, Sigmund (2003): Totem und Tabu. In: Ders., Fragen der Gesellschaft. Ursprünge der Religion. 9. Aufl. Frankfurt am Main, S. 287–444. (Studienausgabe, 9).
Friedrich, Christoph / Müller-Jahncke, Wolf-Dieter (Hrsg.) (2005): Geschichte der Pharmazie. Eschborn.
Friedrich, Peter / Schneider, Manfred (Hrsg.) (2009): Fatale Sprachen. Eid und Fluch in Literatur- und Rechtsgeschichte. München. (Literatur und Recht).
Galling, Kurt / Campenhausen, Hans / Werbeck, Wilfrid (1957–1965): Die Religion in Geschichte und Gegenwart. Handwörterbuch für Theologie und Religionswissenschaft. 3., völlig neu bearb. Aufl. Tübingen.
Galtung, Johan (1975): Strukturelle Gewalt. Beiträge zur Friedens- und Konfliktforschung. Reinbek bei Hamburg. (rororo aktuell, 1877).
Galtung, Johan (1978): Methodologie und Ideologie. Aufsätze zur Methodologie. Frankfurt am Main.
Galtung, Johan (1993): Gewalt im Alltag und in der Weltpolitik. Friedenswissenschaftliche Stichwörter zur Zeitdiagnose. Münster. (Agenda Frieden, 1).
Galtung, Johan (2007): Frieden mit friedlichen Mitteln. Friede und Konflikt Entwicklung und Kultur. 2. Aufl. Münster.
Gardt, Andreas / Mattheier, Klaus / Reichmann, Oskar (1995): Sprachgeschichte des Neuhochdeutschen. Gegenstände, Methoden Theorien. Tübingen.
Gardt, Andreas / Haß-Zumkehr, Ulrike / Roelcke, Thorsten (Hrsg.) (1999): Sprachgeschichte als Kulturgeschichte. Berlin/New York.
Garfinkel, Harold (1956): Conditions of successfull degradation ceremonies. In: Journal of Sociology, Jg. 61, S. 420–424.
Garfinkel, Harold (2006): Seeing sociologically. The routine grounds of social action. Edited and introduced by Anne Warfield Rawls. Boulder. (Great Barrington books).
Garfinkel, Harold (2007): Bedingungen für den Erfolg von Degradierungszeremonien. In: Herrmann / Krämer / Kuch, S. 49–57.

Garfinkel, Harold / Sacks, Harvey (2004): Über formale Strukturen praktischer Handlungen. In: Methodologie interpretativer Sozialforschung. Hrsg. von Jörg Strübing / Bernt Schettler. Konstanz, S. 389–426.
Geertz, Clifford (1987): Dichte Beschreibung. Beiträge zum Verstehen kultureller Systeme. Frankfurt.
Geier, Andrea / Kocher, Ursula (2008): Wider die Frau. Zu Geschichte und Funktion misogyner Rede. Köln etc. (Literatur – Kultur – Geschlecht: Große Reihe, 33).
Geiger, Ludwig (1889): Reuchlin, Johannes. In: Allgemeine Deutsche Biographie (ADB). Band 28. Leipzig, S. 785–799.
Geremek, Bronislaw (1991): Geschichte der Armut. Elend und Barmherzigkeit in Europa. München.
Geremek, Bronislaw (2004): Der Außenseiter. In: Jacques Le Goff (Hrsg.): Der Mensch des Mittelalters. Übersetzung aus dem Französischen, dem Italienischen, Russischen usw. Essen, S. 374–401.
Gestrich, Andreas / King, Steven / Raphael, Lutz (Hrsg.) (2006): Being Poor in Modern Europe. Historical Perspectives 1800–1940. Bern etc.
Geyer, Hermann (2001): Verborgene Weisheit. Johann Arndts „Vier Bücher vom Wahren Christentum" als Programm einer spiritualistisch-hermetischen Theologie. Berlin. (Arbeiten zur Kirchengeschichte, 80).
Giese, Bettina (1992): Untersuchungen zur sprachlichen Täuschung. Tübingen. (Reihe Germanistische Linguistik, 129).
Giesecke, Michael (2006): Der Buchdruck in der frühen Neuzeit. Eine historische Fallstudie über die Durchsetzung neuer Informations- und Kommunikationstechnologien; mit einer CD-ROM mit dem Volltext des Buches sowie Aufsätzen aus den Jahren 1990–2004. 4., durchges. und um ein Vorw. erg. Aufl. Frankfurt am Main.
Gilsenbach, Reimar (1994/1998): Weltchronik der Zigeuner. 2500 Ereignisse aus der Geschichte der Roma und Sinti, der Luri, Zott und Boza, der Athinganer, Tattern, Heiden und Sarazenen, der Bohémiens, Gypsies und Gitanos und aller anderen Minderheiten, die „Zigeuner" genannt werden. Frankfurt am Main. (Studien zur Tsiganologie und Folkloristik, 24).
Girtler, Roland (1995): Randkulturen. Theorie der Unanständigkeit. Wien.
Glück, Helmut (2010): Metzler-Lexikon Sprache. 4., aktualisierte und überarb. Aufl. Stuttgart/Weimar.
Goebel, Ulrich / Lemberg, Ingrid / Reichmann, Oskar (1995): Versteckte lexikographische Information. Möglichkeiten ihrer Erschließung dargestellt am Beispiel des Frühneuhochdeutschen Wörterbuchs. Tübingen. (Lexicographica, Series Maior, 65).
Goertz, Hans-Jürgen (1987): Pfaffenhaß und groß Geschrei. Die reformatorischen Bewegungen in Deutschland 1517–1529. München.
Goertz, Hans-Jürgen (1993): Religiöse Bewegungen in der Frühen Neuzeit. München. (Enzyklopädie Deutscher Geschichte, 20).
Goertz, Hans-Jürgen (2004): Deutschland 1500–1648. Eine zertrennte Welt. Paderborn. (UTB, 2606).

Goetz, Hans-Werner / Jarnut, Jörg (Hrsg.) (2003): Mediävistik im 21. Jahrhundert. München. (Mittelalter Studien, 1).
Goffman, Erving (2005a): Interaktionsrituale. Über Verhalten in direkter Kommunikation. Übers. von Renate Bergsträsser und Sabine Bosse. 7. Aufl., [Nachdr.]. Frankfurt am Main. (stw, 594).
Goffman, Erving / Knoblauch, Hubert (2005b): Rede-Weisen. Formen der Kommunikation in sozialen Situationen. Konstanz. (Erfahrung – Wissen – Imagination, 11).
Goffman, Erving (2005c): Das Individuum im öffentlichen Austausch. Mikrostudien zur öffentlichen Ordnung. 1. Aufl., [Nachdr.]. Frankfurt am Main.
Goffman, Erving (2008): Stigma. Über Techniken der Bewältigung beschädigter Identität. Sonderausg., 1. Aufl. Frankfurt am Main. (stw).
Grabmayer, Johannes / Dinzelbacher, Peter (2004): Europa im späten Mittelalter. 1250–1500. Eine Kultur- und Mentalitätsgeschichte. Darmstadt.
Graumann, Carl Friedrich / Wintermantel, Margret (2007): Diskriminierende Sprechakte. Ein funktionaler Ansatz. In: Herrmann / Krämer / Kuch, S. 147–177.
Graus, Frantisek (1994): Pest – Geissler – Judenmorde. Das 14. Jahrhundert als Krisenzeit. 3., unveränd. Aufl. Göttingen. (Veröffentlichungen des Max-Planck-Instituts für Geschichte, 86).
Grimm, Jacob / Kretzenbacher, Leopold (1992): Deutsche Mythologie. 4. Aufl. 3 Bände. Berlin.
Groebner, Valentin (2003): Ungestalten. Die visuelle Kultur der Gewalt im Mittelalter. München.
Gronemeyer, Reimer / Rakelmann, Georgia (1988): Die Zigeuner. Reisende in Europa. Roma, Sinti, Manouches, Gitanos, Gypsies, Kalderasch, Vlach u. a. Köln. (DuMont Dokumente).
Gross, Barbara (2009): Hexerei in Minden. Zur sozialen Logik von Hexereiverdächtigungen und Hexenprozessen (1584–1684). Münster. (Westfalen in der Vormoderne, Band 2).
Siegfried Grosse (2000): Reflexe gesprochener Sprache. In: Besch / Betten / Reichmann / Sonderegger. Sprachgeschichte, 2. Aufl. 2000, Band 2, S. 1391–1399.
Grubmüller, Klaus (1977): Meister Esopus. Untersuchungen zur Geschichte und Funktion der Fabel im Mittelalter. Zürich. (Münchener Texte und Untersuchungen zur deutschen Literatur des Mittelalters, 56).
Grubmüller, Klaus (1997): Fabel. In: Harald Fricke / Klaus Grubmüller / Jan-Dirk Müller / Klaus Weimar (Hrsg.): Reallexikon der deutschen Literaturwissenschaft. Berlin/New York, Band 1, S. 555–558.
Guggenbühl, Dietegen (2002): Mit Tieren und Teufeln. Sodomiten und Hexen unter Basler Jurisdiktion in Stadt und Land 1399 bis 1799. Liestal. (Quellen und Forschungen zur Geschichte und Landeskunde des Kantons Basel-Landschaft, 79).
Haage, Bernhard Dietrich (1991): Fachliteratur. In: Ingrid Bennewitz / Ulrich Müller (Hrsg.): Deutsche Literatur. Reinbek bei Hamburg, S. 231–244. (Handbuch Rororo, 6251).
Habermann, Mechthild (2001): Deutsche Fachtexte der frühen Neuzeit. Naturkundlich-medizinische Wissensvermittlung im Spannungsfeld von Latein und Volkssprache. Berlin/New York. (Studia linguistica Germanica, 61).

Hacke, Daniela / Roeck, Bernd (2002): Die Welt im Augenspiegel. Johannes Reuchlin und seine Zeit. Stuttgart. (Pforzheimer Reuchlinschriften, 8).
Hägler, Brigitte (1992): Die Christen und die „Judenfrage". Am Beispiel der Schriften Osianders und Ecks zum Ritualmordvorwurf. Erlangen. (Erlanger Studien, 97).
Hahn, Hans Henning (Hrsg.) (2002): Stereotyp, Identität und Geschichte. Die Funktion von Stereotypen in gesellschaftlichen Diskursen. Unter Mitarbeit von Stephan Scholz. Frankfurt.
Hahn, Sylvia / Komlosy, Andrea / Reiter, Ilse (2006): Ausweisung, Abschiebung, Vertreibung in Europa. 16.–20. Jahrhundert. Innsbruck. (Querschnitte, 20).
Harmening, Dieter (1988): Hexenbilder des späten Mittelalters. Kombinatorische Topik und ethnographischer Befund. In: Peter Segl (Hrsg.): Der Hexenhammer. Entstehung und Umfeld des Malleus maleficarum von 1487. Köln, S. 177–194. (Bayreuther historische Kolloquien, 2).
Harms, Wolfgang (Hrsg.) (1987): Deutsche Illustrierte Flugblätter des 16. und 17. Jahrhunderts IV. Tübingen.
Härter, Karl (2000): Policey und frühneuzeitliche Gesellschaft. Frankfurt am Main. (Ius commune. Sonderhefte, Studien zur europäischen Rechtsgeschichte, 129).
Hartung, Wolfgang (1982): Die Spielleute. Eine Randgruppe in der Gesellschaft des Mittelalters. Wiesbaden. (Vierteljahrschrift für Sozial- und Wirtschaftsgeschichte. Beihefte, Nr. 72).
Hartung, Wolfgang (2003): Die Spielleute im Mittelalter. Gaukler, Dichter, Musikanten. Düsseldorf.
Harweg, Roland (1999): Eigenbezeichnungen und Fremdbezeichnungen. Drei Aufsätze. Aachen. (Bochumer Beiträge zur Semiotik, N.F., 5).
Hasubek, Peter (1982): Grenzfall der Fabel? Fiktion und Wirklichkeit in den Fabeln des Erasmus Alberus. In: Ders. (Hrsg.): Die Fabel. Berlin.
Haug, Walter / Jackson, Timothy R. / Janota, Johannes (Hrsg.) (1983): Zur deutschen Literatur und Sprache des 14. Jahrhunderts. Dubliner Colloquium 1981. Heidelberg. (Reihe Siegen: Beiträge zur Literatur- und Sprachwissenschaft, Band 45).
Haupt, Heinz-Gerhard (Hrsg.) (1987): Armut und Ausgrenzung. Frankfurt.
Haupt, Heinz-Gerhard (Hrsg.) (2001): Nation und Religion in der deutschen Geschichte. Frankfurt am Main.
Hausendorf, Heiko (2000): Zugehörigkeit durch Sprache. Eine linguistische Studie am Beispiel der deutschen Wiedervereinigung. Tübingen. (Reihe Germanistische Linguistik).
Havryliv, Oksana (2009): Verbale Aggression. Frankfurt am Main. (Schriften zur deutschen Sprache in Österreich, 39).
Hehenberger, Susanne (2005): Unkeusch wider die Natur. Sodomieprozesse im frühneuzeitlichen Österreich. 1. Aufl. Wien.
Heinemann, Margot (Hrsg.) (1998): Sprachliche und soziale Stereotype. Frankfurt etc. (Forum angewandte Linguistik, 33).
Heitmeyer, Wilhelm / Hagan, John (Hrsg.) (2002): Internationales Handbuch der Gewaltforschung. 1. Aufl. Wiesbaden.
Helbig, Gerhard (1994): Lexikon deutscher Partikeln. 3. Aufl. Leipzig.

Hentschel, Elke (1986): Funktion und Geschichte deutscher Partikeln. *ja, doch, halt* u. *eben*. Tübingen. (Reihe germanistische Linguistik, 63).
Hentschel, Elke / Harald Weydt (1990): Handbuch der deutschen Grammatik. Berlin.
Hergemöller, Bernd-Ulrich (Hrsg.) (1994): Randgruppen der spätmittelalterlichen Gesellschaft. Ein Hand- und Studienbuch. 2., neubearb. Aufl. Warendorf.
Hergemöller, Bernd-Ulrich (1996): Krötenkuss und schwarzer Kater. Ketzerei, Götzendienst und Unzucht in der inquisitorischen Phantasie des 13. Jahrhunderts. Warendorf.
Hergemöller, Bernd-Ulrich (1997): Accusatio und denunciatio im Rahmen der Homosexuellenverfolgung. In: Jerouschek / Marßolek / Röckelein (Hrsg.): Denunziation, S. 64–79.
Hergemöller, Bernd-Ulrich (1999): Einführung in die Historiographie der Homosexualitäten. Tübingen. (Historische Einführungen, 5).
Hergemöller, Bernd-Ulrich (2001): Mann für Mann. Biographisches Lexikon. 1. Aufl. Frankfurt am Main. (stw, 3266).
Hermanns, Fritz (1989): Deontische Tautologien. Ein linguistischer Beitrag zur Interpretation des Godesberger Programms (1959) der Sozialdemokratischen Partei Deutschlands. In: Josef Klein: Politische Semantik. Bedeutungsanalytische und sprachkritische Beiträge zur politischen Sprachverwendung. Opladen.
Hermanns, Fritz (1995): Sprachgeschichte als Mentalitätsgeschichte. Überlegungen zu Sinn und Form und Gegenstand historischer Semantik. In: Gardt / Mattheier / Reichmann, S. 69–101.
Hermanns, Fritz (2002): Attitüde, Einstellung, Haltung. Empfehlung eines psychologischen Begriffs zu linguistischer Verwendung. In: Dieter Cherubim / Karlheinz Jakob / Angelika Linke (Hrsg.): Neue deutsche Sprachgeschichte. Mentalitäts-, kultur- und sozialgeschichtliche Zusammenhänge. Berlin, S. 65–89. (Studia linguistica Germanica, 64).
Herrmann, Steffen Kitty / Krämer, Sybille / Kuch, Hannes (Hrsg.) (2007): Verletzende Worte. Die Grammatik sprachlicher Missachtung. Bielefeld. (Edition Moderne Postmoderne).
Herrmann, Steffen Kitty / Kuch, Hannes (2007): Symbolische Verletzbarkeit und sprachliche Gewalt. In: Herrmann / Krämer / Kuch, S. 179–210.
Herzig, Arno / Schoeps, Julius H. (Hrsg.) (1992): Reuchlin und die Juden. Konstanz.
Hesselmann, Peter (Hrsg.) (2010): Simpliciana XXXI (2009). Beiträge der von der Grimmelshausen-Gesellschaft der Kulturstiftung und dem Magistrat der Barbarossastadt Gelnhausen veranstalteten Tagung „Erotik und Gewalt im Werk Grimmelshausens und im deutschen Barockroman" Gelnhausen 18.–21. Juni 2009. In Verbindung mit dem Vorstand der Grimmelshausen-Gesellschaft und in Kooperation mit der Kulturstiftung der Barbarossastadt Gelnhausen herausgegeben von Peter Heßelmann. 1. Aufl. Bern. (Simpliciana, 31).
Hindelang, Götz (2010): Einführung in die Sprechakttheorie. Sprechakte, Äußerungsformen, Sprechaktsequenzen. 5., neu bearb. und erw. Aufl. Berlin. (Germanistische Arbeitshefte, Band 27).
Hippel, Wolfgang von (1995): Armut, Unterschichten, Randgruppen der frühen Neuzeit. München. (Enzyklopädie Deutscher Geschichte, 34).
Hirsch, Alfred (2001): Sprache und Gewalt. Vorbemerkungen zu einer unmöglichen und notwendigen Differenz. In: Erzgräber / Hirsch, S. 11–39.

Hirsch, Harald (2000): Politische Denunziation vor dem Sondergericht Darmstadt im Jahre 1935. In: Friso Ross / Achim Landwehr (Hrsg.): Denunziation und Justiz. Historische Dimensionen eines sozialen Phänomens. Tübingen, S. 199–226.
Hirsch, Rudolf / Schuder, Rosemarie (1999): Der gelbe Fleck. Wurzeln und Wirkungen des Judenhasses in der deutschen Geschichte. Köln.
Hofmann, Konrad (1969): Quellen zur Geschichte Friedrichs I., des Siegreichen, Kurfürsten von der Pfalz. Neudr. d. Ausg. München 1862. Aalen. (Quellen und Erörterungen zur bayerischen und deutschen Geschichte. Alte Folge, 2).
Hohmann, Joachim (1990): Verfolgte ohne Heimat. Geschichte der Zigeuner in Deutschland. Frankfurt am Main. (Studien zur Tsiganologie und Folkloristik, 1).
Holenstein, André (1993): Seelenheil und Untertanenpflicht. Zur gesellschaftlichen Funktion und theoretischen Begründung des Eides in der ständischen Gesellschaft. In: Peter Blickle / Holenstein, André (Hrsg.): Der Fluch und der Eid. Berlin, S. 11–63. (Zeitschrift für historische Forschung, 15).
Holland, Jack (2008): Misogynie. Die Geschichte des Frauenhasses. 2. Aufl. Frankfurt am Main.
Holmberg, M.A. (1970): Die dt. Synonymik für *aussätzig* und *Aussatz*. In: Niederdeutsche Mitteilungen 26, S. 25–71.
Hornscheidt, Antje (2008): Die sprachliche Benennung von Personen aus konstruktivistischer Sicht. Genderspezifizierung und ihre diskursive Verhandlung im heutigen Schwedisch. Berlin. (Linguistik – Impulse & Tendenzen, 15).
Hornscheidt, Antje / Jana, Ines / Acke, Hanna (Hrsg.) (2011): Schimpfwörter – Beschimpfungen – Pejorisierungen. Wie in Sprache Macht und Identitäten verhandelt werden. 1. Aufl. Frankfurt am Main. (Wissen & Praxis, 162).
Hortzitz, Nicoline (1996): Die Wortbildung im Dienst der Meinungssprache. Am Beispiel von Substantivkomposita mit Jude in antijüdischen Texten. In: Sprachgeschichtliche Untersuchungen zum älteren und neueren Deutsch. Festschrift für Hans Wellmann zum 60. Geburtstag. Hrsg. von Werner König und Lorelies Ortner. Heidelberg, S. 107–129.
[HRG = ] Cordes, Albrecht / Lück, Heiner / Werkmüller Dieter und Schmidt-Wiegand, Ruth (Hrsg.) (2008ff.): Handwörterbuch zur deutschen Rechtsgeschichte. Begr. von Wolfgang Stammler. 2., völlig überarbeitete und erweiterte Aufl. Berlin.
Humboldt, Wilhelm von (1903–1936): Gesammelte Schriften (GS). Hrsg. von Albert Leitzmann u. a. 17 Bände. Berlin.
Hund, Wulf D. (1996): Zigeuner. Geschichten und Struktur einer rassistischen Konstruktion. Duisburg.
Huster, Ernst-Ulrich / Boeckh, Jürgen / Mogge-Grotjahn, Hildegard (Hrsg.) (2008): Handbuch Armut und soziale Ausgrenzung. Wiesbaden.
Huster, Ernst-Ulrich (2008): Von der mittelalterlichen Armenfürsorge zu den Anfängen der Sozialstaatlichkeit. In: Huster / Boeckh / Mogge-Grotjahn, S. 243–262.
Imbusch, Peter (2002): Der Gewaltbegriff. In: Heitmeyer / Hagan (Hrsg.): Internationales Handbuch der Gewaltforschung. 1. Aufl. Wiesbaden, S. 26–57.
Irsigler, Franz / Lassotta, Arnold (1989): Bettler und Gaukler, Dirnen und Henker. Außenseiter in einer mittelalterlichen Stadt. Köln 1300–1600. München.

Iserloh, Erwin (1981): Johannes Eck (1486–1543). Münster. (Katholisches Leben und Kirchenreform im Zeitalter der Glaubensspaltung, 41).
Jacques Le Goff (Hrsg.) (2004): Der Mensch des Mittelalters. Essen.
Jankrift, Kay P. (2008): Henker, Huren, Handelsherren. Alltag in einer mittelalterlichen Stadt. 1. Aufl. Stuttgart.
Jellinek, Adolph (1882): Der jüdische Stamm in nichtjüdischen Sprichwörtern. Wien.
Jerouschek, Günter / Marssolek, Inge / Röckelein, Hedwig (Hrsg.) (1997): Denunziation. Historische, juristische und psychologische Aspekte. Tübingen. (Forum Psychohistorie, 7).
Jütte, Robert (1978): Sprachsoziologische und lexikologische Untersuchungen zu einer Sondersprache. Die Sensenhändler im Hochsauerland und die Reste ihrer Geheimsprache. 1. Aufl. Wiesbaden. (Zeitschrift für Dialektologie und Linguistik Beihefte, N.F., 25).
Jütte, Robert (1988): Abbild und soziale Wirklichkeit des Bettler- und Gaunertums zu Beginn der Neuzeit. Sozial-, mentalitäts- und sprachgeschichtliche Studien zum Liber vagatorum (1519). Köln. (Beihefte zum Archiv für Kulturgeschichte, 27).
Jütte, Robert (1993): Stigma-Symbole. Kleidung als identitätsstiftendes Merkmal bei spätmittelalterlichen und frühneuzeitlichen Randgruppen (Juden, Dirnen, Aussätzige, Bettler). In: Saeculum, S. 65–89.
Jütte, Robert (1995): Ehre und Ehrverlust im spätmittelalterlichen und frühneuzeitlichen Judentum. In: Klaus Schreiner / Gerd Schwerhoff (Hrsg.): Verletzte Ehre. Ehrkonflikte in Gesellschaften des Mittelalters und der frühen Neuzeit. Köln etc., S. 144–165. (Norm und Struktur, 5).
Jütte, Robert (2000): Arme, Bettler, Beutelschneider. Eine Sozialgeschichte der Armut in der Frühen Neuzeit. Weimar.
Jütte, Robert (2001): Bader, Barbiere und Hebammen. Heilkundige als Randgruppen? Warendorf.
Jütte, Robert / Boehncke, Heiner / Johannsmeier, Rolf (Hrsg.) (1987): Rotwelsch. Die Sprache der Bettler und Gauner. Köln.
Kafka, Franz (2008): Sämtliche Werke. Hrsg. von Peter Höfle. Frankfurt am Main. (Suhrkamp Quarto).
Kampe, Jürgen (1997): Problem „Reformationsdialog". Untersuchungen zu einer Gattung im reformatorischen Medienwettstreit. Tübingen. (Beiträge zur Dialogforschung, 14).
Kästner, Hannes / Schütz, Eva (1991): *daz alte sagen – daz niuwe niht verdagen*. Einflüsse der neuen Predigt auf die Textsortenentwicklung und Sprachgeschichte um 1300. In: Jürgen Dittmann / Hannes Kästner / Johannes Schwitalla (Hrsg.): Die Erscheinungsformen der deutschen Sprache. Literatursprache, Alltagssprache, Gruppensprache, Fachsprache. Festschrift zum 60. Geburtstag von Hugo Steger. Berlin, S. 19–46.
Kästner, Hannes / Schütz, Eva / Schwitalla, Johannes (2000): Textsorten des Frühneuhochdeutschen. In: Besch / Betten / Reichmann / Sonderegger 2, S. 1605–1623.
Keil, Martha / Lohrmann, Klaus (1994): Studien zur Geschichte der Juden in Österreich. Wien etc. (Handbuch zur Geschichte der Juden in Österreich, 2).
Keller, Andreas (2008): Frühe Neuzeit. Das rhetorische Zeitalter. Berlin. (Akademie Studienbücher Literaturwissenschaft).
Keller, Rudi (1994): Sprachwandel. Von der unsichtbaren Hand in der Sprache. 2., überarb. und erw. Aufl. Tübingen. (UTB, 1567).

Kettmann, Gerhard / Schildt, Joachim (Hrsg.) (1978): Zur Literatursprache im Zeitalter der frühbürgerlichen Revolution. Untersuchungen zu ihrer Verwendung in der Agitationsliteratur. Berlin. (Bausteine zur Sprachgeschichte des Neuhochdeutschen, 58).

Kirn, Hans-Martin (1989): Das Bild vom Juden im Deutschland des frühen 16. Jahrhunderts. Dargest. an d. Schriften Johannes Pfefferkorns. Tübingen. (Texts and studies in medieval and early modern Judaism, 3).

Kirn, Hans-Martin (1997): Antijudaismus und spätmittelalterliche Bußfrömmigkeit. Die Predigt des Franziskaners Bernhardin von Busti (um 1450–1513). In: Zeitschrift für Kirchengeschichte, Jg. 108 (1997), S. 147–175.

Klein, Josef (1998): Linguistische Stereotypenbegriffe. Sozialpsychologischer vs. semantiktheoretischer Traditionsstrang und einige frametheoretische Überlegungen. In: Margot Heinemann (Hrsg.): Sprachliche und soziale Stereotype. Frankfurt etc., S. 25–46. (Forum angewandte Linguistik, 33).

Klenz, Heinrich / Kämper-Jensen, Heidrun (1991): Die deutsche Druckersprache. Scheltenwörterbuch. Neudruck. Berlin/New York.

Kluge, Friedrich (1987): Rotwelsches Quellenbuch. Photomechan. Nachdr. Straßburg, Trübner, 1901. Berlin. (Rotwelsch, 1).

Kluge, Friedrich (1901): Rotwelsch. Quellen und Wortschatz der Gaunersprache und der verwandten Geheimsprachen. Straßburg.

Kocka, Jürgen (1979): Stand-Klasse-Organisation. Strukturen sozialer Ungleichheit in Deutschland vom späten 18. bis zum frühen 20. Jahrhundert im Aufriß. In: Hans-Ulrich Wehler (Hrsg.): Klassen in der europäischen Sozialgeschichte. Göttingen, S. 137–165.

Kohut, Heinz (1989): Wie heilt die Psychoanalyse? 1. Aufl. Frankfurt am Main. (stw).

Koller, Werner (1977): Redensarten. Tübingen. (Reihe Germanistische Linguistik, 5).

Konerding, Klaus-Peter (2001): Sprache im Alltag und kognitive Linguistik: Stereotype und schematisiertes Wissen. In: Andrea Lehr / Matthias Kammerer / Klaus-Peter Konerding et alii (Hrsg.): Sprache im Alltag. Beiträge zu neuen Perspektiven in der Linguistik. Herbert Ernst Wiegand zum 65. Geburtstag gewidmet. Berlin, S. 19–41.

Könnecker, Barbara (1975): Die deutsche Literatur der Reformationszeit. Kommentar zu einer Epoche. München.

Kramer, Karl-Sigismund (1971ff.): Ehrliche/unehrliche Gewerbe. In: HRG I, S. 855–858.

Krämer, Sybille (2007): Sprache als Gewalt oder: Warum verletzen Worte? In: Herrmann / Krämer / Kuch, S. 31–48.

Krämer, Sybille (Hrsg.) (2010): Gewalt in der Sprache. Rhetoriken verletzenden Sprechens. Paderborn.

Kugler, Stefani (2004): Kunst-Zigeuner. Konstruktionen des „Zigeuners" in der deutschen Literatur der ersten Hälfte des 19. Jahrhunderts. Trier. (Literatur, Imagination, Realität, 34).

Küpper, Heinz (1997): Wörterbuch der deutschen Umgangssprache. 1. Aufl., 6. Nachdr. Stuttgart.

Labouvie, Eva (1993): Verwünschen und Verfluchen: Formen der verbalen Konfliktregelung in der ländlichen Gesellschaft der Frühen Neuzeit. In: Peter Blickle / André Holenstein (Hrsg.): Der Fluch und der Eid. Berlin, S. 121–145. (Zeitschrift für historische Forschung, 15).

Labov, William / Dittmar, Norbert (1976–1978): Sprache im sozialen Kontext. Beschreibung und Erklärung struktureller und sozialer Bedeutung von Sprachvariation. Kronberg/Ts. (Monographien Linguistik und Kommunikationswissenschaft, 33; 23).

Lämmert, Eberhard (1970): Reimsprecherkunst im Spätmittelalter. Eine Untersuchung der Teichnerreden. Stuttgart.

Landolt, Oliver (2011): Von der Marginalisierung zur Kriminalisierung – Die Ausgrenzung mobiler Bevölkerungselemente in der spätmittlelalterlichen Eidgenossenschaft. In: Das Mittelalter. Zeitschrift des Mediävistenverbandes, Jg. 16, H. 2, S. 49–71.

Lang, Stefan (2008): Ausgrenzung und Koexistenz. Judenpolitik und jüdisches Leben in Württemberg und im „Land zu Schwaben" (1492–1650). Ostfildern. (Schriften zur südwestdeutschen Landeskunde).

Laube, Adolf / Seiffert, Hans Werner (Hrsg.) (1975): Flugschriften der Bauernkriegszeit. Bearb. von Christel Laufer [u. a.]. Berlin. (Akademie der Wissenschaften der DDR).

Laube, Adolf / Looß, Sigrid (Hrsg.) (1983): Flugschriften der frühen Reformationsbewegung (1518–1524). Band 2. Berlin.

Lausberg, Heinrich (1973): Handbuch der literarischen Rhetorik. Eine Grundlegung der Literaturwissenschaft. 2. Aufl. München.

Leibfried, Erwin / Werle, Josef M. (Hrsg.) (1978): Texte zur Theorie der Fabel. Stuttgart. (Sammlung Metzler, 169).

Lévinas, Emmanuel (2003): Totalität und Unendlichkeit. Versuch über die Exteriorität. 4. Aufl., Studienausg. Freiburg im Breisgau.

Lévinas, Emmanuel (2003): Die Zeit und der Andere. Neuausg. Hamburg.

Lexikon des Mittelalters (1999): 9 Bände. Stuttgart/Weimar.

Lexicon juridicum romano-teutonicum (2000): Hrsg. von Samuel Oberländer. Unveränd. Nachdr. d. 4. Aufl. Nürnberg 1753 von Rainer Polley. Köln etc.

Liebert, Wolf-Andreas / Schwinn, Horst (Hrsg.) (2009): Mit Bezug auf Sprache. Festschrift für Rainer Wimmer. Tübingen. (Studien zur deutschen Sprache, 49).

Liebsch, Burkhard (2007): Subtile Gewalt. Spielräume sprachlicher Verletzbarkeit. 1. Aufl. Weilerswist.

Liliencron, Rochus von (1865–1869): Die Historischen Volkslieder der Deutschen vom 13.–16. Jahrhundert. Leipzig. Band 2, Nr. 128, S. 13–21.

Limbeck, Sven (2000): Sacrista-Hypocrita-Sodomita. Komödiantische Konstruktion sexueller Identität in Mercurino Ranzos „De falso hypocrita". In: Andreas Bihrer / Sven Limbeck / Paul Gerhard Schmidt (Hrsg.): Exil, Fremdheit und Ausgrenzung in Mittelalter und früher Neuzeit. Würzburg, S. 91–112. (Identitäten und Alteritäten, 4).

Lindorfer, Bettina (2008): „Zungensünden" und ewigs Strafgericht. Zur Performativität der Rede im moraltheologischen Diskurs des späten Mittelalters. In: Eming / Jarzebowski, S. 53–74.

Lindorfer, Bettina (2009): Bestraftes Sprechen. Zur historischen Pragmatik des Mittelalters. München.

Linke, Angelika / Nussbaumer, Markus (2000): Konzepte des Impliziten: Präsuppositionen und Implikaturen. In: Klaus Brinker / Gerd Antos / Wolfgang Heinemann und Sven F. Sager: Text- und Gesprächslinguistik. Ein internationales Handbuch zeitgenössischer Forschung. Berlin/New York, S. 435–448.

Linke, Angelika (2009): Oberfläche und Performanz. Untersuchungen zur Sprache als dynamischer Gestalt. Tübingen. (Reihe Germanistische Linguistik, 283).
Linke, Angelika / Ortner, Hanspeter / Portmann-Tselikas, Paul R. (Hrsg.) (2003): Sprache und mehr. Ansichten einer Linguistik der sprachlichen Praxis. Tübingen.
Lippmann, Walter (1990): Die öffentliche Meinung. Reprint [d. Ausg.] München 1964. Bochum: Brockmeyer (Bochumer Studien zur Publizistik- und Kommunikationswissenschaft, 63). Original: Lippman, Walter (1922): Public Opinion. London.
Lobenstein-Reichmann, Anja (1998): Das Bild des „Zigeuners" in den Lexika der nationalsozialistischen Zeit. In: Awosusi, S. 71–96.
Lobenstein-Reichmann, Anja (1998): Freiheit bei Martin Luther. Lexikographische Textanalyse als Methode historischer Semantik. Berlin. (Studia linguistica Germanica, 46).
Lobenstein-Reichmann, Anja (2001): Vom Adel christlicher Freiheit. In: Frédéric Hartweg (Hrsg.): Martin Luther. Strasbourg, S. 63–137.
Lobenstein-Reichmann, Anja (2002): Die Syntagmenangabe – eine lexikographische Position, die semantisch Stellung bezieht. In: Ágel, Vilmos / Andreas Gardt / Ulrike Hass-Zumkehr / Thorsten Roelcke (Hrsg.): Das Wort. Seine strukturelle und kulturelle Dimension. Tübingen, S. 71–89.
Lobenstein-Reichmann, Anja (2004): Wortbildung bei Martin Luther. In: Klaus Mattheier / Haruo Nitta (Hrsg.): Sprachwandel und Gesellschaftswandel – Wurzeln des heutigen Deutsch. München, S. 69–97.
Lobenstein-Reichmann, Anja (2008): Houston Stewart Chamberlain – zur textlichen Konstruktion einer Weltanschauung. Eine sprach-, diskurs- und ideologiegeschichtliche Analyse. Berlin. (Studia linguistica Germanica, 95).
Lobenstein-Reichmann, Anja (2008): Zur Stigmatisierung der Zigeuner in Werken kollektiven Wissens am Beispiel des Grimm'schen Wörterbuchs. In: Herbert Uerlings / Julia Patrut (Hrsg.): „Zigeuner" und Nation. Repräsentation – Inklusion – Exklusion. Frankfurt etc., S. 589–628.
Lobenstein-Reichmann, Anja (2009a): Stigma-Semiotik der Diskriminierung. In: Wolf-Andreas Liebert / Horst Schwinn (Hrsg.): Mit Bezug auf Sprache. Festschrift für Rainer Wimmer. Tübingen, S. 249–271. (Studien zur deutschen Sprache, 49).
Lobenstein-Reichmann, Anja (2009b): Luther als Sprachreformator. In: Emmanuel Behague / Denis Goeldel (Hrsg.): Une Germanistique sans rivage. Mélanges en l'Honneur de Frédéric Hartweg. Strasbourg, S. 85–94.
Lobenstein-Reichmann, Anja / Reichmann, Oskar (2011): Frühneuhochdeutsch – Aufgaben und Probleme seiner linguistischen Beschreibung. Hildesheim u. a. (Germanistische Linguistik, 213/215).
Lobenstein-Reichmann, Anja (2011): Sprachliche Ausgrenzung im Mittelalter: Die deutschen Predigten Bertholds von Regensburg. In: Dies. / Oskar Reichmann, S. 553–582.
Lobenstein-Reichmann, Anja (2011): Historische Semantik und Geschichtswissenschaft – eine verpasste Chance? In: Jörg Riecke (Hrsg.): Historische Semantik. Tagungsband zur Jahrestagung der Gesellschaft für Historische Sprachwissenschaft. Berlin/Boston, S. 62–79.
Lobenstein-Reichmann, Anja (2012a): Julius Langbehn „Rembrandt als Erzieher". Diskursive Traditionen und begriffliche Fäden eines nicht ungefährlichen Buches. In: Marcus Müller /

Sandra Kluwe (Hrsg.): Identitätsentwürfe in der Kunstkommunikation. Studien zur Praxis der sprachlichen und multimodalen Positionierung im interaktionsraum „Kunst". Berlin, S. 295–318. (Sprache und Wissen, 10).

Lobenstein-Reichmann, Anja (2012b): Die Macht der Zeichen. In: Heino Speer (Hrsg.): Wort / Bild / Zeichen – Beiträge zur Semiotik im Recht. Heidelberg, S. 39–58.

Lobenstein-Reichmann, Anja (2012c): Sprachgeschichte als Gewaltgeschichte. Ein Forschungsprogramm. In: Jochen Bär / Marcus Müller (Hrsg.): Geschichte der Sprache – Sprache der Geschichte. Probleme und Perspektiven der historischen Sprachwissenschaft des Deutschen. Oskar Reichmann zum 75. Geburtstag. Berlin, S. 127–158. (Lingua Historica Germanica, 3).

Lobenstein-Reichmann, Anja (2012d): Verbale Gewalt – ein Forschungsgegenstand der Sprachgeschichtsschreibung. In: Peter Ernst (Hrsg.): Historische Pragmatik. Tagungsband zur Jahrestagung der Gesellschaft für Historische Sprachwissenschaft 2011. Berlin/Boston, S. 215–238.

Lobenstein-Reichmann, Anja (im Druck): Die Metapher im Recht. In: Andreas Deutsch (Hrsg.): Historische Rechtssprache. Heidelberg.

Lobenstein-Reichmann, Anja (im Druck): Fabel. In: Volker Leppin / Gury Schneider-Ludorff (Hrsg.): Das Luther-Lexikon. Regensburg.

Lobenstein-Reichmann, Anja (im Druck): Poet / Poetik. In: Volker Leppin / Gury Schneider-Ludorff (Hrsg.): Das Luther-Lexikon. Regensburg.

Lobenstein-Reichmann, Anja (im Druck): Sprichwörter. In: Volker Leppin / Gury Schneider-Ludorff (Hrsg.): Das Luther-Lexikon. Regensburg.

Loetz, Francisca (2002): Mit Gott handeln. Von den Zürcher Gotteslästerern der Frühen Neuzeit zu einer Kulturgeschichte des Religiösen. Göttingen. (Veröffentlichungen des Max-Planck-Instituts für Geschichte, 177).

Loetz, Francisca (2006): Gotteslästerung und Gewalt. Ein historisches Problem. In: Kaspar von Greyertz / Kim Siebenhühner (Hrsg.): Religion und Gewalt. Konflikte, Rituale, Deutungen (1500–1800). Göttingen, S. 305–319.

Loetz, Francisca (2009): Sexualisierte Gewalt in Europa 1520–1850. Zur Historisierung von „Vergewaltigung" und „Missbrauch". In: Geschichte und Gesellschaft, Jg. 35, H. 4, S. 561–602.

Loetz, Francisca (2012): Sexualisierte Gewalt 1500–1850. Plädoyer für eine historische Gewaltforschung. Frankfurt.

Lotter, Friedrich (1988): Hostienfrevelvorwurf und Blutwunderfälschung bei den Judenverfolgungen von 1298 („Rintfleisch") und 1336–1338 („Armleder"). In: Fälschungen im Mittelalter. Hannover.

Lucassen, Leo (1996): Zigeuner. Die Geschichte eines polizeilichen Ordnungsbegriffes in Deutschland 1700–1945. Köln.

Luginbühl, Martin (1999): Gewalt im Gespräch. Verbale Gewalt in politischen Fernsehdiskussionen am Beispiel der „Arena". Bern. (Zürcher Germanistische Studien, 54).

Luginbühl, Martin / Schwab, Katherine / Burger, Harald (2004): Geschichten über Fremde. Eine linguistische Narrationsanalyse von Schweizer Fernsehnachrichten von 1957 bis 1999. Bern. (Zürcher Germanistische Studien, 59).

von der Lühe, Irmela / Werner Röcke (1975): Ständekritische Predigt des Spätmittelalters am Beispiel Bertholds von Regensburg. In: Dieter Richter (Hrsg.): Literatur im Feudalismus. Stuttgart, S. 41–82. (Literaturwissenschaft und Sozialwissenschaften, 5).
Lüdtke, Helmut (1980): Sprachwandel als universales Phänomen. In: Helmut Lüdtke (Hrsg.): Kommunikationstheoretische Grundlagen des Sprachwandels. Berlin, S. 1–19.
Lutz, Eckart Conrad (1990): Spiritualis fornicatio. Heinrich Wittenwiler, seine Welt und sein ‚Ring'. Sigmaringen.
Macha, Jürgen et alii (2005): Deutsche Kanzleisprache in Hexenverhörprotokollen der Frühen Neuzeit. Berlin.
Maierhofer, Waltraud (2005): Hexen – Huren – Heldenweiber. Bilder des Weiblichen in Erzähltexten über den Dreißigjährigen Krieg. Köln etc. (Literatur – Kultur – Geschlecht, 35).
Mannel, Beatrix (2007): Die Tochter des Henkers. Frankfurt am Main. (Fischer-Schatzinsel, 85221).
Martin, Bernd / Schulin, Ernst (1989): Die Juden als Minderheit in der Geschichte. Orig.-Ausg., 4. Aufl. München. (dtv Geschichte, 1745).
Martin, Ellen (1994): Die deutschen Schriften des Johannes Pfefferkorn. Zum Problem des Judenhasses und der Intoleranz in der Zeit der Vorreformation. Göppingen. (Göppinger Arbeiten zur Germanistik, 604).
Meier, Frank (2007): Gefürchtet und bestaunt. Vom Umgang mit dem Fremden im Mittelalter. Ostfildern.
Meier, Simon (2007): Beleidigungen. Eine Untersuchung über Ehre und Ehrverletzung in der Alltagskommunikation. Aachen. (Essener Studien zur Semiotik und Kommunikationsforschung, 20).
Mettke, Heinz (Hrsg.)(1972): Ulrich von Hutten. Deutsche Schriften. Band 1. Leipzig.
Mieder, Wolfgang (Hrsg.)(2002): Deutsche Sprichwörter und Redensarten. Stuttgart.
Mieder, Wolfgang / Schulze, Carl (Hrsg.)(1987): Die biblischen Sprich-wörter der deutschen Sprache. Frankfurt am Main.
Mieder, Wolfgang (2003): Grundzüge einer Geschichte des Sprichwortes und der Redensart. In: Besch / Betten / Reichmann / Sonderegger 3, S. 2559–2569.
Mikosch, Gunnar (2010): Von alter ê und ungetriuwen Juden. Juden und Judendiskurse in den deutschen Predigten des 12. und 13. Jahrhunderts. München.
Moeller, Jürgen (1968): Deutsche beschimpfen Deutsche. Vierhundert Jahre Schelt- und Schmähreden. 1. Aufl. Hamburg u. a.
Moeller, Katrin / Schmidt, Burghart (2003): Realität und Mythos. Hexenverfolgung und Rezeptionsgeschichte. 1. Aufl. Hamburg. (Veröffentlichungen des Arbeitskreises für Historische Hexen- und Kriminalitätsforschung in Norddeutschland, 1).
Mogge-Grotjahn, Hildegard (2008): Gesellschaftliche Ein- und Ausgrenzung Der soziologische Diskurs. In: Huster / Boeckh / Mogge-Grotjahn, S. 39–53.
Mollat, Michel (1984): Die Armen im Mittelalter. München.
Peter N. Moogk (1979): „Thiefing Buggers" and „Stupid Sluts": Insults and Popular Culture in New France. In: William and Mary Quarterly 36, S. 524–547.
Moore, Robert Ian (1987/ 2007): The Formation of a Persecuting Society. Power and Deviance in Western Europe 950–1250. Oxford.

Moser, Dietz-Ruediger (1980): „Die wellt wil meister klueglin bleiben [...]." Martin Luther und das deutsche Sprichwort. In: Muttersprache 90, S. 151–166.
Müller, Friedrich (Hrsg.) (2007): Politik, [Neue] Medien und die Sprache des Rechts. Berlin. (Schriften zur Rechtstheorie, 234).
Müller, Friedrich (2008): Recht – Sprache – Gewalt. 2., bearb. und stark erw. Aufl. Berlin. (Schriften zur Rechtstheorie, 39).
Müller, Thomas / Pankau, Johannes G. / Ueding, Gert (Hrsg.) (1995): Nicht allein mit den Worten. Festschrift für Joachim Dyck zum 60. Geburtstag. Stuttgart-Bad Cannstatt.
Müller-Jahncke, Wolf-Dieter (1988): Medizin und Pharmazie in Almanachen und Kalendern der frühen Neuzeit. In: Joachim Telle (Hrsg.): Pharmazie und der gemeine Mann. Hausarznei und Apotheke in der frühen Neuzeit; erläutert anhand deutscher Fachschriften der Herzog-August-Bibliothek Wolfenbüttel und pharmazeutischer Geräte des Deutschen Apotheken-Museums Heidelberg. 2., verb. Aufl. Weinheim, S. 35–42. (Ausstellungskataloge der Herzog-August-Bibliothek, 36).
Müller-Jahncke, Wolf-Dieter / Friedrich, Christoph / Meyer, Ulrich (Hrsg.) (2005): Arzneimittelgeschichte. 2., überarb. und erw. Aufl. Stuttgart.
Murray, Jacqueline (1996): Twice Marginal and Twice Invisible. Lesbians in the Middle Age. In: Vern L. Bullough / James A. Brundage (Hrsg.): Handbook of medieval sexuality. New York, S. 191–222. (Garland reference library of the humanities, 1696).
Nduka-Agwu, Adibeli / Hornscheidt, Antje (2010): Rassismus auf gut Deutsch. Ein kritisches Nachschlagewerk zu rassistischen Sprachhandlungen. 1. Aufl. Frankfurt am Main. (Wissen & Praxis, 155).
Nipperdey, Thomas (1975): Reformation, Revolution, Utopie. Göttingen.
Niesner, Manuela (2005): „Wer mit juden well disputiren". Deutschsprachige Adversus-Judaeos-Literatur des 14. Jahrhunderts. Tübingen. (Münchener Texte und Untersuchungen zur deutschen Literatur des Mittelalters, 128).
Nietzsche, Friedrich (1999): Sämtliche Werke. Kritische Studienausgabe in 15 Einzelbänden. Hrsg. von Giorgio Colli / Mazzino Montinari. Neuausgabe. Berlin/New York. (Band 2: Menschliches, Allzumenschliches).
Nowosadtko, Jutta (1994): Betrachtungen über den Wert von Unehre. Vom Widerspruch „moderner" und „traditionaler" Ehren- und Unehrenkonzepte in der frühneuzeitlichen Ständegesellschaft. In: Ludgera Vogt / Arnold Zingerle (Hrsg.): Ehre. Archaische Momente in der Moderne. Frankfurt am Main, S. 230–248. (Suhrkamp Taschenbuch Wissenschaft, 1121).
Nowosadtko, Jutta (1995): Umstrittene Standesgrenzen. Ehre und Unehrlichkeit der bayerischen Schergen. In: Klaus Schreiner / Gerd Schwerhoff (Hrsg.): Verletzte Ehre. Ehrkonflikte in Gesellschaften des Mittelalters und der frühen Neuzeit. Köln etc., S. 166–182. (Norm und Struktur, 5).
Nünning, Ansgar (Hrsg.) (2005): Grundbegriffe der Kulturtheorie und Kulturwissenschaften. Stuttgart. (Sammlung Metzler, 351).
Oberländer, Samuel / Rainer Polley (Hrsg.) (2000): Lexicon juridicum romano-teutonicum. Unveränd. Nachdr. d. 4. Aufl. Nürnberg 1753. Köln etc.
Oberman, Heiko Augustinus (1981): Wurzeln des Antisemitismus. Christenangst und Judenplage im Zeitalter von Humanismus und Reformation. Berlin.

Oberman, Heiko A. (1987): Luther: Mensch zwischen Gott und Teufel. Berlin.
Oechslin Weibel, Christa (2005): „Ein übergülde aller der sælikeit...". Der Himmel und die anderen Eschata in den deutschen Predigten Bertholds von Regensburg. Bern. (Deutsche Literatur von den Anfängen bis 1700, 44).
Oehler, Klaus (1995): Sachen und Zeichen. Zur Philosophie des Pragmatismus. Frankfurt am Main.
Oehler, Klaus (2000): Einführung in den semiotischen Pragmatismus. In: Uwe Wirth (Hrsg.): Die Welt als Zeichen und Hypothese. Frankfurt am Main, S. 13–30. (stw, 1479).
Oestreich, Gerhard (1969): Strukturprobleme des europäischen Absolutismus. In: Ders.: Geist und Gestalt des frühmodernen Staates. Ausgewählte Aufsätze. Berlin, S. 179–197.
Oestreich, Gerhard (1980): Policey und Prudentia civilis in der barocken Gesellschaft von Stadt und Staat. In: Ders. (Hrsg.): Strukturprobleme der frühen Neuzeit. Berlin, S. 367–379.
Oestreich, Gerhard (1980): Strukturprobleme des europäischen Absolutismus. Berlin (zuerst: 1969).
Oettinger, Maximilian (2007): Der Fluch. Vernichtende Rede in sakralen Gesellschaften der jüdischen und christlichen Tradition. Konstanz.
Oexle, Otto Gerhard (1986): Armut, Armutsbegriff und Armenfürsorge im Mittelalter. In: Christoph Sachße / Florian Tennstedt (Hrsg.): Soziale Sicherung und soziale Disziplinierung. Frankfurt, S. 73–100.
Opfermann, Ulrich Friedrich (2007): „Seye kein Ziegeuner, sondern kayserlicher Cornet". Sinti im 17. und 18. Jahrhundert; eine Untersuchung anhand archivalischer Quellen. Berlin. (Reihe Dokumente, Texte, Materialien, 65).
Opitz, Claudia / Studer, Brigitte / Tanner, Jakob (Hrsg.) (2006): Kriminalisieren, Entkriminalisieren, Normalisieren = Criminaliser, décriminaliser, normaliser. Zürich. (Schweizerische Gesellschaft für Wirtschafts- und Sozialgeschichte, 21).
Pavlov, Vladimir M. (1983): Zur Ausbildung der Norm der deutschen Literatursprache im Bereich der Wortbildung (1470–1730). Von der Wortgruppe zur substantivischen Zusammensetzung. Berlin. (Bausteine zur Sprachgeschichte des Neuhochdeutschen, 56/VI).
Pavlov, Vladimir M. (1995): Die Form-Funktion-Beziehungen in der deutschen substantivischen Zusammensetzung als Gegenstand der systemorientierten Sprachgeschichtsforschung. In: Gardt / Mattheier / Reichmann, S. 103–125.
Der kleine Pauly (1979): Lexikon der Antike; auf der Grundlage von Pauly's Realencyclopädie der classischen Altertumswissenschaft. [Unveränd. Nachdr. der 1964–1975 im Alfred Druckenmüller Verl. (Artemis) ersch. Aufl.]. München.
Peirce, Charles Sanders (1998): Phänomen und Logik der Zeichen. Deutsche Ausgabe des „Syllabus on Certain Topics of Logic" von 1903. Hrsg. und übers. von Helmut Pape. Frankfurt.
Pensel, Franzjosef (1978): Zur Personenabwertung. In: Kettmann / Schildt, S. 219–340.
Petersen, Lars-Eric / Six, Bernd (2008): Stereotype, Vorurteile und soziale Diskriminierung. 1. Aufl. Weinheim.
Petöfi, János / Dorothea Franck (1973): Präsuppositionen in Philosophie und Linguistik. Frankfurt.

Peuckert, Will-Erich (1966): Die grosse Wende. Unveränd. reprograph. Nachdr. d. Ausg. Hamburg 1948. Darmstadt.
Peuckert, Will-Erich (1978): Deutscher Volksglaube im Spätmittelalter. Nachdr. der Ausg. Stuttgart 1942. Hildesheim.
Pfeiffer, Herbert (1996): Das große Schimpfwörterbuch − über 10000 Schimpf- Spott- und Neckwörter zur Bezeichnung von Personen. Frankfurt am Main.
Pielenz, Michael (1993): Argumentation und Metapher. Tübingen. (Tübinger Beiträge zur Linguistik, 381).
Pfeifer, Wolfgang (1978): Volkstümliche Metaphorik. In: Gerhard Kettmann / Joachim Schildt (Hrsg.): Zur Literatursprache im Zeitalter der frühbürgerlichen Revolution. Untersuchungen zu ihrer Verwendung in der Agitationsliteratur. Berlin, S. 87−217. (Bausteine zur Sprachgeschichte des Neuhochdeutschen, 58).
Pinker, Steven (2011): Gewalt. Eine neue Geschichte der Menschheit. Frankfurt am Main.
Pochat, Götz (1997): Das Fremde im Mittelalter. Darstellung in Kunst und Literatur. Würzburg.
Po-chia Hsia, Ronnie (1988): The myth of ritual murder. Jews and magic in Reformation Germany. New Haven, Conn.
Po-chia Hsia, Ronnie (1995): The Usurious Jew: Economic Structure and Religious Representations in an Anti-Semitic Discourse. In: Ronnie Po-chia Hsia / Hartmut Lehmann (Hrsg.): In and out of the ghetto. Washington, S. 161−176. (Publications of the German historical institute).
Po-chia Hsia, Ronnie (1997): Trient 1475. Geschichte eines Ritualmordprozesses. Aus dem Amerikanischen von Robin Cackett. Frankfurt am Main.
Po-chia Hsia, Ronnie / Hartmut Lehmann (Hrsg.) (1995): In and out of the ghetto. Washington. (Publications of the German historical institute).
Pohl, Friedrich Wilhelm / Türcke, Christoph (1991): Heilige Hure Vernunft. Luthers nachhaltiger Zauber. 2. Aufl. Lüneburg.
Pol, Lotte van de / Still, Rosemarie (2006): Der Bürger und die Hure. Das sündige Gewerbe im Amsterdam der Frühen Neuzeit. Frankfurt am Main. (Reihe „Geschichte und Geschlechter", Sonderband).
Polenz, Peter von (2008): Deutsche Satzsemantik. Grundbegriffe des Zwischen-den-Zeilen-Lesens. 3., unveränd. Aufl. Berlin.
Polenz, Peter von (1994f.): Deutsche Sprachgeschichte vom Spätmittelalter bis zur Gegenwart. 3 Bände. Berlin/New York.
Pörksen, Bernhard (2005): Die Konstruktion von Feindbildern. Zum Sprachgebrauch in neonazistischen Medien. 2., erw. Aufl. Wiesbaden.
Puff, Helmut (2000): Female Sodomy: The Trial of Katherina Hetzeldorfer (1477). In: Journal of Medieval and Early Modern Studies, 30, 1 (2000), S. 41−62. Auf Deutsch: Weibliche Sodomie. der Prozess gegen Katherina Hetzeldorfer und die Rhetorik des Unaussprechlichen an der Wende vom Mittelalter zur frühen Neuzeit. In: Historische Anthropologie, Band 3, S. 364−380.
Puff, Helmut (1993): Lust, Angst und Provokation. Homosexualität in der Gesellschaft. Göttingen.

Puff, Helmut (1998): Die Ehre der Ehe. Beobachtungen zum Konzept der Ehre in der Frühen Neuzeit an Johann Fischarts ‚Philosophisch Ehzuchtbüchlein' (1578) und anderen Ehelehren des 16. Jahrhunderts. In: Ute Ecker-Offenhäußer (Hrsg.): Ehrkonzepte in der frühen Neuzeit. Berlin, S. 99–119. (Colloquia Augustana, 8).

Puff, Helmut (2003): Sodomy in Reformation Germany and Switzerland. 1400–1600. Chicago Ill. u. a. (The Chicago series on sexuality, history, and society).

Puff, Helmut (2003): Zwischen den Disziplinen? Perspektiven der Frühneuzeitforschung. Göttingen.

Pümpel-Mader, Maria (2010): Personenstereotype. Eine linguistische Untersuchung zu Form und Funktion von Stereotypen. Heidelberg.

Putnam, Hilary (1979/1990): Die Bedeutung von „Bedeutung". Frankfurt am Main.

Quasthoff, Uta (1973): Soziales Vorurteil und Kommunikation – Eine sprachwissenschaftliche Analyse des Stereotyps. Frankfurt am Main.

Quasthoff, Uta (1998): Stereotype in Alltagssituationen: Ein Beitrag zur Dynamisierung der Stereotypenforschung. In: Margot Heinemann (Hrsg.): Sprachliche und soziale Stereotype. Frankfurt am Main etc., S. 47–72. (Forum angewandte Linguistik, 33).

Rau, Susanne / Schwerhoff, Gerd (2008): Zwischen Gotteshaus und Taverne. Öffentliche Räume in Spätmittelalter und Früher Neuzeit. 2. Aufl. Köln. (Norm und Struktur, 21).

Regge, Jürgen (1997): „Übersiebnen landschädlicher Leute" und „Verfahren auf Leumund" als besondere Prozeßformen gegenüber Fremden? In: Irene Erfen / Karl-Heinz Spieß (Hrsg.): Fremdheit und Reisen im Mittelalter. Stuttgart, S. 289–298. (Mittelalterzentrum Greifswald).

Reichmann, Oskar (1983): Möglichkeiten der Erschließung historischer Wortbedeutungen. In: In diutscher diute. Festschrift für Anthony van der Lee zum 60. Geburtstag. Hrsg. von M. A. van den Broek / G. J. Jaspers. Amsterdam, S. 111–140. (Amsterdamer Beiträge zur älteren Germanistik, 20).

Reichmann, Oskar (1986): Historische Bedeutungswörterbücher als Forschungsinstrumente der Kulturgeschichtsschreibung. In: Brüder-Grimm-Symposion zur Historischen Wortforschung. Beiträge zu der Marburger Tagung vom Juni 1985. Hrsg. von Reiner Hildebrandt und Ulrich Knoop. Berlin 1986, S. 242–263.

Reichmann, Oskar / Wegera, Klaus-Peter (Hrsg.) (1988): Frühneuhochdeutsches Lesebuch. Tübingen.

Reichmann, Oskar (1989): Das onomasiologische Wörterbuch: Ein Überblick. In: Franz Josef Hausmann / Oskar Reichmann / Herbert Ernst Wiegand / Ladislav Zgusta (Hrsg.): Wörterbücher. Ein internationales Handbuch zur Lexikographie. 3 Teilbände. Berlin/New York 1989; 1990; 1991. (Handbücher Sprach- und Kommunika-tionswissenschaft, 5.1; 5.2; 5.3).

Reichmann, Oskar / Wegera, Klaus-Peter (Hrsg.) (1993): Frühneuhochdeutsche Grammatik von Robert Peter Ebert / Oskar Reichmann / Hans-Joachim Solms / Klaus-Peter Wegera. Tübingen. (Sammlung kurzer Grammatiken Germanischer Dialekte, A. Hauptreihe 12).

Reichmann, Oskar (1996): Autorenintention und Textsorte. In: Rudolf Große / Hans Wellmann (Hrsg.): Textarten im Sprachwandel – nach der Erfindung des Buchdrucks. Heidelberg, S. 119–133. (Sprache – Literatur und Geschichte. Studien zur Linguistik/Germanistik, 13).

Reichmann, Oskar (2003): Hauptaspekte des Ausbaus und Umbaus des Wortschatzes in der Geschichte des Deutschen. In: Besch / Betten / Reichmann / Sonderegger 3, 2003, S. 2539–2559.

[RGG = ] Die Religion in Geschichte und Gegenwart. Handwörterbuch für Theologie und Religionswissenschaft. Dritte, völlig neu bearb. Aufl. [...] hrsg. von Kurt Galling. 6 Bände und 1 Registerband. Tübingen 1957–1965.

Reuvekamp, Silvia (2007): Sprichwort und Sentenz im narrativen Kontext. Berlin.

Rheinheimer, Martin (2000): Arme, Bettler und Vaganten. Überleben in der Not 1450–1850. Frankfurt.

Richter, Dieter (1969): Die deutsche Überlieferung der Predigten Bertholds von Regensburg. München.

Richter, Dieter (Hrsg.) (1975): Literatur im Feudalismus. Stuttgart. (Literaturwissenschaft und Sozialwissenschaften, 5).

Ringdal, Nils Johan (2006): Die neue Weltgeschichte der Prostitution. München.

Röcke, Werner (1991): Schwanksammlung und Schwankroman. In: Ingrid Bennewitz / Ulrich Müller (Hrsg.): Deutsche Literatur. Reinbek bei Hamburg, S. 180–195. (Handbuch Rororo, 6251).

Röcke, Werner (1995): Christlicher Antijudaismus und Dämonisierung des Fremden in der städtischen Literatur des späten Mittelalters. In: Thomas Müller / Johannes G. Pankau / Gert Ueding (Hrsg.): Nicht allein mit den Worten. Festschrift für Joachim Dyck zum 60. Geburtstag. Stuttgart-Bad Cannstatt, S. 124–134.

Röcke, Werner / Velten, Hans Rudolf (Hrsg.) (2005): Lachgemeinschaften. Kulturelle Inszenierungen und soziale Wirkungen von Gelächter im Mittelalter und in der Frühen Neuzeit. Berlin/New York.

Roeck, Bernd (1993): Außenseiter, Randgruppen, Minderheiten. Fremde im Deutschland der frühen Neuzeit. Göttingen. (Kleine Vandenhoeck-Reihe, 1568).

Röhrich, Lutz (1991): Das große Lexikon der sprichwörtlichen Redensarten. Band I bis III, Freiburg im Breisgau.

Rogge, Jörg (1995): Ehrverletzungen und Entehrungen in politischen Konflikten in spätmittelalterlichen Städten. In: Klaus Schreiner / Gerd Schwerhoff (Hrsg.): Verletzte Ehre. Ehrkonflikte in Gesellschaften des Mittelalters und der frühen Neuzeit. Köln etc., S. 110–143. (Norm und Struktur, 5).

Rohrschneider, Michael / Strohmeyer, Arno (2007): Wahrnehmungen des Fremden. Differenzerfahrungen von Diplomaten im 16. und 17. Jahrhundert.

Roos, Christian (2008): Hexenverfolgung und Hexenprozesse im alten Hessen. Hamburg.

Rosenberg, Marshall B. / Gandhi, Arun / Birkenbihl, Vera F. / Holler, Ingrid (2009): Gewaltfreie Kommunikation. 8. Aufl. Paderborn.

Ross, Friso / Landwehr, Achim (Hrsg.) (2000): Denunziation und Justiz. Historische Dimensionen eines sozialen Phänomens. Tübingen.

Ruch, Martin (1986): Zur Wissenschaftsgeschichte der deutschsprachigen „Zigeunerforschung" von den Anfängen bis 1900. Freiburg im Breisgau, S. 47–53.

Rummel, Walter / Voltmer, Rita (2008): Hexen und Hexenverfolgung in der Frühen Neuzeit. Darmstadt. (Geschichte kompakt).

Rüping, Hinrich (1997): Denunziation und Strafjustiz im Führerstaat. In: Günter Jerouschek (Hrsg.): Denunziation. Historische, juristische und psychologische Aspekte. Tübingen, S. 127-145.

Rupnow, Dirk (2005): Vernichten und Erinnern. Spuren nationalsozialistischer Gedächtnispolitik. Göttingen.

Rupprich, Hans (1973): Die deutsche Literatur vom späten Mittelalter bis zum Barock. Das Zeitalter der Reformation 1520-1570. 2 Bände. München. (Geschichte der deutschen Literatur von den Anfängen bis zur Gegenwart, 4, 2).

Sabean, David Warren (1996): Soziale Distanzierung. Ritualisierte Gestik in deutscher bürokratischer Prosa der Frühen Neuzeit. In: Historische Anthropologie, S. 216-233.

Sachße, Christoph/ Florian Tennstedt (Hrsg.) (1986): Soziale Sicherung und soziale Disziplinierung. Frankfurt.

Sachße, Christoph/ Tennstedt, Florian (Hrsg.) (1998): Geschichte der Armenfürsorge in Deutschland. Band 1: Vom Spätmittelalter bis zum 1. Weltkrieg. 2. Aufl. Stuttgart/Berlin/Köln/Mainz.

Sachße, Christoph / Tennstedt, Florian (1998): Bettler, Gauner und Proleten. Armut und Armenfürsorge in der deutschen Geschichte; ein Bild-Lesebuch. Frankfurt am Main.

Sandig, Barbara (2006): Textstilistik des Deutschen. 2., völlig neu bearb. und erw. Aufl. Berlin. (de Gruyter-Studienbuch).

Sarnowsky, Jürgen (Hrsg.) (2007): Bilder – Wahrnehmungen – Vorstellungen. Neue Forschungen zur Historiographie des hohen und späten Mittelalters. Göttingen. (Nova mediaevalia, 3).

Schäfer, Gerhard K. (2008): Geschichte der Armut im abendländischen Kulturkreis. In: Huster / Boeckh / Mogge-Grotjahn, S. 221-242.

Schaff, Adam (1980): Stereotypen und das menschliche Handeln. Wien.

Schaible, Karl-Heinrich ($^2$1885): Deutsche Stich- und Hiebworte. Eine Abhandlung über Deutsche Schelt-, Spott- und Schimpfwörter, altdeutsche Verfluchungen und Flüche. Straßburg/London.

Schank, Gerd / Schwitalla, Johannes (Hrsg.) (1987): Konflikte in Gesprächen. Tübingen.

Schenda, Rudolf (1988): Der „gemeine Mann" und sein medikales Verhalten im 16. und 17. Jahrhundert. In: Joachim Telle (Hrsg.): Pharmazie und der gemeine Mann, S. 9-20.

Schiel, Regine (2002): Antijudaismus in Fastnachtspielen des Nürnberger Meistersängers Hans Folz (Ende 15. Jahrhundert). In: Arne Dömros / Thomas Bartoldus / Julian Voloj (Hrsg.): Judentum und Antijudaismus in der deutschen Literatur im Mittelalter und an der Wende zur Neuzeit. Berlin, S. 148-177.

Schild, Wolfgang (Hrsg.) (2010): Folter, Pranger, Scheiterhaufen. Rechtsprechung im Mittelalter. München.

Schildt, Joachim (1992): Zur Entwicklung des Modalwortbestandes in der deutschen Literatursprache (1570-1730). In: Ders. (Hrsg.): Soziolinguistische Aspekte des Sprachwandels in der deutschen Literatursprache 1570-1730. Berlin, S. 417-484.

Schipperges, Heinrich (1980): Gesundheit-Krankheit-Heilung. In: Heinrich Schipperges / Gion Condrau / Paul Sporken / Fritz Meerwein / Robert Leuenberger und Johannes Brantschen (Hrsg.): Leiden. Gesundheit, Krankheit, Heilung, Sterben, Sterbebeistand,

Trauer und Trost. 2., unveränd. Aufl. Freiburg, S. 51–84. (Christlicher Glaube in moderner Gesellschaft, 10).
Schipperges, Heinrich (1999): Krankheit und Kranksein im Spiegel der Geschichte. Vorgelegt in der Sitzung vom 12.12.1998. Berlin. (Schriften der Mathematisch-Naturwissenschaftlichen Klasse der Heidelberger Akademie der Wissenschaften, 5).
Schmidt, Johann W. R. (2005): Sprenger, Jakob / Institoris, Heinrich: Der Hexenhammer. Erftstadt.
Schmidt, Sebastian/ Aspelmeier, Jens (Hrsg.) (2006): Norm und Praxis der Armenfürsorge in Spätmittelalter und früher Neuzeit. Stuttgart.
Schnell, Rüdiger (2010): Verspotten und Verlachen. Grenzen und Lizenzen in Literatur und Gesellschaft des Spätmittelalters. In: Stefan Seeber / Sebastian Coxon (Hrsg.): Spott und Verlachen im späten Mittelalter zwischen Spiel und Gewalt. Göttingen, S. 35–52.
Schoell, Rudolfus / Kroll, Wilhelm (2009): Corpus iuris civilis. Nachdr. d. unveränd. Neuausg. der 6. Aufl., Berlin 1954. Hildesheim. (Corpus iuris civilis, Vol. 3).
Schönleber, Matthias (2002): „der juden schant wart offenbar". Antijüdische Motive in Schwänken und Fastnachtsspielen von Hans Folz. In: Ursula Schulze (Hrsg.): Juden in der deutschen Literatur des Mittelalters. Religiöse Konzepte – Feindbilder – Rechtfertigungen. Tübingen, S. 163–182.
Schopenhauer, Arthur (2009): Die Kunst, Recht zu behalten. Hamburg.
Schopenhauer, Arthur (1997): Die Welt als Wille und Vorstellung. Gesamtausgabe in zwei Bänden. Nach der Edition von Arthur Hübscher und mit einem Nachwort von Heinz Gerd Ingenkamp. Band 1. Stuttgart.
Schormann, Gerhard (1996): Hexenprozesse in Deutschland. 3., durchges. Aufl. Göttingen. (Kleine Vandenhoeck-Reihe, 1470).
Schreckenberg, Heinz (1996): Die Juden in der Kunst Europas. Ein historischer Bildatlas. Göttingen.
Schreckenberg, Heinz (1999): Christliche Adversus-Judaeos-Bilder. Das Alte und Neue Testament im Spiegel der christlichen Kunst. Frankfurt am Main. (Europäische Hochschulschriften. Reihe 23, Theologie, 650).
Schreckenberg, Heinz (1999): Die christlichen Adversus-Judaeos-Texte und ihr literarisches und historisches Umfeld (1.–11. Jh.). 4., überarb. und erg. Aufl. Frankfurt am Main. (Europäische Hochschulschriften. Reihe 23, Theologie, 172).
Schreiner, Klaus / Schwerhoff, Gerd (Hrsg.) (1995): Verletzte Ehre. Ehrkonflikte in Gesellschaften des Mittelalters und der frühen Neuzeit. Köln etc. (Norm und Struktur, 5).
Schubert, Ernst (1995): Fahrendes Volk im Mittelalter. Darmstadt.
Schubert, Ernst (1997): Der Fremde in den niedersächsischen Städten des Mittelalters. In: Niedersächsisches Jahrbuch für Landesgeschichte, Jg. 69 (1997), S. 1–44.
Schubert, Ernst (1998): Einführung in die deutsche Geschichte im Spätmittelalter. 2., bibliogr. aktualisierte Aufl. Darmstadt.
Schubert, Ernst (2002): Alltag im Mittelalter. Natürliches Lebensumfeld und menschliches Miteinander. Darmstadt.
Schubert, Ernst (2003): Das Interesse an Vaganten und Spielleuten. In: Hans-Werner Goetz / Jörg Jarnut (Hrsg.): Mediävistik im 21. Jahrhundert. München, S. 408–425.

Schubert, Ernst (2006): Fürstliche Herrschaft und Territorium im späten Mittelalter. 2. Aufl. München. (Enzyklopädie Deutscher Geschichte, 35).

Schubert, Ernst / Vogtherr, Thomas (2007): Räuber, Henker, arme Sünder. Verbrechen und Strafe im Mittelalter. Darmstadt.

Schubert, Ernst / Weisbrod, Bernd / Hucker, Bernd Ulrich / Schubert, Ernst (1997): Spätmittelalter und Frühe Neuzeit: Niedersachsen um 1400: Stadt, Land und Burg: Die Herrschaftswelt um 1400 im Spiegel des Krieges – der Unterschied zwischen sächsischem und friesischem Rechtsbereich. Göttingen.

Schubert, Ernst / Weisbrod, Bernd / Hucker, Bernd Ulrich / Schubert, Ernst (1997): Staat und Krieg, Kirche und Schule: Wandlungen vom Spätmittelalter zur frühen Neuzeit: Die Reformation und ihre Folgen. Göttingen.

Schuster, Peter (1998): Ehre und Recht. Überlegungen zu einer Begriffs- und Sozialgeschichte zweier Grundbegriffe der mittelalterlichen Gesellschaft. In: Ute Ecker-Offenhäußer (Hrsg.): Ehrkonzepte in der frühen Neuzeit. Berlin, S. 40–66. (Colloquia Augustana, 8).

Schulze, Ursula (2002): Juden in der deutschen Literatur des Mittelalters. Religiöse Konzepte – Feindbilder – Rechtfertigungen. Tübingen.

Schulze, Winfried (1987): Gerhard Oestreichs Begriff der Sozialdisziplinierung in der Frühen Neuzeit. In: Zeitschrift für historische Forschung 14, S. 265–302.

Schutte, Jürgen (1973): „Schympf Red". Frühformen bürgerlicher Agitation in Thomas Murners „Grossem Lutherischen Narren" (1522). Stuttgart.

Schwarz-Friesel, Monika (2007): Sprache und Emotion. Tübingen. (UTB Sprachwissenschaft, 2939).

Schwerhoff, Gerd (1995): Vom Alltagsverdacht zur Massenverfolgung. Neuere deutsche Forschungen zum frühneuzeitlichen Hexenwesen. In: Geschichte in Wissenschaft und Unterricht 46, S. 359–380.

Schwerhoff, Gerd (2005): Zungen wie Schwerter. Blasphemie in alteuropäischen Gesellschaften 1200–1650. Konstanz. (Konflikte und Kultur – historische Perspektiven, 12).

Schwerhoff, Gerd (2006): Gewaltkriminalität im Wandel (14.–18. Jahrhundert). Ergebnisse und Perspektiven der Forschung. In: Claudia Opitz / Brigitte Studer / Jakob Tanner (Hrsg.): Kriminalisieren, Entkriminalisieren, Normalisieren = Criminaliser, décriminaliser, normaliser. Zürich, S. 55–74. (Schweizerische Gesellschaft für Wirtschafts- und Sozialgeschichte, 21).

Schwerhoff, Gerd (2009): Blasphemische Flüche und die Kunst der Selbstdarstellung. In: Peter Friedrich / Manfred Schneider (Hrsg.): Fatale Sprachen. Eid und Fluch in Literatur- und Rechtsgeschichte. München, S. 93–119. (Literatur und Recht).

Schwerhoff, Gerd (2009): Die Inquisition. Ketzerverfolgung im Mittelalter und Neuzeit. Orig.-Ausg., 3., durchges. Aufl. München.

Schwitalla, Johannes (1983): Deutsche Flugschriften 1460–1525. Textsortengeschichtliche Studien. Tübingen. (Reihe Germanistische Linguistik).

Schwitalla, Johannes (1999): Flugschrift. Tübingen. (Grundlagen der Medienkommunikation, 7).

Schwitalla, Johannes (2010): Brutalität und Schamverletzung in öffentlichen Polemiken des 16. Jahrhunderts. In: Sybille Krämer (Hrsg.): Gewalt in der Sprache. Rhetoriken verletzenden Sprechens. Paderborn, S. 97–123.

Searle, John (1973): Linguistik und Sprachphilosophie. In: Renate Bartsch / Theo Vennemann (Hrsg.): Linguistik und Nachbarwissenschaften. Kronberg/Ts., S. 113–126
Searle, John R. (2007): Sprechakte. Ein sprachphilosophischer Essay. 1. Aufl., [Nachdr.]. Frankfurt am Main. (stw, 458).
Seebaß, Gottfried (1999): Osiander, Andreas. In: Neue Deutsche Biographie (NDB). Band 19, Berlin.
Seeber, Stefan / Coxon, Sebastian (Hrsg.) (2010): Spott und Verlachen im späten Mittelalter zwischen Spiel und Gewalt. Göttingen. (Mitteilungen des Deutschen Germanistenverbandes, 57, 2010, 1).
Segl, Peter (Hrsg.) (1988): Der Hexenhammer. Entstehung und Umfeld des Malleus maleficarum von 1487. Köln. (Bayreuther historische Kolloquien, 2).
Segl, Peter (2003): Agenten des Bösen in der Sicht des Mittelalters – Ketzer und Hexen. Dettelbach.
Seuren, Pieter A. M. (1991): Präsuppositionen. In: Semantik. Ein Handbuch zur Sprach- und Kommunikationswissenschaft. Hrsg. Arnim von Stechow und Dieter Wunderlich. Berlin/ New York, S. 286–318. (HSK, 6).
Shakespeare, William (1955): König Heinrich IV. In: Shakespeares Werke. Hrsg. von Levin Ludwig Schücking. 3. Bände. Berlin/Darmstadt.
Sofsky, Wolfgang (2005): Traktat über die Gewalt. Frankfurt am Main.
Solms, Hans-Joachim (1999): Der Gebrauch uneigentlicher Substantivkomposita im Mittel- und Frühneuhochdeutschen als Indikator kultureller Veränderung. In: Andreas Gardt / Ulrike Haß-Zumkehr / Thorsten Roelcke (Hrsg.): Sprachgeschichte als Kulturgeschichte. Berlin/New York, S. 225–246.
Solms, Hans-Joachim (1998): Historische Wortbildung. In: Besch / Betten / Reichmann / Sonderegger 1, S. 596–610.
Spee Langenfeld, Friedrich von / Oorschot, Theo G. van (1992): Cautio Criminalis. Mit einem Beitrag von Gunther Franz. Tübingen/Basel. (Sämtliche Schriften, 3).
Speitkamp, Winfried (2010): Ohrfeige, Duell und Ehrenmord. Stuttgart.
Steiger, Johann Anselm (1996): Melancholie, Diätetik und Trost. Konzepte der Melancholie-Therapie im 16. und 17. Jahrhundert. Heidelberg.
Steinicke, Marion / Weinfurter, Stefan (Hrsg.) (2005): Investitur- und Krönungsrituale. Herrschaftseinsetzungen im kulturellen Vergleich. Köln.
Stolt, Birgit (1974): Wortkampf. Frühneuhochdeutsche Beispiele zur rhetorischen Praxis. Frankfurt am Main. (Res publica literaria, 8).
Stolt, Birgit (2000): Martin Luthers Rhetorik des Herzens. Tübingen. (UTB, 2141).
Straub, Jürgen (1999): Handlung, Interpretation, Kritik. Grundzüge einer textwissenschaftlichen Handlungs- und Kulturpsychologie. Berlin.
Stuart, Kathy (2008): Unehrliche Berufe. Status und Stigma in der Frühen Neuzeit am Beispiel Augsburgs. Aus dem Englischen übertragen von Helmut Graser. Augsburg.
Telle, Joachim (1988): Arzneikunst und der „gemeine Mann". Zum deutsch-lateinischen Sprachstreit in der frühneuzeitlichen Medizin. In: Joachim Telle: Pharmazie und der gemeine Mann, S. 43–48.

Telle, Joachim (1988): Pharmazie und der gemeine Mann. Hausarznei und Apotheke in der frühen Neuzeit; erläutert anhand deutscher Fachschriften der Herzog-August-Bibliothek Wolfenbüttel und pharmazeutischer Geräte des Deutschen Apotheken-Museums Heidelberg. 2., verb. Aufl. Weinheim. (Ausstellungskataloge der Herzog-August-Bibliothek, 36).

Thun, Friedemann Schulz von (2008): Miteinander reden 1–3. Band 1: Störungen und Klärungen. Reinbek (rororo sachbuch, 62407).

Toch, Michael (1993): Schimpfwörter im Dorf des Spätmittelalters. In: MIÖG, Jg. 103, H. 103, S. 311–327.

Topalovic, Elvira (2003): Sprachwahl – Textsorte – Dialogstruktur. Zu Verhörprotokollen aus Hexenprozessen des 17. Jahrhunderts. Trier.

Trachtenberg, Joshua / Saperstein, Marc (1993): The devil and the Jews. The medieval conception of the Jew and its relation to modern antisemitism. Philadelphia: Jewish Publication Society.

Treitschke, Heinrich von (1879): Unsere Aussichten, Preußische Jahrbücher (Prjbb) 44, S. 559–576.

Trömel-Plötz, Senta (2004): Gewalt durch Sprache. Die Vergewaltigung von Frauen in Gesprächen. Wien.

Uerlings, Herbert / Patrut, Julia (Hrsg.) (2008): „Zigeuner" und Nation. Repräsentation – Inklusion – Exklusion. Frankfurt etc.

Ulbricht, Otto (1995): Von Huren und Rabenmüttern. Weibliche Kriminalität in der frühen Neuzeit. Köln.

Velten, Hans Rudolf (2005): Einsetzungsrituale als Rituale der Statusumkehr. Narrenbischöfe und Narrenkönige in den mittelalterlichen Klerikerfesten (1200–1500). In: Marion Steinicke / Stefan Weinfurter (Hrsg.): Investitur- und Krönungsrituale. Herrschaftseinsetzungen im kulturellen Vergleich. Köln, S. 201–221.

Velten, Hans Rudolf (2010): Spott und Lachen im Ring Heinrich Wittenwilers. In: Stefan Seeber / Sebastian Coxon (Hrsg.): Spott und Verlachen im späten Mittelalter zwischen Spiel und Gewalt. Göttingen, S. 67–79. (Mitteilungen des Deutschen Germanistenverbandes, 57, 2010, 1).

Vogel, Elisabeth (Hrsg.) (2003): Zwischen Ausgrenzung und Hybridisierung. Zur Konstruktion von Identitäten aus kulturwissenschaftlicher Perspektive. Würzburg.

Vogt, Ludgera / Zingerle, Arnold (Hrsg.) (1994): Ehre. Archaische Momente in der Moderne. Frankfurt am Main.

Völker-Rasor, Anette (Hrsg.) (2000): Frühe Neuzeit. München.

Volz, Hans (1972): Die Lutherpredigt des Johannes Mathesius. Kritische Untersuchung zur Geschichtsschreibung der Reformation. New York/London. (Nachdruck der Ausgabe Leipzig 1930).

Wagner, Alexander (2006): Armenfürsorge in (Rechts-)Theorie und Rechtsordnungen der frühen Neuzeit. In: Sebastian Schmidt / Jens Aspelmeier (Hrsg.): Norm und Praxis der Armenfürsorge in Spätmittelalter und früher Neuzeit. Stuttgart, S. 21–59.

Wagner, Franc (1997): Metaphern und soziale Repräsentation. In: Ulrich Biere / Wolf Andreas Liebert (Hrsg.): Medien – Metaphern – Wissenschaft. Opladen, S. 210–224.

Wagner, Franc (2001): Implizite sprachlicher Diskriminierung aus linguistischer Sicht. Lexikalische Indikatoren impliziter Diskriminierung in Medientexten. Tübingen. (Studien zur deutschen Sprache, 20).
Walz, Herbert (1988): Deutsche Literatur der Reformationszeit. Darmstadt.
Walz, Rainer (1992): Agonale Kommunikation im Dorf der Frühen Neuzeit. In: Westfälische Forschungen, Jg. 42/1992, H. 42, S. 215–251.
Walz, Rainer (1997): Dörfliche Hexereiverdächtigung und Obrigkeit. In: Günter Jerouschek (Hrsg.): Denunziation. Historische, juristische und psychologische Aspekte. Tübingen, S. 80–98. (Forum Psychohistorie, 7).
Wander, Karl Friedrich Wilhelm (2007): Deutsches Sprichwörter-Lexikon. Ein Hausschatz für das deutsche Volk. Sonderausg. (unveränd. Nachdr. d. Aufl. 1964); (2008): Deutsches Sprichwörter-Lexikon. Ein Hausschatz für das deutsche Volk. 5 Bände + CD ROM. Darmstadt.
Watzlawick, Paul (1974): Menschliche Kommunikation. Formen, Störungen, Paradoxien. 4., unveränd. Aufl. Bern/Stuttgart.
Weber Max (1947): Wirtschaft und Gesellschaft. Tübingen.
Weber, Wolfgang (1998): Honor, fama, gloria. Wahrnehmung und Funktionszuschreibungen der Ehre in der Herrschaftslehre des 17. Jahrhunderts. In: Ute Ecker-Offenhäußer (Hrsg.): Ehrkonzepte in der frühen Neuzeit. Berlin. (Colloquia Augustana, 8), S. 70–98.
Wehler, Hans-Ulrich (Hrsg.) (1979): Klassen in der europäischen Sozialgeschichte. Göttingen.
Wehrli, Max (1980): Geschichte der deutschen Literatur von den Anfängen bis zur Gegenwart. Stuttgart.
Weimar, Klaus / Fricke, Harald / Müller, Jan-Dirk (2010): Reallexikon der deutschen Literaturwissenschaft. Neubearbeitung des Reallexikons der deutschen Literaturgeschichte. Online: http://www.reference-global.com/doi/book/10.1515/9783110914672.3.
Weinfurter, Stefan (2008): Das Reich im Mittelalter. Kleine deutsche Geschichte von 500 bis 1500. München.
White, Harrison C. (2008): Identity and control. How social formations emerge. 2. ed. Princeton.
Weinrich, Harald (2003): Textgrammatik der deutschen Sprache. Unter Mitarbeit von Maia Thurmair / Eva Breindl und Eva-Maria Willkop. 2., rev. Aufl. Hildesheim etc.
Wellmann, Hans (1998): Der historische Begriff der ‚Ehre‘ – sprachwissenschaftlich untersucht. In: Ute Ecker-Offenhäußer (Hrsg.): Ehrkonzepte in der frühen Neuzeit. Berlin. (Colloquia Augustana, 8), S. 27–39.
Wenzel, Edith (1982): Zur Judenproblematik bei Hans Folz. In: ZfdPh 101, S. 79–104.
Wenzel, Edith (1992): „Do worden die Judden alle geschant". Rolle und Funktion der Juden in spätmittelalterlichen Spielen. München. (Forschungen zur Geschichte der älteren deutschen Literatur, 14).
Weydt, Harald (1983): Partikel und Interaktion. Tübingen.
Weydt, Harald (1989): Sprechen mit Partikeln. Berlin.
Wiedemann, Felix (2007): Rassenmutter und Rebellin. Hexenbilder in Romantik, völkischer Bewegung, Neuheidentum und Feminismus. Würzburg.

Wilbertz, Gisela (1979): Scharfrichter und Abdecker im Hochstift Osnabrück. Untersuchungen zur Sozialgeschichte zweier „unehrlicher" Berufe im nordwestdeutschen Raum vom 16. bis zum 19. Jahrhundert. Osnabrück. (Osnabrücker Geschichtsquellen und Forschungen, 22).

Wimmer, Rainer (1973): Der Eigenname im Deutschen. Ein Beitrag zu seiner linguistischen Beschreibung. Tübingen.

Wimmer, Rainer (2007): Politische Korrektheit (political correctness). Verschärfter Umgang mit Normen im Alltag. In: Friedrich Müller (Hrsg.): Politik, [Neue] Medien und die Sprache des Rechts. Berlin, S. 71–80. (Schriften zur Rechtstheorie, 234).

Wippermann, Wolfgang (1997): „Wie die Zigeuner". Antisemitismus und Antiziganismus im Vergleich. Berlin.

Wippermann, Wolfgang (2005): Rassenwahn und Teufelsglaube. Berlin. (Geschichtswissenschaft, 3).

Wippermann, Wolfgang (2007): Agenten des Bösen. Verschwörungstheorien von Luther bis heute. Berlin.

Wirth, Uwe (Hrsg.) (2000): Die Welt als Zeichen und Hypothese. Frankfurt am Main. (stw, 1479).

Wolf, Daniela (2002): Ritualmordaffäre und Kultgenese. Der „gute Werner von Oberwesel". Bacharach.

Wolf, Herbert (1980): Martin Luther. Stuttgart. (Sammlung Metzler, 193).

Wolf, Siegmund A. (1956): Wörterbuch des Rotwelschen. Deutsche Gaunersprache. Mannheim.

Wolf, Siegmund A. (1985): Wörterbuch des Rotwelschen. Hamburg.

Wood, Diana (1992): Christianity and Judaism. Studies in Church history. Oxford. (Studies in church history, 29).

Worstbrock, Franz Josef / Koopmann, Helmut / Schöne, Albrecht (1986): Formen und Formgeschichte des Streitens. Tübingen.

Worstbrock, Franz Josef (2010): Simon von Trient. In: Verfasserlexikon. 2. Aufl. Band 8, S. 1260–1275.

Ziegelbauer, Max (1987): Johannes Eck. Mann der Kirche im Zeitalter der Glaubensspaltung. St. Ottilien.

www.ingramcontent.com/pod-product-compliance
Lightning Source LLC
Chambersburg PA
CBHW031410230426
43668CB00007B/260